論語求真

上

刘定一　著

上海教育出版社

谨以此书献给

先慈黄慧瑾太夫人（1905.09.09—1983.06.03）

目　录

前　　言

——21世纪触发了《论语》传统解读的全面反思

一

早在20世纪50年代，钱穆先生（1895—1990）就频频呼吁：

《论语》应该是一部中国人人人必读的书。不仅中国，将来此书应成为一部世界人类的人人必读书。

今天的中国读书人，应负两大责任。一是自己读《论语》，一是劝人读《论语》。

钱穆先生又说"在中国没有一个读书人不读《论语》，已是经历了两千年"，但这个传统到20世纪中断了。今天要弘扬中华民族的优秀传统文化，国人不充分领会《论语》的精神就不能形成共识。特别是今天全球要共同面对人类的生死存亡，作为经典的《论语》，其威力益发彰显。

钱穆先生举过一个例子，1913年他当小学教师，一天病了，同事来看望他时的赠言是《论语》7.12章"子之所慎：齐、战、疾"。钱先生几十年后对当时的情景还历历在目，"还觉得《论语》此一条其味无穷，使我更增加读《论语》的兴趣"。

这里重引被世人忽视的7.12章。一般情况下"疾"与"病"是同义词，细细区分，则"疾"出于中箭，特指对人体的外来侵害。中华民族历经磨难，繁衍至今，靠的就是那个"慎"字。再看那个"齐［齊］"字，孔子时代当"斋［齋］"字用。孔子慎斋，不是指斋前如何小心翼翼地清洁身心，而是指警惕不要"非其鬼而祭之"（2.24章）。

经典的威力如此巨大，《论语》500章的解读就必须正本清源，纠正误读。

令国人耿耿于怀的是，智者黑格尔（1770—1831）对孔子的评价极低。他在《哲学史讲演录》第一卷里说："我们看到孔子和他的弟子们的谈话里面所讲的是一种常识道德，这种常识道德我们在哪里都找得到，在哪一个民族里都找得到，可能还要好些，这是毫无出色之点的东西。”黑格尔看到的《论语》是来华传教的耶稣会教士翻译的通俗读本，好比从拉丁文本欣赏李白的《静夜思》，对李白能不误读吗？

2007 学年度，本书作者利用主持上海市“双名工程”跨学科名师培养基地第一、二期的一年间隙，借教师 8 学分培训的契机通讲《论语》，足足讲了 80 小时，细细梳理的结果是发现两千年来对《论语》的 18 处重大误读。

语文名师黄玉峰先生全程参与并审读《论语》；此外，校友钱文忠先生和果麦公司董事长路金波先生（二位常担任古诗文大赛评委）也都完整听了笔者对 18 处误读的剖析。好在三位对《论语》解读都不存门户之见，他们一致惊讶的是，如此明显的误读竟在两千年后才一举受到质疑。

又一个十年过去了，笔者陆续发现的误读已多达 60 处。

科学史上成批的发现，都源自新工具的发明。放射性 ^{14}C 检测文物年代方法的发明，使假古董无所遁形。望远镜的发明，使观测到的星星从肉眼能看到的几千颗猛增到数以亿计。荷兰人列文虎克从未接受过正规科学训练，因为磨制了能放大 300 倍的显微镜，他凭一己之力发现了微生物世界。

望远镜（telescope）和显微镜（microscope）的英文有共同的词根 scope，如果把前缀换成 macro-，就组成了 20 世纪的新词 macroscope，可译成“聚宏镜”。它不是一个光学装置，而是集逻辑学、数学、系统学于一体的方法论，正是因为它，《论语》的众多误读才得以集中发现。本书作者非常认同已故学者吴江（1918—2012）先生下面的这段话：

现代化需要我们从古籍中发掘中华民族固有的传统文化基因（包括某种理性精神和优良的伦理道德观念），作为促进社会进步的支撑点之一。……要真正发掘出中国传统文化基因，非有现代科学眼光和批判继承的功力不可。

定一作为跨学科课程设计者，六十五年的自学背景很独特。十九岁就正式走上中学数学讲台，后来成长为特级教师；二十多岁自学了 Alonzo Church 的数理逻辑名著 *Introduction to Mathematical Logic*，并在南京大学莫绍揆教授（1917—2011，晚年是中国逻辑学会唯一的荣誉会长）频频的通信指导下完成了不少困难习题；在系统科学方面翻译出版了［苏］列尔涅尔的《控制论基础》（科学出版社，1980）和［英］厄尔曼《文字图形识别技术》（人民邮电出版社，1983）。后者得以出版，是正好应了邮电部第三研究所设计信函自动分拣机的需要，也让笔者见证了国内人工智能早期工作者“筚路蓝缕以启山林”的艰辛。

逻辑 · 数学 · 系统学，组成了一个威力强大的横断科学群。横断科学方法论在问题解决领域所向披靡，《论语求真》就是其中一项重要产品，以所耗精力而言，何止十年磨一剑。

二

在对《论语》解读进行全面质检之前，先对《论语》传世的背景进行简要的说明。

《论语》的问世早在战国初期，要使后人明白其文义及相关背景，不能只靠口耳相传，要靠文本传承。秦始皇焚书坑儒，《论语》成了头号禁书，谁也不敢私藏传播。劫余的儒家遗产直到汉朝才得到清点，幸亏还有《鲁论语》和《齐论语》两种大同小异的版本传世。西汉末年安昌侯张禹（？—前5）牵头把这两种版本合而为一，成为我们今天手中的《论语》，学术界称之为《张侯论》。至于此前四百多年一代代孔门弟子注释《论语》的文本，却不见历史记载。

所以今人对《论语》的解读，全靠东汉以来的历代注家，而他们的注释主要是靠自己的研究和对古书中蛛丝马迹的捕捉和演绎。今天能见到的，最早是东汉经学家郑玄（127—200）的《论语注》残本和［三国魏］何晏主编的《论语集解》，后者有［南朝梁］皇侃的《论语义疏》及［宋］邢昺的《论语注疏》。后人在对这些大师奉献的层层解读深表敬意之余，也有权“审问之，慎思之，明辨之”，若有真知灼见，同样可立新解。

《论语》是两代孔门弟子先后精心制作的多层次结构，层次多达八层。整部《论语》是最外层（第〇层），内部是七层子结构：编—篇—章—节—句—词—字。

这七层子结构中，最需要注意并厘清的是第四层。古人用“章句”泛称对古书章和句的分析、注解，对章与句间的隔层——“节”——缺乏系统的理论认识。

以1.1章为例，虽然它只有一节，这一节只有一句，似乎章等于句，不必故弄玄虚搞烦琐哲学，但是有些章不止一节。对《论语》两千年的误读，有一批正是无视“一章会有多节”造成的。

以本书7.16章为例，它有两节，一节是孔子说了一句话，一节是编者注，可前人不知道。

以本书11.1章为例，它有三节。第二节是对第一节的说明，第三节是第二节的编者注，未见前人注意到这个三节结构。这诠释了爱因斯坦的名言：“你能不能观察眼前的现象，取决于你运用什么样的理论。”

即使是只有一节的1.1章，如果问这一章分几部分，大多数人会回答由三句话组成。这个回答也典型地反映了常人逻辑的粗疏。原来，1.1章这一句由A、B两部分组成（两部分的联结可用标点符号清晰地反映出来——A：“B”），A是“子曰”，B由孔子的话组成，B部分的结构才是并列的三句话。我们不可以以A是《论语》的老生常谈为理由予以漠视。对初学《论语》的童蒙来说，“子曰”是什么意思难道不需要讲清楚吗？我们也不可认为指出B部分的结构是并列的三句话为无聊。正是以为 1 13 章有子所讲也是并列的三句话,历代注家几乎都在“因不失其亲,亦可宗也”的理解上翻了船。

三

拙著《论语求真》记录了由外而内对《论语》解读的逐层质检,整理如下。

第〇层:设定《论语》整体完成的始末期限

《论语》早期版本的诞生,给后人留下的印象是这样的:

公元前 479 年孔子逝世,葬鲁城北面的泗水边上,弟子们聚集在一起守墓三年。在此期间,他们的主要任务显然是追思并记录先师的嘉言懿行,以使传之永远。然而弟子们所记孔子语录不尽相同,需要讨论(“讨论”一词出自 14.8 章),《汉书》作者班固认为,这就是“论语”二字的由来。相信《论语》前十篇就是在那时成型的。三年期满,弟子们在孔墓前挥泪拜辞先师,揖别旧友,各道珍重。绝大多数弟子行囊中未必有沉重的《论语》竹简,他们已把《论语》背得滚瓜烂熟。《孟子》特别提到,子贡实在不忍离去,又折返,在孔墓边盖了茅屋再心丧三年。这三年里想必发一宏愿:面对竹简,完成《论语》最早版本的后期编辑加工。

《论语》初版应该就是前十篇。主体部分结束于第九篇《子罕》,最后两章暗示了孔子身后弟子的分道扬镳和师生同学的依依惜别之情。第十篇《乡党》只是附录,不放孔子语录,只记孔子的举止容貌、衣食住行和生活习惯。末章特别耐人寻味,前人却以为是残章零简,其中的委曲见《论语求真》10.24 章正文。

整部《论语》的最后完成大约要比初版晚半世纪,因为《论语》提供的最后史实是孟敬子探望临终的曾子。孟敬子是孟武伯的儿子仲孙捷,曾子去世已比孔子晚 44 年,孟敬子又是仲孙捷死后才有的谥号。

第一层:处理跨上下编的错简

上段提到《论语》前十篇结构完整,自成体系,可以称为上编。后十篇的完稿,最早也要在孔子逝世后大约半世纪,也就是公元前 430 年前后,体系也很完整,可以称为下编,编者群体的重心已由孔子弟子转到再传弟子。下编的首篇是第十一篇《先进》,用来纪念编者各自的老师和师伯、师叔。第十二、十三篇分别以颜渊、子路命名,这两位先贤的特殊性是他们比孔子去世更早。第十四篇《宪问》一上来就点明原宪也是下编的重要作者。第十五到十七篇分别以国君卫灵公、大夫季氏和家臣阳货命名,篇名也正好按从尊到卑的次序。第十八篇《微子》记历代大贤,第十九篇《子张》编入孔子死后的弟子语录,第二十篇《尧曰》类似于《乡党》,也有附录的味道。

上编与下编内容和年代的分界很清晰,于是一个重大的漏洞暴露了。如果

我们承认《论语》上编是在孔子去世后不久编定的，为什么在第八篇《泰伯》里会出现关于孟敬子探望临终曾子的记载呢？上段我们提到，孟敬子谥号的产生是在上编问世后大约半世纪！这件下编内容混入上编的公案未见前人重视，可是我们以《论语》解读质检为己任，不容回避。质检的结果是确认并定位了《论语》的一堆错简，需要恢复原貌。

《论语》传世版本从东汉郑玄厘定以来从没有动过“大手术”，两千年后突然提出纠正错简，可能冒天下之大不韪，更可能是学界对此不屑一顾。笔者深知这一点，但反复斟酌下来，这项“手术”不得不动，有八大理由。

（1）如上所述，原 8.3、8.4 章只能来自下编，而且按下编的体例只能来自《子张》篇，这一篇是专门安置孔子死后的孔门弟子言论的。

（2）幸运的是，错简早就有了迹象。宋人吴棫（1100—1154）首先发现《泰伯》篇 8.2 章有破绽。在孔子关于“恭而无礼则劳，慎而无礼则葸，勇而无礼则乱，直而无礼则绞”的四句话后出现了与上文完全无关的“君子笃于亲，则民兴于仁；故旧不遗，则民不偷”。这段话不可能是 8.2 章的编者按，但要是把它分离出来作为新的一章，又没有“子曰”之类的字样，无人认领，这就提示了错简的可能。

（3）如果原 8.3、8.4 章作为错简应该归属于《子张》篇的话，是不是也要把连带的 8.2 章里多出来的那句话，像拼图般地到《子张》篇寻找接口呢？结果发现这段话正好是 19.18 章曾子引了孔子语录后的评论！于是把这段话随原 8.3 和 8.4 章的曾子的两段话一并移走，这正好证实了吴棫的猜测：早在八百年前，他就认为这段话口气像是曾子的。

（4）《泰伯》篇的 8.5、8.6、8.7 章也是曾子语录，如果这三章也是错简的话，一并移走后，《泰伯》篇就呈现了全篇纯是孔子语录的清晰原貌。这是个大胆的假设，下面是小心的求证。

（5）《泰伯》篇摘走错简后，不但“伤口”愈合得天衣无缝，8.2 章与原 8.8 章以一个“礼”字承上启下；更有甚者，《泰伯》篇以歌颂泰伯为首章，最后四章歌颂远古圣人尧、舜、禹，兼及周武王，为全篇定了基调。可见原先关于曾子的五章错简是没有道理的。

（6）接纳失简后的《子张》篇也严丝密缝，更加饱满；有关曾子的章节数与子夏、子贡比，也不再相形见绌。全篇 30 章：先是子张语录三章，子夏语录九章，游夏之辩一章，子游语录两章，然后是曾子语录九章（原先是四章），子贡语录六章。各人的语录数量与他们在孔门中的地位完全相称。

（7）把五章半错简还原到《子张》篇后，如果与《子张》篇后面那章的承接出现斧凿痕，也不完美，事实上它仍是曾子语录（《求真》17.24 章），错简的嵌入可说是天衣无缝。

（8）《论语》上编一到十篇编定时，编者像是有一项重大的不成文规则：《论语》是孔子的语录，完全不列颜渊、子路、子贡、仲弓的个人嘉言。第一篇《学而》里倒是集中放置了三位孔子晚年弟子的语录：有子三章，曾子两章，子夏一章（错简复原后还剩子游的一段话附在《里仁》篇末，原因待考），而传世《论语》版本在《泰伯》篇塞进了一大堆曾子语录，是难以解释的。现在可以明白了，是错简。

由以上八条理由，质检确认：通行的《论语》版本有一大段错简（足足有五章半）要从《泰伯》篇回归《子张》篇，如下列章节中的斜体字所示。

19.18　曾子曰："吾闻诸夫子：'孟庄子之孝也，其他可能也，其不改父之臣与父之政，是难能也。'*（原 8.2 后半段）君子笃于亲，则民兴于仁；故旧不遗，则民不偷。*"

19.19（原 8.3）　曾子有疾，召门弟子曰："启予足！启予手！《诗》云：'战战兢兢，如临深渊，如履薄冰。'而今而后，吾知免夫！小子！"

19.20（原 8.4）　曾子有疾，孟敬子问之。曾子言曰："鸟之将死，其鸣也哀。人之将死，其言也善。君子所贵乎道者三：动容貌，斯远暴慢矣。正颜色，斯近信矣。出辞气，斯远鄙倍矣。笾豆之事，则有司存。"

19.21（原 8.5）　曾子曰："以能问于不能，以多问于寡，有若无，实若虚，犯而不校。昔者吾友尝从事于斯矣。"

19.22（原 8.6）　曾子曰："可以托六尺之孤，可以寄百里之命，临大节而不可夺也，君子人与？君子人也。"

19.23（原 8.7）　曾子曰："士不可以不弘毅，任重而道远。仁以为己任，不亦重乎？死而后已，不亦远乎？"

19.24　孟氏使阳肤为士师，问于曾子。曾子曰："上失其道，民散久矣。如得其情，则哀矜而勿喜。"

除上面确认的大块错简外，另一项疑似跨编错简的质检工作也有了基本的结论。

附在《季氏》篇末的 16.14 章与《论语》的主旨毫无关联，令历代注家十分困惑。据古人考证，这一章在《古论语》和《鲁论语》中都有，说明不是后人掺入。关于它的由来，最接近的猜测当属南宋大儒蔡模。清人刁包《四书翼注》提到，本章"蔡氏觉轩以为为南子所发，似得其旨"。

查《史记·孔子世家》，其中许多史实来源于《论语》，从关于"子见南子"的引文悟到，可能是《论语》编者（最可能是下编某一编者）为尊者讳，从《雍也》篇 6.27 章删去了自称"寡小君"的卫灵公夫人南子的话，却留下了解释"寡小君"的"编者按"的竹简，这段文字失去依傍，最终在半世纪后寄于《季氏》篇篱下。详见正文。

第二层：发现同编跨篇的错简

质检发现，在同一编里也有跨篇的错简，属于甲篇的文字被误植于乙篇，主要是下面两处。

（1）《季氏》篇 16.12 章是错简，要回归《颜渊》篇，插在 12.10 章之后。错简的主要证据是 12.10 章末有一句没头没脑的“诚不以富，亦只以异”，而与下一章的“齐景公”不搭调。北宋程颐夫子以为这句《诗》属于遥远的 16.12 章，那里也在谈论齐景公，而且内容匹配。

问题在于 12.11 章就在谈齐景公，姐妹章“齐景公有马千驷”跑到《季氏》篇去没有道理，最合理的解释是错简，把该章拉回到《颜渊》篇 12.10 章后，“诚不以富，亦只以异”正是回归该章的开头。这章问题迭出，15.26 章突兀的“有马者借人乘之”也要回归“齐景公有马千驷”章，才能使没头没脑的“其斯之谓与”中的“其”字有了归宿。

造成传统《论语》版本这一连串错简的一大原因是 12.10 章后接连两章论及齐景公，一时被搅混了。还原错简后，原貌如下：

12.10　子张问“崇德辨惑”。子曰：“主忠信，徙义，崇德也。爱之欲其生，恶之欲其死，既欲其生，又欲其死，惑也。”

原 16.12（拟 12.11，《求真》未移动）【“诚不以富，亦只以异。”】

齐景公有马千驷，死之日，民无德而称焉。伯夷、叔齐饿于首阳之下，民到于今称之。【“有马者借人乘之，”】其斯之谓与！

12.11　齐景公问政于孔子。孔子对曰：“君君，臣臣，父父，子子。”公曰：“善哉！信如君不君，臣不臣，父不父，子不子，虽有粟，吾得而食诸？”

（2）《卫灵公》篇 15.25 章后半段文字疑似《阳货》篇 17.15 章的编者注，见正文。

第三层：辨明篇的结构

原来《论语》不分章，但编者在一篇里条分缕析地把一章章呈现给读者是客观存在的。六百年后的《论语》注释权威，如郑玄、何晏和朱熹，为了方便解读而把章做了明确的划分，很难说都与《论语》编者的初衷吻合，却被后人全盘承袭了下来。所以，对后人的分章显然有系统质检的必要，本书完成了下面的工作。

1. 恢复了被割裂的完整章节。

（1）4.3 章与 4.4 章。还原成一章后原 4.4 章的作用才得以发挥。

（2）7.16 章与 7.17 章。还原成一章后原 7.17 章的语气才打通，消除了历代认为“雅言”是指“官话”的谬误，而且知道了孔子经常把学《易》、《诗》、《书》、执礼等挂在嘴边。

（3）11.1—11.3 章。还原成一章后不但排除了前人对原 11.1 章的种种误读以及对“不及门”的种种曲解，还打破了“孔门十哲”这一虚构，同时获得了随孔子在陈蔡绝粮的基本完整的弟子名单，详见正文。

2. 拾回因不顾章间、篇间联系而丢失的信息。

典型案例有两个：

（1）1.9 章曾子曰：“慎终追远，民德归厚矣。”历代注家几乎都跟随孔安国非常狭隘地把“慎终”解释为“丧尽其哀”，把“追远”解释为“祭尽其敬”，按这种狭隘的理解，民德是不可能归厚的。了解曾子本意、正确解读的线索在遥远的《子张》篇，详见正文。

（2）《子罕》篇除呈现三十章各自提供的信息外，这一篇严谨的整体结构还提供了联系三十章本体的附加信息；9.17 章与 9.29 章的深层信息特别耐人寻味。

有些紧挨的上下章虽然不宜合并成一章，却是绑在一起的，不可拆散。意识不到这一点的后果类似于割裂完整章节。最典型的有三款：

（1）1.6 章与 1.7 章。1.6 章明确是“弟子七学”，1.7 章引进了子夏的重要延伸：“成人四学”。

（2）2.8—2.10 章。前两章共同阐明了事亲之道与事师之道的区别，而 2.10 章，表面上看主题与孝敬迥异，却紧接在 2.9 章后，是孔子从对颜回的再认识中总结出识人三步。

（3）7.22 章与 7.23 章。前人未注意 7.23 章中“行”的真义来自 7.22 章，指孔子不但以文教，还以行教，因此对“子以四教”的理解引起后人很大的争议。

详见正文。

第四层：厘清章的分节

本书在节的层次，做了如下工作。

1. 区分一章的正文与编者注。

（1）1.12 章，“有所不行”以后的文字与上文抵触，说明不是有子的话，而是编者注。

（2）上面提到 7.16 章与 7.17 章还原为一章，“子所雅言……”就是孔子那段话的编者注。

2. 即使没有编者注，整章的节结构也需要厘清。

上面提到过，1.13 章有子的三句话，前人都误认为是并列关系，历来说不通，实际上第三句是从前两句中提炼出来的结论。

第五层：检查句子的语法

《论语》许多章节的解读质量差，根本表现就是不通，之所以不通，许多是不顾句子语法结构造成的。例如：

（1）2.17 章的“诲女知之乎”的“知之”是正用，被当作引用。

（2）2.23 章的句读[dòu]，可以是“殷因于夏礼，所损益，可知也”，也可以是“殷因于夏，礼所损益，可知也”，无论是在语法上、逻辑上还是在与上文语意的关联上必须排除前者，且有史料佐证。

（3）7.7 章“自行束脩以上，吾未尝无诲焉”中的“束脩”，语法定位是动词，被误当作名词，解释成十条干肉。读者手里的各种当代读本给出的白话译文都差不多。

有的说得直白一点：

孔子说：“只要是亲自送来十条干肉[作为见面礼]，我从来没有不教诲的。”

有的故意说得含糊一点：

孔子说：“只要是主动地给我一点见面薄礼，我从没有不教诲的。”

本书的语译是：

孔子说：“只要能自行管理生活起居，我从没有不教诲的。”

端正认识后，原来的“束脩”用法都无效了。具体论证，详见正文。

第六层：为词语正义

解读《论语》，因词语的理解错误，曲解了整章的意思，例如：

（1）2.16 章子曰：“攻乎异端，斯害也已。”的解读，因历代注家对“攻”“异端”“也已”三个词的理解都有不同，于是一句能量巨大的金玉良言，两千年来从没见到用它来指导日常行动，这与另一句话“己所不欲，勿施于人”得到尊奉恰成鲜明对比。

（2）6.4 章的“斛”是个大容量单位，十六秉为一斛，马融误认为十六斛为一秉，以致后人十分困惑于畏首畏尾的冉有怎敢如此恣意妄为。

（3）6.10 章的“一箪食，一瓢饮”，“食”与“饮”是动词，被误认为名词，于是后人在背诵本章时也不想想，颜回怎么穷得连两瓢水都喝不起。

（4）7.31 章，文莫＝文谟。

（5）7.35 章，戚戚＝蹙蹙。

（6）8.15 章，“乱臣”为“𤔔”字之误，“臣”是衍文。

（7）10.8 章，“割不正”的“割”字正义。

（8）19.12 章，前人一概把“孰”字解读为“什么”，这一章就没有读通过。“孰”字正确的解读是“谁”。

第七层：剖析字的结构

第六层的词义探讨不涉及字的结构，而历代对词义解读的失准有一部分出于未进行字的结构分析。下面是第七层质检的五项收获。

（1）提供 7.4 章孔子“申申如”和“夭夭如”的生动形象。

（2）7.27 章，触及“互乡”的真义。

（3）11.17 章，“庶”字解。

（4）11.19 章，为“兼人”正义。

（5）17.6 章，“磷”不是薄，是碎片化，引申出字典提炼出的“粦”部。

五

上述质检工作揭示了传统《论语》解读的 60 项产品缺陷，有些缺陷相当严重，读者恐怕不能一概无视；特别是研究《论语》的专家，对笔者的大量举报，更不宜以嗤之以鼻、不屑一顾了之。好比有人举报飞机上有炸弹，责任部门必须严肃处理，要么立即排除，要么立即追究谎报。

在认可了《论语求真》多多少少的合理部分后，下一步如何处理？

能借鉴的最成熟程序显然是汽车行业的产品召回，但当代《论语》读物出版者无力收回数以亿计的有缺陷的产品进行修理、更换或退货，唯一的办法是读者拿着手头的《论语》读物，参照《论语求真》在文后所附的“订正补遗参考表”自行检查并决定是否打补丁。这张表开列了 70 项，其中 60 项是订正，10 项是补遗。笔者把这 70 项按篇章次序编号，便于以后讨论时引用。读者用本表进行检测时可只关注其中的 60 条“订正”，暂不考虑 10 条“补遗”。

有了这张表，可以在文史领域引进一个新概念“《论语》解读质检指数”，取值范围是 40—100。

《论语》有个显著的特点，它细分为 500 章。所以解读质量是可以量化的，笔者才得以设计质检表。读者可以凭此表亲手给手中的任何一本《论语》读物打分（同时也是给拙著《论语求真》打分），办法说明如下。

读者先赋予待检的《论语》读物 100 分底分，然后按照附表中以★号标出的 60 个“订正”项，找到所属章节，将两本书逐一对照，那 10 个补遗项暂时不处理。

以附表中的第 26 项为例，质检对象是 7.16 章“雅言”，《求真》解释为“平日一直说道”，如果您手中所持的是杨伯峻先生的《论语译注》，那就是 7.18 章，《译注》解释“雅言”为“普通话”。孰是孰非？读者可以细读两书的正文自行判断。结果有三类：（1）最有可能是这方对，那方错，则错方扣 1 分；（2）较少发生的情况是吃不准哪方错，您可以选择双方都不扣分；（3）更少发生的情况是发现两书都解错了，您另有心得，则两书各扣 1 分。

表中所有 60 个订正项目一一试下来，您手头那本参检读物的初始底分 100 分如果被扣超过 40 分，它就不及格了。同样也不能排除这种可能：《论语求真》本身不堪一击，竟被您扣去 42 分，对《求真》作者来说这当然是个极扫面子的结果，但笔者仍然有理由高兴——（1）毕竟有高人腾出宝贵时间把在下的质疑都认真审查了一遍;(2)您的批驳肯定有充足的理由,那就大有助于《求真》质量的提高;(3)您承认《求真》帮您订正了前人未发现的十来处误读,拙作即使被指摘得体无完肤,总算也为您纠正误读尽了绵薄之力;(4)此刻您质检的手中那本书多半只扣了18分,解读质检指数高达82,那要祝贺您!务必请您推荐市场上解读质量如此高的《论语》读物是哪一本。您看,相形之下,您给《求真》毕竟只打了58分。

笔者相信,一旦"论语解读质检指数"的概念站稳脚跟,深入人心,《论语》天空飘浮的朵朵乌云终会消散,《论语》读物(包括所有外语版)会迎来它们的升级版,届时被《论语》界举报的多处隐患可能不复存在。

《论语求真》的读者群其实极广泛,首先包括所有手头有任何《论语》读物的人士,他们需要检查先前读《论语》的学习质量;笔者也希望《论语求真》会是一本详尽的教材或教师用书,用于教学,相信会节省很多时间,并把《论语》解读以讹传讹的风险降到最低。

如果您有志于做一名《论语》专家,那需要大量阅读《论语》典籍。在本书文后所附的"引用文献简称索引"中可以找到本书作者常常引用哪些文献,这是一条可用的线索。

最后,要感谢为拙著的出版提供帮助的众多人士,特别是原中国教育学会副会长、原上海市教育学会会长张民生教授。定一从数学教师转向跨学科课程研究,二十多年来始终得到民生先生的鼎力支持。也感谢夫人对定一下班后仍然把家当办公室,朝夕面对电脑和书本疏于家务的宽容。

刘定一 2021.01

学而篇第一

《论语》二十篇，本篇最重要。朱熹指导读者"今读论语，且熟读学而一篇，若明得一篇，其余自然易晓。"本篇是总纲，为人生突出一个"学"字。全篇 16 章，读每一章都要用"正己"二字贯串。

1.1 子曰："学而时习之，不亦说乎？有朋自远方来，不亦乐乎？人不知而不愠，不亦君子乎？"

孔子说："学了，有适当时机便练习使用，不也是很愉悦的吗？有学友从远方来，不也是很快乐的吗？别人不知道我，我却不气恼，不也是君子的本色吗？"

1. 子曰　"子"是古代对男子的尊称，如"孔子""孟子"。《论语》是孔门弟子编辑的，提到老师往往省了姓氏，简称"子"。"曰[yuē]"是说。许慎（约 58—约 147）所著《说文解字》（以下简称《说文》）解"曰"字"象口气出也"，参见右图。《说文》古本甚至说："开口吐舌谓之为曰。"

钱穆（1895—1990）《论语新解》（以下简称《钱解》）把"子曰"译成"先生说"，模拟了《论语》编者的口气，但译者面对当代《论语》读者，还须交代"这里的'先生'指孔门弟子的祖师爷"，不如直接把"子曰"译成"孔子说"，虽然这样翻译会损失语气中师生的亲切感。

不算遍布全书的"子曰"，《论语》是以"学"字开始的，"学"的丰富含义会在《论语》中逐渐展开，本章则展示"学"与"习"的耦合，无关特定

学习对象，不往高玄处想。

2. 学而时习之，不亦说乎？

（1）学习　在周秦时代，“学习”并不成词，学是学，习是习。朱熹说“学之为言，效也”，解释“学”为效仿，与下文的“习”配合得严丝合缝。“习”的繁体字是“習”。《说文》说“習，数飞也”，“数［shuò］飞”就是一次次试飞。从右图甲骨文可见，“習”字本意正是幼鸟效仿老鸟在鸟巢上方用双翅扑腾。而郭沫若先生却认为“習”字下方是太阳，解“習”是小鸟在晴日“下”学飞。

（2）时　在周秦时代，“时”作副词用时，意思只是“适时”。1.5 章“使民以时”与《孟子·梁惠王上》“斧斤以时入山林”就是两个例子。把“时”解释为“时常”最早要到汉代，如《史记·吕太后本纪》“时与出游猎”。朱熹（1130—1200）《论语集注》（以下简称《朱注》）与有的当代《论语》注书把“时”解为“时时”，是重大的误解。

（3）说　借代后世的“悦”字。孔子时代“悦”字还没有造出来，用“说”字兼其功能，容易引起误解。《孟子》里已出现“中心悦而诚服”。“说—悦”这种字对，称为“古今字”，以后还会多次见到。

（4）就“学而时习之”五字，已经可以建立一个由老鸟与小鸟结对构成的学习模型，给出“传—学—习—用”的关系。模型用框图表示为：

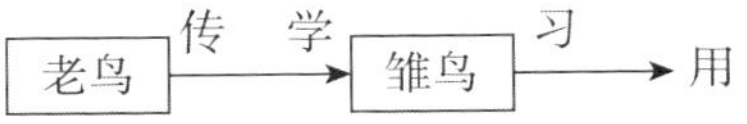

老鸟的起落飞翔等于示范传授，雏鸟的学就是观察效仿。“习”是对所学由生到熟的践行过程，雏鸟通过一次次练习，内化所学的东西，最后达到学以致用。

（5）孔子为什么不直接说“悦哉”而婉转说“不亦悦乎”？因为后者肯定人生本来有悦有乐，但这种愉悦常离不开动物性（如“饮食男女”），日久生厌，乐极生悲。孔子倡导的悦乐，超越动物性，高尚悠远得多。

3. 有朋自远方来，不亦乐乎？

（1）朋、友的古义是不同的，“同门曰朋，同志曰友”。孔门弟子都是朋，彼此在学问上切磋琢磨；友未必是一时的同学，只要志同道合，互相砥砺，辅仁进德，可以受益终身。同门未必同志，同志无须同门。同门是一时的，是机缘凑巧；同志是长期的，出于自主。《论语》中“朋”字出现共 9 处，其他 8 处都是“朋友”连用，“友”倒单独出现了 19 次，可见友比朋重要得多，甚至能贯串人今后的全部人生。

（2）初学者不大理解《论语》编者为什么把“有朋自远方来”之乐放

在那么重要的地位。今天读者对身边的“朋”更不珍惜。现代实行班级教学制，朋不请自来，学生身在福中不知福；应试教育又把“朋”异化成竞争对手，何乐之有？

在学校里是如此，到了社会上，人们一口一个“朋友”，本义完全失真。清华大学老校长梅贻琦、教务长潘光旦合撰的《大学一解》一文指出：“个人修养之功，有恃于一己之努力者固半，有赖于友朋之督励者亦半。”今人意识不到这一点，缺了一半，人生的损失惨重！原来这才是俗语“出门靠朋友”的真谛！

4. 人不知而不愠，不亦君子乎？

（1）由 1.16 章可知，“人不知”指“人之不己知”，即人不知道我的学养、我的为人、我的价值，等等。其实若我人品高尚、学问精湛、兴趣高雅，如果学者为己，就没有理由“愠”——愠的意思是含怒、气恼。

（2）君子　原先指处于统治地位的人，从孔子开始，常用它指道德高尚者，这里就是如此。君子有众多特征，孔子独独提出“人不知而不愠”这一条，是因为君子最典型的特征就是“学者为己”，别人知道我的学养、为人与价值，固然可喜，但不知道也没有理由生气。

5. 孔子所说三句话必有内在联系，古人的章句偏重逐句解读，对整体关联容易忽略，现代的研究者对此就会多加注意。

钱穆先生认为本章表述了递进的理想人生三境界。

“学而时习之”在人生起始阶段就要追求；能践行者，必能享受其愉悦。真正的学人能享受一辈子，许多人则一辈子都体会不到这种高尚的愉悦。

“有朋自远方来”表明学识已有相当造诣。切磋琢磨的平台越来越高，才有“谈笑有鸿儒”的高尚悠远的快乐。

如果一个人学识浅薄，本无可知，就不会面对人不知愠不愠的问题。学识高了，对他人还不认识到自己的价值才会敏感。所以“人不知而不愠”是高境界者的必然特征，一般人想追求，也只有提升人格、丰富内心世界这一条路。

6. 首章是《学而》全篇总纲，文字中隐藏着《论语》的密码——“悦乐君子”，学习人生应以此为目标。这一目标顺应人性，应当为古今所有读书人所拥护；同时，不应该为人生设定更高的目标，希图超凡入圣、成仙得道。至于学什么，本章没有说，后人众说纷纭。其实只要耐心研读下章，就可提取出一个“仁”字。

1.2 有子曰:“其为人也孝弟,而好犯上者,鲜矣;不好犯上而好作乱者,未之有也。君子务本,‘本立而道生’。孝弟也者,其为仁之本与!”

有子说:“一个人为人孝顺父母,尊敬兄长,而喜欢冒犯尊上的,很少;不喜欢冒犯尊上而喜欢兴风作浪捣乱的,从未有过。君子致力于根本,‘本立而道生’。所谓孝悌,也许就是‘仁’树的根吧!”

1. 有子　孔子晚年弟子,姓有,名若,字子若。《史记·仲尼弟子列传》中说他小孔子四十三岁,一说小三十三岁(古文的“四”写成“亖”,在传写过程中难免与“三”字混淆)。公元前479年孔子逝世,孔子不少晚年弟子想拜有若为师。据《孟子·滕文公上》记载:“子夏、子张、子游,以有若似圣人,欲以所事于孔子事之,曾子不可而止。”有若被孔门弟子尊称为有子,《论语》涉及有子的只有四章,首篇倒有三章,本章还高置于首章之下,恐怕不是偶然。

2. 其为人也孝弟,而好犯上者,鲜矣;不好犯上,而好作乱者,未之有也。

(1) 孝弟　“弟”通“悌”[tì],也是一对古今字。《朱注》:“善事父母曰孝;善事兄长曰弟。”

儒家非常重视孝悌。首先,任何人出生时不可能孤独生存,只能存活在父母的抚养中。其次,人从出生起就要与生存环境互动,开始学习处理人际关系,用一个汉字表示,就是“仁”。

“孝”即“善事父母”,是子女对待父母应遵守的原则,要点在于学会感恩。父母的养育之恩是天下第一大恩,没有生命哪有人生?而生命正是父母给的。

“悌”即“善事兄长”,要点在于学习“长幼有序”,后生应当敬长谦让。

弟子成年后要在不可知的甚至险恶的社会环境中处理上下尊卑关系,如果没能在相对和谐的家庭中经受锻炼,增强免疫力,后果会很严重。

(2) 鲜[xiǎn]　少。有子不说“其为人也孝弟,而好杀人放火者鲜矣”,他认为最可怕的是喜好犯上作乱。“陈胜吴广”不在其中,他们并不喜好犯上作乱,是“官逼民反”。所谓好犯上,是指其人无差别地藐视尊长;所谓好作乱,是唯恐天下不乱。

（3）注意此句句式“……，鲜矣；……，未之有也。”与《大学》正文结束语“自天子以至于庶人，壹是皆以修身为本。其本乱而末治者，否矣。其所厚者薄，而其所薄者厚，未之有也。”句式完全一致。在儒学经典中同样的句式再找不到第三句，这提示有子与《大学》正文有特殊关系。何况本章强调的正是“务本”（见下段）。

3. 君子务本。

（1）甲骨文的“木”是树的形象（如图左），“本”和“末”没有甲骨文，金文的“本”字是在“木”的根部加个记号（如图中），原意是树根。与“本”相对的是“末”，是在树梢上作个记号（如图右），原意并非粉末之末，而是表示系统发育成熟最后出现的东西。

（2）我们做事，以种苹果树为譬，目标是得到树发育到成熟，开花结果的那个“末”，即苹果。但功夫要下在根子上，使苹果树根深干壮、枝繁叶茂，达到花香果甜。本章有子提出的，就是这样一个“苹果树模型”。

（3）与“君子务本”相对的是“小人务末”，这样的后果很严重，就像是往酸涩苹果里注射甜蜜素、用商标纸遮盖外表烂疤、在西瓜里注射膨大剂那一套，背离正道。

4. 本立而道生。

（1）“本立而道生”是逸诗。[西汉]刘向（约前 77—前 6）在《说苑·建本》中曾引用过“诗云：‘原隰既平，泉流既清，本立而道生。’”（隰[xí]，湿地）

（2）“道”字在《论语》中共出现了 89 次，其中作为名词用有 80 次，其意思不尽相同，后续将在适当的地方逐一揭示。

以上述“苹果树模型”说事，本章所说的“道”指树的生长规律。只有根扎稳了，才谈得上以后的按规律行事。“后续发展”没有了根基，就不会是正道。例如，“五粮液”要用小麦、大米、玉米、高粱、糯米五种粮食经过 17 道工序发酵酿制而成，如果其本不立，原料只是水+工业酒精+香精+甲醇，后续过程哪还需要 17 道工序？

5. 孝弟也者，其为仁之本与。

（1）与（與） 通欤（歟），疑问词。

（2）本章提出的“仁”，是儒学核心词，在《论语》中出现最多（109 次）。仁有本，表明可以将仁看作一棵树，有子指出，“仁树”的根是孝悌。

（3）除本章使用“苹果树模型”外，下章使用了“采蘑菇模型”向初学者渗透“仁”的认知。初入森林采蘑菇，首先要学的不是怎样的蘑菇最鲜美，而是要学会识别怎样的蘑菇最毒，怎样的毒蘑菇最乱真。要弄清楚什么是仁，须通读《论语》去悟。对初学者来说，首先要知道什么是最大的不仁——好犯上作乱，详见上文2(2)。其次要知道什么是最有欺骗性的不仁，它最容易被人误认为仁，见下章。

1.3 子曰：“巧言令色，鲜矣仁。”

孔子说：“花言巧语，装出和颜悦色模样的人，不大会是仁人君子。”

“巧言令色”出自《尚书·皋陶谟》：“能哲而惠，何忧乎驩兜，何迁乎有苗，何畏乎巧言令色孔壬。”（皋陶[gāo yáo]说：“能做到明智和体恤民众，还会担心驩兜[huān dōu]吗？还会流放三苗吗？还怕巧言令色的大奸佞吗？”）巧言令色后来作为成语，意思是用花言巧语和假装和善来讨好别人。最后一句，孔颖达疏：“巧言令色为甚佞之人。”“孔”的意思是非常、极其；“壬”亦作“任”，奸佞的意思。前人误以为孔壬是人名，放在上面那句话里是读不通的：“何……乎”三个排比句，前两句直书驩兜和有苗，不说驩兜怎么个坏法，有苗又多么可怕；第三句指若干大奸佞。如果“孔壬”实指某人的话，特在这人前加个具体又冗长的“巧言令色”的四字修饰语，既不合理，也不合古文语法。

仁者待人，尽己之心，目的不在谋私利，所以表里一致，没有必要刻意掩藏真实思想。巧言令色的人言不由衷、表里不一，装饰成仁的样子，那么所掩藏的一定是不仁。

进入孔门，弟子要学习“三达德”知仁勇。上一章已出现了“仁”，本章隐含了“知”。“知—智”是古今字，指智慧。12.22章樊迟问什么是从政的智慧，孔子答以“知人”。知人成了智者最大的特点。

一般来说要判别一个人仁或不仁并不容易，而本章教初学者用“巧言令色”来判断其人不仁，而且孔颖达认为“巧言令色为甚佞之人”，说明巧言令色的外部特征很明显。读者在日常生活中应该遇到过这种人，他跟你不是十分熟悉，却过来套近乎，恭维你，他的言语神色、整个腔调十分肉麻，正合了两句俗语：“卑辞厚币，必有所求”“无事献殷勤，非奸即盗”，这种人会是仁者吗？

如果对照本章，发现自己竟不知不觉中有近于巧言令色的行为，立即要引起警惕。这是儒家重要的修身机制，下章专门介绍。

1.4 曾子曰："吾日三省吾身：为人谋而不忠乎？与朋友交而不信乎？传不习乎？"

曾子说："我每天多次反省自己：为人谋划而不尽心吗？与朋友交往而不守信吗？老师传授我的东西，我不努力学着去用吗？"

1. 曾子　孔子晚年弟子，名参，字子舆，南武城人（故城在今天的山东枣庄市附近），比孔子小四十四岁（前 505—前 435）。他与有若一样，是孔门弟子中罕见地被尊称为"×子"的几个人之一。

2. 三省[xǐng]　在古代，"三"作为修饰动词的副词，不表示精确的三，只代表多于二。除了"三"外，"九"这个数字用来泛指更多，如"一言九鼎""九牛一毛"。

曾子每日反省的第一个问题是"为人谋而不忠乎？"，"忠"字在《论语》中出现了 18 次，不能把它当作"封建糟粕"。适用于任何时代的定义：尽己之心以待人，谓之忠。古代所说的忠君，今天就要理解为忠于职守。任何一个社会组织都有结构，人在其中就是一个零部件，都要忠于职守，尽心尽力，扮演好上级分配的角色。这是常理。

3. 与朋友交而不信乎？

走上社会，不再以亲情联系，而以诚信为立身之本，没有信用寸步难行。

4. 传不习乎？

由于本句"传"字缺乏主语，造成理解分歧。如果传者是曾子自己，便是"我传授知识于他人，事前不充分备课吗？"如果传者是孔子或他人，对曾子来说便是"老师传授于我的，我不习吗？"前说狭窄，只适用于师者传道授业解惑；后说普遍，而且与"学而时习之"同义，师所传正是我所学，二者一致，拙著《论语求真》取此义。

曾子的反省，前两项各亮出核心字"忠"与"信"，"传不习乎"隐含哪个核心字呢？

从人生感悟来说，师传我以高明，与"馈我以甘露"性质相同，我的态度当然是虔敬拜受，不可轻视抛弃。

从理论来说，"传不习乎"突出的原则用"敬"字来表达也最合适。

要知道整套周礼的精神可以用《礼记》开头的“毋不敬”三字来概括。下面15.6章子张问行,子曰:“言忠信,行笃敬,虽蛮貊之邦行矣。”可见忠、信、敬的确是对等并列的。又如,2.20章季康子问:“使民敬、忠以劝,如之何?”也可以看出敬与忠的相互依存。

5. 本章极为重要:

(1) 上两章还是泛谈学一个“仁”字,要注意最大的不仁和最乱真的不仁。本章则一口气推出“仁”的下位概念“忠、信、敬”。

(2) 曾子每天多次反省的三个问题全面包含了处理“人我耦合”的三个方向应遵循的不同原则:“忠”是我施于人的原则;“信”是对等交往的原则;“敬”是接受他人施与的原则。如下图所示。

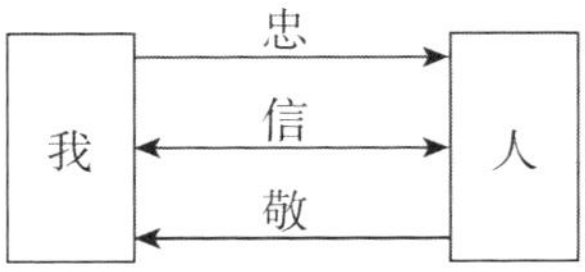

我们不能说曾子之所以反省忠、信、敬是他心中有这么一幅框图,但他把忠信放在反省首位正是“传不习乎”的要求,因为孔子反复叮咛弟子要“主忠信”(1.8,9.24,12.10)。

(3) 从贯通整部《论语》来说,正己不是空话,要有手段保证。曾子给出的修身方式是学儒的不二法门。三省吾身不同于宗教徒的修行,只是每天时不时地呼唤心中的上帝,即良知,把一天来的为人处世抽空回顾一遍,检查有无知行不一处,等于洗澡。曾子是大孝之人,他也许不需要再反省“对父母而不孝乎”,也不需要反省“为官而不廉乎”,其他人就不一定。但是无论反省什么问题,我们在实施时也要效法曾子,突出“忠、信、敬”这一层次的“大德”,包括上章所提到的日常待人接物中对仁的偏离,而不是反省鸡毛蒜皮的低层次“小德”。子夏说过“大德不逾闲,小德出入可也”,见19.11章。

6.《学而》篇第1、2、4章内容极为丰富,第3章的短小引人注目,又重出于《阳货》篇。《论语》最初问世时如何编排已不可知,今天看到的《论语》下编大致是由曾子门人编定的,他们也有可能触碰半世纪前已编定的《论语》上编。我们已经发现了三处痕迹,详见后文。如果抽去1.3章,《论语》一上来三章“孔—有—曾”的排序会给读者产生“有子身份高于曾子”的感觉,而“孔—有—孔—曾”的排法便不会产生这种联想。

1.5 子曰："道千乘之国，敬事而信，节用而爱人，使民以时。"

孔子说："领导一个有千辆兵车的诸侯国，要一心一意处理好政事，信实无欺。要节省开支，爱护人民，役使民众要在合适的时候。"

1. 道千乘之国。

（1）道　"道—導(导)"古今字，意思是领导、治理。

（2）千乘[shèng]　一千辆兵车。据《史记》介绍：孔子时代的兵车每辆用四匹马拉，车上有三名披着盔甲的兵士，各有所司（如图，正中负责驾驭，左边执弓射箭，右边执戈戟防御格斗）。每辆车跟有步兵七十二人，外加后勤人员二十五人，共一百人的兵力。

（3）国　孔子所处的春秋时代，又称东周，《论语》所称的国，指周天子的诸侯国，如齐、鲁、卫、蔡，不同于今天的国家。

孔子为什么直指"道千乘之国"，而不说"万乘"或"百乘"？邢昺(932—1010)《论语注疏》(以下简称《邢疏》)中指出"天子万乘"，要孔子教导弟子怎样帮助周天子治理天下，那根本不现实。《礼记·坊记》说"制国不过千乘"，说明再大的国家也就配备一千辆兵车。至于"百乘之国"，只有千乘之国的十分之一，在春秋末年非常容易被吞并，治国者很难有作为。

（4）《大学》说："自天子以至于庶人，一是皆以修身为本。"上章论个人修身法门，修身为了什么？孟子说："穷则独善其身，达则兼善天下。"(《孟子·尽心上》)孔子弟子三千，其中不乏有志治国兼善天下的。如果仅仅是独善其身，要处理的人际关系较简单，治国者则面对大量与陌生人群的关系，必须在更高层面上处理好。怎样兼善天下，要到下篇以"正人"为宗旨的《为政》中展开，但归根结底，治理国家要从一颗仁心出发，核心在于牢记"正人先正己"，所以放在本篇处理。

2. 本章具体提出治国五要，是官员的修身五要，而不是驭民五要。首先就是敬事而信，这是把上章提炼出的"忠""信""敬"三字用于更广泛的人群。"敬"字在《论语》中出现了21次，大都指严肃认真一丝不苟的态度，与"谨"相通。程颐说："主一之谓敬。"《礼记》第一篇《曲礼》，

第一句就是“毋不敬”。“信”就是说话算话。

至于后三要，历代官员不乏奢靡浪费，甚至私吞国帑、鱼肉百姓，都是未先正己的恶果。要缺乏《论语》精神的官员自觉遵守本章，并不现实，而强调治国五要，有利于公众评价监督，在当代仍有重大现实意义。

1.6 子曰：“弟子入则孝，出则弟，谨而信，泛爱众，而亲仁，行有余力，则以学文。”

孔子说：“为人子弟，在家孝顺父母，出门善事兄长，作风严谨，信实不欺。博爱大众，亲近仁者。躬行了以上六方面还有余力，还要学习文化知识技能。”

1. 本章所论“弟子七学”，是对未成年人学习的基本要求，做人与读书，位置要摆正。

2. 弟子入则孝，出则弟　“弟子”有两义，一相对于受教的师尊言，一相对于家中的父兄言。这里属于后一种情况，多指未成年人。古代聚族而居，未成年人生活圈子不大，除在家孝顺父母外，出门所见多有族兄，要善事敬爱。

3. 谨而信　“谨”指谨言慎行，“信”指待人接物，都要有一套规矩并养成好习惯，与上章“敬事而信”相通。

4. 泛爱众　家中子弟接触大众的机会虽然不多，但面对上门乞讨、乡邻求助等，必须存一份同情哀悯的博爱之心。

注意这个“泛”字，爱众只在周边，一如萍水相逢。人人都这样做，也就全覆盖。不是在日常生活之外刻意寻求爱众的机会，否则天下之大，爱不胜爱。《舌华录·慧语第一》中的薛西源就处理得很好：

> 薛西源性好施，尝脱绵袄施贫者。或曰：“安得人人而济之？”薛曰：“吾为见者赠耳。”

5. 亲仁　小时候可塑性强，看好学好，看坏学坏，特别需要亲近仁者。除了乡贤外，从书上或乡里见到的圣贤事迹，也要亲近。

6. 行有余力，则以学文　不是指前六方面都做到后才学书本知识（那学文化岂不太迟了）。未成年人每天都有大量读书做人的学习任务，要把学做人放在前面，而不是撇开做人道理片面地学文化知识技能。

7. 本章在民间影响之大，与其他章相比，可说是《论语》之最，这得益于清代学人的系统传播。康熙年间秀才李毓秀(1647—1729),以本章为提纲,写了一篇《三字经》风格的韵文,原名《训蒙文》,后来经乾隆年间贾存仁修订改编,改名《弟子规》,文字比较浅显,可说是古人对本章最详尽的诠释。但它不是经典本身,而是清朝人对《论语》1.6 章的解读,其中自会有不合时宜的叙述,只要以本章为指导准则,予以适合时代的解释,其积极意义仍不可低估。所以,对《弟子规》抱力挺和鄙弃态度这两个极端都不可取。

1.7 子夏曰:“贤贤易色;事父母能竭其力;事君能致其身;与朋友交言而有信。虽曰未学,吾必谓之学矣。”

子夏说:“娶妻着重妻子的贤惠,不看重容貌;服事父母能竭尽全力;服事国君能有献身精神;与朋友交往时能做到言而有信。这样的人虽谦称自己没有学问,我必定说他是有学问的。”

1. 上章谈未成年人的“七学”,本章承接上章,作用在于就“五伦”(即夫妇、父子、兄弟、君臣、朋友这五种人伦关系和言行准则)进一步对成年人提出要求。论者姓卜,名商,字子夏,孔子晚年弟子,比孔子小四十四岁。子夏是晋国温邑人,三家分晋后,温属于魏。孔子死后子夏就在魏国任西河教授。

2. 贤贤易色　这项要求是关于择偶的。第一个“贤”是动词,尊崇义。第二个“贤”指贤德。易,不看重。易色,看淡美色。夫妇是五伦之首,“不孝有三,无后为大”,成年第一件大事是结婚,所以放在最前面讲。后人有主张本句是把不属于五伦、泛泛的“尊敬贤者”放在章首,显然不合理;后面拖一个“易色”,更是说不通。

3. 事父母能竭其力　上章首先述及父子这一伦,但上章提“入则孝”,是因为父母还不靠未成年人赡养。弟子成年后父母渐渐衰老,在生产力和医学水平极为低下的古代,为使父母能颐养天年,小辈只有竭尽全力。

4. 事君能致其身　人总是活动在社会组织中,所谓“事君”,其精神在于忠于职守,在组织中担当起自己的角色,在任何社会里都是如此。“致”同“致命”的“致”。“致其身”即献身,投身于职守。上章针对未成年人,不存在事君的问题,所以不提,本章则必须补充。后人不必讨论子夏是不是故意把君臣这一伦放在父子之下。

5. 与朋友交言而有信　“同门曰朋，同志曰友。”上章针对的弟子，没有走上社会，谈不上交友。走上社会，那就“出门靠朋友”，本章因此强调。所强调的是“言而有信”，“言—信”在字源学意义上是特别有意义的文字组合，《论语求真》将在适当的地方讨论。

6. 成年后兄弟各自成家，渐行渐远，故“五伦”中的“兄弟”，子夏不再提进一步的要求。

7. 人生所学，无非是读书做人。一个成年人能如此妥善地处理好四伦，不通过学习，仅凭“生质之美”，是不可能的。所以子夏敢肯定，即使其人谦称自己没有学问，此人一定是学了的。

8. 子夏的教育观特别重视日常行为表现（参见 19.12 章），引起他师弟子游的质疑，历代有些《论语》注家也因本章而非议子夏丝毫不对学文提要求，这个误解出于不知道本章是针对成人所作的补充。君子务本，学习文化知识的重头戏在未成年时，此时最容易因文化学习负担重而忽视学做人，所以上章强调摆正做人与学文的位置。成人学文在生活中的比重大大降低，在做人方面，却有针对成人的新要求和高要求，特别是在夫妇、父子、君臣、朋友这四伦上。成年人如能达到子夏提出的四项标准，不学习是不可能的，所以子夏才如此说。

9. 吾必谓之学矣　“谓之学”，是对成人为学的肯定，但上升空间还很大很大。比起“谓之学”，孔子提出过更高的境界——“好学”。这个高标准，孔子不肯轻易许人，但他自己是达到的。参见 1.14，6.4，11.7，19.5 各章。

1.8 子曰：“君子不重则不威，学则不固。主忠信，无友不如己者。过则勿惮改。”

孔子说：“君子不厚重就没有威严，表现在学习上，掌握得也不会牢固。做人要以忠信为主心骨。不要和不如自己的人交朋友。犯了过失则不要怕改正。”

《邢疏》提示：此章勉人为君子也。

本章省略了当时的语境，孔子不会无缘无故地说这么一番话，即使说，也不会一口气说好几点。我们可以设想当时他针对某一弟子的不厚重表现进行教诲，其他弟子也抱“有则改之，无则加勉”的态度洗耳恭

听，记录有详有略。9.24 章就删掉了批评某弟子“不重”的第一句。

1. 学则不固　“固”字有二义，褒义为牢固，贬义为固执。取褒义还是取贬义，要根据对“君子不重则不威，学则不固”中所含“……则……，……则……”的分析。

这种语法结构本来并不罕见，像“合则留，不合则去”，其中两个“则”字提示对比，语法功能一模一样，读上去铿锵有力；又像“穷则思变，变则通”，两个“则”字构成了一个递进的推理链，通顺平滑，本例的白话语译也一样。为人不厚重，的确影响学业。抗干扰能力差，随风飘零，学问当然不扎实。

有的注家把本段理解为两个独立陈述，先说君子不重会造成什么后果，并没有提出什么要求，突然话锋一转说“至于学习方面嘛，则要求不固陋”，句子两个“则”字用法不一致，不但留给读者突兀的感觉，而且暗示读者在“学”的问题上就“学则不固”这一句，其他几句教训与学无关，这显然违背了《学而》篇的精神。

2. 主忠信　忠信是做人的主心骨，所以 1.4 章曾子每天多次反省“为人谋而不忠乎？”“与朋友交而不信乎？”本章则直接把忠信联在一起。有些人工于心计，克敌制胜时出奇招（例如汉初的丞相陈平）。兵者诡道，兵不厌诈，但为达到目的不看对象、不择手段，处理各种事务都靠阴谋诡计，做人当然是失败的。何况“信”不但意味着不欺人，还意味着不自欺。

3. 无友不如己者　无，通毋，参见 9.25 章。

孔子要求某弟子不跟不及自己的人交朋友，有特定语境，特别是该弟子容易受诱惑，或择友不慎，设身处地，任何时代的家长都能理解。交友本来是为了辅仁进德，有人（比如鲁迅）以本条指责孔子势利，是不公平的。其实，“无友不如己者”对所有人都适用。按《吕氏春秋 · 观世》记载，孔子极为推崇的周公就说过：“不如吾者吾不与处，累我者也。与吾齐者吾不与处，无益于我也。”

有人说：“根据这种准则，比你高的人也不会和你交朋友。”貌似有理，多半是今天“朋友”概念的外延任意扩张的结果。人处处比我高，我不追求与他交朋友，应当师从。而且，情况往往是：某人这方面不如我，另一方面却超过我，彼此也是可以交朋友的。即使身边某人样样不及我，交不了朋友，其中的忠信者也可以收为学生。这算势利吗？

4. 过则勿惮改　惮，害怕。

人非圣贤，孰能无过？人生像一只航船，改过的过程就是纠正偏离航向、更换损坏零部件的过程。理想目标离我们很远，我们进步不大，很重要的原因就是怕改过，甚至文过饰非。怕改过的原因又在于怕付出太大的成本。例如，怕戒烟是怕牺牲了自己人生的一大乐趣。参见5.26章。

《论语》编者把本章接在前两章之后的一个解释：1.6章孔子全面谈了未成年人的“文行忠信”，1.7章子夏就“行忠信”方面对成年人提了四项新要求，但“好学”也是要包括学文的。阻碍自身进步的，除智力因素外，还有非智力因素，这就是本章之意义所在。本章的核心词是“重”，不威、不固是不自重之害；主忠信、慎交友、勇改过是自重之道。大多数阅历深者如果仔细反省，都会悟出自己一生中不重处很多，若能早点听孔子的，会有一个更理想的人生。

1.9 曾子曰：“慎终追远，民德归厚矣。”

曾子说：“慎重地做好人生大事的结束工作，追念人生源流，民风就会归于淳厚了。”

1. 慎终追远　慎，严肃认真对待；终，一件事的结束。追远，追念逝去的事物。民德，指社会道德或民风。“德”的讨论见文末第6条。

2. 汉景帝时期的孔安国把“慎终追远”解释成“丧尽其哀，祭尽其敬”，东汉经学大师郑玄也不持异议，而且慎终追远的主体被聚焦于在位者（如刘宝楠说“故曾子讽在位者但能慎终追远，民自知感厉……”见文末第6条），两千年来几乎形成定论。但曾子本意是否如此？

本章是曾子奉献给《论语》上编的一抹亮色。孔子逝世时，曾子的意见在弟子中已经举足轻重；弟子们守庐三年，编定《论语》前十篇，曾子言论高置首篇，而且不只一章，他当时只有三十出头，父亲曾皙比子路年轻（见11.23章），如果曾皙那时已去世，《论语》应该有所反映，所以曾子总结出“慎终追远”的重要性，其个人的经验背景只有孔子的丧祭，刘宝楠说的“曾子讽在位者能慎终追远”云云，则完全脱离了曾子的经验背景。

人老死，称为“寿终”。将“慎终”界定为“丧尽其哀”，只涉及送终者，从《论语》中读到的曾子，强调的却是临终者。原《泰伯》篇8.4章记载：曾子患了重病，临终前要求弟子们为他把手足摆放端正，这就是《大戴礼·曾子大孝》所引曾子所说的“父母全而生之，子全而归之，可谓孝矣”。原8.5章记载曾子对前来探病的鲁国权臣孟敬子恳切地临终进谏，原8.6章曾子提到“可以托六尺之孤”，显然有孔子临终时把伯鱼的四岁遗孤孔伋（子思）托付给曾子这一背景。《礼记·檀弓》中关于“曾子易箦”的生动描述也是如此。这些表现都可以看成是临终者“慎终”的重要部分。

即使对送终者而言，除“丧尽其哀”外也要强调对垂死者的临终关怀，对此当代社会越来越重视。

3. 推而广之，与曾子可能有较深渊源的儒家经典《大学》中说“物有本末，事有终始”，任何一件事都有始有终。人生所做种种大事，都要严肃认真地做好结束工作，而不仅限于“人生”这一件大事本身。

《老子》就是这样使用“慎终”的：“民之从事，常于几成而败之。慎终如始，则无败事。”（《老子·六十四章》）——一般人做事，常常做到快成功时却失败了；如果像开始那么谨慎从事，就没有办不成办不好的事了。我们从前面1.5章中读到治国者的“敬事而信”，也依稀感受到这么理解的“慎终”的存在。

4. 魏晋南北朝人对《老子》的认同度很高，所以［南朝梁］皇侃（488—545）《论语义疏》（以下简称《皇疏》）提到当时有一种说法：“‘靡不有初，鲜克有终’，终宜慎也。久远之事，录而不忘，是追远也。”可惜《皇疏》对慎终、追远的广泛理解，后世未能很好地继承下来。

“靡不有初，鲜克有终”引自《诗经·大雅·荡》，原意是人之初没有不追求善的，但少有至死仍保持这份善良的。在这个狭义上，慎终就是把好人做到底；其实引申开去，凡事无不如此：凡事没有不开头的，但很少能做到结束。人人能做到永远有始有终，而非始乱终弃甚至背信弃义，民德自然归厚。

《皇疏》对“追远”的疏解也很有启发性，既有“读史使人明鉴”的意思，也指祖先弃世，渐去渐远，其雨露之恩要追思，常念不忘。如此，民德还不归厚吗？

5. 儒家另一部重要经典《中庸》中说：“夫孝者，善继人之志，善述人之事者也。”这是追远的另一个重要方面。善于继承先人的遗志，将先人的嘉言懿行和优秀事迹牢记在心。

6. 整部《论语》，“德”字出现40处。《中庸》称“知、仁、勇三者，天下之达德也”，“知、仁、勇”是“德”的下位概念，表明德的地位比仁要高，不可不慎重对待。《求真》将逐章就“德”的方方面面进行讨论，综之可窥“德”的全貌。本章是“德”字的首次出现，我们接着第一条继续谈。

本章所谓民德，指民风。而民风是一个个具体的人的德性的合力，用系统语言讲，是整体涌现，最后还是归结到个人。［清］刘宝楠《论语正

义》（以下简称刘氏《正义》）就“德”的本义引了《乐记》中的“德者，性之端也”，又引了《淮南子·齐俗训》中的“得其天性谓之德”，用意在于说明人本来有善良天性，而“当春秋时，礼教衰微，民多薄于其亲，故曾子讽在位者但能慎终追远，民自知感厉，亦归于厚也”。

1.10 子禽问于子贡曰：“夫子至于是邦也，必闻其政。求之与？抑与之与？”子贡曰：“夫子温良恭俭让以得之。夫子之求之也，其诸异乎人之求之与？”

子禽问子贡：“我们夫子到一个邦国，必定与闻那里的政事，这是他求来的呢，还是人家主动提供的呢？”子贡说：“这是夫子靠了‘温良恭俭让’得来的。即使他是求来的，和别人的求大概也是不同的吧！”

1. 陈亢[gāng]，字子禽，齐国人，比孔子小四十岁，可能是孔子弟子。端木赐，字子贡（《礼记》记作子赣），孔子得力弟子，比孔子小三十一岁，卫国人。本章两人的问答应该发生在孔子周游列国回到鲁国之后。

2. 温良恭俭让　温：温柔敦厚；良：善良平易；恭：庄敬严肃；俭：朴素节制；让：谦逊礼让。在本章中，这五个字画龙点睛刻画了孔子的美德。

为什么孔子靠了“温良恭俭让”，人家就会让他与闻他国政事呢？

净土宗九祖蕅益大师（1599—1655）写过一部《论语点睛》，民国教育家江谦（1876—1942）为此书写的补注指出了其中的因果关系：

温则人亲之。良则人信之。恭则人敬之。俭则人便之。让则人与之。故至于是邦，必闻其政。

其中亲、信、敬、便、与都是动词。“便”[pián]，安心；“与”，给予。

《学而》篇的宗旨在正己，学者应以孔子为榜样。孔子能有温良恭俭让的为人态度，可见其内心的修养。这并不是天生的资质，而是“六经”教育的结果。“六经”中除《春秋》是孔子所著外，其余五经——《诗经》《尚书》《仪礼》《乐经》《周易》，都经过孔子认真的研究，并有所发明。

《礼记·经解》有这么一段话：

孔子曰：“入其国，其教可知也。其为人也，温柔敦厚，《诗》教也；疏通知远，《书》教也；广博易良，《乐》教也；洁静精微，《易》教也；恭俭庄敬,《礼》教也;属辞比事,《春秋》教也。"

很明显,孔子本人就认定一个人的为人是经典教育的结果,例如,温柔敦厚是《诗经》教育的结果,广博易良是《乐经》教育的结果,洁静精微,是《易经》教育的结果,恭俭庄敬是《仪礼》教育的结果。可见一个人能表现出"温良恭俭让",不通过教育不行。

3. 其诸　或许,大概。

1.11　子曰:"父在,观其志;父没,观其行。三年无改于父之道,可谓孝矣。"

孔子说:"父亲在世时,全面观察儿子的志向;父亲去世了,全面观察儿子的行为。若能做到三年不改变父之道,真可称为孝了。"

对为人子者可观者很多,本章的两个"观"字是针对孝不孝的问题。父在,观为人子者的志于父之道;父没[mò](通"殁",即死亡),观其行为是否与父之道一致。于此可知其人孝还是不孝。

本章是 1.9 章的接续。"善继人之志"是追远的践行,是孝的灵魂,民德所以归厚。

本章的争议主要在"父之道"。如果父之道是歪门邪道,做儿子的马上改还怕来不及,还要等上三年吗?在《论语》里"××之道"多次出现,有"先王之道""君子之道""夫子之道""子之道""善人之道""相师之道""文武之道"。原来所有这些"××之道"都指××的一套宗旨、理念或原则,都指正道。

孔子讲究正名,后面《颜渊》篇记载,齐景公问政于孔子,孔子见齐国国君不像国君,臣下不像臣下,父亲不像父亲,儿子不像儿子,便回答他八个字:"君君,臣臣,父父,子子。"父不像父,就没有资格称父。所以本章"父之道"要理解为人父应守之道,正如说一位女子"恪守妇道"一样。

既然本章中所说的"道"无有不善,所以可改可不改。父亲死后三年内孝子即使想再改良,因为尊重死去的父亲,也是不忍骤改的。至于三年后,情况会有很大改变,又积累起一堆新问题,父之道当然要随之改变,与时俱进。

本章的别解参见 19.18 章。

1.12 有子曰:“礼之用,和为贵。先王之道斯为美,小大由之。”有所不行。知和而和,不以礼节之,亦不可行也。

有子说:“礼在实行的时候,以调和为贵。古代贤君圣王之道因此才美。无论小事大事,这条原则都适用。”[《论语》编者评注]“礼之用,和为贵”也有行不通的情况,知道和谐的好处而一味调和,不用礼来进行节制,也是不行的。

1. 到上章为止,《学而》篇各章之间的联系都比较清晰,到本章好像另起炉灶,《论语》编者通过有子语录首次提出儒学重要概念——礼,未加说明,先拿来“用”。回顾在 1.2 章中通过有子第一次提到“仁”时,也未见总体,只见其“本”,“孝”也一样。《论语》中核心概念的意义都是逐渐展开的。

2. 礼是拿来用的,怎样用法有讲究:“和为贵”。“和”字与“礼”紧密相关,也是儒学的重要概念。作为名词,“礼”在《论语》中那么早就在本章通过有子之口,首先出现。

3. 仁是礼的核心,礼是仁的外化。人先有仁心,然后在此基础上制定人际关系的准则。后面 3.3 章子曰:“人而不仁,如礼乎!”就是这个意思。“礼”字在《论语》中共出现了 74 次,指周礼,即周王朝历代保留下来的礼法制度,它保证了社会井然有序,有效运行。礼的精神是恰当的待人接物,方式不同,要细加区别。《礼记·曲礼》说:“夫礼者,所以定亲疏,决嫌疑,别同异,明是非也。”特别要士大夫以上的阶层遵行。《曲礼》又说:“礼不下庶人。”对庶人不必责求完礼,士大夫在各种仪式中行礼如仪时,那些厨师、杂工总不能抛下事务跟着一起行礼,再说他们也没有礼服礼器。时代发展至今,在最广泛的意义上,礼是全社会共同遵守的行为规范,内容更为丰富。

4. 礼的张力表现为:(1)礼法制度不是一成不变的,随着时代变化而有所调整(见《为政》篇 2.23 章);(2)规则在实施时不是刻板的,有一定的回旋余地。用礼时区别过度,如上对下或下对上刻意拉大距离(参见 3.18 章),效果都会走向反面,故而有子在本章提出“礼之用,和为贵”,也就是在具体使用礼时宜调和,勿强化彼此的隔膜,而应予以种种调融。

5. 历代《论语》注家对本章的标点意见不统一,基本上是下面两种标点法：

（1）有子曰："礼之用，和为贵。先王之道斯为美，小大由之。有所不行。知和而和，不以礼节之，亦不可行也。"

（2）有子曰："礼之用，和为贵。先王之道斯为美。小大由之，有所不行。知和而和，不以礼节之，亦不可行也。"

《论语求真》的标点法大不相同，理由如下。

本章"有子曰"之后有三句话，前两句以礼为主体，谈礼之用要注意什么；最后一句与前两句正相反对，说"'礼之用，和为贵'有所不行，知道和的重要性而去讲和，不用礼去节制它，不行！"历代注家认为这三句话都出自有子。如果是这样，从逻辑上看是后一句反对前面的说法。末句的反对是没有道理的，前面有子根本没说"不以礼节之"，只是强调"用礼不讲和"行不通。再说"有所不行"这样的句法，一定用于前面那一对象的整体。后面 7.16 章是个很好的旁证，"子所雅言"同样的句法，也是编者加注。所以我们大胆认为本章最后一句话不是有子说的，《论语》上编编者不可能这么做，应该是《论语》下编编者半世纪以后的修正意见，而此修正意见似乎不正确。

上文提到历代《论语》注家对本章的两种标点法，第二种给读者的印象是：有子强调"礼之用，和为贵"的原则适用于大事不一定适用于小事，适用于小事不一定适用于大事，从下文给出的说明看，显然不是有子的原意。所以也不可取。

后面 14.41 章也提供了"礼之用，和为贵"一个绝好的案例支持《求真》对本章标点的意见。

1.13 有子曰："信近于义，言可复也。恭近于礼，远耻辱也。因不失其亲，亦可宗也。"

有子说："诺言符合正义，才可能信守；恭敬符合礼节，才免受耻辱。看来'姻不失其亲'这条古训，在道德领域也是可以遵奉的。"

1. 信近于义，言可复也　本章是"义"字在《论语》中的首次出现，其意义以后再展开，这里可以把它理解为正义、道义。

讲信用是为人处世的重要美德，本篇前几章反复强调了这一点：曾子每天反省"与朋友交而不信乎？"孔子教导说，领导一个国家，要"敬事而信"；做一个君子，要"主忠信"；从小就要"谨而信"。给读者的印象是，凡事只要坚守一个“信”字，无往不利。有子偏偏提出修正，说信要符合正义，言才可复。也就是说，与已经十分崇高的“信”相比，“义”是更崇高的裁判者。

什么是言可复？《左传·僖公九年》《左传·哀公十六年》二见“复言”，都是践行诺言的意思。言下之意，有些信不符合正义，许下的种种诺言就靠不住。例如向人借钱许以不合理的重利，那就是根本不打算还；盗匪团伙策划抢银行，答应事成之后“有福同享”，结果却是火拼。

“信近于义，言可复也”还引出一条原则：不义之信，不可坚守。《庄子·盗跖》中有一个故事：“尾生与女子期于梁下，女子不来，水至不去，抱梁柱而死。”尾生与女子约会于桥柱下，女子没来，潮水倒来了，尾生为了坚守信约，就在原地等着，眼看潮水渐渐上涨，最后没顶也不放弃。这种守信绝对不适宜：既非女子所愿，更对不起盼我赡养的父母。这种情况下，当然以不守诺言为宜。

《论语·子路》篇里孔子说“言必信，行必果”的是不知权变的小人。孟子干脆指出：“大人者，言不必信，行不必果，惟义所在。”（《孟子·离娄下》）实际上是承接了《论语》中这两章的思想。

2. 恭近于礼，远耻辱也　1.10 章中已出现过“温良恭俭让”，现代人把“恭”理解为恭敬，八九不离十。“恭”总是个好东西吧，本章有子偏又提出修正。从反面来理解，你对人不合礼法的恭敬，让人觉得下贱，可能自取其辱。

到本章为止，我们已经看到了原始儒家提出的许多表示好品德的词：有些针对特定对象，如孝、悌；有的是普适词，如忠、信、敬、温、良、恭、俭、让；处于更上一层的则是仁、义、礼。下层做法是否得当，要接受上层的检验，如信要接受义的检验、恭要接受礼的检验。

3. 因不失其亲，亦可宗也　有一个令人惊异的现象：本章有子说的三句话，其中第三句的意思，两千年来绝大多数注家的注释都极为牵强。

信与义、恭与礼，这两对褒义词都很般配，而信与不义、恭与非礼则不般配。有子由此提出《仪礼》中的“姻不失其亲”作为道德领域的准则“亦可宗也”，即“也可以予以遵奉”。

“因（姻）不失其亲”是失传的古代成语，意指婚姻最好是亲上加亲。据近人程树德《论语集释》，这条成语转引自［南唐］徐锴《说文系传·通论》“《礼》曰：‘姻不失其亲’”，此语可从《南史》得到佐证：

> 王元规泣请曰：“因不失亲，古人所重，岂得苟安异壤，辄婚非类？”

4. 根据有子的提示，后人可以举一反三提升认识，如创作这样的格言：“仁近乎智，行有效也。”——不智之仁反而败事。这与罗素的下列名言不谋而合：

美好的人生系由爱所唤起，并为知识所引导。

上章有子实际也提出“礼”要与“和”联姻才好。《论语》中有子的言论只有四则，已足以表明有子是原始儒家中最具系统思想的一位方法论大家。

5. 本章反映了有子难得的非线性思维。

前人误以为本章有子三句话同是排比，其实第三句是从前两句归纳出的普遍法则。打个比方，假设人们熟知加法交换律，$3+5=5+3$，$7+4=4+7$，有子却有了新的发现，他说：

$3\times5=5\times3$，

$7\times4=4\times7$。

看来在乘法领域，交换律亦可宗也。

1.14 子曰：“君子食无求饱，居无求安；敏于事而慎于言；就有道而正焉。可谓好学也已。”

孔子说：“君子饮食不求饱足，居处不求安适，做事敏捷，说话谨慎，以有道德学问的人为标准来纠正自己，能做到这些就可说是好学了。”

前面1.7章论及的可称之为“知学者”——知道了学习的重要性而努力学习的人，本章告诉我们“知学者”还要上升为“好[hào]学者”。

孔子自己当仁不让，他以好学而自豪：

子曰：“十室之邑，必有忠信如丘者焉，不如丘之好学也。”（5.27章）

而在孔门三千弟子中哪些算是好学者？孔子到死也只推举颜回一人：

哀公问：“弟子孰为好学？”孔子对曰：“有颜回者好学，不迁怒，不贰过，不幸短命死矣！今也则亡，未闻好学者也。”（6.3章）

这说明孔子的好学标准很高，然而由本章可见，孔子提出的好学标准也就这么三条，竟那么难做到吗？

1. 食无求饱，居无求安　古代物质条件比今天不知差了多少，往往居食无靠。但是许多人以“日图三餐，夜图一宿”为口头禅，则表明其胸无大志，追求的只是安饱，就谈不上什么好学了。这八个字强调的是一个立志的问题，应该志于道而不是志于生活享受（这是没完没了的）。

另一方面，富家子弟不愁吃穿，安饱不求自来，但生活的优裕最能消磨学子的意志，反而成了好学的克星。

2. 敏于事而慎于言　“学如不及，犹恐失之”，除非做事敏捷，专心致志，否则学而无成，又谈得上什么好学！以慎于言来说，孔门四科：德行、言语、政事、文学，宰我与子贡属于言语科，因为说话不慎，没少挨孔子批评，孔子许以好学的弟子，也就口笨舌拙“不违如愚”的颜回一位。看似这难以理解，其实任何事情都是说着容易做着难，做不到言行一致，谈何好学！而要达到言行一致，所怕的永远是行不足，言有余。唯一的办法就是敏于事而慎于言。

3. 就有道而正焉　“食无求饱，居无求安”意味着一心志于道，不忘学习的目标；“敏于事而慎于言”意味着力行；“就有道而正焉”意味着不断纠正学习中的偏差——“修道之谓教”。这样，好学的三大标准就成了好学的保证。

1.15　子贡曰：“贫而无谄，富而无骄。何如？”子曰：“可也。未若贫而乐[道]，富而好礼者也。”

子贡曰：“诗云：‘如切如磋，如琢如磨。’其斯之谓与？”子曰：“赐也，始可与言诗已矣。告诸往而知来者。”

子贡说：“一个人能做到贫穷而不谄媚，富贵而不骄傲，您看怎样？”孔子说：“还不错，但是不如贫穷而喜欢坚持真理，富贵而彬彬有礼的人。”

子贡说：“《诗经》里‘如切如磋，如琢如磨’，说的就是这个意思吧？”孔子说：“端木赐呀，我可以开始同你探讨《诗经》了呢！告诉你前半段，你就知道后半段。”

上章孔子谈到怎样的人可称为好[hào]学者，子贡当然牢记在心，要用好学标准来衡量自己。他是个成功商人和外交家，不愁吃穿，用马斯洛需求层次论来说，“食无求饱，居无求安”这条标准子贡远远超越了，对此，他并不沾沾自喜。从本章可见，子贡自立了更高的标准“贫而无谄，富而无骄”，希望“就有道而正焉”——“我所立的标准能得到孔子的肯定吗？”结果孔子只给他打了及格分数，告诉他更高的境界是什么。

1.“贫而无谄，富而无骄”可能只是出于其人的“生质之美”，能自我约束，却没有忘记自己是穷人，自己是富人。而要做到“贫而乐道，富而好礼”，则出于“学问之功”，超脱了贫富的境界。

子贡马上联系到《诗经·卫风·淇奥》篇：

瞻彼淇奥，绿竹猗猗。有斐君子，如切如磋，如琢如磨。

瑟兮僩兮，赫兮咺兮。有斐君子，终不可諠兮。

其中“如切如磋，如琢如磨”这两句中的切、磋、琢、磨，原是指骨角、象牙、美玉、宝石都是美材，但分别要通过切平、磋圆、雕琢、研磨才能成宝器。而这两句诗本来是歌颂卫武公其人如一件宝器玉树临风，现在子贡能迁移到谈教育的重要性，孔子大为赞赏。

2.“贫而乐道”见《史记·仲尼弟子列传》，皇侃《论语义疏》高丽本及流传日本的诸版本、孔安国注、邢昺《论语注疏》，可能同出自古《论语》。鲁《论语》则作“贫而乐”，坚持后一解的注家引孔子“乐以忘忧”和颜回“人不堪其忧，回也不改其乐”以支撑。然而将两种解释进行对比，“贫而乐”难以同“穷开心”区别开来，而“贫而乐道”则得到“君子固穷”“素贫贱行乎贫贱”的呼应，又与“富而好礼”对称，更为可取。

3. 赐也，始可与言诗已矣。告诸往而知来者　诸，“之于”或“之乎”的合音。往，已经发生的事；来者，未来尚未发生之事。孔子称赞端木赐说，你这么解《诗》，这就可以同你讲《诗》了，告诉你已知的知识，你能推演出未知的命题。注意，这就是孔子在 2.11 章里所说的“温故而知新，可以为师矣”。

1.16　子曰：“不患人之不己知，患不知人也。”

孔子说：“不怕别人不知道我，怕的是我不识人啊。”

《学而》篇首章是全篇总纲，接下来详论“正己”的方方面面，直到篇末本章才为首章第三句“人不知而不愠，不亦君子乎！”加了个注解。

1. 患　忧虑、怕。孔子为什么强调“不患人之不己知”？我用我认为合适的方式为人处世，即使人不知我而引起误解，我有办法让人清楚地认识自己，不足以担忧。如果把早早出名当作重要目标，明清之际的王夫之（1619—1692）《四书训义》指出：“患己知之不早，则屈学以阿世。”许多人唯恐不能尽早成名，干的尽是急功近利之事。甚至扭曲自己的学术以投世俗之好。

另外也要注意，“不患人之不己知”不等于原始儒家追求“人不知”的效果，只是不把“人之不己知”当作心病而已。

2. 为什么“患不知人也”？人生要面对形形色色的人，回避不了。“仁者相人偶（耦）”，我不知人，根本无法建立适当的耦合。例如：与人合作，不知道对方是骗子，必定受骗上当；不知道对方是我的“贵人”，就会失去稍纵即逝的机会；等等。

3. 本章不能仅看作提醒某个个人不患什么、患什么，也适用于一个组织乃至整个民族。

为政篇第二

《学而》篇的核心词是“学”，也就是正己；《为政》篇以此为基础，核心词是“政”，也就是正人。本篇 24 章，首章是总论，次章起分论正人之种种。

2.1 子曰：“为政以德，譬如北辰，居其所而众星共之。”

孔子说：“用正己的心得来正人，譬如北极星，居于天顶而满天星斗都拱卫着它。”

1. 为政以德　甲骨文有“正”而无“政”。“正”字从“止”从“一”，[南唐]徐锴（920—974）说意思是“守一而止”。在“政”字出现之前“正”字就当“政”字用了，1973 年河北定州出土的竹简手抄本《论语》本章就写“为正以德”，意义容易混淆，于是就在“正”字右边加个“攴”[pū]（金文如图），现在写成“攵”，是手里有所执持的形象（《说文》中说，“攴，小击也”，前人早已指出这是个误会）。这样，为政的意思就是持“正”以正人，正如朱熹所说：“政之为言，正也，所以正人之不正也。”

《论语》中“德”上一次出现在 1.9 章，指民风民俗。朱熹说：“德之为言，得也，行道而有得于心也。”德不是人固有的，而是来自有益的实践——行天道，然后思考总结，终于内化为自己的心得。

“德”的本字是“悳”，《说文》：“外得于人，内得于己也，从直从心。”后来小篆加“彳”，取“行有所复”之义，演变成现在的德字。

在本章中，政指正人，德指正己的心得。“为政以德”是孔子的美好政治理想，强调的是齐家治国平天下都要以修身为本，其对立面是“为政不以德”，即“为政以力”。孟子说：“以力服人者，非心服也，力不赡也。以德服人者，中心悦而诚服也，如七十子之服孔子也。”（《孟子·公孙丑上》）

2. 北辰　《尔雅·释天》定义：“北极谓之北辰”，即是一个位置，但孔子说它“居其所”，应该是指最靠近北辰的一颗亮星，即北极星，看上去似乎一年四季动也不动，而“众星共之”——满天星斗围着它转（“共”，音义同“拱”，拱卫、环绕）。

3. 本章用北极星一动不动打比方，给人以道家无为而治的感觉。其实不然，既然点明“为政”，就是有为，不可能指清静无为。北极星“居其所”，是待在天北极，不等于不为政，正像机场调度员不离调度室一步，注意力高度集中，可不是无为而治，任凭飞机自行起飞降落。

为政者也可以东巡西察，居其所而受人拥戴的是德。《中庸》说：“宽柔以教，不报无道，南方之强也，而君子居之。”君子所居，并非南方，而是“宽柔以教，不报无道”。《子路》篇孔子所说“其身正，不令而行；其身不正，虽令不从”，正是“众星拱之”的气象。

4. 后面4.24章子曰：“德不孤，必有邻。”与本章相通。本章有德者还居高位，所以其“德不孤”表现为其邻在下面围着转。如果居上位无德，则会变成孤家寡人，臣下离心离德。

2.2　子曰：“《诗》三百，一言以蔽之，曰：‘思无邪’。”

孔子说：“《诗经》三百［零五］篇，用一句话来概括，就是思想纯正，没有邪念。”

1.《诗》三百　指《诗经》三百零五篇（另有六篇笙诗，是供吹奏用的纯音乐，有篇无辞，本书在3.20章中会提到）。《诗》是儒家“六经”（《诗》《书》《礼》《乐》《易》《春秋》）之一，其中《乐》指《乐经》，早已失传，许多人甚至怀疑它是否真的存在过，所以后来不称“六经”，称“五经”。

2. 一言以蔽之，曰：“思无邪”　蔽，覆盖，概括。思无邪，《诗·鲁颂·駉》（駉［jiōng］，马儿强壮的意思）中正好也有这一句，是描写骏马向前直行的勇健貌的，诗中“思”是语气助词，无意义，孔子是借诗评诗，把思字用实了,我们在1.15章中强调过,引《駉》诗诗句不该扯上《駉》诗原来是说马呀之类的。

3.《史记·孔子世家》记载:"古者诗三千余篇,及至孔子,去其重,取可施于礼义。"后人没有弄清"及至孔子"是指"到了孔子的时代",据此一致误认为司马迁说孔子把古诗删掉了90%,这一共识反而引起了长达两千年的争执:一派认为孔子的确删诗了,一派认为司马迁胡说八道。这件公案现在应该可以了结了,这里只说一点,如果孔子按"思无邪"原则把古诗删剩305首,却自鸣得意地说可用"思无邪"来归纳,是不合逻辑的。

4. 在宋代理学家眼里,《诗经》里淫诗不少,青年男子见美色就心动,甚至有性爱的描写,哪里谈得上思无邪?其实孔子说过:"饮食男女,人之大欲存焉。"(《礼记·礼运》)"大欲"就是出乎本能的、人人都有的向往,其思出乎本能,完全当得起"思无邪"三字。没有大欲反而不正常,变态才是"邪"。

5. 从本章起详论"正人",《论语》编者之所以把孔子论《诗》放到首位,可能是因为在儒家经典"六经"里,诗教放在第一。上篇1.10章所引《礼记·经解》已提到这一点。

诗教之所以置于"六经"教育之首,似乎与3—5岁是语言教学的黄金时期有关。看来当今让牙牙学语的小儿背诵古诗,还是有道理的。

2.3 子曰:"道之以政,齐之以刑,民免而无耻;道之以德,齐之以礼,有耻且格。"

孔子说:"用政令来领导,用刑罚来整治,民众只是为避免犯法而不知羞耻。用德性来领导,用礼教来规范,民众不但有廉耻之心,而且能够自新。"

1.《为政》篇的宗旨是正人,首章总论为政以德,上章起分论,谈诗教的重要性,本章除进一步强调"道之以德"外,又谈到礼教的重要性。诗教与礼教,是萦回孔子心中的两件大事,在后面16.13章可见,他特意提醒儿子伯鱼的就是:"不学诗,无以言","不学礼,无以立"。

2. 儒家经典《礼记·缁衣》篇(可能是孔子之孙子思的作品)有两句很相似的话:

子曰:"夫民,教之以德,齐之以礼,则民有格心。教之以政,齐之以刑，则民有遁心。”

《礼记·缁衣》篇的另一个版本来自1993年出土的郭店楚简：

子曰：“长民者，教之以德，齐之以礼，则民有劝心；教之以政，齐之以刑，则民有免心。”

可见本章中的“道”就是“教”，意思是教导（参见1.5章“道千乘之国”）。

“齐”字的甲骨文如右图所示，像一排整齐的麦穗。《说文》：“齐，禾麦吐穗上平也。”表示整齐划一。

“免”就是“遁”，意思是逃避；“格”就是“劝”，这又是什么意思呢？

《尚书·周书·冏命》说“绳愆纠谬，格其非心”，“绳”与“纠”都是纠正的意思；“愆”是过失，“谬”是错误。“绳愆纠谬”已经变为成语，意思是纠正过失。“格其非心”的意思就是革除不正确的心向。

3.《学记》说：“君子欲化民成俗，其必由学乎！”一般认为，在民为学，在治国者则为教导、劝学。一个社会的风俗日趋败坏，显然表明不但教育缺位，也是“道之以德”的缺位。

2.4 子曰：“吾十有五而志于学，三十而立，四十而不惑，五十而知天命，六十而耳顺，七十而从心所欲不逾矩。”

孔子说：“我十五岁而有志于学，三十岁自立于社会，四十岁明辨是非，不致迷惑，五十岁知道人安身立命之所在，六十岁好话坏话都能领会其真意，七十岁随心所欲而行为不越出规矩。”

孔子晚年总结自己的学习人生，从十五岁讲到七十岁，分六个阶段。《论语》编者把这段话放到以正人为主旨的《为政》篇2.4章，为世人树立了一个榜样，使后人得以瞻仰并领会孔子是怎样以身作则垂范万世的。

1. 十有五而志于学　这里的“有”字，音义同“又”。我们把带分数 $1\frac{1}{2}$ 读成“一又二分之一”，在孔子时代十五的读法也是如此：把十当整数，五当作零头。

无论古今，人到十五岁已识了不少字，读了不少书，但远远不够。无论未来职业是什么，都要坚定不移地建立终身学习的人生，这就是“志于学”(这个“学”,是孔子特有的“成己之学”),具体说来是“志于仁”“志于道”。

2. 三十而立　“立”字在甲骨文中的形象如右图,人站住了脚跟。孔子三十岁立什么?他经过十五年勤学苦练“六艺”,特别是学诗学礼,学业有成,能自立于社会。“立”在1.2章首先提到:“君子务本,本立而道生。”《中庸》里记载孔子说“修身则道立”,说明“立”必须通过修身,而修身的项目次序,前面1.6章、1.7章给出了一个总纲,1.8章给出了须时时优化的非智力因素,提到要恪守“主忠信”,因为诚信为立身之本。诚信又表现在高尚的人际关系上:“己欲立而立人,己欲达而达人”(6.29章),立人与达人是立己达己的必要途径。

3. 四十而不惑　《中庸》里记载孔子说了“修身则道立”后,紧接着说“尊贤则不惑”,这应该不是偶然。用韩愈的话来说,师者的一大责任是“解惑”。

《论语》《孟子》中关于“惑”的描述很多。“惑”的一种意思是疑惑。另一种意思是心无定见,举止无常。《颜渊》篇孔子说:“爱之欲其生,恶之欲其死。既欲其生,又欲其死,是惑也。”——对自己喜爱的人希望他长命百岁,对自己厌恶的人希望他早点死掉,如果说这还算人之常情。但对同一人一会儿想他活下去,一会儿想他死掉,就是迷惑。“惑”的第三种意思是不识大体,不顾大局,头脑发热,对事务处置不当。

《颜渊》篇孔子说:“一朝之忿,忘其身以及其亲,非惑与?”为了一时的气愤,破罐破摔或与人拼命,忘了自己的安危和还有亲人在,不就是“惑”吗?

知道了什么是“惑”,也就知道了什么是不惑。《子罕》篇孔子说“知者不惑”,不惑是智者的特征。孟子说:“是非之心,智之端也。”智慧又发端于知道对错。所以不惑的核心是分清是非,明白什么该做,什么不该做。孔子在四十岁时达到这个境界。

4. 五十而知天命　天命,又称命,《中庸》首句就是“天命之谓性”,而《论语》5.12章子贡明确说:“夫子之文章,可得而闻也。夫子之言性与天道,不可得而闻也。”在儒学中,“天命”大致是上天加于人的意志,不可抗拒,所以儒家决不鼓吹“人定胜天”。

现代人一般会把“知天命”理解为认知客观规律。如果是这样,幼儿要花十几年工夫才能打好基础,时间之长,古人根本不能比。但是孔子把“知天命”看作人生的一大标杆，整部《论语》以“孔子曰：‘不知命，无以为君子也。不知礼，无以立也。不知言，无以知人也。’”作结，似非偶然。本章孔子自称“五十而知天命”，如果天命是泛泛的客观规律，人从生到死是一点点认识的，没有五十岁的特定界限，所以孔子所知“天命”是天对每个特定个人的诉求，用古希腊贤哲的话来说就是“认识你自己”。古希腊人是要求人类认识到在神明面前自己是多么无知，孔子的知天命则是认识到上天降给自己的大任。没有丰富的人生底蕴、知识经验的积累、高尚的品德修养，根本做不到。孔子要到五十岁才知天命，一般人终其一生也没有这种意识，能到退休以后感悟到已是很幸运的了。这个底子，要从小打起。

用孟子的话来说：

天将降大任于是人也，必先苦其心志，劳其筋骨，饿其体肤，空乏其身，行拂乱其所为，所以动心忍性，增益其所不能。(《孟子·告子下》)

伟人的知天命表现为一种强烈的自信与使命感。

孔子感到自己肩负的重任是传承周文王留下的礼法制度，这是天命，谁也阻止不了，所以“知者不惑，仁者不忧，勇者不惧”。(9.28 章)

孔子从四十不惑升华到五十知天命，应该与学《易》有关。《述而》篇记载孔子在四十多岁时曾说过：“加我数年，五十以学《易》，可以无大过矣。”《易》是深藏客观规律、天人关系的一部儒学宝典。学了《易》，人的教养便与众不同。《礼记·经解》告诉我们，孔子说过，到一个国家，可以看出民众的教养：

入其国，其教可知也。……洁静精微，《易》教也；……洁静精微而不贼，则深于《易》者也。

这种洁静是心灵的洁静，这种精微是思维的精微。“致广大而尽精微”，常人难以达到。

5. 六十而耳顺　“良药苦口利于病，忠言逆耳利于行。”只要知道“逆耳”是什么意思，就容易理解什么是“耳顺”了。耳顺的含义至少有两条：(1)听得进逆耳忠言，听到顺耳的恭维也不会忘乎所以；(2)无论对方讲什么，都听得出藏在话语背后的深层信息，特别是说话者的用心。

6. 七十而从心所欲不逾矩　孔子到了七十岁，又上一个台阶，即使随心所欲，行动也中规中矩，比如《乡党》篇介绍孔子的饮食习惯说：“肉虽多，不使胜食气。惟酒无量，不及乱。”孔子衣食无忧，老年人非肉不饱，餐桌上有充足的酒肉供应，孔子可以随心所欲吃饱喝足，不醉无归，他却能做到吃粮食为主，酒他会畅饮，但决不喝到发酒疯的地步。这都是"从心所欲不逾矩"在日常生活中的表现。

老人要达到这个境界，应该比年轻人容易，一则人到了七十岁，血气衰了，欲望消减不少，有利于做到"从心所欲不逾矩"，二则社会经验丰富，更容易自律。但老人有老人的软肋，见 16.7 章。

7. 百年树人　在《子张》篇末，子贡把孔子比喻成高不可攀的日月，说相比之下其他贤人只是可以翻越的丘陵。这个比喻过于简化，只能体会孔子的高度，难以从中感悟孔子的成长过程。要感悟孔子的成长过程，也许更确切的比喻是"百年树人"，两千多年来在华夏大地上长成过无数棵"参天大树"，只有孔子这棵树高耸入云，令司马迁有"高山仰止，景行行止"的感慨。

重要的是让我们以孔子为榜样找差距。孔子这棵大树根扎得很深，因为他务本，在十五岁就有志于学，要长成乔木而不是灌木。由于孔子这棵大树根扎得深，到了三十岁已挺拔特立，我们曾提到这是学礼的结果。用现代的话来说，就是有担当，负起与他的社会地位相当的责任。这与职位高低无关，诚乃立身之本。

9.29 章说：

子曰："可与共学，未可与适道；可与适道，未可与立；可与立，未可与权。"

用这一章来对照孔子的成长过程。孔子从童年时代起也应该有过共学的小伙伴，这些人却没有取得孔子的成就。孔子自己是十五岁志于学了，他如果有同学，其志向也许并不在此，不走同一条道，这就是未可与适道。也有走同一条道的，但孔子三十而立，其人不立。也有一起立的，但孔子四十不惑，处理事务分析问题能权衡利弊得失，分清轻重缓急，那人面对形势变化却不知变通。下面孔子不再说下去，足见"可与权"的人很少很少。我们也许可以推知，如果孔子遇到"可与权"的人，其人也"未可与知天命"。

把 9.29 章与本章联系在一起读，可知五十知天命、六十而耳顺、七十而从心所欲不逾矩是多么难以达到的境界。

"耳顺"表明，六十岁后的孔子成为这样一个系统，它能惬意地消化输入的信息，进行最高质量的加工。孔子到了七十岁，又上一个台阶，即使随心所欲行动也中规中矩，意味着系统输出的高质量。

遗憾的是，孔子没活到孟子的八十四岁高寿，否则他会总结出"八十而×××"，可我们永远不知道这一崇高的新境界！

2.5 孟懿子问孝。子曰："无违。"樊迟御，子告之曰："孟孙问孝于我，我对曰'无违'。"樊迟曰："何谓也？"子曰："生，事之以礼；死，葬之以礼，祭之以礼。"

孟懿子问什么是孝。孔子说："不违背父母。"樊迟为孔子驾马车的时候，孔子告诉他："孟孙问我什么是孝，我回答他，孝就是不违背父母。"樊迟说："这是什么意思呢？"孔子说："就是父母活着时，按礼法服侍他们，父母死后，按礼法送葬和祭祀。"

1.《学而》篇的主旨是正己，人出自娘胎，首先要正的，是对亲长的态度。儒家以成仁为理想，而孝悌为仁之本（1.2 章）。对未成年人来说，以孝回报父母是学做人的第一步（1.6 章），对成年人来说更须达到"竭力"的程度（1.7 章），直到父母去世其追思也绵绵不绝（1.9 章，1.11 章）。这几章所论是对每个人的要求。

《为政》篇的主旨是正人，2.1 章总论正人以正己之所得，2.2 和 2.3 章论诗教与礼教的重要性，2.4 章为世人提供一个正己的光辉榜样。从本章开始是分论，论什么？为政以德，"孝"仍在首位。在《学而》篇，对孝所提要求普适于每个人，此外，不同的人还有他们的具体情况和不同需求。为此，不同的人来问孝，孔子的回答便因人而异。所以本篇安排了 2.5—2.8 共四章来论孝，从中可以看出孝的方方面面。

2. 孟懿子问孝。子曰："无违。" 孟懿子，鲁国大夫仲孙何忌（？—前 481），懿是谥号。孟懿子问孝，孔子给出两个字的回答"无违"，即"毋违"——"不要违背"，缺了宾语，造成理解分歧。孟懿子问怎样才算是孝顺父母，在此语境下，"无违"最像是指不违背父母的心愿。

孟懿子的父亲孟僖子（？—前 518），名仲孙貜[jué]，是鲁国贤大夫，去世前叮嘱手下让两个 13 岁儿子何忌和说拜孔子为师学礼（说，一作阅，史称南宫敬叔，与后面 5.1 章孔子提到的南宫适不是同一人）。那时孔子 35 岁，已是名师。

但何忌接班后却不遵师命。定公十年（前 500）孔子在鲁国任大司寇，要"堕三都（郈、费、成）"，这里"堕"是"隳"的古字，音 huī，"堕三都"的意思是拆掉郈、费、成城墙的超高部分，其中成邑是孟孙氏的采邑。郈、费先后拆了，只因何忌抗命，"堕三都"的计划功亏一篑。

3. 孔子回答“无违”有以上独特的语境，如果要上升为适合他人的普遍原则，需要补上宾语，所以孔子借樊迟为自己驾车的机会说起这件事，趁樊迟追问，作进一步的澄清。

樊迟是孔子弟子，名须。据《史记·仲尼弟子列传》，他比孔子少三十六岁。[三国魏]王肃《孔子家语》说：“樊迟少孔子四十六岁。”古文“四”字由两个“二”字相叠构成，“三”与“亖”容易混淆。《左传·哀公十一年》记载：“须也弱”——等于说樊须“年方弱冠”，是个二十来岁的男子。哀公十一年孔子六十九岁，如果樊迟真的小孔子三十六岁，他已经三十三岁了，已是壮年。所以樊迟比孔子小四十六岁的说法比较可靠。

孔子对樊迟不称仲孙何忌为仲孙，而称孟孙，是因为何忌的祖上是鲁桓公的庶长子（桓公与侧室所生的长子）庆父。桓公的嫡长子（桓公与正室所生的长子）子同后来成了鲁庄公。庶出的兄弟排行依孟、仲、叔、季的次序，庆父应称孟氏，子孙应称孟孙氏，但庆父希望抹去庶出痕迹，想按嫡系兄弟伯、仲、叔、季的排行，紧挨着嫡系老大伯氏，让自己的后代称仲孙氏。孔子最讲究微言大义，不承认这个挤入嫡系的“仲孙”，仍然称何忌“孟孙”。

孔子告诉樊迟，无违就是不违背礼。父母活着的时候你服侍他们，要事之以礼；父母死了之后你也要葬之以礼；每年祭之以礼，追思父母的养育之恩，对得起先人。

4. 不妨设想一下，如果当年编《论语》，本章就是简单一句话：“孟懿子问孝。子曰：‘无违。’”语意不明将引起后人无穷的纷争，就很难揣测到孔子的真意了。

2.6 孟武伯问孝。子曰：“父母唯其疾之忧。”

孟武伯问什么是孝。孔子说：“让父母除担心你生病外，别无所忧。”

1. 孟武伯是孟懿子之子，名彘[zhì]，武是谥号。孟武伯生卒年月不详，其子孟敬子出现于19.20章。孟武伯问孝时，孟懿子是否健在，不得而知。

2. 对孟武伯之问，孔子给了个相当奥妙的回答：“父母唯其疾之忧。”

这里“疾”是个名词。“疾”与“病”相比，孰轻孰重？根据《说文》段玉裁注:“析言之则病为疾加,浑言之则疾亦病也。”——区别是:疾加重就成了病;笼统地说,“疾”和“病”是一个意思。本章似乎就是笼统地不区别疾和病。

《论语》里还有三章特别提到重病,反倒是用了个“疾”字:“伯牛有疾”(《雍也》)、“曾子有疾”(《子张》)。“疾”与“病”的讨论,请参见15.19及15.20两章的注解。

3. 对“父母唯其疾之忧”,历来至少有三种解释。

第一种解释最早,见于何晏(?—249)《论语集解》(以下简称何晏《集解》)。该书引用马融的话说:“言孝子不妄为非,惟有疾病然后使父母忧耳。”现代注家大都赞同此说。

第二种解释以《朱注》为代表,朱熹虽然认为第一种解释也通,但不如解释为“父母爱子之心,无所不至,惟恐其有疾病,常以为忧也”。朱熹认为,子女有了毛病,父母总是忧心如焚,子女能体察父母这份担心,处处谨慎守身做人,这不就是孝顺吗?

这个圈子绕大了,所以钱穆先生评论说这种解释“似对《论语》原文多一纡回,且于‘唯’字语气不贴切”。

第三种解释最早出自东汉王充(27—约97),《论衡·问孔》篇记载:“武伯善忧父母,故曰‘惟其疾之忧。’”比王充晚一个世纪、为《淮南子》作注的高诱也持同样观点。

清儒戴震《论语补注》对本章的解释是:“孝子于父母有疾,则致其忧。”这种解释在语法层面上已经有毛病。变成子女忧父母,那就不必再加个“其”字来指代父母,而应当说成“唯父母疾之忧”。再说,“孝”被定义得过于狭窄,大孝子只要给父母请名医担任保健医生,别的都不必管了。下一章子游问孝,孔子正是对这种孝顺观持尖锐的批评态度。

其实最直接的第四种解释是,如果孟武伯从小多毛多病,平日又不注意保重身体,他来问孝,孔子就会脱口而出下面一番话:“孝?你知道你的父母为了你的健康有多么烦恼吗?你把自己的身体弄好,就是最大的孝了!”

可惜没有证据表明孟武伯是鲁国病夫,《求真》只好割爱,认可第一种:子女的品行处处让父母担忧,最是不孝;如果让父母担忧的唯有疾病,那就是孝了!

据《左传》记载,孟武伯好斗,喜欢惹是生非。例如,哀公十四年(前481),孟武伯想把马养到采邑成邑去,邑宰不接受,说主上因为此地贫困,一直不养马的。不料惹恼了武伯前去袭击,没攻进去。成邑官员派人来洽谈,挨了他的鞭打。这时孟懿子还在世,可见武伯并不把父亲放在眼里。这年八月，孟懿子死了，不知是不是被儿子气死的。（按说孟武伯如此顽劣，世上多他一个，不如少他一个，但据说他是孟子的五世祖，没有他就没有孟子。）

2.7 子游问孝。子曰："今之孝者，是谓能养。至于犬马，皆能有养。不敬，何以别乎？"

子游问什么是孝，孔子说："现在的人以为能养父母就是孝。但是狗啊、马啊，都有人养，如果养父母而不尊重父母，与养狗、养马有什么区别呢？"

1. 子游姓言，名偃，字子游，吴（今常熟一带）人，小孔子四十五岁，孔子晚年弟子，与长一岁的子夏以精通文学齐名，并称"游夏"。

2. 孟懿子和孟武伯父子俩先后问孝，都是"私问"，孔子只是针对性地回答寥寥数字。子游和子夏都是孔子六十七岁自卫返鲁之后新收的得意门生，师徒关系之密切远超孔子与把持朝政的孟孙父子的关系，何况游、夏两人都有志于成为一代宗师。孔子借回答子游（以及下章中的子夏）问孝的机会揭示了社会上对孝的理解普遍走样。

孔子要表达的孝的核心是：孝＝孝敬。孝来源于父母的养育之恩，不只是一份因父母早年抚育而引发的赡养义务，更是一份感恩之心。

如果本章末句换掉"敬"字，写成"不爱，何以别乎？"意思差不多吗？孟子说：不行！——"食而弗爱，豕交之也。爱而不敬，兽畜之也。"（《孟子·尽心上》）只养而不爱，等于为过年养大肥猪；只爱而不敬，等于养犬马。爱与敬的区别在于：爱出于本能，而敬——"恭敬之心，礼也"（《孟子·告子上》），礼要通过教育——"学礼乎？不学礼，无以立。"（《论语·季氏》）

3. "是谓能养"，能养什么？当然是能养父母。"犬马皆能有养"是什么意思？包咸说："犬以守御，马以代劳，皆养人者。"其误解从东汉延续至今。他没注意到"犬马皆能有养"与"犬马皆能养"意思完全不同。古文太简省，如果把本章"能养"的宾语补足，变成"今之孝者，是谓能养父母。父母能有养，至于犬马，皆能有养，不敬，何以别乎？"整句话就不会遭到误解了。

2.8 子夏问孝。子曰："色难。有事，弟子服其劳；有酒食，先生馔，曾是以为孝乎？"

子夏问什么是孝。孔子说："对父母和颜悦色最难。有事情，学生代先生做。有酒食，请先生享用。难道这就是孝吗？"

1. 游、夏二人先后问孝于孔子，孔子给予的回答不一，但先后脉络清楚，理念一致。上章子游问孝，问怎样才算是孝顺，孔子强调了一个敬字。这个回答，门人应该都知道，包括子夏。于是新的问题又来了：做到孝敬是否尽孝了呢？于是有本章子夏之问。孔子回答："色难。"

什么叫"色难"？最早见到的是两位东汉经学家的不同说法。包咸认为，这个"色"指父母的脸色："谓承顺父母颜色乃为难也。""孝顺"难在那个"顺"字上，父母摆脸子给你看乃至对你发怒，你能不感觉到委屈地承受并顺其心意，做到这点很难。郑玄则认为这个"色"指孝子本人的脸色："和颜悦色，是为难也。"哪种说法对？这种官司在读古籍时屡见不鲜，古人的处理原则往往是"两种说法都说得通"。时代已进步到21世纪，对"此说亦通"之类的粗糙评价，很有反省的必要。

把本章与上章联系起来看，就是：与子女提供物质条件甚至劳务相比，做到"敬"字为难；与克制自己的心情做到"敬"字相比，能在任何场合对父母和颜悦色更难。这种和颜悦色不是靠自己的意志强行克制，而是对父母深爱的真情流露。哪怕父母做错了事，错怪了自己，仍能保持和颜悦色。正如《礼记·祭义》所说："孝子之有深爱者，必有和气。有和气者，必有愉色。有愉色者，必有婉容。"

2. 上一章子游问孝，孔子否定了"孝即能养说"后立即与"养犬马"对比。本章也是这样：孔子表明了孝的一个特征是"色难"后，也举例指出"有事弟子服其劳，有酒食先生馔"式的供养缺乏面对"色难"考验的特征，因此不属于孝的范围。

在本章中，孔子如果单独提到"弟子"，也可能指一般的人家子弟，如"弟子入则孝……"现在孔子举"弟子"带出"先生"，子夏就决不会误会到"先生"是指父母，否则孔子一定会说"有酒食父母馔[zhuàn]"。因此可以肯定孔子是把师生关系与父子关系作对比。令笔者惊异的是，市面上的《论语》读物都解释"先生"为"父兄"或"长者"，解释"弟子"为"子女"或"晚辈"。这样解释连下一章写颜回"不违如愚"都通不起来。

一般说来，师生关系比父子关系要简单得多。相对于亲子，师生彼

此直接接触有限。上课时老师传道授业解惑,课后老师有自己的生活和自己的子女,用不到弟子守在身边(带领弟子周游列国除外)。平时有什么事需要帮忙,弟子众多,大家“服其劳”——为老师提供劳务,分工合作,咄嗟立办。冉有、樊迟、子路为孔子驾马车可能就是轮流值勤的例子:“礼、乐、射、御、书、数”这“六艺”是所有弟子的必修课。此外,如果弟子自家有酒食,“先生馔”——请老师享用。

如此这般对比下来,孔子想表明什么呢?他反问道:“如果把服侍老师的这一套用于服侍父母”——“曾是以为孝乎?”这个问句里的“曾”字,《说文》:“曾,词之舒也。”段玉裁注:“曾之言乃也。”“曾”和“乃”作副词用,都有竟然、居然的意思,所以语气就有惊异的成分:“这竟然就是孝吗?”注意:作“竟然”用时,“曾”的发音不是通常的 céng,而是 zēng。

为什么拿侍奉老师的这一套来对待父母谈不上是孝呢?从“有事弟子服其劳,有酒食先生馔”中两个“有”来看,对老师的这种侍奉,是临时的,偶然的。人哪天无事?这里的“有事”,指的是不同平常的事。平日无事,弟子就不必服其劳。至于“有酒食”,有些弟子(如颜回)平时饭也吃不饱,少让孔子接济已不容易,哪有能力对孔子尽到“有酒食先生馔”的义务?但颜回对自己的父亲颜路却必须千方百计提供酒食。所以从弟子对老师的投入来说,连孝必须达到的基本的“能养”也算不上。此外,从提供劳务、提供酒食的表现看,虽然表达了对老师的敬意(完全不同于豢养犬马),但也不至于要时刻注意孝敬父母时常会出现的“色难”问题。因为师生交流的范围与深度一般是在学问上,有时拂逆师意可以说“吾爱吾师,吾更爱真理”,严重的可以分道扬镳。但未曾听说过“吾爱父母,吾更爱真理”,不承认父母。没有父母你根本就不存在。

2.9 子曰:“吾与回言终日,不违如愚。退而省其私,亦足以发,回也不愚。”

孔子说:“我整天和颜回讲学,他总是点头顺从,好像很笨。可我私底下观察他的言行,却能够将我讲学的内容加以发挥,可见他不笨。”

1. 本章中,孔子最得意的门生颜回在《论语》中首次亮相。《史记·仲尼弟子列传》说:“颜回者,鲁人也,字子渊。少孔子三十岁。年二十九，发尽白。蚤死。”“蚤”通“早”。颜回享年四十一岁，所以称早死，不是因为头发都白了。

本章孔子回顾了对学生颜回认识的深化。颜回刚入师门，孔子与他从早到晚交流下来，其行为像个傻瓜。孔子要研究其中的原因，于是“退而省其私”（注意：“退”与“省”的主语是孔子本人）——考察颜回不在孔子面前时的表现，得出结论：颜回不笨。

2. 本章的文字不难理解，问题是本章放在主旨是“正人”的《为政》篇2.9章的意图是什么，这一点前人揭示不多，［南朝梁］皇侃《论语义疏》（以下简称《皇疏》）的说法最有代表性：“此章美颜渊之德也。”如果如皇侃所言，本章是赞美颜回的德行，放到《为政》篇中的意义就在于以颜回为榜样来正人。

事实恐怕不是这样。我们先梳理一下近几章的脉络。

前面四章一直论孝。用意很清楚：在以“正己”为主旨的《学而》篇里，有子说“孝弟也者，其为仁之本与?”指出孝的意义和作用，子夏说“事父母能竭其力”，指明孝亲该投入到何等深度。到了以“正人”为主旨的《为政》篇，就要因材施教，针对不同对象指出尽孝的方向，并揭示有关的误区。

2.8章已经从孝亲联系到尊师，强调把孝亲标准降低到尊师级别是不够的。那么，将尊师标准提高到孝亲级别又怎样？本章提及颜回“不违如愚”，点出颜回在尊师方面好像是在奉行孝亲原则“无违”，孔子觉得难以接受。

不同于孝亲的“无违”，在教学上强调的是切磋琢磨，一般来说提不出问题的学生可不是好学生。孔子一开始很不理解颜回的“不违如愚”，对子贡、子夏听了老师的教导后能提出高质量的见解倒是非常欣赏。儒学讲究治学五步：“博学之，审问之，慎思之，明辨之，笃行之。”（《中庸》）“不违如愚”大致有三种情况。一是别人都听懂了，就他听不懂，当然无法“审问之”，这是真愚。二是学而不思，照单全收，今天我们可以看到有的学生拼命抄记，从来不曾起过和老师互动的念头。三是一听就懂，闻一知十。孔子又是位优秀的老师，听者没什么需要质疑的地方，所以不违。颜回属于哪一种，孔子通过考察才断定颜回是罕见的天才，正所谓大智若愚。

像颜回这样的天才可遇而不可求，就难以成为普通人的榜样，本章似乎不是为了用颜回来正人，读到下一章我们才恍然大悟。

2.10 子曰:“视其所以,观其所由,察其所安。人焉廋哉?人焉廋哉?”

孔子说:“看他的所作所为,考察他这么做的动机和理由,辨察他真心想做的是什么。他还能隐匿什么呢?他还能隐匿什么呢?”

1. 上章写了颜回刚入师门时孔子对他的考察,后来师生相处久了,孔子才悟到颜回是自己的头号得意门生。孔子总结出“君子欲讷于言而敏于行”(《里仁》),看来和对颜回的观察是分不开的。

孔子深知知人之难,《吕氏春秋·审分览·任数》记载了一则故事:

孔子周游列国时被困于陈蔡之间,七天不进米粒,单靠野菜充饥。第八天颜回讨来了一些米煮饭,快熟时孔子看到颜回从锅里抓了一把饭先吃起来。饭煮好端上来时,孔子装作不知此事,对颜回说:“刚才梦见死去的父亲,先把清洁的饭供上吧。”颜回说:“不行,饭已沾过煤灰,丢掉也不可以,所以我把脏的饭粒吃了。”孔子感叹地说:“亲眼看到的也靠不住!大家记住,知人真的不容易!”

孔子阅人无数,想真正认识身边弟子都要下一番功夫,难怪孔子平日不厌其烦地教导众弟子:“患不知人也!”他觉得完全有必要向弟子们传授一套知人心法,这便是接下来的本章。

2. 视、观、察。

《皇疏》对“视”“观”“察”这三个动词作了仔细的区分:

视,直视也。观,广瞻也。察,沉吟用心忖度之也。

“视”,就是一般的“看”。《大学》里写到心不在焉时会“视而不见,听而不闻”,即使看见,大脑也仅是暂存了输入的视觉信息而未必做进一步的加工。例如,我们走路时肯定看见了迎面走来的行人,但对其形象表情抱视若无睹的态度,我们也能让大脑把对他的印象暂存起来,但没有检索需求的话,很快就会把记忆抹去。

按皇侃的说法,“观”不但是看了什么,还把对象连同大小背景进行整体的审视,我们或许可以从“观摩”“参观”“大观”“观止”等用法中悟出“广瞻”的意思。《谷梁传》说:“常事曰视,非常曰观。”非常事才引起重视,于是睁大了眼看——出什么事了!这在古人用“观者如堵”来形容,而非用“视者如堵”。

“观”是广瞻,“察”是深探。贾谊《新书·道术》说“纤微皆审谓之察”,所以我们说“明察秋毫”,不说“明视秋毫”或“明观秋毫”。“纤微皆审”的意思是不放过任何蛛丝马迹，可见后人发明的“警察”一词是很传神的。

由此可见，从“视”到“观”到“察”，首先是个由此及彼、由表及里的过程，一步比一步周详，一步比一步用心。

3. 知人三步。

第一步：视其所以。

“以”是个多义字，《朱注》所取的是“以，为也”，有三条有力的佐证。一条是《逸周书·官人解》有“考其所为，观其所由”的记载；一条是南宋王应麟（1223—1296）《困学纪闻》从另一本古籍中发掘出来的：

“考其所为，观其所由，察其所安。”亦见《大戴礼·文王官人篇》。

就是说，本章中的“视其所以”在年代较接近的《逸周书》和《大戴礼》中被表达为与之等价的“考其所为”，后者的意思很清楚：考察其人的行为。

理解“以”的意思是“作为”的第三条佐证在《论语·先进》篇侍坐章中的“何以”：

居则曰：不吾知也。如或知尔，则何以哉？

孔子对在场几位弟子说，你们平日总说没人了解你们的本事。假如有人赏识你们，你们能做什么呀？

这样，“视其所以”的意思就是“看其人的所作所为”。

第二步：观其所由。

“由”也是个多义字，何晏《论语集解》（以下简称《集解》）率先根据“由，经也”主张“观其所由”的意思就是“观其所经从也”。

《论语》中的“由”是怎么用的？1.12 章“小大由之”说的是小事大事都遵照“礼之用，和为贵”的原则；6.13 章“行不由径”说的是澹台灭明办事不走小道（门路）；6.17 章“何莫由斯道”说的是为什么都不走正道；“民可使由之”说的是指点一条道让老百姓跟着走。也就是说，“由”的意思是遵循、经由；“观其所由”就是“观察他做这些事时的缘由，是什么让他这么做的”。

这就接近《朱注》的说法了：“由，从也。事虽为善而意之所从来者有未善焉，则亦不得为君子矣。”——其人做了好事，如果动机不善，就称不上君子了。

第三步：察其所安。

历代注家对“所安”的理解总体上是一致的，人的行为表现可以伪饰，其真实心思才是归宿。

《皇疏》说：“情性所安最为深隐，故云察也。”譬如某人做了什么常人做不到的好事，一做再做，令人对其动机无可怀疑，难道这个人真的只喜欢吃苦，不喜欢享受吗？这些做法真的符合他的本性吗？真的很难察觉，需要细致入微的功夫，所谓“明察秋毫”。

总之，把“所以”解作所作所为，把“所由”解作行为来由，而把“所安”解作凡此种种动态的深处，其人最终希望安顿之处，三步一走，就“人焉廋哉”了。

何晏《集解》引孔安国给“廋”（音 sōu，意思是隐藏，掩盖）字所下的注解：“廋，匿也。言观人终始，安所匿其情也。”

孔安国把“视其所以，观其所由，察其所安”总结为“观人终始”，这样一来，“知人三步”就涵盖人的表现、来由与原始动机了。相对于《孔注》，其他注家的说法都没有给人这种“力透纸背”的感觉。

4.《为政》篇各章的排序，前面 2.5—2.8 这四章的主题都是“问孝”，2.9 章转而谈论颜回的“不违如愚”，联系起 2.5 章“孟懿子问孝。子曰‘无违’”，可见 2.9 章与前几章的联系之一是“事师”。2.10 章为什么立刻把主题转换到“知人”呢？这似乎是提示读者，孔子所总结出的“知人三步”，是以 2.9 章作为典型案例的：先是看到颜回的表现给夫子“不违如愚”的感觉，然后“退而省其私”，也就是下了一番视、观、察的功夫，终于得出“回也不愚”的结论。因此，历代《论语》注家对 2.10 章的理解是否正确，必须看这种理解是否与颜回的案例兼容。反之，对 2.9 章在《为政》篇中地位的理解是否正确，必须看这种理解是否与 2.10 章相关联。在下面《八佾》篇我们也看到，本章孔子的“知人三步”有助于深刻理解篇末那个“观”字的意义，详见 3.26 章。

2.11 子曰：“温故而知新，可以为师矣。”

孔子说：“能温故而知新，才可以当老师。”

1.“温故而知新”已经演变为成语，“而”字不能理解为“而且”。一面温习旧知识，一面再学新知识，今天每个小学生都在做，难道他们就可以取得教师资格了？正确的理解是在温故中能知新。

“温故”的“温”解释成温习，没问题。饭菜冷了，加加热再吃；知识淡忘了，温习温习。可那个“故”字，古人的理解是有分歧的。

汉代经师多理解“故”为古，“温故知新”是能古为今用的意思。［唐］孔颖达《礼记叙》也说：“博物通人，知今温古。考前代之宪章，参当时之得失。”这是非常大气的学以致用。

朱熹对“故”的理解不仅限于“古”,任何“旧所闻”都在内,知新就是对旧闻的“今所得”。这种理解其实也得到我们人生经验的支持。

以上两种理解出自“故”有两个层次,相应的温故知新,其难度与要求也很悬殊。对教师来说,那些非常熟习的“故”,比如乘法口诀,没必要温,也知不了新。反之,“古”中积淀了无数的经典,亟须开发。所以,不妨把“温故”的重点放在“温古”上,以上两种不同理解就可以并行不悖。

2. 温故而知新,不是为师的充分条件,而是必要条件。为师,对师德、专业水准等另有要求。本章要反过来理解为:温故不能知新,没有资格为人师。

学一样新知识,不仅达到记忆和理解的层面,还能运用知识来解决问题,进而生发新意,有可能达到创造的层面,从而完成一个完整的认知循环。《朱注》说得好:“言学能时习旧闻而每有新得,则所学在我而其应不穷,故可以为人师。若夫记问之学,则无得于心而所知有限,故《学记》讥其不足以为人师,正与此意互相发也。”教师将自己的体验现身说法,不仅授学生以鱼,还能授之以渔。这样学问就能逐渐发扬光大。

3. 本章接在2.9和2.10章之后,并非偶然。教师要因材施教,就需要了解每个学生。颜回刚入师门,孔子对他的印象不太好,经过考察,才观感一新。以此为基础,上一章提出了知人三步,不但教师要这样知学生,任何为政者都要这样知人。这就是孔子一贯提醒的“患不知人也”。

颜回天天在老师身边打转,孔子没有凭成见把他看死,反复考察能有新认识,终于发现颜回是一位罕见的天才,就本章温故知新来说,上章就是一个好案例。

温故而知新,基本上没有脱离原先的学习领域,这仍然不够,还要根据现实要求依托现有知识探索新的领域,这就是下章的主题了。

2.12 子曰:“君子不器。”

孔子说:“君子不像做成的器具,只有一种用途。”

1.《学记》里用“玉不琢,不成器”来比喻“人不学,不知道”,到宋代这两句话被转引到《三字经》里去,只是为了押韵,把“不知道”改成“不知义”,成为家喻户晓的名句。过去长辈骂子弟“你这个不成器的东西!”可见人必须成器。但是本章孔子怎么说君子不是器具呢?原来的比喻把“人成才”比成“玉成器”有先天的缺陷:玉是死的,可以雕琢成玉杯,也可以雕琢成能独立旋转的多层嵌套球,但已雕琢成玉杯就不可能再改成嵌套球;而人是活的,要适应复杂多变的环境,不该是一种做死了不能派别的用场的器具。

可是古往今来,一般人都满足于成某种器,有个饭碗,如能用一技之长谋生,则不再追求。《论语》编者把“君子不器”放在正人的《为政》篇,一定是把重心放在为政者身上,这里的君子强调的不是其道德高度,而是其社会地位。

按“君子不器”的原则,历代读书人遵奉孔门“学而优则仕”的教导,学有余力就要从政。不为良相,则为良医,或者做学问,教私塾。汉代班超能投笔从戎,大学者范仲淹、王阳明、曾国藩一当国家需要就是大军事家,都可说是“不器”的表现。

2. 有的学者不认同这样解释“不器”。他们想到道与器的区别,说“君子不器”是指君子不在器的层面,而在道的层面。比如,如果某人只是位软件工程师,不关心普世价值,不关心人文,那和皮匠一样,只是器,不是道。

这种解释难以成立。我们知道,“无其器则无其道”“据器而道存,离器而道毁”(王夫之语),“非器则道无所寓”(顾炎武语)。所以把人分为器与道是不合逻辑的。最有力的反驳是:按这些学者的理解,孔子应该不会称赞别人是个器了,可惜情况不是这样。后面 5.4 章记载,有一次子贡请孔子给自己作个评价,孔子说:“你是器。”首先肯定他已经成器。子贡再问:“什么器?”孔子说:“瑚琏也。”瑚琏是宗庙里盛黍稷用玉装饰的竹器,既贵重,又华美。

所以古人不但认为人首先要成器,器还有贵贱之分,如果子贡问孔子自己是什么器,孔子对他说“瓦片也”,子贡听了一定垂头丧气,即使口服,心也不服。

器还有大小之分。古往今来,“大器晚成”激励了多少两鬓斑斑的读书人!“太公八十遇文王”“梁灏八十中状元”都是脍炙人口的美谈。另一方面,帮助齐桓公成就霸业的管仲也算得成大器了,孔子还要说“管仲之器小哉!”(3.22 章),指的是管仲的器量。

3. 君子不器在现代社会的意义是,提倡成为通才。古语道:“一物不知,儒者之耻”,虽然这话现在不适用,但现代社会知识爆炸,分工越来越细,一方面迫使很多人成了在窄而又窄的领域里的专家,另一方面旧的知识技能淘汰也很快,需要及时转型。

4. 本章与上章的联系在于:君子不器是更高层面的温故知新。本章又巧妙地把“正人”引导到指出通往君子目标的道路上弟子常会遇到的重大障碍,通过2.12、2.13、2.14连续三章进行论述。可以看出这三章是针对不同对象的因材施教,合在一起又是任何为政者的座右铭。

2.13 子贡问君子。子曰:“先行,其言而后从之。”

子贡问怎样才是君子。孔子说:“先行动,然后再照做的说。”

1.《论语》里记载有三位弟子问孔子怎样做君子,除了本章子贡外,还有两位是司马牛(12.4章)和子路(14.45章),孔子的回答因人而异。我们拿爬山作比方,人之初都在山脚下,君子作为人生目标好像是山巅,各人从各个方向开始攀登。问者有的在半山腰,有的甚至仍在山脚下徘徊,各自为到达目标的途径都不同,孔子给予的点拨也就不同。

这一章子贡问怎样成为君子,孔子给子贡开了专门的药方:“先行,其言而后从之”——先做事,做好了再说。对这句话,前人还有一种标点法:“先行其言,而后从之”,讲不大通。“先行其言”,在行前已有言在,已经是言在行先,再“而后从之”,让言从其行;究竟哪个先,哪个后,表达相当混乱,很难说是《论语》编者的原意。

2. 本章的背景可以在5.11章找到线索。有一次子贡说:“我不想让别人加给我的东西,我也想不把它加到别人身上。”孔子回应说:“阿赐啊,这不是你能做得到的!”

子贡把自己做不到的事先向外宣布,马上引起孔子的反弹。有了这个背景,我们就容易理解本章中孔子的教诲的确是有针对性的。你想怎么样,不要先挂在嘴上,你先去做做看,做到了再说。孔子心里有底的——像“己所不欲,勿施于人”,我看你就做不到。后来子贡请孔子赐下一字座右铭,孔子就给了一个“恕”字,同时把恕字的解释“己所不欲,勿施于人”送给他,要他奉行一辈子(15.24章)。

要成为道德层面和社会地位意义上的君子,“先行,其言而后从之”都很重要。你没做却先说,将来能不能做得到现在还不知道,那你就是不厚重。1.8章孔子说:“君子不重则不威,学则不固。”假如讲了以后做不到,你就变成言而无信,君子怎么可以没有“信”呢?本章与“敏于事而慎于言”的教导是一致的——做事敏捷,没做到之前不要讲。

在 1.9 章里我们曾引用《诗经·大雅·荡》里那句“靡不有始，鲜克有终。”孔子见到有头无尾的事太多了，都是先发了宏愿，宣布这，宣布那，最后自食其言。

本章所论“先行，其言而后从之”是为以君子为人生目标者设定的标杆，不是判决君子与小人的标准。下一章就不同了。

2.14 子曰：“君子周而不比，小人比而不周。”

孔子说：“君子以义广合其群，小人以利拉帮结伙。”

1. 上两章所论君子主要涉及个人的修养，社会地位越高，所论两方面对旁人的波及程度越高：是否不器，关乎为政水平；是否行先言后，关乎政府威信。本章则完全涉及人际关系，道德层面上的君子与小人对人际关系的处理大不相同。

整部《论语》把君子与小人对举，多达十余章，二者的行为方式完全反对。有些章节虽然不对举，也可推知对方正相反对。如有子说“君子务本”，强烈地令读者意识到小人务末。《子张》篇子贡说“君子之过也，如日月之食焉。过也，人皆见之；更也，人皆仰之”，马上令人想到前几章子夏所说“小人之过也必文”。

2. 甲骨文的“周”字是指界限分明的农田，田里种满了庄稼。所以周字以四围环转为训，意思是周到遍及，也被训为“密”，意谓周密。

甲骨文的“比”字是两个人挨得很紧。《说文》：“比，密也。”成语“鳞次栉比”中的“比”就是这么用的。

在古文中，周与比都有亲密和合的意思。本章强调的是二者的区别，“周”和“比”的区别不仅在于圈子的大小，更在于：前者是自觉让爱人的圈子不断扩大，“比”是只专注于一个能谋私利的小圈子，党同伐异。孔安国说：“忠信为周，阿党为比。”人以群分，以义合群为“周”，以利结伙为“比”，可参照 15.22 章所说的君子“群而不党”。

3.《论语》从头到尾都在谈君子。2.12—2.14 这三章所谈君子该如何如何，主要是从为政着眼。政事驳杂，君子必须不器，成为多面手，才能把握全局；君子必须多做实事，不许空愿，为民表率；君子应当关顾人群，不能为小圈子谋利益。

2.15 子曰:“学而不思则罔,思而不学则殆。”

孔子说:“只学新知识而不加消化则不知道怎么用,只靠自己动脑筋而不学习就危险了。”

1. 本章有四个关键词:学、思、罔、殆。先看前两个。

在《论语》中,一个核心概念的内涵、这个概念与其他概念的关系,都是逐步展开的,不是一上来就给出定义。“学”在《论语》中第一次出现,是与“习”对举的。而在1.7章,子夏说“虽曰未学,吾必谓之学矣”,这里的“学”已成为贯通了的完整认知过程:学—思—用。

《中庸》里有对认知过程的完整描写:“博学之,审问之,慎思之,明辨之,笃行之。”它把“学、问、思、辨、行”这五步认知分别用五个修饰词“博、审、慎、明、笃”推到了极致。而在本章中,粗略地说,“学”只对应“博学”的“学”,而“思”对应了“审问、慎思、明辨”的“问、思、辨”三个环节。还有一个关键词“用”,对应“笃行”的“行”这一环节,本章没有明提,但会从学思的结果表现出来。

把《中庸》里完整的五环节学习观与儒家另两个思想“心之官则思”和“学以致用”结合起来,可以为儒家的学习理论建立一个有用的简明系统模型:

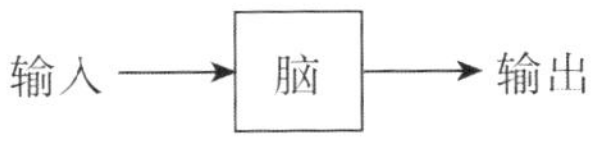

知识输入大脑储存的过程就是“学”,大脑对输入的知识进行加工就是“思”,加工的结果输出到运动器官表现为言与行而影响外界,就是“用”。

学而不思和思而不学的结果,必表现于行(或用)上,孔子给出的答案分别是罔和殆。这个答案应该适用于任何时代。所以罔和殆的含义可以从读者的学习经验得到佐证。

2. 选一个重要的学习对象,就可以建立“学而不思”的模型。比如学《论语》,读完一本注释书,明白每章文字是什么意思,也记住了,而怎么用于人生还是不知道。正如程颐说的:

今人不会读书,如读《论语》,未读是此等人,又只是此等人,便是不曾读。

再看一个模型。读者都学过平面几何,即使你把教科书里所有的公理、大量定理(及其证明)都背下来了,但从来不思考自己怎样证明,那么,让你证明一条新定理,你一定不知道怎么办。

这两个模型告诉我们,“学而不思则罔”中“罔”的意思应该是不知怎么用。

所以古人多半认为“罔”就是迷惘,东汉包咸解释道:“学而不寻思其义,则罔然无所得。”《皇疏》认同包咸的说法:“若唯学旧文而不思义,则临用之时罔罔然无所知也。”他们强调的都在“用”字上。

3. 人的思考是为了应对环境。思而不学会造成什么后果,也可以用模型来推断。例如,油锅或电线短路烧起来了,不学消防知识单凭经验,想到水能灭火,于是你浇水,结果就惨了。

那个“殆”字。历来至少有三种解释:危、怠、疑。刚才两个模型告诉我们,“危”该是正选。

《史记·扁鹊仓公列传》:

其后扁鹊过虢。虢太子死。……扁鹊曰:“若太子病,所谓‘尸蹷’者也。夫以阳入阴中……故形静如死状。太子未死也。夫以阳入阴支兰藏者生,以阴入阳支兰藏者死。……良工取之,拙者疑殆。”

扁鹊乃使弟子子阳厉针砥石,以取外三阳五会。有间,太子苏。

扁鹊作为“良工”(高明的医生)取太子的几个穴位施针:太阳,少阳,阳明及百会、胸会、听会、气会、臑会,过了一会儿太子就苏醒了。不高明的医生遇到同样的情况就不敢这样取穴,而是“疑殆”。

孔子说“多闻阙疑,多见阙殆”可能就是针对为政者的“疑殆”提出的解决办法。拙者少闻,故疑;少见,故殆。现在可以建立“疑殆”的医学模型了:少闻医案,所以迟疑不知如何行针;少见临床,所以危殆不安,怕一针下去出人命。

本章的“罔”和“殆”是为政者的大忌。本章特别适用于《论语》的三大受众之一——公务员时时反省。

继前面三章论君子后,接下来的本章与下章论思想方法。

2.16 子曰:“攻乎异端,斯害也已。”

孔子说:“[见解总有两端,]站在一端去攻击另一端,那才是祸害啊!”

这章因为文字过简,两千多年来的注解尽是互相抵牾之说。

朱熹《论语集注》的观点大致是：

去攻读钻研异端邪说，那就为害无穷了。

杨伯峻《论语译注》：

孔子说："批判那些不正确的议论，祸害就可以消灭了。"

李泽厚《论语今读》：

孔子说："攻击不同于你的异端邪说，那反而是有危害的。"

钱穆《论语新解》：

先生说："专向反对的一端用力，那就有害了。"

分析上面四段译文，孔子说了八个字，造成分歧的竟有三处——一个"攻"，一个"异端"，还有一个"也已"。"攻"到底是"攻读"还是"攻击"？"异端"到底是"异端邪说"还是"反对的一端"？"也已"到底是句末语气词还是"也就终止了"？

1. 攻　《论语译注》从《论语》本身入手，主张"攻"就是攻击，论证很有力：

《论语》共用四次"攻"字，像《先进篇》的"小子鸣鼓而攻之"，《颜渊篇》的"攻其恶，无攻人之恶"的三个"攻"字都当"攻击"解，这里也不应例外。很多人却把它解为"治学"的"治"。

2. 也已　我们借用《论语译注》考定"攻"为攻击的方法论来肯定"也已"是句末语气词。

《论语》共用六次"也已"，像《学而篇》的"可谓好学也已"，《雍也篇》的"可谓仁之方也已"，《子罕篇》的"斯亦不足畏也已"，等等。六处"也已"都只是语气词，这里也不应例外。很多人却把它解为"停止"。

既然如此，为什么《论语译注》还要坚持把"已"字解为停止呢？因为上面对"攻"与"也已"的这种有力定位，本章的意思竟是：

孔子说："攻击异端，那才有害呀！"

如果把异端理解成异端邪说，整个句子是完全不可接受的。

3. "异端"究竟是什么？

朱熹把"异端"看作非圣无法、大逆不道的异端邪说；当代名家中，不但《论语译注》把"异端"理解为"不正确的议论"，《论语今读》也把它理解为"不同于你的异端邪说"，只有钱穆先生的解释是中性的——"反对的一端"。

凡此种种，虽然不能通过文字产品的内部核查来予以甄别，但是我们还有外部评估，那就是看产品的效用。

儒家思想是实用的，是济世的，如"己所不欲，勿施于人""守望相助”“反求诸己”脍炙人口。可同样是金玉良言，我们几时看到过有人引用“攻乎异端，斯害也已”？没有。这说明本章作为经典一贯地被曲解。

钱穆先生为本章专门写了一段评注：

孔子平日言学，常兼举两端，如言仁常兼言礼，或兼言知。又如言质与文，学与思，此皆兼举两端，即《中庸》所谓执其两端。执其两端，则自见有一中道。中道在全体中见。仅治一端，则偏而不中矣。故《中庸》曰：“执其两端用其中于民。”

孔子所谓的“异端”是指看法的对立，我站在这一端，你站在那一端，互不买账，甚至互相攻击。以“质”与“文”为例。质与文是对立面的两端，宜调和。片面强调文和片面强调质的做法，孔子都不赞同（6.17章）。

《先进》篇子路和冉有都问孔子“闻斯行诸？”——听到某事当做，就该马上做吗？孔子给冉有的回答是“闻斯行之”，给子路的回答则完全相反：“有父兄在，如之何其闻斯行之？”

不顾两人的性格不同，去搞个辩论赛，正方“闻斯行之”，反方“不可闻斯行之”，这就是攻乎异端，孔子两千多年前就指出其危害性了，可从“狮城舌战”以来，举国狂热的辩论热表明，本章对国人毫无影响。

这种现象大至国家政治，小至家长里短，到处可见。张扬这种绝对化的思维，只见伶牙俐齿，警句迭出，唯独驱逐了真理。这种思维方式与儒家思想完全对立。成天攻乎异端，对国计民生何尝带来过什么好处？

4. 在《为政》篇中有接连三章论述关于认知的思想方法论。

上章指出学和思是认知过程不可或缺的两方面。“学而不思”和“思而不学”都是不好的倾向，这是一个层面。上面钱穆先生也提到，质与文是同一对象不可偏颇的两方面，质胜文、文胜质都不可取，也是孔子在同一层面上的真知灼见。

类似的例子积累多了，认识就进一步升华：事物总有两端，我们不可站在一端自以为是去攻击另一端。这是更高层面的思想方法论，于是有了本章。

下一章也是关于认知的思想方法论：对认知的实事求是态度。

2.17 子曰：“由！诲女，知之乎！知之为知之，不知为不知，是知也。”

孔子说：“仲由，我教你，好好记住！知道才说知道，不知道就是不知道，这才称得上有智慧。”

1. 由，诲女知之乎　由，人名，姓仲，字子路，孔子的早年弟子（前542～前480）。诲，教诲。女—汝，古今字，在现代文中译作“你”，已经损失了古文中所含的居高临下的口气。“知之乎”，即“知道吗？”或“记住了吗？”

前人往往把“诲女知之乎”理解为“诲女‘知之’乎”。例如：

邢昺《注疏》：“由！我今教汝为知之乎！”——仲由！现在我来教你什么叫“知之”吧！

朱熹：“我教汝以知之之道乎！”朱熹说，因为子路平日强不知以为知，所以孔子要教他什么才是“知之”之道。

钱穆《新解》：“我教你怎样算知道吧！”

为了深入评价以上三家的理解，先介绍一点语言学知识。在语言学上，一个词有正用（即直接使用），有引用（即间接使用）。例如下文中的“黑”一词出现了四次：

你不能在黑板上写黑字，但能在黑板上写“黑”字。

最后那个加引号的黑便是引用。以上三家的解读有个共同点：把“诲女，知之乎！”分析成“诲女‘知之’乎”，把“知之”从正用变成了引用，似乎孔子所诲的是何谓“知之”。然而由本章上下文可知，孔子所诲的明明不是片面的“知之”，也不是同样片面的“不知”，而是二者的综合，那才“是知也”。

此外，原先“知之乎”是问“［你］知道吗？”，现在“知之”一词从正用转为引用，成了“诲汝”的宾语，句子的主干成了问“［我］诲汝乎？”像是自己对自己提出疑问——我在教诲你吗？为了迎合语境，译成现代口语，只好勉强把“乎”读成“吧！”然而这样读是不合规矩的。

清代学者指出，“诲女知之乎”可能通“诲女志之乎”，在《荀子·子道》篇里孔子这段话有详细记载，其中把“诲女知之乎”表达为“由志之！吾语汝”。在刘向的《说苑·杂言》中则表达为“由记之，吾语若”，这样理解，令人觉得非常自然。

可以建立一个模型来表明此地那个“知之”的确是正用。设想孔子与子贡有这么一段合乎逻辑的对话：

子曰：“赐！诲女，知之乎！己所不欲，勿施于人，是恕也。”

那么孔子的口气显然是敲打子贡：“端木赐，现在我教你，听清楚了吗？”后面那部分是要他记住的具体内容：“己所不欲，勿施于人，是恕也。”

现在在上面这段假想对话中把“赐”改回“由”，再把要子贡记住的内容改回要子路记住的“知之为知之，不知为不知，是知也”，就不会产生种种曲解了。

2. 当代怎样理解“知之为知之，不知为不知，是知[智]也”？孟子说“是非之心，智之端也”，智慧开端于明白说话做事有是有非，能明辨是非、作出正确决策，就意味着摆脱愚昧。作出判断与决策需要以事实与逻辑为基础，知道就是知道，不知道就是不知道，对你从未研究过的东西不要胡说八道。

本章可能是孔子针对子路强不知以为知的大毛病而说的，13.3 章子路问孔子，如果卫国国君请你执政，你先做什么？孔子说：“肯定是正名吧！”子路当面指责孔子迂腐，实事不干去正什么名分？孔子马上批评他：“野哉由也。君子于其所不知，盖阙如也。……”——君子对自己不知道的事，一般都避开不说。

本章的思想过渡到下章 2.18，就进一步阐述为“为政”的一大原则。

2.18 子张学干禄。子曰：“多闻阙疑，慎言其余，则寡尤。多见阙殆，慎行其余，则寡悔。言寡尤，行寡悔，禄在其中矣。”

子张学谋官职。孔子说：“多听，避开有疑问的意见，小心说出其余的，这样就能少招人怨；多看，避开没把握的措施，小心去做其余的，这样就能减少后悔。说话少出错，做事少后悔，官俸就在其中了。”

1. 子张学干禄　子张复姓颛孙[zhuān sūn]，名“师”，子张是他的字。小孔子四十八岁，陈国人。“干”是求，“禄”是禄位，学干禄就是学怎样当官。

原始儒家对学子想当官的态度在两可之间。孔子自己就说过“我不是葫芦，怎么能一直挂在那里”。子夏说过“学而优则仕”——学有余力，就去当官。孟子说：“穷则独善其身，达则兼善天下。”但是一味动脑筋当官吃俸粮也不好，8.7 章里孔子归纳弟子的志向：“三年学，不至于谷，不易得也。”——在我这里学三年，脑子还不转到吃国家钱粮上去的弟子，不容易得啊！

2. 多闻阙疑，多见阙殆　阙[quē]，同“缺”，去除、废置的意思。疑、殆已见 2.15 章，以针灸模型解释：少闻医案，所以疑——迟疑不知如何行针；少见临床，所以殆——有危险，一针下去就可能出人命。

古语“不为良相，则为良医”，二者都是兼善天下的途径。良相与良医共通之处很多：都要有一颗仁心。良相仁政惠众；良医仁术济世。良相良医都要多闻多见、谨言慎行。

3. 寡尤　古注“尤”指过失，“寡尤”就是少犯过失。但多言的问题不一定表现为多犯过失，但招人反感是一定的。

14.37 章：“不怨天，不尤人。”其中“尤”是动词，作责备、怪罪解。在本章中“尤”的对象相反，从“尤人”变成了“人尤”。有段著名的古训，找不到出处，对理解“寡尤”很有帮助：

不必言而言，谓之多言，多言招尤。不当言而言，谓之盲言，盲言贾祸。（这段文字里“贾”音 gǔ，也是招引的意思。）

在公众场合，话多常遭人白眼；胡说八道，更是无意中得罪了人，严重的甚至招来大祸。这两种后果，用“过失”两字不能传神。

4. 寡悔　少事后懊悔。“尤”和“悔”有强烈的对比作用。“尤”和“悔”的目标都是自身。前者是外来的怪罪，后者是内心的责备。所以以前把“尤”一般地解释为“过失”的确不到位。

5. 为政者能做到不无端得罪上司、同事、民众，自己也很少懊悔，你就是个好官员，位子就坐定了。表面上看，孔子像是在介绍当官诀窍，其实他是提醒子张，假使想从政，不要满脑子俸禄、俸禄，君子务本，做到所说几点，自有好的结果。

6. 人爵来自天爵。在孔子时代，一个人被称为君子，或者是因为他有上层的社会地位，或者是因为他有高尚的道德境界，要看语境而定。到了孟子，给这两种身份起了很好的名字：前者是拥有社会爵位，称为人爵；后者是拥有自然爵位，称为天爵。子张所问的是人爵，孔子问答的核心就是人爵来自天爵。

孟子曰：“有天爵者，有人爵者。仁义忠信，乐善不倦，此天爵也；公卿大夫，此人爵也。古之人，修其天爵，而人爵从之。今之人，修其天爵，以要人爵，既得人爵而弃其天爵。则惑之甚者也，终亦必亡而已矣”。

孟子说，仁义忠信，乐善不倦是天爵，公卿大夫是人爵。古人修天爵而自然得到人爵，今人修天爵是“要[yāo]人爵”——为了求得人爵。得到人爵以后便抛弃天爵，可说是糊涂透顶，结果是连人爵也一定会失

去的。

可惜中国历代贪官对孔孟之道实在是阳奉阴违甚至一无所知，不知道君子务本之义，“终亦必亡而已矣”。

2.19 哀公问曰：“何为则民服？”孔子对曰：“举直错诸枉，则民服；举枉错诸直，则民不服。”

鲁哀公问道：“怎样做才能使民众服从呢？”孔子回答说：“选拔正直的人，把他们的位置安放在邪曲的人之上，民众便服从；选拔邪曲的人，安放在正直的人之上，民众就不服从。”

上一章孔子谈为政，对象是想做官的门外汉，本章与下章的对象则是国君、上卿等柄国政者。

1. 哀公　鲁国国君姬将，父定公死后继位，“哀”是谥号，按《谥法》：“恭仁短折曰哀。”哀公在位二十七年（前494—前466）。哀公发问，应当在孔子返回鲁国（哀公十一年，前484）之后不久，当时把持鲁国朝政为首的是季孙肥，即下章中的季康子。

2. 举直错诸枉　把正人君子放置在邪曲小人之上。直：正直；枉：邪曲；错诸：错同措，诸为“之于”的合音字，“错诸”即“措之于”——“安放在……上”。

鲁国朝廷里大小官员有直有枉，为什么“举直错诸枉，则民服”呢？12.22章樊迟问当官的智慧，孔子回答：知人善任。樊迟仍没有搞清楚，于是孔子进一步解释“举直错诸枉，能令枉者直”。接触民众的是底层官员，邪曲的官员改正了，民众才会服从管理。

孔子的答问都有强烈的针对性，他既然向国君强调要把正直的人放在邪曲的人上面，说明当时鲁国的一大问题是执政官员上梁不正下梁歪，鲁哀公要对此负责。任何时代如果政府公信力丧失殆尽，一筹莫展，到本章就可探明原因。

2.20 季康子问：“使民敬、忠以劝，如之何？”子曰：“临之以庄，则敬；孝慈，则忠；举善而教不能，则劝。”

季康子问：“要使民众敬我、忠于我，而又努力上进，应该怎样做到?”孔子说:“你与民众接触时态度庄严,他们就尊敬你;你把孝顺父母、慈爱子女,推广到对待民众,他们就忠于你;你选用胜任的好人,教育那些缺乏能力的人,民众就会互相勉励上进了。”

1. 季康子　鲁哀公继位后的第二年,执政的季孙斯死了,谥“桓”;儿子季孙肥(?—前468)继位,执政26年才去世,谥“康”,史称季康子。

2. 上章鲁哀公问“何为则民服”,孔子的回答季康子应该知道,也深切感受到民众的确不服,而且有三方面的表现:对自己不尊敬、不尽忠、不听话,自己却无计可施,所以进一步问孔子怎样使民众敬忠以劝,孔子对三条一一作了回答。

(1) 临之以庄,则敬　临:专用于上对下。皇帝找哪个嫔妃侍寝,叫“临幸”;上级参加下级聚会,叫“莅临”;贵客来访称“光临”。

孔子这条意见的意思是:表现在仪态的层面,执政者高风亮节,在百姓面前行为方正,并流露出庄严的态度,民众便以敬意来回应你。如果执政的本是内心龌龊者,要他“临之以庄”,在民众面前装出一副道貌岸然的样子,迟早会被揭穿,所以现实中这类官员会尽量避免面对民众。

(2) 孝慈,则忠　在一个社会组织中礼仪态度仅是润滑剂,要体现政治机器的实际功能,需要官民关系的正确定位。执政者自己能做到孝顺父母,慈爱子女,并推广到对待民众能敬老爱幼,就是孟子所谓的“老吾老以及人之老,幼吾幼以及人之幼”,民众便忠于职守,团结在你周围。

(3) 举善而教不能,则劝　劝:悦从,勤勉,接受领导。

要达到使民“劝”的程度,执政者光有态度与定位还不够,必须体现在深入细致的人才选拔与培养上。“举善”就是提拔贤才,像上章所说的“举直措诸枉”,把有能力的好人提拔起来,同时“教不能”——教育没能耐的人,那么民众便乐于听从你的劝导,互相勉励,加倍努力。

3. 这层层递进的治国三部曲,后来进一步提炼成儒家另一部经典《礼记·学记》里开头的三句话:

发虑宪,求善良,足以謏闻,不足以动众;就贤体远,足以动众,未足以化民。君子如欲化民成俗,其必由学乎!

第一句的意思可能到最近才弄清楚。郑玄注:謏=小。正确的理解是《说文》:“謏,诱也。”这段话白话翻译如下:

[治国者]想出主意,发布文告,足以诱人听闻、吸引眼球,但不足以感动大众。亲近贤者,体恤偏远,足以感动大众,但还不足以教化民众。君子想教化民众,形成良风美俗,只有通过教育吧!

4. 孔子这番劝导同样具有针对性，对季孙肥后 15 年的执政可能有影响。季孙肥死后谥“康”，按《谥法》，“安乐抚民曰康”，似乎暗示季孙肥毕竟接受了一点孔子的劝导。

2.21 或谓孔子曰：“子奚不为政？”子曰：“《书》云：‘孝乎惟孝，友于兄弟。’施於有政，是亦为政，奚其为为政？”

有人对孔子说：“您为什么不为政呢？”孔子说：“《尚书》里有句话：‘孝啊！至高无上的孝！兄弟情同手足！’把孝悌的精神用于政治，这就是为政，不然什么才算是为政呢？”

1. 或谓孔子曰：“子奚不为政？” 或，指代不必具名或不须具名的某人。奚，表示疑问，这里的意思是“为什么”。

前三章，弟子请教孔子怎样当官，国君和上卿请教孔子怎样为政。所谓“为政”，在东周朝廷当官当然算，但考虑到本章的语境，为政就是指在诸侯国当官，以至于在大夫家当家臣。孔门四科的“政事”科所举的冉有和子路，不过是季氏的家臣。本章有人奇怪地问孔子，您自己怎么不为政呢？孔子引经据典，表明家政（狭义地理解为普通人家）也是为政。不然什么算是为政呢？

2.《书》 儒家“六经”之一的《书经》，又称《尚书》，是中国上古（从尧舜直到春秋秦穆公时期）历史文件和部分追述历史事迹著作的总称。

3. 孔子引了《尚书》里的“孝乎惟孝，友于兄弟”。下文“施於有政”是不是该算到引文里去，历史上一直有争议。[清]宋翔凤《四书释地辨证》指出，“友于”与“施於”中的“于”和“於”用法一样，写法却不同，看来“施於有政”应该不在《尚书》里。另一个旁证是，《后汉书 · 郅恽传》引了郑敬一句话：“虽不从政，施之有政，是亦为政。”可以推知“施之有政，是亦为政”是孔子自己的话。

4. 施於有政，是亦为政，奚其为为政？ 施，施行；有，语助词，无义。广东话至今保存这个习惯，你问广东人有没有去过香港？他会答“我有去过。”此处“奚其”表示“不然什么”。

孔子说，把孝悌的精义用于从政，就是为政。不然什么才是为政呢？我们可以强烈地意识到，在孔子心目中，家政与国政的宗旨都是“正人”。我们还可悟到孟子对孔子思想的精彩演绎：从家政到国政，其精神无非就是“老吾老以及人之老，幼吾幼以及人之幼”。从政者与人民的关系虽然不同于子女与父母的关系，但历代官员多认为是他所代表的王朝养活了人民，要求百姓感恩，这是本末倒置。

《论语》编者把本章放在这里，为以正人为主旨的《为政》篇的画龙点睛之笔，缺之不可。但孔子答问不是为了在他死后让门生编书用的，当时自有语境。

本章答问发生在哪个时期？班固《白虎通》认为，是孔子从卫国返回鲁国，知道自己那套主张无人采纳，这就是鲁哀公十一年（前 484）后的事了。刘氏《正义》也赞同此说，并提出一条理由：本章紧接上两章，如果三章的时间次序按鲁哀公、季康子执政的顺序排列，时间也差不多。

朱熹则把这段答问的时间定在鲁定公初年，孔子不出仕，有他的难言之隐。先是昭公被逐出鲁国整整八年，最后客死他乡（前 495）。当时把持鲁国朝政的季孙意如（？—前 505）不按礼制，废立昭公的两个儿子，反立昭公的弟弟公子宋，成了后来的定公，定公对昭公来说就是不孝不友。

王夫之《四书稗疏》猜测本章的语境，应当在孔子母亲和哥哥孟皮还在世的时候，否则孝悌的对象不存在，孔子也不能说自己是在家“为政”了。

尽管对于本章发生的时间得不到确切的结论，但“家政也是为政”的道理，总是至理名言，不随时间地点而改变的。

2.22 子曰：“人而无信，不知其可也。大车无輗，小车无軏，其何以行之哉？”

孔子说：“人不讲信用，不知道他还有什么可取之处啊！大车没有輗，小车没有軏，怎么行动呢？”

1. 钱穆先生注“大车无輗[ní]”：

大车，牛车也。乃笨重载货之车。车两旁有两长杠，古称辕。一横木缚两辕端，古称衡。一曲木缚横木下，古称轭。牛头套曲木下，可使较舒适。輗则是联结辕与横之小榫头。先于两辕端凿圆孔，横木两头亦各凿圆孔，与辕孔相对。輗，木制，外裹铁皮，竖串于辕与衡之两孔中，使辕与衡可以灵活转动，不滞固。

右图是南北朝时期的青铜牛车，轭上没有衡，读者可以把轭代替衡来理解輗的意思。

2. 小车无軏[yuè]　参见下面两图来理解钱穆先生的注解（钱注对“骖[cān]”“服”的解释与古人的说法正相反）。

按《说文》：“车中两马曰服，两马骖其外小退曰骖。”

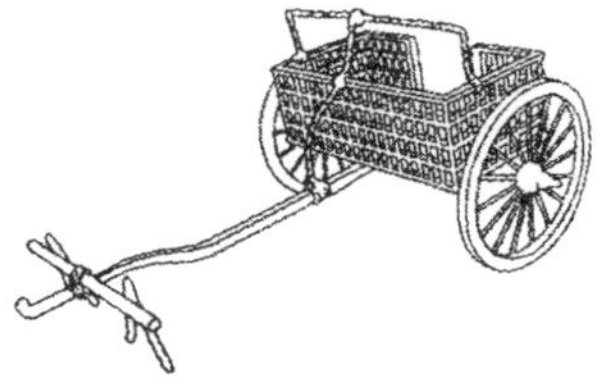

小车无軏：小车乃轻车，驾四马，古之猎车战车及平常乘车，皆轻车。轻车惟于车前中央有一辕，辕头曲向上，与横木凿孔相对，軏贯其中。横木下左右缚轭以驾马。内两马称骖，外两马称服。若车行遇拐弯，服马在外，转折改向，因轭与衡间有活动，可以不损辕端，亦使车身安稳，不左右摇侧，如果没有軏，辕和横木刚性连接，这个车根本就没办法转弯了。

综上所述，在畜力车的驾驶系统中，輗和軏的作用就是关键。所以，人讲信誉，也就是说我们人在世上行事的时候，需要一种润滑转圜的东西，否则是走不通的。不讲信用，时间长了，社会活动的运行成本是很大的，每次的交易都会怀疑对方的诚意，连慈善事业都不敢做，怕被骗还被骗子当傻子。

2.23　子张问：“十世可知也？”子曰：“殷因于夏，礼所损益，可知也；周因于殷，礼所损益，可知也。其或继周者，虽百世，可知也。”

子张问：“往后十个朝代的事，可以预知吗？”孔子说：“商朝继承了夏朝，礼制增减多少，是可以知道的；周朝又继承了商期，礼制增减多少，也可以知道；将来或许有继承周朝的，[同样如此]，即使传下一百代，也是可以知道的。”

1. 关于本章标点现在一般的《论语》注释书籍遵循历代流行的以“礼”字断句，读上去好像孔子断定子张问的是“礼，十世可知也？”其实刘氏《正义》已改了回来：

《汉书·杜周传》记：“钦对策曰：‘殷因于夏，尚质；周因于殷，尚文。’”此读以夏、殷绝句。《汉书·董仲舒传》有“夏因于虞”之文，《史记集解》引《乐记》郑注：“殷因于夏，周因于殷。”与杜读同。则知今人以“礼”字断句者，误也。

孔子的回答强调了可知的是朝代改变中礼的部分。

2.《论语》注家对“一世”的理解有两种。

古称三十年为一世，《说文》里的“世”字就是相继的三个“十”字。《子路》篇 13.12 章：“子曰：‘如有王者，必世而后仁。’”意思是：如果有王朝兴起，一定要三十年才能使仁政行于天下。

朱熹则说：“王者易姓受命为一世”——改朝换代就换了一世。这样说来，夏、商、周就是三世。《诗经·大雅·荡》“殷鉴不远，在夏后之世”，就是这样的用法。

从子张与孔子问答的字里行间看，很明显，所谓一世是在朱熹所说的意义上，夏是一世，商是一世，周又是一世。不过这样理解，百世的长度要拉长到万年之久，难以想象。所以为行文方便，以下按第一种说法，三十年成就一代人，为一世。子张问“十世可知也”相当于问三个世纪后的事。

3. 孔子至今，历经了许多朝代，还远不到百世，但我们对孔子的回答已经非常困惑。今天的礼，即使在典章制度的狭义上，也超乎孔子的想象。

本文开头提到对本章的两种句读，刘宝楠更为突出孔子心目中并非对社会生活的任何方面都十世可知，他肯定的只是个“礼”字。礼就是古代的典章制度，以及与之相适应的道德规范和社会规范。“殷”指商朝，商朝礼制是在夏朝礼制的基础上加加减减建立的，周礼与商礼的关系也是一样。至于周朝以后呢？孔子委婉地提到，周朝也要被新的朝代取代，不过，“礼”的传承机制是一样的。

周朝长达八个世纪，分为西周（前 1046—前 771）与东周两个时期。东周又跨春秋（前 770—前 476）及战国（前 475—前 221）两阶段。公元前 256 年为秦所灭。孔子正好生活于春秋末年。

任何社会都必定有它的礼。社会再沿革，其基本精神不变，但随时代改变，其形式内容都有变化。例如“三纲”：夫妇、父子、君臣，几千年来原则没有改变，君臣在当代就表现为上下级关系。又如“五常”：仁义礼智信，《论语》的教诲至今适用。《礼记·大传》这样说到有变有不变：

> 圣人南面而治天下，必自人道始矣。立权度量，考文章，改正朔，易服色，殊徽号，异器械，别衣服，此其所得与民变革者也。其不可得变革者则有矣，亲亲也，尊尊也，长长也，男女有别，此其不可得与民变革者也。

但是历史上先王之礼有时会被颠覆，暴秦就是一个典型例子。顾炎武（1613—1682）《日知录》卷七说秦吞并六国虽然大变先王之礼，但礼的原则没有变：

> 自春秋之并为七国，七国之并为秦，而大变先王之礼。然其所以辨上下，别亲疏，决嫌疑，定是非，则固未尝有异乎三王也。故曰：“其或继周者，虽百世可知也。”

扬雄《法言·五百篇》则说秦朝是特例，它不想长治久安，果然也未能长治久安，只是昙花一现。撇开短暂的昙花一现，长治久安的朝代，也只有在前朝的礼制上加加减减：

> 或问：其有继周者，虽百世可知也。秦已继周矣，不待夏礼而治者，其不验乎？曰：圣人之言，天也，天妄乎？继周者未欲太平也，如欲太平也，舍之而用他道，亦无由至矣。

百世可知的还有社会发展规律。《日知录》接着提到两点：一是“不仁而得天下”，早晚覆灭；二是“保民而王”，社会稳定，政权永固。

> 自古帝王相传之统，至秦而大变。然而秦之所以亡，汉之所以兴，则亦不待谶纬[chèn wěi，方士或方士化的儒生所编造的有关政治吉凶的预言]而识之矣。不仁而得天下，未之有也，此百世可知者也。保民而王，莫之能御也，此百世可知者也。

4. 本章孔子能信心满满地谈礼制的“百世可知”，与他“好古敏以求之”的长期积累有关。《八佾》篇提到孔子能说清楚夏礼和殷礼，只是因为在孔子时代作为夏殷代表的杞宋两国的典籍与贤人不完备，否则他能证明自己说得对：

> 子曰：“夏礼吾能言之，杞不足征也。殷礼吾能言之，宋不足征也。文献不足故也。足，则吾能征之矣。”（3.9 章）

孔子在童年时期就打下了学礼的基础。《史记·孔子世家》说：“孔子为儿嬉戏，常陈俎豆，设礼容。”成年后“适周问礼，盖见老子云。”“今孔丘年少好礼，其达者欤?”《八佾》篇提到孔子“入太庙，每事问”。随着儿子伯鱼的成长，孔子所问的是“学礼乎？不学礼，无以立”，而孔子自己“三十而立”，意味着学礼已经到家。

2.24 子曰：“非其鬼而祭之，谄也。见义不为，无勇也。”

孔子说：“不是自己的祖先却去祭祀它，这是谄媚。遇到符合正义的事而不去做，这是没有勇气。”

《论语》编者把某一章放在篇末都有道理。《学而》篇的总纲是1.1章，孔子讲了三句话，末章1.16正是第三句话“人不知而不愠，不亦君子乎！”的注解。《为政》篇末章的情况不同，没有交代这句话的语境，读者难以体会孔子怎么会从第一句话跳到第二句。特别是谈祭祀，此前可与祭祀相呼应的，只有1.9章的“曾子曰：‘慎终追远，民德归厚矣。’”涉及葬礼和祭礼。本章与下一篇《八佾》关系更密切，现在放入以“正人”为主旨的本篇，就只好作为附录了。

1. 非其鬼而祭之，谄也　在上古文献中神是神，鬼是鬼。《礼记·祭法》：“山林川谷丘陵，能出云，为风雨，见怪物，皆曰神。”神不生不灭，“人死为鬼”。《祭义》说：“众生必死，死必归土，此之谓鬼。”

在孔子的时代，“鬼”了无生气，一点也没有沾上后世鬼故事的恐怖色彩。《论语》中单独提到“鬼”的只有本章，单独提到“神”的有三章，有三章合提“鬼神”。11.10章“季路问事鬼神。子曰：‘未能事人，焉能事鬼？’”子路问的是事鬼神，孔子只用“鬼”字概括，说明单独一个“鬼”也可兼指鬼神。

“祭”字单独用指“祭祀”，要设供品。如果不供牛猪羊之类的，规格就低了，不叫“祭”，叫“荐”。在古小说中常见“追荐亡魂”，供以果蔬水酒，烧几串纸钱就可以了。

“祭祀”不同于“祭奠”。前者是吉祭；后者是凶祭，特指对初死者设酒食致敬，让他一路走好。

社会地位不同的人该祭什么对象，有严格的规定。据《礼记·曲礼》：

天子祭天地，祭四方，祭山川，祭五祀，岁遍。诸侯方祀，祭山川，祭五祀，岁遍。大夫祭五祀，岁遍。士祭其先。凡祭，有其废之，莫敢举也。

有其举之，莫敢废也。非其所祭而祭之，名曰淫祀，淫祀无福。

其中“岁遍”就是把所有该祭的神祇一年轮流祭一遍。朱熹对《曲礼》这段话概括说：一家祭一家的鬼神，诸侯祭一国的鬼神，天子祭天下的鬼神。

至于士——一般读书人，祭的是其祖宗父母，目的是缅怀先人，感谢他们冥冥中的保佑并祈福，继承他们留下的好家风。不是他该祭的鬼，他去祭了，就叫“非其鬼而祭之”，称为“淫祀”，“淫”的意思是过多的、滥施的。别家的鬼多了去了，你祭得过来吗？淫祀一定是为了从中得到什么好处，所以孔子说，祭别家鬼的人是谄媚，是拍马屁。

2. 见义不为，无勇也　《论语》中“义”字出现了24次，上次出现在《学而》篇“信近于义，言可复也”。

适用于任何时代的“义”，其诠释无过于《释名》所说：“义，宜也。裁制事物，使各宜也。”说该说的话，做该做的事，都是义。孟子更是把义抬举到至高无上的地位：“大人者，言不必信，行不必果，惟义所在。”干脆就是怎么合适怎么做。把责任推到了“宜”字，最难把握。主要困难就是合宜不合宜没有客观标准。

过去“忠孝节义”连用，“忠、孝、节”有对象的特定指向性，我与对象之间的联结有刚性，如“孝”只联结父母子女。没有特定指向的，就用“义”来概括。

无勇=懦弱，没有担当。担当是有层次性的。低层民众再无勇，对家庭一般都能担当，不能担当的是普遍的社会责任。但是一旦“见”义，就要勇为。

3. 孔子讲的两句话，乍一看去没有什么直接的联系，历代注家多分成两截说，彼此不相联系。其间的联系只有宋代黄榦《论语注义问答通释》明确指出了：

非鬼而祭，见义不为，事非其类而对言之，亦告樊迟问知之意也。一则不当为而为，一则当为而不为。

黄榦提到“樊迟问知”（在同一章里樊迟又问仁），出自《雍也》篇，樊迟问的两个问题，一个关于知，一个关于仁，二者并无联系：

樊迟问知。子曰：“务民之义，敬鬼神而远之，可谓知矣。”问仁。曰：“仁者先难而后获，可谓仁矣。”

黄榦的意思是：本章两段事非其类，可能是把对两个不同问题的回答凑在了一起。而这两段所说虽然不是同一类，但内在的联系是：前者属于不该做的去做了，后者属于该做的反而不做。

黄榦对本章的分析很机智。但是樊迟问知问仁,"知仁勇"属于三达德,不能说是"事非其类而对言之"。更需要说清楚的是,2.24 章与《为政》篇的联系又在哪里呢？有注家认为:"孔子把这一章放在《为政》篇的最后,就是希望每一个执政者记住:在官场上反对谄媚和在关键时刻见义勇为,是一个君子必须具备的道德品质。"

这种分析值得商榷,官员首先是人,任何对人的要求都可以扯到官员身上去。上篇 1.15 章子贡就提出"贫而无谄";见义勇为也是对任何个人的要求,并非针对官场。刘氏《正义》介绍前人把本章与下篇 3.6 章联系在一起,很有可能:

> 此章所斥,似皆有所指。或谓季氏旅泰山是祭非其鬼,凡鬼神得通称也,冉有仕季氏弗能救,是见义不为也,说亦近理。

如果真是这样,本章作为《为政》篇的附录果然是放错位置了,应该作为第 3.7 章放到《八佾》篇,请参照本书对 3.6 章的解读后再回过来复习本章。

八佾篇第三

按《论语》惯例，本篇本应取《季氏》为篇名，而《论语》下编第十六篇首章一上来就是“季氏将伐颛臾”，这个安排出自下列需要：从十五篇起安排《卫灵公》《季氏》《阳货》的从尊到卑的治政系列。这样本篇就只好换称《八佾》。

本篇26章，主旨是礼乐，“礼”和“仁”都是贯串整部《论语》的话题，《学而》篇先告诉初学者什么是最大的不仁，同样，本篇一上来几章先介绍什么是最大的非礼。本篇绝大多数章都用“礼”贯串，3.3章连带着“乐”字，独有3.20章、3.23章和3.25章专论乐，必须重视。

3.1 孔子谓季氏，“八佾舞于庭，是可忍也，孰不可忍也！”

孔子谈论季氏，说：“他居然在家庙的庭院里用天子规格的八佾乐舞，这种事都忍心做，还有什么事不能忍心做！”

1. 孔子谓季氏　谓，说起，多指评论。季氏，鲁国的大夫季孙氏家族。2.20章注释已提到过其中的二位：季桓子、季康子父子。这里的季氏具体指谁？留待下文研究。

2. 八佾舞于庭　佾[yì]，八人的一列。八佾，指8×8的舞蹈行列，用于隆重的典礼，例如祭礼。按《左传》，祭礼上舞蹈的规格是：天子八佾，诸侯六佾，大夫四佾，士二佾。鲁国国君都只能用六佾，季氏作为臣，只有四佾的资格。

鲁桓公是三桓共同的祖先,三家有共祭的家庙——桓公庙。进入庙门后那个开阔的露天场所,就是舞八佾的“庭”。

3. 是可忍也,孰不可忍也。

桓公庙属于公庙,三桓竟私立于自家,季氏还在家庙里用起了周天子的八佾,所以孔子作此评论。对孔子这句话的理解分歧来自本章的“忍”字有两解。

(1) 解释为忍心,主体是僭礼的季氏:僭用八佾的事你也忍心做得出来,还有什么事你不忍心做呀!(注意:这里把“孰”解为“什么”。)

(2) 解释为容忍,主体是某个局外人。

① 局外人是孔子自己:对这种事能容忍,还有什么事不能容忍!这就是“文革”时期大字报流行的解释(这里也把“孰”解为“什么”)。

② 局外人是鲁国国君,“是可忍孰不可忍”等于孔子责备鲁君对这样无法无天的季氏都能容忍,还有谁不可容忍。(这里把“孰”解为“谁”。)

从语言学角度判别哪种是正解,就要追究“孰不可忍”的“孰”的意思究竟是“谁”还是“什么”。

按[隋]文字学家曹宪所说,今天熟食的“熟”字最早出现于南朝梁陈间顾野王的《玉篇》,古文熟字没有四点火。因孰、谁双声,“孰”便借代为“谁”;用于烹饪,反而要加四点火以示区别。事实上,《论语》里除本章外还出现了十五个“孰”,都要解作“谁”。但是查《康熙字典》《辞源》《辞海》等,都说“孰”还可以解作“什么”,但所举就是《论语》本章孤例,所以难以服人。

本章是《八佾》首章,与接下来的两章组成一个整体。3.1 章与 3.2 章提供了两个非礼的实例,3.3 章给出结论。从这一设计出发,本章孔子强调的应该是季氏有多么无礼。解释(1)与解释(2)①都符合这一设计,而(2)②的解释,要平白无故拉进一个事前没有提到的鲁君;而且“八佾舞于庭”这一严重的非礼,孔子怎么不责备季氏而去责备鲁君,与刚才提到这接连三章的主旨不符,所以解释(2)②被否定,“孰”在这里的确应该解作“什么”。

解释(1)与解释(2)①还得淘汰一个。解释(1)平和中庸,解释(2)①火气大,也不符合孔子身份,您不可忍又能把季氏怎么样?所以解释(1)胜出。关于季氏的身份问题,详见下面第 4 点。

这样,不知什么原因,本章在该用“何”的地方用了一个“孰”,累历代注家斟酌分辨。本章开了把“孰”解为“什么”的先例,破坏了规矩,为误读经典留下了隐患，详见19.12章。

4. 本章中季氏指谁？

在鲁国编写《论语》，批评当权的季氏，毫不伪饰，但“为尊者讳”，往往含混称呼，相当于现在不点名报道“季某某”。不但是本章，后面“季氏旅于泰山”“季氏富于周公”“季氏将伐颛臾”都是如此，于是有劳历代注家考证：八佾舞于庭的季氏是谁？

马融注：“季桓子僭於家庙舞之，故孔子讥之”，认定本章的季氏是与孔子同时的桓子（季孙斯，？—前492）。

西汉韩婴《韩诗外传》（成书于公元前150年左右）结合本篇后面几章，认为季氏应该是季康子（季孙肥，？—前468），因为这位季氏用了冉有和子路为家臣：

> 季氏为无道，僭天子，舞八佾，旅泰山，以《雍》彻，孔子曰：‘是可忍也，孰不可忍也？’然不亡者，以冉有、季路为宰臣也。

据《左传》，昭公二十五年鲁国已僭用八佾了，那时是季平子（季孙意如，？—前505）执政。《汉书·刘向传》“季氏八佾舞于庭云云，卒逐昭公”也暗指“八佾舞于庭”的事都做得出来，后来把昭公赶出鲁国的事当然也做得出来，坐实了“是可忍也，孰不可忍也”。皇侃据此认为，孔子所批评的是季平子。

上面三种说法都有道理。有一点是肯定的：不管是桓子、康子或平子，僭用八佾的做法已延续好几代了，这三人都有份，说孔子是泛指季氏一门也可以，似乎不必深究具体指哪一位。

3.2 三家者以《雍》彻。子曰：“‘相维辟公，天子穆穆’，奚取于三家之堂？”

鲁国孟孙、叔孙、季孙三家，家祭于桓公庙，祭毕命乐工唱《雍》诗来撤去祭品。孔子说：“《雍》诗里‘群公助祭，天子肃穆。’唱到三家堂上算什么意思呀！”

1.“三家”就是鲁国“三桓”。

2.《雍》是《诗·周颂》中的一篇，是武王祭文王的乐章。《诗经》分风、雅、颂三部分，雅还分小雅、大雅，颂分周颂、鲁颂与商颂。《周颂·雍》全诗十六句，开头四句如下：

有来雍雍，至止肃肃。相维辟公，天子穆穆。

进入圣殿的来宾的心情是“雍容大度”的“雍雍”，到了以后站定就“肃肃”了。

3. 相维辟公，天子穆穆　“相[xiàng]”，助祭者。“辟”指诸侯。至于“公”，周朝建立时文王、武王的后代封公，杞国、宋国分别是夏、殷之后，都封公爵国。这两句诗的意思是：周天子行祭礼，各国诸侯和杞公、宋公都来相帮。周天子则神情肃穆，

4. “徹”（简体“彻”）借代“撤”字。按周礼，祭祀结束时要撤下供品，为了表示对鬼神的尊重，奏乐歌咏送鬼神。《雍》篇专用于周天子的祭礼，可是鲁三家竟也吟唱同一首诗，孔子深为不满。

5. 三家之堂　按《聘礼疏》，古代的庙与寝宫规格相同，走过庙庭，便是以土为屋基的“堂”，四方而高，都是五架梁。前面四架是堂，最后一架是室。祭在室中，歌者在堂上，象征“德”；舞者在堂下（庭），象征“功”。

3.3　子曰：“人而不仁，如礼何！人而不仁，如乐何！”

孔子说：“为人不仁，还谈什么礼不礼呢？为人不仁，还谈什么乐不乐呢？”

上两章记三桓僭用天子的礼乐，引起孔子的非议。为什么孔子不直言劝谏呢？本章给出了答案。孔子说他们没有仁心，谈什么礼乐！“如何”译成白话是“怎样”，可知“如礼何”就是“拿礼怎么样?”或“还谈什么礼呢!”

礼是仁的外显，《鲁滨孙漂流记》中的土人礼拜五，本是食人族的口中食，是鲁滨孙把他救了出来。礼拜五充满感恩之心，这是仁；由此跪在鲁滨孙脚下吻他脚趾，这是礼。他的动作出自大脑的指令，仁与礼的关系就是不可分割的心身关系。仁与乐的关系也是如此。

礼本来是仁心的阐发，但不仁之人也可以伪装出“礼”。发自虚情假意，也足以乱真。社会风气败坏时，如三桓的表现：他们对礼越是张扬，礼越发脱离根本。战国时代发展起来的道家看到这一点，将儒家对礼的推崇一笔抹杀：“礼者，忠信之薄而乱之首。”其实周礼到了孔子才强调其仁的核心，对《老子》这一说法，我们只要坚持本章孔子的观点，不承认不仁者的所谓礼，“忠信之薄”和“乱之首”的指责就安不上了。

在《论语》中往往将礼乐联系在一起论述。礼主敬,以言语动作强调区别;乐主和,以唱和配器强调调融。二者相得益彰。

3.4 林放问礼之本。子曰:“大哉问!礼,与其奢也,宁俭。丧,与其易也,宁戚。”

林放问礼的本原。孔子说:“问得有气魄!任何礼,与其过于张扬,宁可过于节制。丧礼,与其过于讲排场,宁可哀戚过分。”

1. 林放　鲁国人。汉朝有学者认为他是孔子弟子,但不见于《史记》等史籍。

2. 林放问礼之本　其实上章孔子已指出:人而不仁谈得上什么礼乐?所以,如果说礼之本就是仁,也是合乎逻辑的。

3. 大哉问　礼,后来发展成一整套典章制度——周礼,孔子赞赏备至。但春秋时代礼崩乐坏,舍本逐末,徒有形式。林放能问礼之本,直指要害,难能可贵,故而孔子赞赏说“大哉问!”

4. 孔子赞扬完林放后,可以说“礼之本者,仁也。”孔子却没有这么说。“仁”字难懂,孔子向来罕言,除非弟子发问。对仁的把握,不但不在林放认知的最近发展区,而且其他弟子问仁,孔子也只是有针对性地给予不同答案。

仁是礼的核心,而仁与知、勇一起,作为儒家所谓的“三达德”,又构成至德“中庸”。所以礼之本可以体现为行仁的中庸之道,因此孔子举礼的两端,告诉林放怎样才得其中。

5. 礼,与其奢也,宁俭　行任何礼,都应遵循中庸之道,无过无不及。但一般人做不到,要么过,要么不及。奢华铺张,文胜质,就过了;一味俭省,质胜文,则不及。但是“过”与“不及”相比,与其奢华铺张,宁可过于俭省。因为礼与仁是文与质的关系,奢华是形式超过内涵,仁心不足;俭刻是内涵超过形式,仁心仍在。

6. 丧,与其易也,宁戚　礼的种类繁多,其中丧礼是与长期相处的亲人诀别,最能表现仁心,所以孔子特别提出。丧礼过“中”的表现是一个戚字,不及“中”的表现是一个易字。戚的意思是过度悲哀,易于伤身,死者地下有知,也不愿意看到。易的意思历来理解有分歧。参照《礼记·檀弓上》:“子路曰,‘吾闻诸夫子:丧礼,与其哀不足而礼有余也,不

若礼不足而哀有余也。”可以看作“与其易也，宁戚”最早的解释。其中“戚”对应于哀有余，“易”对应于哀不足。我们坚信孔子也是把“易”当作“戚”的对立面用，其义应该是悲哀的欠缺，像是完成一项仪式，从而失去丧礼的本来意义。所以前人把“易”解为“平易（即不当一回事），徒走形式”，是正确的。

孔子用两个实例告诉林放，礼之本就是无过无不及地表现仁心，恪守中庸之道；即使有过有不及，也要向内心倾斜，而不是渲染外在形式。

3.5　子曰：“夷狄之有君，不如诸夏之亡也。”

孔子说：“夷狄而有君主，还不如华夏民族没有君主呢。”

1. 夷狄、诸夏　古代中国称华夏：华，华美；夏，大也。寓意有礼仪之大，有文章之华。黄河流域是华夏民族的聚居地，夏商周王进封的各诸侯国称为“诸夏”。周边地区民族开化程度要低得多，按方位分称东夷、南蛮、西戎、北狄，用“夷狄”统称。

2. 不如　本章语法结构为“A 之有 X，不如 B 之没有了 X”，对“不如”的理解相当于“临渊羡鱼，不如退而结网”，比出了高低，非常自然通顺。

前人有把“不如”当“不若”来理解，所比较的两件事物便未必有高低，例如“西方食鱼用刀叉，不若中国用筷”。这样理解本章，要改掉原文两个字，变成“夷狄尚有君，不若华夏之亡也”——“夷狄还有君主呢，不像华夏连君主都没了呢”，似乎不可取。

3. 亡　从何晏《集解》开始，就引用包咸的说法：“亡，无也。”音 wú。历代注家很少有人质疑，为什么“亡”不能用本义，并照本音 wáng 来读。两千年过去了，现在我们要讨论一下这个问题。

“亡”与“无”的差别是：“无”泛指不存在，而“亡”多用于指原来存在过，现在没有了。如死亡就是指生命的消逝。

本章的“亡”，不是含混地指诸夏处于原始社会“无”君主，而是指“亡君”——虽然一直有国君，一时却没有了。这种用法正如“亡国”“亡羊补牢”一样，国和羊本来都在。按《说文》段注：“亡之本义为逃。今人但谓亡为死。非也。武方切。”所以本章的“亡”，就应该发 wáng 音。

4. 诸夏之亡　鲁国的昭公、哀公，都曾逃往他国，形成某一时期内鲁国无国君的现象,但是诸夏之礼不因国君出走而消亡。由此,孔子发出本章的感叹。

公元前517年孔子34岁,鲁昭公想从三桓手里夺回君权,没有成功,只好出奔齐国,季孙意如专政。即使如此,礼教文明犹在,要胜于夷狄虽有君主而风俗野蛮,从待开化到有礼义,差距何止百年。

5. 贯串《八佾》篇的是个礼字,本章也不例外。诸夏与夷狄的差别,就是文化建设:一个有礼制,一个无礼制。给后代的启示:民以食为天,不怕亡国,就怕亡天下。即使到了两千五百年后的今天,何尝不是如此。

3.6 季氏旅于泰山。子谓冉有曰:“女弗能救与?”对曰:“不能。”子曰:“呜呼!曾谓泰山不如林放乎?”

季氏去祭祀泰山。孔子对冉有说:“你不能劝阻吗?”冉有回答说:“不能。”孔子说:“啊呀!莫非说泰山之神还不如凡人林放吗?”

1. 季氏旅于泰山　据清人翟灏《四书考异》,“旅”作“祣”。他引《洪武正韵》:“祣,祀山川名。经典通作‘旅’,传写误耳。”

关于为什么晒季氏这件事,历来的主流意见是:祭名山大川是天子本分;泰山在鲁境,周天子命鲁侯代祭,名正言顺;而季氏是鲁君的大臣,对周天子来说只是陪臣,抢着去祭祀泰山,性质与“八佾舞于庭”一样,是僭越。

2. 冉有　孔子弟子冉求(前522—?),字子有,鲁人。他做季氏的家臣,是在季康子执政的时候,可知本章的季氏指季康子。

3. “女弗能救与?”对曰:“不能。”　孔子希望冉有为此事的违礼向季康子谏诤挽救。冉有回老师问话,是下对上,所以用“对曰”。

冉有如能谨承师教,应当学习老师“知其不可而为之”(14.38章)的精神,对季康子据理力争,以尽人事。现在回答“不能”,等于是婉拒师命,孔子不能不生气,于是问:“曾谓泰山不如林放乎?”

4. 曾谓泰山不如林放乎?　曾谓,难道说。

难道泰山还不如林放,是指哪方面?冉有和《论语》编者应该很清楚,但读者不清楚。

历代《论语》注家的解读可以以包咸为代表，并不把孔子之问理解为对冉有的责备，而是对泰山神和林放进行人格的比较："神不享非礼。林放尚知问礼，泰山之神反不如林放耶？欲诬而祭之也。"

这种解读很勉强。如果前面我们捉摸不透的2.24章真像刘氏《正义》一针见血指出的，是被放错地方的本章附录，读者本来是弄得清楚的。

"非其鬼而祭之"是孔子对季氏的批评。《左传》云"国之大事，在祀与戎"，祭祀天地山川是何等大事，而季氏旅于泰山公然"非其鬼而祭之"！《礼记·曲礼》指出：非其所祭而祭之，"名曰淫祀；淫祀无福"，完全失去了祭祀的本义。

"见义不为，无勇也"则是对冉有的批评。这为解读"曾谓泰山不如林放乎？"提供了重要线索。把泰山和林放相提并论不在二者的人格，而在同作为被救的对象，可惜证据链缺少了重要的一环：冉有曾在季氏面前仗义执言救过林放，却不敢为泰山事件发声。

3.7 子曰："君子无所争，必也射乎！揖让而升，下而饮，其争也君子。"

孔子说："君子之间没有可争的事。要争也是比射箭吧！射前互相作揖谦让，一起登堂，射完了一起走下堂来，又互相敬酒。这就是君子之争。"

1. 君子无所争，必也射乎！　《论语》中这一警语向来被忽视，从古到今，社会到处是争斗，弱肉强食。

孔子言简意赅，说君子与人没有什么争的，要争胜负，不但胜不骄，败不馁，也要与比射箭的精神一致。赢得再狠，对对方的肉体与心灵也不造成损伤。输的一方也不怨天尤人，不怪运气不佳，只就自己的技艺修养找问题。

古代士人以上必修"六艺"（礼乐射御书数），六艺之中，只有射箭要和别人比高低，但君子参加比赛，重视过程超过重视结果。这种"争"，与其说是展现射艺，不如说是展现礼仪和品格，这样一来，射就上升到礼的层面。

古射礼有四：大射，贵族选拔善射箭人才用；宾射、燕射，分别用于贵族聚会燕乐;乡射,用于平民习艺。按本章描绘,这里似指大射。两人一组,比赛如仪。详见《仪礼·乡射礼》和《大射仪》。

2. 揖让而升,下而饮　两人上场比赛,先互相作揖,彼此谦让地登台,比试完毕后走下台来按礼节饮酒。完全不是血腥残忍让角斗士奴隶拼个你死我活的古罗马风格。

后面 7.6 章孔子要求学子"志于道,据于德,依于仁,游于艺",要澄清艺与道、艺与德、艺与仁的关系,本章是极好的抓手。

从射艺中,可看出射者的志向。道也包含在射艺之中。《礼记·射义》说:"射者,仁之道也。射求正诸己,己正而后发,发而不中则不怨胜己者,反求诸己而已矣。"射的古礼论德不论力(参见 3.16 章"射不主皮"),从射箭"得环"多少最能看出一个人的修养和能力。

清代名臣曾国藩(1811—1872)对儒学下的功夫很深,他有一段箴言:"士有三不斗:毋与君子斗名,毋与小人斗利,毋与天地斗巧",深得本章精神,可能受了李中孚(1627—1705)《四书反身录》的启发。

李中孚说:"世间多事多起于争,文人争名,细人争利,勇夫争功,艺人争能,强者争胜。无往不争,则无往非病。君子学不近名,居不谋利,谦以自牧,恬退不伐,夫何所争?"我们可以补充说,"君子无所争"的争,是指不争私利,不争个人意气,是一种君子风度。至于大是大非,涉及人民利益,当然要据理力争,不屈不挠。

3.8 子夏问曰:"'巧笑倩兮,美目盼兮,素以为绚兮。'何谓也?"子曰:"绘事后素。"曰:"礼后乎?"子曰:"起予者商也,始可与言诗已矣。"

子夏问道:"'甜甜地笑时升起红晕,美丽的眼睛黑白分明目光流转,本色的白皙皮肤流光溢彩哟!'是什么意思呢?"孔子说:"先有了白底子,然后才绘画。"

子夏说:"礼在仁后吗?"孔子说:"能发挥我的意思的是你卜商呀!现在开始可以同你谈论《诗》了呢!"

1. 子夏向孔子请教三句诗:"巧笑倩兮,美目盼兮,素以为绚兮。"前两句诗在《诗经·卫风·硕人》篇,是赞美卫侯夫人庄姜的。"巧笑倩兮,美目盼兮”正是《硕人》第二章的第六、七句,意思见语译。全篇不见子夏所引的第三句“素以为绚兮”。照马融的说法,这一句好像是在《硕人》流传过程中丢失的。

朱熹反对这种说法,整篇《硕人》有四章,每章七句,每句四字,排列工整,哪里会有第二章独独多出一句的道理。所以朱熹认为子夏所引的这三句属于同一首“逸诗”,与《硕人》无关。

马、朱二位谁是谁非不影响对本章的理解。关键是第三句“素以为绚兮”:素,素白本色;绚,素绢加以文饰后的色彩。在《论语》中“A 以为 B”的意思等于“以 A 为 B”,例如:“仁以为己任,不亦重乎?”(原 8.8 章)“君子义以为质”(15.18 章),所以“素以为绚兮”的意思就是以本色来作为文饰。

2. 以上三句诗,子夏不会不明白字面上的意思,他问“何谓也”是想问这三句诗说明什么道理。孔子的回答是“绘事后素”。听其语气,“绘事后素”像是当时众所周知的成语,所以子夏一听就明白,马上就说“礼后乎?”倒是历代注家对“绘事后素”形成两派理解:一派说“绘事把素放在最后”,另一派说“绘事后于素”。对古文的理解分歧产生于古文语法的缺陷。即使到了孟子时代,《孟子·离娄》7.7 章孟子曰:“天下有道,小德役大德,小贤役大贤;天下无道,小役大,弱役强,斯二者,天也。”依常识分析,其中四个“役”字,显然是“役于”的意思;天下无道,则大欺小,强凌弱。所以,“绘事后素”只能以上文“素以为绚兮”和子夏获得的启发为依据来裁决,即绘事后于素。

《礼记·礼器》云:“甘受和,白受采。忠信之人,可以学礼。”显然礼在忠信之后。

子夏能从一首赞美绝代佳人的诗悟出礼是好品性的展现,果然精通文学。孔子见子夏能从“绘事后素”得到“礼后”的结论,非常高兴,说现开始可以和子夏谈《诗》了!

本章的主旨仍然是“人而不仁如礼乎!”

3.9 子曰:“夏礼吾能言之,杞不足征也。殷礼吾能言之,宋不足征也。文献不足故也。足,则吾能征之矣。”

孔子说:“夏朝的礼,我说得上来,但是,现在杞国的礼却不足以印证；殷代的礼，我说得上来，但是，现在宋国的礼却不足以印证。因为文献不足啊！如果文字资料充足，熟悉夏礼、殷礼的贤人也足够的话，我就能用它们来证明了。”

1. 本章进一步谈礼制。《乐记》记载：“武王克殷，下车而封夏后氏之后於杞[qǐ]，封殷之后於宋。”孔子对夏礼与商礼都有精深的研究，但杞、宋与夏、商年代相隔太远，所以“不足征”。

2. 征（徵）　包咸曰：“征，成也。”“不足征”的意思是夏殷之礼杞、宋两国不足以成其事。朱熹注：“征，证也。”“不足征”的意思是不能提供充分的证据，包、朱两种说法有差异，朱注更贴切。按征（徵）的组词有表征、征兆、象征等。把“不足征”解释为“不足以印证”应该是最自然的。

3. 文献不足　文指典籍，献指贤人。宋国的文献可能多些，《中庸》有一段类似的话——子曰：“吾说夏礼，杞不足征也；吾学殷礼，有宋存焉；吾学周礼，今用之，吾从周。”说宋国还保存着殷礼，但不合当世，所以孔子要按周礼办。

4.《为政》篇末，子张问“十世可知也?”孔子谈到“殷因於夏，礼所损益，可知也；周因於殷，礼所损益，可知也。”可与本章互相参读。

3.10　子曰：“禘自既灌而往者，吾不欲观之矣。”

孔子说：“举行禘祭大典时，从第一次的献酒之后，我就不愿看下去了。”

1. 禘[dì]　古代的“王者大祭”，五年一次。周成王因为周公旦有大勋劳，赐鲁国国君在周公庙以文王为始祖，周公配享举行禘祭。禘祭要从祭始祖开始，不用神主牌位，用童男童女扮演始祖，叫作尸。

2. 自灌而往　尸就位后，第一次献上用气味芬芳的郁金草和黑黍酿成的“鬯[chánɡ]酒”，让尸闻酒的香气，使神灵降临，叫作灌（是祼的借代字，音 guàn）开始祭始祖，然后祭历代祖先：“既灌之后，列尊卑，序昭穆”，按君王的尊卑世系，依次祭祀。列序的办法，以鲁国的禘祭为例：始祖文王居中；其子周公是二世，列始祖左边，称昭位；周公之子伯禽是三世，列始祖的右边，称穆位；四世鲁考公（伯禽之子）又居昭位；五世炀公

(考公之弟)居穆位;六世幽公(炀公之子)再居昭位……

3. 吾不欲观之矣　孔子说他在灌的仪式结束后不愿再看下去了,历代注家说是因为“鲁逆祀,跻僖公,乱昭穆”。原来鲁国第十七任国君闵公即位两年后就被庆父杀害,由闵公庶兄僖公继位,在位33年。僖公之子文公即位后,跻升其父僖公于闵公之前。僖公虽为闵公的庶兄,但是其君位是继承闵公的,现升于闵公前,叫作逆祀,孔子极为反感,他著《春秋·文公二年》直书:“八月丁卯,大事于太庙,跻僖公。”

仁是礼的核心,当然也是禘祭礼的核心。逆祀居心不良,与“仁”相背。诚心诚意地观禘祭礼,等于欣赏主持者弄虚作假。孔子坚决拒绝这么做!

3.11　或问禘之说。子曰:“不知也;知其说者之于天下也,其如示诸斯乎!”指其掌。

有人问“禘祭”的来由道理。孔子说:“不知道。能懂这种道理的人治理天下,会像把东西摆在这里一样一目了然吧!”[孔子一面说,一面]指着自己的手掌。

1. 关于禘祭,《论语》只有本章与上章提到。有人问起禘祭的真谛,孔子回答不知道。

历代注家大都说,从《礼记·曾子问》就可见孔子精通礼仪,对禘祭,孔子并非不知道,只是不愿细说,因为孔子认为鲁国僭用了周天子的禘祭。这个理由似乎不能成立:(1)《礼记·祭统》《礼记·明堂位》明确记载,周公死后周成王、康王追念周公勋劳,赐鲁君世世可行禘祭;(2)鲁国禘祭以周文王为始祖,孔子如果认为鲁君没有资格祭文王,他应该连灌仪也一起抵制,而不是“自灌而往,吾不欲观之矣”。

即使是孔子推托不知,比较合理的原因也应该是:鲁君逆祀颠覆了禘祭的大义。孔子如果明明白白把禘祭的道理说透,就是揭鲁君之短,不合臣道,只有含混推说不知道。

2. 但是孔子曾教训子路:“知之为知之,不知为不知,是知(智)也!”现在孔子自己在禘的问题上知之充不知,就不怕子路质问老师言行不一吗?所以的确还有一种可能性:孔子真的不知道禘之说。

天下事物,物有物理,事有事理。孔子是事理世界的丰碑,礼之本、谛之说要问孔子;牛顿是物理世界的丰碑,光之说要问牛顿。可假如有人真问牛顿光之说,牛顿最明智的回答正是“不知也”。牛顿(1643—1727)在1675年提出过相对粗糙的“光之微粒说”,随后惠更斯(1629—1695)在1678年提出“光之波动说”,牛顿并不反对。直到二百年后麦克斯韦(1831—1879)才提出“光之电磁说”,建立了完善的方程组,仍不足以说明光电效应。因此爱因斯坦(1879—1955)又提出“光之量子说”。这些学说牛顿能知道吗?

3. 知其说者之于天下也,其如示诸斯乎! 指其掌。

(1)“天下”一词,今天已经用得烂熟了,最早的出现恐怕还得追溯到《论语》(《尚书·大禹谟》有“奄有四海,为天下君”,可那是汉代炮制的伪书),共出现了23次,在本章是第一次出现,稍说几句。

古人所说的天下,是指人迹可至的地方,但其范围比今人所见当然要小得多。后起的儒家经典《大学》中把“明明德于天下”(或“平天下”)当作教育的终极目标,说要建立在治国的基础上。在今天的视野里,其实就是明明德于小半个中国,要建立在治省、地的基础上。更宽阔的视野是,明明德于全球要建立在治理各国的基础上。其复杂程度完全不在古人的认识发展区里。

(2)孔子认为,知道禘之说的人看天下,就像把天下放在手掌里一样一目了然。由于现代人对禘之说更加陌生,要理解孔子这段话,最好假设当年牛顿说了“知道光之说的,对物质世界的整体了解,一定了如指掌吧!”我们对牛顿一定佩服得五体投地。牛顿作为大智慧者,一定知道自己对光的本性认识还很粗浅,事实上,在他身后二百多年,后人受爱因斯坦光的量子说的启发,竟然认识到物质都具有波粒二象性,20世纪对物理世界的本性的认识到达前所未有的新高度。

(3)认识到光的本性对认识物理世界的重要性现代人已经看到,足以使我们对孔子对事理世界中“禘之说”的高度评价给予温情和敬意。认识到禘的本性对认识人类天下是那么重要,《左传·成公十三年》刘子曰:“国之大事,在祀与戎。”把祭祀与战事并列。禘礼是最高级别的祭礼。追念的是从始祖起的列祖列宗,最容易团结所有后人一起响应。禘礼不走样,其效果是曾子所说的“慎终追远,民德归厚”。如果禘礼走样,用9·11、ISIS种种反人类的方式来追念先知,21世纪都能感到恐慌。

3.12 祭如在，祭神如神在。子曰：“吾不与祭，如不祭。”

祭祖宗如祖宗真在那里，祭神如同神真在那里。孔子说：“我如果不亲自参加祭祀，[而由别人代祭，]那就如同不祭祀一样。”

1. 祭如在，祭神如神在　这两句是弟子平时所见孔子在祭祀时的表现。“祭如在”省了祭的宾语（默认为祖宗），祭祖宗像祖宗就在眼前似的，事死如事生。而“祭神如神在”则另指祭天地之神。这句话最妙的是两个“如”字，祖先和神灵到底在不在，《论语》编者不说。

2. 祭祀是祭祀者与所祭对象面对面的心灵交流，不能由别人代替。所以孔子说“吾不与祭，如不祭”（与，参与）——我因事因病不亲临现场，就达不到向鬼神表达诚敬之心这一目的，也就失去了祭祀的意义。这一思想与“丧，与其易也，宁戚”完全一致。

本章寥寥数语，足以体现在孔子心中祭祀对人生的意义。现代人也有参与祭祀的经验，通过本章可以比较与孔子的差距。

3.13 王孙贾问曰：“‘与其媚于奥，宁媚于灶。’何谓也？”子曰：“不然。获罪于天，无所祷也。”

王孙贾问：“[人们说]与其奉承奥神，不如奉承灶神。这话怎么讲？”孔子说：“不对吧。如果得罪了天，向谁祈祷都是没有用的！”

1. 王孙贾[jiǎ]　周灵王之孙，卫灵公时执政大夫。14.13章还提到一位公明贾，人名中的“贾”读jiǎ，如屠岸贾、陆贾、刘贾等。《史记》三家注、《汉书》颜师古注、《资治通鉴》胡三省注等皆无注音；而凡“商贾”之“贾”，各家必注曰“音古”。

2. 与其媚于奥，宁媚于灶　当时俗语。古时房屋设计，通户外的房门在东南角。奥指房屋西南角，开窗户，一家尊者所居的清静之地。灶是灶间，烹调饮食之处。奥与灶都有相应的神灵。王孙贾问这句俗语是什么意思，为什么与其讨好奥神，不如讨好灶神？这里奥神比喻高高在上却不主事者，灶神掌实权，知道一切家务事。后来民间腊月二十三送灶，祭以胶牙饧，意思是把灶王爷的嘴糊住，不让他向天帝汇报自家丑事，却没听说“送奥”的。

王孙贾这么问向孔子暗示什么？历来有两种理解。(1)王孙贾请教孔子，自己应该在卫灵公身上下功夫，还是在卫灵公夫人南子身上下功夫？(2)因为孔子曾见南子，王孙贾怀疑孔子想通过南子在卫国做官，于是暗示孔子，你要在卫国有所发展，与其依靠南子，还不如依靠我这个掌实权的重臣。

3. 获罪于天，无所祷也　孔子不同意王孙贾所引那句俗语的意思，奥尊灶卑，祭者态度却逆尊卑，与鲁君逆祀性质是一样的。再说将天与奥相比，天要尊贵得多，但天道不言，难道也要抱“与其媚于天，宁媚于奥”的宗旨吗？为礼不敬，只管怎样对自己有利，是要获罪于上天的，这时你再求谁呢？求比上天更高的神灵？当然是没有的。

3.14　子曰：“周监于二代，郁郁乎文哉！吾从周。”

孔子说：“周代[政治礼乐制度等]是借鉴于夏商两代[而发展演变建立起来]的，多么丰盛啊！我遵从周代[的这一切]。”

1. “监”加金字旁，即“鑑”(同“鑒”——“鉴”的繁体)。“周监于二代”，即周以夏、殷二代为鉴。孔子对三代的礼法很有研究，比较的结果是周礼“郁郁乎文哉”，即周朝的礼乐制度文物增益于夏殷二代，盛况空前，他要“从周”，即按周礼来办。

2. 春秋时代就是东周，本来就是遵从周礼的，不从周也得从周，孔子为什么刻意强调？一方面反映了他对周礼心服口服，另一方面孔子处于礼崩乐坏的时代，“吾从周”表现了他对丰盛的礼乐制度文物的由衷怀念。可惜孔子平日对周礼的详细叙述《论语》编者都从略了，未能更好地展现孔子的博学与好古敏求。

3.15　子入太庙，每事问。或曰：“孰谓鄹人之子知礼乎？入太庙，每事问。”子闻之，曰：“是礼也。”

孔子进入太庙[助祭]，对每件事都询问。有人说：“谁说鄹邑人他儿子知道礼啊？进入太庙，没一件事不问的。”孔子听到后说：“我这么做，就是礼啊。”

1. 古称开国君主为太祖,太祖之庙称太庙。鲁国太庙指周公庙。《公羊传·文公十三年》:“周公称太庙,鲁公称世室,群公称宫。”孔子年轻时在鲁国任小官吏,有机会进入太庙助祭,许多礼器、礼乐仪式规矩都是以前学礼时没有亲见的,所以遇事必问。

2. 孰谓鄹[zōu](一作郰)人之子知礼　《史记·孔子世家》:“孔子生鲁昌平乡郰邑。”孔子父亲叔梁纥[hé]曾做过鄹邑大夫。孔子对礼研究精深,当时已有名气,有人看到孔子进了太庙竟然样样都要问,讥讽他名不副实,轻蔑地称孔子为“鄹人之子”。孔子听到非议后坦然说:“这正是礼啊!”

3.《论语》中“问”字出现了121次,绝大多数是他人请教孔子,个别是探问病情,本章强调孔子本人“每事问”不可忽视。勤学好问在儒学中至关紧要。

子贡问曰:“孔文子何以谓之文也?”子曰:“敏而好学,不耻下问,是以谓之文也。”(5.14章)

子夏曰:“博学而笃志,切问而近思,仁在其中矣。”(19.6章)

子曰:“舜其大知也与。舜好问而好察迩言,隐恶而扬善,执其两端,用其中于民。其斯以为舜乎。”(《中庸》)

诚之者,择善而固执之者也。博学之,审问之,慎思之,明辨之,笃行之。有弗学,学之弗能弗措也。有弗问,问之弗知弗措也。人一能之,己百之,人十能之,己千之。果能此道矣,虽愚必明,虽柔必强。(《中庸》)

故君子尊德性而道问学,致广大而尽精微,极高明而道中庸,温故而知新,敦厚以崇礼。(《中庸》)

4. 有注家把末句口气改为“是礼也?”认为本章是孔子借问礼为名提醒主事者省悟当时鲁祭多非礼,似乎不是直解。关于有人讥孔子不知礼,蕅益道人(1599—1655)《论语点睛》引“卓吾云:‘只论礼与非礼。那争知与不知。’方外史曰:‘不知便问,是孔子直心道场处。若云虽知亦问者,谬矣。’”此论可取。

3.16　子曰:“射不主皮,为力不同科,古之道也。”

孔子说:“[在举行射礼比赛时,]射箭主要不在于射穿那皮靶子,因为各人的力气大小不同,这是古道。”

1. 射不主皮　古之射箭比赛,张一张布,中间贴一块画有猛兽的皮作为目标，看谁射在正中心。比赛分“主皮之射”和“贯革之射”两种，前者只比命中目标，不比谁臂力大射穿皮革。

2. 为力不同科　科，用斗量稻。人力强弱测量下来有多有少，射箭比赛的设计不是为了比力气。

3. 古之道也　《乐记》：“武王克商，散军郊射，而贯革之射息。”武王伐纣之后，天下太平，不尚蛮力，射箭比赛不比谁穿透皮革。到孔子时代已过去五六百年，所以称古道。但春秋乱世，战乱频仍，又开始崇尚贯革，如前575年楚国大夫养由基一箭把革甲内外厚薄复叠的七层都穿透，被视为国士。孔子有感而发。

本章所述“射不主皮”的原则不限于射箭一事。评价人事，首先看目标正确不正确，努力不努力。而成果大小，未必取决于自身，还有客观条件在起作用。

3.17　子贡欲去告朔之饩羊。子曰：“赐也！尔爱其羊，我爱其礼。”

子贡想把“告朔”时祭祖庙的那头饩羊去掉。孔子说：“赐呀！你爱惜的是那头羊，我爱惜的却是那套礼仪。”

1. 告朔　告，旧读gù。按《周礼·春官·大史》，周天子在每年秋冬之交，“颁告朔于邦国”，即向诸侯颁布月令：来年有没有闰月，每月朔日（初一）是哪一天。诸侯把月令藏于祖庙。逢每月初一，请出月令颁告国人，叫作告朔。为什么不省事些全年一次性公布，而要每月一次呢？王夫之说有三大作用：“朔之必告，崇天时以授民以奉天也，定天下于一统以尊王也，受成命于先公以敬祖也，其为礼也大矣。”这项仪式包括杀一只羊祭拜祖先神灵，这只羊叫作“饩[xì]羊”，指杀而未烹的羊。告朔后“朝庙”，即在祖庙里上朝，国君就当月政事听政视政，叫“听朔”或“视朔”。

从是否认真执告朔之礼可以看出天下有道还是无道。司马迁在《史记·历书》中说：“天下有道，则不失纪序；无道，则正朔不行于诸侯。幽、厉之后，周室微，陪臣执政，史不记时，君不告朔。”鲁国对周礼还算重视的，可是据《春秋》记载，文公六年（前621年）“闰月不告月，犹朝于庙”，《左传》指其非礼：“闰以正时，时以作事，事以厚生，生民之道于是乎在矣。不告闰朔，弃时政也，何以为民？”《春秋·文公十六年》又记载：“夏五月，公四不视朔。”《左传》说那是因为文公生病。大概到昭公二十五年（前517年）昭公被三桓赶出国门十三年，在这期间不可能举行朝庙仪式。直到定公于前504年四月即位，也没听说恢复告朔，但由本章可知，饩羊还是照常贡于祖庙的。

2. 子贡执事时，他见鲁君不但不亲临祖庙，而且也不听政，只有一只活羊要月月牺牲，毫无意义。所以子贡想要革除这一旧规。孔子却认为，尽管每个月要白白牺牲一只羊，但残存的礼毕竟保留着，一旦遇上好时代，在此基础上可以恢复周礼，这作用就大了。如果去掉饩羊，古礼便荡然无存了。

3.18 子曰：“事君尽礼，人以为谄也。”

孔子说：“事奉君主尽到礼数，别人看来却以为这是谄媚。”

《八佾》记载了在鲁国表现出来的种种礼崩乐坏的大背景。上章所反映的是：大概从昭公二十五年起，鲁君就不再告朔，到子贡执事这几十年来逢每月初一却仍杀一只羊贡于太庙，“我不与祭，如不祭”，子贡想革除这一形式，也有他的道理，独有孔子坚持维持这个仪式。本章的背景则是：长期以来，三桓不但在祭祀之类的大典上僭用礼乐，而且专擅政事，事奉国君也无礼，甚至逼昭公出亡。大小官员都依附三家，孔子事君尽礼，反而被认为是谄媚。

3.19 定公问：“君使臣，臣事君，如之何？”孔子对曰：“君使臣以礼，臣事君以忠。”

鲁定公问：“君主差使臣下，臣下事奉君主，应当怎样呢？”孔子回答道：“君主差使臣下应当以礼相待，臣下事奉君主应当以忠相待。”

1. 定公　鲁国国君，名宋，襄公之子，昭公之弟，哀公之父，前509—前495年在位。

2. 君使臣，臣事君，如之何　上对下称差使，下对上称事奉。当时孔子可能正在鲁国大司寇任上。鲁定公这么问,肯定不满意臣下对自己无礼的现状,孔子回答定公"君使臣以礼,臣事君以忠",给出千秋万代的黄金法则:处理好上下级关系,不只对下级有要求,对上级同样有要求。

(1) 上对下必须突出一个"礼"字,体现对下级人格的尊重。《子路》篇 13.4 章子曰:"……上好礼,则民莫敢不敬……"《宪问》14.41 章子曰:"上好礼,则民易使也。"

(2) 上章孔子指出当时鲁国只迎奉三家而漠视鲁君的恶劣风气,从本章可见下对上主要还不在对上级本人礼数周全方面,而是突出一个职务上的"忠"字,即上级交代的责任。这个"忠"字极富弹性,在任何时代都表现为忠于职守。但我们日常所见有些下级对上级一味讨好奉承,对下级则不以礼相待,对待工作则得过且过,可见本章作为座右铭的重要性,弘扬中华民族优秀传统文化不是一句空话。

3. 历代注家注本章,往往强调君臣关系的因果性:"君使臣以礼,则臣事君以忠。"《求真》不敢苟同。延伸到当代,在社会上并非每个人都是上级,但每个人都是下级。如果非要上级待我以礼,我才忠于职守,那个人修养和责任感到哪里去了?

3.20 子曰:"《关雎》乐而不淫,哀而不伤。"

孔子说:"《关雎》一组乐曲快乐而不过分,悲哀而不悲伤。"

1. 初读本章,见到《关雎》,想到的一定是《诗经·国风》首篇,中学生都背得出的那首诗。

这首诗咏一君子思恋一位窈窕淑女,朝思暮想。求之未得,辗转反侧睡不着觉;希望哪一天能与她结成佳偶,而"琴瑟友之,钟鼓乐之"。

如果本章《关雎》果然是指诗本身,则下文说"《关雎》乐而不淫,哀而不伤"就必须从《关雎》一诗中得到印证。"淫"是过量,"伤"的原意是浅的创口,也可能留下永久性的伤痕。

事实上,读者从诗中品出"乐(lè)"字来并不难,"钟鼓乐之"是一种非常高雅的乐,没有诲淫的成分,但是要从诗中品出"哀"字来则很勉强。《关雎》诗中那位男青年虽然正在苦苦地单相思,不等于追求不到窈窕淑女;他又不是绝望,哪会有人劝他节哀保重?

郑玄对《关雎》诗中是否表现了"哀"字也很犹豫。他在《论语注》中是这样解"哀而不伤"的:"乐得淑女以为君子之好仇,不为淫其色也。

寤寐思之,哀世夫妇之道不得此人,不为减伤其爱也。”可见郑玄理解的哀伤完全不是因单相思形销骨立的那种。后来郑玄为《毛诗·关雎》所作的《笺》另有说法:“《周南》《召南》,正始之道,王化之基。是以《关雎》乐得淑女以配君子,忧在进贤,不淫其色,哀窈窕,思贤才,而无伤善之心焉。是《关雎》之义也。”说《关雎》诗所哀的是“哀窈窕”(意思仍然模糊不清),一面又声称:“哀,盖字之误也,当为衷。衷谓中心恕之。无伤善之心,谓好逑也。”那么,究竟是“哀而不伤”还是“衷而不伤”?郑玄自己也吃不准,他在答刘琰问时说:“《论语注》人间行久,义或宜然,故不复定,以遗后说。”我们很能理解郑玄的犹豫不决,在《关雎》诗中“哀”字说不通,但“乐而不淫”和“哀而不伤”本来是般配,换成“衷”字与“乐”配对,而且“四书”中一个“衷”字也没有,这里突然冒出一个,的确难以使人信服。

2.“关雎”一词在《论语》里还出现了一次,那是在《泰伯》篇:

8.10　子曰:“师挚之始,《关雎》之乱,洋洋乎盈耳哉!”

在8.10章里《关雎》就明显不指诗,而指乐了。所以在解读本章时没有理由抱着《关雎》是指《诗经》首篇的定见,反倒是以认定《关雎》是乐曲为宜。

最早提出这一创见的是清代学者刘台拱,他是刘宝楠的堂叔。刘台拱在《论语骈枝》一书中说:“《诗》有《关雎》,乐亦有《关雎》。古之乐章,皆三篇为一。《传》曰:‘《肆夏》之三,《文王》之三,《鹿鸣》之三。’”《记》曰:“《宵雅》肄三。”例如《文王》这一组乐明明有三篇合一,可简称《文王》。《论语骈枝》给出的根据是:“《国语》曰:‘《文王》《大明》《绵》,两君相见之乐也。’《左传》但曰:‘《文王》,两君相见之乐’,不言《大明》《绵》。”

为两君相见准备的乐,演奏的仪式一定非常隆重。单看规格低得多的“乡饮酒礼”(即诸侯乡大夫宴请贤能的一套规矩)就很严正了。乡饮酒礼的一大环节就是献乐。整套程式分四节:升歌—笙入—间歌—合乐。

据《礼记·乡饮酒义》:“工入,升歌三终,主人献之。笙入三终,主人献之。间歌三终,合乐三终,工告‘乐备’,遂出。”这里的“工”,郑玄说,指乐正,也就是乐师长。

第一节:“工入,升歌三终”。孔安国解释说,在这一节,乐正进来,升堂歌一组乐章,由《诗·小雅》的前三篇《鹿鸣》《四牡》《皇皇者华》组成。为什么挑这组乐章?因为《鹿鸣》是一首热烈喜庆的迎宾诗,全文如下。

呦呦鹿鸣，食野之苹。我有嘉宾，鼓瑟吹笙。

吹笙鼓簧，承筐是将。人之好我，示我周行。

呦呦鹿鸣，食野之蒿。我有嘉宾，德音孔昭。

视民不恌，君子是则是效。我有旨酒，嘉宾式燕以敖。

呦呦鹿鸣，食野之芩。我有嘉宾，鼓瑟鼓琴。

鼓瑟鼓琴，和乐且湛。我有旨酒，以燕乐嘉宾之心。

三首歌唱完，“主人献之”，指酌酒献乐正。

从《鹿鸣》诗的内容可见，宴会上大大小小有个乐队，乐器有琴瑟、笙簧。

第二节：“笙入三终”。从字面上看，很像是堂下原本有个乐队，让笙加入合奏三首曲子。这样理解不对。孔安国说是“吹笙之人入于堂下”，就是说，堂下本来没有乐队，到这一节，他们才上场，吹的曲子是《南陔》《白华》《华黍》这一乐章。主人又酌酒献笙人。

第三节：“间歌三终”。“间”指交替进行。堂上歌《鱼丽》，则堂下笙吹《由庚》为一终；堂上歌《南有嘉鱼》，则堂下笙吹《崇丘》为二终；堂上歌《南山有台》，则堂下笙吹《由仪》为三终。（本节与上节笙吹的六首就是《诗经》中有篇无辞的笙诗。）

第四节：“合乐三终”。据《仪礼》：“合乐，《周南》——《关雎》《葛覃》《卷耳》；《召南》——《鹊巢》《采蘩》《采蘋》。”孔安国说，在合乐环节，工歌《关雎》，则笙吹《鹊巢》合之；工歌《葛覃》，则笙吹《采蘩》合之；工歌《卷耳》，则笙吹《采蘋》合之。在合乐环节，堂上堂下歌声与瑟、笙齐鸣。

最后，“工告‘乐备’”，也就是乐师长禀报“本场音乐会到此结束”。

3. 认定本章中《关雎》指《周南》前三篇（《关雎》《葛覃》《卷耳》）的合乐，本章为什么说“《关雎》乐而不淫，哀而不伤”就清楚了。我们先把这组诗歌都附在下面。

《关雎》

关关雎鸠，在河之洲。窈窕淑女，君子好逑。

参差荇菜，左右流之。窈窕淑女，寤寐求之。

求之不得，寤寐思服。悠哉悠哉，辗转反侧。

参差荇菜，左右采之。窈窕淑女，琴瑟友之。

参差荇菜，左右芼之。窈窕淑女，钟鼓乐之。

《葛覃》

葛之覃兮，施于中谷，维叶萋萋。黄鸟于飞，集于灌木，其鸣喈喈。

葛之覃兮，施于中谷，维叶莫莫。是刈是濩，为絺为绤，服之无斁。

言告师氏，言告言归。薄污我私，薄浣我衣。害浣害否，归宁父母。

《卷耳》

采采卷耳，不盈顷筐。嗟我怀人，置彼周行。

陟彼崔嵬，我马虺颓。我姑酌彼金罍，维以不永怀。

陟彼高岗，我马玄黄。我姑酌彼兕觥，维以不永伤。

陟彼砠矣，我马瘏矣！我仆痡矣，云何吁矣。

刘台拱说："'乐而不淫'者，《关雎》《葛覃》也。'哀而不伤'者，《卷耳》也。《关雎》，乐妃匹也；《葛覃》，乐得妇职也；《卷耳》，哀远人也。"注意《卷耳》有句"维以不永伤"，正是涉及哀伤的明证。

3.21 哀公问社于宰我，宰我对曰："夏后氏以松，殷人以柏，周人以栗。曰：'使民战栗。'"子闻之，曰："成事不说，遂事不谏，既往不咎。"

鲁哀公问宰我有关选社树的问题，宰我回禀道："夏朝人用松树，商朝用柏树，周朝用栗树，意思是'使民战栗'。"孔子听到这件事后说："已做过的事不再说，已完成的事不再劝谏，已过去的事不再诟病怪罪。"

1. 宰我　鲁国人，名予，字子我，孔子早期弟子，小孔子二十九岁。

2. 社　土地神。《周礼》："二十五家为社，各树其土所宜之木。"社要树立代表土地神的社主，种适合当地地气的树木。本章所指的社不指乡社，指在国都附近建国所立之社。后世限于条件，社树简化为神主牌位。

3. 夏后氏以松，殷人以柏，周人以栗　古注"夏都安邑，宜松；殷都亳，宜柏；周都丰镐，宜栗。是各以其土所宜木也。"夏商周三代所树的社木除适合各自首都地气外，共同点在于苍劲挺拔、坚贞持久，作为国之象征。

4. 曰：使民战栗　哀公对社当然不是一无所知，他具体问什么只能从宰我的对答推想。宰我说了三代各用不同的社木，又加了一句说明：周朝之所以树栗为社木，是为了让民众"战栗"（即恐惧）。宰我的说法与史书所载立社木的原意相违背。历代注家有的猜测，宰我的补充是暗示哀公要用严厉手段对付篡政的"三家"，让"三家""战栗"。有的猜测，宰我的补充可能是出自哀公的追问："我朝为什么用栗？"哀公想把政权从“三家”手里夺回，以此试探宰我，宰我所答，暗示赞成哀公的想法。

比较合理的解释是，据《春秋 · 哀公四年》记载：“六月辛丑，亳社灾。”亳社因火灾需要修建，哀公才请教宰我栽什么社树。这一年孔子还在陈国，所以才会在事后“子闻之”，而不是哀公直接问孔子社事，也不是宰我答哀公后当即向孔子汇报。

5. 成事不说，遂事不谏，既往不咎　成事、遂事、既往，三者都指既成事实，对既成事实不应该再多说责备。可见孔子批评的重点并非指责宰我捏造“使民战栗”之说，而是对宰我以此说影响哀公表示不满。本文第 4 点提到各家猜测宰我此说有两种可能的动机。孔子可能是批评宰我向哀公建议“使民战栗”是为政以力，而非为政以德；也可能是孔子反对哀公轻举妄动，不但动不了“三家”，还可能造成更糟的局面。

3.22 子曰：“管仲之器小哉！”

或曰：“管仲俭乎？”曰：“管氏有三归，官事不摄，焉得俭？”

“然则管仲知礼乎？”曰：“邦君树塞门，管氏亦树塞门。邦君为两君之好有反坫，管氏亦有反坫。管氏而知礼，孰不知礼？”

孔子说：“管仲的器量小啊！”

有人接问：“管仲过于节俭吗？”孔子说：“管仲家有三归，排场很大，家中管事官员却都是专职而不兼任，哪能说是节俭呢？”

那人又问：“那么，是指管仲知礼吧！”孔子说：“国君在宫殿大门前树立一道影壁短墙，管仲家门口也树立影壁短墙。国君设宴招待别国的君主，在堂上专门设置献酒后放酒爵的土台，管仲家也设置这样的土台。若说管仲知礼，那还有谁不知礼呢？”

1. 管仲之器小哉　管仲（前 723 或前 719—前 645），名夷吾，齐桓公相，提出“尊王攘夷”口号，使齐国成为春秋五霸之首。孔子对他评价很高，但同时又批评他器量小，见识浅薄。

2. 管仲俭乎　俭，在古代有贬义，指过分俭省。有人问：“说管仲器量小，难道是指管仲小气吗？”下文孔子举管仲讲究排场的例子来否定。

3. 所谓“三归”，历代注家有种种说法。一说管仲娶了三国女子为夫人，一说三归是台名，是古代府库藏货财之所。值得研究的是《韩非子·外储说左下》两处明确提到三归：

(1) 管仲相齐，曰："臣贵矣，然而臣贫。"桓公曰："使子有三归之家。"曰："臣富矣，然而臣卑。"桓公使立于高国之上。曰："臣尊矣，然而臣疏。"乃立为仲父。孔子闻而非之，曰："泰侈逼上。"

(2) 管仲出，朱盖青衣，置鼓而归，庭有陈鼎，家有三归。孔子曰："良大夫也，其侈逼上。"

从(1)可见，齐桓公赐管仲家有三归，管仲自认为富了，那么三归显然不是指三姓夫人的居所，也不会指把鲁国府库搬到管仲家里去。从(2)可见，三归是排场的一部分，孔子认为管仲的奢侈堪比国君。

4. 官事不摄　排场大了，原先分工明确的家臣需要兼摄许多工作，管仲却不布置兼差，而是因事再设官，可见他的奢侈。

5. 然则管仲知礼乎？　孔子说管仲小器，又否定了是指管仲过分俭省，问者又以为是管仲知礼而不得不讲排场的缘故。

6. 树塞门　在大门外树立阻挡视线的照壁，以免门外行人对厅堂一览无余。

7. 反坫[diàn]　筑于厅堂两楹间的土台。国君接待他国国君，敬酒后供主宾放酒爵反复敬酒用。国君宴臣下，则只把酒爵放在堂下两竹筐里。管仲僭用国君的设置，能说是知礼吗？

3.23 子语鲁大师乐，曰："乐其可知也：始作，翕如也；从之，纯如也，皦如也，绎如也，以成。"

孔子对鲁国的乐官长谈奏乐，说："奏乐的全过程是可以知道的：开始时合奏气势磅礴；乐曲展开以后，纯净细腻；器乐人声，层次分明；此起彼伏，络绎不绝，最后乐曲完成。"

1. 鲁大[tài]师　鲁国乐官长。孔子对他谈乐，这应该是在孔子自陈国返回鲁国后的事。

2. 始作，翕如也　翕[xì]字古义是鸟耸肩合翅作势欲飞。转义为乐声初起时奏钟，宏大振作的样子。

3. 从[zòng]之，纯如也　接下去是升歌，人声纯一不杂。

4. 皦[jiǎo]如也　升歌之后，器乐又加入。皦，音色亮丽，层次分明。

5. 绎如也　此起彼伏，络绎不绝。

6. 以成　经过以上程式，乐曲完成。

不能指望《论语》注家在没有身临其境的情况下通过对“翕如、纯如、皦如、绎如”的解释来说清楚乐曲演奏的全过程。《礼记·乡饮酒义》：“工入，升歌三终，笙入三终，间歌三终，合乐三终。”但笔者综合历代注家的描摹，觉得可以拿贝多芬的第五、第六交响曲作为理解本章的模型，读者不妨试一试。

3.24 仪封人请见，曰：“君子之至于斯也，吾未尝不得见也。”从者见之。出，曰：“二三子何患于丧乎？天下之无道也久矣，天将以夫子为木铎。”

有一位在仪地防守边界的官员，请求见孔子。他说：“凡是君子到这里来，我从来没有不能见的。”孔子的随从弟子让他见了孔子。他出来以后，对这些孔子弟子说：“诸位何必担心孔子丢官呢？天下无道已经好久了，上天必将以孔子作为发布政令的木铎。”

1. 仪封人请见　仪，卫邑。封人，边防官员。孔子原来在鲁国任大司寇，因失望于鲁国政治（参见 18.4 章），离开鲁国到卫国，经过仪地，仪封人请求拜会他。

2. 君子之至于斯也，吾未尝不得见也　至于斯，到此地。仪封人也是隐居于此的高人，他对孔子的随从说，道德高尚的君子到我这里，我没有不见一见的。

3. 从者见之　孔子的随从弟子让仪封人见了孔子。

4. 二三子何患于丧乎　“二三子”相当于“诸位先生”，仪封人称呼孔子弟子。丧，丧失官位。仪封人告诉孔子弟子：“孔子丢了官，你们有什么可忧心忡忡的呢？”

5. 天将以夫子为木铎　木铎［duó］，木舌的大铜铃，右图为木铎模型。郑玄注：“古者将有新令，必奋木铎以警众，使明听也。”古代天子发布消息文告，便派人摇木铎召集民众来听。仪封人说，现在天下无道，上天要请你们的老师当木铎，宣扬救世大道，所以让他周游列国。

3.25 子谓《韶》:“尽美矣,又尽善也。”谓《武》:“尽美矣,未尽善也。”

孔子说《韶》乐:“美到不能再美了,善到不能再善了。”说《武》乐:“美到不能再美了,可是离至善还有距离。”

《韶》,舜代乐名。《武》,周武王乐名,都配以歌舞。这两种音乐听上去都极为悦耳,所配舞蹈的阵容也美到不能再美,称为尽美。但从两种乐的内蕴来说,《韶》乐表现的是舜的文治,舜的君位得自尧的禅让,可称尽善。《武》乐表现的是武王伐纣的武功,用暴力得到天下,人民必受难,算不上尽善。这是对两种音乐的评论,而不是对舜和周武王这两位圣人的评论。

本章给我们的启示:尽美是耳目之娱的极致,处于感性的层面;尽善则上升到了理性的层面。

3.26 子曰:“居上不宽,为礼不敬,临丧不哀,吾何以观之哉?”

孔子说:“居上位待下人不宽厚,举行仪礼时不恭敬,参加丧礼时不哀伤。我看到的已经是这些,还需要进一步观察什么呢?”

注意章末那个“观”字,本章要配合2.11章读。孔子识人有视、观、察三部曲,先“视其所以”,如果其人所作所为不错,还要“观其所由,察其所安”,此人就无所遁形了。现在孔子在“视其所以”这一步,如果所见其人已经是“居上不宽,为礼不敬,临丧不哀”这种恶劣表现,立刻就可以推知其人失本,还需要进一步“观”“察”其动机和目的吗?就根本谈不上了。

仁者爱人。上位者是否爱人,需要特别考察普通人不涉及的一个层面:在处理好与被领导者的关系上是否有一颗爱心?这份爱心一定表现为对被领导者态度宽厚。如果孔子看到居上位表现宽厚,还要观其所由——他是爱心的自然流露,还是应付检查之类的?如果孔子在第一步看到的竟是对下人不宽厚,下一步他还观什么“所由”?所以孔子说:“吾何以观之哉?”

同样,人在行礼、治丧场合的表现很能反映其真心。礼主敬、丧尽乎

哀而止，都是仁心的表现。孔子必先视其人的敬、哀，第二步再观其所由，判断所视的真实性。如果已经看到为礼不敬，临丧不哀，也不需要观什么“所由”了。

一般会以为，下对上要讲礼貌，其实礼对上位者更重要。礼不下庶人，上宽便是“君使臣以礼”。

里仁篇第四

本篇25章，核心词是“仁”。《八佾》篇主要谈礼乐，“不知礼，无以立”，人而不仁，如礼乐何，所以《里仁》篇一上来就安排了六章谈仁，每章都有“仁”字。4.7章后进一步谈君子之道，其中4.17—4.20专论孝道。

4.1 子曰：“里仁为美。择不处仁，焉得知！”

孔子说：“人要居于仁处才好。若不选在仁处安身立命，哪能算得是智者！”

1. 里仁为美　里，人群聚居之处，人在此地栖身择业。

古代五家为邻，五邻为里。“里”在《论语》中都作名词用：邻里、百里、东里、州里，本章也不必破例作动词。里仁的意义在于安身立命之处都体现着仁。

2. 择不处仁，焉得知　处[chǔ]，居住。知—智，古今字。栖身择业是否选择仁地，其中有是非在。孟子说：“是非之心，智之端也。”栖身择业不选仁地，处理人际关系要吃力得多，智者不取。由此推演开去，“危邦不入，乱邦不居”(8.8章)是题中应有之义。

3.《论语》中“仁”字在1.2章中就亮出来了，表示“智”的“知”字到2.17章才出现，定义很简单：“知之为知之，不知为不知，是知[智]也。”仁与智的关系是多方面的，到《里仁》篇首章，第一次把二者联系起来：里仁是智的必要条件。

4. 针对本章，孟子举了一个择业的例子。《孟子·公孙丑上》说：

“矢人岂不仁于函人哉？矢人惟恐不伤人，函人惟恐伤人。巫、匠亦然。故术不可不慎也。”造箭的人难道不如造铠甲的人有仁心吗？造箭唯恐不伤人，造铠甲唯恐人受伤。巫医唯恐自己法术不灵，治不好病，棺材匠唯恐人不死，棺材卖不掉。所以选择职业不可不谨慎。

5. 孔子的谆谆教导，其威力及于千秋万代。例如：未成年人赌气离家出走，每每掉进魔窟；穷极无聊去给讨债公司、拆迁公司当打手，出了状况最后都成替罪羊。智慧［wisdom］在英文里有个好解释，就是“在判断、决策时表现出来的经验与知识”，这种理解与《论语》精神完全一致。

4.2 子曰：“不仁者，不可以久处约，不可以长处乐。仁者安仁，知者利仁。”

孔子说：“不仁的人，不能长久处在贫困境地，也不能一直处在享乐中。仁人行仁才安心。智者知道秉持仁道对他有利。”

1. 久处约 长处乐　长、久同义；约、乐相反。约就是困苦的意思。俗话说“饱暖思淫欲，贫贱思盗贼”，不仁的人长久处于困苦环境或安乐环境，邪念就会被激发出来，甚至付诸实施。

2. 仁者安仁 知者利仁　仁者宅心仁厚，长久处于约乐决不背离自己秉持的仁道；智者则知道秉持仁道对自己最有利。这一点孔子在4.1章里已论证过：“择不处仁，焉得知？”

3. 不仁的人活得很累，贫穷久了不行，饱暖久了也不行。觉悟到这点的便会勉强自己努力行仁。这层意思本章没有提，《礼记·表记》同样引述孔子的话，但在“仁者安仁，知者利仁”后还多了一条“畏罪者强仁”，就包含了这层意思。所谓畏罪者是指害怕遭受惩罚或是想掩盖自己罪行的人，出于畏罪的动机而勉强行仁，详见4.6章。

4.3 子曰：“唯仁者能好人，能恶人。”

子曰：“苟志于仁矣，无恶也。”

孔子说：“只有仁者，能得当地喜好真好人，也能得当地厌恶真恶人。”

孔子说："如果那恶人已经改邪归正，有志于做仁者了，就不要再厌恶他了。"

1. 笔者所知历代《论语》注释书都把本章孔子所说两句话拆成两章，结果影响了对前一句中两个"能"字的理解，更使后一句完全失去了经典性，以至于罕见后人引用。

2. 前一句的说解：人都有好恶，为什么孔子说只有仁者能喜好人能厌恶人呢？因为一般人的好恶会陷于两种"惑"的境地：(1)喜好恶人，憎恶好人；(2)哪怕喜好好人，憎恶恶人，其态度与方式也不当。例如，"爱之欲其生，恶之欲其死"：喜欢一个人就喜欢得不得了，连同他的毛病也一并喜爱；厌恶一个人就厌恶得不得了，没有死罪的也恨不得他马上死掉。又如，喜欢一个人，其表现违背礼节，做不到"发乎情，止乎礼义"。这七个字很美，《诗经》第一首《关雎》体现的就是这种精神。《毛诗序》说："故变风发乎情，止乎礼义。发乎情，民之性也；止乎礼义，先王之泽也。"

只有仁者拥有"善善恶恶"的能力，处理得当，难能可贵：喜爱的是真好人，厌恶的是真坏人，不但其好恶决不过分，而且能看到所好之人的缺点和所恶之人的优点。

3. 后一句文字非常浅显，历代注家的解读却都是互相抵牾的。一个"无恶也"，朱子解为"不会作恶"，杨伯峻先生解为"总没有坏处"，钱穆先生解为"只要存心在仁了，他对人，便没有真所厌恶的了"，似乎没有顾及上文孔子刚说仁者能恶人。造成前后两句不能贯通的根本原因是"苟志于仁矣"省掉的主语，前人都理解为泛指任何人，其实是特指上一句中仁者所恶的那个人。如果他志于仁了，那就"无恶也"——不要再厌恶他了。注意，"志于仁"这三个字分量很重！不要说此人是仁者原来所厌恶的，即使我们通常人，也未必能志于仁！

4. 弄清楚这一点对人生有重要意义。比如，许多老教师在"文革"中受到学生的欺凌，几十年后重新遇到当年的学生，一般仍会耿耿于怀。孔子劝你心平气和地观察此人，如果他已改邪归正，你就不要再厌恶他了。

5.《论语》中许多格言为后人引用无数遍，本章第一句文字浅显，反少有人引用。这里要揭示一项隐藏得比较深的意义。今天社会严重缺乏共识，对同一个人(以及同一件事)的评价截然相反。你认某人为天使，我认他是魔鬼。可见此人的优点与劣迹不可调和。由本章可知，你我必有一人离仁者极远。很明显，你我的价值观背道而驰，再辩论也无济于事，最好是分道扬镳，不要扯在一起。

4.4 子曰："富与贵，是人之所欲也，不以其道，得之不处也。贫与贱，是人之所恶也，不以其道，得之不去也。君子去仁，恶乎成名？君子无终食之间违仁。造次必于是，颠沛必于是。"

孔子说："富与贵，人人都想望。但若不以正道，得到了富贵也不接受。贫与贱，人人都厌恶，但若不以正道，处于贫贱也不摆脱。君子去掉了仁，凭什么称为君子？君子没有一顿饭的时间离开仁。仓促急迫时如此，颠沛流离时也是如此。"

1. 人人都想富贵，手段必须正当，所谓君子爱财，取之有道。不通过正当手段得到富贵，不接受。人人都厌恶贫贱，一旦陷入贫贱，脱贫手段不正当，宁可守穷。所谓"君子固穷，小人穷，斯滥矣"（15.2 章）以及《礼记·曲礼上》中的"临财毋苟得，临难毋苟免"说的是同样的意思。

2. 君子去仁，恶乎成名？　恶[wū]乎，在何处。俗话"仁人君子"并称，君子的人生目标是仁人。君子与常人的区别，不在于仁之难得，而在于仁之难守。《述而》篇孔子说仁并不难得："仁远乎哉？我欲仁，斯仁至矣。"但是人乐于处富贵，一不警惕未能守仁便"为富不仁"；人厌恶处贫贱，一不警惕未能守仁便走捷径，满脑子想的都是怎样让钱来得快。所以，君子离开了仁便混同于常人，还配得上君子之名吗？

3. 君子无终食之间违仁　终食之间，一顿饭的时间。违，离开。君子日常无时无刻不守着仁，也就是坚守正确对待各种人际关系应守的原则。

4. 造次必于是，颠沛必于是　马融注："造次——急遽。颠沛——偃仆。于是——这样做。"仓促之间、颠沛流离之时，都是日常生活被打乱或发生变故的特殊时刻，君子也不离开仁。

5. 仁是处理人际关系的中庸之道。《中庸》记载孔子说："人皆曰予知，择乎中庸而不能期月守也。"（人都说我很聪明，可是选择了中庸而坚持不了一个月。）唯独颜回得到孔子的高度赞扬："回之为人也，择乎中庸，得一善，则拳拳服膺而弗失之矣。"这段话与《论语》记载高度一致，子曰："回也其心三月不违仁，其余则日月至焉而已矣。"

4.5 子曰:"我未见好仁者、恶不仁者。好仁者,无以尚之。恶不仁者,其为仁矣,不使不仁者加乎其身。有能一日用其力于仁矣乎?我未见力不足者。盖有之矣,我未之见也。"

孔子说:"我没有见到过喜好仁的人和憎恶不仁的人。喜好仁的人,他致力于仁,一心向仁,就不用多说了。憎恶不仁的人,他的为仁表现为不让不仁沾身。有能够哪怕只花一天工夫用力在'仁'上的人吗?我没见过是因为力气不够的。这种人大概有的吧,可我就是没见过。"

1. 好仁者无以尚之　尚,加上。要获得这句话的确解,应当仿"恶不仁者"句补足语意:

好仁者,其为仁矣,使仁者加乎其身,自不待言;恶不仁者,其为仁矣,不使不仁者加乎其身。好仁者增加仁,恶不仁者减少不仁,效果相同。

2. 有能一日用其力于仁矣乎?我未见力不足者　《述而》篇孔子说仁并不难得:"仁远乎哉?我欲仁,斯仁至矣。"那为什么孔子未见好仁者和恶不仁者呢?解释上章时我们提到,得仁不难守仁难。守仁所需要的不是大力,而是每天用心坚持。坚持多久?其实孔子要求不高,颜回其心三月不违仁,孔子已经很满意。而其他人硬是一天都做不到,这使孔子非常感伤:"盖有之矣,我未之见也。"——大概真有肯用力而力不足的吧,可惜我没见到呀!

4.6 子曰:"人之过也,各于其党。观过,斯知仁矣。"

孔子说:"[人以群分。]不同人群,过失不同。观察其人过失的类别,就知道其人仁还是不仁,甚至知道什么是仁了。"

1. 过　过失。无论是过还是失,都是对至善点的偏离。好比乘地铁,该到的某一站就是至善点,过就是乘过站,失就是还没到该站就下车了。"过犹不及"(11.14 章),所以过失可简称为过。

对人的形形色色的过失如何把握处理,孔子首先提出了一个原理。

2. 人之过也,各于其党　党,同类。

据叶德辉《日本天文本论语校勘记》,《论语》古本、唐本、津藩本和正平本,本章开头四字是"民之过也",孔安国和何晏《集解》都照此解读。二者语感大不一样。如果是"民之过",则专门针对社会底层的"小人",所以首先是孔安国,对这整个群体解读说"小人不能为君子之行,非小人之过,当恕而勿责之",沿着这个思路来解读"观过,斯知仁矣",那就是"观过,使贤愚各得其所,则为仁矣"——观察小人的过失,该提拔的提拔,该降职的降职,处理公平,发挥好民众的积极性,这就是仁。

由此可见孔安国思路回避了关键的"知仁",于是《皇疏》试图进一步按"小人"的职业解读:"耕夫不能耕,乃是其失;若不能书[写字],则非耕夫之失也。"这番话的意思是,不会读书写字不是耕夫的过失,不能耕地才是过失。认定某人的过失,要弄清楚此人所属"党"的性质。

显然这样解读,同样说明不了"知仁",于是《皇疏》引了东晋末年的将军、大臣殷仲堪对本章的注:"直者以改邪为义,失在于寡恕;仁者以恻隐为诚,过在于容非,是以与仁同过,其仁可知。"

看得出殷仲堪是按"人之过"来解读的,在当时是个创新:直者疾恶如仇,他们的过失就可能表现为缺乏恕道,像个酷吏;仁者发自内心地同情人的不幸,他们的过失就可能是对他人的为非作歹也予以包容。这说明直者与仁者的过失与所在群体有关。

殷仲堪的解读为宋儒广泛采纳,一直继承到现在,人们以为是"二程"和朱熹的贡献,殷仲堪作为原创者却被人忘记了。

这种解读揭示了不同群体的过失,其表现和原因都大相径庭。《论语》中有个实例,7.27 章"互乡难于言",就是互乡人的群体性过失——这个地方的人因习俗的原因,一般都难以打交道。

于是,孔子提出一个判断人的本质的极其重要的方法论。

3. 观过,斯知仁矣　从上段殷仲堪所举的例子可以知道:某人同情罪犯,有可能是仁者;缺乏恕道,一定不是仁者。观察过失的性质,才可区分真仁与假仁。由此可以申述以下几点:

(1) 仁者与人为善,以君子之心度小人之腹,往往轻信他人,这是非常普遍的仁者之过。不仁者利用这一点,发现"君子可欺以其方",利用你的同情心来坑害你。

(2) 仁者之过常常是无心之失,或动机是好的,好心办了坏事。例如,东郭先生想救狼一条命,当时狼只想求生,倒不是使诈。不仁者之过则是出于存心作恶,即使初心是为了养家活口,也会不择手段,不顾他人死活。

(3)仁者待人接物出自至诚,在实施时是"执其两端取其中",这两端是为人处世的上限与底线;仁人之过失只在于分寸没有把握好,偏离了至善之处。《汉书·外戚传·孝昭上官皇后》举了一个例子:子路为姐姐服丧,到期不脱丧服,受到孔子批评。子路说:"我从小是由姐姐抚养大的,又没有兄弟,所以不忍脱丧服。"可见子路的过失只是丧期过长而已。

4. 我们在4.2章中引用过《礼记·表记》(《礼记》中最精彩的两篇——《大学》《中庸》——被宋儒引入"四书",如果再引入两篇,就应该是《学记》和《表记》),其中含有许多论仁的内容,下面三条所论就是观过知仁:

(1)子曰:"仁之难成久矣。人人失其所好,故仁者之过易辞也。"

人人都知道要达到仁的要求实在太难。在行仁的过程中出现这样那样的过失,合情合理,容易得到解释和谅解。

(2)子曰:"恭近礼,俭近仁,信近情,敬让以行此,虽有过,其不甚矣。"

仁者以谨敬谦让的态度力行恭、俭、信,因此为人有礼、仁义、信实,虽然有过失,性质也不会严重。

(3)子曰:"仁有三,与仁同功而异情。与仁同功,其仁未可知也;与仁同过,然后其仁可知也。仁者安仁,知者利仁,畏罪者强仁。"

仁者、智者、畏罪者,这三种人的行为,功效与仁相同,但动机不一样。要判断属于哪一种,得看行仁碰壁后的表现。仁者不后悔;智者会权衡利弊,考虑是否继续行仁;至于畏罪者,他们本来是害怕遭惩罚,或是为掩盖自己的罪行而勉强行仁,只要逃避得了惩罚,就一定绝仁弃义。在这种受考验的场合,他的过失一定会暴露出来,看其是否"与仁同过",然后才可以看出其人仁不仁。

5. 与"知谁有一技之长、谁有军功、谁是大帝"相比,"知仁"有高度的特殊性。前三者可正面摆材料,历数丰功伟绩,不用强调他仁不仁,而评价一个人的仁和不仁,必须看其人的本质,《求真》1.7章和2.10章已反复引用过什么是"人的本质",就是其人如何看待并处理各种社会关系。这对评价历史人物,特别重要。例如,评价秦始皇、曹操、成吉思汗、曾国藩，如果不抓住“观过知仁”这一重大原则，就会陷入无休止的“功大于过”还是“过大于功”的争论而无法自拔。因为功、过根本处于不同的方面与层面，根本不能正负相抵。

本章有极为重要的方法论意义。一个价值观撕裂的社会，对公众人物的评价无所适从，就要借助于孔子的智慧，观过知仁。

6.《论语》中有一组典型的材料：管仲仁还是不仁。3.22 章中孔子观察到管仲有许多过失：管仲器小、有“三归”、不知礼，但在 14.16 章中却夸他“如其仁，如其仁”。据孔子的分析，管仲缺点再明显，也不影响他对华夏民族的功劳，他助齐桓公九合诸侯，使华夏人民不沦落为蛮夷的奴隶，“微管仲，吾其披发左衽矣！”（14.17 章）。

网上有份诙谐的材料与此很相似：

现在要选举一名领袖，在下面三个候选人中你选谁？

候选人 A：跟一些不诚实的政客有往来，而且会星象占卜学。他有婚外情，是一个老烟枪，每天喝 8 到 10 杯马丁尼。

候选人 B：他过去有过 2 次被解雇的记录，睡觉睡到中午才起来，大学时吸鸦片，而且每天傍晚会喝一大夸特威士忌。

候选人 C：他是一位受勋的战争英雄，素食主义者，不抽烟，只偶尔喝一点啤酒。从没有发生婚外情。

现在告诉你，候选人 A 是富兰克林·罗斯福，候选人 B 是温斯顿·丘吉尔，候选人 C 是阿道夫·希特勒。

7.《论语》中还有一组材料，是孔子说不知下面几位活人仁不仁：冉雍（5.4）；子路、冉有、子华（5.7）；令尹子文、陈文子（5.18）；只有颜渊得到较好评价，孔子说他“其心三月不违仁”（6.6）；至于孔子对自己的评价，是“若圣与仁，则吾岂敢”（7.32）。读者会觉得奇怪。由本章可给出这样的解释，那都是孔子观过，掌握的资料还不完备。

4.7 子曰：“朝闻道，夕死可矣。”

孔子说：“早上听到道，即使晚上便去世，也无憾了。”

本章读上去没有文字障碍，甚至语译也是可有可无，似乎没什么好解读的了，但是孔子自己就是布道弘道者，道行远超闻道者，按说他早可以含笑死去了，孔子却没有。所以历代注家注本章时很伤脑筋。

什么是闻道？我们在韩愈《师说》中见过“闻道有先后，术业有专攻”,可见韩愈心目中“闻道”不是难事,只不过有人先闻道,有人后闻道罢了。韩愈与李翱合著过《论语笔解》。如果我们请教韩愈:如果闻道那么容易,那么众多闻道者是不是愿意当天欣然赴死?韩愈一定会说:“我说的闻道只是闻‘道的一部分’,明天我还要闻新的道呢!”

看来,要讲通“闻道”,不是搜罗“闻”的新义,而是弄清“道”的所指。

1. 道体至为宏大,学者有幸与闻的,正如《师说》所指只是道的一小部分。今天得以听到一点道,明天还得再听一点道,不能穷尽,因此永不会有“夕死可矣”那一天。

2. 道有小道和大道,即使要闻单一的某个大道也不可能。3.11 章中有人只想听听“禘之说”,孔子回答:“不知也。知其说者之于天下也,其如示诸斯乎?”指其掌。如果孔子接着说“朝闻禘,夕死可矣”,我们一点也不奇怪。

3. 道的生长性。人对万物之道的认识永无止境。我们在讲解 3.11 章时曾提到,牛顿虽然是提出“光之微粒说”的物理泰斗,如果有人问起“光之说”,他也会回答:“朝闻光之说,夕死可矣。”事实上在牛顿之后,光之波动说、电磁说、量子说都超越了牛顿的微粒说。这些学说如果牛顿都听得到,等于多活了 130 年,他要幸福死了!

4. 孔子对“世之有道”有殷切的期盼,特别是对有姜太公和周公遗风的齐鲁两国。“齐一变,至于鲁;鲁一变,至于道。”(6.23 章)但春秋末年,两国都没有明君,鲁国要回归先王之道,完全不可能,以致孔子的理想完全破灭,他恨春秋乱世根本听不到任何道。所以《邢疏》对本章的解释是:“此章疾世无道也。设若早朝闻世有道,暮夕而死可无恨矣。言将至死不闻世之有道也。”

5. 7.6 章告诉我们,人生头等大事就是立一个人生目标——“志于道”(君不见下面 4.8 章也很自然地把“志于道”带出了);换句话说,君子一生的追求就是这个“道”字,所以《朱子语类》把本章反着读:“人一生而不闻道,虽长生亦何为?”从另一方面说,志于道未必得道。即使是志于道的一部分——志于仁,绝大多数人还是“壮志未酬身先死”(参见上面 4.6 章解读第 7 条),所以不必怀“朝闻可夕死”之忧。

6. 闻道需要刻苦修炼。本章的“道”是大道,不是小道;要闻大道,不是阿猫阿狗都有资格的事。孔子说:“中人以上,可以语上也,中人以下,不可以语上也。”(6.20 章)《老子》第 41 章也告诉我们,上中下三等人听到道,反应不同:“上士闻道,勤而行之;中士闻道,若存若亡;下士闻道,大笑之。”中士、下士根本没有真正闻道,不会为闻道而死;对上士来说,这里所说的道,仍只是道的一部分,不是大道的全体。

4.8 子曰："士志于道，而耻恶衣恶食者，未足与议也。"

孔子说："读书人既有志于君子之道了，还以衣着破旧吃食粗劣为可耻，那就没必要与他论道了。"

士　"士"在《论语》中出现18次，本章首次出现。孔子弟子三千，除少数贵族子弟他们不愁吃穿外，绝大多数是平民，他们通过学习进入士这一阶层，随着德与才的升华，以后有望求仕，上升到贵族社会。不妨称士为读书人。孔门教育的对象，重心就是这些士，需要帮助他们转变原先的身份。

士在孔门学习，便是有志于道，包含奉行"穷则独善其身，达则兼善天下"的为人处世原则。如果士同时却以恶衣恶食为耻，其行为于口称的"志于道"便根本背离，其实是道心不坚，孔子说，那还同他们讨论什么道呢！这方面子路的表现就很不错，参见9.26章。

4.9 子曰："君子之于天下也，无适也，无莫也，义之与比。"

孔子说："君子对于天下事，没有非做不可的，也没有一定不能做的，只求合宜。"

1. "适"字在《论语》里共出现12次，只有14.5章"南宫适"和18.11章"伯适"二处是正体字，是人名，音[kuò]，其他10处作为"適"的简体字，音[shì]，"適"简化为"适"以后，唐代诗人高適、今人胡適，作为人名与南宫适、伯适放在一起念，发音肯定乱套了。

本章的"适"，正体也是"適"，作动词用，表示往目标方向走。虽然"适"的意思是前往，但适与往的意思仍有区别。《说文》段注："往自发动言之，适自所到言之。"

这样看来，"无适"就是不死认一个目标，则"莫"的意思是否定，"无莫"就是说并非某件事一定不能做，某个目标一定不能去。无适无莫就是18.8章所说的"无可无不可"。人生都有一定的目标，为此有相应的行动，但常常事与愿违，有些想做的事做不了，不想做的事却偏偏避不了。孔子要求我们适应现实，只遵从他接着说的四字原则。

2. “比”与“从”《说文》:“二人为从,反从为比”。

“从”是“從”的本字,右图是“從”的金文,从“从”从“辵”。“从”是一人跟从另一人,“辵”由“行”“止”合成,合起来“辵”就表示走走停停。所以“从”的意思是跟从、服从、随从、听从。

“比”字在2.14章中已提到过,是一人与另一人形影不离,如右图。

3. 义之与比　相当于说唯义是从。义之与比就是要看怎么做符合道义,怎么适宜怎么做,孔子无必、无固(9.4章),通权达变,“可以仕则仕,可以止则止;可以久则久,可以速则速。”(《孟子·公孙丑上》)与本章都是同一个意思。

4. “无可无不可”得到现代混沌理论的支撑。人这个复杂系统具有对初始条件的敏感性。一项具体措施表面上有利,其实不利;表面上不利,其实有利。刻意追求的,未必好;刻意避免的,未必不好。我唯一坚守的,是“义之与比”。人生百年能安然无恙就该感谢上苍对我不薄,让我躲过了无数危险和灾难。

4.10　子曰:“君子怀德,小人怀土。君子怀刑,小人怀惠。”

孔子说:“君子挂念的是德性,小人挂念的是乡土。君子挂念的是刑法,小人怀念的是实惠得利。”

本章如何理解,历来意见纷纷。哪种意见胜出,关键看那个“怀”字的四处出现是否全用本义:藏在心中,念念不忘。

1. 怀德　君子之德,来自行道之心得,是辛苦蓄积起来的,当然珍惜不弃。

2. 怀土　民以食为天,乡土生我养我,不忍离去;迫不得已离去,也时时萦回心头。

3. 怀刑　君子行事,想的是合理合法,不作非分之想。

4. 怀惠　小人行事,念念不忘的是从中获利,不去想是否合理合法,则容易铤而走险。下章就针对“小人怀惠”继续引申。

本章的“君子”与“小人”不一定以社会地位区分或道德高下区分,倒是与“君子上达,小人下达”一致(见14.23章)。

4.11 子曰:"放于利而行,多怨。"

孔子说:"放任自己逐利而行,必多招怨恨。"

1. 放于利而行 "放"有两解:(1)放任;(2)通"仿",依照。两者都与上章"小人怀惠"一致,即利益驱动。

2. 多怨 既可以理解为"多招人怨",也可理解为"己多埋怨"。多招人怨是因为与人多利害冲突,引起他人怨恨;己多埋怨是因为与人争利失败,或获利不足以抵冲付出的成本。这两种解释都可以。钱穆先生认为:

《论语》教人,多从自己一面说。若专在利害上计算,我心对外将不免多所怨。孔子曰:"求仁而得仁,又何怨。"若行事能依仁道,则不论利害得失,己心皆可无怨。此怨字,当指己心对外言。放于利而行多怨,正与求仁得仁则无怨,其义对待相发。

4.12 子曰:"能以礼让为国乎,何有?不能以礼让为国,如礼何?"

孔子说:"能以礼让来治国的话,治国有何难?若不能以礼让来治国,还讲什么礼不礼的!"

本章谈治国,孔子提出一个重要的指标:礼让。《论语》里礼谈得很多,只有六章谈到让。本章罕见地把礼与让合在一起,有深意在。

让是君子的一种美德,反映了礼的实质与精神。《左传·襄公十三年》:"让,礼之主也。"《左传·昭公二年》:"卑让,礼之宗也。"朱熹《论语集注》:"让者,礼之实也。"谈礼乐的《八佾》篇 3.7 章强调了射礼是如何体现君子之让。孔子称颂泰伯有至德,因为他"三以天下让"(8.1章)。只有一种情况不能谦让:"当仁不让于师"(15.36 章)。

1. 为国 君主的为政、治国。

2. 礼让 孔子强调"君使臣以礼,臣事君以忠",上对下最重要的就是一个礼字,让,也是以高让低。"厚人自薄谓之让。"(贾谊《新书·道术》)比如围棋高手下让子棋。

3. 何有 可理解为"何难之有"。

4. 能以礼让为国乎,何有 第 11.23 章子路谈自己的抱负,说如有人把一个夹在大国之间的内忧外患的千乘大国让他治理，三年可让国人勇敢有仁义。孔子笑他："为国以礼，其言不让。"本章孔子反过来说，治国者若尽其礼让的本分，治国就不难。

5. 不能以礼让为国，如礼何　"如×何"的句式，在《论语》中有两种接近的意思。7.21章"桓魋其如予何？"中是"拿×怎么办"；13.13章"不能正其身，如正人何？"中的意思是"还谈什么×"。本章"如礼何"的意思就是"还谈什么礼不礼的"。不能以礼让为国，就是空谈礼啊礼啊，不突出一个让字。后面17.10章孔子说："礼云礼云，玉帛云乎哉！"自秦汉以来，君越来越尊，臣越来越卑，不但严重无视孔子"君使臣以礼"的告诫，今天还有许多人以为"君要臣死，臣不得不死"是孔子的主张。

6. 上古中华有尧舜禅让，伯夷、叔齐和泰伯的让国让天下，近代有美国国父华盛顿不追求第二次连任总统，古今中外的圣贤在让字上都垂范于世。《老子》："功成，名遂，身退，天之道也。"

4.13　子曰："不患无位，患所以立。不患莫己知，求为可知也。"

孔子说："不怕没有职位，怕的是你有什么资格立于此位。不怕没人知道我，去求能让人知道的本事就是了。"

1. 位　职位。人的社会地位来自人们对你的认可，关键在于你有什么值得让社会认可的。

2. 不患莫己知，求为可知也　"不患莫己知"就是1.16章所说的"不患人之不己知"，注意儒家主张"穷则独善其身，达则兼善天下"，孔子不是主张不求人知，他当然希望有更高的济世平台。重要的是努力修己以敬，积累底蕴，证明自己有德才识学可让人知才是。

4.14　子曰："参乎！吾道一以贯之。"曾子曰："唯。"子出，门人问曰："何谓也？"曾子曰："夫子之道，忠恕而已矣。"

孔子说："参啊！我平日阐述的道，是用一条线索来贯串的。"曾子说："是啊。"孔子离开后门人问曾子："夫子所说是什么意思呀？"

曾子说："我们夫子之道，无非是忠恕二字贯串起来的。"

1. 参[sēn]　曾子名，古人有主张读"叁"的近音[sēn]的、读"人参"的"参"[shēn]的和"参加"的"参"[cān]的。考虑到曾子字子舆，与车马有关，"参"字很可能是"骖"的简省，那就要读[cān]了。历代注家以主张发[shēn]音的居多，但曾子的次子名"申"，父子名讳的发音不该相同。考虑到《说文》："森，木多貌。从林从木，读若曾参之参。所今切。"所以，参读[sēn]，大致是不差的。

2. 孔子认为自己的众多理论可以用一条线串起来，曾子心里也有现成的答案，但孔子其他弟子未能领悟，私下请教曾子，曾子说线索就是"忠恕"二字。这里"忠"字且不论，15.24 章子贡曾问孔子，能不能给出一个字让自己终身奉行？孔子说：要么就是个恕字吧。"恕"字在《论语》中出自孔子之口，只此一次，不与其他字连用。曾子把"忠恕"连在一起讲，是他自己对夫子之道的体会。

忠恕连用的另一个实例出现在《中庸》里："忠恕违道不远"，而且还作为孔子语录，但《中庸》下文对这句话有详细解释，涉及的都是恕而不触及忠，说明这段语录的引用可能有曾子的色彩，而《中庸》的作者子思正是出自曾子的嫡传。

3. 在孔子的理论体系中，忠的层次比恕、比仁都低。

先贤称："尽己之心以待人，谓之忠；推己之心以及人，谓之恕。"表面上看，排比如此整齐，表明忠恕地位对等。其实忠是恕的题中应有之义。以"为人谋而不忠乎"为例：我为人谋应遵循什么原则？不妨推己之心以及人，如果我请人为我谋，我当然希望对方尽心尽力，以忠待我，那么根据恕道，我为人谋就得尽忠。所以忠是恕的推论，恕字前加个忠字连用似无必要。

忠远远算不上仁。5.18 章子张问令尹子文此人怎样？"子曰：'忠矣！'"子张追问："仁矣乎？"孔子说："未知。焉得仁？"

上述令尹子文要成为仁者，首先要成为忠义之士。怎样做到"臣事君以忠"，心中有个恕字就容易了。己所不欲，勿施于人。作为下级要换位思考一下：如果我是上级，对下级的基本要求是什么？是忠于职守，出色地完成我交代的工作。那我就照此做好了。

由此可见，忠的确是包含在恕里的。

4. 纵观《论语》，除"恕"外，与忠连用的字都与忠处于同一下位层次。孔子一直把忠信连用，说明忠不能取代信；"君使臣以礼，臣事君以忠"，说明处理上下级关系时忠与礼的特定指向性。16.10 章孔子曰：

“君子有九思：视思明，听思聪，色思温，貌思恭，言思忠，事思敬，疑思问，忿思难，见得思义。”更是把忠与杂多的温、恭、敬等相提并论。

5. 恕与仁处于同一高层次。然而孔子把他的理论浓缩成一个“恕”字，而不是“仁”字让子贡奉行，有深刻的含义在。仁是一项高标准，指处理任何人际关系都无过无不及。至于怎样做到这一点，并未说明，但一个恕字就能指点迷津：“能近取譬，可谓仁之方也已。”（6.29 章）“能近取譬”就是：我按某种原则处理人际关系时，先在心中交换角色，设想在同样情况下他人按此原则待我，我自己的感受。孔安国注：“但能近取譬于己，皆恕己所欲而施之于人。”

6. 本章文字浅显，前人争议却很多。“一贯”是什么意思？一以贯之的线索是否指忠恕？众说纷纭。正如钱穆先生所说：

> 曾子曰：“夫子之道，忠恕而已矣。”此后孟子曰：“尧舜之道，孝弟而已矣。”此正可以见学脉。然谓一部《论语》，只讲孝弟忠恕，终有未是。此等处，学者其细参之。

现在我们可以比较有把握地说，夫子之道根据孔子自己的归纳，是个恕字，忠字可以省去；但能够教给学生的，主要落实于忠信，不妨说“夫子之道，忠信而已矣”，详见 7.23 章。

4.15 子曰：“君子喻于义，小人喻于利。”

孔子说：“对君子晓之以道义，他就明白；对小人晓之以利害关系，他才明白。”

1. 喻 《说文》中无此字，通“谕”，告诉某人使其知晓。按现代认知理论，就是所告知的内容在某人认知的最近发展区，能使其记得住并理解。各人所处环境与教育不同，最近发展区也因人而异，说得高远会难以接受。

2. 义者，宜也，是对事情是非曲直的洞察。人能识别是非曲直，是智慧，是学习的结果——好学近乎智。对君子晓之以道义，即使有损君子个人利益，君子也能听从。

3. 利 指个人利害得失。决策判断受利字支配，是出自先天动物性——趋利避害；后天教育不跟上，这样的人就是小人。小人不问是非曲直，只关心是否对个人有利。

4. 在孔子之前，君子小人之分都就社会地位而言，若从这个角度理解本章，就变成：对官员讲道理，晓以大义，他容易接受；对草民讲实惠，晓以利害，他才明白。这种理解为两千五百年来的社会现实所否定：居高位与占据道德高地二者严重不能统一。所以，君子小人之分是在道德高下上。对德高者讲大义，对流俗讲利弊。

5. 本章孔子所言，报告的是一个事实，同时也给出与人沟通的一条规则，当我们要说服他人时，要看说话对象是君子还是小人，然后分别晓之以道义或晓之以利害关系。

我们自己也是他人的说服对象。在他人与我沟通时，如果他人晓之以理，而我深明大义，我当然是君子；如果他人不断讲利害关系，我在他眼里就是小人了，我还不警惕自己吗！本书作者在下图中用▼给自己定位，读者朋友不妨也按本章标准试试看，定位后努力让▼这个游标右移。

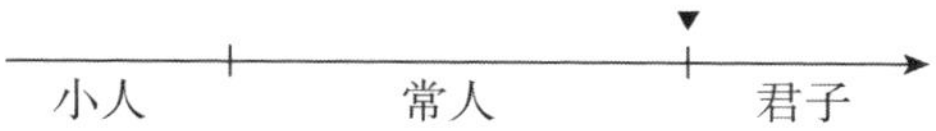

4.16　子曰："见贤思齐焉，见不贤而内自省也。"

孔子说："见到贤人，要想向他看齐；见不贤之人，要自我反省不要像他那样。"

"贤"字在1.7章中首次出现："贤贤易色"。"贤"字繁体是"賢"，由"臣""又""贝"组成。从右图可见，金文里的"臣"字像是竖着的眼睛，因其"俯首称臣"，两眼的连线竖起来了；"又"字是用手执持。"臣""又"结合成"臤"［qiān］，意思就是牢牢抓住奴隶或下人，转意为牢牢抓住。"堅（坚）"是牢牢抓土，便转意为坚固；"豎（竖）"是牢牢抓住长杆之类的东西让它竖立不倒下；贝是古代用贝壳做的货币，"賢"的本义也就是善于理财。作为名词的"贤"在《论语》中出现了25次，意思大致相同，都是有才德的意思。

人不可能孤立存在，总要接触各种人，只要你有心，都是大好机会。7.20章子曰："三人行，必有我师焉。择其善者而从之，其不善者而改之。"也是这个意思。帆船行于水上，只要有风，顺风最好，逆风也可以通过改变船行方向借其风力，曲折达到既定目标。

《朱注》引胡安国语："见人之善恶不同，而无不反诸身者，则不徒羡人而甘自弃，不徒责人而忘自责矣。"见人贤善多福，不要自暴自弃，不要自叹命苦，更不应该患红眼病；见人作恶，不是一味指责他而应当反求诸己。

4.17 子曰:“事父母几谏。见志不从,又敬不违,劳而不怨。”

孔子说:“侍奉父母,若父母有过失,应当轻微婉转地劝谏。自己的想法未被父母采纳,仍然照常恭敬,不违亲意,有机会再劝谏,如此反复操劳,也不生怨恨。”

1. 几[jī]谏　微言相劝。《老子》:“视之不见名曰几”,傅奕注:“几者,幽而无象也”。父母也有行为不当的地方,做子女的在劝谏时应当使父母感觉不到有丝毫责备的意思,完全站在父母的立场上分析举止的得失。

2. 见志不从,又敬不违　劝谏的志向是希望纠正父母的过失,如果父母不接受,也不应当改变自己对父母的孝心,即是敬;也不对父母产生逆反心理,甚至行为上的违抗,即是不违。《为政》篇子夏说“不敬,何以别乎?”,孔子说“无违”,可以参读。

3. 劳而不怨　“劳”字在《论语》中共出现10次,《尧曰》篇也出现“劳而不怨”,意思与此不同。本章的劳大约等同于《泰伯》篇“恭而无礼则劳”中的劳,指劳扰不安。父母不接受自己的劝告,则其过失仍然存在,心里总想着待适当时机再向父母进言。这是件棘手的任务,虽烦不怨。

《礼记·内则篇》对本章作如下疏解:“父母有过,下气怡色,柔声以谏。谏若不入,起敬起孝。说则复谏。不说,与其得罪于乡党州闾,宁孰谏。”文中的“孰谏”指反复不断劝谏。这个规则沿用了两千多年。

儒学以孝悌为仁之本,子女要把处理好与父母关系放在首位,当情与义冲突时,要按本章提出的规则行事。这就是儒家的尊老,就是儒家一以贯之的恕道。今天你为人子弟,明天就为人父母,如果你希望将来子女如此待你,那么今天你先做起来。

4.18 子曰:“父母在,不远游。游必有方。”

孔子说:“父母在时,不远游他乡。若不得已要远行,也必安排妥当。”

1. 在动力车辆发明前,出远门极为不便,即使方圆几十里地,单单路

上一个来回也要耗费许多时日。远游者年富力强，父母却已老迈，随时有事，也呼之不得。所以以不远游为原则。

2. 游必有方　方，郑玄解释为常，朱熹解释为方向，都指远行目的地明确，父母万一有事，便于通知。历代《论语》注家，直到《邢疏》，仍综合二者说："方，犹常也。父母既存，或时思欲见己，故不远游，游必有常所，欲使父母呼己得即知其处也。设若告云诣甲，则不得更诣乙，恐父母呼己于甲处不见，则使父母忧也。"这种解释似仍不到位。古代不仅交通不便，信息往返同样困难。笔者以为，本章的"方"字意思与《雍也》篇末章"仁之方"类似，指"远游之方"，也就是远游前有个处置突发事件之类的方案，做好安排，例如把父母拜托给家属亲友等。

4.19　子曰："三年无改于父之道，可谓孝矣。"

本章是 1.11 章的后半部分，有孔安国注："孝子在丧，哀慕犹若父在，无所改于父之道也。"重出在这里，代之以郑玄注："孝子在丧，哀戚思慕，无所改于父之道，非心之所忍也。"与孔注大同小异。重出的原因可能是让本章与前后三章组成"孝子应知"四条。前面已经强调过，这是慎终追远的重要形式，参见 1.9 章。

4.20　子曰："父母之年，不可不知也。一则以喜，一则以惧。"

孔子说："父母的年龄，不可不常记在心。一则使你很欢喜，一则使你很担心。"

知　常记在心。关注并记住父母的年龄产生又喜又怕的心情。喜的是父母健在，怕的是离父母去世的时日又近了一天。

本章不是对孝子心情的描绘，而是孔子对每位为人子弟者的告诫。一个连父母年龄都不知道的人，亲情的冷漠，可想而知，谈何孝顺。

本篇 4.17—4.20 四章都谈孝道。《为政》篇也集中了四章(2.5—2.8)。

4.21　子曰："古者言之不出，耻躬之不逮也。"

孔子说："古人之所以不肯轻易许诺，是怕自己行动跟不上而感到可耻啊。”

1. 古者言之不出　孔子经常借古喻今，说古人不轻口说出自己要怎样，暗指今人说话太随便，许诺太轻飘。

2. 躬　躬行，切实去做。“逮［dài］”字（如图）造字，指追上去终于揪住野兽尾巴；“躬之不逮”指行动追不上许诺，被人认为此人夸夸其谈，说了做不到，是可耻之事。孔子开出的药方是“敏于事而慎于言”（1.14章）。

《论语》对言行关系屡屡强调，参见4.23章。

4.22　子曰：“以约失之者鲜矣。”

孔子说：“因为检点约束、节俭省约而犯过失的人是很少的。”

上章强调言语应省约：可讲可不讲，不讲。本章进一步论“约”的重要性。

约　原意是把某物绑定，不使失控。《论语》中的“约”分两种：一种是动词，检点约束的意思，特别是指用礼来检点约束自己的言行——“约之以礼”；一种是形容词，节俭省约的意思，与“乐”“泰”“奢”“繁费”相对。

本章孔安国注：奢溢和俭约“俱不得中也，奢则骄，溢招祸，俭约则无忧患也”。意思是：在“俭—奢”“约—泰”“简—繁”的取舍上，宁可不及，也不要过头。参见3.4章“与其奢也，宁俭；与其易也，宁戚。”但是在这一意义上让我们举个明显的例子说明“以约失之者鲜矣”，并不容易。

反之，一旦人遭受不可弥补的损失（例如因违反交通法规而车毁人亡），事后追悔莫及之时，对本章的告诫就能刻骨铭心：如果遵守规约，惨祸原不会发生！所以本章的“约”解释为自我用礼约束行为，其警世意义更得彰显。

结论是，对本章来说，约的两种意义都用得上。

守约总比违约损失少，但所得也少，比如冒险闯红灯可以节省时间。儒家看上去谨小慎微，不容易突破禁区。在需要发扬创新精神的场合，不适宜用本章来规范，本章的主要用处是在输不起之时。有人把约解释为朴实、谨言慎行、勤俭持家之类的泛泛中道，恐怕是误解。否则可以造出许多不证自明的句子:“以忠失之者鲜矣”“以恕失之者鲜矣”。

4.23 子曰:“君子欲讷于言而敏于行。”

孔子说:“君子最好说话迟钝些,而行动敏捷些。”

讷[nè],迟钝。敏,敏捷。人的资质不同,有人生来口若悬河,有人生来笨嘴拙舌;有的做事敏捷,有的拖拖拉拉。然而说说总是容易,做起来总是困难,说话越随便,履行越吃力。所以朱熹《集注》引用谢氏的话说:“放言易,故欲讷;力行难,故欲敏。”要成为君子,必须努力改善气质,摆整好言行的轻重缓急位置。

本章与上章也有联系。“讷于言”就是说话的俭约,宁肯言不足。

《朱注》引胡寅曰:“自‘吾道一贯’至此十章,疑皆曾子门人所记也。”

4.24 子曰:“德不孤,必有邻。”

孔子说:“有高尚品德的人决不孤独,必定有亲邻。”

本章有多种理解。

1. 多数注家理解为“物以类聚,人以群分”。如果民风淳厚,当然到处都是有德之人。孔子说,即使世风日下,道德败坏,有德之人也不孤独,周边必有“同声相应、同气相求”(《易经杂说·乾卦》)之人。孔子生于春秋末年乱世,身边有一大群弟子追随就是一例。

2.《皇疏》、[元]陈天祥《论语辨疑》(以下简称陈氏《辨疑》)一派的理解:人能有德,一定不是独居无友能养成的,必有有德者相邻熏陶,引用《公冶长》篇“鲁无君子者,斯焉取斯”(参见5.2章)。

3. 刘向《说苑·复恩》篇引用本章后解释说:“夫施德者贵不德,受恩者尚必报。”也就是说,施德者不应以施德而炫耀,但受恩者以报恩为贵。一来一往,施德者就不会孤独。

从原理上说,德是人对天道的正确认识,人天生具有这种认识能力,只有因后天因素而有施展不施展之分,不施展则缺德,施展者则是有德之人,人数应该不少,物以类聚,通过交流,一定能合群,哪能会孤独呢?

2.1章提到的“为政以德”,是有德有位者,其“德不孤,必有邻”表现为其“众星共之”。如果居上位无德，则会变成孤家寡人，臣下离心离德。

4.25 子游曰：“事君数，斯辱矣。朋友数，斯疏矣。”

子游说：“事君太烦琐急迫，便会受辱了。交友太烦琐急迫，便会见疏了。”

数[shuò]，频繁、迫促、琐屑。朋友关系古今没有什么不同，君臣关系在今天类似于上下级关系。上下级关系与朋友关系可合可离，比父子关系、夫妇关系要远得多，要注意保持适当距离。“数”就是距离太近，接触频率过高。在上级面前喋喋不休摆功，或频频批评干预，会自取其辱；对朋友如此，友谊就会越来越疏远。

《里仁》篇的中心词是“仁”。4.1—4.6 章直接突出仁。4.7 章与 4.8 章“朝闻道”“志于道”，都指仁道。4.9 章的“义”，把为人之仁扩大到处世。4.10—4.16 章中的德、礼让、立、忠恕、义利对比、贤，都以仁为核心。4.17—4.20 都谈孝，而孝为仁之本。4.21—4.23 章表达的是“仁者其言也讱”（参见 12.3 章）。末章谈处理君臣、朋友关系的要点，是人走出家庭后仁道所涉及各种主要人际关系的一部分。《邢疏》总结的原则是：“为臣、结交，当以礼渐进”，这个原则显然可以供处理其他关系参考。

子游这段语录应该形成于孔子逝世前，子游还不到 29 岁。我们在前言里指出，在《论语》上编里，孔门弟子的语录都集中在《学而》篇，所以在《里仁》篇末有这么一章，值得注意。因为在《子张》篇 19.15 章里又一次出现了子游谈论“吾友子张”虽然难能，然而未仁，这两章在交友问题上可能有联系。

公冶长篇第五

上篇《里仁》不涉及人物，全是格言警句，本篇27章，几乎都是孔子对人的评价，前14章评价的是弟子，还讨论了古今各色人物，观点非常人可及。学者通过本篇可以找到自己在评价人物方面与孔子的差距。

5.1 子谓公冶长："可妻也。虽在缧绁之中，非其罪也。"以其子妻之。

子谓南容："邦有道不废，邦无道免于刑戮。"以其兄之子妻之。

孔子说到公冶长："可把女儿许配给他。他虽在牢狱之中，但并非他的罪啊。"就把自己女儿嫁了他。

孔子说到南容："国家政治清明，他不会被废弃不用；国家政治黑暗，他也不会有牢狱之灾杀身之祸。"于是把哥哥孟皮的女儿嫁了他。

1. 公冶长　孔子弟子，复姓公冶，名长，字子长。公冶长在《论语》中只提到这一次，其人表现怎样，史无记载。而孔子弟子三千，贤人七十二，本篇竟以他命名，孔子独独选中"有前科"的这位"以其子妻之"（古代儿子女儿都称子），说明孔子对他的欣赏与信任。孔子的特别见识，一般人很难达到。

2. 缧绁[léi xiè]　借代入狱。缧，黑绳；绁，牵系。古狱中用黑索系罪人。

3. 南容　孔子弟子南宫适[kuò](一作括),又名縚[tāo],字子容。郑玄以为他就是孟懿子的同龄哥哥仲孙说(南宫敬叔,见2.5章),朱熹追随郑注,后人提出许多理由说明这是误解。

《论语》编者把这两件事放在一起,意味深长。抽去其中一件,读者对孔子平易朴实的择婿观就会产生很大误解。

5.2　子谓子贱:"君子哉若人!鲁无君子者,斯焉取斯?"

孔子说到子贱:"他真是个君子呀!如果鲁国没有君子,他哪能有此高尚品德呢?"

1. 子贱姓宓(通"伏",一作虙),名不齐,鲁国人,孔子弟子,有些《论语》注书据《史记》说他"少孔子四十九岁",同时又说子贱生于公元前521年,可谓以讹传讹。

孔子很少称赞同代人是君子,更不用说称赞自己年龄最小的学生。听本章孔子语气,似乎有人说鲁国没有君子,孔子举子贱来反驳。

2. 斯焉取斯　第一个"斯"指子贱其人,第二个"斯"指君子的评价。

在本章中孔子强调的不是子贱资质优异,而强调其学习氛围,特别是贤者的熏陶栽培。

5.3　子贡问曰:"赐也何如?"子曰:"女,器也。"曰:"何器也?"曰:"瑚琏也。"

子贡问道:"赐怎么样?"孔子说:"你是器。"子贡说:"什么器呢?"孔子说:"你是瑚琏。"

1. 赐也何如　前两章孔子对公冶长、南容、子贱都有很高的评价,本章紧接前两章后,提供了额外的信息。子贡忍不住问孔子怎么评价自己。从前面《学而》《八佾》中我们看到,孔子与弟子对话,老师呼弟子名。如"赐也,可与言诗已矣""起予者商也"。本章子贡对老师讲话也自称名,以示恭敬。

2. 女,器也　女即汝,指子贡。孔子说,你成器了!

3. 瑚琏　宗庙中盛黍稷之竹器,用玉装饰,贵重而华美。周朝称为簠簋，传世的都是青铜器。簠[fǔ]，方形；簋[guǐ]，圆形，如下图所示。

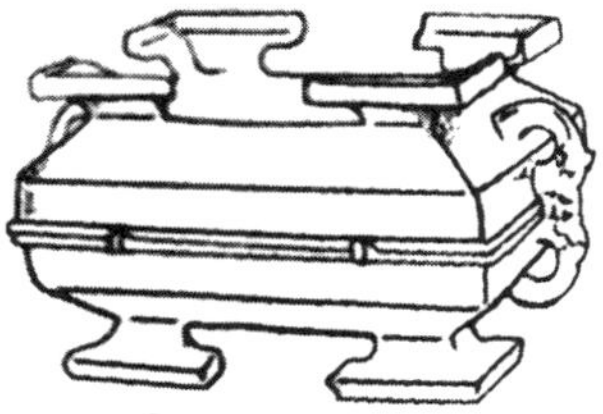

5.4 或曰："雍也，仁而不佞。"子曰："焉用佞！御人以口给，屡憎于人。不知其仁，焉用佞！"

有人说："冉雍是仁人，可惜口才不行。"孔子说："哪里要靠口才！专用口才来对付人，只能惹人憎恨。我不知雍仁不仁，不过别拿口才做标准好不好！"

1. 冉雍(前522—前466)，孔子弟子，字仲弓，鲁国人，名列孔门四科中的"德行"科(见11.1章)，深得孔子器重。但有人评论冉雍，说他有"仁"的优点和"不佞"的缺点，孔子都不同意。

2. 焉用佞　孔子首先说，哪里需要佞呢！佞[nìng]，有口才。冉雍被公认为口拙，孔子也说过"雍也简"，可能冉雍为人简默，说话也是寥寥数语，没有文采，但孔子根本不认为有口才是施政的必要条件。

3. 御人以口给，屡憎于人　御(禦)，禁制。口给[kǒu jǐ]，应对敏捷，辞出不穷。孔子就"焉用佞"进一步解释说，如果他人有所申诉质疑，立刻伶牙俐齿用话挡回去，使人语塞，这种做法十有八九会遭人憎恨。

4. 然后孔子反过来又强调了一次"焉用佞！"——"用得上能言善辩吗？"顺带回应了说冉雍"仁而不佞"的那个"仁"字："不知其仁"——"我不知道冉雍仁不仁"。对孔子这种回避，历代注家给出了许多解释，似都没有到位。这个问题我们留到后面5.7章再予以分析。

"佞"字在《论语》中出现了五处。《左传·僖公十五年》："寡人不佞，能合其众而不能离也。"《左传·昭公二十五年》："不佞不能与二三子同心，而以为皆有罪。"在春秋时代，国君说自己不佞，同说自己不才一样，是自谦之辞。给后人的感觉是：当时人把佞当褒义词，当作追求的时尚，只有孔子不断地抵制，不在乎什么口才不口才，强调君子应该讷于言而敏于行，于此可进一步体会孔子的言行观。

5.5 子使漆雕开仕。对曰:“吾斯之未能信。”子说。

孔子让漆雕开从政。漆雕开说:“我不敢相信能担当此事。”孔子听了很开心。

1. 漆雕开(前540—?),孔子弟子,名启,字子开。郑玄说他是鲁国人。《韩非子·显学》谈到孔子死后儒分为八,其中有漆雕氏之儒。

2. 吾　[清]宋翔凤《过庭录》指出:漆雕开自称吾,不符当时之礼。弟子在老师前应自称名,如5.3章“子贡问曰:‘赐也何如?’”不会说“吾也何如?”可能是漆雕开名“启”,后人误为“吾”。查《皇疏》早有答辩:“答师称吾者,古者皆然也。”皇侃离孔子比清朝人早1300年,他的话应当更有说服力。

3. 斯之未能信　斯,代词,指代上文“使仕”。漆雕开说,他对出去从政没有思想准备,只觉得自己学业远未完成。

4. 子说　即子悦。孔子为什么听到漆雕开此言觉得开心呢?后面《泰伯》篇记孔子说:“三年学,不至于谷,不易得也。”弟子学了三年脑子没有转到“谷”(官俸)的人很少。漆雕开居然长期不转这念头,无论是因为他专心治学,不至于谷,还是因为他自认兼善天下的能力还不够,都是胸怀大志、不追名逐利的表现。

5.6 子曰:“道不行,乘桴浮于海,从我者其由与!”子路闻之喜。子曰:“由也,好勇过我,无所取材。”

孔子说:“如果我的主张行不通,乘木筏,漂浮海上,跟随我的怕就是子路吧!”子路听了很开心。孔子说:“由啊!冒险精神超过我,只是哪来那么理想的材料造浮海木筏啊!”

1. 乘桴浮于海　编树干做木排,用于航海。

2. 从我者其由与　要出海就要有水手,颜回德行高,子贡的能耐在经营策划,当水手恐怕也不行。孔子身边弟子最理想的也就是子路,特别是他忠勇果敢过人,“跟我的大概就是仲由吧!”

3. 子路闻之喜　子路以为孔子真的要带弟子驾木筏出海,而且自己是首选,非常开心。

4. 好勇过我　孔子见子路信以为真,啼笑皆非:我是因道不行,恨不得离开浊世，想跑到没有人迹的地方去，没想到无此心境的子路一心想紧跟我，连死都不怕，勇气可嘉。

5. 无所取材　孔子说，你仲由勇气过人，可是从哪里能取到能造海船的巨木做原材料呢？何况还要准备大量生活用品。我只是感慨道不行，抒发一下心情而已。后面 11.19 章子路问孔子："闻斯行诸？"孔子断然否定："有父兄在，如之何闻斯行之？"

对"无所取材"的另一种解释是，你子路这块材料，除了好勇过我以外，其他还有什么可取的呢？这种解释不符合孔子对子路的一贯评价。6.7 章孔子对子路的评价单凭"由也果"这一条，就说"于从政乎何有？"，哪里有"由也果，无所取材"的意思？

"无所取材"还有其他解读，都建立在说"材"应当看作另一个字（如"裁""哉"之类）的基础上。《求真》一直不敢苟同这种解读法，而主张用原文能解释的，决不取别的零部件代替。这个习惯是教了四十年数学养成的：学生询问的题目做不出，不肯以说"你的数据有错"来回应。

针对读者可能把"无所取材"误读为针对子路的才能，《论语》编者下章就编了孔子的评价："由也，千乘之国，可使治其赋也。"

5.7 孟武伯问："子路仁乎？"子曰："不知也。"又问。子曰："由也，千乘之国，可使治其赋也，不知其仁也。"

"求也何如？"子曰："求也，千室之邑，百乘之家，可使为之宰也，不知其仁也。"

"赤也何如？"子曰："赤也，束带立于朝，可使与宾客言也，不知其仁也。"

孟武伯问："子路仁吗？"孔子说："我不知道啊。"孟武伯又追问。孔子说："仲由这人，有千乘兵车的大国，可使他去治其军事，至于他仁不仁，我真不知道。"

[孟武伯又问]"冉求怎样呢？"孔子说："冉求这人，千户的大邑，兵车百乘的大家，可让他出任总管。但他仁不仁，我不知道。"

[孟武伯又问]"公西赤怎样呢？"孔子说："公西赤这人，束好带站在朝廷上可让他接待国宾贵客说话，至于他仁不仁，我也不

知道。”

1. 孟武伯三问孔子。先问子路仁不仁,孔子回答不知道。孟武伯觉得奇怪,子路不是仁者吗?所以又问了一遍。孔子知道孟武伯在考虑起用子路,于是说子路有很强的从政能力,可以治兵赋。孔子时代以田赋出兵,按《周礼》:“九夫为井,四井为邑,四邑为丘,丘十六井,出戎马一匹,牛三头。四丘为甸,甸六十四井,出长毂一乘,戎马四匹,牛十三头,甲士三人,步卒七十二人。”一井一百亩,需要出一个劳动力;十六井要出一匹战马、三头牛;六十四井要出一乘兵车的全部配备(包括四匹马、十三头牛和七十五名士兵)。也就是说,子路可以负责千乘之国的征兵、征粮、武器装备,相当于总后勤部部长。至于子路仁不仁,自己确实不知道。

2. 求,冉有之名。《八佾》篇“季氏旅于泰山”章里已出现过。孟武伯以尊长身份按规矩直呼其名,问此人仁不仁,孔子按照应答子路的模式说,冉求能做千室之邑的邑宰、百乘之家的家宰,相当于后世的县官、产业总经理。至于冉求仁不仁,不知道。

3. 公西赤,字子华,孔子弟子。郑玄说他是鲁国人,少孔子四十二岁。又说他“有容仪,可使为行人(礼宾官)”。孔子向孟武伯介绍这位弟子“束带立于朝,可使与宾客言”。

春秋战国时期官员服饰上衣下裳,需要束带(如右图)。平时穿着宽松,带不系紧,可低到腰部;遇到正式场合,带子要高高地紧束到胸口。

今天“朋友”和“宾客”成了双音词,古代朋是朋,友是友(参见 1.1 章),当然也可以合称;本章所说的宾、客,在古代有尊卑之分。宾指国宾,如国君上卿。地位较次的称为客。

4. 孟武伯连问孔子,你的三位弟子(仲由、冉求、公西赤)仁不仁,孔子的回答都是“不知其仁”,在孔子是大实话,不是假装不知,也不是在外人面前客套。孔子心目中的仁,随人的社会地位不同有不同层次的要求。对周文王、武王、周公这样的君尊,对比干、微子、管仲、子产这样的社稷之臣,主要看他们对天下百姓的表现是否仁爱,而这方面的一举一动都是有目共睹的,容易判断其仁和不仁。至于他们对社会影响甚微的近身人际关系,正像圆周率 3.1415926…在使用时后面的小数位一样,可以忽略不计。但对一般普通人,哪怕像孔子对接触了几十年的子路,就要考察其所有人际关系的处理是否符合“爱人”的精神。而且还不能根据一时一事，“君子无终食之间违仁，造次必于是，颠沛必于是”。老师对弟子的了解，多数来自教学与随侍，弟子在老师视野外的表现并非老师所知，所以孔子只能说不知。

5.8 子谓子贡曰：“女与回也孰愈？”对曰：“赐也何敢望回！回也闻一以知十，赐也闻一以知二。”子曰：“弗如也，吾与女弗如也。”

孔子对子贡说：“你和颜回谁强些？”子贡对道：“我哪敢同颜回比！颜回听到一点能知道总体；我听到一点，只能领悟到另一点。”孔子说：“你是不如他，我和你一样，都不如他啊。”

1. 子贡好胜心强，平日喜欢拿自己与优秀人士相比。本章却是孔子提出让子贡与颜回比比高低：“女与回也孰愈？”女，通汝。愈，胜出。

2. “闻一以知十”与“闻一以知二”不是数量上的10∶2。“十”，是十全十美的十，由点及面；“二”，是由此及彼，点对点。子贡认识到这就是自己和颜回的差距，很了不起。

3. 弗如也　颜回由个别认识全体，融会贯通。子贡由此及彼，意味着不固执一端，触类旁通。以中庸之道分析，子贡的认知水平与“执其两端取其中”还有较远距离，所以孔子肯定他的自我评价，不及颜回。

4. 最后，孔子再进一步说“吾与女弗如也”，本章一开头子贡已听到孔子发问“女与回也孰愈？”子贡也会很自然地理解句中的“与”字，把这句话听成“我和你一样，都不如颜回啊”——包咸说，孔子前面已肯定了子贡不如颜回，之所以又说“我与你都不如子贡啊”，可能是想安慰子贡吧。

后代却有注家（如朱熹）把“与”字当作“赞许”用，把“吾与汝弗如也”点断成“吾与汝，弗如也”，解释为“我赞同你的评价，你确实不如颜回”，《求真》不能苟同。这种解释，出自注家不愿相信孔子会拿自己和弟子比高低，也可能受了《论语》其他章节的影响，见下条。

5. “与”是“與”的简体，按《说文》，本义是党與。从字形上看：“共举而与之也”，“與”中之“与”表示两手上下交错互相援引。整个字的意思是别人合力抬举猎物，我也出手，助一臂之力。此字强调的是加入参与。最典型的例子莫过于3.12章：

子曰：“祭如在，祭神如神在。我不与祭，如不祭。”

现代汉语里“我与你”,“与”作为连接词,用法是继承“与”字本义的——我和你在一个群体里。

“与”字在《论语》里大量以“A 与 B”的形式出现,下面例子都是“A 和 B”的意思:

“吾与回言终日”“富与贵,是人之所欲也”“贫与贱,是人之所恶也”“汝与回也孰愈”“夫子之言性与天道”“唯我与尔有是夫”“子与人歌而善”“若圣与仁,则吾岂敢”“子见齐衰者、冕衣裳者与瞽者”“师与商也孰贤”“今由与求也,相夫子”“唯上智与下愚不移”“唯女子与小人为难养也”。

请注意上面各例中 A、B 二者的同质性,即都作为归入同一类的两个元素。

6. 本章中“与”字两次出现:“女与回”“吾与女”,字义应该一致。方法论有一条著名的奥卡姆剃刀法则:“若无必要,勿增假设”。例如,能用科学解释的,便不应诉诸神迹。给动词“与”的解释在“与……在一起”之外还增加一个“赞许”,弊端丛生。到《子罕》篇首章“子罕言利;与命,与仁”,我们再回到这个问题。

5.9 宰予昼寝。子曰:“朽木不可雕也,粪土之墙不可杇也。于予与何诛!”
子曰:“始吾于人也,听其言而信其行。今吾于人也,听其言而观其行。于予与改是。”

宰予白天睡觉,孔子说:“烂木头不能雕刻,泥巴墙粉饰也白搭。我对宰予,还能责备什么呀!”

孔子说:“原先我对人,听了他的话就相信他的行为了。而今我对人,听了他说话,还得全面观察他的行为。都是因为宰予而改变成这样的。”

1. 宰予,字子我,第 3.21 章已出现过“哀公问社于宰我”。《论语》是孔门弟子所编,记录师兄弟之事,书字不书名是《论语》规矩。按例本章也不该用长辈身份直书“宰予”名,应该写“宰我昼寝”才合理。可能是因为宰我被孔子痛骂的缘故,编者也降格称呼他。

2. 昼寝　白天睡觉。今天看来,午睡可能还是好习惯,但在古代,天黑以后能不用灯蜡就不用灯蜡,早早睡觉,黎明即起。晚八朝五,睡眠时间也超过了八小时，年轻人哪里用得着睡午觉。《韩诗外传》记“卫灵公昼寝而起，志气益衰”，宋玉《高堂赋》记“楚王昼寝于高堂之台”，都是君王夜生活荒淫所致。白天睡觉发生在孔门弟子身上就更显荒唐了。

3. 朽木不可雕也，粪土之墙不可杇也　腐朽的木材质地不坚，不能再雕刻。粪土，混有污秽杂物之土。杇[wū]，名词指抹墙工具，动词指用工具把墙壁抹平。秽土再抹也不会平整。

4. 于予与何诛　于予与改是　两句句型相似，都是“于予与××”，其中的“予”都指宰予，“与”同“欤”，是语气词。前句的“何诛”即“口诛什么”，整句意思是：对于这个宰予啊，我还能用别的什么话来责备他？后句的“改是”即“改变成这样”，整句意思是：就是由于宰予啊，我观察人的方法才改变成这样的。

本章两段话，第二段话也是因“宰予昼寝”而发的，但不是同一个时间所讲，所以前面另有“子曰”。前面4.3章有一个类似的例子。

许多注家不相信宰予会被孔子痛骂到如此不堪的程度，特别是有注家从《论语》读出宰予似乎是“孔门十哲”之一，配享孔庙，这是一个流传了一千多年的误解。钱穆先生说：“此章云云，或非当时实录。姑识所疑，然亦无可参定矣。”我们将在《先进》篇首章设法参定。

5.10 子曰：“吾未见刚者。”或对曰：“申枨。”子曰：“枨也欲，焉得刚？”

孔子说：“我没见过刚强的人。”有人说：“申枨不是吗？”孔子说：“申枨贪欲，怎么能刚强？”

1. 刚　刚强，刚烈。在《阳货》篇里孔子对子路提到六个褒义词：仁、知、信、直、勇、刚，代表人的六种好品质，可是孔子说，单是[喜]好仁、好知、好信、好直、好勇、好刚，却不好学，则弊病多多。这六善与好学的关系此处且不论。就本章来说，我们至少要知道，刚烈与正直、勇敢还不是一回事。

2. 孔子居然说他没有见过任何刚强的人，令我们沉吟。当时有人用自己的标准予以衡量，对孔子说：您有位弟子鲁国人申枨[chéng]，不刚强吗？孔子断然否认。

3. 孔子否认的理由是“枨也欲”，孔子意思不是说申枨有欲望，是人都有欲望：“饮食男女，人之大欲存焉。”（所以流行至今的一句豪言叫

“无欲则刚”,也不能作绝对的肯定。)孔子是说,申枨给人的感觉是欲望多多,你拿他欲求的东西去诱惑他,他就会屈服软化。而刚烈是这样一种品质:“富贵不能淫,威武不能屈,贫贱不能移。”

人的刚德,出自坚持真理,恪守原则。布鲁诺被罗马教廷关了八年,受尽严刑拷打,即使受火刑而死也不放弃对日心说的信仰。没有坚定信仰的人,肯定刚不了。

5.11 子贡曰:“我不欲人之加诸我也,吾亦欲无加诸人。”子曰:“赐也!非尔所及也。”

子贡说:“我不想别人加到我身上的东西,我也想不加到别人身上。”孔子说:“赐呀!这不是你能做到的!”

1. 诸 “之于”的合呼;加诸我,加在我身上。这样理解的“加”是中性的。按《说文》:“加,语相增加也。”马融注本章曰:“加,陵也。”陵的意思是侵犯、欺侮,“加”就成了贬义词。清代段玉裁《说文解字注》说:“引申之,凡据其上曰加。”

2. 前人有把子贡所言读成独立的两句话“我不欲人加诸我,吾亦欲无加诸人”的。如果这样理解是对的,《论语》编者为什么特意增加“之”与“也”这两个字呢?两个字一加,这两句话就不是并列关系,而是偏正关系了。这样,“加”可以看成中性词,“人加诸我”的东西,有的我愿意接受,有的我不愿意接受。子贡说,后面这类东西,我也不会“加诸人”。

3. 赐也!非尔所及也 孔子说:“端木赐!这不是你能做到的!”因为删了“之”与“也”这两个字,孔安国认为孔子这么说,意思是子贡“不能止人使不加非义于己”,也就是别人硬要把不合适的东西加在你身上,你阻止不了。

朱子对上说加以纠正。当代注家公认子贡意思是:凡是我不想别人加给我的,我也不想加到别人身上。孔子一听马上说:“这不是你做得到的呀!”为什么呢?朱熹的解释是:“此仁者之事,不待勉强。”子贡要对自己提出这项要求努力去做到,而仁者不必勉强自己,自然能做到。你子贡目前却是做不到的。所以后来会发生这样一件事:

子贡问曰:“有一言而可以终身行之者乎?”子曰:“其恕乎!己所不欲,勿施于人。”(15.24章)

子贡问孔子能不能送他一个字奉行终身,孔子送了个“恕”字,给出

八个字的解释，意思正是让子贡奉行先前以为自己能做到的这一点，可以试着践行终身。《中庸》说“忠恕违道不远”，能行恕道，几乎就是仁道，孔子称赞颜回“其心三月不违仁，其余则日月至焉而已矣”（6.6 章），不承认任何弟子能长期坚持践行，包括得意门生子贡。

5.12 子贡曰：“夫子之文章，可得而闻也。夫子之言性与天道，不可得而闻也。”

子贡说：“我们夫子道体的精神外显，是听得到的。夫子讲内在深层次的性与天道，是听不到的。”

1. 文章　在古代指外显的文采鲜明，如虎豹的华丽皮毛。如果有质无文，都把野兽家畜皮毛剃去，则虎豹与犬羊无异。子贡所说的夫子文章，指诗书礼乐等，是孔子深湛底蕴的外显。

2. 性与天道　性与天道是什么关系？《中庸》第一句称“天命之谓性”，性就是天命，是指与生俱来，出于自然不含人为的意思。子贡所说“性与天道”就是“天命与天道”，说明天命与天道不是同一个概念：在人出现前，天道就存在，而天命是天道实施于人类的那部分。

《论语》记载孔子言性，只有 17.2 章一处，子曰：“性相近也，习相远也。”我们不能不理解为对每个人来说，天命是接近的，从中可衍生出“天赋人权”“人生来是平等的”等现代观念。从“性相近”也不能排除各人天赋仍可以不同，人还是会有上智下愚。

孔子没有进一步从“性相近”跳跃到性本善、性本恶，最为高明。《孟子》记载告子“生之为性”的观点，也守了中道。

孔子不言天道，在《阳货》篇里却留下重要信息（见 17.18 章），而且与本章有明显的呼应。

在《论语》中“天命”与“性”“命”应该是同一回事，孔子认识到知命对人生至为重要，《论语》最后一章说“不知命，无以为君子。”然而知命是很难的，孔子自称“五十而知天命”，他在五十岁前就不会对弟子宣讲天命（或性、命）。五十岁以后对子贡这样的高才生也不讲。在古代对复杂奥妙的客观世界的认识非常有限，孔子“知之为知之，不知为不知”，不肯说，最为明智。

钱穆先生说：

孔子之教，本于人心以达人道，然学者常教由心以及性，由人以及天，而孔子终不深言及此。故其门人怀有隐之疑，子贡发不可得闻之叹。及孔子殁，墨翟、庄周昌言天，孟轲、荀卿昌言性，乃开此下思想界之争辩，历百世而终不可合。可知圣人之深远。后之儒者，又每好以孟子说《论语》。孟子之书，诚为有功圣学，然学者仍当潜心《论语》，确乎有得，然后治孟子之书，乃可以无病。此义亦不可不知。

语重心长！

5.13 子路有闻，未之能行，唯恐有闻。

子路听到教诲，如果还来不及付诸行动，最怕又听到另一番教诲。

子路一听到老师教导，总是急于践行。如果行动不到位，生怕新教导又接踵而来，又要手忙脚乱。子路这样积极上进，孔子不肯说子路好学，反倒是让他安排妥当再行动，参见11.19章。

上章子贡抱怨孔子不让自己对高深理论有所闻，本章子路却担心，老师的教导自己闻不过来，相映成趣。孔门两位贤人的性格和学术志趣的不同跃然纸上。这两章又是统一的。《礼记·杂记下》说：“君子有三患：未之闻，患弗得闻也；既闻之，患弗得学也；既学之，患弗能行也。”子贡患第一条，子路患第二、三条。

5.14 子贡问曰：“孔文子，何以谓之文也？”子曰：“敏而好学，不耻下问，是以谓之文也。”

子贡问道：“孔文子为什么能被谥为‘文’呀？”孔子说：“他做事勤快，又好学，不以问底下人为耻，所以被谥为‘文’了。”

自本章以下，是孔子对各国政要的评论。

1. 孔文子　卫国大夫，即仲叔圉[yǔ]，死后谥文。按：孔圉死于鲁哀公十五年或稍前，孔子则死于哀公十六年夏四月，由此可知子贡与孔子的问答就在这段很短的时间内。

孔文子的行为颇有非礼之处，他把女儿孔姞当政治婚姻的工具，一会儿让太叔疾休妻娶孔姞，一会儿又夺回来，让孔姞另嫁太叔疾的弟弟遗。子贡觉得其人当不起文的谥号，所以问孔子。

2. 敏而好学，不耻下问，是以谓之文也　按《逸周书·谥法篇》“勤

学好问曰文”，孔子按谥法说，孔文子这个人聪敏好学，而且不耻下问，当得这个“文”字。《朱注》指出：“凡人性敏者多不好学，位高者多耻下问”，孔文子能做到孔子称赞的八个字很不容易。

其实“不耻下问”主要不是指权高位重者问下级，而是在学术上“以能问于不能，以多问于寡”（参见原8.5章曾子称赞颜回的话）。孔子很少肯定某人好学，而《论语》里就肯定了颜回与孔文子两人，可见不耻下问是好学的重要标准。

有人还是就孔子的回答不顾孔文子私德请教朱熹。朱熹说，一个人身上免不了善恶混杂，独举其善而遗其恶，也是谥法许可的。（朱熹《论孟或问》）

5.15 子谓子产，“有君子之道四焉：其行己也恭，其事上也敬，其养民也惠，其使民也义。”

孔子说子产，“有四项君子之道：他为人谦恭，事上级尽心，供养民众有恩惠，差使民众合情合理。”

1. 子产　郑穆公之孙，氏公孙，名侨。子产在鲁襄公三十年执郑国之政，仁民爱物，是春秋时期郑国著名政治家。他施的德政有“都鄙有章、上下有服、田有封洫、庐井有伍”等。

2. 君子之道　《论语》里“君子”字样出现了106处之多，主要是把君子当作儒家的人生目标，然而各篇不断提到君子应该这样，应该那样。君子和仁关系极密切：“君子去仁，恶乎成名？”但作为人生目标的君子，标准比仁者要低些。孔子评价自己是“若圣与仁，则吾岂敢”。德行最高的颜回，也只是“其心三月不违仁”，应该称得上君子了，虽然孔子没有明确说。在《论语》中得到孔子首肯的君子也就是子贱、南宫适与蘧伯玉三人。而在本章中，孔子还不直接说子产是君子，只说他符合君子标准中的四条。

子产不同于孔门弟子，他在郑国，也就一人之下，万人之上。对这一层面的人，普通人的小圈子周边关系基本上可以忽略不计，主要要看他怎样行己身于世、服事国君与对待民众。孔子称赞子产有四项君子之道，实际上已全面肯定了子产：（1）对己：行为恭顺，与“修己以敬”类似；（2）事上：因为臣事君以忠，所以事上做得怎么样，就看是否忠于职守，而孔子说子产有高度的敬业精神;(3)养民:人民颇受子产恩惠;(4)使民:子产通情达理,使民以时。

5.16 子曰:“晏平仲善与人交,久而敬之。”

孔子说:“晏平仲善于与人结交,结交久了,更加尊敬。”

1. 晏平仲　齐国大夫晏婴,晏桓子之子,谥平。按《谥法》:“治而清省曰平。”

2. 晏平仲善与人交　本章画龙点睛是个“善”字,一般人交友,时间长了往往熟不拘礼,容易亲狎而有失尊敬。但晏平仲不同,他对所有交往之人,都能久而敬之,一则说明他本人的修养:“修己以敬”,一则说明他贯彻“亲仁”,善于择人交往。滥交的朋友,交往久了必然觉得对自己的辅仁进德一无帮助,而失去对对方的敬意。

3. 许多注家把“久而敬之”理解为“人久而敬之”,不可取。(1)这是改动本章主语;如果《论语》编者的原意是“人久而敬之”,那“人”字怎么会弃用?(2)若理解为“人久而敬之”,等于是认为孔子之所以夸晏平仲善与人交,是因为他能得到对方的尊敬,划得来,而无关辅仁进德。

读者学习本章,同时检视自己平日密切交往之人,会发现,对有些人的确久而敬之,这是亲仁,表示我交对了;有些人交久而不敬,首先检查自己是否友道亏,不尊重对方,也可能要反省孔子的教训:“毋友不如己者。”

5.17 子曰:“臧文仲居蔡,山节藻棁,何如其知也?”

孔子说:“臧文仲安顿所养的大龟,大龟的居所柱头半拱上刻着山水,梁上短柱画着海藻,[装饰得像太庙],怎么大家还说他明智呢?”

1. 臧文仲(? —前617)　鲁国大夫臧孙辰,历仕庄公、闵公、僖公、文公四朝。谥文。《谥法》:“道德博厚曰文。”

2. 居蔡　蔡,大龟名。居,藏、安顿。古人养龟是为了占卜吉凶。这种大龟体长达一尺二寸,是国君才可以养的,大夫私养属于僭越,是不智的行为。

3. 山节藻棁　节就是斗拱(如图,在建筑物的立柱和横梁交接处,从柱顶上加的一层层探出成弓形的承重结构叫拱,拱与拱之间垫的方形木块叫斗,合称斗拱),上面刻镂了山形图案;棁[zhuō]是梁上短柱,上面画了水藻花纹,古代这些都是太庙的设计,现在为陪臣所僭用。

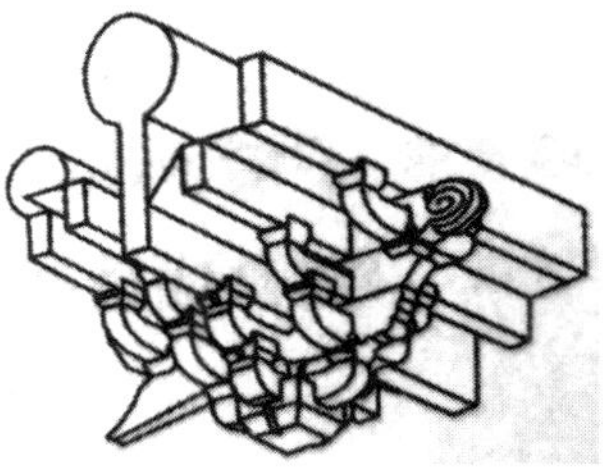

4. 何如其知也　当时都说臧文仲是智者,而孔子问:其所作所为(无论是供养不该养的大龟,还是为它造豪华的居室来讨好乌龟求福),与臧文仲这种"智者"身份究竟协不协调?

5.18 子张问曰:"令尹子文三仕为令尹,无喜色。三已之,无愠色。旧令尹之政,必以告新令尹。何如?"子曰:"忠矣。"

曰:"仁矣乎?"曰:"未知,焉得仁?"

"崔子弑齐君,陈文子有马十乘,弃而违之。至于他邦,则曰:'犹吾大夫崔子也。'违之。之一邦,则又曰:'犹吾大夫崔子也。'违之。何如?"子曰:"清矣。"

曰:"仁矣乎?"曰:"未知。焉得仁?"

子张问道:"令尹子文三次当令尹,不见他有高兴的表示;三次罢免,不见他有愠怒的表示。他把自己当令尹时的旧政,无保留地告诉新令尹,这人怎样?"孔子说:"可算是忠了。"

子张说:"能算仁人了吗?"孔子说:"不知道呀,单看这方面怎么称得上仁呢?"

子张又问:"崔杼杀了齐庄公,陈文子把自己的四十匹马都抛弃了,离开齐国,到别国去。到了那里却说:'这里的大臣,等于我们的大夫崔子啊。'又离开到别一国。他又说'这里的大臣,还是像我们的大夫崔子啊。'又离去了。这位怎样?"孔子说:"可算是清了。"

子张说："能算仁人了吧？"孔子说："不知道呀，单看这方面怎么称得上仁呢？"

1. 令尹子文　楚大夫，姓斗名縠[gòu]，字於菟[wū tú]。令尹是楚国上卿官职。他在这个职位上三起三落，无喜无愠；而且办移交给继任者时，一一交代清楚，不拖尾巴，不使绊子。在子张看来这就是仁者的表现，希望听老师对此人的评价。

2. 孔子对令尹子文的评价是个忠字，即尽己之心对待后任。这比子张心中的评价要低。参照5.15章孔子对子产的评价，令尹子文的表现算得上是"事上以敬"。但要得到仁的评价，至少在行己、养民、使民方面恪守君子之道，而在子张所列举的事迹中这些方面还看不出来。

3. 崔子弑齐君，陈文子有马十乘，弃而违之　齐国大夫崔杼弑其君庄公田光（事见《左传·襄公二十五年》）。齐国下大夫陈文子（名须无）抛弃了自家四十匹马（一乘用四匹马，参见1.5章）逃出齐国。违，离开。

4. "犹吾大夫崔子也"　陈文子到了他邦，一看，执政者和崔子一票货色，又离开了。再去一邦，依然如此，陈文子再次出走。

5. 子张问：陈文子很了不起吧！老师您看怎样？孔子承认陈文子不恋官位私财，乱邦不居，算得上清高，但单看这方面，怎么称得上仁呢？

6. 后面《微子》篇首章提到的微子、箕子、比干，三位所处时代距孔子六百年，除了文献传下的点滴信息，孔子对他们的了解十分贫乏，却毫不犹豫地称"殷有三仁"，这是因为人的各种社会关系有高低层次之分，好比令尹子文与陈文子的得分分别是19.5和92.3，单凭陈文子在较高位上出现9字不足以肯定其仁。至于微子等的得分，数量级要高得多，比如893002。有了高位上的8和9，低位上的数字大小全可忽略不计。

5.19　季文子三思而后行，子闻之，曰："再，斯可矣。"

季文子遇事总要几次三番思考然后行动。孔子听了后说："思考后再思考一遍，也就够了。"

1. 季文子　鲁国大夫季孙行父，死后谥文。按《左传》，此人是贤大夫，行事思量周全，当时人称赞他"三思而后行"，可见季文子事无巨细，做事都反复思量。对此，孔子不以为然。一般说来，在行动前执其两端取其中,思考"做,还是不做?",再思考"怎样做?"也就可以了。如果救火救人都三思而后行,就过了。当然,也不排除某些行动需要三思的情况。

2. 前人有把"再,斯可矣"理解为孔子不承认季文子是三思而后行的那种人,认为季文子哪里做得到三思,能思考两次就不错了。如果这样理解,孔子不该说"再,斯可矣"。何况这种理解也与季文子行事情迹不符,而且本章一上来就肯定了季文子三思而后行,如果季文子不是这种人,本章开头要写"人云季文子三思而后行"才是。

5.20 子曰:"宁武子,邦有道则知,邦无道则愚。其知可及也,其愚不可及也。"

孔子说:"宁武子这人,邦国有道,他就是个智者;邦国无道,像是个笨蛋。他的智慧还能及得到,他的愚蠢,是及不上的。"

1. 宁武子　卫国大夫宁俞。死后谥武。《谥法》云:"刚强直理曰武。"

2. 邦有道则知,邦无道则愚　宁武子的父亲庄子是卫文公朝的大夫,卫成公继位三年时,宁武子之名始见经传。文公、成公二人不算有道明君,也不算无道昏君,所以本章所说有道、无道是指安定、危乱。宁武子辅政前半期,卫国还算安定,宁武子有不错的表现,说明他的智。后来卫国"至于失国,而武子周旋其间,尽心竭力,不避艰险"(朱熹语),不符合一般智者明哲保身的处世原则。孔子自己主张:"邦有道,危言危行,邦无道,危行言孙。"(14.3 章)孔子也夸奖史鱼正直:"邦有道如矢,邦无道如矢。"夸奖蘧伯玉是君子:"邦有道则仕,邦无道则可卷而怀之。"(15.7 章)所以邦无道的话,可以直如矢,也可"乱邦不居"。但宁武子的做法,看上去是愚蠢,却能保全自身又能有利卫国,这种愚蠢别人比不上。

《公冶长》篇孔子对人物的评价都不同寻常。

5.21 子在陈,曰:"归与!归与!吾党之小子狂简,斐然成章,不知所以裁之。"

孔子在陈国,说:"回去吧!回去吧!我身边这批后生,富有进取

精神，简单疏略，文采斐然，［我在此地］还不知怎样派他们用场呢。”

1. 子在陈　孔子周游列国十四年，在陈国前后居留过两次。按《史记·孔子世家》，本章孔子的一番话，发生在第二次离开陈国前。司马迁说，孔子第一次离陈也有一句类似的话，司马迁引用了《孟子·尽心下》14.37 章。这章有十小节，《求真》要在适当的场合引用，第(1)(2)两小节记载就是由孟子的高足万章对《论语》本章有疑问引起的：

(1) 万章问曰：“孔子在陈曰：‘盍归来乎，吾党之小子狂简，进取不忘其初。’孔子在陈，何思鲁之狂士？”

(2) 孟子曰：“孔子‘不得中道而与之，必也狂狷乎。狂者进取，狷者有所不为也。’孔子岂不欲中道哉，不可必得，故思其次也。”

万章引用的孔子语录很像是《论语》本章的另一个版本。司马迁会不会不忍割弃史料，把一件事误认为两件事？

要了解事情的来龙去脉，我们先回顾《史记》的详细记载。

按《史记·孔子世家》，孔子第一次在陈国住了三年（前 495—前 493），住在司马贞子家，过了一年多，吴王夫差抢走陈国三个邑。在这期间晋楚争强，也来打陈国，吴国更是侵略不已。这时“孔子曰：‘归与归与！吾党之小子狂简，进取不忘其初。’于是孔子去陈。”（这里司马迁正是引用了《孟子》14.37.1 节。）

陈国招待孔子好好的，孔子要走总要给主人一个理由。这个理由是身边弟子“进取不忘其初”，也就是不忘当年周游列国的动机是为了回去报效国家。

孔子就这样去了卫国，卫灵公不肯好好用孔子，孔子同样失落。鲁哀公三年（前 492）秋，鲁国权臣季桓子病重，在临死前最后一次乘车视察了都城，感叹道：“鲁国本来要复兴了，可我得罪了孔子，所以不兴盛！”于是他吩咐儿子康子说：“我就要死了，你必定继位做鲁相，到时要让孔子出来襄政啊！”不几天季桓子就死了，康子继位，要召孔子从政，手下劝他先召冉求。按《史记》：

［季康子］于是使使召冉求。冉求将行，孔子曰：“鲁人召求，非小用之，将大用之也。”是日，孔子曰：“归乎归乎！吾党之小子狂简，斐然成章，吾不知所以裁之。”子赣知孔子思归，送冉求，因诫曰：“即用，以孔子为招”云。

这里孔子的话引自《论语》本章。冉求应季康子召唤回鲁国，孔子预言冉求将受到大用,对冉求说“归乎归乎”是让冉求“回去吧”。然后就说了“吾党之小子狂简……”子贡听出孔子的吁叹其实不关“小子”什么事,而是孔子自己想回鲁国去,所以子贡趁送别冉求的机会叮嘱他,回去要想办法让季康子召唤孔子回国从政。

《史记·孔子世家》提到本章的孔子“归乎归乎”,前因后果交代得很清楚详细,活灵活现,相当可信。

结论是:本章所记孔子讲“归与!归与!”无疑是第二次在陈国时发生的事。而第一次离陈前孔子那段话很可能是因司马迁不忍轻弃史料,一事两记。

2. 吾党之小子　“党”字在《论语》中除用于篇名《乡党》外,共出现12次。除乡党的用法,还有现代“同党”的用法,如“人之过也,各于其党”。吾有吾党,他有他党。所以不能认定“吾党”单指“在我乡里”。

根据《史记·孔子世家》为本章提供的语境,不管这是哪一次留陈时发生的事,“吾党之小子”都是指随孔子周游列国的身边弟子(不单是冉求),而不是指留在鲁国家乡的弟子。所以上述《孟子》14.37.1段万章问孟子“孔子在陈,何思鲁之狂士?”问得很奇怪,很可能是孟子讲《论语》时认为孔子所谓“吾党之小子”指留守鲁国的弟子,而且他们在乡党表现很狂。万章可能想:孔子的高足基本上都随孔子周游列国,留在鲁国的弟子怎么个狂法,史书也没有任何记载;即使是狂,不会是所有弟子都狂;再说,孔子又怎么知道?所以,在我们看来,孟子对“吾党之小子”的解读会不会有问题?

3. 狂简　狂,志大言大,有进取精神;简,疏略,简朴单纯。

4. 斐然成章　“斐”的造字与“飞”的繁体“飛”有渊源,如图。“斐”的上半部与“飛”的下半部相同,是双翼。“飛”的上半部是鸟首,“斐”的下半部是“文”,即事物错综所造成的纹理或形象。章,赤白相间的花纹。斐然成章,就是文采飞扬,错综而不杂乱,形容吾党小子都已成美才。

5. 不知所以裁之　裁之,裁制,剪裁。用“斐然成章”形容豹皮很恰当,但是一具豹皮拿来做帽子、做大氅、做坐垫,不知怎样剪裁。是豹皮不知如何剪裁自己,还是服装师不知如何剪裁豹皮?后者比较合理。《史记·孔子世家》在“不知所以裁之”前多了个“吾”字,表明是孔子说自己:“冉求这样的优秀弟子在颠沛流离中能派什么用场?我也不知道,还是回鲁国听从安排吧!能从政的从政;不从政的,跟我好好学习。”

5.22 子曰："伯夷、叔齐，不念旧恶，怨是用希。"

孔子说："伯夷、叔齐不牢记别人以前对他俩的恶劣对待，所以他们结怨很少。"

1. 商朝时有个小国叫孤竹国(在今河北滦县一带)，伯夷、叔齐分别是孤竹君的庶出长子与嫡出幼子，孤竹君不想立长而想立三子叔齐继位。孤竹君死后，叔齐要让位给伯夷。伯夷说那是父亲生前安排你任国君的，不肯接手，便逃走了，叔齐也随伯夷一齐逃到西伯姬昌(就是后来的周文王)处，孤竹国人只好立次子仲辽为国君。后来武王伐纣，伯夷、叔齐两人拦马谏阻。等武王建立周朝，伯夷、叔齐以食周粟为耻，隐居于首阳山，靠吃野菜生活，最终饿死。

2. 不念旧恶　旧恶可能指人以前的恶劣行为，表现在人己关系上便会交恶，即宿怨。伯夷、叔齐对此不耿耿于怀。

3. 怨是用希　不念旧恶则不思报复，反求诸己，于是很少结怨。这个怨包括人怨、己怨。

本章孔子表彰伯夷、叔齐"不念旧恶"的高贵品德。

5.23 子曰："孰谓微生高直？或乞醯焉，乞诸其邻而与之。"

孔子说："谁说微生高直率？有人向他讨点醋，他[不直说没有]，向邻人讨来当自家的送给他。"

1. 微生高　鲁国人，名高。他很可能就是《庄子·盗跖》篇和《战国策》里记载的尾生高。《尚书·尧典》中的"鸟兽孳尾"，南宋学者罗泌所著《路史》中引作"鸟兽孳微"，《说文解字》也说："尾，微也。"东汉末年的刘熙所撰的《释名》解释"尾"字也说："尾，微也。承脊之末，稍微杀也。"

2. 直，古文是眼睛直视前方的形象，《荀子·修身篇》："是谓是，非谓非，曰直。"孔子说"人之生也直"，再好不过地说明了直的本义。要了解案情真相，问儿童是很可靠的，除非父母教唆他讲假话。

直者认定了就不转弯，光明正大，坦荡率真，是其优点。但也有认死理，不知通达权变的毛病。尾生高也以"直"在历史上闻名：他和女子在

桥下约会,女子不来,尾生高"脑子一根筋",他为了守信,一直守着不肯走,涨潮时"抱柱而死"。这种直显然不能提倡。

3. 乞醯　乞,讨要;醯[xī],醋。如果微生高真是耿直之人,别人来讨醋,那么家里有就拿给人家,没有就直说没有。而微生高不说没有,而是到邻居那里要来醋转给来人,给人的印象是这是微生高自家的醋,拐个弯做好人,并非直道。孔子从一件小事就可以看出微生高的人品。

5.24　子曰:"巧言、令色、足恭,左丘明耻之,丘亦耻之。匿怨而友其人,左丘明耻之,丘亦耻之。"

孔子说:"巧言、令色、过分肉麻的恭敬,左丘明以此为耻,我也以此为耻。把对某人的怨恨藏在心底,反交他做朋友,左丘明以此为耻,我也以此为耻。"

1. 本章把"足恭"同"巧言令色"放在一起,可见也是"鲜矣仁"的。"足恭"的解释一直有歧义。孔安国开始把它解释为便辟[pián bì],朱熹说是"谓习于容止,少诚实也"。按"恭"字上半部的"共",意思是双手捧玉奉于他人;下半部的"心",表示出自内心的恭敬。"足恭"则是用足了恭敬的功夫,以取媚于人,那就不纯粹是发自内心,而是别有所图了。

2. 左丘明　何晏《集解》说"左丘明,鲁太史",从本章文义来看,他是孔子所佩服的一个著名人物,其事迹不可考,肯定不是《春秋左氏传》的作者左氏,也不是司马迁讹传的"左丘失明,厥有《国语》"的那位。据众多学者考证,《国语》是汉朝人拼凑的作品。此人身份历来争议虽大,但不影响对本章精神的理解。

3. 匿怨而友其人　一般人对他人心怀怨恨,会渐行渐远,有人却藏起怨恨与对方结交为友,其目的不可告人,或图利,或图报复,但肯定不是为辅仁进德。注意,匿怨未必可耻,匿怨加友其人才可耻。

以上三章都与直道和怨有关。5.22 章伯夷、叔齐是释前嫌,不结怨,比"以直报怨"更上一层,孔子予以肯定;由本章可见,上章微生高不但把自家无醋的实情隐藏起来,曲里拐弯让人家受自己的恩惠,当不起"直"的名声,而且还可能有巧言令色的情节,比如满脸堆笑,好像欢迎老朋友,请人喝茶,把他稳住,以便自己抽身溜到邻居家讨醋。这些行为才当得起一个"耻"字。

5.25 颜渊季路侍。子曰:“盍各言尔志?”

子路曰:“愿车马衣[轻]裘,与朋友共,敝之而无憾。”

颜渊曰:“愿无伐善,无施劳。”

子路曰:“愿闻子之志。”

子曰:“老者安之,朋友信之,少者怀之。”

颜渊和子路侍立在孔子身旁,孔子说:“你俩何不谈谈自己的志向?”

子路说:“我愿把自己的车马衣裘,与朋友们一起使用,用坏也不遗憾。”

颜渊说:“我愿不夸耀自己的善事,不标榜自己的辛劳。”

子路说:“我们很想听听夫子的志向。”

孔子说:“对老人,我要让他们安度晚年。对朋友,我要得到他们的信任。对年轻人,我要让他们得到关怀。”

1. 侍,侍立。盍,“何不”的合音字。孔子对侍立一旁的颜回和子路说:“何不说说你俩的志向?”这是孔子“成己之学”的一大特色。现代分割成语数外、理化生、政史地的学科教育容易淡化立志。

孔子要求学生“志于道”(7.6 章),所以两位弟子谈的都是人生追求的道。

2. 愿车马衣[轻]裘,与朋友共　车、马、衣、裘都是日常生活物件,子路愿意把它们都拿出来与朋友共享。多了一个“轻”字,意思便不连贯。许多证据表明,宋以前《论语》文本中此处没有“轻”字,是后人在传抄过程中受到 6.4 章“乘肥马衣轻裘”的影响误加的。

3. 敝之而无憾　敝,原义是穿破的衣服,此处作“用坏”解。憾,历来解作恨,口气似太重,解释为失落、不满就可以。

4. 伐,夸耀。善,己善。施,本义为旗帜,转义为张扬,标榜。劳,功劳。“无伐善,无施劳”,意思是“不夸耀自己的优点,不标榜自己的功劳”,参见《易·系辞上》:“劳而不伐,有功而不德,厚之至也。”

5. 老者安之,朋友信之,少者怀之　孔子自述其志是安顿好老者,守信于朋友,关怀好少者。

比较本章三人的志向,子路和颜渊向往的是 14.42 章中孔子所说的

"修己以敬"的君子境界。孔子则是更高的"修己以安人"的境界,孔子无权无势,这里的"人"当然是他能影响到的周边的人,而非天下百姓。孔子说,要达到最高的境界"修己以安百姓",连有权治理天下的尧舜也伤脑筋!

5.26 子曰:"已矣乎!吾未见能见其过而内自讼者也。"

孔子说:"没指望了!我没有见到能看见自己有过失而在心里责备自己的人啊!"

已矣乎　结束了吧!表示彻底放弃搜寻下文所说的这种人。

人总要犯过失的,颜回能做到"不贰过",错误不犯第二遍,是因为他能见到自己的过失,而且一发现就自责纠正。讼,是问责的意思,自我问责的结果不是文过饰非、自己原谅自己,而是坚决改正。在孔子看来,颜回能做到这一点才称得上好学(6.4 章)。本章这一段话也应该出现在颜回去世后,否则孔子不会说当今这样的弟子一个都找不到。

《论语》中,孔子期盼见到而"未见"的人有五种,除了本章以外,还有:(1)好仁者恶不仁者(4.5 章);(2)刚者(5.10 章);(3)好德如好色者(9.17 章);(4)隐居以求其志,行义以达其道之人(16.11 章)。这些人是应该找得到的,否则孔子不会一直在留神搜寻,可见世风日下。

5.27 子曰:"十室之邑,必有忠信如丘者焉,不如丘之好学也。"

孔子说:"十户人家的小村落,其中必有像我这样的忠信之人,但都不能像我这般好学啊。"

邑(yì),这里指居民区。丘,孔子自称名。孔子为十户人家的小村落的居民提出两项指标:第一项,是否忠信?孔子的答案是必能找到与我一样忠信之人;第二项,有没有像我这般好学的人?孔子的结论是一定没有。忠信,是人类进化过程中维系群体的必备纽带。哪怕小到一个小村落,如果忠信之人一个都没有,不可能形成社会。

但是孔子的"好学"标准如此严苛,古人想不通,现代人更是想不通。许多学生不都能读到老师的评语"好学上进"吗?原来孔子所说的学，不是今天的学语数外、理化生、政史地、音体美……而是学“成己之学”。这门学科是孔子首创的，他自己当然够资格称为好学。而三千弟子虽然都在学，但在孔子看来，其中达到“好学”程度的只是一位去世的颜回，十室之邑当然更加没有。

本篇所论古今人物，始终体现“好学”二字对人生的重要性，直到全篇以本章作结。上章解说提到孔子期盼见到而“未见”的人有五种，这五种人的共性是不好学。不好学就无法克服人的世俗欲望。参见17.7章。

雍也篇第六

本篇29章,第1—12章,除第4、11、12章为孔子对弟子的告诫外,都是孔子对优秀弟子的高度肯定。第13—15章是对从政人物的议论。第16—29章通过孔子的一般议论展现其核心思想,其中第21、25、29章是答弟子就仁、知之问。27章插在26章后,应该有它的道理。

6.1 子曰:"雍也,可使南面。"

孔子说:"冉雍呀,可以让他担当大任,主政一方。"

雍,就是5.4章里提到过的冉雍。

建筑贵面南朝阳,人也一样。古代在厅堂里议事,地位最高者——上至天子,下至县官乡绅族长——都是面南而坐的,"面南称王,面北称臣"。孔子说冉雍可面南领导民众,是认可冉雍为政有能力,"道之以德,齐之以礼",是对其德行的高度认可。

荀子是眼界很高的人,我们从《荀子·非十二子》篇看到,荀子说子思、孟轲有罪,子张、子游门派是贱儒,唯独对孔子与子弓(冉雍的字,一作仲弓)极为赞赏。荀子把人分为俗人、俗儒、雅儒、大儒四等,说人主用他们,功效完全不同:"人主用俗人则万乘之国亡,用俗儒则万乘之国存,用雅儒则千乘之国安,用大儒则百里之地久。而后三年,天下为一,诸侯为臣,用万乘之国则举错而定,一朝而伯。"至于孔子、冉雍这样的大儒:"通则一天下,穷则独立贵名,天不能死,地不能埋,桀、跖之世不能污,非大儒莫之能立,仲尼、子弓是也。"(《荀子·儒效》)在《荀子·非十二子》中对孔子、冉雍的定位是"圣人之得势者,舜禹是也;圣人之不得势者,仲尼、子弓是也",是说仲弓与孔子同为圣人,只是政治上不得势而未

能“南面”而已。

6.2 仲弓问子桑伯子,子曰:“可也,简。”
仲弓曰:“居敬而行简,以临其民,不亦可乎? 居简而行简,无乃太简乎?”子曰:“雍之言然。”

仲弓问孔子对子桑伯子怎么评价,孔子说:“可以啊,他简政。”
仲弓说:“如果自己平日作风严谨,对自己严要求,又不用烦琐的政令来扰民,当然可以啦。但若自己对自己没什么要求,马虎随便,在施政时也同样放任自流,是不是太简慢了?”孔子道:“你说得对!”

1. 仲弓问子桑伯子　仲弓是上章冉雍的字。子桑伯子其人,历史上没有确切记载,而《庄子·山水》篇记载“孔子问子桑雩”,《楚辞·涉江》:“接舆髡首兮,桑扈裸行。”刘向《说苑·修文》:“孔子见子桑伯子,子桑伯子不衣冠而处。”这一串文献直指子桑伯子就是子桑扈。冉雍想问孔子对子桑伯子的评价,这也是学习的好机会。孔子对其人的评价是“可也,简”,认可他简政,不扰民。冉雍可能了解此人对自己要求不严,所以又提出对那个“简”字有进一步追究的必要。

2. 居敬而行简　“居敬”,是以敬自守,体现在居家、居心等方面处处对自己严格要求。“行简”,是尽量简政不扰民。《礼记·曲礼》第一句就是:“毋不敬,俨若思,安定辞。安民哉!”一个人“居敬”,他的容貌、体态、言语足以安民。《为政》篇首章孔子描绘的“为政以德,譬如北辰,居其所而众星共之”正是“居敬而行简”的生动写照,上章孔子赞许冉雍,可以想见冉雍的施政也是这种风格。

3. 居简而行简　“居简”与“居敬”相反,生活起居随随便便,不注意形象言语,处处放任自己,很难想象其人能把为政放在心上。这种人的“行简”,是对政事放任自流,不作为。冉雍说“这未免太简慢了吧!”孔子对冉雍的这个观点立即表示认同。

从另一角度看,本章还是孔子与冉雍教学相长、切磋琢磨的好例子。

6.3 哀公问:“弟子孰为好学?”孔子对曰:“有颜回者好学,不迁怒,不贰过,不幸短命死矣,今也则【亡,】未闻好学者也。”

鲁哀公问孔子:“你的学生中哪位称得上好学?”孔子对道:“有个

颜回是好学的，他不迁怒于别处，有过失能不再犯。可惜短命，已经死了，现在就没有听说谁是好学的了。”

在 1.14 章里孔子曾经定义过怎样的人算好学，在 5.27 章里孔子又说过自己好学。可能由此引发鲁哀公之问。

在 1.14 章里给出的好学标准有三条，看上去并不苛刻，但孔子心目中，弟子三千，只有颜回一人够得上。怎样才算达到那三条标准？孔子强调的不是如何勤奋读书、提问思考，而是“不迁怒，不贰过”，足见孔子之学是为己之学，目的是造就人生。

1. 不迁怒　[清]黄式三（1789—1862）《论语后案》：“不迁怒者，恶恶如其分，不因一人之怒滥及无辜，不以一事之怒留为宿怨也。”儒家承认人都有喜怒哀乐，要求“发而皆中节，谓之和”。因某人某事发了怒，不可过分，能迅速制怒，便见教养。如果非但不迅速制怒，反而搬迁到他事，便败事；转在无关者身上撒气，就是己所不欲，又施于人，违背恕道。

2. 不贰[èr]过　过失不犯第二次。人非圣人，孰能无过？过则勿惮改。“过而不改，是谓过矣。”这些道理常人都明白，但就是一再犯同样的错误，反省及此，便能体会颜回能做到“不贰过”，极不容易；他能做到这一点，一定有“日三省吾身”的修身功夫，一定是从错误中获取新知，这正是好学。试把一位“不贰过”者与有了过失屡教不改者相比，二者在错误中学习的效果也有天壤之别：一个突飞猛进，一个原地踏步。

后面 11.5 章像是本章的精简版。季康子问：“弟子孰为好学？”孔子对曰：“有颜回者好学，不幸短命死矣。今也则亡。”“今也则亡”就是本章“今也则未闻好学者也”，可见本章中多了一个“亡”字。

6.4 子华使于齐，冉子为其母请粟。子曰：“与之釜。”

请益，曰：“与之庾。”

冉子与之粟五秉。

子曰：“赤之适齐也，乘肥马，衣轻裘。吾闻之也，君子周急不继富。”

原思为之宰，与之粟九百，辞。子曰：“毋！以与尔邻里乡党乎！”

子华出使齐国，冉子为子华母亲申请粮食补贴。孔子说：“给她一釜(六斗四升)吧。”

冉子请再加一点,孔子说:“那就再给一庾(二斗四升)吧。”

冉子又给了粟五秉(三斗二升)。

孔子说:“公西赤这次去齐国,车前驾着肥马,身上穿着轻裘。我听说,君子周济穷急之人,不给富人锦上添花。”

原思当孔子的当家总管,孔子给他俸米九百斛。原思不肯拿那么多。孔子说:“不要推辞!嫌多的话,分些给你的乡里乡亲吧!”

1. 子华,孔子弟子公西赤(见5.7章),孔子派他到齐国去办事。本章称冉求为冉子,很可能是冉求的门生部下所记。粟是小米,一釜为六斗四升,古代斗小,一釜小米只够一人吃一个月。一庾为二斗四升,是一釜的八分之三。

2. 冉求觉得只加一庾还是不够,自作主张给了五秉。按马融的说法,“十六斛为秉”,一斛十斗,五秉合八百斗,竟是孔子答应的六斗四升的一百二十五倍,如此自作主张,那此前冉有也不用“请益”了。善于理财且谨小慎微的冉有好像不可能做出这么荒唐的事。

3. 追其根源,釜、庾、斛三字结构,各有金、广、斗撑着,不失为正宗的粮食容器;秉的原义是盈握的一把禾,作为容量单位来计量粟粒多少,多少有任意性。很权威的古书《仪礼·聘礼》篇说“四秉曰筥”,筥[jǔ]是一种圆形的小竹筐,能受五升。可见在《仪礼》中一秉也就是一升多一点。本章中的“秉”要大得多,不过再多也应该是斛的下级小单位,所以我们怀疑马融应该说“十六秉为斛”,这样,一秉就是6.25升,五秉就是3.125斗,比孔子同意加的一庾(2.4斗)多出了一斗不到。即使这样,孔子还是看出了冉有想尽量多给的用意,于是说了一番话:公西赤家境十分富裕,给得再多边际效益也很低。做事的分寸应“止于至善”,过犹不及,孔子表达的是他一贯的中庸思想。

作为对比,孔子另一位弟子原宪,字思,上任当孔子的家宰,说明孔子当时正任鲁国的司空或司寇。孔子给原思的年薪高达九百斛小米。

把孔子向弟子发放津贴的两件事放在一起叙述,可知孔子处理事务所执的两端,不偏吝啬,也不偏大手大脚。从和颜悦色地指出冉有的自作主张,也可见所谓“宽柔以教”。

6.5 子谓仲弓，曰："犁牛之子骍且角，虽欲勿用，山川其舍诸？"

孔子评论仲弓说："耕牛生的小牛，通体毛色纯赤，长角周正，即使想不用于祭祀作为牺牲，山川之神会舍弃它吗？"

1.《论语》里凡出现"子谓××"，都指孔子对××的评论。出现"子谓××曰"，由上下文可见，都指孔子对××说。但如 9.20 章"子谓颜渊曰：'惜乎！吾见其进也，未见其止也。'"则明显是孔子对颜回之死的评论。这种情况可以在"曰"字前加逗号以示区别。本章也是如此，孔子不应当着某人的面赞扬他而贬低其父。

2. 孔子把仲弓的父亲比作犁牛，让人很容易想到是冉耕（字伯牛），但按《史记·孔子弟子列传》："冉耕字伯牛。孔子以为有德行。"而提到冉雍时，并不声明其父是冉耕，只说"仲弓父，贱人"，指其社会地位低下，冉雍父亲必定另有其人。由此可知，孔子评论人才，凭本人表现，不凭出身贵贱，在春秋时代难能可贵。

3. 骍［xīng］指赤色马，本章转指红牛。周人以赤色为高贵。而犁牛是耕牛，毛色驳杂，不供祭祀用。

6.6 子曰："回也，其心三月不违仁，其余则日月至焉而已矣。"

孔子说："颜回能做到内心长年累月不离开仁，其他人只是某月某日偶尔念及仁罢了。"

《中庸》记载：(1)子曰："人皆曰'予知'，择乎中庸而不能期月守也。"(2)子曰："回之为人也，择乎中庸，得一善，则拳拳服膺而弗失之矣。"将这两段话与本章相互印证，可见"仁"就是"择乎中庸"，为人处世选择最得当的方式。本章的"三月"代表时间长久，"日月至焉而已"就是非但"不能期月守也"，而且只是如初一、月半吃素般偶然一次。

在孔子对弟子的评价中，颜回非常突出，孟武伯问子路、冉有、公西子华仁不仁，孔子都回答"不知"；有人说冉雍"仁而不佞"，孔子也回答"不知其仁"。本章却挑明颜回能长时间守着仁，是极高的评价。钱穆先生打了个生动的比方："心犹薪，仁犹火。薪无有不燃，然亦有湿燥之分。颜子之心,犹燥薪。”颜回的心能很快被仁点燃,因为他好学。鲁哀公问谁好学,孔子只举颜回一人,并非偶然。

6.7 季康子问:“仲由可使从政也与?”子曰:“由也果,于从政乎何有?”

曰:“赐也可使从政也与?”曰:“赐也达,于从政乎何有?”

曰:“求也可使从政也与?”曰:“求也艺,于从政乎何有?”

季康子问:“仲由可让他从政吗?”孔子说:“仲由果敢有决断。从政何难之有?”

季康子再问:“端木赐可以从政吗?”孔子说:“端木赐通达。从政何难之有?”

季康子又问:“冉求可让他从政吗?”孔子说:“冉求多才多艺。从政何难之有?”

季康子执政自哀公四年至二十七年。孔子于哀公十一年自卫返鲁,正是康子执政时期。即使孔子一回鲁国,康子就发本章之问,此时子路和冉有已是季氏家臣,冉有还是总管。康子之问应当含有了解今后提拔二人的可能性。

康子连问三位孔子弟子能否从政,孔子毫不犹豫地给予肯定回答。孔子心中一定早有一个明确的从政标准。我们要思考的是,这个标准应该是什么。

读完第二篇《为政》,获得的中心思想是:从政就是正人,而正人须先正己。也就是具备 1.5 章孔子提出的治国五要。子路、子贡、冉有当然具备,而且分别具有他人短缺的“果、达、艺”的特长,从政中都是需要的。13.25 章提到君子“使人也,器之”,也就是君子用人,是什么器便怎么用,对人才不求全责备。

1. 由也果　果,果敢决断。前面 5.6 章孔子称赞子路“好勇过我”,从后面 11.19 章可以看出子路的果决表现在“闻斯行之”上,孔子纠正他:“有父兄在,如之何闻斯行之?”还可参见 12.12 章——子曰:“片言可以折狱者,其由也与!”子路无宿诺。

2. 赐也达　达，通达事理。怎样是不达？参看后面13.5章——子曰："诵诗三百，授之以政，不达；使于四方，不能专对；虽多，亦奚以为？"

子贡在"孔门四科"中属于"言语"科，思想敏锐，口才好，被鲁、卫等国聘为相辅，在出使齐、吴、越、晋四国的外交活动中展现了才华。

3. 求也艺　艺，多才多艺。孔子对冉有的管理才能评价很高。后面14.12章，子曰："若臧武仲之知，公绰之不欲，卞庄子之勇，冉求之艺，文之以礼乐，亦可以为成人矣。"

6.8　季氏使闵子骞为费宰，闵子骞曰："善为我辞焉！如有复我者，则吾必在汶上矣！"

季孙氏使人请闵子骞当其家费邑的邑宰。闵子骞说："好好替我推辞吧！如果还有人再来召我，我必然到汶水北边了。"

1. 闵子骞　闵损（前536—前487），字子骞，鲁国人，孔子早年弟子，是著名的孝子。

当时执政的季氏，有可能是季桓子或季康子。季氏在鲁国飞扬跋扈，欺凌国君。费[bì]邑是季氏的采邑，邑宰也一个个背叛季氏，于是季氏请闵子骞出任费宰，闵子骞不肯，让季氏派来的使者好好帮他推辞。

2. 汶水就是今天的大汶河，河北是齐国，河南是鲁国。汶上指汶水的阳面。山以南为阳，水以北为阳，"吾必在汶上"意思就是我会跑到齐国去。

《史记·仲尼弟子列传》记载了这件事，司马迁评论闵子骞推辞的动机是"不仕大夫，不食污君之禄"。污君，指无道之君。

6.9　伯牛有疾。子问之，自牖执其手，曰："亡之，命矣夫！斯人也，而有斯疾也！斯人也，而有斯疾也！"

伯牛患了重病，孔子去慰问他，从[伯牛家的]南窗外握住他的手，说："回天乏术了，这是命啊！这样好的一个人，竟会生这样的病！这样好的一个人，竟会生这样的病！"

《史记·孔子弟子列传》说："冉耕字伯牛。孔子以为有德行。"其人在孔门四科中高列于"德行"科，可其事迹被历史湮没了。《史记·孔子弟子列传》又说“伯牛有恶疾”，按《淮南子·精神训》“子夏失明，冉伯牛为厉”，后人以为“厉”是癞病，即麻风病，当时是不治之症。

一般探病当然要登堂入室，孔子怎么在屋外呢？东汉包咸解释说，因为“牛有恶疾，不欲见人”。钱穆先生以为，“古人居室，北墉而南牖[yǒu]，墉为墙，牖为窗”。按古礼，病人睡北墙下，有尊者探视，要把卧榻移到南窗下，让尊者面南探望，孔子不敢当，所以在窗外面北探视。前一说法比较合理。

6.10 子曰：“贤哉，回也！一箪食，一瓢饮，在陋巷，人不堪其忧，回也不改其乐。贤哉，回也！”

孔子说：“颜回的品行真高洁呀！一个竹筐盛饭菜，一个水瓢喝汤水，住在破陋小巷里，别人忍受不了这种处境，颜回照样快快乐乐。颜回的品行真高洁呀！”

1. 贤哉，回也　孔子称赞弟子颜回德才皆备。语气比“回也贤”强烈得多，而且在说了“贤”的理由后，章末又重复赞叹了一次，这在《论语》中罕见。

2. 一箪食，一瓢饮　箪[dān]，有盖的扁圆小竹筐，用来盛饭。《曲礼》云：“圆曰箪，方曰笥。”瓢，水瓢。本章的“食”和“饮”都作动词用——食，进食；饮，饮水。注意古时“饮”作名词时指酒不指水。

近人似乎都把“一箪食，一瓢饮”用白话译成“一筐饭菜，一瓢汤水”，这是把“饮”当名词用，有误。如果这样理解“一箪食，一瓢饮”，好像颜回不但吃饭吃不饱，喝水也限为一瓢似的。

何晏《论语集解》“虽箪食在陋巷……”强调的是以箪盛饭。后世把“一箪食，一瓢饮”压缩成成语“箪食瓢饮”，突出的同样是食具的简陋（而非饮食之粗劣），如同乞丐的食具就是用一只装饭菜的破碗，外加一只水瓢。（《孟子》中的“箪食壶浆，以迎王师”的语法结构与此不同，食、浆均是名词。）

3. 在陋巷　颜回住穷陋小巷。按《说文》，里中道曰巷。说明相对于常居，颜回居住环境的恶劣，是上半句食具粗劣的补充。

4. 人不堪其忧，回也不改其乐　前一个“其”字指代箪食瓢饮居陋巷，后一个“其”字则指颜回向来自有之乐，不因“箪食瓢饮居陋巷”而改变。

颜回对待穷困的态度显然符合孔子的好学条件:“君子食无求饱,居无求安”,因为颜回别有怀抱,不管在陋巷不在陋巷,同样快乐。在这一点上孔子与颜回有强烈的共鸣,孔子自己也说:“饭疏食,饮水,曲肱而枕之,乐亦在其中矣。不义而富且贵,于我如浮云。”(7.15 章)历代儒者将二者归结为“孔颜之乐”。乐在何处? 后人一致的认识是贫而乐道。小人下达,追求衣食住行质量;君子上达于道。

5. 知者乐水,仁者乐山,各有所乐。《论语》首章就推崇朋来之乐,孟子列举他自己的人生三乐,表现不同,但都是摆脱了动物性的食色之乐,强调学习进取,我思故我在,博文约礼,高尚悠远,有益于身心健康。不必把孔颜之乐讲得高不可攀,神乎其神,令学子望而却步。朱子说得好:“世之谈经者,本卑也,抗之使高;本浅也,凿之使深;本近也,推之使远;本明也,必使之晦。”我们解经要注意防止这种倾向。这正是《中庸》所说的:

子曰:“道之不行也,我知之矣,知者过之,愚者不及也;道之不明也,我知之矣,贤者过之,不肖者不及也。人莫不饮食也,鲜能知味也。”

6.11 冉求曰:“非不说子之道,力不足也。”子曰:“力不足者,中道而废。今女画。”

冉求说:“我不是不喜欢老师的一套大道理,只是自己力气不足呀!”孔子说:“力气不足,走到半路才歇脚,现在你是画地自限,根本不走。”

1. 冉求就是《八佾》篇里的冉有。季氏僭礼去祭泰山,冉有当时是季康子的家臣,孔子希望他向季康子谏诤:“女不能救乎?”冉有如能谨承师教,应当学习老师“知其不可而为之”(14.38 章)的精神,据理力争,以尽人事。然而冉有却答以“不能”,等于是婉拒师命,很难想象孔子听到冉有这种回答居然不批评,只是无奈地希望泰山神的觉悟不至于不及林放。所以前人认为孔子的批评被遗弃在《为政》篇末章了,见下段说明。

2. “说”同“悦”。冉有回答孔子,不是不喜欢您的大道,实在是心有余而力不足。孔子不以为然,说如果是力不足,那是实行一段后,才“中道而废”。原来“废”的本义是搁置,恢复后再继续。好比挑担前行,走到半途放下担子歇一歇再走。歇歇走走,总有一天能到达目的地。“中道而废”

后来演变为成语“半途而废”,“废”的意思就转为作废、废弃、放弃。

3. 孔子之道的确高远,连颜回也感叹“仰之弥高,钻之弥坚”,跟不上,但还是拼命前行。他死后,孔子深为痛惜:“惜乎! 吾见其进也,未见其止也。”反之,冉求是裹足不前,找“力不足”的理由来搪塞。孔子一直在鞭策他“闻斯行之”。

4. 今女画　女—汝,古今字。画,画地自限。右图是“画”字的金文,上方一只手拿着一根树枝在地上划出田的四界。

5. 冉有作为孔门弟子本应当跟孔子学“仁”,“仁者必有勇”,冉有最缺乏勇气,离仁最远。

冉有缺乏谏诤勇气,在《论语》里见到不止一次,参见 16.1 章“季氏将伐颛臾”。后来孔子发现冉有竟帮季氏搜刮民脂民膏,更当众宣布冉有:“非吾徒也,小子鸣鼓而攻之可也!”(11.15 章)绝不是一时愤怒。

我们从《左传》读到的冉求不像是没有勇气之人。哀公十一年(前484)冉求三十八岁,被季康子召回鲁国去当家臣(总管),当年就率左师与侵略鲁国的齐军作战并获胜。《左传》对冉求文韬武略的记载非常生动,冉求还是很勇敢的。但我们从《中庸·子路问强》中读到,孔子心中的勇不是打仗不怕死那种勇。冉求在孔门“四科”中属于政事,孔子称赞他多才多艺,“千室之邑,百乘之家,可使为之宰”,却从来不把他与勇的美德扯上关系。

6. 与其说《论语》编者以本章揭了冉求一个短,不如说,编者估计后世读者十有八九会以“力不足”来为自己的不学找理由,希望我们以本章为鉴,好好听听孔子的当头棒喝:“有能一日用其力于仁矣乎? 我未见力不足者!”

6.12　子谓子夏曰:“女为君子儒,无为小人儒。”

孔子对子夏说:“你要做个君子儒,不要做小人儒。”

1. 在孔子之前,儒是一种相礼治丧的行业,章太炎在《国学讲演录》中说:“《说文》,‘儒,柔也,术士之称。’术士之义亦广矣。草昧初开,人性强暴,施以教育,渐渐摧刚为柔。”儒业术士虽不通稼穑和工匠技术,却必须关注六艺,能够知书达礼。他们入了孔门通过孔子教育,就大大加速了从术士到士阶层的身份转变。士,“学而优则仕”(这句话就出自子夏),就有资格从政了。

“儒”字，在《论语》中只在本章一见，孔子的告诫针对的是在孔门后进弟子中地位很高的子夏，足见此地所说的“儒”已经成为“士”的同义词。不但子夏，孔子弟子都有资格以儒或士相称。君子儒就是君子士，小人儒就是小人士。所以君子儒与小人儒之分，不在社会身份，而在道德品质之高下。

2. 君子儒与小人儒之分，历代注家标准不尽相同。汉儒的说法是“君子为儒，将以明道；小人为儒，则矜其名”，意思是弟子入孔门，有的本来是君子，有的是小人混入，二者的入学动机不同。程子的说法是“君子儒为己，小人儒为人”，也就是说，君子儒是为了自己内心的丰富和人格的提升，小人儒是为了学点能耐好替人“打工”。至于朱熹，则主张以其目的是道义还是利益来区分君子儒和小人儒。

前人颇有怀疑孔子是针对子夏有小人儒倾向而提出警告。例如，钱穆先生说：“推孔子之所谓小人儒者，不出两义：一则溺情典籍，而心忘世道；一则专务章句训诂，而忽于义理。”这是把君子小人之分窄化到器识，这种分法足以把问“王侯将相，宁有种乎”的陈胜划到君子一类。钱先生据此猜测“子夏之学，或谨密有余，而宏大不足”，这个断言与后人所知的子夏的学术贡献不符。

我们也可以作另一种理解：孔子看到弟子中有小人儒倾向而对子夏的专门拜托，请他在以后的教育中严加注意。子夏以君子儒立己，证据很多。例如，古人说子夏“好与贤己者处”，子夏自己说“虽小道，必有可观者焉。致远恐泥，故君子不为也”。这些都是明证。

子夏是孔门晚年弟子中的佼佼者，精通文学，尤长《诗》《乐》，曾作《诗大序》，还擅长《易》理。他在《礼》学方面长于丧服研究，撰有《丧服传》。孔门弘道，子夏厥功甚伟。子夏的语录精彩至极。如“弟子入则孝”章仅是对未成年人提的要求，紧接的子夏“贤贤易色”章是对成人的进一步要求。子夏说“博学而笃志，切问而近思，仁在其中矣”，朱熹与吕祖谦合编的《近思录》的取名就来自此。子夏说“日知其所亡，月无忘其所能，可谓好学也已矣”，顾炎武《日知录》取名也来自此。

子夏曰“百工居其肆以成其事，君子[居]学以致其道”，所以子夏极力主张办学校。孔子去世后子夏到了魏国担任“西河教授”，教学内容包括《春秋》学，据说《公羊》《谷梁》二传都出于子夏的传授。李克、吴起、田子方、李悝、段干木、公羊高等都是他的学生，连魏文侯都“问乐于子夏”，尊他为师。子夏的教育思想受到子游的非议，如果我们读通 19.12 章，我们一定会佩服子夏的教育理念。总之子夏可说是“国士无双”。

6.13 子游为武城宰，子曰："女得人焉尔乎？"曰："有澹台灭明者，行不由径，非公事未尝至于偃之室也。"

子游做武城宰，孔子说："你在那里得到人才了吗？"子游说："有一个叫澹台灭明的，他从不抄小路走捷径；如不是为公事，从未到过我屋中来。"

1. 武城是鲁国一邑，子游被派去治理，孔子最关心的是人才。

2. "焉尔"　《皇疏》本及所载孔氏注都作"焉耳"，直到《唐石经》还是如此，五代以后才发现有"焉尔"的写法，不足为据。但焉、耳、乎，都是句末语气词，"焉耳乎"连在一起，很费解，不能解作"于此"。近年发掘的南昌西汉海昏侯墓出土了一批《齐论语》竹简，为此提供了线索。本章前半段为"子游为武城宰，子曰：'女得人为民乎？'"原来"为民"与"焉耳"字形非常相似，日久便混同了（汉隶写法如图）。不过，"女得人为民乎？"读上去的感觉仍有点奇怪。

3. 澹台灭明　澹台复姓，名灭明，字子羽。子游向孔子介绍时，孔子应该还不认识此人，后来澹台灭明也成了孔子弟子。

4. 行不由径　做任何事得走正路，照规矩来。喜走捷径，看上去效率高，省麻烦，其实破坏游戏规则，后患无穷。

5. 未尝至于偃之室　偃，子游名。不为公事，跑上司家去干什么？用意众所周知。今人不读《论语》，多反其道而行的。我们不但佩服澹台灭明，更佩服子游。但愿今天做上级的都能有子游的见识。

6.14 子曰："孟之反不伐。奔而殿，将入门，策其马，曰：'非敢后也，马不进也。'"

孔子说："孟之反不自夸功劳。打仗败退，他总是殿后。快进自家城门了，他鞭打坐骑说：'我不是敢在队伍最后掩护撤退呀！我的马跑不快呀！'"

1. 孟之反　鲁大夫孟侧。伐，是表功的意思。

2.《左传·哀公十一年》对这件事是这样记载的："齐师伐我，及清。孟孺子泄帅右师，冉求帅左师。师及齐师战于郊。右师奔，齐人从之。孟之侧后入以为殿，抽矢策其马，曰：'马不进也。'"齐军侵入鲁国，打到了清地。冉有指挥左路军，孟武伯指挥右路军在城郊迎敌。右路战败奔逃，齐军追击，孟之反拒敌，最后退进城，这时抽出箭来鞭马喊道："该死的马跑不快！"

败逃溜得快，可耻，所以有"五十步笑百步"的典故。撤退殿后有功，将近城门，已不危险，有些人会放慢脚步邀功，孟之反却反其道行之，不但难能可贵，而且深谙处世之道，见下章。

6.15 子曰："不有祝鮀之佞，而有宋朝之美，难乎免于今之世矣！"

孔子说："一个人如果没有祝鮀般的口才，反有了像宋朝般的美貌，一定难免在当今世上吃苦头了。"

祝鮀　祝是掌管宗庙的官，鮀[tuó]，卫大夫子鱼，口才很好。宋朝，宋公子，是当时有名的美男子，出奔在卫，受到卫灵公宠幸，又与卫灵公嫡母襄夫人宣姜及夫人南子有染。"朝"字有两种发音，古人无注，为与朝代区别，不妨念 zhāo。

本章"不有 A 而有 B"的句式历来造成种种歧解，有的甚至曲解为"不有 A 也不有 B"。最自然的理解是，美色遭妒，有宋朝之美最不容于世，除非有口才消弭灾祸于无形。上章孟之反不居功，借口马儿不进，也是同样道理。

6.16 子曰："谁能出不由户？何莫由斯道也！"

孔子说："谁能不从门户出屋子呀？但为什么都不走正道呢？"

1. 出不由户　门(門)有两扇，户的形象就是单扇门，如右图。翻窗钻洞出户都是不由正道。

2. 莫　否定词，意思是无，勿，不可。在本章中"何莫……"接在"谁能……"之后，意思就是"为什么都不……"。

孔子非常重视一个道字，这个道就是正道，具体说就是仁道、中庸之道，像空气和水一样，须臾不可离，正如天天都要进出房门，时时都要走正道。原始儒家之道不同于佛家与道家之道，都是民众日常习用之道。实行孔子之道并不难，所以4.5章冉有推脱力不足，孔子很不满意，说冉有只是不肯出脚而已。6.3章孔子称赞颜回“不迁怒，不贰过”“其心三月不违仁”，就是称赞他坚守正道。6.13章澹台灭明行不由径与本章可互参。

6.17 子曰：“质胜文则野，文胜质则史。文质彬彬，然后君子。”

孔子说：“质地胜过文采，则流于粗野；文采胜过质地，则流于花哨。只有文采和质地交相辉映，才能成为君子。”

本章的核心词是“质”与“文”，指人内在的素质与外显的文采，二者都能为他人所感知。理想的状态应该是质与文交相辉映，不给人“这高那低”的印象。

但是有些人的“质”与“文”明显不协调，给人“质胜文”或“文胜质”的感觉。

1. 质胜文则野　质胜文，好比礼品质地美而包装简陋。野，指粗野；11.1章孔子认为先进门的弟子不懂礼乐，质胜文，是野人。这个“野”字后面13.3章孔子也用过，他批评子路“野哉由也”——子路的文采的确不怎么样。

2. 文胜质则史　一个人若“文胜质”，给人的印象正相反，极端的情况是“绣花枕头一包草”。孔子说“文胜质则史”；用“史”来形容，今人不太好理解，但我们既然可以悟出用“野”字来形容“质胜文”很恰当，那么也可以想象“文胜质”给人什么感觉，可以反过来推测“史”字的确切意思——界定为“虚浮”大致不差。

“史”字的结构（见右图）是手执笔记事。《说文》就说：“史，记事者也。”史官本身的人品未必差，但干的都是“文胜质”的活，将历史按朝廷旨意修饰。本朝的政绩，五分好写成十分好；前朝的君臣，五分坏写成十分坏。所以后面19.25章子贡说商纣王其实没有那么十恶不赦。

西汉高堂生所传《仪礼·聘礼》说：“辞多则史，少则不达，辞苟足以达义之至也。”这句话引申了《论语》中孔子所说的“辞达而已矣”（15.41章），可见“史”也指超出实质需要的过分的文饰。

3. 文质彬彬，然后君子　文质俱佳是理想状态。“文质彬彬”可以理解为“文采和实质配合适当”。1.15章子贡欣赏的“贫而无谄，富而无骄”固然是美质，孔子指出要上升到“贫而乐[道]，富而好礼”，这就是文质彬彬的状态。这需要通过教育来达成。

前面3.8章论及质与文的另一层关系：“绘事后素”，强调的是先铸就美质再加以文饰；5.9章子曰：“朽木不可雕也，粪土之墙不可杇也”从反面指出这一点。至于质的具体内容，要到《论语》下编15.18章才提到孔子说过“义以为质”，这里不再展开。

6.18　子曰：“人之生也直，罔之生也幸而免。”

孔子说：“人生应该走直道。不走直道的人是因为侥幸才能活下去。”

本章的真意，众说纷纭，主要来自“生”字的歧义。在《论语》里“生”字可理解为出生，如“我非生而知之者”；也可以理解为生存，如“未知生，焉知死？”“爱之欲其生”。在本章，这一理解分歧是可以统一的。

1. 人之生也直　《诗·苌楚》孔颖达正义引郑玄注“始生之人皆正直”，也就是“人之初，性本直”，这是一个被长期忽视的伟大命题，后来分化成“人之初，性本善”和“人之初，性本恶”才争执不断（参见17.2章注解）。人从灵长目进化而来，在动物界，种间斗争需要伪装，却没有为种内斗争产生曲里拐弯的基因，没有为个体生存而危害更高层面的种群生存，这就是人之生也直。进化成人类之后，不再只凭本能生存，而是通过环境的影响，主要通过教育，这种教育也必不违反进化设计的初衷，以人道与兽道相区别。

这样理解的“直”，应该是儒家教化的起点。通过教化，才产生孟子说的“恻隐”之心、“羞恶”之心、“辞让”之心、“是非”之心。至此，“人之初，性本直”进展为“人生之正直”。上面第一段的分歧得到统一。

“直”字在《论语》中共出现22次，最早出现在2.19章里：“举直错诸枉，则民服；举枉错诸直，则民不服。”“直—枉”相对，约同于本章“直—罔”相对。到本章才深入到“直”这个概念的核心。

2. 罔之生也幸而免　“罔”字也有歧义，在本章里既然与“直”相对，应该是“枉”的意思，也就是诬罔不直。直与罔之别，大致表现于君子与小人（参见19.8章）。历代注家对“罔之生”的理解相当一致，就是正直不正直都得生存。罔人之所以能生存，正是因为他人行直道而自己钻空子侥幸获免。例如：个别人地铁逃票，一般人对此并不计较；假扮伤残乞丐，在文明社会里也不会被穷追猛打。但如果大多数人破坏规则行骗求生，都不择手段地挤压他人的生存空间，连人类是否还存在也成问题。

《中庸》有一句话是本章和“幸”字的很好的注释：“君子居易以俟命，小人行险以侥幸。”意思是：君子守本分，自强不息等待天命召唤；小人不走正道，希图以命相搏，一举改变人生。

《左传·宣公十六年》所说“民之多幸，国之不幸也”，人民多靠不正当手段谋生，是国家的不幸。联系5.23章“孰谓微生高直？或乞醯焉，乞诸其邻而与之。”微生高是以“直”出名的，居然也名不副实。以曲为直，其实是整个社会那把尺已经不直了。

6.19 子曰：“知之者，不如好之者。好之者，不如乐之者。”

孔子说：“对一样东西，知道它价值的，不如爱好它的。爱好它的，不如乐在其中的。”

孔子话里的“知、好、乐”的宾语“之”字可以用“学”“道”之类的积极正面的对象代入。例如以“学”代入，认识到学习的重要性，不如好学，好学又不如对学习乐此不疲。

以学习为例进一步解剖“知—好—乐”：认识不到学习的重要性，就连“知之”阶段也没有达到，何来学习收获？即使“知之”，离“好之”还很远：“学而时习之，不亦说乎”，举世有此体会的人众多，不过都只是停留在知学、践学阶段，达到好学阶段的是凤毛麟角，孔子说其弟子中好学的只有颜回一人而已。所以“乐学”是怎样的崇高境界，简直想象不出。

如果具体规定学习对象，“乐之”阶段还是可以达到的。程颐夫子以读《论语》为例说：“读《论语》，有读了全然无事者；有读了后其中有一两句喜者；有读了后知之好之者；有读了后直有不手之舞之、足之蹈之者。”“好之”能上升到“乐之”，关键在于觉得钻研《论语》深有收获。

本章中的“之”字，不宜以消极负面的对象或无伤大雅的中性对象代入。学习本章，首先要把好“知之”关。消极负面的对象，如烟酒赌毒等，若不把好“知之”关，会很快就堕入“好之”阶段，养成不良嗜好，最终不能自拔。对无伤大雅的中性对象，要“知之”的是子夏的告诫：“虽小道，亦有可观者也。致远恐泥，故君子不为也。”致远恐泥就是不让它发展到“好之”“乐之”阶段，否则会玩物丧志。

6.20 子曰：“中人以上，可以语上也。中人以下，不可以语上也。”

孔子说：“中等才资以上的人，可和他讲高深的道理。中等才资以下的人，不可和他讲高深的道理。”

人的才资，也就是他的认知水平，分上中下；你希望他接受的道理也分上中下。按苏联心理学家维果茨基(1896—1934)的教学论，学生的现有水平与可能的发展水平之间有一个通过当前教学能越过的最近发展区，在教学中，如果学生对道理的消化能力强，可以供应难消化的食料，消化能力差，就要供应易消化的食料，即浅近的道理。

极端的情况是不存在最近发展区。千里之行始于足下，所走每一步都在“最近发展区”；但是常人想登月，没有最近发展区。孔子时代，对一个勉强维持生计的没文化的草民，你可以跟他说“把找到的食物稍匀一点给快饿死的人是做人的基本道德，因为哪天你快饿死了，你也渴望他人这么对你”，他有可能接受；你要给他讲忠君爱国的大道理，他接受不了。

本章是说，传授高深的道理，对“中人以上”可以找到他认知的最近发展区，对中人以下者则根本找不到。对中人以下“语上”，对方非但接受不了，还会曲解，语者本人也会受到伤害。

本章所提原则，孔子自己也身体力行于日常教学。以弟子问仁为例，仁的含义十分丰富，有许多侧面，一言难尽。颜回资质最优，得到的答案最高深：“克己复礼为仁。”孔子给高足子贡的答案也意味深长：“己欲立而立人，己欲达而达人。”有一个答案最浅近，是给樊迟的：“爱人。”另一个例子是孔子认为恕道不在子贡的最近发展区(5.11 章)，后来才认可(15.24 章)。

6.21 樊迟问知。子曰:“务民之义,敬鬼神而远之,可谓知矣。”问仁。曰:“仁者先难而后获,可谓仁矣。”

樊迟问怎样是智,孔子说:“致力于民众所宜,对鬼神则敬而远之,可算是智了。”樊迟又问怎样是仁,孔子说:“难事做在人前,获报退居人后,可算是仁了。”

1. 樊迟问知、问仁不止一次,本章从孔子回答提到“务民”看来,樊迟之问是关于从政的智慧和仁德,问怎样做一个得人心的好官员。孔子见解卓越,当今公务员恐怕都要对照现实从中汲取孔子的智慧,至少不做背道而驰的事。

2. 关于当官的智慧,孔子提出了两条。

(1) 务民之义　义者,宜也。要得到民众拥戴,就要一心一意为百姓办实事,为他们解决问题,让百姓安居乐业。联系今天来看,考核政绩从强调市容整洁放宽为允许摆地摊,就体现了政治的进步。

(2) 敬鬼神而远之　老百姓崇拜鬼神,体现的是老百姓的信仰,只要不是邪教,当然要予以尊重。什么是信仰?《辞海》的定义是:对某种宗教或主义极其信服和尊重,并以之为行动的准则。从政者不尊重根植于内心并指导其日常行动的原则,民众的态度可想而知。但是你心知肚明,求神拜鬼民众能得到什么好处呢?官员要务民之义,去亲近民众心里的鬼神无济于事,还得靠坚守中庸之道,实事求是地解决问题,所以就一定会远鬼神。

3. 至于怎样做才能体现当官的仁,孔子只提了“先难而后获”。这五个字有歧义。好在有《颜渊》篇可参照:樊迟问崇德,孔子答以“先事后得”,意思相同。联系二者,有一种理解是先任其难,后取收获。按常理,耕耘本来在先,收获本来在后,何必刻意强调?仁与义的区别是:仁一定是反映在人际关系中,而义是泛化的做事合宜,所以“先难后获”必是体现在我与他人的关系中才妥。与人共事,遇事先任其难,收获则退居人后。“孟之反不伐”章就提供了很好的案例。特别是为政者,应当“先天下之忧而忧,后天下之乐而乐”,以此体现“敬事而信,节用而爱人”的一片仁心。

6.22 子曰："知者乐水，仁者乐山。知者动，仁者静。知者乐，仁者寿。"

孔子说："智者喜欢水，仁者喜欢山。智者灵动，仁者宁静。智者快乐，仁者长寿。"

1. 本章前两个"乐"字是及物动词，音 yào，表示喜好；后一"乐"字是不及物动词，音 lè，表示快乐。"乐"还可以作名词用，音 yuè，例如"子语鲁太师乐"。

2. 本章有三个层面：第一层描绘智者与仁者之性，第二层描绘智者与仁者之用，第三层描绘智者与仁者之功。智者与水、仁者与山，在物理层面上完全是两码事，在事理层面上却有共性，这是一种以关系为中心的思考。

3. 仁与智十分抽象，将其比喻成山、水，凸显儒家能近取譬。智者思维活跃，如水般周转灵动，活泼；仁者气度安闲，如山般宁静厚重，安安稳稳。智者为解决问题，先是像堰塞湖般，殚精竭虑，不得其解，终于一决千里，从解决问题中得到快乐。阿基米德在洗澡时发现金冠掺铜问题的解决办法，兴奋得赤身裸体地跑到大街上高喊"Urika!"（"我发现了!"）就是一例。仁者宁静如龟，不纵私欲，善养浩然之气，多长寿。

6.23 子曰："齐一变，至于鲁。鲁一变，至于道。"

孔子说："把齐国变革一番，就达到鲁国水平；把鲁国变革一番，就达到王道标准了。"

孔子致力于恢复王道，在春秋各诸侯国中，孔子对齐鲁两国最寄予厚望。齐国继承大贤姜太公的余风，但深受管仲霸道的影响，民风急功近利；鲁国则保留着圣人周公的教化，民众重礼教，崇信义。

其实孔子的理想实现不了。两国都没有英明国君，以国力来说，齐强鲁弱；要让齐国向鲁国学习，也难。以鲁国内政来说，长期以来征伐自大夫出，回到先王之道，也是不可能的事。

6.24 子曰："觚不觚，觚哉！觚哉！"

孔子说："觚都不像觚了，这还是觚吗！这还是觚吗！"

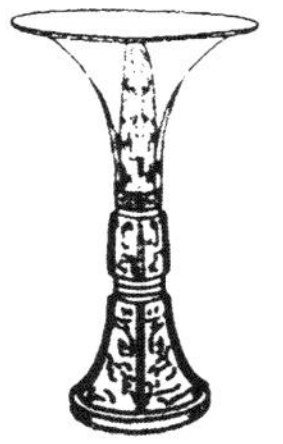

1. 觚[gū],古代酒器,如图。原形上圆下方,腹部、足部各带四条棱角,容量二升(爵的容量则为一升)。可能因加工比较困难,孔子看到的觚浑圆不带棱了,于是感叹礼器的名不副实。正如孔子深表不满的“君不君,臣不臣,父不父,子不子”。

2. 觚和孤同音,寡少的意思。只能容酒两升(或者三升)的叫觚,是叫人少饮不要沉湎之意。也可能当时的觚实际容量已经大大不止此数,可以以觚纵酒,由此孔子发出感慨。

3. 无论是觚的形状走样了,还是觚扩容而使命名的初衷变了,本章被《论语》编者放在上一章之后,会不会有这样的用意:武王封周公于鲁,封姜太公于齐,最初实行的都是文武之道,后来才越来越走样。孔子是希望变回去,实际情况却像觚的变化方向一样,离理想状态越来越远。

6.25 宰我问曰:“仁者虽告之曰:‘井有仁焉’,其从之也?”子曰:“何为其然也?君子可逝也,不可陷也。可欺也,不可罔也。”

宰我问道:“有人告诉仁者井中有位仁人,他会跟着入井吗?”孔子说:“怎么会这样呢?君子可使之去井边看一看,但不会自陷入井。他可被欺骗,但不会被骗昏头。”

1. “井有仁焉” 今人所见,最早是孔安国解释为“有仁者堕井”,后人受其暗示,误解成“有人告诉仁者有仁者堕井”已有两千年。有人不慎堕井,分什么仁人恶人?于是历代注家强调古时“仁”与“人”相通,“井有仁”就是“井有人”。笔者以为,这种改字解经法非万不得已,决不考虑。“仁”“人”二字在《论语》中分别出现109次和219次,几曾见互相串用?井中之“仁”正是指仁者(用法同1.6章“泛爱众而亲仁”),不是“人”的代指。“井有仁焉”也不是仁者坠井投井,正如《西游记》里的乌巢禅师喜欢住在树上。宰我问孔子,有人利用仁者亲仁、有朋自远方来这一点,哄骗仁者井里有位仁人,这位仁者会爬到井下追随吗?

2. 何为其然也 其然,如此。用法同“知其然而不知所以然”。孔子对宰我的假设断然否定:怎么会有这种事呢!

3. 逝 古注都解释为往、行、去、之。陷,陷入。欺,欺骗。罔,落入圈套。逝、陷、欺、罔这四个词都是外力施加于君子的,所以“逝”只能表示君子被骗往某处。

4. 子曰:“人皆曰‘予知’,驱而纳诸罟擭陷阱之中,而莫之知辟也。”(《中庸》)

孔子说:“人都说自己不笨,可是把他们赶进陷阱,他们却不知道躲避。”君子则不然。本章宰我与孔子的问答,看来就是《中庸》那段话的出处——孔子说,仁者,也就是君子,为尊重报信者,不逆诈(14.31 章),可能会跟去井边察看,但不会被骗入井,落入圈套,自陷危险境地。

6.26 子曰:“君子博学于文,约之以礼,亦可以弗畔矣夫。”

孔子说:“君子博学人文,又能用礼来约束自己,应该可以不背离中道了吧!”

后面两次出现了类似本章的文字。一次是 12.15 章,本章比它多了“君子”二字,历代注家认为这二字是衍文。另一次是 9.10 章颜渊喟然叹曰:“……夫子循循然善诱人,博我以文,约我以礼,欲罢不能……”有助于对本章的理解。

1. 博学于文　儒家提倡学以致用,首先是“博学之”,博学的内容就是“文”,强调的是诗书礼乐中的文化知识。经过“审问、慎思、明辨”三步提炼,最后“笃行之”。这里的文与行相对,都是孔子最经常提出的对弟子的要求,参见 7.23 章。

2. 约之以礼　约,约束。对照 9.10 章可知“约之”指学者约束自己。前人也有认为“约之”指约所学之文,其实二者是一回事。博学之文已熟记于学者心中,待用时需要“约”,也是“约己”。总之,学文求广博,但学者在学以致用时要以礼来约束,落实到“笃行之”这一步上。

3. 畔　通“叛”。弗畔,不离经叛道。孔子的道就是中道,表现在人际关系上就是仁道。孔子说:“吾道一以贯之。”曾子解释说:“夫子之道,忠恕而已。”《中庸》解释说:“忠恕违道不远”,与“弗畔”(不离经叛道)意思相同。

6.27 子见南子,子路不说。夫子矢之曰:“予所否者,天厌之!天厌之!”

孔子去见了南子,子路不高兴。孔子指天发誓说:“我如果逆天行事,愿遭天谴!愿遭天谴!”

没有足够的历史知识,读本章一定莫名其妙。南子是卫灵公夫人,美貌,有淫行,但也亲近德高望重者,如卫国年高德劭的大贤蘧伯玉。她一再希望见孔子。《史记·孔子世家》详细记载:孔子返回卫国,寄住在蘧伯玉家里。南子派人对孔子说:“四方之君子不辱欲与寡君为兄弟者,必见寡小君;寡小君愿见。”“孔子辞谢,不得已而见之。夫人在绨帷中,孔子入门,北面稽首。夫人自帷中再拜,环珮玉声璆然。孔子曰:‘吾乡为弗见,见之礼答焉。’”

南子这一大段话中出现了“寡小君”一词,而16.14章无所依傍,一个相当合理的解释是《论语》早期版本里应该有一章被大刀阔斧地作了删改,其原始风貌大致如司马迁所述:

南子使人谓孔子曰:“四方之君子不辱欲与寡君为兄弟者,必见寡小君;寡小君愿见。”子见南子,子路不说。夫子矢之曰:“予所否者,天厌之!天厌之!”

然后《论语》编者加了一段按语,就是16.14章:

邦君之妻,君称之曰“夫人”,夫人自称曰“小童”,邦人称之曰“君夫人”,称诸异邦曰“寡小君”,异邦人称之亦曰“君夫人”。

今天所见的《论语》,南子那段谦称“寡小君”的原话被删掉,后面的“编者按”却保留着,被扔在《季氏》篇末章备考,使后代读者看不懂。

孔子到一国,见国君,也见君夫人,当时并不违礼。只是南子名声太坏,子路对孔子谒见极为抵制。孔子压力很大,一时三刻又说不明白,才“矢之”——指天发誓。“予所……者”,是惯常誓词的标准格式。

3. 本章与上章可能有联系。本章子路指责孔子背叛正道,孔子表示只要自己“博学于文,约之以礼”,就不会背叛正道。

6.28 子曰:“中庸之为德也,其至矣乎!民鲜久矣。”

孔子说:“中庸作为德性,可算是至高无上了吧!一般民众很少能持之以恒的。”

1. 本章是《论语》中唯一提到“中庸”的,《论语》编者却无意说明“中庸”是什么意思,那么读者想理解本章意思,全靠自己领悟;然而靠着时间的力量,到了《小戴礼记》,“中庸”概念的内涵竟由洋洋洒洒一篇

《中庸》来阐释,意义清晰多了。拙著《求真》在本章之前也不断提及“中庸”或引证后出的儒学经典《中庸》,多达四十余处,下面将作个较正式的说明。

在《中庸》里本章被表达成,子曰:“中庸其至矣乎!民鲜能久矣!”显然二者可以互相发明。

中的意思是“无过,无不及”,庸的意思是用于日常行为。

按中庸原则,平日决策要“执其两端用其中”,一共有两步:首先明确底线与顶线,然后在这个合理的候选区间内选择最优点。守丧多久最好?比如首先把年限定在零年到十年之间,然后根据当时情况,规定服丧三年。不规定的话,贤人会守孝过头,服丧四五年,影响工作生活;不肖之人会偷工减料,服丧流于形式,应付一阵子算数。

一般把中庸看作一种思想方法或处世之道,但是在本章中,中庸竟被看作一种德性,而且是至高无上的德性,这一点很重要。我们在解读《论语》1.9 章时就见到,智、仁、勇都是德的具体表现,思想方法可算作智的体现,将中庸之道用于处理人际关系,便是仁。

例如 6.6 章,子曰:“回也其心三月不违仁,其余则日月至焉而已矣。”这番话到了后来出现的《中庸》里则以这样的形式出现——子曰:“回之为人也,择乎中庸,得一善,则拳拳服膺弗失之矣。”这就是将中庸之道用于处理人际关系便是仁的佐证。由此可知为什么说中庸是一种至高无上的德性了。

2. 本章“民鲜久矣”和《中庸》里“民鲜能久矣”应该是一个意思,历代注家多把它解释为现在的民众好久不能实行中庸了,似乎古代民众都能实行一样,这种理解把古人理想化,不合理。《中庸》说得很清楚,人民还是能“择乎中庸”的,只是“不能期月守”——坚持不到一个月——而已。

朱熹说过“无一事不合理叫中庸”,很对。中庸要求我们心守中道,化为日常行动。既不随波逐流、同流合污,也不故作高蹈。

6.29 子贡曰:“如有博施于民而能济众,何如?可谓仁乎?”子曰:“何事于仁,必也圣乎!尧舜其犹病诸!夫仁者,己欲立而立人,己欲达而达人。能近取譬,可谓仁之方也已。”

子贡说:“如有人能对民众广博施惠和救济,怎么样?可说是仁

吗?”孔子说:“这哪能用仁说事?只有圣人能做到吧!要做到你说的这种程度,尧舜还头疼呢!仁者不过是:自己想立足于世,通过让他人成立来做到;自己想成就理想,通过使他人通达来做到。能设身处地、将心比心、推己及人,这就可说是成为仁者的方法了。”

1. 子贡想得过于高远,以为能让天下民众都得到好处、济贫扶危,才是仁人君子。孔子吃惊地说,这条标准太大而无当了。天下生民无限,要做到博施济众,必须是圣人。“圣”字在《论语》中共出现8次,这是首次出现,孔子心中的仁人还不是圣人,圣人不但要有德,还要有位。即使是有德有位的尧舜,要做到博施济众也伤脑筋。

2. 仁者不是舍己为人,而是:(1)己欲立,己欲达;(2)立己、达己是建立在立人、达人的基础上,而不是损人利己。

3. 取譬　打比方,寻取比喻。“能近取譬”,有两层意思。(1)取譬表现在自己的待人接物上,就是为人谋,以人为己谋作譬,当然希望别人为我尽心尽力,这就是忠道;欲施于人,以施于己为譬,己所不欲,勿施于人,这就是恕道。《中庸》说“忠恕违道不远”,这个道,就是仁道,或中庸之道。(2)取譬于近。日常接触哪些人,按亲疏有个序,越亲近者越要把关系处理得当。

4. 仁之方　成为仁者的方法途径。

述而篇第七

前两篇《公冶长》《雍也》论古今贤人,于本篇谈到入圣。古圣年代湮远,以孔子为圣人代表,最为恰当。本篇36章,大多记孔子自述其为人举止,也包含对孔子容貌行事的描写,供后人瞻仰借鉴。

7.1 子曰:"述而不作,信而好古,窃比于我老彭。"

孔子说:"我只传述,不创作,相信并爱好古代文献,内心里把我比为老彭一类人。"

1. 述而不作,信而好古　本章的关键词是"古"字。"述而不作",孔子所述的,是古;《中庸》说孔子"祖述尧舜,宪章文武",他所信所好的,也是古,是自尧舜起,通过周文王周武王传承下来的灿烂文化遗产。信古好古不是泥古,因为"周虽旧邦,其命维新",经过几世纪的修正考验才得以流传至今。

孔子说"述而不作",是他给自己的定位,不是以此为标杆反对别人创新。孔子致力于复原一座巍峨辉煌的传统文化大厦,把本应由几百年来前人承担的任务统统压在自己肩上,"述"的任务已经太重;无暇考虑再在大厦之顶加层;何况孔子作为民间教育的开创者,有德无位,不像周公高居周天子庙堂之上,可以制礼作乐。

2. 窃比于我老彭　即"窃以我比老彭"。"窃"是表示个人意见的谦辞。老彭是何人,向来没有定论。一说是商代贤大夫:《大戴礼记·虞戴德篇》记载了鲁哀公与孔子的问答:

公曰："三代之相授，必更制典物，道乎？"子曰："否，猷德保。保惛乎前，以小继大，变民示也。"公曰："善哉！子之察教我也。"子曰："丘于君唯无言，言必尽，于他人则否。"公曰："教他人则如何？"子曰："否，丘则不能。昔商老彭及仲傀，政之教大夫，官之教士，技之教庶人。扬则抑，抑则扬，缀以德行，不任以言。"

老彭及仲傀二位，教大夫以行政，教士怎样当官，教百姓以技艺，正是教师"述而不作"的本色。《大戴礼》记录孔子的话如果不走样，那么孔子指名道姓点出老彭其人，本章所提到的老彭一定是此人。

另一说也可参考，有注家主张老彭是老聃[dān]和彭祖二人。老聃曾任周王室图书馆长，应该是学富五车。《史记》说"孔子问礼于老子"，但老聃本人没有传下什么文字，传世的《老子》五千言是战国时代的作品。至于彭祖，传说他是中国最长寿的人，他或许乐于把百年前的往事娓娓道来，但没听说有什么作品传世。这样的老、彭，符合"述而不作，信而好古"的描述。

我们甚至可以创立新说，说由于历史的原因，到了孔子时代，"老彭"已经演变成一个普通词语，孔子说自己就像一位阅尽沧桑、肚子里全是掌故的世纪老人。

好在不管是哪一说，都不至于歪曲本章主旨。

3. 孔子说："温故而知新，可以为师矣。"（2.11 章）孔子万世师表，正是温故知新的典范。温故就能"述"，知新就是"作"，就是有所创造。孔子述而不作，其实留给后世的精神财富最多。朱熹说："其事虽述，而功则倍于作矣。"

4. 孔子"述而不作，信而好古"的精神，今人最为缺乏。二者的差距就是是否领会、继承、发扬好中华民族的先贤留给后人宝贵的精神遗产。

7.2 子曰："默而识之，学而不厌，诲人不倦，何有于我哉？"

孔子说："有所见闻不事张扬牢记在心，学而不厌，诲人不倦。做到这三点，在我身上倒不是问题。"

1. 默而识之　默，不事张扬；识，音志，把学到的东西牢记于心。

2. 人脑是个黑箱，对所输入的信息进行加工后输出，如图：

学而不厌 → [默而识之] → 诲人不倦

学而不厌，是如饥似渴地接受各种新鲜的有用信息。默而识之，是对外界信息的消化过程；在完成对信息意义的建构之前，不输出不成熟的看法。诲人不倦，是乐此不疲地把组织好的信息向广大受众传递。系统的输入渠道时刻保持畅通，对输入信息进行高质量的消化加工，将完成的精品奉献于大众。认知过程上述三部分做到这种程度，是完美的境界。

3.“何有”在《论语》中出现7次，基本意思是“何难之有”。见4.13、6.9、13.13、9.16章。

在上章与本章中，“何有于我哉”还含有“舍此，焉有他哉”的意思——“除此之外，我乏善可陈”。以下是后人读“何有”的两项体会，可以作为佐证。

《孟子·公孙丑上》：

昔者子贡问于孔子曰：“夫子圣矣乎？”孔子曰：“圣则吾不能，我学不厌而教不倦也。”

《吕氏春秋·尊师》：

子贡问孔子曰：“后世将何以称夫子？”孔子曰：“吾何足以称哉！勿已者，则好学而不厌，好教而不倦，其惟此邪！”

4.本章孔子自述作为教育家的心得。认知过程以上三大部分，只要努力，没有完不成的理由，而一般人都实现不了，难的是持之以恒。孔子之所以被称为万世师表，从本章可悟出原因。

子曰：若圣与仁，则吾岂敢。抑为之不厌，诲人不倦，则可谓云尔已矣。公西华曰：正唯弟子不能学也。（7.32章）

7.3 子曰：“德之不修，学之不讲，闻义不能徙，不善不能改，是吾忧也。”

孔子说：“我所担心的是：美德不培养，学问不讲求，听到义而不能趋从，知道行为不当而不能改过。”

1.先掠视本章整体。孔子说他之所忧是做不到所开列的四点。这是忧他自己，还是忧他人呢？

《述而》篇第1、2章都是孔子述说自己，下面第4章是描摹孔子家居神态的，第5章又是孔子自叹。本章夹在其间，看上去也应该是孔子在忧自己，可“仁者不忧”。再从“四不”的内容来看，若连孔子都担心自己做不到,那还有谁能做到!因此,必须把这看成是天下之忧、万世之忧!对本章的解读不是以旁观者身份去研判两千五百年前的孔子在这四方面做得怎样,而是一定要联系当代实际,问自己、问社会:忧吗?

2. 德之不修　人生教育以德育为核心,孔子关注的知、仁、勇,是德的三大表现。所以孔子首先提“修德”,也就是呼吁人人都要花一生的时间生成并提炼以天道正己之心得。“为政以德”(2.1 章)、“道之以德”(2.3 章)、“慎终追远,民德归厚”(1.9 章),就是告诉从政者,能以正己的心得来教育民众,才能做到天下归心。为政以德才是最大的政治。

3. 学之不讲　这是孔子就全社会而言之忧。孔子自己“十有五而志于学”,而且特别好学。整部《论语》记载孔子遗训无非是个“学”字。不学不能形成良风良俗,不但是莘莘学子,师者、家长、企业家、公务员诸层面都应当深怀孔子之忧。

4. 闻义不能徙,不善不能改　意思是“听到怎么做符合正义或最为合宜,却不能照办;不好的言行措施不能改正”。徙[xǐ],迁移。孔子关于这两点之忧同样涉及多个层次:个人、社会组织、整个国家。

一个“义”字,地位很高,《管子》说“礼义廉耻,国之四维。四维不张,国乃灭亡”。礼、义、廉、耻都是维系社会不倾的缆绳。“义”或“不义”,其所指的回旋余地也很大。

5. 孔子所忧“四不”,不在同一层次。

(1) 修德在最高层面,这就是儒家所说的“尊德性”。《论语·颜渊》篇有两章专论“崇德”,可作为本章的注解。

修德不是达摩面壁九年那样的玄思冥想。至少从人际交往体现出来,是己对外界刺激的反应合宜。

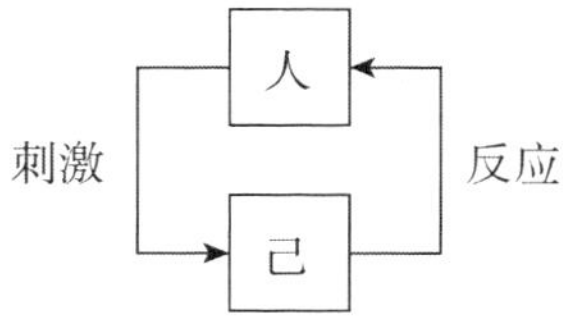

人的反应未必合宜。例如:走路把手中的垃圾随地丢弃;见人不慎掉落钱包,迅速攫为己有。这样的人就是缺德,需要补修。

(2) 修德与问学的关系——唯德性是尊(目标),问学是道(途径)。《中庸》说得非常精彩:

> 故君子尊德性而道问学,致广大而尽精微,极高明而道中庸,温故而知新,敦厚以崇礼。

以上面列举的两例来说,改了恶习,不再乱抛垃圾,是修德;做到拾金不昧,也是修德。显然这是学习(即教育)的结果,不能“学之不讲”。

"君子欲化民成俗,其必由学乎!"

(3)徙义与改不善是修德问学的体现。你觉得自己似乎不必担忧"德之不修、学之不讲",其实不能算数,需要用具体标准来衡量:闻义即徙了吗?知过必改了吗?

6. 如果把 7.1—7.3 章后面两个"子曰"去掉后连读,就可以发现这三章其实是一章。"述而不作,信而好古"是孔子给自己的定位;"默而识之,学而不厌,诲人不倦"是孔子谦称自己的强项;"德之不修,学之不讲,闻义不能徙,不善不能改"则是孔子对当世风气的忧虑,不仅是针对自己。

7.4 子之燕居,申申如也。夭夭如也。

孔子闲居时,看上去是舒展放松的样子。

1. 燕居　休憩。"燕",古文通"宴",《诗经·小雅·北山》"或燕燕居息",意思是安闲自得地在家中休息。

2. 申申如　马融注:"和舒之貌。"申,引申为伸展之义。右图中卜文各种"申"字形象地描绘了人的种种和舒动作。(引自汉字网站 Chinese Etymology 和罗君惕《说文解字探原》,中华书局,2013,第十册,第 7264 页)

3. 夭夭如　夭,象形。朱骏声(1788—1858)《说文通训定声》:"申者腰之直;夭者头之曲。实本字本谊。"罗君惕就右图形象地说明:"夭字之古文象人两臂屈曲之形,籀篆则象人首向右屈曲之形。"

4. 本章的风格接近《乡党》篇,之所以放在《述而》篇,可能是考虑到上章孔子那番话,会让读者产生孔子因忧国忧民总是愁眉苦脸的模样,《论语》编者为上章加上一段附注,说明孔子平时不是这样的。

7.5 子曰:"甚矣吾衰也!久矣吾不复梦见周公!"

孔子说:"我衰老得很厉害了!我好久不再梦见周公了!"

衰,衰老。周公姓姬,名旦,周武王之弟,封于鲁国,因要在朝廷辅佐武王之子成王,鲁国由周公的长子伯禽治理。周公是周礼的制定者,是孔子心目中的圣人,孔子壮年时立志践行周公之道,日有所思,夜有所梦,周公时入梦中。因在现实中频频碰壁,知道理想无法实现,断了念头,便不再梦想周公了,并非真的因为年老体衰。

本章两句分别由“甚矣”“久矣”带出,前指衰,后指不梦,眉目清楚。有的注家对本章的标点与此不同:“甚矣!吾衰也久矣!吾不复梦见周公!”“甚矣”所指不明,“久矣”单指衰,“吾不复梦见周公”游离在外,全句精神语气要弱许多。

7.6 子曰:“志于道,据于德,依于仁,游于艺。”

孔子说:“立志于道,据守于德,依托于仁,游憩于艺。”

《述而》开篇,是说孔子自己,而本章与7.3章一样,孔子自己是做到的,完全可以看作是孔子对弟子提的要求,而且研读《论语》的每个人都要把它看作成己之学的总纲。

1. 志于道　人生之路歧路多多,要坚持走正道,这是道的践行方面。首先,志于道,用今天的话来说,就是认识真理和客观规律。客观规律是什么?怎样遵从践行?未成年时茫然无知,完全依赖外界传道授业解惑。孔子认识到这一点很早:“吾十有五而志于学。”今天的读者都可以自问:我是几岁志于学的?

其次,志于学,学什么?《论语》1.2章点明:学仁,从孝悌开始;1.6章点明:行有余力,则以学文。再次,怎样评价学习效果?1.4章曾子教我们儒家的不二法门:“吾日三省吾身”。

立志奉行的道,是仁道。孝悌为仁之本(树根),所以仁是一棵树,系统一点点发育:根深、干壮、枝繁、叶茂、花香、果甜。枝干太多、叶子太密、幼果太多,未必是好事,都要弄清楚当止之处。《大学》说“知止而后有定”,这是志于道的功效。大方向是确定的,但具体化为人生目标,各人的志向有大小、能力有差异,而正道前程无限,各人期盼的是不同的愿景,有人期盼攀珠峰,有人期盼登泰山就可以小天下。所以5.25章孔子要求弟子“盍各言尔志”。

2. 据于德　据,本义是手有执持,依杖。德,是道的内化。按朱熹的说法,就是“义理得之于己者也”。德是内在的,是自身的修养,是求道行道和人言行的根据。人在社会上生存,不但要追求外在的道,还要抵御外在的恶,内在的德就提供资本与能量。

3. 依于仁　依，依附，如人的衣服不离身。人生不是孤独一个人往前走，周边永远是人，永远要处理好各种人际关系。仁是为人处世的中庸准则，不可背离。

4. 游于艺　人的成才进德，沉浸在对人生社会的互动与贡献中，如鱼游于水，习焉不察。贡献需要本领。比如说，在孔子时代学生要学“六艺”——礼、乐、射、御、书、数。在今天，当然要随时代进化，从业者的技艺务求精益求精，三百六十行，行行出状元。

5. 游艺是志道的抓手，并以仁德为依据。不能习艺，空谈人生理想，便是本末倒置。从小就要习艺，从生活中学习处理各种人际关系，领悟客观规律，使之成为行动准则。钱穆先生说：

就小学言，先教书数，即游于艺。继教以孝弟礼让，乃及洒扫应对之节，即依于仁。自此以往，始知有德可据，有道可志。惟就大学言，孔子十五而志于学，即志于道。求道而有得，斯为德。仁者心德之大全，盖惟志道笃，故能德成于心。惟据德熟，始能仁显于性。故志道、据德、依仁三者，有先后无轻重。而三者之于游艺，则有轻重无先后，斯为大人之学。

6. “古之学者为己”（14.24章），孔子之学是成己之学，一切为了自身人格完善，己欲立而立人，己欲达而达人。人的完善，以自身为出发点，妥善处理好天、己、人、事四方面的关系，如右图所示。

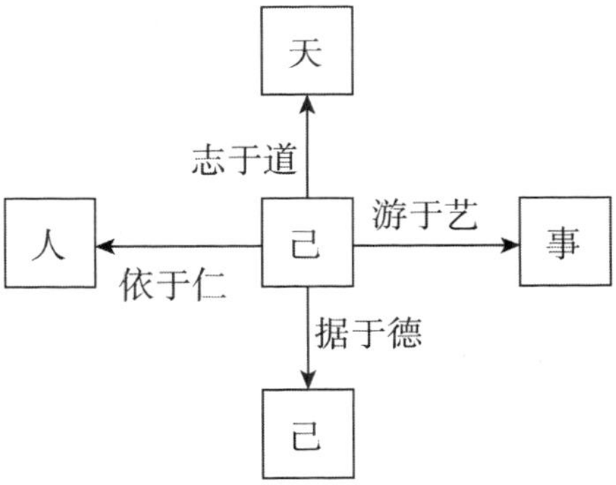

“天”指天道，即今天所说的客观规律或真理，孔子要求弟子“志于道”，“笃信好学，守死善道”（参见8.8章）。

对“己”的要求则是“据于德”。德者，得也，就是天道的内化，掌握了客观真理。

处理人己关系的原则是“依于仁”。

人生不能空谈哲理，需要“游于艺”。

7.7　子曰：“自行束脩以上，吾未尝无诲焉。”

孔子说：“只要能自行管理生活起居，我从没有不教诲的。”

1. 今人看到的古籍中,“束脩”一词最早出现于《论语》。什么是束脩?最早的解释似出自西汉孔安国(前156—前74)“言人能奉礼”,把束脩当作贽见之礼。其后的戴圣承袭了这种解释,他整理编辑的《礼记·少仪》出现了这样的文字“其以乘壶酒、束脩、一犬赐人或献人”,其中并列酒、脩、犬,而“脩”字右下角又是个肉字,所以到东汉时期许慎(58—147)《说文》把字义固定了下来,说“脩,脯也”。郑玄注“束脩,十脡脯也”,也就是十条干肉。为什么“束”代表十条,我们不知道。

如果采纳郑玄的注解,《论语》本章的意思就是能送给老师这点薄礼当学费,孔子就肯收他为学生了。

但是把“束脩”解释为十条干肉,不通之处很多。

(1) 从语法上讲,“自行……以上”,中间要填动词,例如“自行处理”“自行整顿”,而“自行十条干肉以上”是不通的,动词要靠自己设想以适合语境。

(2) 从学费的计量讲, 孔子的时代鲁国早有货币,主要是海贝、石贝、骨贝、铜贝。小宗的民间交易仍以以货易货为主。学费应该是有粮食交粮食,有布帛交布帛。硬性规定以“脡”(tǐng,条肉)为计量单位,似乎孔子只爱干肉,不收粟帛,不合情理。我们能够想象孔子三千弟子,所收学费累计三万条干肉吗?

(3) 从学费数额讲,交来九条干肉,孔子收不收?颜回和原思穷得一条干肉也交不起,孔子不照样收他们为弟子吗?

(4) 从孔子的为人讲,“干肉说”很明显推翻了孔子的“有教无类”,他明明把人分两类,一类是交得起十条干肉的,一类是交不起的。历代注家为了自圆其说,只好强调十条干肉是十分菲薄的拜师礼,穷学生颜回和原思可不是这么想的。

2. 古人也不完全同意把“束”理解为十条,而是分束、脩为二物。《唐六典》说“国子生初入学,置束帛一篚、酒一壶、脩一案为束脩之礼”,唐朝人订立这套规矩,应该是受到《论语》本章的启发,束指束帛,脩指干肉,让老师在自给自足的古代农业社会里不但有肉吃,还有衣穿,相比合理得多。但是,“自行束帛、干肉以上”在语法上不通,缺了量词,又何来“以上”?

3. 魏晋以后,人们常把“束脩”当动词用。《后汉书·邓后纪》“先公既以武功书之竹帛,兼以文德教化子孙,故能束脩,不触罗网”,这里,李贤注:“言能自约束脩整也”。《后汉书·延笃传》“且吾自束脩以来,为人臣不陷于不忠,为人子不陷于不孝”,李贤注:“束脩谓束带脩饰”,他同时引郑玄注:“束脩,谓年十五以上也”。虽然两注都有问题,但把“束脩”当动词用以及用其代表年龄与能力，都朝着正确理解《论语》本章迈进了一大步。

4. 束，作为动词，可以指“束带”，也可以指“束冠”或“束发”。希望成为孔子弟子的，许多是未成年人，对他们来说，束带是整理衣带，不是问题。《礼记 · 曲礼上》“二十曰弱，冠”，未成年人不戴帽子，无所谓束冠。唯有束发，“身体发肤受之父母，不敢毁伤”，古人不许剪发，少年梳洗、盘发、簪发是要大人动手的。再看右图中的古文“脩”字，左边是人，右上角是个“攴”[pū]字（现在写成“攵”，意思是手里有所执持），执持的是“脩”字中间一二竖所代表的工具，作用于右下方的肉，指代肌肤。足以表明“脩”指清洁肌肤之事。“脩”又通“修”，后者右下角的“彡”，音“衫”，是须发之属，“修”的本义是梳理须发。《康熙字典》依《说文》，“修”字漏此解。可见“脩”与“修”的异同在于都是整洁人身，只是对象部位不同。

所以“自行束脩”应该是指不需要父母家人为自己梳头盥洗整装修饰，起居能够自理。上引郑玄说束脩是指十五岁以上，孔子收徒没有现今那么刻板的年龄规定，孔子受困于陈蔡之间，子张当时十三岁就跟在他身边，生活起居当然能自理，便是明证。西汉桓宽《盐铁论 · 贫富》“余结发束脩，年十三，幸得宿卫，给事辇毂之下”，是本章很好的注解。（辇毂[niǎn gǔ]，皇帝的车舆，代指京城。）

5.《周礼 · 秋官司寇》“自生齿以上，皆录于版”，意思是到长乳齿的年龄以上，生齿在一岁左右；这与本章“自行束脩以上”异曲同工，都指达到某个年龄阶段。然而可以想见，十一二岁的，恐怕还不行。

7.8 子曰：“不愤不启，不悱不发。举一隅不以三隅反，则不复也。”

孔子说：“学生不到‘愤悱’的境地，我不启发他。我告诉他这是屋角，他不知道另外三个也是屋角，我不会再教他。”

1. 愤、悱　朱熹注：“愤者，心求通而未得之意。悱[fěi]者，口欲言而未能之貌。”意思是：人想把问题弄通，却不断碰壁，心情郁闷之极，叫作愤；心里明白想说出来，就是不知道怎样表达，叫作悱。朱熹对“愤”的这种心情描述，读者都能体会；而“悱”字也是竖心旁，朱注却说“口”如何如何，原来其根据出自郑玄给出的最早解释：“悱”是“口悱悱”。传

统上对“悱”的理解就这么一路传到现在。

从“悱”字的结构看，就是心以为非，人生常体验到这种心态。最糟糕的状态是“口是心非”：别听其人嘴上这么说，其内心却并非这么想，表现的是其人的虚伪。一般的“心以为非”是一种无奈，例如 2007 年笔者首度讲解《论语》本章时把“悱”解释成朱熹的说法，内心并不认同，其实就处于“悱”的状态。

这样理解的“愤悱”概括了两种压迫心情：愤，是走投无路；悱，虽是走投有路，但总觉得这条路不对劲，然后会迫切要求老师指导，以回归正路。孔子说，学生不到愤悱的程度，老师不启发、不点拨。

“悱”这样理解比“口悱悱”似乎要好些，“口欲言而未能之貌”要解决的仅是语言的组织问题，仍然属于“愤”的范围：心求通而未得。

2. 隅　角，方物有四角，如屋角、桌角都称隅（yú）。归入一类的事物都有共性，举出其中之一，应该推知其他元素都有此共性。如果举一不能反三，就不再告知。例如 1.13 章有子讲了信近于义、恭近于礼才行，如果不待他总结出“‘姻不失其亲’，亦可宗也”，我们就可以推知“仁近于智，行有效也”，等等，就是举二反三了。

3. 本章与 1.13 章这个实例，使我们悟到当今盛行的刷题教学与孔子的思想大异其趣。孔子重在让学生感悟，当今流行的办法却是老师代替学生进行思考，把结果塞给学生识记，训练到烂熟于心，应付升学考试绰绰有余。然而因举三不能反一，如何独立解决问题永远茫然。

4. 上章体现了孔子的有教无类，不挑拣学生。区别无非是小叩小鸣，大叩大鸣，因材施教。本章则向学生提出一项要求：刻苦钻研，积极谋求解决问题，使自己处于愤悱的状态，再请老师点拨。学生所请教的也不该是笼统的缺乏思维含金量的“请问这道题怎么做?”而是告诉老师愤悱之处在哪里。

孔子不搞灌输，不搞刷题，坚持“不愤不启，不悱不发”，不仅是在弟子的最近发展区因材施教，还要弟子具有强大的求知欲才行。孔子传道借鉴天道：天道不言，对有志探索者却决不隐瞒和欺骗。

7.9 子食于有丧者之侧，未尝饱也。子于是日哭，则不歌。

孔子在有丧事的人家边上进食，从没吃饱过。孔子哪天吊丧哭过，就不再歌唱。

1. 家有丧事,心中哀伤,亲人吃不下饭。孔子帮助丧家执事,按惯例在边上进食,以补充体力。但孔子并不敞开肚子饱餐一顿,他怀着哀戚之心,从来不曾吃饱过。这就是孟子所说的恻隐之心——同情哀悯之心。而且这种情况不是偶然出现,而是一向如此。

2. 孔子哭,也是因为丧事。这天吊丧哭过,孔子便不再弦歌。陶潜《挽歌》云“亲戚或余悲,他人亦已歌”,因不关自己痛痒。孔子不然,将心比心,这是孔子的恕道。由本章可知孔子日常不废弦歌。

3. 正如钱穆先生指出的,吊丧有余哀,因有余哀而不歌,是厚道。歌唱有余欢,如果因有余欢,吊丧不哀,却是没心肝。颜回也有发怒的时候,但不会因为余怒未消而迁怒,孔子盛赞其好学。就是说蓄在内心的哀可以有余,表现在外的欢乐与愤怒不可有余,都要适可而止,这是中道,也是仁道。

7.10 子谓颜渊曰:“用之则行,舍之则藏,唯我与尔有是夫!”

子路曰:“子行三军,则谁与?”

子曰:“暴虎冯河,死而无悔者,吾不与也。必也,临事而惧,好谋而成者也。”

孔子对颜渊说:“有用我的,就行道于世。不能用我,就藏道于身。只有我与你能做到这一点了。”

子路说:“夫子如果统率三军,将同谁一起?”

孔子说:“空手搏虎、涉水渡河,死也不懊悔的人,我是不和他共事的。和我一起的,一定是临事万分小心、喜欢策划好才做决定的人!”

1. 上面“用之则行,舍之则藏”的语译,完全引自《钱解》。重要的是突出一个“道”字。用不用我在他人,用,是用我之道;舍,是将我之道舍弃不用;行,是行道于世;藏,是藏道于身。

我要能为世所用,首先要有道。《卫灵公》篇15.7章,孔子称赞蘧伯玉是君子,因为他“邦有道则仕,邦无道则可卷而怀之”。历代注家多有把“卷而怀之”的对象认作其人本身的,成为虚指,其实是实指。什么东西可卷而怀之?竹简。《中庸》说“文武之道,而在方策”,方是木板,策是连编好的竹简。

2. 唯我与尔有是夫　“尔”：你；“有是夫”：做到这一点。孔子断定只有他与颜渊能做到的八个字其实有三层：首先因为两人都得道，其次是能行道，最后是能上能下、收放自如。

3. 子行三军则谁与　周制，诸侯大国三军。中军最尊，上军次之，下军又次之。一军一万二千五百人。孔子所说的“用之则行”，当然包括行（统率）三军。子路觉得自己别的不能同颜渊比，打仗却是行家，所以问孔子：“如果您要带大部队出去打仗，您带谁去呢？”子路显然希望孔子答“那非你莫属啦！”

4. 暴虎冯河　暴，徒手搏击；冯[píng]河，徒足涉水过河。“无舟而渡水曰徒涉。”能这么做一靠勇敢，二靠超人体力。暴虎冯河，死而无悔，作为一名士兵或许挺不错，但行三军，将在谋而不在勇。

5. 临事而惧，好谋而成　《荀子・解蔽》：“故有知非以虑是，则谓之惧。”惧，就是实实在在地“知非”（知道不能必胜无败），而战战兢兢地“虑是”（谋取胜之道）。以行三军来说，一则子路未必有“临事而惧，好谋而成”的取胜之道；二则即使子路有取胜之道，能做到“用之则行”，但“舍之则藏”，让他收兵，他未必做得到。子路在人生最后一刻果然有勇无谋，死而无悔，孔子若用子路一起行三军，也就一起壮烈牺牲而已。

6. 钱穆先生说：“本章孔子论用行舍藏，有道亦复有命。如怀道不见用是命。行军不能必胜无败，亦有命。文中虽未提及命道二字，然不参入此二字作解，便不能得此章之深旨。读《论语》，贵能逐章分读，又贵能通体合读，反复沉潜、交互相发，而后各章之义旨，始可透悉无遗。”此语十分重要，愿与读者共参之。

7.11　子曰：“富而可求也，虽执鞭之士，吾亦为之。如不可求，从吾所好。”

孔子说：“富如果可以人力求得，就是做手执皮鞭维持秩序的人，我也愿意。如不可求得，还是听从我的爱好过日子吧！”

1. 本章所表达的有三层意思。第一层意思是谋事在人，成事在天。在孔子看来，求富不能必得。子夏听说“死生有命，富贵在天”（12.5章），这条格言即使不是来自孔子，也应该是孔子认同的。第二层意思是怎样谋事，即怎样求富。孔子说：“富与贵，是人之所欲也，不以其道得之，不处也。”“不义而富且贵，于我如浮云。”在这一层面上孔子强调的是富贵不能不顾道义强求。第三层意思是求到怎样，求不到怎样。

2. 执鞭之士　《周礼·秋官》：“条狼氏掌执鞭以趋辟，王出入，则八人夹道。公则六人，侯伯则四人，子男则二人。”王公贵族出行，称为“条狼氏”的下士拿着皮鞭趋前开道。执鞭之士也指市场守门人。《周礼·地官·司事》：“凡市，入则胥执鞭度守门。市之群吏平肆，展成奠贾。”市场是求富之地，守门人也能分一杯羹。本章孔子所说执鞭之士可能指后者。

3. 孔子五十而知天命。他忖度自己，富仍然难求。既然如此，我还是安贫乐道。

7.12　子之所慎：齐、战、疾。

孔子慎重对待的有三件事：一斋戒，二战争，三疾病。

1. 慎　非常重视，认真对待。

2. 齐　斋[zhāi]。《左传·成公十三年》：“国之大事，在祀与戎。”祭祀是与鬼神交流，在最高层面上说，特别要警惕“非其鬼而祭之”；在行祭层面，古人临祭前必备斋，其间要整齐平素不整洁的身心行为，也是慎。按《乡党》篇：“齐必变食，居必迁坐。”斋戒时要改常食，取整齐洁净；还要从常居的内寝换到严肃的外寝，不行房事。以这种姿态与思想准备与神明交流。精诚不至，神明不会接受你的享祭。

2. 战　除祭祀外，战争对生命与秩序是严重的戕害，关系到国家兴亡，当然要慎。表现于国策、战略和战术三个层面，决定战与不战。前面7.10章子路问孔子指挥作战会与谁在一起，孔子回答必须是“临事而惧，好谋而成者也”，就是慎战的具体表现。

3. 疾　疾与病相对，病字从丙（心），原义指由内因引起的疾病；疾字从矢（甲骨文如图），原义指箭伤，即外来力量对人体的伤害，难以预测，若不注意，要关系到自己的生死，唯一的对策就是慎之又慎。后面《乡党》篇10.15章记载季康子送来药品，孔子拜而受之，却告诉使者：“我还没有弄清药性，还不敢尝。”这样做虽然有点失礼，显得对尊者赐药不放心，其实也是孔子慎疾的体现。《中庸》说“莫见乎隐，莫显乎微”，谨小慎微常为人诟病，儒者仍默默坚守，因为稍一不慎，灾祸发生，太使人刻骨铭心，悔之莫及。

4. 孔子应该是认可“死生有命，富贵在天”的，但认可不等于听天由命。面对神明与生死存亡关头，命运不可掌控，但必须寻可遵的益生之道，谨慎从事，否则就是逆天行事，不会有好结果。

5. 以前从未见名人写本章读后感，偶然见到钱穆先生《我读书所获得的人生教训》一文中关于本章的学用，相信对我们读《论语》会有很大帮助：

有一天，我和学校一位同事说：“不好了，我快病倒了。”那同事却说：“你常读《论语》，这时正好用得着。”我一时茫然，问道：“我病了，《论语》何用呀？”那同事说：“《论语》上不说吗？‘子之所慎：斋、战、疾。’你快病，不该大意疏忽，也不该过分害怕，正是用得着那‘慎’字。”我一时听了他话，眼前一亮，才觉得《论语》那一条下字之精，教人之切。我想，我读《论语》，把这一条忽略了，临有用时不会用，好不愧杀人？于是我才更懂得《曾文正公家训》教人“切己体察，虚心涵泳”那些话。我经那位同事这一番指点，我自觉读书从此长进了不少。

7.13 子在齐闻《韶》，三月不知肉味，曰：“不图为乐之至于斯也。”

孔子在齐国听了《韶》乐，有好几个月对肉食的鲜美也没什么感觉。他说：“我没想到音乐之美有到这种境界的。”

1. 子在齐闻《韶》，三月不知肉味　韶，舜乐名。《史记·孔子世家》：“孔子年三十五。昭公奔于齐，鲁乱。孔子适齐，与齐太师语乐，闻《韶》音，学之，三月不知肉味。”前人觉得孔子到齐国再喜欢音乐不至于三个月不吃肉，司马迁在《论语》本章基础上加了“学之”两字，表示在学习期间不吃肉。其实有两种易产生的误解需要消除：(1)“三月”“三年”往往是虚指，只代表好长时间（如孔子称赞颜回“其心三月不违仁”）；(2)“不知肉味”的“知”是“知心”“知音”“知味”的“知”，听了《韶》乐，在好长时间内肉食再鲜美也没什么感觉。

2. 不图为乐之至于斯　不图，没想到；斯，这种地步。孔子雅好音乐，晚年回到鲁国，“三百五篇孔子皆弦歌之，以求合《韶》《武》《雅》《颂》之音”（《史记·孔子世家》）。这次在齐国听了《韶》乐竟喜欢到了食不甘味的地步，他自己都想不到。

7.14 冉有曰:“夫子为卫君乎?”子贡曰:“诺,吾将问之。”

入,曰:“伯夷叔齐何人也?”曰:“古之贤人也。”

曰:“怨乎?”曰:“求仁而得仁,又何怨?”

出,曰:“夫子不为也。”

冉有说:“夫子是否帮卫君呢?”子贡说:“好的,我去问问。”

子贡进去,问孔子:“伯夷、叔齐算是何等人?”孔子说:“是古代的贤人呀。”子贡说:“他俩心中有怨恨吗?”孔子说:“他俩追求仁,也得到了仁,怨什么?”

子贡出来回答冉有:“夫子不会帮卫君的。”

1. 为卫君　为:帮,支持。卫君指卫出公辄。其父蒯聩是卫灵公立的太子,蒯聩想杀灵公宠爱的南子夫人,阴谋败露后于前 496 年出逃到晋国。灵公想立郢为太子,郢不想当。前 493 年灵公去世,南子传其遗命,令郢即位,郢又辞,卫人就推举辄即位,就是卫出公。其父蒯聩得到消息想回国,为卫人所拒。当时孔子居卫,冉有不知道孔子会赞成辄抵抗其父蒯聩吗?

冉有不直接问孔子,而向子贡打听,子贡代他入内转弯抹角问孔子,出来再转告冉有。这些情节很值得回味。

2. 伯夷、叔齐事见 5.22 章注。孤竹君将死,不立长子伯夷而立三子叔齐。叔齐要让长兄,伯夷为遵父命而出逃,叔齐因敬其兄陪他一起出逃,结果孤竹国人立了孤竹君的次子仲辽即位。

冉有所问会涉及对卫君的评价。孔子师徒受卫国照顾,非议其国君是不妥的,所以子贡不直接问孔子对卫君的态度,间接请教孔子对伯夷、叔齐让国的看法,借此了解老师的立场。

3. 孔子告诉子贡,伯夷、叔齐是古之贤人。子贡再问:“伯夷叔齐本来都有机会当国君,结果当不成,内心怨恨吗?”孔子的回答是:“求仁而得仁,又何怨?”按礼法,君位应当由长子伯夷继承,但孤竹君要立三子叔齐,伯夷出逃是为了不妨碍弟弟继位,落实父命,这是孝。叔齐不忍自己继位而让哥哥逃亡,这是悌。孝悌为仁之本,伯夷、叔齐追求的是仁之大本,两人也达到目的了,怨什么呢?

4. 子贡由此得出结论“夫子不为也”。郑玄注:“父子争国,恶行。

孔子以伯夷、叔齐为贤且仁,故知不助卫君明矣。”孔子既赞同伯夷谨遵父命、叔齐敬爱长兄,当然不赞成卫辄为君位把父亲蒯聩拒于国门之外。

7.15 子曰:“饭疏食,饮水,曲肱而枕之,乐亦在其中矣。不义而富且贵,于我如浮云。”

孔子说:“吃粗粮,喝白水,曲着臂膊当枕头睡觉,其中自有乐趣。通过不正当途径得到的富贵,在我看来就像天上的浮云。”

1. 疏　有两解。一说“疏,粗也。谓粝米也。”例:“彼疏斯粺”(《诗经·大雅·召旻》)。则“疏食[sì]”指粗粝饭食。一说,疏同蔬,则“疏食”指蔬菜淡饭。

2. 肱[gōng]　手臂。曲肱而枕之,曲臂当枕小憩。

3. 乐亦在其中矣　粗茶淡饭,随处躺卧,如同流浪者,颜回也是如此。这不是常人追求的生存方式,所以北宋周敦颐考问“二程”:“寻颜子、仲尼乐处,所乐何事?”这也是当代读者所要思考的。

4. 不义而富且贵,于我如浮云　通过不正当手段得来的富贵,孔子当它是浮云。一则浮云在天上,非我可以得到。二则浮云忽聚忽散,捉摸不定。三则今天我们由气象学知识知道,得到这么一大团水汽,算我的吗?又有什么用?本章此语可以与4.4章相印证——子曰:“富与贵,是人之所欲也,不以其道,得之不处也。”6.10章与本章共同描绘了“孔颜之乐”,朱熹说“孔颜之乐”有三种境界:“鸢飞鱼跃”“无一夫不得其所”“万物各得其所”。

本章高远空灵,富有诗意。其意境令读者悠然神往,又耐人寻味。

7.16 子曰:“加我数年,五十以学《易》,可以无大过矣。”子所雅言。《诗》、《书》、执礼,皆雅言也。

孔子说:“如果再给我几年,五十岁学《易》,就可以没有大过失了。”[编者按]这是孔子平日一直念叨的。《诗经》《尚书》和执礼,都是平日一直挂在嘴边的。

1. 本章“子曰”部分应该是孔子表述的一大心愿。《易》又名《周易》,是古代一部用以占筮、预测吉凶祸福的书,其中的卦辞和爻辞是在孔子之前就有的作品。当时孔子似乎自认为对《周易》研究还很不够。我们知道孔子之学是“成己之学”，孔子对《周易》如此重视，原来不是为了卜卦之类，而是为了大大减少过失。这与后人对《易》的认识大异其趣，敬请读者注意。

2.《史记·孔子世家》有一段类似记载：“孔子晚而喜《易》，序《彖》《系》《象》《说卦》《文言》。读《易》，韦编三绝，曰：‘假我数年，若是，我于《易》则彬彬矣。’”

孔子两段类似的话，按《论语》本章，应该是四十几岁时说的；按《史记·孔子世家》却列在孔子六十八岁返鲁之后。孰是孰非，历来争执不休。其实裁决这一争执的钥匙就在本章里。

3. 本章其余部分“子所雅言。……”从西汉开始就被误认为是与本章无关的新的一章。一错错了两千年。现在我们予以复原。

“子所雅言，《诗》、《书》、执礼，皆雅言也”作为独立的一章，笔者原先读来读去读不通，先来一个“子所雅言”，再来一个“皆雅言也”，语意重复。俞樾《群经平议》早就注意到了这个问题（但他的解决方案难以接受）：

《论语》文法简质，此章既云“子所雅言”，又云“皆雅言也”，于文似复，盖由经师失其读矣。

现代注家想用个冒号来渡过难关：“子所雅言：《诗》、《书》、执礼，皆雅言也。”办法勉强得很。

本章读不通的感觉来自哪里呢？如果造这样两个句子：“按需分配，有所不行”和“怪力乱神，子所不言”，读上去就非常通顺。为什么？“有所”“子所”之前必须先有一个涉及的对象在，没头没脑来一个“子所雅言”算什么呢。

奇怪的是，从汉儒开始，大都无视这里的不通，自顾自说下去。

反正在朱熹以前，人们认为本章的“雅言”就是一个名词，几乎就是“官话”的同义词。既然如此，问题就来了，“子所”后面应当跟着一个动作，而“雅言”却是个名词，这么一来“子所雅言”就不通。

现在可以弄清楚，“子所雅言”原来是《论语》编者给“子曰：‘……’”加的注，意思是这番话孔子经常讲。

朱熹早就注意到“雅”字此义。他说：“雅，常也。”而程树德《论语集释》不同意，说：“雅者，俗之反，无训常者。”其实把“雅”字解释为经常、素常、一向，两汉的例子多得很，略举数例。

（1） 如《史记·高祖本纪》：“雍齿雅不欲属沛公，及魏招之，即反为魏守丰。”文中的“雅”字作“一向”解。

（2）《史记·荆燕世家》："今吕氏雅故本推毂高帝就天下，功至大。"

这里的"雅"字是什么意思呢？唐人司马贞的《史记索隐》按："雅，训素也。谓吕氏素心奉推高祖取天下，若人推毂欲前进涂然也。"

（3）《史记·张耳陈餘列传》："汉元年二月，项羽立诸侯王，张耳雅游，故多为人所称誉。"

按裴骃《史记集解》，韦昭曰："雅，素也。"《史记索隐》，郑氏云："雅，故也。"韦昭云："雅，素也。"然素亦故也。故游，言惯游从。

（4）《汉书·杨恽传》引传主《报孙会宗书》，说杨妻一向善于鼓瑟："家本秦也，能为秦声。妇，赵女也，雅善鼓瑟。"

（5）《后汉书·张衡传》说汉安帝早就听到张衡的学术盛名："安帝雅闻衡善术学。"

朱熹离真理近了一大步，遗憾的是他未把"子所雅言"与上面的孔子谈《易》联系起来。所以前一个"子所雅言"在语法上站不住脚，而与后一个"皆雅言也"的关系也未厘清。现在我们不但知道孔子经常说关于《易》的这番话，而且不断念叨的还有《诗》、《书》、执礼。

一个副产品是，孔子关于《易》的议论是发生在孔子知天命前，还是发生在返鲁之后？答案是两种都对。因为这话孔子讲了远远不止一次！

7.17 叶公问孔子于子路，子路不对。子曰："女奚不曰，其为人也，发愤忘食，乐以忘忧，不知老之将至云尔。"

叶公问子路，孔子是怎样一个人，子路没有回答。孔子说："你为什么不说，他这人发愤努力到忘记吃饭，快乐到忘记忧虑，连自己快要老死也不知道。就这么说好了。"

1. 叶公　叶[shè]，楚国县名，位于今河南叶县南。楚子僭称王，县尹也都僭称公。本章提到的叶公指沈诸梁，字子高。他算是楚国的一位贤者，但刘向《新序·杂事》记载"叶公好龙"的故事讲的就是他，留给后人负面的印象。好在这个故事里出现了"真龙"，在科学上显然站不住脚，故事情节虚假，叶公可以平反。

叶公想从子路处了解孔子的为人，圣人道大，子路不知道怎么概括，没给回答，回来告诉孔子这件事。

2. 女奚不曰　女，汝；奚，何，为什么。

3. 云尔　云，如此；尔同“耳”；“云尔”就是“而已”“罢了”。

4. 孔子介绍自己是好学之人。学有未得，则发愤忘食；学有所得，则乐以忘忧。每天潜心学问，日子就这样在忘食忘忧、发愤悦乐中飞快过去，不知道老之将至，如此而已。

7.18 子曰：“我非生而知之者，好古，敏以求之者也。”

孔子说：“我不是生下来就有知识的人，只是爱好古代文献、勤奋探求之人罢了。”

1. 生而知之者，也称天才，孔子说他不是。本篇首章孔子已提到他“述而不作，信而好古”，所信所好的，是自尧舜起，通过周文王周武王传承下来的灿烂文化遗产。这些其实就是古人留给后世的智慧。这种“智慧”表现为在作决策与判断时显示出的经验和知识。

2. 敏以求之　在孔子时代，上述智慧的传承手段很少。古人传下的东西，散见各处，不为人注意，好比价值连城的古董之于不识货的今人。这个比方有助于体会“敏以求之”的真义和重要性。“敏”字的精义不在勤谨，似在敏感、反应快。

7.19 子不语怪、力、乱、神。

孔子不讲四种东西：一怪异，二暴力，三悖乱，四神通。

孔子平日不讲的这四件，比如哪里出了怪事，谁力大无穷，可以一己之力覆敌船（14.5 章中“奡荡舟”之类），哪里出了乱伦之事，谁神通广大。凡此种种，最吸引人的眼球，而为常人所津津乐道，却无益于教化。怪异有悖常理，蛮力冲淡德性，悖乱颠覆秩序，神通产生迷信。《朱注》引谢良佐的话说：“圣人语常而不语怪，语德而不语力，语治而不语乱，语人而不语神。”

7.20 子曰：“三人行，必有我师焉。择其善者而从之，其不善者而改之。”

孔子说：“我与其他两人同行，其中必有我的老师。他们做得比我好的，我向他学；表现不佳的，我引以为戒。”

1. 三人行　“三”是实指，其中一人是我。不说“三人居”，强调的是我与另二人可能是偶然同行，而非熟稔之人。

按说，“见贤思齐，见不贤而内自省焉”，只要身边有人，他的优点我也可以学，他的不良表现我也可引以为戒，孔子为什么不说“二人行，必有我师”呢？主要是在只有两个人的场合，拿他与我作比，自己陷在其中，难免当局者迷。三人行则不同，我还可以以第三者的身份对另二人的表现客观地进行比较，如果那两位的表现有显著差异，甚至善恶分明，则择善而从，不善改之。这一角度较为可靠：旁观者清。这一方法较为有效：“不怕不识货，只怕货比货。”

2. 孔子道大，却“道不远人”，俯拾皆是。孔子向人学道，不分古今，不分亲疏，可说是学无常师。所以 19.27 章子贡曰：“夫子焉不学，而亦何常师之有。”

3.《老子·道经·二十七章》论述到圣人善于利用各种资质的人才，在圣人看来没有什么人才垃圾。紧接其后有一段话：“故善人者，(不)善人之师；不善人者，善人之资。”引文中括号里那个“不”字，由于马王堆帛书的出土，现在终于删掉了，意思豁然开朗。上面引文的大致意思是：“所以，善人固然可以担任善人的老师，不善人也是宝贝，善人可以以他们作为借鉴。”读者可以看出这段话与《论语》本章有异曲同工之妙。

7.21　子曰：“天生德于予，桓魋其如予何？”

孔子说：“既然上天让德生在我身上，桓魋他能把我怎么样？”

1. 桓魋[tuí]　宋景公时期的宋国司马，执掌宋国兵权。虽然桓氏家族曾是望族，但后来却纷纷逃出宋国，如鸟兽散。究其原因，在桓魋一人身上。

桓魋作为重臣，威名显赫。但他却没有珍惜自己的权势和荣誉，后来权势欲急剧膨胀，酿成了大祸。

当时，桓氏家族是商裔贵族中一股强大的势力，也是宋景公依靠的力量，桓魋尤受宋景公宠爱。公子地(景公的庶母弟)与桓魋不和，对此不能忍受。公子辰(景公胞弟)和公子地声气相投，两人愤愤不平，却无力改变局面，怕受害于景公和桓魋，便与当时不得势的宋平公和宋元公的后裔们一起离开宋景公，占据萧（今安徽萧县西北）地，曾任宋国右师的乐大心也跟随他们而去。他们在萧地聚集了一部分力量，想讨伐桓魋。

这期间，孔子周游列国到了宋国。孔子与宋景公原系同宗同族，宋景公知道孔子是天下闻名的圣人，门下有数十名文武兼备的弟子，如果把他们师徒长久地留在宋国做事，便可使宋国不再受大国的欺凌。宋景公准备出城迎接孔子。桓魋却怕孔子师徒来后会取代他们的权势，对宋景公说："孔丘在鲁，父母之邦，官为大司寇，兼摄相事，位极人臣，然而却要辞官出走，可见其野心非小。他在卫国五年，卫灵公对他敬而不用，可见卫国看透了他。宋不及卫大，不若鲁强，孔丘师徒不速而自来，狼子野心岂不昭然若揭了吗？"宋景公说："孔子是当今圣人，哪会做犯上作乱之事？眼下宋国正在用人之际，有他们这一班文武干才，岂不可以对外征战，对内安邦？"桓魋说："我主若收纳孔子师徒，委以重任，他们一旦发起难来，谁能抵御？这无异于引狼入室。"桓魋竟不经宋景公同意，带领人马去杀孔子。结果孔子被赶出宋国，宋景公怏怏不快。

《史记·孔子世家》交代了本章背景：

鲁定公去世那年（前 495），孔子离开曹国到了宋国，"与弟子习礼大树下"。宋国的司马"桓魋欲杀孔子，拔其树"，孔子只好离开此地。弟子们催促说："我们走快点吧！"孔子就说了本章这番话。桓魋是宋桓公之子肸（xī）的后代，肸字向父，所以桓魋又名向魋。宋景公赏识孔门人才济济，想重用他们，桓魋怕自己的权力被夺走，拔树不让习礼，则孔子师徒没有理由再待在此地。

这件事的日期有误。

《史记·宋世家》载："[宋]景公二十五年，孔子过宋，宋司马桓魋恶之，欲杀孔子，孔子微服去。"

《史记·十二诸侯年表》载"孔子过宋，桓魋恶之"，这一事件也在宋景公二十五年栏目里。

两处记载时间一致，而这一年应该是鲁哀公三年（公元前 492）。

《史记》两处说桓魋欲杀孔子，不知有什么根据。单从"桓魋欲杀孔子，拔其树"这段记载，把"拔其树"作为杀孔子的前奏说不通，不如说是"桓魋欲驱孔子，拔其树"。据史籍记载，孔子居留宋国时对桓魋的奢靡背地里有过批评，桓魋把孔子看作眼中钉也不奇怪。

2. 天生德于予　上天让大德生在孔子身上。严格说来，德不是一个可以授受的实体，而是孔子对天道认识的心得或内化。其实就是孔子的"据于德"，这是上天赋予孔子的神圣使命。

3. 桓魋其如予何　其，他；予，我。“如……何”的意思是“拿……怎么样”。从“天生德于予”推出桓魋不能把我怎么样，历代注家都在设法说清其间的逻辑关系。以孔子有大德为根据，包咸推出：“德合天地，吉无不利。”用《中庸》的话说：“诗曰：‘嘉乐君子，宪宪令德，宜民宜人，受禄于天，保佑命之，自天申之。’故大德者必受命。”

末句是说，孔子负有天之明命才有的大德，怎么会轻易丧命于坏人之手呢？后面9.5章孔子说得更清楚：

子畏于匡，曰：“文王既没，文不在兹乎。天之将丧斯文也，后死者不得与于斯文也；天之未丧斯文也，匡人其如予何！”

孔子自信他承载了文王传下来的礼制，且这并非偶然，而是出自上天的安排。桓魋杀得了他则有悖天理。我们从3.24章知道，仪封人都看出“天将以夫子为木铎”。

对本章孔子这段话，钱穆先生有他的独特见解，抄录在这里供读者研究：“桓魋纵能杀孔子之身，不能夺孔子之德，德由天生，斯不专在我。桓魋之所恶于孔子，恶孔子之德耳。桓魋不自知其无奈此德何。既无奈于此德，又何奈于孔子。”

4. 我们可以进一步悟出“天生德于予”中的德与《中庸》所称的三达德（知、仁、勇）有密切联系。孔子面对这场危机的表现，正是“知者不惑，仁者不忧，勇者不惧”。事变发生于鲁哀公三年（前492年）前后，孔子当时60岁，早过了知天命之年，孟子说孔子是“圣之时者也”（《孟子·万章下》）。桓魋要来追杀，当机立断，孔子当即决定微服走避，这是知。而在众弟子说赶快逃（“可以速矣”）的时候，孔子却心定气闲，说出本章这番话来，不忧不惧，这是仁和勇。

7.22 子曰：“二三子以我为隐乎？吾无隐乎尔！吾无行而不与二三子者，是丘也。”

孔子说：“你们几位同学以为我对你们留一手吗？我对你们什么都不隐瞒！我之所以平日行为没有一件不和同学们一起，就为了让你们认识我孔丘。”

1. 二三子以我为隐乎　二三子，已见3.24“仪封人”章，指孔子身边弟子。隐，隐匿。长期随侍在孔子身边的有些弟子似乎怀疑孔子不把全套本领传授给他们。

2. 无隐乎尔　尔，你们。孔子说，我对你们没有留一手。

3. 吾无行而不与二三子者，是丘也　孔子说：我平日一切行动哪一件不是和各位在一起的呢？让你们所见到的，是一个真实完整的我。你们跟我学，不但听到我的一切言论，还见到我待人接物的一切行为。“吾×××者，是丘也”句法独特，句中吾、丘重复，“是丘也”三字非常值得玩味，孔子强调的是“身教，正是我教学的特点”。

以上面“天生德于予”章为例，当时孔子正带领众弟子在大树下习礼，但桓魋派人来拔树，弟子们从这一特殊情境中应该向孔子学到了除礼以外的很多东西，既有孔子离开宋国的决策，也有孔子对前景的判断和评述，更从中学到了生发在孔子身上的三达德——知、仁、勇。

4. 老虎拜猫为师的民间故事流传已久，师傅若不留一手，下场会很悲惨。俗谚“教会徒弟，饿死师傅”，正是旧时职场上师父与学徒微妙关系的写照。从本章可见，早在两千五百年前，已有孔门弟子流露出老师会不会留一手这样的想法。孔子不但表明自己不会这样做，还告诉弟子，我不仅通过讲学让大家获得文献知识，还向大家充分展示我自己对文献知识的实践。本章突出一个“行”字，就是突出孔子的身教重于言传。老师自己如何学以致用，非但不藏着掖着，还作为传道授业的主要工具，孔子不就是有意这么做的第一人么？

5. 孔子强调身教，是由孔学的特性决定的，孔子之学至今没有进入课程，那就是“成已之学”，把学者自己当作产品进行研究。孔子就是样品，好比弟子学航空学，连真正的飞机都见不到，恐怕不行。

身教有效地寓于“从游”之中，12.21 章“樊迟从游于舞雩之下”，正式提出了“从游”一词。司马迁敏锐地注意到了，《史记·仲尼弟子列传》：“子路喜从游，遇长沮、桀溺、荷蓧丈人。”梅贻琦、潘光旦合撰的《大学一解》对“从游之精义”更阐发得淋漓尽致：

古者学子从师受业，谓之从游，孟子曰：“游于圣人之门者难为言。”间尝思之，游之时义大矣哉。学校犹水也，师生犹鱼也，其行动犹游泳也，大鱼前导，小鱼尾随，是从游也，从游既久，其濡染观摩之效，自不求而至，不为而成。反观今日师生之关系，直一奏技者与看客之关系耳，去从游之义不綦远哉！

6. 钱穆先生说：“本章孔子提醒学者勿尽在言语上求高远，当从行事上求真实。有真实，始有高远。而孔子之身与道合，行与学化。其平日之一举一动，笃实光辉，表里一体，既非言辨思议所能尽，而言辨思议亦无以超其外。此孔子之学所以为圣学。孔子曰：‘默而识之’，其义可思矣。”这段话我们要仔细咀嚼！

7.［明］曹臣编著的《舌华录·慧语第一》记载了一个故事：

黄龙寺晦堂老子尝问山谷以“吾无隐乎尔”之义，山谷诠释再三，晦堂不答。时暑退凉生，秋香满院，晦堂因问曰：“闻木樨香乎?”山谷曰：“闻。”晦堂曰：“吾无隐乎尔。”山谷悟服。

北宋著名文人黄庭坚曾师事于高僧晦堂和尚，有一天晦堂考黄庭坚怎样理解“吾无隐乎尔”，晦堂对黄庭坚的回答不满意，问他闻到桂花香吗？黄答：“闻到的。”晦堂说我没藏着掖着不让你闻吧！

这段话实在有佛教所称的禅机，读者必能明白其奥秘。

7.23　子以四教：文、行、忠、信。

孔子以四种方式教人：言教以文，身教以行，贯串以忠、信。

1.《论语》编者把这段非孔子语录紧跟在7.22章之后，其实就是为上章中那个“行”字加注，点明“行”是孔子的身教。

传统解读让上面八个字另立新章，可能是无视它与7.22章的联系，对“行”字的理解才众说纷纭。历代注家多把文、行归为孔子的教学内容，如郑玄注：“四者有形质，可举以教。”《朱注》：“程子曰：‘教人以学文修行而存忠信也。’”刘氏《正义》说：“此四者，皆教成人之法，与教弟子先行后学文不同。”《皇疏》本章：

孔子为教，恒用此四事为首，故云“子以四教”也。李充曰：“其典籍辞义谓之文，孝悌恭睦谓之行，为人臣则忠，与朋友交则信。此四者，教之所先也。故以文发其蒙，行以积其德，忠以立其节，信以全其终也。”

陈氏《辨疑》针对《皇疏》《朱注》之类的说法尖锐地指出，“行”已包括了忠信，说是四教，其实是二教，说不通：

行为所行诸善之总称，忠与信特行中之两事，存忠信便是修行，修行则存忠信在其中矣。既言修行，又言而存忠信，义不可解。古今诸儒解之者多矣，皆未免为牵强。王滹南曰：“夫文之与行固为二物，至于忠信特行中之两端耳，又何别为二教乎。读《论语》者圣人本意固须详味，疑则阙之。若夫弟子之所志，虽指称圣人，亦当慎取，不必尽信也。”此盖谓弟子不善记也，所论极当，可以决千古之疑。

陈天祥（1230—1316）是元初高官（中书右丞），王滹南就是金代文学家王若虚（1174—1243），写过《论语辨惑》。陈王二人看法一致，都说孔门弟子本章记载不可靠。

把本章看成上章的“编者按”来读，那么《论语》编者蒙受了近 800 年的冤马上可以洗白，自郑玄（127—200）以来长达 1800 年的一桩公案或许可以了结。

2. 本章的关键词当然是个“教”字。通览《述而》篇前面二十多章，孔子“述而不作”，为什么述？是教弟子。孔子“诲人不倦”，只要“自行束脩以上”，能独立生活从游，“未尝无诲”。另外一条教学原则是：“不愤不启，不悱不发，举一隅不以三隅反，则不复也。”

3. “子以四教”中的“以”是个虚词，容易被忽视，会被当作“子教以四”，然后把“文行忠信”当作四项教学内容，其实要上升到教学方式或纲领的层面。

4. 文，可称之为文教，指礼乐法度；文章教化。孔子对当时的儒学经籍，述而不作，正是“言传”。《述而》篇前面提到孔子“雅言”，就是把学《易》、学《诗》、学《书》和执礼经常挂在嘴边“述”，《史记・孔子世家》称之为“孔子以诗书礼乐教”，各国典籍文献当然也在其中。

5. 行，可称之为行教，指教师用自己的实际行动对学生进行示范性的影响，亦称“身教”。我们提到，上章不可轻轻看去，认为是孔子向弟子发牢骚，表白为师者没有留一手。孔子强调他用来教弟子的不但是“文”，也包括他自己的“行”。孔子不但言传，而且身教。所以本章在这一意义上把“文教”与“行教”对举。

6. 后二教“忠”“信”的指向与前二教不同，是孔子传道一以贯之的纲领。

我们在 4.14 章提到，孔子对曾子说“吾道一以贯之”，是指“夫子之道”本身，曾子理解为“夫子之道，忠恕而已矣”未见孔子认可。前贤对“忠恕”并列并不十分赞同，从本章我们可以悟到“夫子传道，忠信而已矣”。

“忠信”连用，在《论语》里多处可见。早在 1.8 章孔子教育弟子，明确要求“主忠信”，注意那个“主”字，在《论语》里只出现了 5 次，除 2 处是“射不主皮”和“昔者先王以为东蒙主”（16.1 章）外，全都是“主忠信”，没有什么“主孝弟”“主仁知”“主恕”之类。孔子在教学中强调以忠信为主心骨，弟子对此印象显然很深。即使是提出忠恕说的曾子，他每天反省的首先就是忠信二字：“为人谋而不忠乎？与朋友交而不信乎？”再加上“传不习乎？”既然孔子传我以“主忠信”，我当然要把每天对忠信的反省放在最重要的地位了。

孔子道大，但他教导弟子都在实处教，不空谈治国平天下，不泛提仁义礼智信，更不高论性与天道。“君子务本，本立而道生”，这是儒家实在处。反儒者则从根子上反对务本，热衷于提出不切实际的口号，“主忠信”浑然不见。人既然不可能一步登天，那只能说是反儒者自己不以忠信为主心骨，存心欺世了。

7.24 子曰：“圣人，吾不得而见之矣，得见君子者斯可矣。”

子曰：“善人，吾不得而见之矣，得见有恒者斯可矣。亡而为有，虚而为盈，约而为泰，难乎有恒矣。”

孔子说：“圣人，我是看不到了，能见到君子就不错了！”
孔子说：“善人，我是看不到了，能见到有恒的人就不错了！没有装作有，空虚装作丰满，困窘装作舒泰，就难以有恒了。”

1. 本章是孔子就治国者发出的感慨。孔子所说的圣人仍是指有德有位者，对天下风俗，大而能化。君子则有德未必有位。[三国魏]李康《运命论》：“夫黄河清而圣人生。”有圣人的治理，才会出现河清海晏、时和岁丰的气象。原始儒家心目中的圣人世不一见；为孟子所承认的，大致就是尧、舜、成汤、伊尹、文王、周公、伯夷、叔齐、柳下惠和孔子本人。春秋连年战乱，哪里见得到圣人！

圣人可遇而不可求，能得到孔子盛赞的君子也寥若晨星，《论语》中只有宓子贱（5.2 章）、南宫适（14.5 章）和蘧伯玉（15.7 章）三人。

2. 孔子说，不但圣人见不到，善人也见不到。《子路》篇里有两段话——子曰：“善人为邦百年，亦可以胜残去杀矣。”（13.11 章）子曰：“善人教民七年，亦可以即戎矣。”（13.29 章）而春秋时代根本看不到这种升平景象，孔子所见尽是“以不教民战”。（13.30 章）

3. 圣人与君子的关系是：二者都有德，圣人更有位。善人与有恒者的关系类似：善人就是有位之有恒者。所谓有恒，指有恒心。孟子说：“苟无恒心，放辟邪侈，无不为已。”恒心来自恒产（今天一定包括知识产权）。士作为知识工作者，其知识他人不能夺走，相当于恒产。其实这就是孟子的说法：“民之为道也，有恒产者有恒心，无恒产者无恒心。”“无恒产而有恒心者，惟士为能。”

一个人没有恒产，只能“亡而为有，虚而为盈，约而为泰”，即以无充有，空虚装丰满，以穷装富。这种人能说是有恒产吗？没有恒产当然难称有恒了。

7.25 子钓而不纲，弋不射宿。

孔子捕鱼，用钓钩不用渔网；射鸟，不射栖巢之鸟。

1. 钓而不纲　钓鱼是一竿一钩。纲是用长绳系许多钓钩横跨河流，不使漏网。

2. 弋不射宿　弋[yì]是用生丝系小石射鸟，一则可以小石惯性缚鸟翅，二则可以让中箭之鸟逃不远。宿指宿巢之鸟。

孔子渔猎，或为食用，或为祭祀。孔子游于艺，射也是六艺之一。但不贪多得，而是体现“取之有时，用之有节”的精神，不滥杀。用多少钓多少，何必一网打尽。射鸟，也不愿出其不意射安歇之鸟。射死一个，一巢惊恐。虽是杀生，也体现仁人爱物之心。今天这种精神已形成生态伦理。

7.26 子曰：“盖有不知而作之者，我无是也。多闻，择其善者而从之；多见而识之；知之次也。”

孔子说：“大概有无知无识而创新立说的人吧，我倒不是。多听，择善而从；多看，并牢记于心。[这虽不是亲获或有所师承之知，也算]是次一等的知。”

1.《述而》篇开头孔子自称“述而不作”，即使知之甚多，也不作，更加不会“不知而作”，也就是没弄清楚就著书立说。

2. 孔子认识事物的途径是多闻多见。当代的、身边的见得到，有善有恶，则择善而从。这里的“从”，指传述发扬。古代的良法美制、古人的嘉言懿行，不能亲眼所见，只是耳闻，努力“识[zhì]之”，即铭记于心。

3. 知之次也　16.9 章孔子曰：“生而知之者，上也；学而知之者，次也。”上知是独创新说，自我发明，世所罕有。次知是对现有知识的发明，通过多闻多见、好古敏以求之、择善而从、识之于心来集大成。等外之“知”就是“不知而作之”，无知妄作，贻误众生。

在多闻多见外，孔子重视对旧知识的不断加工。他把自己定位为传道授业解惑的师者，强调从旧知中开发新知："温故而知新，可以为师矣。"

7.27 互乡难与言。童子见，门人惑。子曰："与其进也，不与其退也，唯何甚？人洁己以进，与其洁也，不保其往也。"

互乡的人难说话。有童子上门，孔子却见了他，门人觉得奇怪。孔子说："我帮助他上进，不推他退步呀，这有什么过分呢？人家虔诚地上门求进步，我认同他这番诚心，不是肯定他以前的表现啊。"

1. 互乡难与言　历代注家指"互乡"为某地乡名，有在亳州鹿邑县、陈州商水县、徐州沛县等许多种说法，说此地的人难说话。

刘氏《正义》综合历代各种考证，结论是"互乡不知所在"。

站在《论语》编者立场上，崇尚隐恶扬善，当不会指名道姓把乡名公布出来使所有当地人遗臭万年。按"互"字是"人手推握之状"，类似两人掰手腕较劲（如图）。编者可能以"互乡"称此地民风蛮悍，好抬杠，外人少搭理为妙。

2. 童子见，门人惑　孔子却接见了互乡童子，门人大惑不解。

3. 与其进也，不与其退也　"与"的本义是有事搭把手相助。童子进来请教，我乐成其事，又不是给童子寻衅抬杠当教练。

4. 甚　过头。"唯何甚"，这有什么过分呢？

5. 人洁己以进　童子端正态度洗心革面进来求教，是诚心诚意向上的表现。

6. 与其洁也，不保其往也　孔子说："我认同的是童子今日之洁，不是担保他往日行为得当。"这里的"往"字用法如 3.21 章"既往不咎"、18.5 章"往者不可谏"。

7.28 子曰："仁远乎哉？我欲仁，斯仁至矣。"

孔子说："仁远吗？我想要仁，仁就来到了。"

孔子学说以仁为目标，但平日很少谈仁，上面 7.23 章讲的"子以四教:文行忠信”中就不见仁字。本章孔子却说仁不远,你只要想行仁道,仁就到了。这是因为,“仁者相人耦”,仁意味着对不同的人组成不同性质的耦合,依照不同的原则处理好人际关系,使之符合中庸之道。你时时刻刻面对他人,你处理好当下这个耦合,就是仁的一份功德。但是你要处理的不是眼下这一份人际关系,而是今后人生中每一份人际关系,能够“三月不违仁”的,学生中也只有颜回才做得到。所以当别人问孔子“你的某弟子仁不仁”时,孔子因不了解弟子的其他人际关系是怎么处理的,只能回答不知。

7.29 陈司败问昭公知礼乎?孔子曰:“知礼。”

孔子退,揖巫马期而进之,曰:“吾闻君子不党,君子亦党乎?君取于吴为同姓,谓之吴孟子。君而知礼,孰不知礼?”

巫马期以告。子曰:“丘也幸,苟有过,人必知之。”

陈国司败问孔子,鲁昭公知礼吗?孔子说:“知礼。”

孔子退出后,陈司败向巫马期作了个揖,请他走近,对他说:“我听说君子无所偏袒,难道君子也会偏袒吗?鲁君从吴国娶了一位女子,鲁国吴国同姓姬,不便叫她吴姬,而称吴孟子。如果鲁君算知礼,还有谁不知礼!”

巫马期把陈司败的话告诉了孔子。孔子说:“我孔丘也是幸运。有了过失,人家一定会知道。”

1. 陈司败　陈国楚国称司寇为司败。陈司败,指陈国官任司败的某大夫。鲁昭公名姬裯[chóu],因“习于威仪之节”,当时人都说他知礼,陈司败却听到昭公有违礼之事,故意问孔子:昭公知礼吗?

昭公是谥号,本章所记之事如果发生在昭公去世后,陈司败问“昭公知礼乎”是正常的。如果此事发生在昭公生前,陈司败口中就不可能说出“昭公”二字,“昭公知礼乎”就是《论语》编者后来的转述。

孔子应该知道昭公有违礼之事,却回答“知礼”,被陈司败抓住把柄。

2. 孔子退,揖巫马期而进之　巫马期,孔子弟子。巫马复姓,名施,小孔子三十岁。孔子回答完退去后，陈司败又作揖请巫马期进来问。

3. 君子不党　孔安国说：“相助匿非曰党。”君子不会隐瞒真相偏袒某方的。陈司败问巫马期：“孔子说昭公知礼，难道君子也会帮着鲁国隐瞒丑闻吗？”

4. 君取于吴为同姓　取，同娶。鲁、吴两国都姓姬，按周礼，同姓百世婚姻不通。

5. 谓之吴孟子　按周礼，称妇人都要称某国某姓，传说中的“孟姜”女就是齐国的姜姓长女。吴国的姬姓长女应当称吴孟姬，昭公讳称姬姓，称孟子，而“子”却是宋女之姓。鲁人在孟子前又加回一个“吴”，是调侃之辞。

6. 丘也幸，苟有过，人必知之　孔子承认回答“知礼”是学识不足，看走眼，并把他人指出自己的过失看作是自己的荣幸。《史记·仲尼弟子列传》引《论语》本章，孔子的这句话后还有一句孔子自己的解释：“臣不可言君亲之恶，为讳者，礼也。”表明孔子对鲁昭公不合礼的行为不是不知，而是不说，让自己代君受过。《荀子·子道篇》记载鲁哀公问孔子：“子从父命，孝乎？臣从君命，贞乎？”孔子不同意，因为父命君命不对头的话，就是不能从。但任凭哀公一问再问，孔子就是不答，也是这个道理。

7.30　子与人歌而善，必使反之，而后和之。

孔子与人一起唱歌，遇到此人唱得好，必请他再唱，然后自己再和他。

善，称善。反，反复。

孔子经常唱歌，以致弟子观察到“子于是日哭，则不歌”（7.9 章）。《史记·孔子世家》说“诗三百篇，夫子皆弦歌之，以求合韶武雅颂之音。”本章所谓善，应该指此。其实孔子的工作量是很大的，我们想象一下本章所描述的情景，《诗》三百篇，孔子先与人一起唱，觉得此人唱得好，请他再唱一遍，是为了细品其妙处，采其精华，然后再和一遍，到“合韶武雅颂之音”才告结束。朱熹赞赏说：“此见圣人气象从容，诚意恳至，而其谦逊审密，不掩人善又如此。”

7.31 子曰："文莫，吾犹人也。躬行君子，则吾未之有得。"

孔子说："文章谋略，我和别人一样，都是可以琢磨出来的。怎样成为躬行君子，我却没有摸索出门道来。"

1. 本章按上面的标点，除了"文莫"意义不明以外，是很通顺的。这种标点法与《大学》所引孔子话"听讼，吾犹人也"一样，是标点正确的有力证据。孔子想要表达的核心意思是："文莫"方面毕竟容易达到，做个躬行君子就难了。因为孔子谦虚，不肯把自己凌驾于世人之上，所以采用本章的表达方法，读者决不能误会孔子说自己连做个躬行君子都不够格，他是和光同尘，把自己与众人放在一起。

如果体会不到孔子这份用心，认定他不会把自己贬得这般低，历史上就有注家把前半句的标点改成"文，莫吾犹人也"，往注家自己认定的意思引。这么一改，读上去那么疙里疙瘩，《论语》编者地下有知，想必会摇头叹气。

2. 文莫　流行不衰的一种解释是：文即忞[mǐn]，强也；莫即慔，勉也；忞慔，犹言黾勉，努力的意思。《求真》不敢苟同这种处理方式：舍近求远，连改两字，结果请来一尊菩萨，不过就是常见的"努力"二字，而且很难说是与下文"躬行君子"的级别相当。

笔者认为古文"莫"通谟，指谋略。《康熙字典》说："莫，又谋也。"《诗经·小雅·巧言》："秩秩大猷，圣人莫之。"《汉书》注引此诗，"圣人莫之"作谟。（"文谟"一词历史上还真有人用过，不过已在明朝了：方孝孺《倭研铭》："产乎夷，成乎琢。宣文谟，佐帷幄。"）"文谟"就是文章谋略。联系孔子下句"躬行君子，则吾未之有得"，反衬相当自然。

本章的中心思想是：要做君子，难在躬行二字，"文章谋略"（或是听讼之类）还真算不上什么。考虑到《述而》篇充斥的"文"字，特别是"子以四教，文行忠信"，"文谟"的"文"字，肯定不是什么"忞"的借代字，而是堂堂正正与"行"相对的。一般人重文轻行，孔子偏说："行有余力，则以学文"，就是因为躬行之难。那个"谟"字，即使意味着其人足智多谋，也不能增加德行，与道德意义上的君子无关，汉初名相陈平就是例子。

7.32 子曰："若圣与仁，则吾岂敢？抑为之不厌，诲人不倦，则可谓云尔已矣。"公西华曰："正唯弟子不能学也。"

孔子说："若说我是圣人仁人，我哪担当得起？不过就在学做圣人仁人方面做到'行之不厌，诲人不倦'罢了。"公西华说："正在这点上，我们弟子学不到啊！"

1. 若圣与仁，则吾岂敢　当时人们盛赞孔子是圣人，或仁人，孔子谦辞。《孟子·公孙丑上》提供了一个背景，可供参考：

昔者子贡问于孔子曰："夫子圣矣乎？"孔子曰："圣则吾不能。我学不厌而教不倦也。"子贡曰："学不厌，智也；教不倦，仁也。仁且智，夫子既圣矣。"

子贡问"圣"，显然不是问"老师您有德有位吗？"从这番对话可以知道，子贡心目中的圣，既是智者又是仁者。

2. 为之不厌，诲人不倦　为之不厌指在学圣学仁方面不厌地践行，诲人不倦强调的也是这方面，二者反映了孔子之智与仁。

3. "云尔"　说的这些。"可谓云尔"，不过就是我说的这些罢了。也就是上文"为之不厌，诲人不倦"。

4. 正唯　正是这一点。

公西华说："正是这一点我们弟子学不到。"学不到什么？一定要与7.31章互参，就是"躬行"二字。由7.22章，可见弟子只知道跟着孔子是为从孔子处讨学问，最怕孔子留一手；而对孔子的身教，即怎样践行圣与仁，熟视无睹，不肯着力。不把孔子之学当作"成己之学"，恐怕这是后世弟子的通病。

君子需要以毕生之力"笃行好学，守死善道"，正如《易·乾卦》所说："天行健，君子以自强不息。"一日不躬行，不进则退，今日之为君子，难保明日不堕落为小人。钱穆先生说："故知圣与仁其名，为之不厌诲人不倦是其实。孔子辞其名，居其实，虽属谦辞，亦是教人最真实话。圣人心下所极谦者，同时即是其所最极自负者，此种最高心德，亦惟圣人始能之。读者当就此两章细参。"

7.33 子疾病,子路请祷。子曰:“有诸?”子路对曰:“有之。诔曰:‘祷尔于上下神祇。’”子曰:“丘之祷久矣。”

孔子病重,子路请孔子允许他代为向神灵祷告。孔子说:“有代祷一说吗?”子路说:“有呀!从前的讄文上说:‘为你祷告于上下神祇。’”孔子说:“我自己已祷告很久了!”

1. 疾病　疾从矢,原指外伤;病从丙(本义为鼎足而立),原指内患。疾病连用由外而内,本章指病重。

2. 请祷　请代祷于鬼神。

3. 有诸　“诸”,“之乎”的合呼。孔子问:“有生病代祷一说吗?”

4. 诔曰　“诔”[lěi],应当从《古论语》作“讄”,发音相同。讄文是禀告神明某人积累了多少功德请求赐福用的。诔文是哀悼表彰死者,赐以谥号用的。

5. 祷尔于上下神祇　子路引用讄文来作为代祷的根据。上下指天地;神,天神;祇[qí],地神;尔,汝。“祷尔于”就是为他人代祷。讄文致送上下神祇,是天子的级别,即使要代祷,孔子作为大夫也只能实施于宗庙。

6. 丘之祷久矣　孔子不正面拒绝代祷,只是说:“这种祷告我已实行好久了。”从《论语》看来,孔子负有天命,“终日乾乾,夕惕若厉”,心中默默祝祷,让自己的言行符合天道,如有违反则“天厌之”。今天生重病,并不是犯有什么罪过,并不是不祈祷所致,也不是请人代祷所能消弭的。言下之意是不必烦劳子路代祷。子不语怪力乱神,孔子对子路也只是点到为止。

子路爱师,无力相助,只有代师乞求神灵,唯恐代祷不对,仍先请教老师,“就有道而正之”,拳拳之情可悯。孔子乐天知命,祭神如神在,把祷告看作是洁净之心与鬼神交流,决不为求媚赐福。代祷属于“吾不与祭,如不祭”,他当然不接受。

7.34 子曰:“奢则不孙,俭则固。与其不孙也,宁固。”

孔子说:“凡事过于张扬便不逊让,过于算计便固陋。但与其不逊让,宁可固陋。”

1. 孙　通“逊”，谦让恭顺。奢侈之人事事务求铺张，存着风头盖过别人的念头，又岂能谦让恭顺。俭与奢正相反，过分节省，该花三分钱只肯花两分，事事捉襟见肘，便是固陋。

2. 奢与俭，都失中道，所以《八佾》篇林放问礼之本，孔子说：“礼，与其奢也，宁俭。”本章进一步说明了内中道理：受固陋之累的主要还是俭者自身，不谦逊则侵犯到他人，有违仁道。两害相权取其轻。

7.35　子曰：“君子坦荡荡，小人长戚戚。”

孔子说：“君子胸怀坦荡，小人常是局促不安地活着。”

1. 坦荡荡　坦，坦然。荡荡，宽广。君子志于道，据于德，依于仁，游于艺，信仰无愧于天地人，造就这番胸襟。参见9.28章“仁者不忧”——指不为个人患得患失。坦荡荡也表现为《大学》所说的“富润屋，德润身，心广体胖”，心广体胖［pán］现在成了成语，本意是人心胸开阔，则安详舒泰。

2. 长戚戚　郑玄释为多忧惧。《朱注》引程子曰：“君子循理，故常舒泰。小人役于物，故多忧戚。”无论是释为忧惧还是忧戚，都是从《论语》3.4章“丧，与其易也，宁戚。”引申过来的，并为后世注家所认同。但是，“多忧戚”不等于器量小，用它来作为小人的特征，一定会误伤许多忧国忧民的君子。随便举几个例子，下面这些君子都像是“小人长戚戚”：

《楚辞·离骚》：“长太息以掩涕兮，哀民生之多艰。”

［汉］贾谊《治安策》：“臣窃惟事势，可为痛哭者一，可为流涕者二，可为长太息者六。”

司马迁在《报任少卿书》中写他受宫刑的感受：“是以肠一日而九回，居则忽忽若有所亡，出则不知其所往，每念斯耻，汗未尝不发背沾衣也。”

杜甫《登高》：“万里悲秋常作客，百年多病独登台。艰难苦恨繁霜鬓，潦倒新停浊酒杯。”

范仲淹《岳阳楼记》：“不以物喜，不以己悲；居庙堂之高则忧其民；处江湖之远则忧其君。是进亦忧，退亦忧。然则何时而乐耶？其必曰‘先天下之忧而忧，后天下之乐而乐’乎！”

带着类似的疑问，［清］黄式三《论语后案》认为，“戚戚”就是《诗经·小雅·节南山》“我瞻四方,蹙蹙靡所骋。”中的“蹙蹙”,迫缩不舒展的意思。程树德《论语集释》对黄式三的解释赞赏有加,认为这个解释比“忧戚”要好,因为“长蹙蹙”(迫缩不舒展)与“坦荡荡”的情状正相反,不会把屈原、贾谊、司马迁、杜甫、范仲淹等襟怀磊落的君子划进小人堆去。小人之所以一天到晚迫缩不舒展地活着,正是因为小人谋食不谋道,无德可据,多欲争利又不成器,没有远大理想,成天患得患失,嫉贤妒能,怨天尤人。

7.36 子温而厉,威而不猛,恭而安。

孔子温和,又严厉。有威,但不凶猛。恭敬,但无不安。

温,温和。厉,严肃。王弼说:“温者不厉,厉者不温。威者必猛,不猛者不威。恭则不安,安者不恭。”温而不厉是绵羊,威而猛是老虎。恭而不安是暴君身边侍者,成天提心吊胆。孔子能跳出这种固定模式,调和温—厉、威—柔、恭—安这三对对立神态于一身,足见孔子的修养。参见 19.9 章子夏曰:“君子有三变:望之俨然,即之也温,听其言也厉。”

泰伯篇第八

本篇原有21章,8.2章下半段到8.8章集中了一批曾子言论,应该是来自《子张》篇的错简(见前言),移去后剩16章,所记纯粹是孔子的言论,篇首篇末是对古圣贤的评赞。

8.1 子曰:"泰伯,其可谓至德也已矣!三以天下让,民无得而称焉。"

孔子说:"泰伯,他的品德可说是至高无上了!他三次让了天下,老百姓也无由称道他。"

1. 泰伯　一作"太伯",周族第十三代领袖古公亶[dǎn]父(后被尊称为太王)的长子。太王次子仲雍(一作虞仲),幼子季历。季历是太姜所生,季历娶太任,二女都是贤妇。太任生下儿子姬昌"有圣瑞"(圣人气象),太王很高兴:"我世当有兴者,其在昌乎?"泰伯和仲雍都知道父亲想废长立幼,以后好传位给昌。太王病重时,泰伯便出逃。仲雍孝悌,跟着哥哥逃亡,两人辗转几千里,最后落脚吴地(今无锡、常熟一带),并且文身断发,以明不回中原任国君之志。于是季历继位,传位于昌,就是周文王。

2. 至德　品德至高无上。《论语》中孔子提到至德有三次。还有后面8.15章"周之德,其可谓至德也已矣!"和6.28章"中庸之为德也,其至矣乎!"从中可以看出孔子推崇备至的人物是泰伯,推崇备至的朝代是周朝,推崇备至的境界是中庸。

3. 三以天下让　泰伯让国使文王武王得到了天下。泰伯本来可以名正言顺成为国君,以其至德,将来也能取代无道的殷商匡救天下。所以在孔子看来,泰伯让国等于让天下。“三以天下让”的语气比“三让天下”更强调“三”,所以“三”是实数,不是借代多次。一让:太王病重,泰伯逃避到吴地;二让:太王去世,不回国奔丧;三让:服丧期满,不惜“素夷狄,行乎夷狄”(《中庸》语),断发文身,终身不回国。

4. 民无得而称焉　泰伯再三让国的举动是周部落兴盛的关键,但因泰伯处理得无迹可寻,老百姓浑然不知,无法称道。据说他逃奔吴地是以父亲病重,要去采药为名,一去不归;父亲死了也没有奔丧,好像失踪了似的,日久便被百姓遗忘,成为人民心中可有可无之人。历史表明,一方面“民无得而称”,一方面得到好处最多的就是民众。反之,“伯夷叔齐,饿于首阳之下,民到于今称之”(16.12 章)却无关“以食为天”的民众利益。

5. 慎终追远,如果给以传统的狭义解释,慎终就是“丧尽其哀”,那么泰伯的表现就有违孝道。然而按当代给出的 1.9 章广义的理解,《中庸》说“夫孝者,善继人之志,善述人之事者也”,泰伯善于成全父亲的心意,所以是大孝,能让位给小弟弟,是大悌。孝悌为仁之本,如此大德,一点也不张扬。《中庸》又说:“君子依乎中庸,遁世不见知而不悔,惟圣者能之。”明明有德有才,世人都不赏识也不懊悔,已经是圣者的美德,何况泰伯不但不求人知,还但愿世人不知,大德不德,所以孔子给予他高到不能再高的评价——至德。

8.2　子曰:“恭而无礼则劳,慎而无礼则葸,勇而无礼则乱,直而无礼则绞。”

孔子说:“恭而没有礼,费力空忙。慎而没有礼,便会畏怯多惧。勇而没有礼,便会犯上作乱。直而没有礼,便会急切刺人。”

1. 本章的关键词“礼”,极为突出。孔子一贯强调“不知礼无以立”,本章以恭、慎、勇、直为例,一般想来,一个人与人接触,态度恭敬、谨慎、勇敢、直率,应该无可指责了,孔子却说,若这些态度的表现不合乎礼,甚至与礼相背,则必产生相应的负面效果。礼是仁心之外显,之所以未能显现,需要警惕其人的恭、慎、勇、直是否出自仁心。例如,其人对某人毕恭毕敬,完全有可能是“卑辞厚币,必有所求”。慎、勇、直以此类推,可以上升为一般原理。

《礼记·仲尼燕居》引了孔子的一段话谈礼，与本章类似，有助于本章解读：“敬而不中礼谓之野，恭而不中礼谓之给，勇而不中礼谓之逆。”关于敬的一句本章不涉及，关于恭的说法与本章不同，这里先提出来对比分析，作为引子。

现代人把恭、敬连在一起使用，在古代二者有明显区别。《礼记·曲礼》何胤疏：“在貌为恭，在心为敬。貌多心少为恭，心多貌少为敬。”所谓“敬而不中礼谓之野”，一个人内心尊敬某人，未免产生亲近的想法，如表现不合礼法，叫作粗野。

相对于敬，恭更多表现在外貌上，使对方感觉到你的恭敬。“恭而不中礼谓之给。”这个“给[jǐ]”字，按徐灏的说法：“煮丝者引其丝著于筝车旋转以缫之，断则续之，其续甚易而捷，此‘给’之本义也。”我们在5.4章见到过“御人以口给”，“给”有辩才无碍的意思。恭如果表现过分，不中礼，就叫作“给”，也就是徒逞口舌，口轻飘飘。“断则续之，其续甚易而捷”，别人感觉不到他有实心实意。

2. “恭而不中礼谓之给”与“恭而无礼则劳”的区别有两点：(1)“无礼”是礼严重不足，“不中礼”是礼过礼不及，所以“恭而无礼”是“恭而不中礼”的趋于极端的表现；(2)“恭而不中礼”是给“给”下的定义，劳是“恭而无礼”的结果。

劳有两方面的意思：(1)劳字繁体为勞，字头“𤇾”的意思是“以绳绕犁而引之耕”（罗君惕《说文解字探原》），引申为苦力；(2)《一切经音义》卷九解释“劳”为“唐劳”，意思是花尽力气空忙。

1.13章有子说“恭近乎礼，远耻辱也”，可见恭而无礼不但吃力不讨好，还会自取其辱。

3. 慎而无礼则葸　葸[xǐ]，《说文》无此字，许多古籍把葸字草字头换成言字旁、鱼字旁、反犬旁，表示同一个意思：害怕，胆怯、畏惧。慎而无礼者的形象是，一个没见过世面的山里人到了大都市，不懂处事规矩，事事畏畏缩缩。

对假言判断“慎而无礼则葸”可以进行有效推理：从《论语》可见，冉有是个小心谨慎的人，照理孔子应当经常表扬他才是，但孔子对冉有的畏缩不前经常表示不满，甚至要弟子们对冉有鸣鼓而攻之（11.15章），由此可以推断冉有在礼上有亏。慎而有礼怎么会“葸”呢？

4. 勇而无礼则乱　《礼记·仲尼燕居》里孔子说“勇而不中礼谓之逆”，勇敢不合礼法叫作逆，是很严重的罪名，造成的后果就是“勇而无礼则乱”，做事出格，甚至可视为犯上作乱，《阳货篇》两处谈到。一处是，子曰：“好勇不好学，其蔽也乱。”（17.7章）另一处是，子路曰：“君子尚勇

乎?”子曰:“君子义以为上,君子有勇而无义为乱,小人有勇而无义为盗。”(17.22 章)

5. 直而无礼则绞　直,直率。看到某人言行有失,作出的反应不顾对方身份,一视同仁。如 13.18 章所说的直躬,他置亲情于不顾,“其父攘羊,而子证之”,就是直而无礼。后果是什么呢?绞。17.7 章里孔子也指出“好直不好学,其蔽也绞”。绞的本义是把两股丝绞在一起,转义搓绳时两股绳绞过头,本来是直的东西,就绞在一起,失去其直了。马融把绞解成绞刺,以致后人多把绞解成刺人之非,在逻辑上无法贯通。其实是马融把封口的“刺”字误认为下口的“剌”字,皇疏说绞是乖剌,即乖戾、拗戾,也含有绳不直的意思。

传统《论语》读物本章孔子的话还有后半段:“君子笃于亲,则民兴于仁;故旧不遗,则民不偷。”与上文没有关系,若把这段话作为 8.3 章,前面又没有“子曰”字样,郑玄仍把它作为孔子说的话,朱熹引用吴棫,开始质疑是否要另划一章,《求真》考虑再三,决定把这段文字移走,前因后果见《求真·前言》第三大段“第一层”。

＊以下传统《论语》版本的 8.2 章下半段文字到 8.7 章止,是错简,今将其白话语译及注释都移回《子张》篇 19.18 章之后;《泰伯》篇原 8.8 章重新编号为 8.3 章,其后各章依次重新编号。

原 8.2 后半段　君子笃于亲,则民兴于仁;故旧不遗,则民不偷。

原 8.3　曾子有疾,召门弟子曰:“启予足!启予手!《诗》云:‘战战兢兢,如临深渊,如履薄冰。’而今而后,吾知免夫!小子!”

原 8.4　曾子有疾,孟敬子问之。曾子言曰:“鸟之将死,其鸣也哀。人之将死,其言也善。君子所贵乎道者三:动容貌,斯远暴慢矣。正颜色,斯近信矣。出辞气,斯远鄙倍矣。笾豆之事,则有司存。”

原 8.5　曾子曰:“以能问于不能,以多问于寡,有若无,实若虚,犯而不校。昔者吾友尝从事于斯矣。”

原 8.6　曾子曰:“可以托六尺之孤,可以寄百里之命,临大节而不可夺也,君子人与?君子人也。”

原 8.7　曾子曰:“士不可以不弘毅,任重而道远。仁以为己任,不亦重乎?死而后已,不亦远乎?”

8.3　子曰:“兴于诗,立于礼,成于乐。”

孔子说:“兴起在诗,树立在礼,完成在乐。”

1. 8.2 章孔子集中谈礼的重要性，传统《论语》版本因误插入多章曾子语录，不但破坏了《泰伯》全篇风格的统一，8.2 章后半段还立刻打断了关于“礼”的重要性的论述，现在把曾子语录全部移回《子张》篇，同时恢复了本篇原貌。本章孔子接论诗、礼、乐对成人的重要性，两章就贯通了。

古话“十年树木，百年树人”给出了人成长的“树模型”，不管是速成的杨柳还是参天大树，都有共同的成长次序。早期按 1.6 章的精神，弟子七学，以孝弟为本，扎下根；然后，按 2.4 章，以孔子为榜样，他是 15 岁就志于学的，学什么？还是学做人。1.10 章提示，具体说来是《六经》教育，放在第一位的，就是《礼记 · 经解》中孔子所说的《诗》教。这样，本章就与之接轨了。

2. 兴于诗　后面 16.13 章记载，一次孔子的儿子伯鱼在庭前快速走过，孔子叫住他问：“学诗乎？不学诗，无以言。”《诗》要在学语言的黄金时期就开始学，才能终身不忘。

17.8 章指出：“诗可以兴，可以观，可以群，可以怨。……”中心词是诗，强调诗的众多功能。“兴于诗”的重心却是兴。“兴”字在《论语》中出现了 9 次，核心意思都是兴起。形象地说，《诗》使幼小的生命从爬的状态站起来了，但还站不稳。

3. 立于礼　站起来了，下一步是立得住。在“树模型”，那就体现为根深后的干壮，风吹不倒。16.13 章中孔子第二次问伯鱼：“学礼乎？不学礼，无以立。”这一重要教导，直到《论语》末章，还予以强调。8.2 章已告诉我们，恭、慎、勇、直都值得赞赏，但这些是你个人的内在态度，要通过适当的手段表现出来，这就是礼，否则在社会上照样站不住。

所谓立，就是人到成年后在社会上遇到以前未遇到的各种人际关系，都要以“诚信为立身之本”的精神处理好，最终表现为待人以礼。人只有仁心而不能妥善表达也是不行的，礼是仁的规范表现，是遵循与各色人等的关系的行为规范，是要专门学习的。

4. 成于乐　在“树模型”中，树的成材已到了开花结果的阶段。可以推树及人，人生也丰富多彩。现代人常有“音盲乐盲”，不知阳春白雪，满足于下里巴人，与艺术欣赏无缘。此外，同样重要的是，礼主敬，乐主和。人的社会关系不仅是一对一的，到了成人阶段，不时会遇到领袖群伦的问题，小到当个班长、指挥乐队，大到宰相“调和鼎鼐”，所以后面 14.12 章强调：

子路问成人。子曰：“若臧武仲之知，公绰之不欲，卞庄子之勇，冉求之艺，文之以礼乐，亦可以为成人矣。”

推及全章，人生成长的脉络就是兴、立、成。首先要兴，即改变躺倒的体位和心态：想振起，想奋发；然后以德才立足于世；最后诗意地栖居于大地上，成就毕生事业。许多人未能成功，究其原因，就是他们的人生与诗、礼、乐无缘。

8.4 子曰："民可使由之，不可使知之。"

孔子说："引导民众做这做那是可行的，至于让他们知道为什么要这样做却不可行。"

1. 先说一下"民"。今天通言的"人民"一词，在古代，人指所有人，民则指底层体力劳动者，不包括士以上的阶层。古代教育不发达，民得不到系统学习文化的机会。

上章论人生从"兴"到"立"再到"成"的三部曲须靠诗、礼、乐来完成，"诗礼传家"是民间推崇的，但一般民众做不到。对民众的教化能达到何种程度，孔子有个估计，这正是本章的主题。

儒家经典《大学》论大学之道时，强调教育三大宗旨之一是新民，并引用《尚书·周诰·康诰》周成王所说"作新民"——振作其自新之民。儒家对普遍民众的教育不可谓不重视。然而限于客观条件与社会分工，孔子认为对民的振作幅度是有限的，本章的"可"，不是许可，而是可能。民，只能做到使由之，而不可能做到使知之。

本章的"由之"和"知之"指什么，《孟子·尽心上》说得非常清楚："行之而不著焉，习矣而不察焉，终身由之而不知其道者，众也。"民众的特点是做了而不知其究竟，习以为常而不明所以，甚至一辈子"由之"，对其道也不知之。

2. 用《中庸》的话语体系，"由之"指跟着走，指引导民众行道，"知之"指使民众明道，自觉行道。前者可行，后者不可行。——"道之不行也，吾知之矣。知者过之，愚者不及也。道之不明也，吾知之矣。贤者过之，不肖者不及也。"民众往往行而不循道，通过君子引领，可使其在行动上"由之"；但对"为什么这是正道"的道理要使民众"知之"，因民众视野的局限，三言两语说不明白，造成意见分歧则贻误时机，看指挥作战和救火就可明白。

3.《阳货》篇17.3章记载子游听孔子说过让不同社会阶层学道的动机和效果不同："君子学道则爱人，小人学道则易使也。""易使"就是"容易使由之”。民众学什么道呢？1.5 章孔子指出，不是道之以政，齐之以刑，而是道之以德，齐之以礼，使民众有耻且格。

4. 齐之以礼只是以礼规范民众行为，民终日劳作，没有条件讲那么多礼。所以，《礼记 · 曲礼上》说：“礼不下庶人。”［宋］游桂注：“庶人不庙祭，则宗庙之礼所不及也；庶人徒行，则车乘之礼所不及也；庶人见君子不为容，则朝廷之礼所不及也。不下者，谓其不下及也。”

5. 如果跳去“由”这一步，而定位于使民“知之”，民必不能获真知，君子喻于义，小人喻于利。凡脱离民众实践的高调灌输，只能造成敷衍搪塞、弄虚作假。

6. 前人怕本章会给后人留下孔子愚民的印象，把本来通顺自然的文字读成“民可，使由之；不可，使知之。”原来“可”字后面有明确的谓语，现在“可”什么任凭自由发挥，不发挥到自圆其说改变孔子形象的地步不罢休。这是替古人“整容”，是读古籍的大忌。而在反孔者一方，最喜欢抓住本章，以便把孔子打成愚民政策的祖师爷，事实却证明真正实行愚民政策乐此不疲的正是反孔者本身。这是令人深思的。

8.5 子曰：“好勇疾贫，乱也。人而不仁，疾之已甚，乱也。”

孔子说：“喜好勇武，加上痛恨贫困，就会作乱。对不仁之人过于疾恶，也会激起暴乱。”

1. 上句是本篇 8.2 章“勇而无礼则乱”的延伸。一个人安居乐业是不会用暴力改变现状的。而一个人同时兼具好勇、疾贫两点，既不安于现状，又敢于打破现状，现状当然极易被打破。对破坏者来说是“乱了敌人”，对被迫的他人来说，就是动乱。

2.《大戴礼记 · 曾子立事篇》：“君子恶人之为不善，而弗疾也。”反对厌恶过头造成被动。《论语 · 里仁篇》4.3 章孔子提到“唯仁者能好人，能恶人”，所恶的就是不仁之人，但下一句的意思两千年来竟无人识破，亦匪夷所思：恶人“苟志于仁矣，无恶也”——对肯改邪归正的恶人，就不要厌恶他了。孔子认为，对不仁之人，疾恶如仇，使对方无地自容，就会铤而走险。

3.《荀子 · 臣道篇》曰：“仁者必敬人。凡人，非贤，则案不肖也。人贤而不敬，则是禽兽也；人不肖而不敬，则是狎虎也。禽兽则乱，狎虎则危，灾及其身矣。《诗》曰：'不敢暴虎，不敢冯河，人知其一，莫知其它。战战兢兢，如临深渊，如履薄冰。'此之谓也。故仁者必敬人。敬人有道，贤者则贵而敬之，不肖者则畏而敬之。贤者则亲而敬之，不肖者则疏而敬之。其敬一也，其情二也。若夫忠信端而不害伤，则无接而不然，是仁人之质也。"

4. 21 世纪伊始，全球恐怖主义日渐猖獗，本章意义更显重大。学用本章的一个绝佳案例是猖獗多年的索马里海盗基本上销声匿迹，不是靠镇压和剿灭。这个案例留给读者做功课。

8.6 子曰："如有周公之才之美，使骄且吝，其余不足观也已。"

孔子说："一个人即使有周公的才能美德，只要他又骄傲又吝啬，其他方面也就不值一看了。"

1. 周公，已见《述而》篇。"之才之美"分别指周公的内在才质和外在风度。

2. 骄且吝　骄，不但恃才傲物，且凌人，此才再大又有何用？吝，有才美只为谋私，不肯与人，自不能济世。就凭这两点，已否定其才美，还能期望其人有什么可观的吗？

8.7 子曰："三年学，不至于谷，不易得也。"

孔子说："学了三年，还想不到求仕食俸禄的人，难找呀！"

五谷是稻、黍、稷、麦、菽的总称，本章"谷"意指俸禄。

孔子弟子三千，其中不乏求学为了学本领提升社会地位的。投入三年不容易，要求回报无可厚非。但孔子教育的真正目的与培养文武官吏的王官之学不同，其意在使弟子明道行道，做一个悦乐君子；如孟子所说的，穷则独善其身，达则兼善天下。所以一个弟子能体会师心，学三年而不谋求俸禄，实在是难能可贵的，孔子为此而感慨。其实任何时代都是如此。

8.8 子曰："笃信好学，守死善道。危邦不入，乱邦不居。天下有道则见，无道则隐。邦有道，贫且贱焉，耻也；邦无道，富且贵焉，耻也。"

孔子说："［应该做到：］笃信、好学，坚守善道至死不变。危险的邦国不进入，混乱的邦国不居留。天下有道，就出来做事；天下无道，就做隐士。如果邦国有道，你又贫困又没有社会地位，这是可耻的；如果邦国无道，你又有钱又居高位，也是可耻的。"

1. 孔子不反对弟子追求俸禄，但要注意区分什么时候可取，什么时候不可取。本章向弟子提了三点要求。

（1）笃信好学，守死善道　不能简单地把这八个字剖成"笃信、好学、守死善道"三个独立成分。这八个字以"善道"（天道、正道）为中心词，弟子要诚心诚意信奉的是善道，好学不倦的是善道，即使在生死存亡之际，也要坚守善道。

（2）危邦不入，乱邦不居　这也是 4.1 章"里仁为美"思想的延伸。处于同一个周朝的天下，士可以在各诸侯国之间游走。一个国家局势紧张，内外交困，政权摇摇欲坠，上位下位失稳，就是危邦，危是将乱之兆。士在该国从政的，有责任临危受命，在国外就不要进入。一个国家兵荒马乱，社会无序，民不聊生，上位下位颠倒，就是乱邦，无论是士，还是大夫，都不可居留。

（3）天下有道则见，无道则隐　见，同"现"。天下，原指周天子统辖的所有地区，此处仍狭义地指任一诸侯国。有道则选择出仕，为治世之能臣；无道则选择隐退避祸。15.7 章孔子称赞蘧伯玉："君子哉蘧伯玉！邦有道则仕；邦无道，则可卷而怀之。"5.1 章孔子称赞南容："邦有道不废，邦无道免于刑戮。"两者都是同一个意思。

2. 邦有道，贫且贱焉，耻也　这句话是上文"有道则见"的推论，邦有道，所守的善道见用于世，不至于贫贱。如你贫贱，说明学无所成，无可行之道，是可耻的。

3. 邦无道，富且贵焉，耻也　这句话是上文"无道则隐"的推论，邦无道，所守的善道不能见用于世，而独善其身，没有俸禄，清贫度日是正常的。如你富贵，说明你不能守死善道，无可守之节，更为可耻。

8.9 子曰:“不在其位,不谋其政。”

孔子说:“不在职位上,就不策划这个职位上的事。”

位　我们在解读2.4章“三十而立”时,给出过“立”的甲骨文,是人站在地上的形象,有别于坐卧。这个图形也兼表示下面这根线(地面)是有人占着的,当“位”字用。为了避免两种意思的混淆,后来给“立”加了人字旁,强调的是人立的那个位置。把“位”用于人时,含有敬意,例如“诸位”“各位”。但近年来突然走样,如媒体常见介绍“有两位犯罪嫌疑人”之类,很不恰当。在用“位”表意时,这个位置渐渐抽象化,无论是立位、座位、岗位、社会身份和地位都可用。本章是论政,指的就是职位。

人在什么条件下应当从政,从儒学经典中我们看到孔子的态度是:一般人三年学,迫不及待想从政,孔子对此有所保留;若邦无道仍安享俸禄,孔子认为可耻;若邦有道,为国效劳弘扬善道则是值得赞许的。但本章强调,人要做好本分工作,不可越俎代庖,在《中庸》里叫作“君子素其位而行,不愿乎其外”。程颐说:“不在其位,则不任其事也,若君大夫问而告者则有矣。”

本章在《宪问》篇重见,后面紧跟曾子曰:“君子思不出其位。”可以看出前后两句意思互补,《泰伯》篇之所以少了后半句,是因为本篇语录都是“子曰”,加放“曾子曰”不合规矩。《宪问》篇则不受此约束,可加弟子的语录作注。

8.10 子曰:“师挚之始,《关雎》之乱[亂],洋洋乎盈耳哉!”

孔子说:“从太师挚的升歌开始,至《关雎》之合乐结束,满耳都是美妙的乐声啊!”

1. 本章记载孔子欣赏成套宫廷乐的感受。不同规格的音乐节目的程式不同,但从本章所述来看,这套程式最像我们在解读3.20章时提到的乡饮酒礼。

2. 师挚之始　师,指乐师,名挚。音乐一开始由师挚升堂唱歌。我们从3.20章知道,在乡饮酒礼中唱的是《诗经·小雅》的《鹿鸣》三章,而作为宫廷乐，如果是两君相见之礼就要唱《大雅》的《文王》三章了。升歌完毕，仍然要笙入三终，间歌三终，最后合乐三终。本章提到《关雎》，那么合乐依然是《周南》的《关雎》三章和《召南》的《鹊巢》三章。后世《乐经》亡佚，世人读《论语》一见《关雎》，想不到指乐章，一味认定是诗，从3.20章的解读知道，这种认定不可取。

3.《关雎》之乱　以我们解读3.20章介绍的那套音乐程式，我们相信本章“《关雎》之乱”一定是指这套乐曲完美地结束于以《关雎》为首的六章合乐，我们以此来为“乱”字的意思定位。

“乱”字在《论语》里一共出现15次，正体是“亂”，绝大多数都用于混乱、暴乱之类的贬义。本章与后面8.15章中出现两处“亂”字。早在宋代，贾昌朝的《群经音辨》一书中就指出：

孔安国训亂曰治，《说文》解亂亦曰治，从乙。乙，治之也。经典大抵以亂为不理，夫理亂之义，善亂相反，而以治训亂，可惑也。若以《古文尚书》考之，以乿、亂二字别而近，岂古隶之初，传写误合为一字，而作治亂二训，后之诸儒遂不复辨与？

其实是后人（特别是明朝人）弄混了，应该是“乿”。1039年完稿的《集韵》说“治”古作“乿”，根据在《古文尚书》。“乿”字左半的甲骨文如右图所示，上“爪”下“糸”（“丝”的古字），爪子把丝搅乱。右边加个“乚”（乙的异体字）就变成另一个字：乿，意思是把乱丝理顺。“乿”字从乙，根据《说文》，“乙，治之也。”《尔雅·释诂》乿，治也。后来两字相混，《说文》说“亂”字：“从乙。乙，治之也。”《玉篇》也说：“亂，理也。”其实两书说解的不是“亂”字，而是“乿”，这个字念“治”，在本章指把乱丝理顺之人。马融、孔安国都说：“亂，治也。”治和乱意思相反，后人非常困惑。这个谜团今天或许可以解开。

据［清］刘台拱《论语骈枝》：“始者，乐之始。乱者，乐之终。凡乐之大节，有歌有笙，有间有合，是为一成。始于升歌，终于合乐。”

4.洋洋乎盈耳哉　升歌三首，以瑟配之，然后“笙入堂下，磬南北而立”，最后堂上歌瑟、堂下笙磬合奏《周南》中《关雎》《葛覃》《卷耳》三篇合一的乐章。孔子听得不亦乐乎，大为赞叹。

8.11　子曰：“狂而不直，侗而不愿，悾悾而不信，吾不知之矣。”

孔子说：“狂妄而不直率，幼稚而不老实，无能而不讲信用，这种人我实在弄不懂他怎么会是这样。”

为人处世以中道为上，但一般总是过头或不及。其根源是对人们一个简单操作效果的评价不是单一维度的。本章孔子描绘了三种人，都不合中道。第一种人“狂”，狂属于过头，但其人有进取精神（参见13.21章），敢作敢为，为人直率。有的人狂，心思却曲里拐弯。第二种人“侗”，与“倥侗”[kōngtóng]同义，即蒙昧无知，还没成器。照理说这种人没有立足社会的资本，应该谨厚老实（“愿”），可是他却刁钻促狭。第三种人“悾悾”[kōng]，内心（大脑）“空空如也”，没有受到系统的教育。但是，古人又称“悾悾”为“悫”[què]，从这个字的结构看，其人内心犹如坚果有层坚强的外壳，应该有诚笃忠厚的美德，如果“悾悾而不信”：脑袋空空又不可信赖，连孔子都看不懂是怎么回事了。

孔子介绍了他观察到的这三种人，感喟道：“吾不知之矣！”一个人离开中道，有两种情况。一是气质不同，有人狂，有人狷。“狂者进取，狷者有所不为”，改变不了。狂者易冲动，狷者易畏缩不前。通过教育，可以使相应的弊病减到最低限度。一是有利可图，但是利少弊多，所以不足取。通过教育，使人认识到这一点而回归中道。而孔子所介绍的这三种人只见离开中道的弊病而不见其优点，反常之极，绝不是因为天生气质不同的缘故，而是自甘下流积时已久，不知他还是人吗？

8.12 子曰：“学如不及，犹恐失之。”

孔子说：“学习就像来不及般，即使如此抓紧，还是怕失去。”

人都有“要来不及了！”的经验，上学迟到、赶火车飞机……这时任何别的事都要让路。孔子说，对待学习应当有这种感觉：不学就来不及了。即使把学习当作当前第一要事在做了，还不断催问自己，这样抓紧还会误点吗？会错过吗？

古语说：“学如逆水行舟，不进则退。”逆水行舟是拿河岸做参照物，学习进步退步的参照物是时代：你不学习，他人在学习上升，相对下来，你退步了。

8.13 子曰：“巍巍乎！舜禹之有天下也，而不与焉。”

孔子说：“多么崇高啊！舜禹能有此天下，却不是自己谋取的。”

1. 巍巍乎　孔子称颂舜与禹崇高伟大。“太上立德，其次立功，其次立言”，所以应该不是称颂其丰功伟绩，而在其品德。这有助于下文的理解。

2. 而不与也　与，参与。不与，不参与其事，指上文“有天下”事。舜禹有天下，不是舜禹自己想当君主谋求来的。舜的天下是尧禅让的，禹的天下是舜禅让的，两位接班人丝毫没有参与其事。司马迁《史记·伯夷列传》上说：“尧将逊位，让于虞舜。舜禹之间，岳牧咸荐，乃试之于位，典职数十年，功用既兴，然后授政。”可见舜、禹得到一致的推荐，又经受了长期的工作考验，证明了自己的能力，受政后仍是尽心尽力，不负重托。

《皇疏》简洁地阐明了本章：“美舜禹已不与求天下而得之也。巍巍者，高大之称也。”但不知道为什么历代注家包括当代注释者都另起炉灶，重新处理“与”字，无视其在方法论上问题多多。有的注家为“与”另设宾语（“不与富贵”“不亲自参与处理事务”），朱熹则把“与”作不及物动词用，把“不与”解释为不相关，说“而不与焉”意思是舜与禹不以君临天下而感到乐滋滋的。更多注家是把“与”换成“预”“豫”“誉”，解释为“夺取”“喜悦”等，于是歧解丛生，淹没本义。

8.14　子曰：“大哉！尧之为君也。巍巍乎！唯天为大，唯尧则之。荡荡乎！民无能名焉。巍巍乎！其有成功也。焕乎！其有文章。”

孔子说：“尧君临天下，多么伟大！唯有上天至高至大，唯有尧可法天行化！如此浩荡恩隆，民众无法形容！尧巍然高耸，伟绩丰功！立制建章，灿烂辉煌！”

1. 唯尧则之　尧取法于天，以天作则，人民从尧身上可以感受到上天的至高无上。

2. 荡荡乎！民无能名　尧的恩惠如果有限，民众屈指可数。但其恩德遍及天下，正如上天默默无言，“四时行焉，百物生焉”，难以形容，又从何说起。

3. 巍巍乎！其有成功　指尧并非仅仅尽心尽力，且有万众瞻仰的事功。

4. 焕乎！其有文章　焕，光明。尧留给天下的，不仅是眼前的实惠，还有可为后世遵奉的文章,即建章立制、礼乐法度,照亮了治国平天下之路。

8.15 舜有臣五人而天下治。武王曰:“予有乱[臣]十人。”孔子曰:“‘才难’,不其然乎?唐虞之际,于斯为盛。有妇人焉,九人而已。”“三分天下有其二,以服事殷。周之德,其可谓至德也已矣。”

[孔子说:]“舜有五位大臣而把天下治理好了。周武王说:‘我有治政事者十人。’古人说人才难得,不就是指这种情况吗?唐虞之际的治世,到了周武王达到高峰。何况十人中还有一妇人,真正的人才其实只有九人而已。”孔子又说:“把殷的天下三分,周占了两份,还是服事殷朝。周朝的德,真可称是至高无上了!”

1. 予有乱[臣]十人　[唐]陆德明(约550—630年)《经典释文》作“予有乱十人”。刘氏《正义》指出:本句在《唐石经》(成于837年,至今完整地保存在西安碑林博物馆里)所刻《尚书》(《太誓》)、《论语》、《左传》里四次出现,都写成“有乱十人”,后人拓《唐石经》的《尚书》《论语》及《左传·昭公二十四年》,都在“乱”字旁边添个“人”字。《左传·襄公二十八年》仍然没有“臣”字。当今《左传》版本都成了“乱臣”,全属后人(特别是明代人)妄改,积非成是。

马融、孔安国都说:“乱,治也。”治和乱意思相反,后人非常困惑。现在看来“亂”字应改回“乿”字,详见前面8.10章。

本章先摆出两件事实:舜有臣五人(禹、稷、契、皋陶、伯益)而天下治,周武王说“予有乿十人”。《左传·昭公二十四年》引《尚书·大誓》武王伐纣之前的一段誓词:“纣有亿兆夷人,亦有离德。余有乿十人,同心同德。”

2. 孔子曰:“‘才难’,不其然乎?”　朱熹说:“才难”或许是古语,而得到孔子肯定,所以本书以单引号标出。下文孔子针对本章开头援引的两个史实进行评述,援引者显然是孔子自己,只是起首省了“子曰”两字。古文无标点,不省会与所引“武王曰”夹缠不清。

照理说,商纣有亿兆夷人,少了武王身边十位治人,对商朝的稳定无

足轻重，但就是这少数人才在武王领导下把商朝推翻，所以孔子感叹古语“才难”说得入木三分。“才难”，即人才难得。“不其然乎”的意思是“难道不是这样吗？”

3. 唐虞之际，于斯为盛　唐，唐尧；虞，虞舜；斯，武王时代。尧、舜禅让期间是人才济济的时期，到武王伐纣时期更是人才辈出，超过唐虞之际。

郑玄说：“乱，治也。武王言我有治政事者十人，十人谓文母、周公、召公、太公、毕公、荣公、太颠、闳夭、散宜生、南宫适也。”孔子把十人中的妇人撇在一边，郑玄反把唯一一位妇人文母太姒列在首位，她是文王的正妃、武王的生母，如果郑玄见到的《论语》版本是武王曰“予有乱臣十人”，竟把母亲当臣下看，郑玄不发表意见还这样排列十人，那就太奇怪了。这也能证明文中那个“臣”字是后人妄加的。

4. 三分天下有其二，以服事殷　孔子从武王所言想到古书所载的周文王的德。《左传·襄公四年》记载“文王率商之叛国以事纣”，当时商朝九州诸侯国，拥戴文王的有荆、梁、雍、豫、徐、扬六州，属于纣王管辖的只有青、兖、冀三州。

5. 周之德，其可谓至德也已矣　文王实力远超纣王，却服事商朝，令孔子佩服之至，誉为“至德”，并不表示孔子对武王有所非议。从《论语》可见，被孔子称赞为至德的有三处：一处指中庸之理念，一处指泰伯其人，一处指周朝，没有点明文王。泰伯与文王的共同点是：可得天下，而让天下，深得中庸之道。可见在孔子心目中的最高品德是以中庸贯之的。

6.《论语》下编 18.11 章的体裁自外于《论语》，无所依傍，被收罗于《微子》篇末，也与该篇主题不搭调，可能是本章的编者注或后人注记，这里备个案，以俟后人定夺。

8.16　子曰：“禹，吾无间然矣。菲饮食，而致孝乎鬼神；恶衣服，而致美乎黻冕；卑宫室，而尽力乎沟洫。禹，吾无间然矣。”

孔子说：“禹，我对他是挑不出毛病了。他自己饮食菲薄而孝敬鬼神到极点。自己衣服粗劣，而置祭服衣冠尽善尽美。自己宫室简陋，而尽力修治沟洫水道。禹，我对他真挑不出毛病了。”

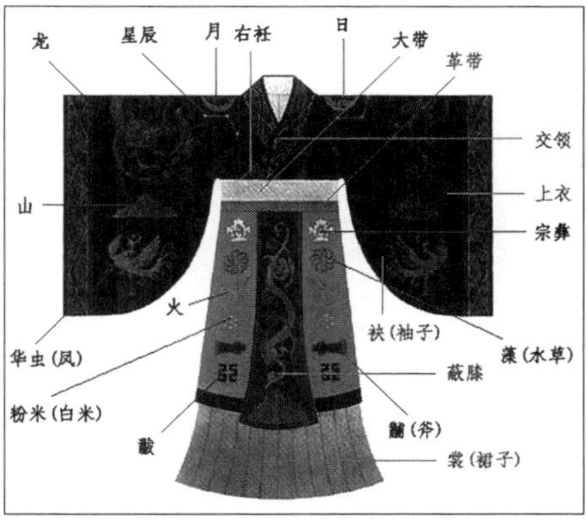

1. 无间然　间是缝隙的意思，无间，就是无懈可击，挑不出毛病。孔子全面观察了禹在衣食住行方面的表现，才得出这样的结论。

2. 从饮食来说，禹自奉菲薄。但为民祈福祭祀鬼神极丰盛，极尽孝道。

3. 从衣着来说，禹自己不求华丽，祭礼服饰却一丝不苟，尽善尽美，也是致孝的一种表现。黻［fú］，祭祀时的礼服。冕［miǎn］，祭祀时的礼帽。

4. 沟洫　包咸说："方里为井，井间有沟，沟广深四尺。十里为成，成间有洫，洫广深八尺。"禹时洪水滔天，人民的居住耕稼十分成问题。禹的住所简陋，人工全力投入挖沟洫排水，为人民营造一个安居乐业的环境。

子罕篇第九

《论语》上编正文于本篇结束，内容推进到了高潮。本篇30章，全是孔门内部事，各章的次序排列体现了《子罕》篇明显的结构，有助于纠正误读并获得许多额外的信息。所以有必要将《子罕》篇纲要开列于下。

章	大意	备注
1	编者推出对晚年孔子的总印象	全篇提纲
2	民间评价：大哉孔子，博学而无所成名	孔子之学是成己之学
3	孔子以礼为例谈决策智慧	复礼与复古、从众与违众
4	孔子克服认识世界的四大阻力	
5	历史使命感：孔子奋斗的永恒动力	天将降大任于是人
6	孔子超凡入圣的艰辛之路	苦其心志，劳其筋骨
7	孔子倡导的思想方法论：中庸	叩其两端而竭焉
8	孔子对命运之坚信	吾道休矣
9	孔子对特殊人群的特殊礼待	仁者相人偶
10	引颜渊语表达众弟子对孔子的无尚景仰	仰之弥高，钻之弥坚
11	孔子晚年心迹一：后事嘱托	
12	孔子晚年心迹二：待价而沽	
13	孔子晚年心迹三：欲居九夷	
14	孔子晚年心迹四：正乐功业	足见孔子删诗并无其事
15	孔子晚年心迹五：总结人生	忠孝慎终，志道据德
16	孔子伤逝：伤己与伤先亡弟子	编者转换主题
17	[这章位置本来是留给已故伯鱼的]	
18	孔子论为学进止	为悼颜渊作铺垫

（续表）

章	大意	备注
19	悼惜颜回:好学笃行不倦	
20	悼惜颜回:只见其进,未见其止	
21	悼惜颜回:秀而不实,转诫弟子	
22	劝勉弟子一:青出于蓝,珍惜光阴	
23	劝勉弟子二:知言	不知言无以知人
24	劝勉弟子三:重申1.8章为学三要点	
25	劝勉弟子四:贵立大志	
26	肯定子路不忮不求,惜容易自满	转入评价子路
27	赞子路在生死时刻见气节	
28	赞子路在弟子中立了勇的标杆	参读《中庸》子路问强
29	孔子对三千弟子未来走向的先觉与忧思	孔子的大智慧
30	天涯无尽之思,存者珍重话别	

9.1 子罕言利;与命,与仁。

[作为人生驱动力,]孔子很少讲利,他以担当历史使命为己任,并与仁同在。

从上面开列的《子罕》篇纲要可见编者的良苦用心:他们不按惯例在篇首推出“子曰”,而是以群弟子对晚年恩师的共识作为9.1章。

这是由事理学的视域所见。前人解说经义惯于剖章析句,很少从分析一篇整体结构着手;加上注家受几何证明题式的逻辑训练少,必定各执一词,歧见迭出,无力取舍。对本章的解读就是重灾区之一。而两千多年来对9.1章的精神一直吃不透,这一章怎样作用于亿万读者的人生呢?

早期注家,从郑玄、何晏到朱熹,对本章都理解为孔子很少讲利、讲命、讲仁。

让数据说话。“利”在《论语》里出现了11次固然不算多,“命”与“仁”分别出现了24次、109次,怎么能说是“罕言”?

早期注家是这样解释的。就“子罕言命”来说,有子贡的话为证——子贡曰:“夫子之文章,可得而闻也,夫子之言性与天道,不可得而闻也。”(5.12 章)《中庸》说“天命之谓性”,子贡听不到孔子言性,就是听不到孔子言天命(即命)。

至于“子罕言仁”,早期注家认为要这样理解。孔子的教育总是从切实浅近处着手。子以四教:“文行忠信”,仁不在其内。孔子要求弟子亲仁,强调里仁为美,告诉弟子仁者如何,不仁者如何,但孔子绝口不给仁下个一般的定义。正因为“子罕言仁”,所以弟子们才纷纷问什么是仁,孔子的回答似是信手拈来,因人而异。浅的如“爱人”,深的如“克己复礼”,甚至令人摸不着头脑:“仁者其言也讱”。别人只好拿自己心目中的仁人君子请孔子确认:冉雍仁吗? 子路、冉有、公西华,仁吗? 令尹子文、陈文子,仁吗? 孔子竟一概说不知道他们仁不仁! 所以看上去《论语》中“仁”字出现了 109 次,其实靠的是群弟子记载之力,凡听到孔子谈仁必定记录下来。至于孔子天天讲的东西,倒未必收进《论语》,物以稀为贵嘛。

早期注家再百般辩解,特别是坚持说孔子很少谈仁,总挡不住一代代人的质疑,清代更盛。反对的主要理由是:

照古注的理解,本章为什么不简洁地写成“子罕言利、命、仁”?《论语》有惜墨如金的好习惯,如“子不语怪、力、乱、神。”“子之所慎:齐、战、疾。”

后人想了种种办法绕过可疑的古注。或解“与”为赞许;或把“罕”改成“轩”,全盘翻案(黄式三《论语后案》);或说孔子很少单独言“利”,必与“命”或“仁”绑在一起说(焦循《论语补疏》)。今人的解读更是五花八门:或读“仁”为“夷”;或读“与”为“举”、为“语”;或说“子罕”是人名;或令两个“与”字不表示一样的意思。凡此种种,都很难说服读者。读者读《论语》,是为笃行经典,升华人生;文字被改得乱七八糟,即使能自圆其说,但意义被阉割了,放在严肃的《子罕》篇之首又是什么意思。

《求真》尝试在前人工作的基础上把 9.1 章分两段解读。

1. 子罕言利

某一对象,按孔子平日谈论的多寡分入三类:

(1) 不语——根本不谈,如“子不语怪力乱神”(7.21 章)。

(2) 罕言——很少谈,如本章的“利”。

(3) 雅言——经常谈,如“子以四教:文行忠信”(7.23 章)中的忠信,还有《易》《诗》《书》、执礼等(7.16 章)。

孔子很少把“利”字挂在嘴边,这是《论语》上编编者的共识,为什么《论语》编者特别注意到这一点,把这作为《子罕》篇的开场白呢?

显然孔子不可能不谈论“利”。孔子说“君子喻于义,小人喻于利”

(4.15 章),要说服小人,只有用利害关系打动他。而孔子对弟子讲话,就用不着借助那个“利”字诱弟子开窍,只要晓以大义就可以,所以弟子们很少听到孔子言利。

罕言利,不等于心中不存“利”的念想。从“利”在人心中的地位来看,它是最张扬的人生驱动力。《史记·货殖列传》有生动的描写:“天下熙熙,皆为利来;天下攘攘,皆为利往。”但是孔子弟子从老师这里强烈感受到的就是不同。孔子不可能不面对利益,但他“见利思义”,“不义而富且贵,于我如浮云”。《论语》上编编者告诉我们,孔子的伟大之处就是他的人生驱动力根本不是利。

孔子告诉弟子:“仁者安仁,知者利仁。”我们看到什么?看到在智者脑子里还不时冒出个“利”字:智者之所以选择践行仁道,是因为在智者看来这对人生有利;而孔子作为仁者,对仁的践行根本不是为利益所驱动;反过来,如果他不为仁,则内心反而不安。

这就是圣人的格局。

2. 与命,与仁

“与”字的本义,在 5.8 章中详细讨论过了,即“与……在一起”。

“与命”和“与仁”组词要表达的意思,参照 11.25 章(有名的“侍坐章”)中孔子在四人发言中选择“吾与点也”,就可悟出。

注意上文那个“选择”。人生有各种层面的选择,众人谋利、求名、求富贵、选长命百岁、四世同堂,驱动孔子做选择的却是历史使命感与仁。

“天生德于予”“文王既没,文不在兹乎?”,这样的使命令孔子奋勇向前;“仁者安仁”“求仁得仁”“回也三月不违仁”“君子无终食之间违仁。造次必于是,颠沛必于是”(曾子把老师对仁的执着归结为“仁以为己任”),总之,我始终与仁同在。

随侍在孔子身边的弟子们感受到的正是孔子的这两大气场。其格局之宏大远超伯夷、叔齐等远离人群的避世贤者。

当代雅士很欣赏荷尔德林(1770—1843)那句“人诗意地栖居于大地上”,似牧歌式的浪漫;很少注意原诗中这个命题的前提是 Voll Verdienst(充满劳绩),包括“筚路蓝缕,以启山林”的形象,其中体现的使命感与仁心才符合《论语》本章的精神。

读者您受到编者置顶总结的这“子罕言利;与命,与仁”的感染了吗?我们能真正参透其意义,作用于自己的人生吗?

9.2 达巷党人曰:“大哉孔子!博学而无所成名。”子闻之,谓门弟子曰:“吾何执?执御乎?执射乎?吾执御矣!”

达巷党人说:“孔子真伟大呀!他博学《六艺》,样样都懂,只是没有一项出名!”孔子听到了,对周围弟子说:“我[快选一项专长吧!]选什么好呢?驾马车好呢?射箭好呢?就驾马车吧!”

1. 达巷党人　巷、党,都是古代集居之处。颜回居处“在陋巷”。本章郑玄注:“达巷者,党名也。五百家为一党。”古代乡村社会变迁缓慢,郑玄的说法应该可信。《礼记·杂记》还有“巷党”组词的记载。孔子说:“余从老聃助葬于巷党。”本章的巷党以“达”为名。

2. 大哉孔子!博学而无所成名　达巷党人称赞孔子伟大,“博学而无所成名”是“大哉”的注脚。社会人士对孔子的佩服,应该从孔子“从老聃助葬于巷党”的活动中了解到。隆重的葬礼涉及六艺——礼、乐、射、御、书、数,孔子助葬,相当于副导演,各项活动都由他全程组织指挥贯串,表演者却是他人,孔子不会给人留下礼学博士、乐圣、神箭手、马车好把式、精通文字会计的印象。

3. 吾何执　孔子听到达巷党人的赞美和遗憾,向弟子开起了玩笑:要么我专攻一项作为特长?在六艺中射御最近于粗活,做职业射手?做马车夫?前者胜出可以提升社会地位,后者却不能。孔子出行都是由弟子负责驾车的,孔子谦虚地选了驾马车,弟子们必定会会心一笑。

本章记录了孔子在民间的口碑,它不是政治孔子,而是学术技艺孔子。看来孔子本人并不反对。

9.3 子曰:“麻冕,礼也;今也纯,俭。吾从众。拜下,礼也;今拜乎上,泰也。虽违众,吾从下。”

孔子说:“麻冕是古礼,现在改用黑丝冕,比麻冕节省,我跟从大家。臣拜君于堂下,是古礼,现在都到了堂上才拜,太大模大样了。虽违背大家的做法,我还是在堂下就拜。”

1. 麻冕,礼也　古礼祭宗庙用绩麻做的礼帽,要用二千四百根经线织成，很费人工，价格贵。

2. 纯　古文“缁”字是绞丝旁一个才，意为黑丝。因形近错写为“纯”。以黑丝为冕，丝质细，容易织成，比用麻省俭多了。

3. 拜下　古礼，臣向君行礼，先要在堂下拜，君辞谢后升堂再拜成礼。《左传》：僖公九年，周襄王赐齐侯胙，桓公下拜登受；僖公二十三年（晋惠公十四年），秦穆公享晋公子重耳，公子降，拜，稽首。到孔子时代，政出于大夫，大夫不把国君放在眼里，行礼随便，直接就在堂上拜。

4. 泰　骄慢。

同样是古礼，麻冕还是丝冕？孔子与时俱进，原则是从俭。拜下还是拜上？孔子坚持古礼，原则是戒骄从恭。同样是古礼，既不泥古也不弃古，一从众，一不从，唯义是从，中道就在其中。

表面上看，本章报道了孔子对两种古礼以不同原则进行取舍，后人要从中学习的当然不是礼帽该如何戴，拜礼该拜上还是拜下，而是任何选择都需要寻找合适的标准，这就是孔子的智慧。紧接着跟下章“子绝四”，绝不是偶然的。

9.4　子绝四：毋意，毋必，毋固，毋我。

孔子彻底地作四项自禁：决不要主观臆测，决不要必须如何，决不要固执己见，决不要自我中心。

1. “绝”字的结构是用刀把丝截断成一节节，绝就是断绝，决不马虎通融。

2. 本章的四个“毋”字，朱熹看到的《史记·孔子世家》引文都写作“无”。《仪礼·士相见礼》“毋上于面，毋下于带”，郑玄注：“古文毋为无”。对郑玄注，贾公彦《疏》不同意：“今不从者。《说文》云毋，禁辞，故不从有无之无也。”《说文》：“毋，止之也。其字从女，内有一画，象奸之形。禁止之，勿令奸。”关于古文“无”与“毋”的关系，可以这样认定：“毋”的意思是“禁止”，不可作“没有”解；而“无”可以有“毋”的意思，可以作“不要”解。

3. 毋意　不要凭空猜测。意，通“亿”，臆测。可以通 14.31 章孔子称赞的“不亿不信”。

4. 毋必　不要专必（即专一不易）。这个“必”，就是“言必信，行必果”（13.20 章）中的“必”。孔子认为有这种“必”的人，不能知权达变，就是小人一个。孔子主张顺其自然,因势利导;无适无莫,义之与比。孔子“用之则行,舍之则藏”(7.10 章),就是“毋必”的范例。

5. 毋固　不要固执,能变通。孔子处世,无可无不可,厌恶做个固执人,14.32 章孔子说“疾固也”。

6. 毋我　不要我行我素,听不得他人意见,老子天下第一。何晏《集解》:“述古而不自作处,群萃而不自异,惟道是从,故不有其身。”《史记·孔子世家》:“孔子在位听讼,文辞有可与人共者,弗独存焉。”董仲舒《春秋繁露》:“孔子为鲁司寇,断狱屯屯[忠谨诚恳的样子],与众共之,不敢自专。”孔子唯道是从,做得对,做得好,是道的伟大光荣正确,“何有于我哉”(7.2 章,9.15 章),“若圣与仁,则吾岂敢”(7.32 章)。

7. “毋意—毋必”的两组对比:

(1) 臆测是认知无根据而不合真相,造成决策错误;专必是决策不合理而不肯修正,听凭应对失据。

(2) 意——事未至而妄为臆测;必——事已往而必望其常此而不疲。(《钱解》)

8. “毋固—毋我”的对照:

毋固——独断而不固执,因事制宜;

毋我——处群而不自异,惟道是从。

本章这四点不是孔子自己的总结,而是孔门弟子通过长期观察形成的共识,从中也可见弟子们的学养。

9.5 子畏于匡。曰:“文王既没,文不在兹乎!天之将丧斯文也,后死者不得与于斯文也。天之未丧斯文也,匡人其如予何?”

孔子在匡地陷于凶险,他说:“文王逝世后,文王之道不就在我这里吗?如果上天要将这些毁掉,我这种后死者就不会接触到它们。现在上天没毁掉它们,匡人又能把我怎样?”

1. 子畏于匡　“畏”的造字,鬼头虎爪,表示遭遇虎狼强暴,陷于凶险境地。《礼记·檀弓上》“死而不吊者三:畏、厌(压)、溺。”畏死、压死、溺死这三种情况只葬不吊。匡,邑名,今河南省长垣县西南十五里。《史记·孔子世家》记载,鲁国季氏家臣阳虎曾到匡地施暴。孔子离开卫国,在赴陈国途中经过匡地。驾车的颜克用马鞭指着城墙说:“当年我跟着阳虎攻打匡邑,就是从这个缺口进城的。”这话被当地人听到了,看到孔子又很像阳虎,就把孔子一行围住了。不但把孔子围困了五天,还要杀他。弟子们非常害怕,孔子就说了本章记载的一些话。

2. 文王既没,文不在兹乎　没,通“殁”,即去世。后一“文”字,指文王留下的礼乐制度。兹,此。《中庸》:“文武之道,布在方策。其人存,则其政举。其人亡,则其政息。”文王武王的治国之道,都写在木板竹简上,孔子说,文王虽然不在了,这些礼乐制度不都在我这里吗?

3. 丧,毁灭。后死者,孔子指自己。孔子说:“如果上天有意不让文武之道留给后世,就不会让我掌握它们。”

本章编排于此,是对首章孔子如何“与命”的响应,支撑了清代学者的观点。从本章充分看出,孔子面临生命危险,不能掌控自己命运,因负有他人没有的历史使命感,他相信上天不是偶然让自己继承古代礼制的。如果不是上天的意志,自己怎么能掌控那么多。后人若认同“与命”的这种解释,其中必有造诣深厚者与孔子产生强烈的共鸣。

9.6 太宰问于子贡曰:“夫子圣者与?何其多能也!”子贡曰:“固天纵之将圣,又多能也。”

子闻之,曰:“太宰知我乎?吾少也贱,故多能鄙事。君子多乎哉?不多也。”牢曰:“子云:‘吾不试,故艺。’”

太宰问子贡:“你们老师是圣人吧!怎么样样都会呢?”子贡说:“没错,这正是上天要让他成为圣人,又要他多才多艺的。”

孔子听到后说:“太宰知道我吗?我年轻时贫贱,所以能做各种琐事。出身高贵的君子会做那么多琐事吗?不会的。”牢按:“孔子曾说过,因我没有被选拔出仕,所以学得许多技艺。”

1. 太宰　按《周礼》,太宰是六卿之长,即上大夫。据《左传》,吴、宋、陈、鲁、楚、郑都有太宰。参考《左传》《史记·孔子世家》《说苑》的记载,本章的太宰很可能指吴国的太宰嚭[pǐ]。

2. 夫子圣者与?何其多能也　在孔子的时代“圣”字的指代有多种,从《论语》6.29 章和 7.32 章可见圣人不仅要有德,还要有位,无位的仁人君子还不是圣人。而《孟子·公孙丑上》提到,子贡心目中的圣者则是仁者+智者(本书7.32章有述)。那么要理解本章,就得明确太宰心目中的圣者是指前者还是后者。

(1) 如果太宰心目中的圣者指有德有位者,那么他是因感到怀疑而问子贡:“孔子真是圣者吗?有德有位者只处理大事,怎么杂七杂八的小事都能干?”

(2) 如果太宰心目中的圣者指仁者+智者,那么他就是出于对孔子的感佩而向子贡求证:孔子不但是仁者,还是智者吧!如此多才多艺!

对太宰的发问上述两种理解都合理,但从子贡回答的语气看,是在认同太宰的背景下作答的,应该是指后者,太宰对孔子之圣不是怀疑,而是感佩。

3. 将圣　许多注家遵循孔安国把“将圣”解释为大圣。圣难道分大小?这种理解是根据《诗·小雅》“亦孔之将”、《商颂》“我受命溥将”的用法,《尔雅》释“将,大也”。

其实“将”字意义非常丰富,唯独没有放在名词前当形容词“大”的例子。有人举《荀子·尧问》篇“然则孙卿有将圣之心”为例,说“将圣”就是大圣,其实不说明任何问题,因为《荀子》篇此语的出处很可能就是《论语》。

似乎还是王充《论衡·实知》篇说得对:“将者,且也,不言已圣,言且圣者,以为孔子圣未就也。”王充(27—约97)是东汉初期人,对“将”字的理解不同于后人的望文生义。将,副词,将要。圣,动词,使之成圣。“天纵之将圣”就是上天要让孔子成为圣人。

但王充以为子贡答太宰时孔子只有三十多岁,所以还没有成为圣人,这受到了刘宝楠的驳斥:当时孔子可能已有六十五岁。笔者以为即使如此,也不能推翻王充对“将圣”的理解。一则孔子离“七十而从心所欲不逾矩”还有上升空间;二则百年树人,在人的有生之年,说他“将圣”永远是对的。

4. 固天纵之将圣,又使多能也　纵,放任,让。子贡回答说:“本来就是上天让孔子成为圣人,才让孔子又多能的!”

5. 太宰知我乎?吾少也贱,故多能鄙事　孔子应答太宰的感佩:“太宰你知道吗?不是因为圣者、不圣者而多才多艺,因为我年轻时家境贫贱,必须做活谋生,所以能干各种杂活!”

6. 君子多乎哉?不多也　按太宰所问,孔子应该说:“圣人多乎哉?不多也。”改“圣人”为“君子”,大有奥妙。

如果孔子说:“圣人多乎哉?不多也。”意思是:“圣人难道多能吗?

不多能的！我多能，可见不是圣人。”这个答案历代读者都通不过。我们称孔子为至圣，他明明是多能的。

现在孔子不说圣人，改说君子，是自认君子身份而谦辞圣人尊号，同时表明：一般来说君子不必多能，我是个特例，因为我小时候家里穷。

7. 牢曰　牢，孔子弟子自称名。这里牢是孔门弟子，《史记·仲尼弟子列传》里没有记载，郑玄说其人字子牢。

这段话称牢名而不称字，说明记这段话的不是旁人，而是牢自己。最有可能是牢作为编者为上面孔子的回应所作的注，印证孔子所说的“吾少也贱，故多能鄙事”。不宜把这一段注列为另一章。

8. 子云：“吾不试，故艺。”　“子云”就是子曰。试，被起用。牢作为编者引孔子说：“我没被见用于时，所以学到一些技艺。”以强调才艺不是来自圣者，而是来自人才的成长背景。

9.7　子曰：“吾有知乎哉？无知也。有鄙夫问于我，空空如也，我叩其两端而竭焉。”

孔子说：“我有知识吗？其实没有。有鄙夫来问我，我腹内空空，一无所知，我问他要做选择的两端，然后让他把与解决问题有关的信息全部倒出来。”

本章紧接上章圣者与多能的关系展开，思路不在于圣者表示德位，而在于圣者仁且智。孔子说他并非像弟子想象的那般无所不知，不知的东西很多。“举个例说吧，有鄙夫（五百家为鄙，鄙夫指干粗活的乡民）以所疑之事来问我，我根本没有现成的答案告诉他，好在凡事都有两端。他是让我帮他对人事作判断呢，我就问他你觉得此人好在哪里，坏在哪里？此事利在哪里，弊在哪里？他是让我帮他决策呢，我就问他举棋不定的是哪两种选择，他的退让底线与最高期望是什么？如此这般，追问到底，最佳结论或最佳方案自然浮现。”

我们在 7.18 章里提到，把孔子的智慧理解为他“在决策判断时表现出来的经验和知识”再恰当不过，这是一种方法论，也体现出孔子的仁德与循循善诱。

参读《中庸》，对本章会有更深的体会。

子曰：“舜其大知也与！舜好问而好察迩言，隐恶而扬善，执其两端，用其中于民。其斯以为舜乎！”

孔子的大智慧与舜一样，表现于三点：耐心叩问鄙夫并听他说什么，取其可采纳之处；界定鄙夫举棋不定的两端；通过不断的问答，帮助鄙夫确立最优方案。

9.8　子曰："凤鸟不至，河不出图，吾已矣夫！"

孔子说："凤鸟不来，河中不再出图，看来我没指望了！"

1. 凤鸟不至　古代称龙、凤、麟、龟为四瑞兽。有圣人受命而王，凤鸟就会出现。《尚书·益稷》记载，舜时"箫韶九成，凤凰来仪"，箫韶为舜制的音乐，连续演奏时吸引了凤凰前来翩翩起舞。传说公元前1029年，姬昌称王（周文王），凤鸟鸣于岐山（今陕西省宝鸡市岐山县）。《竹书纪年》也有类似记载："商文丁十二年，有凤集于岐山。"

2. 河不出图　《易·系辞上》说："河出图，洛出书，圣人则之。"传说伏羲氏时，有龙马从黄河出现，背负"河图"；有神龟从洛水出现，背负"洛书"。伏羲据此画成八卦。从《尚书·顾命》篇记载"大玉、夷玉、天球、河图在东序"来看，河图可能是从黄河中得到的玉石，表面有自然的条纹。到后代已演变成下面左图的样子。洛书则可能是龟背上的纹路，到后代已演变成中图的样子，其实就是一个三阶幻方，如下面右图所示：横三数、竖三数、对角线三数分别相加，和都是15。

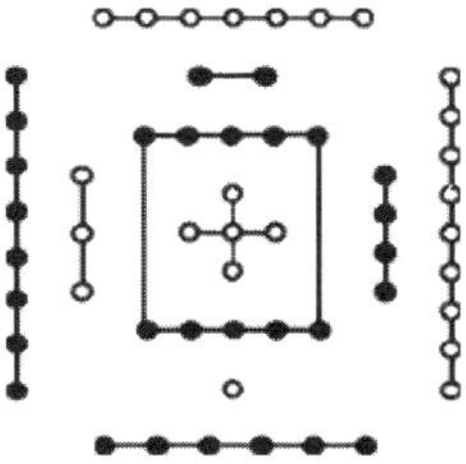

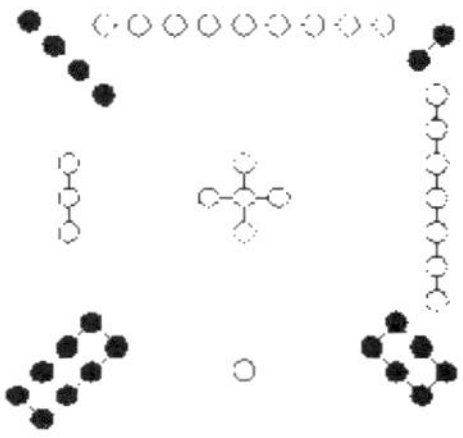

4	9	2
3	5	7
8	1	6

3. 吾已矣夫　夫，音扶。"我没指望了。"孔子生逢乱世，一心想盼圣人出世，自己能大展宏图，或者自己就担负着王天下的大命，应当有祥瑞。既然凤鸟不至，河不出图，我的理想也就幻灭了。孔子写《春秋》，提到哀公十四年春天"西狩获麟"，孔子为此落泪，并表示"吾道穷矣"。相传孔子作《春秋》至此而辍笔。

编者在此处插入本章，心情一定很沉重。他们的伟大导师生不逢时，不能施展抱负，其实代代都有志人仁人抱憾而终。钱穆先生按："本书着重在第三句，不在第一第二句。孔子乃叹无此世运，非必信有河图凤鸟之瑞。读者当取乘桴浮海无所取材章同参齐玩。”

9.9 子见齐衰者，冕衣裳者与瞽者，见之，虽少必作，过之，必趋。

孔子见到穿各种丧服的人和盲人，如果是他们来见，孔子必从座席上起身，哪怕他们是年轻人。如果孔子从这些人身边走过，则必小步快走。

1. 齐衰［zī cuī］　衰，同缞，丧服。齐衰的丧服用熟麻布制成。“齐”指把丧服的毛边卷起缝成光边。不缉边的丧服叫斩衰，用粗的生麻布制成。与死者越是近亲，丧服的质地越粗糙，缝纫越不考究，表示根本没有心思追求穿着美。所以齐衰服轻，斩衰服重。这里谈到齐衰可以包括斩衰，作为服丧的统称，但说斩衰则不包括齐衰。

2. 冕衣裳　冕，原意为高等贵族戴的帽子。衣，上装；裳，下装。古代男子下装是裙。历代注家一直把冕衣裳者解释为贵族。然而本章与10.22章内容相通，10.22章叙述的都是孔子面临非正常情况的反应，贵族不应属于其中。而且，记述孔子见到三种人，把贵族夹在穿丧服的人与盲人之间，不合情理。于是有注家提出质疑。《说文》说“冕或作絻，从糸”，《鲁论语》冕字都写作絻［wèn］，古代丧服之一。原来，冕衣裳者也是服丧之人，其特点是“去冠，用布包裹发髻”，这类人正如齐衰者披麻戴孝，都一望而知。

3. 瞽者　盲人。

4. 见之，虽少必作　这里的见是他人来见。少，年少。作，起身。服丧者和盲人来见孔子，即使这些人是年轻人，孔子也一定从座席上起身。

5. 过之，必趋　孔子经过这些人身边，小步快走，以示敬意。

历代注家的主流解释都认同包咸最早归纳的，孔子见到社会上三种特殊人员都会有特殊的反应：“夫子哀有丧，尊在位，恤不成人。”——孔子见到有丧者便心生哀悯，见到有爵位者便心生敬肃，见到终身残疾者便心生体恤。现在看来，第二类与第一类可以合并，所以司马迁略掉一种，只说：“见齐衰、瞽者，虽童子必变。”

9.10 颜渊喟然叹曰："仰之弥高，钻之弥坚，瞻之在前，忽焉在后。夫子循循然善诱人，博我以文，约我以礼，欲罢不能，既竭吾才，如有所立卓尔。虽欲从之，末由也已。"

颜渊感叹道："孔子之道，我仰望它，越望越觉得高不可攀。我钻研它，越钻越觉得坚不可入。看上去它明明在前面，忽然又到身后了。[即使如此，但]夫子善于一步步引导，用文章来开博我，以礼节来规范我，使我欲罢不能，竭尽全力，总算看到孔子的丰碑在我面前卓然耸立。虽然想追随，也找不到门路了。"

1. 喟[kuì]然　叹息的样子。

2. 仰之弥高，钻之弥坚　弥，越发。之，既指孔子之道，也指孔子其人。

3. 瞻之在前，忽焉在后　比喻恍惚不可捉摸。

4. 循循然善诱人　后世成语"循循善诱"就本于此，二者同义。

5. 博我以文，约我以礼　这段文字与 6.26 章"博学于文，约之以礼"近似，本章颜渊引用时改为"约我以礼"，如果我们把"之"字理解为孔门弟子，两章的意思就统一了。孔子用文来充实开拓弟子的头脑（这个"文"就是"行有余力则以学文"的"文"），又用礼来规范弟子的行为（这个"礼"就是人生的种种行为规范）。也与"子以四教：文行忠信"一致。

6. 欲罢不能，既竭吾才，如有所立卓尔　颜渊因孔子的循循善诱而欲罢不能，用尽全部心力，仍见面前如有高峻的目标巍然耸立。

7. 虽欲从之，末由也已　末，未能。我虽然想跟从它，可是力不从心，也找不到阶梯。《史记·孔子世家赞》说的"高山仰止，景行行止，虽不能至，然心向往之"和 19.30 章子贡说的"夫子之不可及也，犹天之不可阶而升也"表达的是同一种感受。

本章以颜渊的评价代表孔门弟子对孔子的共识。颜渊对孔子之道体会最深，他让后人看到了一个伟大的教育家的光辉形象。颜渊盛赞孔子之道极其高深，意象无穷，弟子为了掌握它费尽心力，仍不能达到孔子的境界。即使如此，学孔的途径除在"博文""约礼"两个方面持之以恒地循序渐进，别无其他途径。

9.11 子疾病，子路使门人为臣。病间，曰："久矣哉！由之行诈也！无臣而为有臣，吾谁欺？欺天乎？且予与其死于臣之手也，无宁死于二三子之手乎？且予纵不得大葬，予死于道路乎？"

孔子得了重病，子路派孔门弟子作孔子的家臣，好预备丧事。孔子病稍好些，说："仲由使诈已经很久啦！我没有家臣，而变成有家臣，让我骗谁呢？骗天吗？再说我与其死在家臣手里，还不如死在自己弟子手里呢！而且，我纵使不得用卿大夫的高规格葬礼，难道我就死在道路上，没人来葬我吗？"

1. 疾病　从文字产生来说，"疾"字从"矢"，病从外来，较轻。"病"字从"丙"，病入内心，较重。本章就取此义。但《论语》中也用"疾"指重病，例如"伯牛有疾""曾子有疾"。后世疾、病两字可以通用，泛指任何疾病，而不分轻重。

2. 子路使门人为臣　大夫的丧事由家臣操办。孔子任大夫在五十多岁，此时不在位，不应有家臣。但是士的丧事怎样办，以前没有立过规矩（后来孺悲才奉鲁哀公命向孔子学礼后写成《士丧礼》）。所以当时子路斟酌下来让孔门弟子充当家臣，以便准备丧事。

3. 病间　病情稍缓解时。

4. 久矣哉！由之行诈也　孔子病重了好久，病情稍减后才知道子路安排了家臣，于是指责子路："原来你行诈道已有多日了。"

5. 无臣而为有臣，吾谁欺？欺天乎？　孔子说："我现在明明没有家臣，却弄出了家臣，大家都知道这是瞎搞，能欺骗谁呢？既然骗不了任何人，难道欺骗上天吗？"

6. 且予与其死于臣之手也，无宁死于二三子之手乎　且，再说。无宁，宁可。孔子说："我死后与其让家臣治丧，由弟子们治丧岂不更好？"一则是名分正确，二则在孔子之前没有民间办学，而孔门弟子三千，一大群弟子治丧，开了士丧礼的新气象。几年后孔子逝世，弟子们在孔墓旁结庐，心丧三年，同时编纂成初版《论语》。孔子死后极尽哀荣，并非因为他当过大夫，做过大司寇，而是因为他是万世师表。子路和弟子们并没有认识到这一点，孔子也没有自己挑明这一点的道理。

7. 且予纵不得大葬，予死于道路乎　大葬是"君臣礼葬"。孔子没有家臣，自己也就没有君上身份。孔子说，我即使不得大葬，我也不见得死于道路不得其葬，为什么要行非礼之葬呢？

从《子罕》首章一路下来，本章的记载离孔子逝世至少还有两三年时间，当时子路还以孔门弟子的大哥身份管理诸事。读者从本章可体会到子路是如何慎恩师之终。他设家臣的用心是不辱没老师，但孔子一生严于律己，对自己人生之终，同样对之以慎。而子路不征求孔子意见，弄了些伪家臣打算按大夫礼葬，其性质与孔子痛恨的“八佾舞于庭”“三家者以雍彻”没什么区别，所以孔子要严厉批评子路。

9.12 子贡曰：“有美玉于斯，韫椟而藏诸？求善贾而沽诸？”子曰：“沽之哉！沽之哉！我待贾者也。”

子贡说：“如果有一块美玉在这里，是装在木匣里藏起来呢？还是求一个好价钱卖掉呢？”孔子说：“卖！卖！我正在等人出价呢。”

1. 韫椟而藏诸　韫[yùn]，放在……中。椟[dú]，木匣。

2. 求善贾而沽诸　沽[gū]，卖。贾有二义。(1)商贾的“贾”[gǔ]。《周礼》：“行曰商，处曰贾”；《司市》：“通物曰商，居卖货曰贾”。商是行商，贾是坐贾，“善贾”就是好店主。(2)同“价(價)”，“善贾[jià]”就是好价钱。下文孔子说他“待贾”，不会是等坐着不动的店主，只能取第二义：等待一个好价钱，即识货的人。所以“贾”要念 jià。

3. 本章子贡觉得，孔子之道不见用于世，十分可惜，所以以美玉比喻孔子之德，问孔子是打算藏，还是出售。孔子强烈表示了出售的意愿，即愿意出仕从政，“用之则行，舍之则藏”。但子贡用了一个“求”字，是问孔子是否主动兜售；孔子则答以“待”字，士之待礼，犹玉之待贾。意思是：若识者虚心尽礼以求我道，我就毫不吝惜贡献给他。历史上圣贤有先例，如：伊尹本来是“耕于莘野”的“贱人”，商汤亲自去请他辅政；姜太公本来“居东海之滨”，遇到周文王得到重用，完成伐纣大业。

9.13 子欲居九夷。或曰：“陋，如之何？”子曰：“君子居之，何陋之有？”

孔子想居住到九夷去。有人说：“九夷闭塞鄙陋，怎住下呀？”孔子说：“有君子住着，怎会闭塞鄙陋呢？”

1. 子欲居九夷　《论语》编者在追忆孔子时，记载孔子当年真有“居九夷”的打算。九夷，东方未开化的多种民族。孔子想到那里去定居，也是其道不见用而避世的意思，与他对子路说“乘桴浮于海”的想法一样。孔子向往东方，是因那里的民风比西方、北方、南方好。《说文》说，南方蛮闽，从虫。北狄，从犬。西羌，从羊儿。“唯东夷从大，大，人也。夷俗仁，仁者寿，有君子不死之国。”

2. 君子居之，何陋之有　陋，不但指物质条件差，也指未开化，文明程度低下。孔子说，君子住到哪里，自然把高度的文明传播到哪里，足以化民成俗，还陋什么呢？这句话被［唐］刘禹锡用来为名篇《陋室铭》作结而脍炙人口。

9.14 子曰：“吾自卫反鲁，然后乐正，雅颂各得其所。”

孔子说：“我从卫国回到鲁国，然后把乐整理订正了。雅与颂各自获得了适当的位置。”

1. 孔子周游列国，最后一站是卫国，据《左传》，孔子返回鲁国是哀公十一年（前484）冬，时年六十八岁。

2. 乐正　春秋是礼崩乐坏的时代，周礼在鲁国。回鲁国定居后，孔子以音乐大家的身份，负起为《诗》三百零五篇正乐的责任。按《汉书·礼乐志》：

诗篇之分雅颂以体制，乐之分雅颂则以音律。正其乐章，如《鹿鸣》奏于乡饮酒、乡射、燕礼。《清庙》奏于祀文王、大尝禘、天子养老、两君相见之类。正其乐音，正其音律之错乱。

所以，“乐正”一指正其乐章，各有指定场合，不让胡乱使用（如“三家者以《雍》彻”就是乱用）；一指正其乐音。

3. 雅颂各得其所　前人以为在孔子前《雅》《颂》混乱，是孔子让该属于《雅》的诗归《雅》，该属于《颂》的诗归《颂》。我们在解读2.2章时提过，旧说孔子删《诗》90%，是对《史记·孔子世家》“及至孔子，去其重”的误读。删《诗》这一功业要比正乐大得多，《论语》编者对此却丝毫没有提及。其实到孔子手里，《诗经》已经编定，根本不需要重整《雅》《颂》篇目。《史记·孔子世家》说：“三百五篇，孔子皆弦歌之，以求合《韶》《武》《雅》《颂》之音，礼乐自此可得而述，以备王道，成六艺。”可见孔子的正乐是为《雅》《颂》正音。

9.15 子曰:“出则事公卿,入则事父兄,丧事不敢不勉,不为酒困,何有于我哉?”

孔子说:“出门奉事公卿,入门服侍父兄,有丧事不敢不勉力举办,不沉溺于酒,以上这些本分事,我大概都做到了吧!”

1. 事公卿,实质上是忠于公卿派下的职守。事父兄,是尽为人子弟本分。丧事勉力,是慎终的一部分。不为酒困,是志道据德,不因酒而误事伤身。总之,是做一个尽心尽职的人。

2. 何有于我哉 “何有”的主要义项是“何难之有”,加上“于我哉”,口气便是“对我来说何难之有”或“这些本该做到的事,我都做到了吧!”无论哪一种,本章的主旨都一样。孔子成年后已没有机会事父兄,孔子所说四条,未必专指自己,而是人人都要反省的。《子罕》篇所记孔子平生,本章应该是孔子去世前对自己一生为人处世的总结。孔子七十而从心所欲不逾矩,做到以上几条,当然毫无困难。

9.16 子在川上曰:“逝者如斯夫!不舍昼夜。”

孔子在江边说:“消逝的事物就像流水一样啊!它没日没夜地倏然而去!”

1. 川,流向大泽、大海的水流。逝,逝离。夫,音扶,语气词。舍,止息。

2. 如斯 像不息的川流这样。孔子望着奔腾的流水心里所想的“逝者”是什么?最容易想到的是岁月光阴。刘宝楠说:“孔子感叹时事既往,不可追复也。”朱熹认为是指道体:“天地之化,往者过,来者续,无一息之停,乃道体之本然也。”道体最明显的特征,莫如川流。所以借此让学者时时省察。正如《易·乾卦》象辞所说:“天行健,君子以自强不息。”朱熹又认为,《子罕》篇从本章起“至篇终,皆勉人进学不已之辞”。以上各种解读,都可参考。若从本章在《子罕》篇的位置来看,编者想通过本章向读者传达的信息非常丰富:本章是全篇前面15章的结束,因此包含了孔子对自己的生命即将消逝的感慨;本章又是全篇后面15章的开始,因此包含了孔子对先于自己去世的三位子弟的感叹,以及对孔门事业长江后浪推前浪的期望。

3. 孟子弟子徐辟请教老师，孔子为什么屡屡称赞水？孟子做了发挥，说：

源泉混混，不舍昼夜，盈科而后进，放乎四海，有本者如是，是之取尔。苟为无本，七八月之间雨集，沟浍皆盈，其涸也，可立而待也。故声闻过情，君子耻之。（《孟子·离娄下》）

有源之水奔流不舍昼夜，遇到洼地先填满，然后一直奔流到海。孔子赞赏的是此水有根源。无源之水虽然在雨季能把沟渠填满，可是雨停后不久就会干涸了。所以在君子看来，如果名气大得很，其实配不上，是很可耻的事。

4. 孔子之后二百多年的荀子（约前313—前238）是儒学思想的伟大继承者，对本章也有重要发挥。《荀子·宥坐》的一段文字称说孔子称赞大水有“德、义、道、勇、法、正、察、志”八大美德，附载于下：

孔子观于东流之水。子贡问于孔子曰：“君子之所以见大水必观焉者，是何?”孔子曰：“夫水，大遍与诸生而无为也，似德。其流也，埤下裾拘，必循其理，似义。其洸洸乎不淈尽，似道。若有决行之，其应佚若声响，其赴百仞之谷不惧，似勇。主量必平，似法。盈不求概，似正。淖约微达，似察。以出以入，以就鲜洁，似善化。其万折也必东，似志。是故君子见大水必观焉。”

9.17 子曰：“吾未见好德如好色者也。”

孔子说：“我没有见过有谁好德能像好色那样的啊。”

1. 1.7 章子夏希望人到成年时首先能做到“贤贤易色”，换用本章说法，就是不要不爱好德性，而一味爱好美色。

“色”的本意，指摆出的脸色，能看出人的喜怒哀乐。按《说文》：“色，颜气也。人之忧喜，皆著于颜，故谓色为颜气。”2.8 章子夏问孝，子曰“色难”，就指不管父母的脸色如何，孝子能和颜悦色为难。

色又指美色、女色，“贤贤易色”所说的色，以及本章所说的“好色”，就是在这个意义上用的。

食色，性也。平日常听到他人坦然自称“吃货”，自称好美食，却很少听到有人自称好色的。其实“好色”并非可耻之事，而同厌恶恶臭一样同是人类天性，不是伪装的。所以《大学》说：“所谓诚其意者，毋自欺也。如恶恶臭，如好好色，此之谓自谦。”

但是与好德相比，好色出自人类本性，性相近；好德不好德，却要看教育，习相远。好德非通过不断修身不能坚持，任何人都是这样。

2.《卫灵公》篇本章又出现了一次，还多了“已矣乎”三字，背景见《史记》和 15.13 章。《子罕》篇全篇都是孔门门内事，孔门外的卫灵公根本插不进来，初版《论语》正文实则结束于《子罕》篇（《乡党》的身份是附录），终篇像《论语》开篇《学而》一样，其结构经过仔细推敲，所以本章不像是因疏忽而重复，好色恐特有所指，只是《论语》编者把背景隐去了。

3. 通观全篇，本章后面有近十章都与孔子对去世的颜渊、子路的评价有关。如果要给最先去世的伯鱼留个位置，应当就是本章。关于伯鱼之死，《论语》涉及的是孔子要他学《诗》、学礼，特别是 17.9 章要他学用《周南》《召南》，暗示要他按二《南》所说的夫妇之道行事。本章会和孔子批评某人只好色、不好德有关系吗？

9.18 子曰：“譬如为山，未成一篑，止，吾止也。譬如平地，虽覆一篑，进，吾往也。”

孔子说：“譬如堆一座山，还需要一筐土才能堆成；如果不堆，这项工程也就被我放弃了。譬如平一块洼地，虽然才填进一筐土，继续填，我离成功也就近了一步了。”

本章应该是接着上章“好德”二字说下来的，修德贵持之以恒。

1. 篑[kuì]，装土的竹筐。覆，底朝上倾倒。“平地”与“为山”对应，“平”与“为”对应，二者都是动词。“为山”是堆山，“平地”是填平洼地。以前有注家把“平地”理解为在平地上堆山，恐怕不正确。

2. 后面 9.20 章足以证明，本章的关键词是“止”和“进”，不是相对于“他人”的“吾”。孔子说的两句话中，前句的意思与《尚书·旅獒》中的“为山九仞，功亏一篑”相同，所以“止，吾止也”并不是强调“是我自己要停止的，不怪别人”，而是惋惜不能坚持到底，功败垂成。“进，吾往也”强调“虽然只倒了一筐土，离成功目标总近了一步”。我们做学问，半途而废，则前功尽弃。如果有个好的开端，哪怕只有一点一滴，只要持之以恒，最终必有成。

《论语》编者把本章排在当前位置的用意，应该是强调进德之征程不舍昼夜，并用“止”和“进”这两个关键词把下面四章一路串起来。

9.19 子曰：“语之而不惰者，其回也与！”

孔子说：“跟他说了后能坚持不懈实行的，大概只有颜回吧！”

1. 惰，懈怠。孔子对弟子都诲之不倦，但听孔子说了那么多，能践行不怠的，只有颜回一人。这不能归结为其他弟子懒惰，孔子一番又一番的教诲意味深长，但弟子们总得先要理解才成，这就有一个“最近发展区”的问题。即使理解了其经典性，并以此作为行动准则，践行起来也会走样，还要不断反思修正，大多数弟子功力够不上。

2. 孔子从初收颜回为弟子时就觉得颜回与众不同：“吾与回言终日，不违如愚。退而省其私，亦足以发，回也不愚”（2.9 章），可见颜回的理解力惊人。理解后，颜回总是表示：“回虽不敏，请事斯语矣。”

9.20 子谓颜回，曰：“惜乎！吾见其进也，未见其止也。”

孔子说到颜回：“可惜呀！我只见他前进，没见他停止过。”

1. 子谓颜回　从下文“惜乎”二字可知，本章内容发生于颜回死后。孔子说起颜回，十分痛惜。

2. 吾见其进，未见其止　这里的进、止二字，前面 9.18 章里专门作了铺垫，也体现了 9.16 章“逝者如斯乎，不舍昼夜”的气概。如果颜回不英年早逝，再活二三十年，前途未可限量。恰恰是这样一位千载难逢的传人，却早早消逝了。

9.21 子曰：“苗而不秀者有矣夫！秀而不实者有矣夫！”

孔子说：“发了苗而不结穗的人是有的！结了穗而颗粒不饱满的人是有的！”

朱熹说：“谷之始生曰苗，吐华曰秀，成谷曰实。”谷物播种后长出的是小苗，开花结穗叫作吐秀，孕浆后颗粒饱满叫作实。这里用以比拟学习人生三阶段。

本章接上章，孔子正是叹惜颜回已秀，果实未饱满就死了；“有矣夫”三字也是叹息世上这种情况应该多的是。

本章又启下章：有些很好的苗子，目前还没有到开花吐穗的阶段，谁也不敢说将来所结的果超不过自己。但从另一方面说，如果到了开花结穗的阶段还不能吐秀，或被迫、被诱惑停止生长，那就不敢期望它结硕果了。

9.22 子曰：“后生可畏，焉知来者之不如今也。四十五十而无闻焉，斯亦不足畏也已！”

孔子说：“对年轻人是不能看轻的，怎么知道下一代不如今天这一代呢？如果到四十五十岁还没有名气，那就没什么可怕了。”

1. 本章孔子讲的两句话，前一句既是对前辈的正告，也是对后生的勉励。

可畏的是后生的才智增长，功业超过前人。以智慧来说，它就是在决策与判断时表现出来的经验与知识。这些经验与知识有赖于前半生的积累；水到渠成，往往要待后半生；若积蓄到巨型水库，开闸放水时甚至可以一决千里。所以，长者功成名就时，年轻人还稚嫩，但这不构成长者轻视年轻人的理由。站在后生的立场上看，目前的功业不能与前辈比，也不构成年轻人自卑的理由。其实他自己也不敢确信，有一天自己的功力会超过淡出人生舞台的前贤；关键在于以 9.18 章的“为山”“平地”来鞭策自己。

2. 孔子所说的第二句既是帮助长者对后生的“可畏性”作大致估计，也是对志大才疏的后生的警告。《大戴礼记 · 曾子立事篇》也有类似的表述：“三十、四十之间而无艺，即无艺矣；五十而不以善闻，则无闻矣。”

3. 孔子根据当时人的寿命划了一个界限，四五十岁已达到了人生的三分之二，如果还默默无闻，那么大概就没有什么可怕了。这个“无闻”，是指其才情未被大家承认。一个人即使在前半生没有了不起的创造，但通过一系列的小事，其才干还是能为人所知的，这就不算无闻。孔子时代的有闻无闻，范围相当于今天的一个省，如前面 5.23 章提到的微生高以直闻名，后面 13.18 章叶公推荐“吾党之直躬”；今天的有闻无闻，地域要大得多。此外，今天人的寿命大大延长，四十五十这个界限大概还可以往后推二三十年。

可以假定，本篇孔子语录大都出自孔子晚年，特别是遭遇到白发人送黑发人的痛苦之后，都是对众多弟子的希冀与倾诉。

9.23 子曰："法语之言，能无从乎？改之为贵。巽与之言，能无说乎？绎之为贵。说而不绎，从而不改，吾末如之何也已矣！"

孔子说："药石之言能不听从吗？听了能改正才可贵。恭顺捧场的话能不开心吗？能追究他为什么恭顺赞同才可贵。听了顺耳的话一味乐滋滋的，不去想想他为什么要顺从自己；或者对金玉良言只是不公然反对而不肯改过，对这种人我真不知道拿他怎么办了！"

人的行为举止不能达到尽善尽美，其过失总能为他人注意到，但论者会抱两种态度，本章就是孔子教导弟子如何面对这两种言论。

1. 法语之言，能无从乎？改之为贵　"法"字在《论语》中仅两见，另一处在《尧曰》篇："谨权量，审法度，修废官，四方之政行焉。"法与礼相辅相成。《大戴礼记·礼察》："礼者禁将然之前，而法者禁于已然之后。"本章"法语"泛指指出过失的正告与禁止。一个人有了过失，听到规劝，当时多半会以礼相待、唯唯称是，但是口头上虽然服从，这不足为贵，能付诸行动，努力改正才可贵。

2. 巽与之言，能无说乎？　巽[xùn]字如右图，上半部原为两人屈伏，下半部原是丌(古文"其"字)，表示堂下基地。合起来的意思是恭顺。与，认同，站在同一边。说，同"悦"。"巽与之言"是对你的行为举止一味恭顺赞同的话——听着能不开心吗？

3. 绎之为贵　绎，演绎。巽与之言与法语之言正好相反，法语之言是"忠言逆耳利于行"，努力改正就行。没听说过"巽言顺耳利于行"，自己行为举止未必得当，人拣好的说，只肯定我行为中值得肯定的部分，哪怕只是小部分；更有甚者，是"小人成人之恶"，赞美我的恶行。所以对巽与之言不能止于欣然接受恭维，闻者必须追究他人说这些好话的动机，下一番演绎的功夫：他是鼓励我？表示赞赏与友好？是取悦我，有所求？还是挖个坑让我跳？

4. 说而不绎，从而不改，吾末如之何也已矣　"说而不绎"之人缺乏分析能力，被人牵着鼻子走；“从而不改”之人劣性顽固，不走正道，难望成才。孔子作为大教育家，对这种人也没有办法。我们如果有志于学，在这两方面就要好好反省。

《子罕》篇进展到这里，都是孔子对弟子的遗训，为“听人之言”专列了一章，其中也包含着对言者动机态度的判断，应当与《论语》最后一句“子曰：‘……不知言，无以知人也。’”联系在一起读，才能领会其重要性。

刘向编定的《战国策·齐策一》中有一篇《邹忌讽齐王纳谏》，生动地描写了邹忌对亲故的“巽与之言”是如何演绎的，而齐威王对邹忌的“法语之言”又是怎样从改的，读者可参考。

9.24 子曰：“主忠信，毋友不如己者。过则勿惮改。”

本章摘自1.8章，不是编者失察，很可能是附在上章结尾的编者按。联系9.23章内容，对1.8章来说，乃是温故而知新。

对进言者来说，自己要反省是否主忠信。法语之言出于忠信，而巽与之言反是。

对闻言者来说，如果巽与之言出自友人，就是损友，不可交，否则耳边尽是巽与之言。

听到法语之言，下一个环节就是检查自己的过失，改之为贵。

9.25 子曰：“三军可夺帅也，匹夫不可夺志也。”

孔子说：“三军之众，可拿下它的主帅；个人立志，谁也不能迫使他放弃。”

1. 三军　按周朝制度，12500人为一军，大国可拥有三军。匹夫指个人。本章将三军与个人相比，又将三军之帅与个人之志相比，强调的有两方面。一是三军人多势众，主帅有强大力量保卫，而个人势单力薄，其志只有他自己守着。然而要他放弃，却难于三军夺帅。二是“帅”为三军的统领，“志”是个人的统领，其重要性再强调也不为过。历代注家受孔安国影响，把注意力引到另一层面，去解释为什么三军可夺帅，认为原因是“三军虽众，人心不一，则其将帅可夺而取之”，似乎走题。

2. “志”字在《论语》中出现了17次，大多指想达到的人生目标。首先，孔子并不否认人各有志，但志向有正邪高低，本章是孔子对弟子的教诲，这里的志就是“志于道”，立志于正道是很难被打破的（参见 1.13 章的有子思想），但是还要辅之以“据于德，依于仁，游于艺”。只立志而不去践行，志大才疏也是不行的。

9.26 子曰：“衣敝缊袍，与衣狐貉者立，而不耻者，其由也与！”

“不忮不求，何用不臧？”子路终身诵之。子曰：“是道也，何足以臧？”

孔子说：“穿着破旧絮袍和穿狐裘貉裘的人站在一起而不以为耻的，大概只有仲由了吧！”

《诗经》里那句“不忮不求，何用不臧？”子路诵读终身。孔子听说后说：“光靠不忮不求，何足以臧？”

1. 衣敝缊袍　衣，去声，动词，穿着。敝，破旧。缊［yùn］，丝絮乱麻。

2. 不忮不求，何用不臧　《诗经·邶风·雄雉》中的一句。忮［zhì］，嫉他人之有而加人以伤害。求，贪求；耻己之无而想获取。臧，善。如果能不忮不求，还有什么事干不好呢？

3. 子路诵读终身　从“终身”二字可推测本章后半段孔子的议论是在子路死后。据《史记·仲尼弟子列传》，子路初见孔子时，盛气凌人：“冠雄鸡，佩豭［jiā］豚，陵暴孔子。孔子设礼稍诱子路，子路后儒服委质，因门人请为弟子”。子路从开始戴雄鸡冠、佩小公猪皮装饰的剑，到后来能终身诵读《雄雉》，很有戏剧性。孔子对子路穿着寒酸却能在穿华服者面前泰然自若表示赞赏，子路也对自己正符合这句诗的描写而沾沾自喜，所以天天挂在嘴边。

4. 是道也，何足以臧　孔子听到子路陶醉于这句诗，听出子路认定人生只要不害人不贪求就是最高境界了，意味着子路自满而不思进取。于是评论说：“就凭不忮不求，怎么算得上高尚人生？”

许多注家以为“不忮不求，何用不臧”是孔子先引用的，子路对此非常得意，以致终身诵读。如果是这样，孔子不会又否定自己原先的评价而说“是道也，何足以臧？”

9.27 子曰："岁寒，然后知松柏之后凋也。"

孔子说："要到严冬，才知道其他树木都凋零了，松柏还不凋零啊。"

1. 孔子观人有法，本章即其一。成就大事业者，必有过人气节。能经受常人难以忍受的考验。生死关头，最易看出。两千多年来，本章孔子此语成了著名警句，例如《正气歌》"时穷节乃见，一一垂丹青"就脱胎于孔子。

2. 历代注家多认为本章的主旨是：如逢太平盛世，小人的表现与君子差不多，一到危急关头，或遇到利害冲突，小人就原形毕露，唯独君子能坚守道义。这固然是一解，但是应当承认，即使都是君子，遇到重大考验，表现仍有差异。

3. 孔子不会平白无故发表警句，一个极有可能的语境是他 61 岁时被困于陈蔡之间，弟子们表现各异，孔子直接谈到"天寒既至，霜雪既降，吾是以知松柏之茂也。陈蔡之隘，于丘其幸乎"。详见《庄子外篇・让王》。

4. 从贯通全篇的角度看本章，下章仍有赞誉子路之勇的意思。本章放在这里完全可以与子路忠于职守英勇赴死联系起来。参见 11.11 章。

9.28 子曰："知者不惑，仁者不忧，勇者不惧。"

孔子说："智者不被迷惑，仁者不忧愁，勇者不畏惧。"

1. 知—智，古今字。知者不惑有三层意思。(1) 孟子说："是非之心，智之端也。"所以智者一定明辨是非，不被假象迷惑。(2)"好学近乎智"，智者面对新问题也头脑清醒，因为智者善于学习。(3) 孔子说："舜其大知也与！舜好问而好察迩言，隐恶而扬善，执其两端，用其中于民，其斯以为舜乎！"(《中庸》) 智者能虚心请教他人，礼贤下士，去芜存菁，处理问题止于至善。

孔子"四十而不惑"，说明那时他已是智者。我们要达到孔子的境界，就得在上面三方面用功夫。

2. 仁者不忧，也有三层意思。(1)"力行近乎仁"，仁者相人偶，能按最适性原则处理好所有人际关系，已尽人事，内省不疚，还忧什么呢？

(2)“仁者不忧”只指在个人利害关系上不患得患失,舍此没有奢求,并非不忧天下。否则就无所谓“先天下之忧而忧,后天下之乐而乐”。(3)仁者之忧表现为“君子忧道不忧贫”。(15.31章)具体地说,孔子也说过:“德之不修,学之不讲,闻义不能徙,不善不能改,是吾忧也。”(7.3章)

《荀子·子道篇》这样解释仁者不忧:

子路问于孔子曰:“君子亦有忧乎?”孔子曰:“君子,其未得也,则乐其意;既已得之,又乐其治。是以有终身之乐,无一日之忧。小人者,其未得也,则忧不得;既已得之,又恐失之。是以有终身之忧,无一日之乐也。”

3. 勇者不惧　(1)《论语》里“勇”指见义勇为:“见义而不为,无勇也。”(2)无耻之人必无勇,《中庸》说:“知耻近乎勇。”如果知道面对不义时表现怯懦是可耻的,就会挺身而出。(3)在《中庸》里勇又称强。子路问强。孔子回答:君子之强表现为“国有道,不变塞;国无道,至死不变”。君子坚守道义,遇到挫折,哪怕生死关头,也不改变。勇者不惧就是题中应有之义。

9.29 子曰:“可与共学,未可与适道。可与适道,未可与立。可与立,未可与权。”

孔子说:“可与人一起学习,但未必可与同走一条道。可与人同走一条道,但未必可与他一起坚守。可与人一起坚守,但未必可与他权衡取舍。”

1. 可与共学,未可与适道

(1) 共学,一起学。孔子十有五而志于学,有没有共学之人,史无记载。但是古代收集学生“设为庠序学校以教之。庠者养也,校者教也,序者射也。夏曰校,殷曰序,周曰庠”(《孟子·滕文公上》),进了学校就与人共学,孔子身边所有弟子也是。

(2) 适道,走同一条道。道有正道歪道、大道小道。“道不同,不相为谋”(15.40章)。

(3)《世说新语·德行》篇有“可与共学,未可与适道”的著名例子:

管宁、华歆共园中锄菜,见地有片金,管挥锄与瓦石不异,华捉而掷去之。又尝同席读书,有乘轩冕过其门,宁读如故,歆废书出看。宁割席分坐,曰:“子非吾友也。”

“同门曰朋,同道曰友”,“子非吾友”,就是“我俩所适不是一条道”。今天的同班同学都在共学,但未必都志于道,多年以后再聚,发现话不投机的人很多。

2. 可与适道,未可与立　立,坚守此道。孔子三十而立。不少人终身不立,大都一开始有志于道,由于种种原因,志气磨灭,不能一直走到底。

3. 可与立,未可与权　权,权衡。孟子举过一个例子:“男女授受不亲,礼也。嫂溺援之以手,权也。”在一般情况下,交物给异性,不可有肌肤的接触。坚守这个规矩,算是立。但嫂子掉到河里了,小叔伸手把她拉起来,就是权。

处于非常处境,不能墨守成规,要随机应变,权衡轻重。但其间的尺寸常人往往难以把握。对道,不但要做到强立不反,而且必须设立合理的两端,在其间进行权衡,不是漫无边际;还需要执此两端取其中,无过无不及。唯有智者才能知权达变。大者如大义灭亲、毁家纾难。上章说知者不惑,孔子四十岁就做到了。

《子罕》篇环绕孔门痛失先进师兄和恩师而展开。《论语》编定《子罕》篇,三年守丧期行将结束,朋辈即将各奔前程。把孔子生前的这段话放在这里,更显语重心长。三千弟子,都师从孔子共学,但是日后未必走同一条道。同走一条道也未必能一起坚守初衷并达权变。事实上,两百年以后的韩非子(约前280—前233)说孔子死后儒分为八:“自孔子之死也,有子张之儒,有子思之儒,有颜氏之儒,有孟氏之儒,有漆雕氏之儒,有仲梁氏之儒,有孙氏之儒,有乐正氏之儒”。(《韩非子·显学》)其中子思之儒还可以说是传自曾子,而子游、子夏之儒则不见踪影。引文中的“孙氏”,即孙卿,也就是荀子(约前313—前238)。荀子以孔子与仲弓(冉雍)的继承者自居,而痛斥子张氏、子夏氏、子游氏之儒为“贱儒”,也猛烈批评子思、孟子一派。其实荀子自己也开始从儒家转化为法家了。

9.30 “唐棣之华,偏其反而。岂不尔思?室是远而。”子曰:“未之思也,夫何远之有?”

有首诗说:“唐棣花开,翩翻招展。我怎不把你思念?无奈居处相隔太远。”孔子说:“没去思念吧!真放在心上,远什么?”

本章开始四句是逸诗，不见于《诗经》。

1. 唐棣之华，偏其反而　唐棣，树名，又作棠棣、常棣。蔷薇科，落叶乔木。华，花。唐棣花有红白两种。从右图可见每朵花五瓣相隔较远，花瓣间缺乏关照呼应，似偏似反。我们从中可以悟出什么是“偏其反而”。

2. 岂不尔思？室是远而　诗人借唐棣花的性状起兴，说我不是不思念你，我们两人居处相隔太远了啊。

3. 未之思也，夫何远之有　孔子发表对这四句逸诗的评论：“什么因为居处相隔太远！你是不思念罢了。如果真的思念，与住得远近有什么关系？”

原诗的表达的确是有漏洞的，亲人或恋人在远方，更添思念。但站在作者的立场上讲，其语境或是幽会时情人埋怨对方那么久不见面：“你是不想我啦！”对方说：“怎么会不想你呢？实在是来一趟不容易啊！”

4.《诗经·召南·何彼襛矣》的首句与本章引诗有点像：“何彼襛矣，唐棣之华。”如果“《诗》三百”是孔子编定，就不会放任本章所引成为逸诗（参见 2.2 章）。司马迁说“古者诗三千余篇，及至孔子，去其重，取可施于礼义”，没有置入《诗》三百而被人引用的都成了逸诗。这毫不奇怪，被时光淘汰的两千多篇诗毕竟还有可观的零章剩简，所谓吉光片羽。

5. 本章的解读令前人大伤脑筋。何晏《集解》把本章与上章合为一章，说：“唐棣，华反而后合。”之所以要赋《唐棣》诗，是想说“权、道相反而后至于大顺”，是想说为什么“思权而不得见”，因为“其道远也”。孔子的批评是“权并非不可知，只要进行有次序的思考”，等等。

直到北宋依然两章合一，但苏轼认为《唐棣》诗与上章无关，要表达的是“思贤不得”。

朱熹正式把两章分开，但对本章引《唐棣》诗四句，评论说上两句无意义，下两句中的“尔”也不知道指什么。至于孔子的批评，朱熹引用程颐的话：“圣人未尝言易以骄人之志，亦未尝言难以阻人之进，但曰‘未之思也，夫何远之有？’此言极有涵养，意思深远。”

前人更有怀疑本章是零章残简，无处安放而挂在《子罕》篇末的，［金］王若虚（滹南）《论语辨惑》一口咬定本章无论如何讲不通，陈氏《辨疑》对此完全赞同：“自汉魏以来，解《论语》者多矣。此章之说，皆莫能明，然亦未有言其可疑而不说者。惟王滹南直谓必不可通，予意亦然。”［清］何异孙《十一经问对》则说本章是“脱简，在他篇又无可考”。近人程氏《集释》也深感苦恼：“此章文极费解。窃谓此章止是发明思的作用，与反经合权无涉。[《求真》按："反经合权"出于《史记·太史公自序》："诸吕为从，谋弱京师，而勃反经合于权"，意思是名臣周勃违反常规，采取权宜变通的做法。]《孟子》深得夫子之意，故提出此一字曰：'心之官则思，思则得之，不思则不得也。'自宜别为一章，后儒纷纷曲说无当也。"

如果把全篇打通，则作为初版《论语》正文结束的本章，其意义就涌现出来了。笔者读到此时，有泪夺眶而出。上章是李白诗"醒时同交欢，醉后各分散"的意境，本章以"唐棣之华，偏其反而"来描述。后两句"岂不尔思，室是远而"，说是孔子远行思念死去的和健在的弟子也可，说是弟子对故友先师的哀思也可，说成是在孔墓旁结庐三年朝夕相处、一朝珍重话别也可。弟子们通过本章，以孔子的结语互勉：任你我今后天各一方，距离再远，只要彼此思念，举头仰望，所共者，一轮明月！

乡党篇第十

据信,《论语》首次完稿只有十篇,是孔门弟子为孔子守丧三年中编撰而成的,子贡又在孔墓旁守了三年,对《论语》的贡献应该很大。《乡党》作为最后一篇,像是附录,不收孔子言论(末节除外),而记载孔子居乡党的礼仪,透过衣食住行、音容笑貌反映出来。本篇旧不分章,朱熹分 17 节,本书仿刘宝楠细分,得 24 节。为体例统一,在《乡党》篇外,“10.×节”概称“10.×章”。

10.1 孔子于乡党,恂恂如也,似不能言者。其在宗庙朝廷,便便言,唯谨尔。

孔子在乡亲集会上,其貌温恭谦逊,像是不会说话的人。他在宗庙朝廷,条分缕析,据理力争,只是相当谨敬。

1. 乡党　乡、里、巷都是人群聚居之处,加党字,强调地方会社。父党、母党、妻党,指相应关系网,后来演变为党派。本节所强调的,不是孔子居家的表现,而是在乡里公共集会场所的表现。

2. 恂恂[xún xún]　温良恭顺的样子,“似不能言”使“恂恂”更形象化。

3. 宗庙朝廷　指鲁国的宗庙朝廷。孔子三十多岁时去过东周首都洛邑(今河南洛阳)问礼,但没有在周天子处上朝的经历。

4. 便便[pián pián]言,唯谨尔　古人为我们提供了两种不同的解释。郑玄说:“便便,辩也。”《尔雅 · 释训》也这么解释。《韩诗外传》说

“便便”是娴雅貌。综合二说,宗庙是行礼之处,朝廷是布政之所,讲话有礼仪规范,意思须剖析分明,不可给人以“不能言”的印象,但是谨言仍然重要。

孔子在乡党,面对乡亲故旧;在宗庙朝廷,面对国君卿大夫。言语态度的鲜明对比值得深思,正、闲的场合分别怎么说话,孔子为我们树立了榜样。

10.2 朝,与下大夫言,侃侃如也;与上大夫言,訚訚如也。君在,踧踖如也,与与如也。

孔子上朝,与下大夫交谈是侃侃而谈,和乐愉悦;与上大夫交谈时,中肯方正。国君在场时,孔子既恭敬小心,又从容大方。

1. 朝,上朝。“与大夫言”是在国君未视朝时;君在,指国君视朝。

2. 孔安国注:“侃侃,和乐之貌。”“訚訚[yín yín]:中正之貌。”“踧踖[cù jí],恭敬之貌。”“与与[yǔ yǔ],威仪中适之貌。”

3. 孔子本人温良恭俭让,面对不同对象,具体表现有不同的分寸。国君视朝前,孔子面对下级时,因自己身份较高,说话比较放松,神态依然和顺。面对位尊的上级,说话庄严中正,不随便。国君视朝,既恭敬小心,又从容大方,无过无不及。

10.3 君召使摈,色勃如也,足躩如也。揖所与立,左右手,衣前后,襜如也。趋进,翼如也。宾退,必复命,曰:“宾不顾矣。”

国君召傧接待国宾,傧者必立刻庄重其脸色,脚步稳健加紧。对一起列队的其他傧相作揖时,左右分揖,鞠躬平身时衣服前后收展。迎宾时快步趋进,如鸟舒翼。国宾告退了,[作为上傧]必回复使命完成,说:“国宾不再回头致意了。”

1. 君召使摈　摈,即傧,按主从分上摈、承摈与末摈。国君召孔子负责接待宾客,因为孔子礼节娴熟。这应该是鲁定公十年以后三四年间事,孔子年龄约在五十二岁至五十五岁之间。

2. 色勃如也　勃然变色，矜持庄重的样子，并不含有后世形成的成语只含突然生气、突然震惊的意思。

3. 躩[jué]如　既小心稳重，又加紧脚步。

4. 揖所与立，左右手　傧相分立两旁，孔子对左边的傧相左揖，对右边的傧相右揖。

5. 衣前后，襜如也　襜[chān]，整齐之貌。作揖时俯首折腰打拱，然后直立正视，一俯一仰，衣服随之前后摆动，齐刷刷地毫不凌乱。

6. 趋进，翼如也　傧者从中庭进至阼阶，其间有数十步，不宜纾缓，所以一定要快步趋进。翼如，如鸟舒翼，雍容大度。

7. 宾退复命　礼宾后国君命送宾，送走后由上傧回来禀告国君。

《子路》篇 13.19 章樊迟问仁。孔子教导说"居处恭，执事敬……"孔子自己正是"执事敬"的典范，礼宾有关国体，更是一丝不苟。

10.4　入公门，鞠躬如也，如不容。

立不中门。行不履阈。

过位，色勃如也，足躩如也，其言似不足者。

摄齐升堂，鞠躬如也，屏气似不息者。

出，降一等，逞颜色，怡怡如也。

没阶，趋进，翼如也。

复其位，踧踖如也。

孔子进[高敞的]国君宫门，以一种鞠躬的姿势，像公门太低会碰到他头似的。

不在门中间站立，遇到门槛则跨过，决不踩踏。

走过国君的位子，必立刻庄重其脸色，脚步稳健加紧，说话也极为简略。

升堂时提起衣裳下摆，不使拖地，以一种鞠躬的姿势，屏住气像不呼吸一样。

退出大堂时，走下一个台阶，神情便舒展了，和悦安详的样子。

下完堂阶，便快步趋进，如鸟舒翼。

再过君位时，又重新回复恭敬小心的神态。

1. 这一节记孔子在上朝时的仪容举止。

2. 公门，国君宫门。诸侯有三重公门，自外而内分别是库门、雉门、路门。阈，门槛，区别门内门外。进出应当跨过，不可踩踏。门槛踩脏了，也会弄脏衣服。

3. 过位　国君视朝，先治朝，后内朝。群臣上朝时，国君立在门屏之间治朝之位，揖见群臣，然后在路寝与群臣议事，群臣退朝时路过的治朝之位已是空位。

4. 其言似不足　过位时，遇到必须应答同朝者时，话尽量压缩。

5. 摄齐升堂　齐[zī]是衣裳缝了边的下摆，摄，提起。升堂上台阶，双手将衣裳下摆拽起一尺，不使拖台阶，并防止绊跌失仪。

6. 出降一等，逞颜色　逞，放松。在朝堂时屏神息气，退出大堂走下一级台阶时解除紧张的神色。

7. 没阶趋进　台阶走完到庭院，离君已远，舒展快步离去。

8. 复其位　孔子又路过国君治朝之位。国君虽不在，依然恭敬。

10.5 执圭，鞠躬如也，如不胜。上如揖，下如授，勃如战色，足蹜蹜如有循。

享礼，有容色。

私觌，愉愉如也。

出使时，执君之圭，伛着身子，像不胜其重的样子。向上举圭时，像作揖；向下拿时，像授圭与人。面色凝重如临大敌，执圭走路也碎步细密，像沿着标线前行。

到行聘问礼时，神色和怡，不再屏神息气了。

与外国君臣非正式见面时，则是轻松愉快。

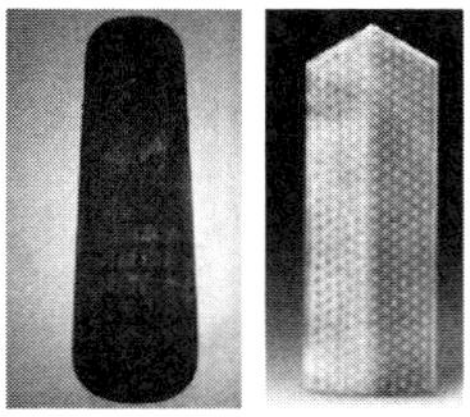

1. 执圭　圭，玉器。圆头或如剑头（如图）。出使他国，国君授使者以命圭作为信物。使者到出使的国家行聘问礼时需要执圭，表示奉国君之命来问安好。

2. 如不胜　胜，能承担。使者所执之圭，长不过八寸，广三寸，厚半寸，分量很轻，但孔子执圭时给人的感觉好像拿不动的样子,形容其敬谨之至。

3. 上如揖,下如授　执圭的正常位置与心齐,上举时不高过作揖,下执时不低于递物于人的姿势。过高过低,都不合礼。

4. 战色　如临大敌,紧张凝重。

5. 踧踖如有循　踧踖[sù sù],小步快走。如有循,如脚下画有路线,遵照前行。

6. 有容色　《仪礼·聘礼》:“及享,发气焉盈容。”享礼由使者献礼,和气满面。

7. 私觌,愉愉如也　觌[dí],相见。《仪礼·聘礼》:“摈者出请事,宾告事毕,宾奉束锦以请觌。”享礼后使臣拜见对方君臣,赠束帛乘马。因公事已毕,私人会见,神情更加轻松愉快。

前人怀疑孔子没有 10.3 节与本节的经历,只是孔子在带弟子习礼时告诉弟子这样的规矩罢了。《朱注》引晁说之(1059—1129)的话:“孔子定公九年仕鲁,至十三年适齐,其间绝无朝聘往来之事。疑使摈、执圭两条,但孔子尝言其礼当如此尔。”

10.6　君子不以绀緅饰,红紫不以为亵服。

当暑,袗絺绤,必表而出之。

缁衣,羔裘;素衣,麑裘;黄衣,狐裘。

亵裘长,短右袂。必有寝衣,长一身又半。

狐貉之厚以居。

去丧,无所不佩。

非帷裳,必杀之。

羔裘玄冠不以吊。

吉月,必朝服而朝。

君子不用黑里透红的颜色来做衣领与袖子的镶边。不用红色紫色做日常私居之服。

当暑天时,在室内穿葛单衣,但出外必加罩衫。

黑衣内配紫羔裘,素衣配小鹿皮裘,黄衣配狐裘。

寝室用裘,身量要长些,右袖较短。一定罩着寝衣,其长过身一半，遮盖两膝。

冬天把狐貉皮来做坐褥。

除非在服丧期中，大带上佩玉无所禁忌。

除非朝祭穿整幅的帷裳，其他场合着裳，一定裁去不必要的布料。

吊丧不穿黑羔裘，不戴黑礼帽。

每年正月初一，必穿着朝服上朝去。

1. 君子　指孔子。前几节是孔子的仪容，属私人。本节记冠服，不但孔子这么穿戴，也是有身份人士的穿戴规矩。

2. 绀緅饰　绀[gàn]，深青带红。緅[zōu]，黑里透红(铁灰色)。饰，领边、袖边。绀緅是祭服的颜色，不用于镶领和袖。

3. 红紫不以为亵服　《朱注》："红紫，间色不正，且近于妇人女子之服也。"亵服，旧注为"私亵之服"，恐怕是指内衣。

4. 当暑，袗絺绤　暑天穿单衣用葛(类似麻的一种植物，纤维可织布)。袗[zhěn]，单衣。絺[chī]，细葛布。绤[xì]，粗葛布。

5. 必表而出之　《说文》：表，上衣。夏天穿葛衣隐约露出皮肤不庄重，因此外出要加罩衫，古注如此。朱熹以为出门前在葛衣里面加衬衫，似乎不合理。

6. 缁衣羔裘，素衣麑裘，黄衣狐裘　冬季为保暖，须服裘(皮衣)。古代裘毛向外，必须有罩衫，称为裼[xī]衣。三种正式服装用于不同场合，颜色也不同(朝服穿缁衣，凶服穿素衣，蜡祭穿黄衣)，裘色随衣。缁衣配黑羊羔裘。素衣配麑[ní](小鹿，毛色素净)裘。黄衣配黄色狐裘。

7. 亵裘长，短右袂　亵裘，寝室用裘。袂[mèi]，衣袖。亵裘尺寸较长，可能因为在私密场合，下半身着装简单，长裘有利暖身。右袖比左袖短，以方便做事。前人有人怀疑孔子居家不必做什么事，袖子何必一长一短，存疑。

8. 必有寝衣，长一身又半　寝衣，寝室用衣，孔子在亵裘外一定要罩上寝衣。身，躯干。衣长一个半躯体。程树德《论语集释》按："《说文解字》：'被，寝衣也。'《广雅·释器》：'寝衣，寝被也。'是古人皆以被解释寝衣。今日本之被，有领有袖，惟长较常服之衣倍其半，盖即古寝衣之制。其式如衣，故曰寝衣。"

9. 狐貉之厚以居　居，坐。用狐貉皮的厚毛皮作坐垫。

10. 去丧，无所不佩　丧服满期了以后，什么饰物都可以佩戴在大带上。《礼记·玉藻》："凡带必有佩玉，唯丧否。［郑玄注：'丧主于哀，去饰也。'］君子无故玉不去身，君子于玉比德也。"

11. 非帷裳，必杀［shài］之　古代男子上衣下裳（裙）。帷裳，用整幅布制作的朝祭礼服，余料不加裁剪，打裥处理，犹如今天的百褶裙。不是帷裳则一定要将两幅布套裁成上窄下宽的四幅，然后缝合成两条。这样既省工，又省料。《康熙字典》："杀，剪、缝。"

12. 羔裘玄冠不以吊　孔安国说："丧主素，吉主玄，吉凶异服。"吊丧应着素服，不可穿紫羔裘戴黑礼帽。

13. 吉月，必朝服而朝　什么日子称吉月，历来意见纷纭。多数注家赞成吉月是指月朔（每月初一）。有人以为"吉月"是"告月"之误，即"每月之末，有司以月朔告于君"。《公羊传》则说"不告月者，不告朔也"。按《八佾》篇"子贡欲去告朔之饩羊"，自鲁文公以后告朔之礼已名存实亡，孔子是退休官员，不至于无谓地独自上朝致贺。［清］夏炘《学礼管释》考证古书都说到"正月之吉"，主张吉月指大年初一，孔子一定穿着上朝的礼服去朝贺。这个解释比较合理。

10.7　齐，必有明衣，布。
齐必变食。居必迁坐。

斋戒时，必有浴衣，布制。

斋时必改变平日食物，又迁出日常的居处。

1. 齐，明衣，布　齐，同斋。古人在祭祀前必须斋戒，包括沐浴。明衣，浴衣，使身体明洁，所以称明衣。《皇疏》："浴竟，身未燥，未堪着好衣，又不可露肉，故用布为衣，如衫而长身也，着之以待身燥。"布，以葛、麻布制成（棉布要到元明时期才取代丝麻）。

2. 变食　改变平常食物。因要接事鬼神，食物须洁净，不饮酒，不茹荤。荤，草字头（不同于肉字旁鱼肉之腥），指气味浓重的葱蒜芥姜韭之类。

3. 迁坐　斋戒期间，与妻妾同房不洁，需要从平日内寝迁出，睡外寝。

10.8 食不厌精，脍不厌细。

食饐而餲，鱼馁而肉败，不食。色恶，不食。臭恶，不食。失饪，不食。不时，不食。割不正，不食。不得其酱，不食。

肉虽多，不使胜食气。

惟酒无量，不及乱。

沽酒市脯不食。

不撤姜食。不多食。

吃饭不因粮食精细可口而贪吃，鱼肉不因烹调精美而无厌。

饭食因发霉变质、馊臭变味，鱼、肉因腐败，不吃。颜色有变，气味难闻，不吃。

煮得生熟失度，不吃。食材不到时候，不吃。食材取割部位不当，不吃。酱料不匹配，不吃。

饭桌上肉品虽多，下肚的量仍不超过五谷。

只有酒可畅饮，以不乱性为度。

街市上卖的酒食，不吃。

菜肴中放姜的，吃时不弃去姜，但也不多吃。

1. 食不厌精，脍不厌细　食，粮食。脍[kuài]，细切的鱼、肉。

以前批孔者抓住“不厌”二字指孔子为饕餮之士。古文“厌”，通“餍”，餍足的意思。不厌，指不因食物精美而吃得过饱。（《礼记·曾子问》有“孔子曰：有阴厌，有阳厌”。注：“厌是餍饫之义。”《正韵》：同餍。《左传·昭公二十八年》有“属厌而已”。杜预注：“言小人之腹饱，犹知厌足。”）

孔子认为“士志于道，而耻恶衣恶食者，未足与议也。”（4.8 章）“饭疏食，饮水，曲肱而枕之，乐亦在其中矣。”（7.15 章）自然不会因饭菜做得精细而大吃特吃。

2. 从文字学说，饐[yì]，从豆，指熟食久放而馊腐发臭。餲[ài]，从日下包裹的食材，指未烹调的食材久放变质。这两个字到后世使用时已互通。

3. 馁[něi]　鱼不新鲜，内烂。败，肉腐臭。色恶、臭[xiù]恶，分别指颜色、气味之恶。

4. 失饪[rèn]　烹调过度或不到位，如煮生或烧焦。

5. 不时　不到该吃的时候。如不合时令或不到采割时间的粮食果蔬。

6. 割不正　不指切得不方正，割的意思是从整体上分离，与切、斩、剁、削、批等刀工无关。以猪羊为例，割不正指割下不该吃的部位烹调。

7. 不得其酱，不吃　需要用酱的菜肴，各有所宜。配的酱的温性寒性、甜酸苦辣不合宜，孔子不吃。

8. 食气　粮食风味。

9. 不及乱　不到因酒乱性的地步。

10. 沽酒市脯不食　"沽酒"与"市脯"性质相同，都是指市面上摊铺买回的。辛弃疾词："青旗沽酒有人家。"前人有认为"沽酒"指"一宿酒"，不管是指隔夜酒还是只酿了一宿的酒，这种解释都显得牵强。

11. 不撤姜食，不多食　菜肴烹调时该放姜的，吃时不拣去姜，一并吃掉，但也不多吃。

10.9　祭于公，不宿肉。祭肉不出三日。出三日，不食之矣。

公祭完的祭肉，所得祭肉不过夜就分掉。家里的祭肉，不出三天，也必须分完吃掉，过了三天，就不吃了。

1. 祭于公，不宿肉　据何晏《集解》，助祭于君，两天后祭毕，祭肉分给群臣，必须马上处理，不过夜。

2. 祭肉不出三日　指家祭之肉，不出三日要分配完毕，否则败坏不可食。

10.10　食不语，寝不言。

就餐、就寝，都不说话。

吃饭时嘴的功能是输入食物，不是输出语言；睡觉时大脑要休息，完全不是思考交流的时候。

语、言互文。朱熹把言、语作了区分："答述曰语，自言曰言"，受到质疑。陈氏《辨疑》问:难道食不语却可言,寝不言却可语吗?

10.11 虽疏食菜羹,必祭,必齐如也。

虽然是粗饭,菜羹,也必用于祭祀,同样庄严恭敬。

1. 齐如　即斋如,庄敬貌。

2. 必,出自《古论语》。《鲁论语》作"瓜",读不顺。"必"字从八戈,与"瓜"的篆体字本近(如图),因此被误认为"瓜"。《礼记·玉藻》:"唯水浆不祭。"疏(同蔬)食、菜羹应当包括瓜果之类,虽然不贵重,都可用作祭祀的贡品,而且态度仍是与祭牛羊牺牲同样的庄敬。

10.12 席不正,不坐。

座席没有放端正,不坐。

1.《史记·孔子世家》记本句在"割不正,不食"之下,《墨子》《韩诗外传》《新序》《说文》也把二"不正"相连,今本《论语》此处可能是错简,也可能在前几节介绍完衣、食后,按10.7节的线索把"坐"放到最后。

2. 席不正有两种含义。一是座席没有放好,有移动偏斜,坐前先放端正,以示恭敬。一是座席的安排不合礼仪。

10.13 乡人饮酒,杖者出,斯出矣。乡人傩,朝服而立于阼阶。

乡人饮酒,待年老持杖者退场,孔子也就退场了。
逢乡人行傩礼驱鬼,便穿上朝服,立在家庙的东阶上。

1. 乡人饮酒　《礼记》专门有一篇《乡饮酒》,有四种情况行此礼,本章应该是第四等:党正蜡祭饮酒。一党管五百家,主管叫党正,由下大夫担任。蜡祭[zhà jì]是岁终对八位农神的祭祀,饮酒礼是为体现尊长敬老。

2. 杖者出,斯出矣　杖者指老人。出席乡饮酒,年满六十可以拄杖。

《礼记·杂记下》记子贡观于蜡，孔子问他乐不乐，子贡说他看不懂：“一国之人皆若狂。”没完没了的狂欢老人受不了，孔子也不肯坐过头，但要等到杖者出，他也跟着退场，不提前，以示敬老。

3. 乡人傩　傩[nuó]是古人腊月驱逐疫鬼的仪式，在野外进行。

4. 朝服而立于阼阶　庭堂之间有台阶，东阶称阼阶[zuò jiē]，西阶称宾阶。分别供主、宾站立行走。乡人驱鬼，孔子穿朝服站在东阶上，镇压疫鬼，免得家中先祖之鬼受惊扰。这是孔子参与傩的一种方式。

5. 关于本章，王夫之《四书训义》说，以孔子身份与乡人处，要把握好分寸，做到和而不流，很不容易。李中孚（1627—1705）《四书反身录》说，居乡而身价高的，或者因其贤达智慧，或者因其出自名门望族、富贵之家，或者是他的事业闻望、学问文章，无论哪一种，在乡立马有名气。像孔子这样亲民、远狎、诚敬，常人不可及。

10.14　问人于他邦，再拜而送之。

孔子请使者问候他邦友人，必再拜而送之。

1. 问人于他邦　［清］宦懋庸《论语稽》：“孔子周游列国，所交皆名卿大夫，如蘧瑗、老聃、师襄、颜仇由、司城贞子，与夫晏婴、沈诸梁之属，皆一时贤俊，其往也有馈，其返也有贶，皆可以意得之。”孔子有馈赠，对方也有回赠（贶），如玉、琴、弓、剑之类。

2. 再拜而送之　拜送使者，还要拜所问之人，请使者转达。所以要一拜再拜，使者不代表对方答拜。拜者跪在地上空首拜手，就是俯下身子，以手据地，再俯首而不着地。再拜只要挺直身子重复空首拜手。

10.15　康子馈药，拜而受之，曰：“丘未达，不敢尝。”

季康子送来药品，孔子拜而受之，告诉使者：“我还没有弄清药性，还不敢尝。”

1. 康子馈药　季康子赠药给孔子是好意。来人必定告诉孔子这药的适应症和服用方法。

2. 拜而受之　这里的拜，只是一拜，但下对上不能只拜手，必须拜首。拜完接受馈赠，起立。孔子既能拜受，说明并未因病卧床，康子所馈

只是备用药。

3. 未达，不敢尝　按礼节，赐食物，如果方便，应当先尝，以示感恩。康子所馈是用来治病的。孔子说我有点失礼，因还没有研究明白药性，不敢尝，以后一定有用得上的时候，请馈赠者谅解。这可以看作7.12章“子之所慎：齐、战、疾”的一个案例。

10.16　厩焚，子退朝，曰：“伤人乎？”不问马。

孔子家里的马厩被烧了，孔子退朝回来说：“伤人了吗？”不问马的情况怎样。

1. 厩　孔子家马厩[jiù]。

2. 子退朝　孔子当时在鲁国任司寇，退朝回家，知道家厩被焚，急问有没有伤到人。

3. 不问马　一般人听说马厩被焚，首先想到的是马，孔子下意识里首先想到的却是人。可以想见，孔子回过神来一定也会问到马，并非对家畜的生命不闻不问。

10.17　君赐食，必正席先尝之。君赐腥，必熟而荐之。君赐生，必畜之。侍食于君，君祭，先饭。

国君赐食物，必正了席位先尝它。君赐生腥，必煮熟后先荐奉于祖先。君赐活畜，必养着。
侍奉国君同食，在君祭时，便先自吃饭了。

1. 君赐食，必正席先尝之　食，指不必再烹饪的食物。为了向国君赐食表示敬意和谢意，孔子隆重地坐下先尝，然后作进一步安排，例如分给众人。

2. 腥必熟而荐之　腥，生肉。荐，祭献。君赐生腥，待烹饪后，一定要荐于先祖，向他们禀告君赐的荣耀。

3. 生必畜之　君赐活羊活猪等，就养起来，无故不敢杀生。

4. 侍食于君，君祭，先饭　君赐食，若臣不参与君祭时，孔子代君先尝食，这是敬君尊上之礼。

10.18 疾，君视之，东首，加朝服，拖绅。君命召，不俟驾行矣。

遇到疾病，国君来探视，卧榻方向是头东足西，身上加披朝服，并拖大带。君通知召见，不等马车准备好就先徒步出发了。

1. 疾，君视之，东首　孔子生病，国君（哀公）来探望，从阼阶登堂。卧室病榻原先在北窗下，临时移到南窗下，孔子头东足西卧。国君入室坐西南面尊位，面对病人。

2. 加朝服，拖绅　绅，朝服用大带束腰后，垂下的带头部分。病卧无法更衣，就把朝服披在盖被上，大带也加其上，并让绅拖下来，像上朝时一样。

3. 不俟驾行矣　俟［sì］，等待。驾，马车。君命召见，急赴君命，不等手下备好车就步行出发，待马车赶上自己才乘坐。

10.19 入太庙，每事问。

进太庙，遇见每件事都要问。

本节与《八佾》篇文字重复。3.15 章是详细记孔子早年入太庙助祭时虚心学礼。本节重出，是《论语》编者描述孔子平日行为习惯，说明孔子的好学。

10.20 朋友死，无所归，曰："于我殡。"朋友之馈，虽车马，非祭肉不拜。

朋友死去，无人办后事，孔子说："我来办，灵柩也暂放我这里吧！"朋友有馈赠，即使是车马厚礼，孔子都不拜，除非赠祭肉。

1. 无所归　人死总由亲属安排后事，但也有客死他乡的，无家可归。

2. 曰，于我殡　人死需要殡葬。殡指大殓入棺，暂停宅内或宅外专门的地方等待落葬。孔子说"我负责殡"，灵柩停在孔子处，以待死者家属扶柩归葬。一个"曰"字点明本节不仅是孔子许愿，所记确有其事。

《礼记·檀弓》:“宾客至,无所馆,夫子曰:‘生于我乎馆,死于我乎殡。’”意思是宾客无家可归,活时住我处,病死在我这里我也负责殡。这是孔子的交友之道。

3. 非祭肉不拜　朋友有通财之义,馈赠再贵重也不必拜谢。但朋友赠祭肉,孔子拜谢是敬其祖宗,如同敬自己的先人。

10.21　寝不尸,居不客。

睡觉不像死尸般挺着,家居不打扮面容像作客。

1. 寝不尸　睡觉不像尸体般仰卧。这个尸和《曲礼》所说“坐如尸”不是一回事,坐如尸而指祭祀时代表死者坐着受祭的人,没有卧姿。睡如挺尸不但难看,也是修养缺乏成了习惯所致。古人仪容,讲究睡如弓,姿态自然,有益健康。

2. 居不客　居家不以客礼自处,“室家之敬难久”。用今天的话来说,即熟不拘礼。六朝以后《论语》版本作“居不容”,居家不着意于容饰。容,用法同“女为悦己者容”,意思与“居不客”类似。

10.22　见齐衰者,虽狎必变。见冕者与瞽者,虽亵必以貌。
凶服者式之。式负版者。
有盛馔,必变色而作。
迅雷风烈必变。

见有穿丧服的,虽是平日熟悉不分彼此的人,也必变脸色致哀。
见戴绕的和盲人,虽然其人不整洁,也必以容貌表示同情。
乘车路遇凶服重孝的人,凭轼致意。
宴会上主人提供丰盛菜肴,必从席上变色起身致谢。
遇雷电大作、狂风暴雨,必变色表敬畏。

本节的描述有一个共性,就是孔子在生活中遇到突发情况时的表现。

1. 见齐衰者,虽狎必变　狎,亲昵。变,改容。

2. 见冕者与瞽者，虽亵必以貌　冕，通“绕[wèn]”，古代丧服之一。去冠，用布包裹发髻。亵，不整洁。貌，礼貌。古代天子、诸侯、卿、大夫所戴的礼帽也叫冕，有注家以为“冕者”是指贵族，如果是这样，冕者峨冠博带，就不会有“亵”的情况。

3. 凶服者式之　式，通“轼”，马车车厢前面用作扶手的横木。男子立乘，有所敬，则俯身而靠在上面致意，本句致意的对象是穿丧服者。

4. 式负版者　“负版”通“负板”，指孝子服丧时披在背上的粗麻片。[清]张椿《四书辨证》已说得很清楚：《仪礼・丧服》“衰长六寸”，郑玄注：“前有衰，后有负板，左右有辟领，孝子哀戚无所不在。”负版是最重的丧服。其实“负版”一词，南宋人就这样用了：陈亮(1143—1194)《祭郑景望龙图文》：“纵此月之多祸，岂诸贤之并倾！纵我命之不祥，岂一月之继丁！负版之人，执手大恸。”程树德《论语集释》认为式凶服式负版“二句实指一事，观语法参差递下可见。即谓式凶服之负版者耳”。

旧注负版是“持邦国图籍者”(拿着国家地图户籍资料的人)，一直沿用至今。不仅“持邦国图籍”是极罕见之事，而且其人所负是否邦国图籍，孔子怎能识别？何况与凶服者两件事无法凑到一起。本句句式为“……式之，式……”，而不是“……式之，……式之”，可见后一“式”是前一“式”之连带。

5. 有盛馔，必变色而作　古礼，他人赐宴要起立致谢，孔子则敬主人之礼遇，不单是因为菜肴丰盛。

6. 迅雷风烈，必变　孔子对上天垂象示警作出敬畏的反应。《礼记・玉藻》：“若有疾风迅雷甚雨则必变，虽夜必兴，衣服冠而坐。”

10.23　升车，必正立执绥。车中不内顾，不疾言，不亲指。

登上马车时，必面对马车立正拉着绳子上去。坐在车里不回头看望，不高声说话，不指手画脚指挥御者驾车。

1. 执绥　绥，登车时用作拉手的绳子。上车时正立拉绳以保安全。

2. 内顾　左顾右盼。

3. 疾言　成语“疾言厉色”等于声色俱厉。可推知“疾言”的意思。

4. 亲指　亲自指挥御者驾车。《礼记・曲礼》：“车上不妄指”，也是指越俎代庖，随意干预御者。疾言与亲指都有碍观瞻，也会影响行车安全。

10.24 色斯举矣，翔而后集。曰："山梁雌雉，时哉时哉！"子路共之，三嗅而作。

鸟儿稍见动静，瞬息飞起来，飞翔审视后才回落地面。孔子说："山梁雌雉，真能审时度势啊！真能审时度势啊！［坎下离上示我以'未济'卦象，时也，命也！］"子路［听了老师的评价，］对雌雉拱手致敬，它们警惕地注视了一番，然后振翅飞走了。

1. 色斯举矣，翔而后集　历来注释：色，脸色；斯，才；举，发动、展现。翔，滑翔盘旋；集，会意字，《说文》本作"雧"。"群鸟在木上也。从雥从木。"甲骨文如右图，是鸟栖于木的形象，看不到有强调一群鸟的意思。《诗经》里有"集"字最古老的用法，例如《周南·葛覃》"黄鸟于飞，集于灌木"，其语感已不像是单只黄鸟。但集字有引申义"停留"，如《国语·晋语二》里的一首歌："暇豫之吾吾，不如鸟乌。人皆集于苑，己独集于枯。"可见单独个体也能用"集"字。韦昭注："集，止也。苑，木茂貌。己，里克也。"——里克是晋国权臣。

本章开头这八个字不以"子曰"引出，不像是孔子的话，日本人佐藤坦（1772—1859）《论语栏外书》首先提出，"色斯举矣，翔而后集"疑是诗句。我们发现，要贯通本章三段话，佐藤氏的意见会有很大帮助，详见下文。

通过上述解字，我们暂时可以肯定这八个字的意思是鸟儿警觉，一见人神色有异马上飞起来盘旋，发现无危险才降落休止（不排除只是单独一只鸟）。

插一句：王引之《经传释词》对"色斯"的意思另有说法。他详细考证，"色斯"同"色然"，一瞬间的意思。"举"是"起飞"。这种解释似有点牵强，也影响了本章三个句子的贯通。

但不管哪种解释，重要的是本章首句的意思是：一有动静，鸟儿马上起飞，飞翔审视后才降落地面。

2. 雉［zhì］　这是本章的核心字，照应全章。雉俗称"野鸡"，善走而不能久飞。雉飞像射箭，一往而堕，所以从"矢"。雉与家鸡一样，雌雄的体型、羽毛颜色有明显区别（如右图）。

为解读本章需要，再介绍几项雉的生活习性。

雉对环境的适应性很强，从平原到山区、从河流到峡谷都有它们的身影。它们平时栖息于蔓生草莽或其他荫蔽植物的丘陵中，冬时迁至山脚、草原及田野间，觅食谷类、浆果、种子、昆虫等。

雉到繁殖季节以雄雉为核心，组成相对稳定的繁殖群，独处一地活动，其他雄雉群不能侵入，否则开展强烈争斗。自然状态下，由雌雉孵蛋，雏雉出生后，由雌雉带领初生的雏雉活动。待雏雉长大后，又重新组成觅食群。

雉胆怯机警，在平时觅食过程中，时常抬起头机警地向四周观望，如有动静，便迅速逃窜。

3. 山梁　按《说文》“梁，水桥也”，山梁就是山涧小桥。古代经典最早见于《论语》本章。梁字的金文典型写法见右图，强调的是在水上架桥。梁字中的“木”，并不重要，没有树干则架根石条过涧也是梁。《康熙字典》就说“石绝水为梁”，并以《诗经·卫风》“在彼淇梁”为例证。

山梁一解山脊，如同山的脊梁，是后出的转义。［北周］庾信《秦州天水郡麦积崖佛龛铭》所描写的“横镌石壁，闇凿山梁”，凿的就是山体本身。

据雉的生活习性，聚集在高高的山脊上没吃没喝，只有被鹰鹫抓走的分，所以山梁当解作山涧小桥为是。山中少有人行，山涧小桥，是行人憩止处，周边环境对山中飞禽走兽也很适宜。由此孔子得见聚集的携群雏的雌雉。它们受到惊动，其反应同样的警觉，与章首诗句描绘如出一辙。尽管雉发现危险仅能拍翅向前一段距离，没有蓝天翱翔的飘逸，仍不妨碍孔子联想到“色斯举矣，翔而后集”这一诗句。正如古人哀叹无辜被牵涉到钦命大案中会生“城门失火，殃及池鱼”之叹，而实际语境中既没有失火的城门，也没有池鱼。

4. 山梁雌雉，时哉时哉　从以上介绍看，前人解“时哉时哉！”为赞叹雌雉知道审时度势，见几而作，避危就安，是很准确的。孔子之所以感慨，是因为他不是带着子路等人游山玩水，而是为实现理想作到处碰壁的列国周游。

但是按传统解释，孔子明明可以说“雌雉，时哉时哉！”为什么要加个“山梁”？这使得“时哉时哉！”是赞叹雌雉审时度势的说法不是很有力。下面是笔者的说法，供参考。

精通易理无过于孔子，他眼前这一幕提供了学而时习的好机会。

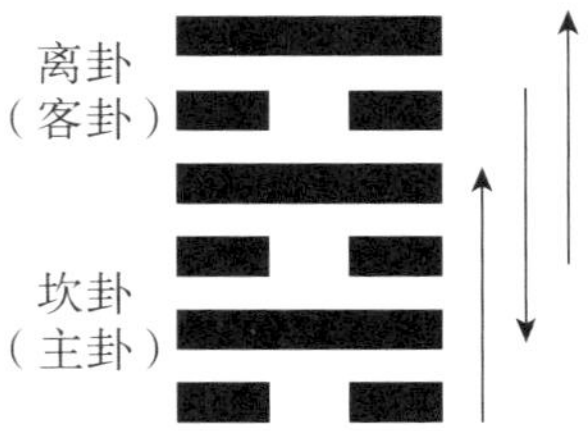

《易·说卦》曰：“离为雉”“坎为水，为沟渎”——雉代表八卦中的阴卦离，水代表阳卦坎。孔子所见的水不是高悬的飞瀑，而是雉飞停于涧上，上离下坎，是第六十四卦“未济”，六爻都不当位，正是孔子不见用于当世的处境。《象》曰：“火在水上，未济；君子以慎辨物居方。”相反第六十三卦“既济”是水在火上，《象》曰：“水在火上，既济；君子以思患而豫防之。”火在水下，可以烧汤，就是水火相济，物有所用。现在情况相反，于事无补，火炎上，水趋下，互相不能制约，都成灾害。所以君子无论辨物、居方，都要慎之又慎。因此孔子所感叹“时哉”的不是单因为雌雉，而是加上“山梁”后的卦象。

5. 子路共之　这里的“共”字，不同《论语》版本与后人所引，作“供”或“拱”。子路见孔子如此感动于雌雉，于是心有所感，或是向它拱手表示敬意，或是供它食物，或是如《吕氏春秋·季秋纪·审己篇》所记的“子路掩雉而复释之”，都无关本章宏旨。

6. 三嗅而作　古无“嗅”字，“口”旁是后世所加的。本作“臭”，应该是“狊”字之误。狊[jù]，原意是“犬视”（见图），指低头左右扫视，上文提到雉特别警觉，雌雉见子路的动作，心生警惕，瞪了一阵子眼后就飞走了。

《论语》涉及《易》的很少，7.16 章孔子提到希望“五十以学《易》”，13.22 章引用了《恒》卦九三爻辞：“不恒其德，或承之羞。”14.26 章曾子语“君子思不出其位”后来成为《易·艮卦》之象辞。但伏羲八卦象征的动物中，有两种被与德性联系了起来。一就是本章，《皇疏》大谈其“雉之德”；一就是 14.33 章，子曰：“骥不称其力，称其德也。”

《论语》的最早版本到《乡党》篇止。我们在篇首语里提到：“《乡党》作为最后一篇，像是附录，不收孔子言论（末节除外），而记载孔子居乡党的礼仪，透过衣食住行、音容笑貌反映出来。”本节放在篇末，与整篇风格完全不一致，与其说是无所归属的残章零简，不如说它不是隶属于《乡党》，而是作为整部初版《论语》的结语，既点明了孔子生不逢时，而且告诉读者《论语》“未完待续”。“未济”卦就是放在周易六十四卦篇末的，《未济·序卦传》说：“物不可穷也。故受之以未济终焉。”《论语》还要续写，目前的结束是“以未济终焉”。果然花了半个世纪的时间，《论语》又增补了十篇！

論語求真

下

刘定一 著

上海教育出版社

先进篇第十一

《论语》一期工程到《乡党》篇结束,应该是孔门弟子集体为孔子守墓那几年完成的。二期工程则在半世纪以后才"竣工"。因为《论语》不但记载了曾子的临终之言(他比孔子晚死四十四年),还把在曾子临终前去探视他的权臣仲孙捷称为孟敬子,这是仲孙捷死后才有的谥号。《先进》篇是孔子死后半世纪《论语》补编的开篇,应该说传递出非常有意义的信号。因为补编者已不是前十篇里的孔门前辈传人,而是孔子的再传弟子。他们各有师承,理当慎终追远,纪念师长前辈,从而编成了第十一篇。

本篇主题是评述先进孔门的弟子,特别是关于先去世的学长闵子骞、颜渊和子路。下面第十二、十三篇分别以后两位命名,并非偶然。先进与后进可以以孔子结束周游列国为界。背离这一精神注释《先进》篇就会出问题。值得注意的是子张,他最年轻,陈国人,十三岁在陈蔡之间遇到孔子,也挤进了先进行列。

朱熹分本篇为25章,有的注家分26章。实则开篇三段文字必须合一,"论笃是与"章也要并入"子张问善人之道"(详见下文),所以《论语求真》把本篇分为23章。

11.1.1 子曰:"先进于礼乐,野人也。后进于礼乐,君子也。如用之,则吾从先进。"

孔子说:"先进我门下的弟子,在礼乐方面都像粗野人;后进我门下的弟子，在礼乐方面就是君子了。但如果用其礼乐，我宁可跟从先进弟子。”

1. 先进　孔子的前期弟子。后进，孔子周游列国后返回鲁国收的弟子。

2. 礼乐　本章的关键词。孔子有感于当时礼崩乐坏，说“礼失而求诸野”（这句话是从《汉书・艺文志・诸子略序》中找到的）。野人君子之分不是粗野与文雅之分，而在于对礼的态度：“与其奢也，宁俭；与其易也，宁戚。”（3.4 章）指先进孔门的弟子还保留一份古朴的民风，后进门的弟子就是时尚的一套了。所以孔子说，如果让他选用哪种风格的礼，他要“从先进”。

3. 今人注本章，分歧太大，影响太大，不得不辨。

李泽厚先生《论语今读》采纳的是清代江永《群经补义》和姚鼐《惜抱轩九经说》的见解：孔子说，“先实行礼乐制度的，是居于城外的殷民族。后来采用礼乐制度的，是今日住在城中的君子们。如果要实施，那我追随前者”。

杨伯峻先生《论语译注》说他采纳的是清代刘宝楠《论语正义》的见解：孔子说，“先学习礼乐而后做官的是未曾有过爵禄的一般人，先有了官位而后学习礼乐的是卿大夫的子弟。如果要我选用人才，我主张选用先学习礼乐的人”。

钱穆《论语新解》采纳清代刘逢禄《论语述何》的见解：先生说，“先进一辈，从礼乐方面讲，像是朴野人。后进一辈，从礼乐方面讲，真像君子了。但若用到礼乐的话，吾还是愿从先进的一辈”。

比较这三段译文，感慨得很！三位前辈各有所本，提出相应见解的清儒也各自陈说了理由，但得到的结论两两相悖，说明三种见解至少有两种不能成立，待到下文再评。现在单就古文到白话的翻译来说，只有钱译的表达朴素自然，无须依靠许多外在信息来弥缝粉饰。原来钱先生理解的“先进”，正是“先进孔门的弟子”，符合本篇主旨。“先进”当名词用，句中那个“于”字的意思就是“就……而言”。钱译可说是最令人认可的。

再看李、杨两位的译文，“先进”解释成“先实行”“先学习”，无意中给自己出了一个难题：礼乐先行，那后行的是什么呢？李译在形式上是说得过去了，内容却经不起推敲，野人和君子为什么非得是殷民族和当今市民不可？杨译则认同了一个“后做官”，若真是这样，读者就要责怪《论语》编者为什么老是让孔子语焉不详，叫人费思量了。

下面就语法来看，把“先进”作为副词-动词用，那个“于”字如果不当英语里的 at 来用就无论如何也读不通了。我们可以写“赵州桥建成于隋代”或“崇祯帝自缢于煤山”，但不能在动词与宾语间夹一个“于”字，把宾语改为补语。比方孔子忽然评论各地饮食习惯，他想说“餐前先喝汤的是广东人，后喝汤的是山东人，如果问我会采用哪种方式，我想学广东人”，那么他一定不会加个“于”字说成下面这样：

先进于汤煲，粤人也。后进于汤煲，鲁人也。如用之，则吾从先进。

“如用之”，用什么？说不清。按杨译，是用人才。

倒回古文去还不如这么说——子曰：“先进礼乐者，野人也；后进礼乐者，君子也。若用之，则吾用野人。”虽然还挺别扭，但这段“古文”至少非常浅白，不容你想到殷人今人、城里城外，也不容你想到当官爵禄、卿大夫子弟。如果说，仅凭文字平顺、表达简洁与否已能判定三个译本之优劣，那么从三个译本所反映的孔子思想来看，更能断言李、杨二位的理解有误。

李先生告诉我们，在实施礼乐方面，孔子愿意“追随殷民族”，这种看法却没有在“四书”里得到支持。在礼乐方面，孔子明明白白声明“吾从周”，而不是从夏或从殷。

子曰：“周监于二代，郁郁乎文哉，吾从周。”（《八佾》）

子曰：“吾说夏礼，杞不足征也；吾学殷礼，有宋存焉；吾学周礼，今用之，吾从周。”（《中庸》）

至于杨译，也请注意，《中庸》里的“今用之”与本章里的“若用之”，所指的是同一对象，即礼乐，而非如杨译所示的“选用人才”。

杨译曲曲折折的表达还给读者这样的印象：孔子以礼乐为由头，真正想说的是起用平头百姓，不喜欢贵族子弟当官，但读过整部《论语》的人明白孔子的用人标准是德才皆备，“居敬而行简”“正其身”之类，要求“举直错诸枉”。杨伯峻先生自称其说依据清儒刘宝楠的《论语正义》而略有取舍，而刘氏一上来便说“此篇皆说弟子言行，先进、后进即指弟子”那么重要的观点却未为杨先生采纳，这怎么说是“略有取舍”呢？

11.1.2 子曰：“从我于陈蔡者，皆不及门也。”

孔子说：“跟我在陈蔡之间绝粮的那批弟子，都没有入礼乐之门。”

1. 孔子周游列国,《孔子年谱》说:“哀公四年,孔子六十二岁,自陈迁蔡,绝粮于陈蔡之间。”而按《史记・陈世家》记载,楚昭王去世那年(哀公六年)孔子还在陈国,迁蔡应在此后。至于受困于陈蔡之间的随从弟子,史书有记载的只有五人:按《史记・孔子世家》有颜渊、子贡、子路,按《史记・仲尼弟子列传》有子张,按《吕氏春秋・慎人篇》有宰予。记住这一点对理解本章有好处。

2. 历代对“皆不及门”的理解分歧极大:

(1) 第一派主张出现得很早,大致在唐代以前。这一派认为,“皆不及门”就是“都没有入门”的意思。至于没有入哪扇门,又有三种说法。

①“开泰之门”,用现代话说,就是发达的门路。《皇疏》引张凭的话:“恨二三子不及开泰之门也”,意思是孔子埋怨在陈蔡的那些弟子们时乖运蹇,才弄得老师差点饿死。

②“圣人之门”,即孔门本身。这种主张出自一本号称唐代韩愈与李翱合著的《论语笔解》,弟子学道,先要入门,然后升堂,然后入室。“不及门,犹在下列者也。”

上面两种说法后人少有认同。试想:晚年的孔老夫子早已知天命,怎么会恨弟子走背运“不及开泰之门”呢?说跟随孔子在陈蔡绝粮的弟子都是后进生,更不是事实,参看上面第1段。

③“仕进之门”,此说出自郑玄。刘氏《正义》以经解经,引用《孟子・尽心下》的“君子之厄于陈蔡之间,无上下之交也”替郑玄解释了一番:陈蔡绝粮时众多弟子没有在陈蔡两国做官的,以致在绝粮的紧急关头通不了关节。

从第一派的三种说法来看,最令人不满的地方在于各人猜测进不了的是什么门,角度无边无际,抓住一点根据就立论,答案都有几分道理,可谁又能拍板下定论呢?再看上面亮出的三种答案,所反映出的孔子心态都像在埋怨学生,这与我们所了解的“责人宽,责己严”的孔子判若两人,在《先进》开始部分里放上这么一章算什么意思呢?

(2) 宋代出现了第二派主张,认为“皆不及门”就是“都不在门下”,其代表是儒学权威朱熹,《朱注》说“孔子尝厄陈蔡之间,弟子多从之者。此时皆不在门,故孔子思之,盖不忘其相从于患难之中也”。赞成朱熹说法的人相当多,钱穆先生就说:“此章之叹,盖在七十以后,相从于陈蔡者,一时死散殆尽矣。”但是,且不说“死散殆尽”怎么两三年后又云集在孔墓旁守丧三年，只就本章用字说，“及门”的意思是到门口还没有入门，“在门”的意思是已经进门在我门下，两者大有区别，《论语》里“在”字出现了51次，在本章没有必要用一个意义大不同的“及”字来不准确地顶替“在”字。

（3）第三派主张到拙稿才出现，即本节由孔子亲自说明受困于陈蔡之间的先进弟子皆不及礼乐之门。它把本节与上节、下节都打通了，请读者审定。

11.1.3 德行：颜渊，闵子骞，冉伯牛，仲弓。言语：宰我，子贡。政事：冉有，季路。文学：子游，子夏。

［跟孔子在陈蔡的］颜渊、闵子骞、冉伯牛、仲弓以德行见长。宰我、子贡精通言语。冉有、季路擅长政事。通礼乐入文学门的是子游、子夏［两位后进弟子］。

这一节是《论语》编者为上两节所作的注，本节所列八位是先进孔门的弟子，追随孔子周游列国，他们分属德行、言语、政事三科，不通礼乐；两位后进孔门的弟子，是孔子返回鲁国后收的，属文学科，精通礼乐。

我们已经从史籍知道，所列八位先进弟子中，好几位都从孔子于陈蔡，我们甚至可以说，除冉有这一特例外（冉有随孔子周游列国，但于哀公三年为季康子所召，一直仕鲁，脱离从游），不能排除其他三位（闵子骞、冉耕、冉雍）也从孔子于陈蔡的可能性。至于四科不列有子和曾子，只因为两位没有从孔子于陈蔡，也不在文学门。朱熹《集注》引程颐的话早就说清楚了：“四科乃从夫子于陈蔡者耳。门人之贤者固不止此，曾子传道而不与焉。故知十哲，世俗论也。”

由于对《论语》本章的误读，唐朝开元年间竟打造出“孔门十哲”这一虚妄概念，被孔子不断批评的宰予和冉有借此配享孔庙，而有子和曾子反倒排除在外，为此宋人大惑不解，程颐说“十哲”是世俗论，隐约表达了不满，司马光更是写了《十哲论》斥妄：“是十人者孔子虽然以四科第之，非谓门人之中唯十人为贤也。”

有现实意义的是：直到今天，各地孔庙让所谓“十哲”配享孔子，有子、曾子反而被晾在一边。笔者希望这一荒谬现象早点纠正过来。

11.2 子曰:“回也,非助我者也,于吾言无所不说。”

孔子说:“颜回呀,他不是一个对我有帮助的人,我说什么他都开心。”

1.《论语》下编成于上编定稿半世纪后,所以开篇是孔子徒孙辈慎终追远,谈孔子周游列国返鲁前后的两批弟子在礼乐方面表现的重大差异,事关孔门弟子群体,所以置于篇首,从本章起是谈个人。上章孔门四科以德行科为首,德行科又以颜回、闵子骞为首,11.2 章与 11.3 章编入孔子对这两位高徒的评论,最为贴切。

2. 回也,非助我者也　孔子把最高夸奖给了颜回,但正话反说,说颜回对他没有帮助,因为他随便说什么,颜回都心悦诚服,照单全收。

孔子这番话很直白,却很微妙,需要认真分析。

(1) 孔子一贯主张“古之学者为己”,但实现目标的手段最为高尚:“己欲立而立人,己欲达而达人”;体现到教学中,为己的成分就是教学相长。而教学相长又体现于两方面:一是“学十遍不如教一遍”,以教带学,最有助于把学习内容打通;一是《学记》中的“独学而无友,则孤陋而寡闻”,孔子年轻时身边没有学伴,赴周问礼于老子,“入太庙,每事问”,后来当了老师,偶然遇到有野人来问,就“叩其两端而竭”(9.7 章),每天为弟子所簇拥,时时接受学生的质疑,正是可贵的切磋琢磨的机会。子路、子贡、子夏、子张这些高徒经常问七问八,追根穷底,有些问题孔子想也想不到……结合本章把有关师生答问的章节串在一起,想象当年情景,真是十分有趣。

但是,师生问难的红利与乐趣,孔子在颜回处似乎难以享受到,所以本章孔子说这句话时表达了几分遗憾。孔安国一语道破:“言回闻言即解,无发起增益于己也。”1.15 章孔子提升子贡对穷人富人正确处世原则的概括,子贡马上想到“如切如磋,如琢如磨”,孔子非常高兴;3.8 章子夏从孔子一句“绘事后素”悟出了“礼后乎”,孔子高兴地说“起予者商也”,都是“发起增益于己”的例子。

(2) 既然其他弟子都达不到颜回的领悟水准,孔子宣示了“回也,非助我者也”这个事实,就是对颜回的最高赞扬,而不能理解为孔子喜欢颜回是因为颜回从不顶嘴。

颜回虽然对孔子的教导心悦诚服,照单全收,但并不是听了老师讲课一点问题也没有。弟子纷纷问仁,孔子小叩小鸣,大叩大鸣,给樊迟的回答只是“爱人”二字,给颜回的回答则是“克己复礼”。如果不是颜回有问,这四字就此湮没。

11.3 子曰："'孝哉闵子骞!'人不间于其父母昆弟之言。"

孔子说："'孝哉闵子骞'是众人对闵损的评价，这表示[由于他的高尚行为]人们对闵损的父母兄弟也不再说三道四。"

1. 为准确解读本章，先要弄清楚闵子骞是怎么个孝法，才会成为《论语》的专门话题。据《韩诗外传》的记载：

闵损，字子骞。性至孝，早丧母，父娶后妻生二子，损孝心不怠。母疾之，衣所生子以绵絮，衣损以芦花絮。父冬月令损御车，体寒失靷[yǐn，引车前行的皮带，共两条，一端套在车上，一端套在牲口胸前]，父察知之，欲遣后母，损泣启父曰："母在一子寒，母去三子单。"父善之，母亦悔改，遂成慈母。

用今天的眼光来看，孝顺父母是人生最大的感恩。闵子骞小时候母亲就去世了，来了个后妈。在对后妈尽孝的问题上，首先如果她全盘接替了我生母的责任，我当然要把她当亲生母亲来看；但如果她对我不闻不问，所谓孝就只是名分问题，后妈对我不慈，我为什么要尽"孝"？而且后母忌恨他，薄待他，根本不把他当亲人看待。父亲发现后想把妻子休了，闵子骞考虑到还有两个异母弟弟可怜，竭力挽留，不但感动了父亲，连后母也被感化成慈母。

闵子骞对后妈问题的处理难能可贵，与其说是孝母，不如说是孝父，因为继母是父亲看中的人，自己不好违逆。但是旁观者清，邻居看在眼里，一定会为闵子骞抱不平，不但对继母，对闵父也会在背后指指点点。好在闵子骞这段经历有了大团圆的结局，于是产生了"孝哉闵子骞"的话头。

2. 接下来问题就来了，《论语》中孔子说话提到弟子，哪怕是高度赞赏，也总是直呼其名的，如"贤哉，回也"，本章孔子称赞闵损却不说"孝哉，损也！"，而称他的字"子骞"，这是一个破绽。有些顶真的注家就主张"孝哉闵子骞"是孔子引用的人言，这是顺理成章不致牵强的解读，下文还有有力的佐证。

先扫除一下下半段"人不间于其父母昆弟之言"的阅读障碍。

昆，兄。古文"昆"字笔画较多，写作"晜"，发音也是 kūn。

关键是上文中一个"间"字。在这种关节点，须请文字学上场助阵。

金文、小篆都没有“间”字，原来“间”是后世“閒”的俗写。“閒”字金文如图，按《说文》：“閒，隙也，從門從月。”造字用意是大门到夜里紧闭，但月光仍从门缝中透进来，转义为有隙可乘。于是有“閒隙”“离閒”“閒谍”等词语，其中的“閒”字，古代就开始以“日”来代替门中之“月”了。古文另有“閑”字，意思是夜里大门用横木闩住，后来也用“閒”来代替。“閒”字身兼二职，本来音间，此时也音闲了，负担重重，并不悠闲。这种混乱的情况直到简化字公布才停止。笔者是40后一代人，我们从小就误以为“閒=闲”，其实是“閒=间”，而“间”的意思是钻空子、插一脚、非议、说三道四。

知道了字义，还要明确这个动词“间”所及之物是闵子骞的父母兄弟，还是“其父母昆弟之言”，无论哪一种都讲得通，因为“孝哉闵子骞”是引文，所以本章孔子这段话的结构必定是：

“孝哉闵子骞”，乃……之言。

也就是说，本章是孔子就流传的这段话作出评论，确定了这一点，整段话才读得通。

3. 对于闵父的麻木、闵母的不贤、两个弟弟的不悌，旁人根据“疏不间亲”的古训，虽然不好多代闵子骞出头说话，但背后肯定会有非议。然而，因为闵子骞留母之举高尚，其父母昆弟没有在社会上落下任何话柄，只有一句“孝哉闵子骞”，这是非常难能可贵的，所以引起孔子的赞赏。

11.4 南容三复“白圭”，孔子以其兄之子妻之。

南容三番四次读白圭之诗，孔子把哥哥的女儿许他为妻。

1. 前两章谈罢颜回谈闵损，编者心目中第三位德高望重的孔门弟子原来是南容。至于他为什么没有被列入前面的“十哲”名单，我们毫不奇怪，因为“十哲”是后人虚构的，只是因为南容没有跟孔子周游列国在陈蔡受难而已。

《公冶长》篇首章已记载过南容，孔子高度评价他“邦有道，不废；邦无道，免于刑戮”，故而把侄女许配给他，从本章可以悟出孔子作此评价的依据。

2. 白圭　圭，古玉器，用作礼器。长条形，上圆（或剑头形）下方（参见 10.5 章图)。南容所读“白圭”,出自《诗经·大雅·抑》。按《毛诗序》的说法,这首诗是“卫武公刺厉王,亦以自警也”。后人对此诗刺周厉王还是周平王,甚至是否有自警成分,多有争议。但毫无疑问,孔子看到的是南容的自警:南容读到“白圭[guī]之玷[diàn],尚可磨也。斯言之玷,不可为也”这四句,反复吟诵,一心想的是“白圭的污点还可以磨掉,说错话就追悔莫及”。孔子见这位年轻人如此慎言,无论治世乱世,侄女的终身可托。

孔子的择婿标准对当代来说应该是振聋发聩。组建一个幸福美满的家庭需要哪些条件?世俗只注重物质条件,一味追求票子、房子、车子,至于什么“三复白圭”,别说考虑了,听也听不懂,由此造成的不幸婚姻其实很多。

11.5 季康子问:“弟子孰为好学?”孔子对曰:“有颜回者好学,不幸短命死矣。今也则亡。”

季康子问孔子:“你的弟子中,谁称得上好学?”孔子对道:“有个叫颜回的是好学的,不幸短命死了。现在的弟子就没有好学的了。”

1. 6.3 章鲁哀公问了同样的问题:

哀公问:“弟子孰为好学?”孔子对曰:“有颜回者好学,不迁怒,不贰过,不幸短命死矣,今也则亡,未闻好学者也。”

比较二者可见,孔子回答季康子尽量简省,对此朱熹引范祖禹的话说:“哀公、康子问同而对有详略者,臣之告君,不可不尽。若康子者,必待其能问乃告之,此教诲之道也。”

孔子答季康子虽简省,但不失要旨,不避重就轻,符合双方身份。孔子应对国君则尽心尽力,不厌其烦,告以颜回好学的特点:“不迁怒,不贰过。”对此《皇疏》介绍有一种解释:“以哀公迁怒贰过,故因答以谏之。康子无之,故不云也。”这个解释值得商榷,不迁怒不贰过与好学的确有紧密联系,见 6.3 章注。

2. 历代注家注意到《论语》前十篇记孔子答定公、哀公之问,都用“孔子对曰”的字样,而答三桓之问,只写“子曰”。到了《论语》的《先进》《颜渊》两篇回答季康子,也用“孔子对曰”了,可见时代不同,卿的地位越发尊隆,与国君平起平坐了,否则续编《论语》者一定会正名,把那

个“对”字删掉。

本章提供的有效信息只是孔子面对哀公与康子的同一问题回答有详略。考虑到下面连续四章都编排了有关颜回之死的内容,可以认为本章是为平滑过渡而编入的。

11.6 颜渊死,颜路请子之车以为之椁。子曰:“才不才,亦各言其子也。鲤也死,有棺而无椁。吾不徒行以为之椁,以吾从大夫之后,不可徒行也。”

颜渊死了,他父亲颜路请借孔子的马车做棺外之椁。孔子说:“有才也好,没才也好,说来都是自己的儿子。[去年我儿子]鲤死时,也只有棺,没有椁。我不曾弃车步行以车为椁,因为我跟从在大夫之后,是不可徒步出行的呀。”

1. 颜路　颜渊父,名无繇[yóu],小孔子六岁,也是孔子弟子。晚清宦懋庸《论语稽》说颜路是孔子的外弟(舅舅之子,孔子母亲名颜征在),娶齐姜氏生颜渊。

颜渊死了,停尸三日然后入棺,这叫“大殓”。下一步是停棺待葬,叫作“殡”(参见10.20章),颜回家住陋巷,棺要移到外面专门的地方暂放,殡、葬的时间间隔按《礼记·王制》中的“大夫、士、庶人三日而殡,三月而葬”。

2. 椁[guǒ]　外棺,如图。按《礼记·丧大记》中的“士棺六寸”,椁比棺大一圈,棺椁之间可以塞入酒器。但根据死者社会身份和丧家财力,可能有棺无椁。

3. 请子之车以为之椁　历来注家大都解读为颜路请孔子卖车换钱给颜回买椁,当今《论语》读物也跟着这么说。《论语稽》却提出“卖车买椁之说有八不可解”:

(1) 椁相当于棺的外套,棺椁之间的空隙不大,价格比棺也多不了多少,颜家贫,也许办不到,孔子为什么不能为颜家代办一个?

(2) 孔鲤与颜回都属于士的阶层,与其弄到葬时有棺无椁,为什么不降一等按庶人之葬礼都用四寸之棺、五寸之椁呢?

(3) 我们没听说过孔子很贫穷,颜路完全可以直截了当请求孔子帮助购置一椁,为什么指定要求孔子卖车买椁?

（4）孔子有许多华贵的服装，想必也有其他值钱的生活用品，为什么讲到不给孔鲤办椁也是以不可徒步为理由，好像家里除了有一辆马车外就没有什么值钱的东西了。

（5）根据《王制》（当时的礼法制度），“命车不粥[yù，同鬻]于市”，卿大夫的座驾属于“命车”，不许到市场卖掉，颜路怎么敢请求孔子卖命车？

（6）《皇疏》引用缪协的话说颜回的同学们想把丧事办得隆重点，颜路当然同意，只是“恐有未允，而未审制义之轻重，故托请车以求圣教也”。即使如缪协所说，颜路并不是真要请孔子卖车，只是为了探听是否允许厚葬，那么为什么非得指定要卖车呢？

（7）孔子在卫国的时候，曾经把拉车的三匹马卖掉资助馆人的丧事，那么一定另外买了三匹马回鲁国，颜路为什么不建议卖掉那三匹马呢？

（8）《论语》只说“请车”“为椁”，绝对没有“请卖车”“买椁”的意思。

据此，宦懋庸进一步考证《礼记》，发现原来颜路是请求借孔子之车当作椁，载以出殡，棺落葬后归还。《论语集释》对这种说法非常赞赏，程树德特地写了按语：“此解发前人未发，确不可易。”

4. 才不才，亦各言其子　孔子之子伯鱼，论才虽不及颜渊，父子之亲，我却同你一样。

5. 鲤也死　鲤，孔子独子伯鱼之名，比颜渊早死一年，死时也没有置备椁。

6. 徒行　孔子说当时自己也没有以车为椁，徒步走着出殡。

7. 吾从大夫之后　伯鱼、颜渊去世时孔子已不在大夫位上，但仍然按退休大夫规矩，出门乘车，不步行。

《中庸》第十四章说：“素富贵，行乎富贵；素贫贱，行乎贫贱。”贫穷时就过贫穷的生活，不要做本分以外的事。家里没有钱，为了面子，向别人借钱负债来办丧事给活人看，这真叫作“死要面子活受罪”。“礼，与其奢也，宁俭”，所以孔子说他儿子死了，因为没有钱，丧事也办得很简单，“有棺而无椁”并没有关系。

11.7　颜渊死，子曰：“噫！天丧予！天丧予！”

颜渊死了，孔子说：“哎呀！上天要了我的命啊！上天要了我的命啊！”

1. 噫　痛伤之声。

2. 天丧予　“老天爷要了我的命呀！”孔子呼天抢地悲叹自己的道失去了最理想的传人。《孟子·公孙丑上》提到的“子夏子游子张，皆有圣人之一体；冉牛闵子颜渊，则具体而微”，表明颜渊可以相当全面地继承孔子的衣钵。

孔子有极强的历史使命感，他一直认为自己是受命于天，传承古代的礼制（参见9.5章），一旦认定“天丧予”，也就是上天有意不让颜回接自己的班，对生命的坚持也失去了依据，这对健康会有极大的影响，孔子两年后就去世了。

11.8 颜渊死，子哭之恸。从者曰：“子恸矣。”曰：“有恸乎？非夫人之为恸而谁为？”

颜渊死后，孔子哭得悲痛欲绝。跟随的人说：“夫子哭过头了！”孔子说：“我哭过头了吗？我不为他哭过头，为谁呀？”

1. 恸[tòng]　哭得哀伤过度。从者，随孔子到颜家吊丧的众弟子。

2. 有恸乎　孔子哀伤过度而不自知。弟子告知后，孔子回过神来说：原来我真哭过头了。参见后面19.17章，曾子说听孔子说起过，人一般不会哀伤到极点，不顾自己死活，除非是至亲去世。

3. 非夫人之为恸而谁为　即“非为此人恸而为谁恸”；夫，音扶，发语词。孔子说：“不过我不为他哭过头，还会为谁哭过头！”孔子不但哭天下少了一位杰出的人才，更哭上章的“天丧予”——大道无人能全面传承。

11.9 颜渊死，门人欲厚葬之。子曰：“不可！”门人厚葬之。子曰：“回也，视予犹父也，予不得视犹子也。非我也，夫二三子也。”

颜渊死后，同学们想厚葬他。孔子说：“不可以。”

同学们还是厚葬了颜渊。孔子说：“颜回把我当父亲般看待，我却不能把他当儿子看待。厚葬颜回的不是我，是他那几个同学呀！”

1. 门人欲厚葬之　门人，指孔子的门人，颜渊的同学。厚葬，指陪葬用品丰厚，花费超过其家财力。即使家有财力，超过礼节规定，孔子也反对。更不用说颜渊家里很穷，他的同学搞起厚葬，颜渊如果死后有知，也一样会反对。

2. 视予犹父，予不得视犹子　颜渊把我当父亲看，我却不能把他当儿子看。指当年孔子葬伯鱼是合乎礼节的，现在门人却不让他像葬儿子般一视同仁地按礼节葬颜回。

3. 非我也，夫二三子也　孔子声明："不是我要逾礼数葬颜回，是我那些门人的主意。"门人不遵师命厚葬颜回，是出于对颜回的深情厚谊。孔子并没有强行制止，这也是孔子一贯的行事原则——"不为已甚"，做什么事都不过分。

本篇第5章孔子向季康子提到死去的颜渊。接下去四章倒叙颜渊之死。若以时间为序，应该是：(1)孔子得知死讯呼喊"天丧予"；(2)在丧家"哭之恸"；(3)大殓时不允颜路请车；(4)落葬时反对孔门弟子厚葬。《论语》的实际各章安排却是(3)(1)(2)(4)。编者把"请车"事放到最前面，可能是考虑到(3)(4)连在一起，读者会误会孔子不给车的动机是禁厚葬。其实请车与厚葬是两码事。

11.10　季路问事鬼神。子曰："未能事人，焉能事鬼？""敢问死。"曰："未知生，焉知死？"

子路问怎样奉事鬼神。孔子说："人还没能奉事好，哪能奉事鬼呢？"子路又问死。孔子说："连生也没弄清楚，怎么知道死？"

1. 季路问事鬼神　子路在季氏处任家臣，人称季路。他问孔子祭祀奉事鬼神之道。

2. 未能事人，焉能事鬼　要奉事的生人看得见，可以交流，尚且奉事不好，鬼神在幽冥之中，又有什么本领奉事呢？孔子只就"生我的鬼"(祖先)作答，不提更玄妙的神。从另一方面看，人能事人，即做个仁人君子，问心无愧，便是最好的事鬼神。

3. 问死　子路问鬼，是问已死的前人，孔子不答。子路又问人死后之事。

4. 未知生，焉知死　人生问题不胜纷扰，学而时习之，都解决不好，死后如何，不是人生当前要解决的问题。好好度过人生，慎终如始，死得

其所就可以了。

孔子的回答还可以进一步理解:参透人生,便能知死。程颐说:“昼夜者,死生之道也。”一睡不醒,便是死。我死之后会怎样,虽然不可预知;但在我一生,见过很多死,他人死后对人间有什么影响,当有感悟。浑浑噩噩过一生,必浑浑噩噩而死。李中孚《四书反身录》说得好:“生能俯仰无愧,死则浩然天壤。”

孔子谈死,止于生前怎样面对人生终点,不谈死后,如“朝闻道,夕死可矣”(4.7章)、“志士仁人,无求生以害仁,有杀身以成仁”(15.9章)、“君子疾没世而名不称焉”(15.20章)。孔子学说完全致力于人生,佛教、基督教的动机同样是劝人向善,办法则是致力于描绘人生感受不到的彼岸世界,人死后不去天堂便去地狱。这个天堂,是比孔子早十四年诞生的佛祖涅槃后定居的极乐世界,还是比孔子晚五百年才诞生的耶稣建设的天堂,不同民族的揣想都不一样。但孔子“不语怪力乱神”,更看重的是生前。

11.11 闵子侍侧,訚訚如也。子路,行行如也。冉有、子贡,侃侃如也。子乐:“若由也,不得其死然。”

闵子骞侍奉在孔子身边,一派中正气象。子路是一派刚强之气。冉有、子贡一派和乐之气。孔子很快乐,却说:“像仲由的样子,怕他不得好死呀!”

1. 闵子 《论语》中此人出现五次,其他四处都作“闵子骞”,本章给予尊称,有两种可能:(1)本章是其弟子所拟,可能性较大;(2)在“闵子”下脱一“骞”字,皇侃《论语义疏》本是补上了“骞”字的。如果属于第二种可能性,有一点还是令人困惑:同样称字,提到子路、子贡不带姓,提到闵子骞为什么非要带出个闵姓?所以此说较难成立。

2. 訚訚如 中正和敬之貌,已见《乡党》篇。

3. 行行[hàng hàng]如 刚强之貌。

4. 侃侃如 温和快乐之貌,已见《乡党》篇。

5. 子乐 《皇疏》作“子乐曰”。孔子乐四位弟子活泼的各尽其自然之性。

6. 不得其死然 得死,指得善终。《左传·僖公十九年》:“得死为幸。”然,似然。孔子说子路宁折不弯,像是不得好死的样子。后来子路果然死于卫君父子争位的内乱，被叛臣剁成肉酱，当时孔子七十二岁，得知凶报后非常伤心。

11.12 鲁人为长府。闵子骞曰："仍旧贯，如之何？何必改作？"子曰："夫人不言，言必有中。"

鲁人要改建叫"长府"的财货库。闵子骞说："照旧样子，不好吗？何必改建呢？"孔子说："此人要么不开口，一开口，必击中要害。"

1. 鲁人　鲁国的掌权者。

2. 为长府　府是藏货财之所。长是府名。

3. 仍旧贯　一如其旧。贯，以绳串朋贝。前九个怎么串，第十个照样。

4. 改作　改建不同于修旧，与原貌大不相同。

5. 夫人不言，言必有中　此人要么不讲话，要讲一定直击要害。

表面上看，闵子骞只是反对大手大脚花钱，不过是一座财货库，又不是风景胜地。其实改建长府有深深的政治背景在内。刘氏《正义》认为，"为长府"的"鲁人"指昭公，据《左传·昭公二十五年》，鲁昭公不甘君权旁落，想以长府为讨伐季氏的大本营，"因其毁坏而欲有所改作"。闵子骞知道季氏势力强大，非昭公所能推翻，说"仍旧贯，如之何"是婉言规劝昭公不可轻举妄动。果然昭公"居于长府，九月戊戌，伐季氏"，后来反被季氏联合孟孙、叔孙两家赶出鲁国，流亡到了齐国。

又一说，"为长府"的"鲁人"指"三家"，《论语》编者为尊者讳，含糊其辞。昭公死于即位后三十二年，死后灵柩运回鲁国，季平子余怒未息，想就地埋掉不让他进祖茔，为大夫荣驾鹅劝阻。季平子又想给昭公一个恶谥，也被荣劝阻。"三家"怕忠于昭公的鲁国人见到昭公起事的长府，会激发对昭公的怀念，所以要灭其迹。

上面两说时间相距八年，昭公二十五年闵子骞才二十岁，不大可能作这样的发言，后一说比较可信。

11.13 子曰："由之瑟，奚为于丘之门？"门人不敬子路。子曰："由也升堂矣，未入于室也。"

孔子说："仲由鼓的那一手瑟，也算是孔门音乐么？"门人于是不尊

敬子路。孔子说:“仲由鼓瑟,已经升堂了!只是没有入室罢了。”

1. 由之瑟,奚为于丘之门　瑟,如图,形状与琴不同,古瑟有50弦。丘之门,即孔门音乐。今天我们所知的孔门音乐有三个特点:

(1)必合于《雅》《颂》,见《史记·孔子世家》;

(2)孔子要求诗歌要从《周南》《召南》学起(参见17.9章);

(3)乐主和,中正平和。

子路有可能违反第三条:其气质刚勇,鼓瑟声中也许有杀伐之气,与孔子不是一个路子,不属于“丘之门”。这样解读孔子的话,与前章“若由也,不得其死然”可互相呼应。

子路也可能违反第二条:朝鲜李朝学者丁若镛(1762—1836)认为“子路之瑟能谐《雅》《颂》之歌”已很有水平,“门人小子,何敢不敬”,但“孔子之门,最先务者二《南》,而子路之瑟全不谐合”。这就是孔子说“由之瑟,奚为于丘之门”的真意了。

2. 门人不敬子路　门人听孔子的口气,像子路欺师灭祖似的,于是对这位老学长便不再尊敬,而这并非孔子的本意。

3. 升堂入室　学习有三种境界:入门、升堂、入室。孔子见门人误会子路鼓瑟未入门,于是申明子路鼓瑟已登大雅之堂,只是尚未入精奥之室。

11.14 子贡问:“师与商也孰贤?”子曰:“师也过,商也不及。”曰:“然则师愈与?”子曰:“过犹不及。”

子贡问道:“颛孙师与卜商比,谁更贤?”孔子说:“师嘛,过头了;商嘛,还达不到。”子贡说:“那么该是师比商好些吧?”孔子说:“过头和达不到,毛病是一样的。”

1. 师与商　师,颛孙师,即子张。商,卜商,即子夏。

2. 子贡问子张和子夏谁更贤,孔子回答“师也过,商也不及”,好比乘公交,颛孙师乘过头,卜商没到站就下。我们从4.16章看到,“贤”是指才德。一般认为，才德越高越好，有什么过头不过头的？其实有点类似于通常说的“聪明过头”，我们到下面第 6 点再谈。先看朱熹的注解：“子张才高意广而好为苟难，故常过中；子夏笃信谨守而规模陋隘，故常不及。”

3. 子张的“过”，从《子张》篇里可以找到好几条有关的材料供参考。

例如关于交友之道，孔子因材施教，子张听到的就与众不同：“君子尊贤而容众，嘉善而矜不能”（见 19.3 章），孔子没直截了当地批评他，其实是提示这位才气眼界都很高的弟子不要恃才傲物，子张应该听懂了。读完《论语》我们可以知道，孔子从不做对牛弹琴之事，给弟子的教育都在对方的最近发展区。

子游说起子张这位朋友，也是说他“为难能也，然而未仁”，意思就是朱熹说的“好为苟难”之类，即喜欢接受些不太正当的挑战；在曾子眼中，子张自视甚高，“堂堂乎张也，难与并为仁矣”。

《子张》篇提到的上面几条都与仁有关，暗示子张的人际关系处理得不好。

4. 子夏的“不及”，反映在《论语》里孔子叮嘱他的一句话“汝为君子儒，无为小人儒”（6.12 章）。后人认为这反映出子夏的人生格局小。“子夏为莒父宰，问政。子曰：‘无欲速，无见小利。欲速则不达，见小利则大事不成。’”（13.17 章）向孔子问政的学生很多，假设孔子的回答都是有针对性的，那么孔子担心子夏从政容易患急功近利的毛病，可见子夏的弱点和子张的好高骛远正相反。

此外，子夏理解的与人交往原则应该出自孔子的规劝“可者与之，其不可者拒之”（19.3 章）。孔子提示他无助于辅仁进德的朋友不要滥交，是否也有提升子夏眼界与境界的意思呢？此外，再看一个“仁”字，在子张身上他人都不看好，而子夏很忠实切近地笃行，并坚定地认为“博学而笃志，切问而近思，仁在其中矣”（19.6 章）。以上这些表明子夏与子张的表现一南一北。

5. 师愈与　愈，胜过。《中庸》引孔子语“道之不明也，吾知之矣。贤者过之，不肖者不及也”。子贡认为“过之”胜于“不及”，因而怀疑孔子对颛孙师的评价高于卜商。

6. 过犹不及　子张、子夏气质不同，过头与不到位都不得中，同是失误，二人都要借学问之功以纠各自之偏，不存在谁更胜一筹的问题。

7. 子贡喜欢把人和人作比较，评价优劣，这就是 14.29 章说的“子贡方人”，孔子说“换了我就没有那份闲工夫”，我们要细细探索其中的深意。

从另一个角度看，子贡喜欢作评价，而评价是一种高级认知。虽然人人都可以对一个对象有自己的评价，其好恶程度从0（极坏）到1（极好）形成一种正态分布（如图），不大可能统一，且评价质量良莠不齐。遇到人人都说某人好或都说某人坏的情况，孔子会觉得很不正常，所以他说：“众恶之，必察焉。众好之，必察焉。”（15.28章）

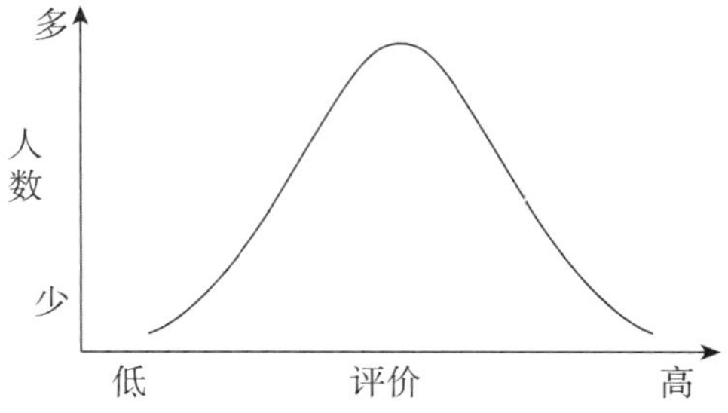

子贡好问，常希望从中听到老师对自己的好评价。孔子说“君子不器”，子贡就问“赐也何如”，孔子告诉他是贵器瑚琏。子贡还善于旁敲侧击地获取自己真正想要的信息。7.14章冉有曾问子贡：“夫子为卫君乎？”子贡答应代问，然后拐弯抹角地探明了孔子的态度。在本章中，子贡请老师比较子张和子夏两人哪位才德更高，也可能想通过孔子的评价而把自己也放进去看自己贤不贤，“三人行必有我师焉”，便于见贤思齐，见不贤而内自省。

11.15 季氏富于周公，而求也为之聚敛而附益之。子曰：“非吾徒也！小子鸣鼓而攻之可也。”

季氏的财富超过世袭的周公，而冉求还在替他搜刮积累。孔子说：“冉求不是我的徒弟！徒儿们大张旗鼓去声讨他好了！”

1. 季氏富于周公　周公旦长子伯禽封为鲁侯，次子世袭为周公而留于周之王朝。本章中的周公即指后者。季氏是诸侯之卿，财富竟超过食周采邑的王朝公爵。

2. 求也为之聚敛而附益之　冉求善理财，时任季康子家总管，为季氏多方搜刮民脂民膏增加财富。

我国历史上有记载的“初税亩”（最早的按田亩征税赋）始于鲁宣公十五年（前594）。成公元年（前590）又开始按丘收军赋（九夫为井，四井为邑，四邑为丘）。到哀公十一年（前484）冬天，季康子想加紧敛财，改征田赋，派冉求征询孔子的意见，孔子推说“不懂田赋”。冉求再三上门，次次碰壁。康子发话了：“先生是国家元老，等待您拿主意办事，您不说话算什么呢？”孔子还是不吭声，只是私下对冉求说：“君子行事，要用礼来衡量。施予民众能厚则厚，办事求其适中，田赋能薄则薄。如果这样，那么实行丘赋也就够了。如果不以礼来衡量而贪得无厌，那么即使用田赋，以后还会不够的。何况季氏想要实行这套办法，自有现成的周公典籍；如果想随意实行，又何必来问我呢？”

3. 子曰：“非吾徒也！” 孔子讲了这么一番话，冉求肯定转禀了季康子，康子果然不听，哀公十二年正月，马上启用田赋。孔子对冉求非常不满：涉及国计民生的大事，你劝谏后对方不听，应当辞职；你却贪恋俸禄，不听师训，为虎作伥，还算是我徒弟吗？

4. 小子鸣鼓而攻之 孔子要求弟子们集体声讨冉求，其实是在攻季康子，冉求毕竟不是决策者。

5. 本章前两句口气也像孔子说的，只是被《论语》编者改成介绍本章背景的语式了。“子曰”二字移到后面，就加强了“非吾徒也”的语气。

6.《先进》篇全是叙孔门之事，11.12章孔子还在盛赞闵子骞，11.15章起我们就发现孔子提到了子路、子张、子贡各自的毛病。11.13章仅在说子路之瑟不是孔门的路子，对子路还有充分的肯定，没说要逐出师门。本章对冉求的批评则超过《论语》中对其他任何一位弟子的批评（可见后人捏造“孔门十哲”虚妄概念的荒唐）。下面两章孔子继续指出弟子的毛病。

11.16 柴也愚，参也鲁，师也辟，由也喭。

高柴性愚直，曾参性鲁钝，颛孙师性偏辟，仲由性刚猛。

1. 柴也愚 高柴（前521—?），字子羔，卫人。孔子弟子，小孔子三十岁，身材矮小。《孔子家语》记载：子贡说高柴自从见到孔子，进门出门，从不违礼；走路时不会踩到别人的影子；不杀蛰伏刚醒的动物，不攀折正在生长的草木；为亲人守丧，泣血三年，没有言笑；即使逃难也不抄小路钻洞。孔子称高柴“愚”，是指他“智不足而厚有余”。

2. 参也鲁 曾子性迟钝。

3. 师也辟　辟[pì],偏于一边。参见11.14章“师也过”,也是不守中道的意思。《康熙字典》说“威仪习孰少诚实曰辟”,举“师也辟”为例,这是说子张只顾外表堂皇,少诚实。19.16章曾子说的“堂堂乎张也,难与并为仁矣”就是这个意思。

4. 由也喭　喭[yàn],刚猛跋扈,粗野失礼。

从对这四位孔子弟子称名不称字来看,本章应该是孔子平时的零碎评语,《论语》编者汇集于此,所以不用“子曰”开始。四位弟子气质心向各有偏颇,《论语集注》引北宋学者杨时的话说:“四者性之偏,语之使知自励也。”[清]汪烜《四书诠义》:“有其病则有其善,愚者必厚重,鲁者必诚朴,辟者才必高,喭者性必直,此皆圣门气质有偏而未习染所坏者。愚者充以学问,鲁者励以敏求,辟者敛以忠信,喭者文以礼乐,只因其好处,克去其偏处,便可至于中庸。”这便是因材施教。

宋儒甚至以为,曾子正因为鲁,才成为儒学正宗。程颐说:“参也竟以鲁得之。”又说:“曾子之学,诚笃而已。圣门学者,聪明才辩,不为不多,而卒传其道,乃质鲁之人尔。故学以诚实为贵也。”程门弟子尹焞说:“曾子之才鲁,故其学也确,所以能深造乎道也。”

11.17　子曰:“回也其庶乎,屡空。赐不受命而货殖焉,亿则屡中。”

孔子说:“颜回家里人口太多了吧,屡处在空乏中。端木赐不听天由命而经营货殖,猜测行情十有九中。”

1. 庶　《说文》:“庶,屋下众也。从广炗。炗,古文光字。”

罗君惕《说文解字探原》:“庶本从厂,从口,从火,厂为悬岩,口为洞口:合言之,为在岩穴之口举火也。庶本为火盛之义,引申为众盛之义耳。”从何晏《集解》起,一千八百年来,“庶”都被解释为“庶几”(“差不多”,而且增字解释为“学问道德差不多”),这可能是受到战国中期才问世的《易·系辞》“子曰:‘颜氏之子,其殆庶几乎?有不善未尝不知,知之未尝复行也。’”的影响。此文明确增“庶”为“庶几”,不能排除受本章曲解的可能,不足为凭。

2. 屡空　屡屡陷于空乏。如果《论语》编者当年不图省字,用“屋下众”三字来取代“庶”字，即“回也其屋下众乎，屡空”，孔子说的意思就很清楚了。

3. 受　接受。不受命：不听天由命。

4. 货殖　以财货生利。

5. 亿　通“臆”，臆测，猜度。中，猜中。

本章显然是孔子同时将颜回与子贡对照着讲的。整个《先进》篇讲的全是孔子门生的事，一开始先泛论先进、后进两代弟子的特点，继而讲颜回、闵损、南容这三位孔门高足及颜回之死。接着就渐渐写到某些弟子的缺点了。先是批评子路再替他平反，然后谈及子张与子夏离开中道的左右偏差，骂冉求不配做自己的徒弟。接着，一口气说了“柴也愚，参也鲁，师也辟，由也喭”这四个人的毛病，然后以同样的语气“回也其庶乎”进入本章。余音未绝，我们好像听到孔子在继续讲“回也庶，赐也抗”。怎样理解？那就有了好几个选项：(1)孔子批评两人的不是；(2)孔子褒回贬赐；(3)孔子贬回褒赐。按自古至今的主流解释，孔子是“美回所以励赐”（何晏《论语集解》），“贤颜渊而讥子赣”（《汉书・货殖传》），“明赐之所以亚回”（《韩李笔解》），总之是称赞颜回，认为子贡境界较低，要求他向颜回学习。

学习什么呢？学习颜回安分守己？如果孔子真是这样，主张越穷越高尚，这很可能会削弱后世士人对他老人家“高山仰止，景行行止”的感觉。孔子长期落魄时应该从子贡处得到许多接济；子贡既懂经营，遇事又以义为重，决不唯利是图；厄于陈蔡时子贡当仁不让地向楚国讨救兵……凡此种种，孔子凭什么要“讥”这样一位鞍前马后的得意门生呀？何况孔子死后其他弟子守庐墓三年，子贡还守了六年呢。

其实，孔子把颜回与子贡放在一起评论的目的根本不是什么“美回所以励赐”“贤颜渊而讥子赣”“明赐之所以亚回”。以孔子的智慧，他能向子贡喊出“沽之哉！沽之哉！我待贾者也”（9.12 章），说明并不敌视发展中的商业。《韩诗外传》中说：“子贡，卫之贾人，学于孔子，遂为天下显士。”子贡本来是卫国的生意人，长期跟着孔子进修，成了列国闻名的儒商。孟子曾说“得天下英才而教育之，三乐也”，孔子对子贡当然也是如此心情，对颜回却一直是同情叹息的多。所以，本章倒不如说是孔子“惜回所以美赐”“哀颜渊而夸子赣”，在经营生活这方面“明赐之所以胜回”呢。

11.18.1　子张问善人之道。子曰:“不践迹,亦不入于室。”

子张问善人的为人准则。孔子说:“善人能不踏着前人脚印走,但也不肯进到室内去。”

1. 善人之道　善人的为人处世原则。孔子当然不会答非所问,但许多注家对孔子回答的解读像是针对“子张问善人”。[清]阎若璩(1638—1704)在《四书释地三续》中甚至主张删去“之道”二字:“之道二字宜衍,以答不贴道字故。”因错误理解孔子回答的意思而反过来去改原问,当然是不足取的。子张问的就是善人的为人处世原则。

2. 不践迹,亦不入于室　“人之生也直”,环境会有污染,这就是习相远。善人具生质之美,抗污染能力强,行事能一本正直天性,不踩着前人脚印走,也不至于走上邪道。社会上这种人应该不少,说话的逻辑是“不要给我讲大道理,我只认一点:做人要讲良心”。善人以为为人处世听从良心依仗经验就很不错,至于他人说有更高深的境界,则未必认同,其宗旨就是“不入室”。前人多以为善人虽想入室,但因所受教育有限而入不了室,这是误解。

11.18.2　子曰:“论笃是与,君子者乎?色庄者乎?”

孔子说:“但凭一个‘笃’字便肯定一个人,哪知他真是一君子呢,还是仅是道貌岸然呢?”

据笔者陋见,本段应遵循唐以前古注,与上段合而为一章,可以获得“1+1>2”的红利。为便于读者接受,暂时先分节解说,到文末再合叙。

1. 论笃是与　单凭一个“笃”字认可他人。论笃,前人多解释为“言论笃实”,有误,“论”字在“四书”中一共只出现四处,都当动词用。除本章外,还有《宪问》的“世叔讨论之”,《孟子·万章》的“尚论古之人”与“是以论其世也”。“是”的用法同“惟命是从”“马首是瞻”。与,认可,认同。

2. 色庄　仅是一副庄重的样子,内心与行为不知怎样。

本章的真义取决于对“笃”字的理解。“笃”通常用于言行,如笃言、

笃行,当然是褒义。从《论语》《中庸》中“笃”的种种使用看,抽去“笃”的所指,单独提炼出“笃”字的意思,只是单纯的厚重、加厚、踏实、坚厚、厚待、敦厚。本节的指向是什么?打通全章可知,只有将“笃”用于容貌之厚重,孔子才会说:模样诚实,你能判断他是君子还是仅仅色庄呢?

历史留给当代一个疑点。整个《先进》篇没有一章不涉及孔门弟子,唯有本章破例,所以唐以前古注都以本段连同上段为一章,直到朱熹才拆成两章。现在可以重新合并了。孔子不会凭空批判“论笃是与”,再说,对什么对象论“笃”呢?语境最可能是:前面子张听孔子解答完“善人之道”后悟到“笃者,其善人之谓乎”,从而进一步求证于孔子。因为按《说文》,笃为“马行顿迟”,一步一个脚印,不践迹,亦不入于室。所以孔子才说:“单凭一个‘笃’字来推许善人,能与别等人区分开来吗?你能分辨此人是君子还是色庄者吗?”

微妙的是,11.16 章刚提到“师也辟”,指子张只顾外表堂皇,少诚实,这也是“色庄者”的形象。

11.19 子路问:“闻斯行诸?”子曰:“有父兄在,如之何其闻斯行之?”

冉有问:“闻斯行诸?”子曰:“闻斯行之。”

公西华曰:“由也问闻斯行诸,子曰:‘有父兄在。’求也问闻斯行诸,子曰:‘闻斯行之。’赤也惑,敢问。”

子曰:“求也退,故进之。由也兼人,故退之。”

子路问:“是否听到了就该做起来呢?”孔子说:“还有父兄在,怎么可以听到就行动呢?”

冉有问:“是否听到了就该做起来呢?”孔子说:“当然啦,听到就该行动!”

公西华说:“仲由问是否听了就该做,您说‘有父兄在’。冉求问是否听了就该做,您却说‘听到就该行动’。赤听糊涂了,斗胆请教老师。”

孔子说:“冉求总是退缩,所以我要鞭策他。仲由是个把两件事并作一件事做的人,所以我要他退一步。”

1. 闻斯行诸　听到什么事该做就立刻去做吗？斯，指道。子路是见义勇为、奋不顾身之人。

2. 有父兄在　《礼记·曲礼》："父母存，不许友以死，不有私财。"父母健在时，人子的生命钱财不能自作主张，即使为国尽忠也要先行禀报，何况其他的仗义疏财之类。

3. 求也退　冉有秉性懦弱，遇事退缩，见义不能勇为，故孔子教他听到正义的呼唤就去做。

4. 由也兼人　子路是个急性子，"无宿诺"（12.12 章），"子路有闻，未之能行，唯恐有闻"（5.14 章）。什么是"兼人"？历代注家似都没有讲到位。下面我们试在文字学层面进行探讨。

"兼"字出自"秉"字。按"秉"字的造字法，为禾稻一把。《仪礼·聘礼》："四秉曰筥[jǔ]。"郑玄注："此秉为刈禾盈手之秉也。"——"秉"就是割稻麦时把稻麦满满抓一把。

禾　　手　　秉　　兼

"兼"字如《辞海》所说：本义为一手执两禾，引申为同时进行几桩事情或占有几样东西，如兼任、兼顾。试问：一秉已盈手，还能握两秉吗？由上可知，在孔子时代，"兼人"很可能是个形象化的普通名词。所谓兼人，指一手执两手才抓得住的东西，或欲鱼与熊掌得兼而顾此失彼之人。

11.20　子畏于匡，颜渊后。子曰："吾以女为死矣。"曰："子在，回何敢死？"

孔子在匡地陷于凶险，颜渊落在后。孔子说："我以为你已死了。"颜渊说："老师健在，回怎敢去死呢？"

1. 子畏于匡　见 9.5 章注。

2. 颜渊后　孔子躲避匡人搜索，颜渊相失在后。

3. 以女为死矣　女同"汝"。颜渊失群后终于与老师会合，孔子又惊又喜，说以为他被匡人打死了呢。

4. 子在，回何敢死　颜回知道孔子活着，弟子有保护师尊、继承师道之责，他对“子之所慎：齐、战、疾”心领神会，不敢置自己于险地而与匡人战斗，轻身赴死。后来颜回死于孔子前，看似违背了“子在，回何敢死”的承诺，其实不是，颜回之死是因病而不因疾。（参见 7.12 章）

11.21 季子然问：“仲由、冉求可谓大臣与？”子曰：“吾以子为异之问，曾由与求之问！所谓大臣者，以道事君，不可则止。今由与求也，可谓具臣矣。”曰：“然则从之者与？”子曰：“弑父与君，亦不从也。”

季子然问：“仲由、冉求称得上是大臣吗？”孔子说：“我以为你会问别人，原来是问仲由和冉求！所谓大臣，应该是以道事君。如果不行，便不干了。现在仲由和冉求，只可说是随时听候差遣之臣罢了。”季子然说：“这么说来，他们是一切都听命于君上的人了？”孔子说：“君上要杀父杀君，他们也是不会听从的。”

1. 季子然　季氏子弟。因为季氏用了子路、冉有为臣，季子然觉得所用这两位才干过人，不是一般的臣，可称为“大臣”，所以求证于孔子。

2. 异之问，曾由与求之问　异，子路、冉有之外的其他人。曾，原来，竟然。孔子所说有弦外之音。大臣是国之重臣，子路和冉有是季姓家臣，怎么称得上是大臣？

3. 大臣者，以道事君，不可则止　孔子正告季子然，所谓“大臣”必须是这样的人：以正道事君，君上如果不用己道，应该辞职不干。从《论语》3.6 章、11.15 章、16.1 章可见，子路，特别是冉有，根本做不到这一点。

4. 具臣　具，具备。官位有定数，总得有人当，具臣就是“等因奉此”之臣，用今天的俗语说，也就是“做一天和尚撞一天钟”而已。

5. 然则从之者与　然则，照这么说。季子然听了孔子的评价，就说：“照您这么说，他俩是叫他们做什么就做什么的了？”

6. 弑父与君，亦不从也　孔子对季子然断然回答：子路、冉有虽不足有大臣之道，但不至于不明君臣有义，弑父弑君之事决不会做。孔子的言下之意是：反观季氏，什么悖逆之事都做得出，处处表现出把鲁国当作季氏家。

11.22 子路使子羔为费宰。子曰:"贼夫人之子!"子路曰:"有民人焉,有社稷焉,何必读书,然后为学?"子曰:"是故恶夫佞者。"

子路派子羔去费邑任邑宰。孔子说:"你是害那个年轻人!"
子路说:"那里有人民,有社稷,[随时可学以治民、事神]何必读书,然后才算是学问?"
孔子说:"[就因为你这种辩解,]所以我厌恶巧言善辩的人呀!"

1. 子路使子羔为费宰　子羔,高柴。子路为季氏宰,有权派人当邑宰。

2. 贼夫人之子　子羔年轻,所以称人之子。贼,戕害。子羔读书还少,派去治邑,等于害他。

3. 社稷　土神谷神的总称,共坛祭祀。

4. 何必读书,然后为学　子路看到当时世袭的卿大夫取俸禄都不靠治学有成,只通过在治民、事神大事上一点点积累经验,不读书也无妨,认为子羔同样可以一试。

5. 恶夫佞者　厌恶伶牙俐齿之人。子路并非真以为从政可以代替学习,只是随便一答,而没有经过深思熟虑,所以引起孔子的反感。5.5 章中有"子使漆雕开仕。对曰:'吾斯之未能信。'子说"。孔子高兴的是漆雕开觉得自己学问不到家,不相信自己可以从政。子路是个"有闻,未之能行,唯恐有闻"(5.13 章)的人,对此应该"闻斯行之",而不是为维护自己的立场巧辩一番。

《左传·襄公三十一年》记载郑国子皮想派尹何任邑宰,子产不放心。子皮说"吾爱之",尹何不会叛变,让尹何到了邑里再学也就知道怎样治理了。子产断然反对,说:"你因爱他而让他从政,就像他不会操刀却要他去宰牲口,其实是伤害他。我'闻学而后入政,未闻以政学者也。若果行此,必有所害'。"与孔子的意思相同。

本章孔子的批评涉及正己与正人的关系。以道正己,靠读书知人;为政,是以所学之道正人。正人先正己,所以要先读书再为政。

11.23 子路、曾皙、冉有、公西华侍坐。子曰："以吾一日长乎尔，毋吾以也。居则曰：'不吾知也。'如或知尔，则何以哉？"

子路率尔而对曰："千乘之国，摄乎大国之间，加之以师旅，因之以饥馑；由也为之，比及三年，可使有勇，且知方也。"夫子哂之。

"求，尔何如？"对曰："方六七十，如五六十，求也为之，比及三年，可使足民。如其礼乐，以俟君子。"

"赤，尔何如？"对曰："非曰能之，愿学焉。宗庙之事，如会同，端章甫，愿为小相焉。"

"点，尔何如？"鼓瑟希，铿尔，舍瑟而作，对曰："异乎三子者之撰。"子曰："何伤乎！亦各言其志也。"

曰："莫春者，春服既成，冠者五六人，童子六七人，浴乎沂，风乎舞雩，咏而归。"夫子喟然叹曰："吾与点也！"

三子者出，曾皙后。曾皙曰："夫三子者之言何如？"子曰："亦各言其志也已矣。"

曰："夫子何哂由也？"曰："为国以礼，其言不让，是故哂之。唯求则非邦也与？安见方六七十，如五六十，而非邦也者？唯赤则非邦也与？宗庙会同，非诸侯而何？赤也为之小，孰能为之大？"

子路、曾皙、冉有、公西华四人侍坐在孔子身边。孔子说："我是比你们年长几天，但大家不要太当回事。你们平日总说没人知道自己的本领，假如有人知道你们了，你们想担当什么呢？"

子路抢先答道："假如有一个千乘之国挤夹在大国间，外面有军队打进来，内部又连年饥荒。让我去治理，接连三年，可使民众有勇气面对，并让他们认识到解决国难的办法。"孔子牵起嘴角笑了笑。

孔子又问："冉求！你怎样？"冉有对道："纵横六七十里或五六十里的地区，让我去治理，只要三年，可使人民丰衣足食。至于礼乐教化，就有待君子来实现了。"

孔子又问："公西赤！你呢？"公西华对道："我不是说我能怎样，只不过想学着做吧。宗庙祭祀，或如诸侯会同之类，我想穿着礼服，戴着礼帽，在场当一个相礼助手。"

孔子又问："曾点！你呢？"曾皙正在鼓瑟，瑟声渐渐停下来，他铿的一声，丢下瑟站起，对道："我的想法与前面三位不同啊。"孔子说："那有什么关系呢？各说各的志向而已。"

曾皙说："到了暮春，穿着新缝的春装，约了五六个成人六七个童子，一起到沂水边盥面洗手濯足，畅游舞雩台，一路歌咏回家。"孔子听了，感叹地说："我和曾点想法一样啊！"

子路等三人退出，曾皙不跟上，留下请教孔子："您对他们三位说的怎么看？"孔子说："也就是各言己志罢了。"

曾皙说："先生为什么要笑话仲由呢？"孔子说："有志治理邦国，讲究的是礼，他自己却抢先发言，我笑他的是不知谦让，并非笑他想治理邦国。难道冉求追求的不是治理邦国吗？哪里有纵横六七十里，哪怕五六十里土地还算不上邦国的呢？难道公西赤追求的不是治理邦国吗？他志在宗庙祭祀和诸侯会同，那不是诸侯之事，什么才是？说公西赤志向小，谁能算是大志啊！"

1. 曾皙　名点，曾参的父亲，孔子早年的弟子。

2. 以吾一日长乎尔，毋吾以也　孔子说："我虽年长于你们几天，你们可不要把年龄差距当回事。"

3. 居　平日。居则曰，平日总是说。

4. 则何以哉　以，做。用法与"视其所以"的"以"一样。孔子说如果有人用你们，那你们怎样做呢？

孔子出了个题目，很是宽泛，这四位弟子的回答，都是行其志。从下文看，孔子唯一不满的，是子路不知礼让。

5. 率尔　轻率，抢先，不假思索。

6. 摄乎大国之间　从“摄”字的结构可悟大拇指与食指夹住的耳朵皮是什么处境，千乘之国就这样夹在大国之间，无可奈何。

7. 比及　一一接续。

8. 可使有勇，且知方也　国人处于内外交困的境地，极易丧失信心，看不到出路。子路声称他能让国人有勇气，而且知道振兴的“药方”。“知方”的“方”，如“游必有方”（4.18 章），并非泛泛而谈的“义方”。

9. 夫子哂之　哂［shěn］，有讽刺意味的微笑。

10. 方六七十，如五六十　方，纵横。如，或如。指纵横六七十里或五六十里的小国。

11. 如其礼乐，以俟君子　冉有是孔子的前期弟子，《先进》篇首章，孔子说：“先进于礼乐，野人也。后进于礼乐，君子也。”为国以礼，冉有自认不足，所以他说：至于礼乐，要等待君子。

12. 宗庙之事，如会同　宗庙之事，指祭祀。《周礼·春官·大宗伯》：“诸侯时见曰会。殷覜曰同。”殷覜［yīn tiào］，即周代诸侯定期派使臣朝见天子的礼制。

13. 端章甫　端，玄端，礼服名；章甫，礼帽名。动词“穿戴”省略。

14. 小相　相［xiàng］，相君礼。《周礼·秋官·司仪》注“摈相”：“出接宾曰摈，入赞礼曰相。”摈有上中下，相也有大小。公西华可任大相，却谦称自己只想当小相。

15. 鼓瑟希，铿尔，舍瑟而作　希，通稀。作，站起来。孔子与子路、冉有、公西华问答时，曾点在一旁鼓瑟，似互不干扰。孔子指名要曾皙回答时，瑟声渐渐停下来，最后一划，铿的一声结束，曾皙推瑟而起。

16. 异乎三子者之撰　撰即撰述，指前三位陈说的抱负。

17. 莫春者　莫，通暮。暮春景象可参看［南朝梁］丘迟《与陈伯之书》的描写：“暮春三月，江南草长，杂花生树，群莺乱飞。”

18. 浴乎沂　在沂水边盥面洗手濯足。

19. 舞雩　指舞雩台，祭天祷雨之处。郑玄：“沂水在鲁城南，雩坛在其上。”其处有坛有树。

20. “风乎”与上文“浴乎”的主语都是一行游人，作为人的活动的“风”，意思不是“讽”便是“放逸”。显然要选后者。《左传·僖公四年》：“君处北海，寡人处南海，唯是风马牛不相及（牛马放逸也到不了对方地界）也。不虞君之涉吾地也，何故？”所以“风乎舞雩”的意思是在舞雩台周边纵情游逛。

21. 吾与点也　“与”的字形是相帮举物（见 5.8 章），转意为“与共”，与某人站在一起。孔子感叹说，他与曾点引为同道。

22. 曾皙后　曾皙让其他三人先走，单独留下请教孔子对其他三位发言的评价。孔子的回答是人各有志。

23. 夫子何哂由也　曾皙不知孔子是否笑子路太托大,说自己能治理千乘之国。读者从这个问题还可推知:孔子初问时,曾皙不管是否已在鼓瑟,都一直在听着,连孔子无声地哂笑子路这一细节都注意到了。

24. 为国以礼,其言不让　5.7 章孔子评价“由也,千乘之国,可使治其赋”,比子路自称的全面领导邦国低了一层。问题不在子路的治国才干,而在其本人的修养。要领导一个内忧外患深重的千乘之国走上轨道,不会像子路说的那么容易。4.12 章子曰:“能以礼让为国乎? 何有? 不能以礼让为国,如礼何?”不礼让就不能团结全体人民。现在师生交流,一共才四位弟子,子路就只顾自己大言炎炎,毫不谦让。孔子觉得子路的表现有点滑稽。

25. 唯求则非邦也与　唯,语助词,表示转折。孔子为了强调自己并非讥笑子路竟有治邦国之志,接下去评论冉有,说“冉有的愿望难道不是治理国家吗? 方圆六七十里地好歹也是个小国家”。5.7 章孔子表示冉有可作邑宰家臣:“求也,千室之邑,百乘之家,可使为之宰。”后来冉有果然成了季氏的总管,子路还在他手下。

26. 唯赤则非邦也与　至于公西赤,孔子更是盛赞不已。

27. 宗庙会同,非诸侯而何? 赤也为之小,孰能为之大　5.7 章孔子对公西华的评价是“赤也,束带立于朝,可使与宾客言”。对公西华的自我介绍完全肯定,顺便赞扬公西华谦虚:若说他的作为小,他是庙堂中与诸侯分庭抗礼之人,试问哪位地位比他高?

孔子没有对自己对曾皙之志产生强烈共鸣作进一步的解释,后人把玩揣摩,可能有两方面。第一,前三位想的全是仕途功名,孔子自有建设东周之志,也未尝没有尝试过,但在礼崩乐乱的世道面前碰得头破血流。曾皙倒是参透人生,殊途同归。第二,孔子终究找到了他的人生归宿——做一位教育家。曾皙所描绘的一派和乐情景(后来孟子所说的“从游”),具有三个理想条件:暮春之天时,沂水、舞雩台之地利,师生朋友之人和,俨然“大道之行也”的气象。孔子当年周游列国时颠沛流离,还遇不到这样的天时地利人和。

补充说一句,本章首句“子路、曾皙、冉有、公西华侍坐”,侍坐的四位弟子不是按发言次序排的。下文孔子又提到“以吾一日长乎尔,毋吾以也”,“序齿”是儒家的重要礼仪,子路小孔子九岁,冉有小孔子二十九岁,公西华小孔子四十二岁左右,曾皙的儿子曾参比孔子小四十六岁,从这些数据可大约估计出曾皙的年龄。

颜渊篇第十二

本篇24章，绝大多数是记孔子答弟子问仁（4章）、问君子（11章，包括问明、问崇德修慝、问友、文质之辨），另有9章是关于为政的，主要是答为政者之问。

12.1 颜渊问仁。子曰："克己复礼为仁。一日克己复礼，天下归仁焉。为仁由己，而由人乎哉？"
颜渊曰："请问其目。"子曰："非礼勿视，非礼勿听，非礼勿言，非礼勿动。"
颜渊曰："回虽不敏，请事斯语矣。"

颜渊问什么是仁。孔子说："约束自己的行为，达到礼的要求，就是仁。哪一天大家都做到这一点，普天下都回归到仁了。要成为仁者只靠自己，难道是靠他人吗？"
颜渊说："请问为仁的条目。"孔子说："不合礼的东西不去看，不合礼的话不去听，不合礼的话不去讲，不合礼的事不去做。"
颜渊说："我虽然不聪敏，请让我照您的这番话去做吧！"

1. 克己复礼为仁　不同的弟子问仁，孔子因材施教，回答都不同。浅近的如樊迟问仁，孔子只回答"爱人"两字；颜渊天分最高，孔子答以"克己复礼为仁"，要深刻得多。据《左传·昭公十二年》记载，仲尼曰："古也有志，克己复礼，仁也。"可见"克己复礼"是古语。克己，是约束自己的身心；复礼，是言行回归于礼。因此，与"约之以礼"（6.26章）相通。

孔子甚至说，如果哪天大家都能这么做，天下就回归到仁上来了，也就是6.26章中所说的“亦可以弗畔矣夫”。为什么克己复礼有那么大的功效，因为实在难以做到（参见15.19章注），只有颜回能“其心三月不违仁”（6.6章）。

2. 为仁由己　为仁不由他人，只要自己需索。7.28章孔子说的“仁远乎哉？求仁，仁斯至矣”就是这个意思。

3. 请问其目　颜渊虽然听明白了“克己”“复礼”两个要点，但“礼仪三百，威仪三千”，“礼”的总纲有三百条，细目（日常行为规范）有三千多条，他对具体做法仍不明白，于是对孔子说愿闻其详。

由此可见“克己复礼为仁”的确深奥。颜渊是闻一知十的，平日语之不惰，不违如愚，孔子“退而省其私，亦足以发”，连颜渊听到“克己复礼”也不知从哪里做起，一般人就更觉得莫名其妙了。

要理解本章，需要重温一下礼与仁的关系：礼是仁心的外显。孔子要复之礼，当然是前人（例如周公）制定的，核心就是仁。从逻辑来看，仁者的言行才会符合礼的要求，一般人则会走样。不过走样也不要紧，孔子指示颜渊，在视听、言动时做到四个“勿”就行了。

4. 视、听是人从外界输入信息，言、动是人向外界输出言行。人往往非礼地视听，非礼地言动，有了仁心后则一定不会这样做，孔子说归仁的办法就是及时刹车，回到正确的轨道上来，这就需要“吾日三省”的功夫。

5. 孔子是“圣之时者也”，礼是行为规范，随时代而变，不要把复礼简单理解为恢复周礼。

6. 回虽不敏，请事斯语　我们左思右想才理解的四“勿”，颜渊一下子听懂了，还联想到了孔子反复关照的“敏于事而慎于言”。他说：虽然要做到四“勿”很难，但我一定努力！我们在《子罕》篇里看到颜渊的确是这么做的，他面对孔子“约我以礼”是“欲罢不能，既竭吾才”。难怪孔子称赞“吾见其进也，未见其止也”，称赞“回也其心三月不违仁”。至于其他弟子是否做到仁，孔子一概说不知道。

12.2 仲弓问仁。子曰：“出门如见大宾，使民如承大祭。己所不欲，勿施于人。在邦无怨，在家无怨。”

仲弓曰：“雍虽不敏，请事斯语矣。”

仲弓问什么是仁。孔子说：“出门像见国宾，差使民众像主持重大祭祀。自己不想别人这样对我的，就不要加给别人。在国在家，都不要怨天尤人。”

仲弓说：“我虽然不聪敏，请让我照您的这番话去做吧！”

1. 仲弓，即冉雍，孔子对他期许很高（6.1 章“雍也，可使南面”），他问仁时可能已任季氏宰，孔子根据他的从政者身份进行答复，包括以下三个方面。

（1）常存敬畏之心：无论是对上层人士，还是底层民众。大宾指公侯之宾，大祭指祭天地祖庙。

（2）对人遵循恕道：己所不欲，勿施于人。《中庸》说“忠恕违道不远”，曾子总结：用来贯穿孔子之道的，“忠恕而已”。

（3）遇事反求诸己：“在邦无怨，在家无怨。”在邦，例如在鲁国从政；在家，例如在季氏之家任家臣。从政能做到任劳任怨（经受得住劳苦和别人的抱怨）已很不错。做到“无怨”是更高的境界，后面 14.9 章提到子产治郑侵犯既得利益，三年后民众不但消除宿怨，还转而歌颂；管仲剥夺伯氏的采邑，伯氏心服口服，毫无怨言。要做到“无怨”，孔子说：“躬自厚而薄责于人，则远怨矣。”（15.15 章）

2. 显然，孔子答仲弓问仁是从执政者角度说的，希望仲弓在季氏宰任上严格要求自己，特别是做到敬、恕、无怨三点。正因为仲弓已经出仕，所以他的言行就不仅是个人问题，而关系到国、家的政事了。因而，仁的含义也就不局限于道德，而扩展到政治范畴了。读者要仔细体味孔子对不同弟子讲仁的微妙变化。后学者只有从这种变化中才能比较全面地理解什么是仁。

12.3 司马牛问仁。子曰：“仁者其言也讱。”曰：“其言也讱，斯谓之仁矣乎？”子曰：“为之难，言之得无讱乎？”

司马牛问怎样的人是仁者。孔子说：“仁者说话缓慢谨慎。”

司马牛说：“说话缓慢谨慎，才能称得上仁者吗？”孔子说：“仁字实行起来难，出口能不缓慢谨慎吗？”

1.《史记·仲尼弟子列传》:“司马耕字子牛”,司马耕或名犁,宋人。

2. 其言也讱[rèn] 讱,迟疑谨慎,有话像忍住不说似的。

3. 孔子和弟子谈仁,都有针对性。《史记》说司马牛“多言而躁”,而孔子一贯强调“刚毅木讷近仁”,君子要“讷于言而敏于行”。司马牛的哥哥向魋(即桓魋,参见第7.21章),是宋国的权臣,为人飞扬跋扈,犯上作乱,做弟弟的必有难言之隐,这是人之常情,不妨害其为仁;而说话容易口无遮拦,则须警惕严防。

司马牛果然问:出言迟疑谨慎,才有可能称得上仁吗?

4. 为之难,言之得无讱乎 6.21章樊迟问仁,孔子说:“仁者先难而后获。”其中的“难”字与本章通,就是指勉为其难,最终有获。孔子说,仁者为人处世,都要行仁,很难的！做起来那么难,如果说话发自内心,会不欲言又止吗?说得轻松,放言高论,是真正的仁者吗?

朱熹说,司马牛多言而躁,孔子若不告诉他病根,而泛泛谈仁之大要,以司马牛之躁,必不能深思以去其病,永远无法入德。孔子都是针对每个弟子的特点告以“入德之要”,而不仅仅对司马牛这样。

12.4 司马牛问君子。子曰:“君子不忧不惧。”曰:“不忧不惧,斯谓之君子已乎?”子曰:“内省不疚,夫何忧何惧?”

司马牛问怎样的人才是君子。孔子说:“君子不忧愁不恐惧。”司马牛说:“不忧愁不恐惧,就可称为君子了吗?”孔子说:“他问心无愧,有什么可忧愁恐惧的呢?”

1. 君子不忧不惧 司马牛想做君子,孔子仍然针对他当前的最大障碍进行指点。司马牛所忧所惧的是他的哥哥向魋在宋国作乱,自己怕受牵连,名声受累,前途未卜。在这种心态下,不要说做君子,连做个正常人也是奢望。

2. 内省不疚,夫何忧何惧 司马牛觉得奇怪:只要不忧不惧,就成为君子了吗?孔子当然不是这个意思,只是指出他当前的最大障碍。既然司马牛这样追问,他就进一步指点:重要的是自己用心反省而无所内疚,才能不忧不惧。向魋虽然不齿于人,但哥哥是哥哥,弟弟是弟弟;如果自己做人无罪恶，对人无愧怍，有什么可忧惧的呢？孔子正是在这一意义上说“仁者不忧”，适用于任何人。

12.5 司马牛忧曰：“人皆有兄弟，我独亡。”子夏曰：“商闻之矣，‘死生有命，富贵在天。君子敬而无失，与人恭而有礼，四海之内皆兄弟也’。君子何患乎无兄弟也。”

司马牛忧愁地说：“人人都有兄弟，就我已经没有了。”子夏说：“我听夫子说过‘死生有命，富贵在天。君子只要敬事，做事没有闪失，对人能彬彬有礼，四海之内都是你的兄弟呀’。君子怎么会担心没有兄弟呢？”

上章孔子强调不忧不惧是有道理的，本章就给出一个例子，司马牛一直处于忧惧中。

1. 我独亡　当把“亡”字作“无”字解时，历来似乎都默认“亡”等同于“无”，其实二者是有区别的。“亡”特指原来有过，现在没有了。司马牛是有兄弟的：二哥向魋带着弟弟子颀、子车在宋作乱。大哥向巢正在宋国任左师（相当于执政官），虽没有参与叛乱，仍得到宋景公信任，但终究受到牵累，后来也被迫逃出宋国。那么多兄弟，现在全失联了。

2. 商闻之矣　子夏从孔子那里听到。子夏这么说，意味着当时孔子已经去世。向魋在宋国发动叛乱早在孔子去世前两年，所以子夏说这话时，向氏家族死的死，逃的逃，七分八散。

3. 死生有命，富贵在天　孔子的生死观，通过子夏的转述，留给了后人。“死生有命”出自古人对大自然无数动植物生死的观察，蚕的一生就是最好的模型。人看到了大量蚕卵是怎样孵化出来的，它们无不经过幼虫、蛹、成虫三个阶段，它们的一生似乎只有一个目标：完成接续物种的使命，完成后便立即死去。没有理由说人的基因不含有类似的密码。

人的出生完全不由自己支配，谁都盼望长命百岁，但往往事与愿违。人都想富贵，自己当然也会努力争取，但谋事在人，成事在天，“富贵在天”这个“天”就是人生中所有客观因素。子夏引孔子的话是为了表明，司马牛的“人皆有兄弟，吾独亡”并不是因其自身过失造成的，要勇敢面对。

4. 敬而无失，恭而有礼　古文中的“敬”通“谨”：兢兢业业，不出差错。处理人际关系，谨守“恭”的原则，还要符合礼法。有子指出“恭近于礼，远耻辱也”。对处境困难的司马牛来说，低调谨慎，处处与人为善，总不会错。

5. 四海之内皆兄弟也　子夏引孔子语止于此句，宋儒却难以接受这个命题，陈氏《辨疑》也说：“兄弟同本连枝，天伦至亲，无他人相混之理。”其实孔子讲过不少类似的话。《礼记·礼运》引孔子语：“大道之行也，天下为公。……人不独亲其亲，不独子其子。……今大道既隐，天下为家，各亲其亲，各子其子。”“故圣人能以天下为一家”虽然引文未必是孔子原话，但至少为西汉前儒家所公认。兄弟之道无非是“兄友弟恭”，所以人走上社会后，尽管接触的人都没有血缘关系，但兄弟之道仍能贯彻。纵观子夏整段引文，意思就是15.6章孔子所说“言忠信，行笃敬，虽蛮貊之邦行矣”。

6. 君子何患乎无兄弟也　这一句是子夏自己的结论。回想1.7章子夏论“成人四学”时已淡化了兄弟一伦，可见其思想的超时代性。

12.6　子张问明。子曰：“浸润之谮，肤受之诉，不行焉，可谓明也已矣。浸润之谮，肤受之诉，不行焉，可谓远也已矣。”

子张问怎样可算明白通透。孔子说：“有些谗言是像雨水打湿衣服那样一点点洇进来的，有些告阴状不是让听者一下子上心的，如果这种对人的阴损和诽谤在听者这里都行不通，他可算明白通透了。”

1. 子张问明　子张好高骛远，所问多从政之事。明君、明公，都是对为政者的赞语；公正廉明、明察秋毫都是为政者的追求。从这个角度理解子张之问，才不会误读孔子之答。事实上，下文孔子解释“明”“远”都是在“暗”“近”上做文章。

2. 浸润之谮　谮[zèn]，进谗言，说别人坏话。“谮”“潛”“憯”中的“朁”都有潜伏深藏义。谗言一点点渗进听者耳朵，像雨天衣服渗水一样，开始没有感觉，时间长了就会上心。

3. 肤受之诉　“诉”与“讼”组成“诉讼”一词，意味深长。讼由“公”“言”组成，是两造对簿公堂。诉由“斥”“言”组成，则是单方面申斥投诉。其实讼、谮、诉属于一个系列：讼是公开的争论，谮是暗地里的评判，诉是单方面的告状。古注："肤受，谓皮肤之不经于心胸。"肤受之诉，即开始时若有若无、感觉轻微的告诉。以前有不少注家不顾"肤受"往往与抚摸、肤浅有关，而理解为"切肤之痛"，此处不取，因为要形容让人立刻跳起来的痛，还有更严重的"彻骨之痛"和"痛彻心肺"。

4. 听讼、听谮、听诉三者中，听讼有两造，重要的是明断，孔子说："听讼，吾犹人也，必也使无讼乎！"而听谮、听诉，听的都是一面之词，更需要听者明察另一面会有怎样的说辞。

5. 不行焉，可谓明也已矣　"浸润之谮，肤受之诉"在听者这里行不通，可说是"明"了！《皇疏》："赖明察以胜谗。"

6. 不行焉，可谓远也已矣　上文子张问明，孔子答完后，又加答"远"字。不能排除《论语》原文有"子张问明远"的可能性。可以认为子张是出名的高远，《中庸》说"行远必自迩"，孔子针对此病，开了"近"这张药方。用《中庸》的话解释最好："知远之近，知风之自，知微之显，可与入德矣。"

《论语》关于"明"的讨论，仅此一章，集中于讨论对待谮、诉的问题。其实9.23章也是关于"明"的讨论，集中于讨论听到"法语之言"和"巽与之言"的态度。

12.7 子贡问政。子曰："足食，足兵，民信之矣。"

子贡曰："必不得已而去，于斯三者何先？"曰："去兵。"

子贡曰："必不得已而去，于斯二者何先？"曰："去食。自古皆有死，民无信不立。"

子贡问为政之道。孔子说："无非是粮食充足、武力充足、得到民众信任这三条罢了。"

子贡说："如果必不得已要从中去掉一条，先去哪一条呢？"孔子说："去掉'足兵'。"

子贡又说："如果必不得已还要去掉一条，先去哪条呢？"孔子说："去掉'足食'。自古以来，人都要死的，而失去民众信任，政权就垮了。"

1. 足食,足兵,民信之矣　民以食为天,人总要吃饱。国家要存在,需要有足够的武力抵御外侮内患,否则不能保障生活安定。作为国家领导者,一定要取得人民的信任。

2. 必不得已而去,于斯三者何先　子贡问,如果以上三条必不得已要去掉一条,先去哪条呢?

3. 去兵　孔子回答:去掉“足兵”这一条(省掉“足”字,并非把武装力量全部去掉)。这样虽然不足以抵御外侮,但当国家处于危难时,全民皆兵,还能抵抗。

4. 去食　子贡还要孔子在剩下的两条中去掉一条,孔子回答:去掉“足食”这一条。历代注家有误认为去掉全部粮食的,这里显然不通。

5. 自古皆有死,民无信不立　粮食不足肯定会饿死一些人,但国家还有可能保存。如果失去了人民的信任,则国家人心涣散,必定灭亡。本章对当代世界的政治仍有巨大的警示意义。

12.8 棘子成曰:“君子质而已矣,何以文为?”子贡曰:“惜乎!夫子之说君子也,驷不及舌:‘文犹质也,质犹文也。’虎豹之鞟,犹犬羊之鞟。”

棘子成说:“君子就看质地,要什么文采呢?”子贡说:“可惜呀,您论说君子,如此轻易,舌头一滚,比驷马快多啦。说什么‘文就是质呀,质就是文呀’,那么把虎豹的毛剃光,把犬羊的毛也剃光,只剩光秃秃的质了,没有花纹,区别得了吗?”

1. 棘子成　卫国大夫。

2. 孔子说过:“质胜文则野,文胜质则史。文质彬彬,然后君子。”(6.17 章),他用来教弟子的,就是文行忠信,文还放在第一位。棘子成可能看到许多人文胜质,甚至有文无行,对孔子文质并重有了怀疑,说:君子有质就行了,要什么文啊?

3. 惜乎!夫子之说君子也　当时以“夫子”称大夫,指棘子成。子贡叹棘子成这样谈论君子。

4. 驷不及舌　驷,四马。一乘兵车古用四马驾。舌头一滚,话说出口,马车跑得飞快也追不回。子贡批评棘子成说话轻率,把质等同于文。

5. 虎豹之鞟,犹犬羊之鞟　鞟,去了毛的皮。虎豹与犬羊形象之别,就在毛的花纹图样。子贡反驳说:如果文就是质,质就是文,那么把虎豹和犬羊皮上的毛都剃掉好了,这样还能看出虎豹和犬羊的区别吗? 君子必须文质彬彬,去掉文,同野人就难以区别。5.27 章孔子曾说:“十室之邑,必有忠信如丘者焉,不如丘之好学也。”忠信是好质地,文要靠好学取得。

12.9 哀公问于有若曰:“年饥,用不足,如之何?”有若对曰:“盍彻乎?”

曰:“二,吾犹不足,如之何其彻也?”

对曰:“百姓足,君孰与不足? 百姓不足,君孰与足?”

鲁哀公问有若道:“今年是荒年,国用不足,怎么办呢?”有若对道:“何不收什一之税呢?”

哀公说:“我收二成还不够,怎么只收什一税呢?”有若对道:“百姓富足了,国君怎么会不足呢? 百姓不足,国君又怎么会足呢?”

1. 年饥,用不足 《左传》记:鲁哀公十二年(前 483)“春,王正月,用田赋”,“冬十二月,螽(zhōng,蝗灾)”。次年九月、十二月又闹蝗灾。鲁国还连年用兵于邾(在今山东省邹城),又要抵抗齐国侵略,军费开销大。本章背景大致在这一时期。

2. 盍彻乎 盍,何不。彻,通。通行于周天下的税法,税率为 10%。

3. 二,吾犹不足 二,十分之二。哀公在田税外再加军赋,仍嫌不足,还想加赋。有若竟建议他只收田税。

4. 百姓足,君孰与不足 12.7 章子贡问政,子曰:“足食,足兵,民信之矣。”子贡曰:“必不得已而去,于斯三者何先?”孔子的回答是“去兵”,首先缩减军费;然后才是“去食”。《大学》说:“知所先后,则近道矣。”哀公的办法却是把“去食”放在第一位,不合治国之道。

哀公是常规思维,国库日益空虚,当然向民间搜刮。搜刮得越多,政府越有钱。有子富有系统思想,深知“去兵”“去食”之先后。政越苛,民越贫。载舟之水,便转而覆舟。

12.10 子张问“崇德辨惑”。子曰：“主忠信，徙义，崇德也。爱之欲其生，恶之欲其死，既欲其生，又欲其死，惑也。”

[“诚不以富，亦只以异。”]

子张问什么是“崇德辨惑”。孔子说：“存心以忠信为主，见义而徙，唯义是从，就是尊崇德性。喜爱一个人就盼他长命百岁，憎恨了就恨不得他马上去死。既要他生，又要他死，这就是陷入迷惑。”

1. 崇德辨惑　崇德不单是尊崇德性，还要充盛己德。辨惑，明辨什么是迷惑。[清]吴嘉宾《论语说》认为“崇德辨惑”是古语，子张向孔子请教其详。

君子有志于学道，学习有心得，就是德。崇德并不仅仅是表示尊崇德性而已，而是实实在在地丰富内心、提升人格，所以包含立本、日新两方面。立本，就是以忠、信为主心骨，否则不能载道。日新，就是有了德的载体，还要不时吸收营养充实自己，那就是徙义，见贤思齐，以充盈自己的德性。从1.4章可见“立本、日新”充分体现在曾子的“吾日三省吾身”上，而从7.3章的“德之不修，学之不讲，闻义不能徙，不善不能改，是吾忧也”可见，孔子最担忧的就是不崇德。

2. 人之迷惑，出自感情战胜理智。孔子所举“爱之欲其生”“恶之欲其死”两种现象，都是人之常情，还谈不上迷惑。对同一人既爱又恨也可以理解，但爱起来欲其生，恨起来欲其死，走两个极端，就是迷惑。

孔子郑重说过“知者不惑”（9.28章），那意味着“惑”是缺乏智慧的表现。所以很有必要研究如何解惑。我们至少知道解惑的方向。既然智者不惑，而好学近乎智，可见迷惑必来自不能好好学习，听人说什么就是什么，才会无所适从。那么解惑的途径就是“好学”。

3. 诚不以富，亦只以异　这是《诗经·小雅·我行其野》中的一句，与本章无关。程颐指出这是错简，应在16.12章“齐景公有马千驷”之上，他认为，之所以出错，可能是因下章也以“齐景公”开头，于是张冠李戴。

拙著的解释是，“诚不以富，亦只以异”这一句不是错简，它不属于本章，把它归到下一章就是。差错出在下一章本该是“齐景公有马千驷”章，因不明原因，这章被误植到《季氏》篇成了 16.12 章，与该篇前后几章完全不搭调。而就第十二篇《颜渊》来说，“齐景公有马千驷”章被莫名其妙转走了，再下章“齐景公问政于孔子”递补上来，不肯接收“诚不以富，亦只以异”，这句失群孤雁就寄于 12.10 章篱下。

“齐景公有马千驷”章祸不单行，在被误植到《季氏》篇的过程中不但扔下了它开头的“诚不以富，亦只以异”，末句“有马者借人乘之”也被抽走了，我们把它找回来了，恐怕读者难以适应，所以不能还原，正式解读还请到《季氏》篇看 16.12 章。希望将来有一天，恢复原貌的 12.11 章能接放在本章下面，其原文与语译如下，供读者先睹为快。

12.11 【“诚不以富，亦只以异。”】

齐景公有马千驷，死之日，民无德而称焉。伯夷、叔齐饿于首阳之下，民到于今称之。【“有马者借人乘之”，】其斯之谓与！

“为人称道，并不在富，富只不过是财富比他人多点而已。”

齐景公的马多达四千匹，他死的时候，民众对他的品德没有什么称赞的话。伯夷、叔齐饿死在首阳山下，民众至今还在称颂。古话说“有马你要借人骑”，说的就是这意思吧！

12.11 齐景公问政于孔子。孔子对曰：“君君，臣臣，父父，子子。”公曰：“善哉！信如君不君，臣不臣，父不父，子不子，虽有粟，吾得而食诸？”

齐景公问为政之道于孔子。孔子对道：“君要像君，臣要像臣，父要像父，子要像子。”景公说：“说得好呀！如果君不像君，臣不像臣，父不像父，子不像子，虽然有粟米，我还吃得到吗？”

1. 齐景公　姜姓，吕氏，名杵臼。鲁昭公二十五年（前 517），孔子 35 岁以民间教师身份到齐国，已负盛名。当时齐国大夫陈氏专政，齐景公向孔子请教对策。

2. 君君，臣臣，父父，子子　《中庸》有句话，叫作“君子素其位而行”，君要行使君权，臣要守臣的本分，父亲要像父亲的样子，儿子要像儿子的样子。孔子看到齐国不但君权旁落，景公本人也失父道，于是指出君臣父子不当其位的危险性。

虽然齐景公欣赏孔子的意见，但并不寻找根源采取措施，这正是 9.23 章所说的“说而不绎，从而不改”，后来齐景公果然因多内宠，不立太子，而酿成陈氏弑君篡国之祸。

进入 20 世纪，“君君臣臣父父子子”的观念一直被诟病，认为是不平等，讲名分。今天当然不再是“普天之下，莫非王土；率土之滨，莫非王臣”，但究其本，儿女仍是父母所生，人总是隶属于一个组织，组织里职责分明，各有所司，总有一个领导与被领导的关系。难道随着时代的进步，就要提倡上级不像上级，下级不像下级，父不父，子不子吗？

12.12 子曰：“片言可以折狱者，其由也与！”子路无宿诺。

孔子说：“三言两语就可以断狱的，大概就是仲由吧！”
子路答应了人，决不会拖而不办的。

1. 片言可以折狱　片言，只言片语。折狱，判案。旧注片言是偏听原告被告中一面之言，不可取。应该是子路认真听取两造诉求后，公正无私地三言两语便作了判决，而不是懒政拖延。

2. 子路无宿诺　宿诺，语法同宿怨，指拖而未决的诺言。子路有诺必践，雷厉风行，不使隔夜。从改称仲由为“子路”可见，这句话是《论语》编者为孔子所说“片言可以折狱”加的注。又，从这个《论语》编者按可以推断，它与孔子那句话前人的理解与当前的理解哪个存在逻辑关系。

12.13 子曰：“听讼，吾犹人也，必也使无讼乎！”

孔子说：“判案的能耐，我和人差不多。更重要的是使人们不兴讼啊！”

1. 听讼　断案。

2. 吾犹人也　我和别人差不多，接上章也可以说不比子路高明多少。可见两章的传承关系。

3. 必也使无讼乎　必也，更重要的。使无讼，能让百姓主动不打官司。过去赞扬某人“一生不上公庭”，是人生福气。

4. 本章为后出的《大学》引用于释“知本”:“物有本末,事有终始。知所先后,则近道矣。”意义重大。

听讼本领再大,一百件案子也可能错判二三件。诉讼双方无论谁输谁赢,彼此都伤和气,伤元气。能让民间不发生诉讼,是更根本的事。这和《孙子兵法》所说的“百战百胜,非善之善者也;不战而屈人之兵,善之善者也。故上兵伐谋,其次伐交,其次伐兵,其下攻城”是同样意思。

5.《大学》引用本章时还多出了一段话解释怎样做到无讼:“无情者不得尽其辞,大畏民志。”意思是让虚报事实、情理有亏的一方无法强词夺理,最可怕的就是舆论谴责。

12.14 子张问政。子曰:“居之无倦,行之以忠。”

子张问为政之道。孔子说:“居于职守,心无倦怠。行使职务,尽心尽力。”

后面《子路》篇首章是子路问政,孔子作出了回答,说法与本章一致,可见不是为子张或子路量身定制,而是可以互相参照发明的。宋儒解读孔门答问有个逻辑,认为谁问政,孔子的回答就针对此人为政方面的毛病。既是子张问政,那么就孔子的回答看,子张就是懒政,行事不忠。[清]翟灏《四书改错》对宋儒这种偏见作了批评。例如15.10章颜渊问为邦,孔子答以要放弃郑声,远离佞人。翟灏问:难道孔子是影射颜渊爱听淫声,亲近佞人吗?

子张高远,孔子的回答却十分浅近,永不过时。为政最怕唱高调,言过其实,当代官员也应把本章孔子所给的八个字当作座右铭。

12.15 子曰:“博学于文,约之以礼,亦可以弗畔矣夫。”

本章重出,参见《雍也》篇6.26章。

12.16 子曰:“君子成人之美,不成人之恶。小人反是。”

孔子说:“君子成全他人的美事,不助成他人的恶业。小人恰恰相反。”

君子的行事原则:(1)己欲立而立人,己欲达而达人;(2)己所不欲,勿施于人。所以君子帮助别人所立所达的,是放在自己身上同样愿意所立所达的目标。

小人的行事原则:(1)己欲立而翻人于地,己欲达而绊倒他人;(2)己所不欲,偏施于人。小人见不得别人幸福,成人之美完全违背小人的行事原则;而只要有利于己或不触犯自己利益,则无妨成人之恶,例如诱人吸毒。

12.17 季康子问政于孔子。孔于对曰:“政者,正也。子帅以正,孰敢不正?”

季康子以为政之道问孔子。孔子对道:“政就是正。您以正道来率领民众,谁敢不正?”

1. 政者正也　从政就是正人。

2. 子帅以正,孰敢不正　帅,带头,率领。正人先正己。康子是鲁国上卿,诸臣之帅。孔子说:“如果夫子能带头走正道的话,下面谁敢不正?”孔子话里有话:民众不走正道,是你未帅以正,上梁不正下梁歪。

12.18 季康子患盗,问于孔子。孔子对曰:“苟子之不欲,虽赏之不窃。”

季康子为鲁国的盗患而头痛,来问孔子。孔子对道:“如果你不贪欲,即使悬赏让人民盗窃,他们也不会的。”

1. 季康子患盗　在本章答问发生前,鲁国盗贼蜂起,至少已有半世纪之久,当时执政的是康子祖父(平子)的祖父(武子)。据《左传·襄公二十一年》,季武子责问臧武仲:“你为什么不究办盗贼?”臧武仲说:“查办不了。您把国外的盗贼叫来而给予隆重的礼遇,怎么能禁止国内的盗贼?”

2. 不欲　不贪欲。孔安国说得好:“民化于上,不从其令,从其所好。”民众接受治国者的教化,并不是靠上面命令,而是上面喜欢什么,下面也喜欢什么。《大学》举例说:“尧、舜率天下以仁而民从之,桀、纣率天下以暴而民从之。”如果“其所令反其所好”,例如在上者贪声色财货,穷奢极欲,却要求民众安贫乐道,“而民不从”,反而有样学样,但财力不足,所以不务正业,做无本生意,走坑蒙拐骗盗窃之路。

3. 虽赏之不窃　如果在上者不贪欲,带个好头,道之以德,齐之以礼,即使奖励民众盗窃,民众也不肯自污清白。

12.19　季康子问政于孔子,曰:“如杀无道以就有道,何如?”孔子对曰:“子为政,焉用杀?子欲善而民善矣。君子之德,风;小人之德,草。草,上之风,必偃。”

季康子问孔子为政之道,说:“如果杀无道的来成全有道的,怎样?”孔子对道:“夫子您为政,哪里用得着个杀字?您向善,民众就向善了。君子的德性像是风,小人的德性像是草。一阵风吹到草上,草必然会随风倒的。”

1. 杀无道以就有道　就,成就。意思仿佛“杀稗草以就禾苗”。

2. 子为政,焉用杀　为政与除草不是一回事。稗草不能转化为庄稼,人民靠教化。嗜杀者自身不正,根本谈不上教化他人。孔子所说不是指康子道德高尚,不用杀,而是泛论为政者都是如此。

3. 子欲善而民善　与上章孔子说“苟子之不欲,虽赏之不窃”互相发明。

4. 君子之德,风;小人之德,草　就影响力来说,为政者与民的关系是风与草的关系:风吹草低。从政者的责任是正人,是教化。

5. 草,上之风,必偃　上,通“尚”,加以。偃,倒下。

本篇关于季康子接连三章贯彻一个意思:上梁不正下梁歪。对现代政治最大的启示是:要建立一种机制,确保能及时把歪的上梁换掉,避免对社会产生持久性的伤害。

12.20 子张问:“士,何如斯可谓之达矣?”

子曰:“何哉,尔所谓达者?”子张对曰:“在邦必闻,在家必闻。”

子曰:“是闻也,非达也。夫达也者,质直而好义,察言而观色,虑以下人。在邦必达,在家必达。夫闻也者,色取仁而行违,居之不疑。在邦必闻,在家必闻。”

子张问:“一个士,怎样才可说是达了?”

孔子说:“你说的达,是指什么?”子张对道:“在邦国内大有名气,在卿大夫之家中,也大有名气。”

孔子说:“那是声闻,不是通达。所谓通达,指天性正直,崇尚正义,又能察言观色,存心谦退,时时注意不占别人上风。这样的人,在邦国内必通达,在大家中,也必通达。所谓声闻,指其人看上去一副仁人君子的样子,行为却背道而驰,他还真以仁人君子自居,在邦国内一味追求名气,在大家中也一味追求名气。”

1. 达　一指发达、显达,如“己欲达而达人”;一指通达,如“赐也达”“君子上达,小人下达”。

2. 何哉,尔所谓达者　孔子知道子张好高骛远,他对达的理解会有过与不及之弊,需要帮其纠正。

3. 必闻　子张追求的似是声名远播。

4. 是闻也,非达也　正常状况是:先通达在内,然后名声在外。如果其人实不通达而外有通达之声闻,形质不符,是很危险的。

5. 质直而好义,察言而观色,虑以下人　质直:根子正,主忠信;好义:崇尚正义,见义勇为。察言观色,然后有知人之智。虑以下人:对自己待人接物的掌控,做到柔顺谦卑,坚守“己所不欲勿施于人”原则,考虑怎样让自己矮人半个头,否则不得人心。

6. 必达　一定显达、通达。马融说,做到以上几点,必达。他引用《周易·谦卦》的“谦,尊而光,卑而不可逾也”。尊者因为谦虚而更光明盛大,越卑谦越不可逾越。

7. 色取仁而行违　色取仁,在表面上装出仁的样子,而质不直。行违,行事不义。

8. 居之不疑　色取仁而行违的这类人虽负盛名,其实难副,日久积非成是,竟当自己真的是众望所归了。

9. 在邦必闻,在家必闻　此等人喜欢拉帮结派,多党羽,吹捧炒作,他人不明其内不通达的底细,名气会越来越大。

达与闻的区别可以从当代听到“社会贤达”和“闻人”这两个词的感受悟出来。

12.21 樊迟从游于舞雩之下,曰:“敢问崇德、修慝、辨惑。”子曰:“善哉问!先事后得,非崇德与?攻其恶,无攻人之恶,非修慝与?一朝之忿,忘其身,以及其亲,非惑与?”

樊迟跟着孔子在舞雩台下游览,说:“敢问什么是崇德、修慝、辨惑。”孔子说:“问得好!先做事,后得回报,不就是崇德吗?清除自己的邪念恶行,不去抨击别人的恶行,不就是修慝吗?忍不住一时的气愤,忘了自己的生命安危,甚至连累到亲人,不就是惑吗?”

1. 从游于舞雩之下　舞雩,已见 11.23 章。其处有祭坛、场地、树木,适于游憩。本章编者一反惯例,不直接写“樊迟问崇德、修慝、辨惑”,而插叙说话背景,“崇德、修慝、辨惑”押韵,刘氏《正义》认为是雩祷之辞,有理。

2. 崇德　尊崇德性,充盛己德。

3. 修慝　慝[tè],藏匿于心中之恶。修,以工具修去。自身隐匿之恶只有自己知道。

4. 辨惑　辨识疑惑、不智的行为。

5. 善哉问　孔子称赞樊迟问得好,因为所问是修身之事。12.10 章子张问崇德辨惑,孔子曾给过回答。

6. 先事后得　先做好本职工作,然后得回报。可见孔子把崇德的“德”与“得”挂钩。正当应得,得之不易,积的是德。朱熹解释说:“为所当为而不计其后功,则德日积于不自知也。”6.21 章樊迟问仁,孔子回答:“先难而后获,可谓仁矣。”所得为仁。12.10 章子张问崇德,孔子给的答案是“主忠信，徙义”。可见尊崇德性就是充盛己德。

7. 攻其恶，无攻人之恶　学者为己，除己恶务尽。另一方面，对他人之恶，孔子则强调“君子尊贤而容众，嘉善而矜不能”（19.3 章）、“见不贤而内省”（4.16 章），而不是声讨不贤。

8. 一朝之忿，忘其身，以及其亲　惑的表现众多，孔子因材施教，向樊迟指出一时冲动做蠢事这一方面，可能是针对昭公，见下段。12.10 章子张问辨惑，孔子的回答则是“爱之欲其生，恶之欲其死，既欲其生，又欲其死，惑也”。可见各人有各人的惑。唯有智者不惑，不做傻事。

前人怀疑樊迟是有感而问。王充《论衡·明雩》认为“樊迟从游，感雩而问，刺鲁不能崇德而徒雩也”。《春秋·昭公二十五年》：“秋七月，上辛大雩。季辛又雩。又雩者何？又雩者非雩也，聚众以逐季氏也。”鲁昭公于这年七月行了雩礼，二十天以后又举行，动机是起兵驱逐擅权的季氏。樊迟随孔子游舞雩台已在哀公时代，问雩是婉转地请教昭公失败的原因，所以孔子表扬樊迟“善哉问！”，回答也是针对昭公的。

12.22　樊迟问仁。子曰：“爱人。”

问知。子曰：“知人。”

樊迟未达。子曰：“举直错诸枉，能使枉者直。”

樊迟退，见子夏，曰：“乡也，吾见于夫子而问知，子曰：‘举直错诸枉，能使枉者直。’何谓也？”

子夏曰：“富哉言乎！舜有天下，选于众，举皋陶，不仁者远矣。汤有天下，选于众，举伊尹，不仁者远矣。”

樊迟问什么是仁，孔子说：“爱人。”

樊迟又问什么是智，孔子说：“知人。”

樊迟没弄明白。孔子说：“提拔正直的人，放在不正直的人之上，能使他们变正直。”

樊迟退下后去见子夏，说：“刚才我去见夫子请教什么是智，夫子说：‘提拔正直的人，放在不正直的人之上，能使他们变正直。’是什么意思？”

子夏说：“这句话含义深刻呀！舜有了天下，在众人中选用一个皋陶，那些不仁的人便都远去了。汤有了天下，在众人中选用一个伊尹，那些不仁的人也都远去了。”

1. 樊迟问仁　《论语》中樊迟问仁有三处，上一处是 6.21 章，孔子给的答案是“先难而后获”，意思与上章“先事后得”完全相同，仁等于崇德。下一处是 13.19 章，孔子又另给一番回答。如果以樊迟从政为背景，则前后都能贯通。从下文可知，樊迟对“从政者之仁是爱人”是听懂了。

2. 樊迟问知　《论语》中记载向孔子问知的只有两处，从语境来看，都是为从政而发的。另一处讲得详细些，见 6.21 章。“什么是智？”孔子答了“知人”二字，极为简练。但是这两个字的意义，年轻人涉世未深，是不能理解的。知者不惑，孔子自己也要修炼到四十岁。所以难怪“樊迟未达”，也难怪整部《论语》中，孔子从头到尾反复强调。

3. 举直错诸枉，能使枉者直　“举直错诸枉”已见 2.19 章，本章孔子又进一步解释这样做的好处——“能使枉者直”：譬如平板放在扭曲的板上，由于上方压力，曲板也会平整。

4. 乡［xiàng］　通“向”，意思是前些时候。

5. 何谓也　樊迟不明白“举直错诸枉，能使枉者直”与知人有什么关系。

6. 富哉言乎　子夏赞赏孔子此言说得太好了，对从政者来说，知人主要在于知人善任。“举直错诸枉”是从政者之智的表现，知道谁正谁枉，便是“知人”。“能使枉者直”是从政者之智的功效，变枉者为直者，便是“善任”。历史上有圣君舜、汤举直错诸枉的例子。

7. 不仁者远矣　舜任命皋陶（gāo yáo）为掌管刑法的“理官”，以正直闻名天下；成汤任命伊尹为尹，伊尹为商朝制定了各种典章制度，治下官吏兢兢业业。朝廷里都难以找到不仁者，罢官的罢官，改邪归正的改邪归正，其效果就是不仁者远去。

12.23 子贡问友。子曰：“忠告而善道之，不可则止，毋自辱焉。”

子贡问交友之道。孔子说：“友人有过失，应当忠告，讲究说话艺术。如果友人听不进，就不说了，不要自讨没趣。”

1. 子贡问友　《论语》中孔子弟子向老师问这问那，问友仅此一见，而且从孔子的回答看，当时的语境大概是子贡问对友人的过失应以什么原则对待。

即使是简单的交友，孔子的回答也因材施教，因人而异。在待人接物方面，孔子的教导是“见贤思齐，见不贤而内自省”。子贡有两大特点：(1)敏锐注意到朋友的优缺点，会评头论足，有“方人”的习惯；(2)好拿自己与别人比较，孔子跟子贡谈起别人，子贡会追问“赐也何如”。所以本章孔子的回答是针对子贡的自负好胜。

2. 忠告而善道之，不可则止　友人有错，我必须奉行友道，不可不指出，但必须遵循三原则：(1)忠告：明白讲出来，尽己之心，为他着想，其实这也是切磋的一种形式；(2)善道：注意劝告的方式语气，好好说，使对方乐于接受(“道”虽可进一步解释为“开导”，但这是导师的口气)，也就是说，切磋琢磨要讲究艺术，否则玉崩石碎；(3)若友人实在听不进，也不硬劝，已尽友道，要适可而止。

3. 毋自辱焉　不停地劝说，将自取其辱。虽然一下子不会断交，但一次次重复这一幕，则“朋友数，斯疏矣”(4.25 章)。

交友之道当然不限于友人有过失时怎么处理，如果子贡问友是在别的语境，孔子一定会给出别的回答。但无论是哪种回答，一定体现了交友的精神，下章就是重要的总结。

12.24　曾子曰：“君子以文会友，以友辅仁。”

曾子说：“君子用礼乐文章的交流探讨来会朋友。用朋友来帮助自己进于仁道。”

本章像是上章的一个按语，读者能感觉到曾子在孔门的权威性，也依稀可见曾子门人在《论语》下编的编辑过程中起着举足轻重的作用。

在传统文化中，称君臣、父子、夫妇、兄弟、朋友为“五伦”，即五种人伦关系和言行准则，1.7 章中子夏要求成年人与朋友交言而有信，这样看来，无论君子、小人(道德意义上的)，都有自己的朋友，重要的是交友要谨慎。

“同门曰朋，同志曰友。”友人就是志同道合之人。那么君子之友与小人之友的区别在哪里呢？根本就是志趣的高尚与低下，以及交友的目的，表现为本章所说的两方面。

1. 以文会友　志同道合的人会很自然地聚集成群。但是，志有大小，道也有大小（参见 19.4 章），同什么志合什么道是大有讲究的。君子以文会友，这个“文”取的是广义，包括写诗作文，也包括研究各种学问，所合的是大道。如果所同的志仅是以跳广场舞排遣寂寞或以打麻将小赌怡情，这算不上以文会友。以文会友的内涵必须体现为“博学于文，约之以礼”。

即使同样是以文会友，不同层次的分化也很清晰。正如孟子对弟子万章说的：“一乡之善士，斯友一乡之善士；一国之善士，斯友一国之善士；天下之善士，斯友天下之善士。”

2. 以友辅仁　君子交友的目的是辅仁进德，通过切磋琢磨，共进仁道。如果以书画结社，所研究的是怎样伪造古画，以文物考古结社，所研究的是怎样结伙盗墓，那非但不是辅仁进德，而且与仁德背道而驰，为“友”抹黑。所以孔子一直强调“毋友不如己者”：不能帮助我在仁德之路进步之人，去结交他干什么？

曾子在《子张》篇里提到两位老同学。一位称为“吾友”，虽没有点名，但看得出是颜渊。曾子盛赞他有四大美德（参见 19.21 章），十分符合“以友辅仁”之义。另一位点明是子张（参见 19.16 章），是被子游认为是“吾友”却没达到仁的要求的，曾子就不称子张为友，因为“难与并为仁矣”。

子路篇第十三

本篇30章。子路在“孔门四科”中属于政事科,不同于上篇《颜渊》,本篇以弟子问政为主线(1—17,29,30),兼论直(18)、仁(19,27)、士(20,28)、中行(21)、恒(22)、君子(23,25,26)。

13.1 子路问政。子曰:“先之,劳之。”请益。曰:“无倦。”

子路问为政之道。孔子说:“身先士庶,亲力亲为。”子路请求再补充。孔子说:“不倦怠。”

为政以什么为先?《论语》中关于为政的言论很多,孔子把为政看成是种“正人”的工作,不同于后世法家玩弄权术来“御人”,所以《学而》篇“道千乘之国”章首先强调正人先正己,《为政》篇强调“为政以德”“道之以德,齐之以礼”。《论语》中有九章记录“问政”字样的互动,也有不少章节虽不出现“问政”而明显是问政。上层如国君级的鲁哀公、齐景公,柄国政的上卿季康子(两次),关心的是怎样使“民服”(2.19章)、“使民敬忠以劝”(2.20章),孔子回答的基调就是先正己,带好头,上梁不正下梁歪。下至士阶层,孔子弟子也有从政当邑宰的,孔子回答的基调也相当一致:先正自己。一个貌似普通的“先”字就以这种方式先跳了出来。

1. 子路问政　孔子任鲁国司寇时，子路任季氏的家臣，还做过季氏的费邑宰；后来子路随孔子周游列国，当过卫大夫孔悝的薄邑宰。问政应该出于子路当邑宰的施政需要。

2. 先之，劳之　孔子当时给子路的回答肯定不只这四个字，是《论语》编者压缩成“先之，劳之”的。在《论语》编者看来自己已讲清楚了，因为他们知道子路问政的特殊语境，后世读者失去当时语境，读寥寥四字便有种种不同理解了。好在12.14章“子张问政。子曰：‘居之无倦，行之以忠。’”已有孔子回答的先例，本章注释的第一段又进一步锁定“先”字的首选释义是“正人先正己”，有了这个大胆假设，下一步就是小心求证，求证不了再另辟蹊径。

孔子有好几位弟子问政都出于当邑宰的需要。我们可以合理地假定子路是请教孔子怎样当邑宰，早在6.21章樊迟因从政而问当官的智与仁，孔子就回答“先难而后获”，13.2章仲弓问政，孔子的回答也有一个“先”字，这些都可以归结为正人先正己。既然子路管理一个邑，相当于后世的一个小县县长，那么这里的“先之”可从“身先士卒”中感悟，长官要在该带头的所有方面给他的属下与全体邑人带头。而“劳之”也一定不是让子路劳动大众，而是自己操劳。这应该就是12.14章所说的“行之以忠”。

朱熹在《论语集注》中说得很到位：“凡民之行，以身先之，则不令而行。凡民之事，以身劳之，则虽勤不怨。”

“先之，劳之”的教导在两千五百多年后的今天，仍然振聋发聩。领导者要民众做什么，自己千万不可搞特殊化，至少己所不欲，勿施于人，避免劳民伤财。“先之，劳之”应该是官员“吾日三省吾身”的内容。

3. 请益。曰：“无倦。”　子路勇为，好大喜功。14.42章记载，有一次“子路问君子”，孔子答了“修己以敬”，子路觉得单薄，连问两次“如斯而已乎”就是一例。本章子路问政，听到孔子只给了“先之，劳之”寥寥四字，总嫌不够，想请孔子进一步讲讲从政还有什么高深道理。孔子深知子路“兼人”（参见11.19章），想一口气做到所有的事，但未必能持久，就怕他新官上任三把火，所以只强调：不要再搞点别的花样，你照此孜孜不倦地去做就行了！

13.2 仲弓为季氏宰,问政。子曰:“先有司,赦小过,举贤才。”
曰:“焉知贤才而举之?”子曰:“举尔所知,尔所不知,人其舍诸?”

仲弓做了季氏的家宰,请问为政之道。孔子说:“事事为属下带个好头,宽赦属下的小过失,提拔才德皆备者。”
仲弓说:“我怎么知道哪些人士才德皆备而提拔呢?”孔子说:“只要提拔你所知道的。你不知道的优秀人才,难道别人会舍他不推荐吗?”

仲弓和子路都任季氏宰,都问政。从《论语》中可见,子路属于政事科,仲弓虽然属于德行科,但孔子称许他“雍也,可使南面”,有政治家的气质。孔子对二人的问政,回答应该大同小异。

1. 先有司

(1) 有司的本义是“各有所司”。这样理解,“先有司”的意思就是“先让诸事各有所司”,以明责任。否则要么你一人包办代替,疲于奔命;要么职责不明,一切乱套。这样理解也是可以的。

(2) “有司”二字用久了便成为名词,指各级部门的官吏,最早见于《书·大禹谟》:“兹用不犯于有司。”前人多把“先有司”理解为“先(副词)+有司(名词)”,副词与名词间缺了动词便生出众多歧义,有的认为是先挑选官员,有的认为是先整理好官员队伍。不能说前人罗列的种种解释对为政不重要,但“副词+名词”的解读模式就像解读7.7章“自行束脩”误把“束脩”当作名词词组可任意添加动词一样,不可取。

(3) 有的注家把“先”当动词用,这不但与下文“赦小过,举贤才”的动词“赦”与“举”一致,更与上章“先之,劳之”的用法及贯穿《论语》问政的“先”字用法一致,所以这种解读最为可取——当地方长官,要给下属办事人员带头,吃苦在先。

2. 赦小过　多做多错,不做不错。若不能原谅工作中的小过失,属下工作哪来积极性?“宽则得众”,在你手下工作,大家心情舒畅。1.5章“道千乘之国,敬事而信,节用而爱人”,可见赦小过也是爱人的具体表现。后面13.25章“君子易事而难说也”同样表现为赦小过。

3. 举贤才　做任何工作,人才第一重要。上到国君宰辅,下到地方

官员,提拔贤才,举直错诸枉,工作便进入良性循环。6.13 章子游为武城宰。孔子专门问:“女得人焉尔乎?”子游回答有澹台灭明,这就是孔子一直把“举贤才”当作政事重要方面的生动实例。后世官场所见多任人唯亲,埋没人才,少了“达则兼善天下”的机会,是社会的损失。

4. 人其舍诸　仲弓觉得做到前两点还不难,最难的是到哪里去找优秀人才。孔子说:人才不是靠一个人发现的,就算你不知道,难道别人舍得放弃人才不举荐吗?

读《论语》,对本章后半段切勿轻易放过。举贤才需要某种常态机制。越是特殊另类的人才,往往越得不到常规的阶梯拾级而上,这些人才多半只能含恨终身。

13.3 子路曰:“卫君待子而为政,子将奚先?”

子曰:“必也正名乎!”

子路曰:“有是哉! 子之迂也。奚其正?”

子曰:“野哉由也! 君子于其所不知,盖阙如也。名不正则言不顺,言不顺则事不成,事不成则礼乐不兴,礼乐不兴则刑罚不中。刑罚不中则民无所措手足。故君子名之必可言也,言之必可行也。君子于其言,无所苟而已矣。”

子路说:“如果卫国国君有意请老师来执政,您第一步打算做什么呢?”

孔子说:“那肯定要先正名了!”

子路说:“哪有这种道理? 老师太迂阔啦! 这名怎么个正法?”

孔子说:“仲由你真够粗野的! 君子对于自己不知的事,一般会阙疑不谈。名不正,就说不通。说不通,事就办不成。事都办不成还谈什么兴礼乐! 礼乐兴不了则刑罚不能适中。刑罚失中,民众就手足无措。所以君子定好的名称,一定是说得通的,说得通的就一定是行得通的。总之,君子对他所说的话,一点不马虎就是了。”

1. 13.1 章子路问政,孔子要求他“先之”,意思是要先正己、身先士庶,这是针对子路的;孔子自己面临为政,这种“先之”肯定已经做到位了。而本章子路问“您如果施政,先做什么”,这个“先”就不是13.1章中的那层意思,俗谚“新官上任三把火”,孔子的三把火是什么,子路很好奇,后世读者也很好奇,而下文孔子的回答,其“先”的指向——若不读《论语》的话——谁都想不到。

2. 本章语境应该是哀公十年(前485)孔子自楚国返回卫国后那段日子。据《史记·孔子世家》,哀公七年(前488年),卫灵公去世,南子立了卫公辄继位(参见7.14章注释),辄父蒯聩“不得立,在外,诸侯数以为让。而孔子弟子多仕于卫,卫君欲得孔子为政。子路曰:‘卫君待子而为政,子将奚先?’”。

可见这位卫君就是7.14章中冉有问子贡“夫子为卫君乎”的那位卫出公辄。当时子贡判断孔子不肯出仕。本章子路则当面问孔子。孔子虽无意出仕,但还是谈了大计方针,今天读本章,觉得意义特别重大。

3. 孔子所说的“正名”是正什么名?朱熹认为当时卫公辄不把父亲当父亲,直接祭祖父卫灵公,名分全乱了,所以孔子要先正名分。对此,[清]王圣俞《四书翼注》进行了详尽的剖析:当时卫公辄统治卫国已经九年,此前名分不正是出于不得已,所以子路在卫国做官,孔子不认为有什么不可以。卫公辄照孔子在鲁国的俸禄数奉粟六万小斗,孔子也接受了。此时距卫灵公即位已五十年,算来南子大概也老死了,卫公辄既然权力已相当牢固,孔子有可能通过子路向卫君传个话,说服他把蒯聩迎回来,恢复父子亲情。

马融则认为正名是“正百事之名”,而不仅指正名分。从下文孔子指出的一连串后续效应来看,正名是个逻辑学问题,采取广义,则《论语》本章不但对千秋万代的政治都有帮助,而且体现了伟大的事理。就以政权一代代移交来说,许多老概念(名)已严重脱离现实,或者要重新定义,或者要改名,否则举步维艰。

4. 对正名一节,一般为政者都不太当头等大事来抓,要处理的是诸多当务之急,一贯大大咧咧只问事功的子路,听到先要正名,索性指孔子为迂阔——脱离实际,于事无补。孔子最生气的是子路不懂装懂,所以会教训子路:“诲女知之乎!知之为知之,不知为不知,是知也!”把本章与2.17章联系,我们一定会有新的领悟。

5. 话语由一个个句子组成。语句由概念(名)组装而成。名不正,话一定说不通。正像公元前10世纪商高提出的“勾三股四弦五”,为勾股弦正名才能体现公元前6世纪毕达哥拉斯定理一样,“名不正则言不顺”也可以说是早于亚里士多德《逻辑学》的一条重要原理。旧名不正、冤案不纠之类，政策的推行就没有底气，孔子列举了名不正的一连串恶果：言不顺、事办不成、礼乐不兴、刑罚不中、老百姓手足无措。所以君子定名要万分慎重，为政者随心所欲说些有毛病的话，要么不可行，要么强行推出则后患无穷。

6. 学者们考证，本章对话发生在孔子周游列国后期由楚返卫途中，不久孔子一行就由卫返鲁了，当时孔子 68 岁。《左传·成公二年》所载孔子的话也强调了正名的重要性："唯器与名，不可以假人，君之所司也。名以出信，信以守器，器以藏礼，礼以行义，义以生利，利以平民，政之大节也。"

7.《子路》篇起首三章竟都亮出了一个"先"字，这不是偶然的。《大学》中有一条"物有本末，事有终始。知所先后，则近道矣"，可说是事理学第一原理。

13.4 樊迟请学稼。子曰："吾不如老农。"请学为圃。曰："吾不如老圃。"

樊迟出，子曰："小人哉！樊须也！上好礼，则民莫敢不敬。上好义，则民莫敢不服。上好信，则民莫敢不用情。夫如是，则四方之民襁负其子而至矣，焉用稼？"

樊迟请学种庄稼。孔子说："我不如老农。"樊迟又请学种菜。孔子说："我不如老菜农。"

樊迟退出后，孔子说："樊迟真成小人了！在上位者好礼，民众便不敢不敬。在上位者好义，民众便不敢不服从。在上位者好信，民众便不敢不真心待上。能做到如此地步，四方民众都会背负了他们的儿女来投奔，何必自己学习种庄稼呀！"

1. 请学稼，请学为圃　稼指种五谷，圃指种蔬菜。樊迟想请孔子教点农艺，不料孔子一口拒绝。樊迟想或许种菜容易些，改学园艺，孔子仍然回绝。

2. 樊迟出　樊迟只好灰溜溜退出。樊迟不是平白无故地不想学六艺而想当农民。樊迟多次问孔子仁、知，问崇德修慝辨惑，从孔子的回答看，樊迟之问好像都是为了从政。6.21 章孔子告诉他要"务民之义"，而本章放在《子路》篇前面十七章的正当中,更可吃准是问政。樊迟可能以为一个地方长官若能懂点农艺,就能手把手帮助民众生产,这不就落实了"先之,劳之"吗?没想到在孔子面前碰了一鼻子灰。

3. 小人哉!樊须也　孔子不是在道德意义上骂樊迟是滥小人,而是责备从政的樊迟把"先之,劳之"弄错了方向。"君子上达,小人下达",君子以圣贤为目标,小人以一技之长为目标。你樊须学从政,怎么不上达而下达了?

4. 上好礼,上好义,上好信　孔子认为,为上者的爱好应当是道德层面上的礼、义、信,而不是技术层面的种庄稼。有了礼、义、信,民众便不敢不敬,不敢不服从,不敢不"用情"。

5. 不用情　情,情实。用情,就是民众都以忠实与真情对其上。

6. 襁负其子而至　把婴儿放在布兜里背负着赶来鲁国。襁[qiǎng],襁褓。

7. 焉用稼　从各国赶来定居种庄稼的一天天增多,还用得着为上者教他们怎样种田吗?

有注家认为,樊迟碰钉子退出后仍可能找老农老圃请教,所以孔子还要说那么一段话使其他弟子了解己意,帮樊迟醒悟。其实樊迟不过想以为政者身份了解一点农业知识,这也是一种亲民罢了。这不同于后来兴起的"农家"——战国时期诸子百家之一,代表人物是许行等人。农家与儒家不同,主张"贤者与民并耕而食,饔飧[yōng sūn]而治"(《孟子·滕文公上》),意思是贤君应当与百姓一道耕种,同吃同餐,一边管理国家。孟子毫不认同农家学说,提出治国者与民众必须有所分工:"劳心者治人,劳力者治于人。"治人者靠脑力劳动,体力劳动不是其本职,至今看来还是正确的,进入人工智能时代就更不用说了。

孔子并不鄙视体力劳动:"吾少也贱,故多能鄙事。""吾不试,故艺。""富而可求也,虽执鞭之士,吾亦为之。"(见 9.6 章与 7.11 章)

13.5　子曰:"诵诗三百,授之以政,不达。使于四方,不能专对。虽多,亦奚以为?"

孔子说:"诵读《诗》三百首,授他以政事,不能通达。派他出使四方,不能独立应对。学得再多,有什么用!"

1. 诗三百　《诗经》三百零五篇,当时约称《诗三百》。《诗》可说是周代的百科全书。“先王以是经夫妇，成孝敬，厚人伦，美教化，移风俗”(《毛诗序》)，功用极大。朱熹说：“《诗》本人情，该物理，可以验风俗之盛衰，见政治之得失，其言温厚和平，长于风论，故诵之者必达于时政而能言也。”所以孔子说：“不学诗，无以言。”(16.13 章)

2. 授之以政，不达　让他从政，《诗经》的道理他用不上。所谓不达，从正面举个通达《诗经》的例子：子贡请教孔子“贫而无谄，富而无骄，何如”，孔子把境界提升到“贫而乐[道]，富而好礼”，子贡马上想到《诗经》“如切如磋，如琢如磨”，孔子称赞他“告诸往而知来者”(1.14 章)，子贡真是通达得很，不愧是位优秀的政治家和外交家。

3. 专对　出使外国，只接受使命，至于怎样应对，不能随时请示本国朝廷，需要自专。《公羊传·庄公十九年》：“聘礼，大夫受命不受辞，出竟，有可以安社稷利国家者，则专之可也。”大夫有了诵诗三百的底子，用于专对则如鱼得水，《左传》中有大量例子。

最脍炙人口的一个例子是《左传·僖公二十三年》。那年冬天，晋公子重耳出亡到秦，秦穆公非常优待他。一次请他赴宴，重耳赋逸诗《沔水》，其中有“沔彼流水，朝宗于海”的句子，以大海比喻秦国。穆公赋《小雅·六月》，其中有“王于出征，以匡王国”“以佐天子”“共武之服，以定王国”这样的句子，意思是重耳为君，必霸诸侯，以匡佐天子。赵衰立刻请重耳拜赐秦穆公吉言。

4. 奚以为　又有什么用。

《论语》两次出现孔子的告诫：“博学于文，约之以礼，亦可以弗畔矣夫。”能诵诗三百，可以说是博学于文的一大表现了，但还须约之以礼，包含博学在人生中之正确表达。本章强调学以致用，精神与此一致。

13.6　子曰：“其身正，不令而行。其身不正，虽令不从。”

孔子说：“一个人自己站得正，不下命令，下面就跟着行动了。如果自己站不正，即使下命令，下面也不会听从。”

令　由“今”与“丶”组成，“丶”是古文“主”字，二者放在一起意味着“当下人主”，也就是当面受命、不可违抗的指示。

本章文字浅显，意味深长。治国者必须行为方正，事事处处以身作则。如果能这样，不用靠诏告教令，民众自然追随你；如果口是心非，不主忠信,任你严令催逼,民众只是不信不从。先贤剖析了这一现象的机制。《礼记·表记》:“下之事上也,不从其所令,从其所好。上好是物,下必有甚焉。”

本章反映的想法,时刻萦绕在孔子的脑海中,都有正人先正己的意思。《论语》里出现了好几处,表达稍有不同而已。参见12.17章和13.13章。

13.7 子曰:“鲁卫之政,兄弟也。”

孔子说:“鲁国和卫国的政治,像是两兄弟。”

武王伐纣得天下,鲁国成了周公的封地,卫国成了康叔的封地。周公与康叔都是太姒的儿子,同胞兄弟九人中,两人关系最亲近。鲁卫两国本来就是兄弟之国。

两国之政从一开始就相似,张甄陶(1713—1780)说:“夫子此语,大有来历。伯禽之政,亲亲尊尊;康叔之政,明德慎罚。”《左传·定公四年》记载:卫灵公的大臣祝佗(就是《论语》6.15章、14.20章提到的口才绝佳的祝鮀)非常详尽地介绍鲁、卫“皆启于商政,疆以周索”。两国政治风俗都比其他国家好,所以会说“齐一变,至于鲁;鲁一变,至于道”(6.23章)。而到了孔子说本章这番话的时候,两国衰乱,政治也相似。按苏轼《论语解》,这时是鲁哀公七年,卫出公五年。卫之政,父不父,子不子;鲁之政,君不君,臣不臣。最终哀公逃到邾死于越,出公奔宋也死于越,两者竟如此相似。这两件事都可看作上章的实例。

13.8 子谓卫公子荆善居室。始有,曰:“苟合矣。”少有,曰:“苟完矣。”富有,曰:“苟美矣。”

孔子说卫公子荆善于处理家室。日用器具刚准备,就说:“差不多备齐啦。”到备了一些时,就说:“算相当完备啦!”到准备充足时,他说:“再好不过啦!”

1. 孔子时代有两位公子荆:一位是鲁哀公之庶子,此人为鲁国人所反感;另一位就是本章的卫公子荆,卫大夫,字南楚,献公之子,与《论语》15.6章提到的蘧瑗、史鳝并称君子。

2. 家、室均须治理。“善治家”指“软件”：善于整治家风，管理家人；“善居室”指“硬件”：善于经营家产，整顿财务器物。

3. 苟　将就，差不多。始有、少有、富有：分别指刚开始有一点、稍稍增加一点、齐备。卫公子荆刚有一点家具，就说差不多好用了。刚增添一点，又说差不多齐全了。终于配齐了，他说差不多尽善尽美啦。

4. 卫公子荆凭借世家贵胄身份，本来可以经营豪宅，但他居室不求华美，可见他居心平淡，不为物累，也不摆阔骄人，是浊世难得的佳公子，所以孔子称赞他善居室。

孔子盛赞卫公子荆的君子之风，5.2 章曾提到“子谓子贱，君子哉若人。鲁无君子者，斯焉取斯”。从本章也可看出“鲁卫之政，兄弟也”。

13.9 子适卫，冉有仆。子曰：“庶矣哉！”冉有曰：“既庶矣，又何加焉？”曰：“富之。”曰：“既富矣，又何加焉？”曰：“教之。”

孔子到卫国，冉有为他驾马车。孔子说：“卫国人口真多呀！”冉有说：“人口多了，下一步怎样呢？”孔子说：“让他们富起来。”冉有说：“富了以后呢？”孔子说：“那就再进行教化。”

1. 仆　驾车。2.5 章也提到“樊迟御”，按古礼，卑幼者为尊长驾车。

2. 庶矣哉　庶，指人口众多。古代社会生产力低下，人力资源最为重要。从政者追求“近者悦，远者来”。卫国人口众多，吸引了孔子的注意。

3. 既庶矣，又何加焉　在孔门内，冉有属于政事科，关心政治。他问孔子：人口众多已做到了，下一步应该怎样？

4. 富之　孔子的回答是让他们富起来。这一点，《管子・治国》说得非常透彻：“凡治国之道，必先富民。民富则易治也，民贫则难治也。奚以知其然也？民富则安乡重家，安乡重家则敬上畏罪，敬上畏罪则易治也。民贫则危乡轻家，危乡轻家则敢凌上犯禁，凌上犯禁则难治也。”孟子更指出了民有恒产的重要性：“民之为道也，有恒产者有恒心，无恒产者无恒心。苟无恒心，放辟邪侈，无不为已。”（《孟子・公孙丑下》）

5. 冉有追问：富了以后又怎么办？孔子回答以教育。教什么？《盐铁论・授时》引用《论语》本章这段对话后作了一番阐释：“教之以德，齐之以礼。”这就把本章同 2.3 章直接联系起来。在百姓安居乐业之前还谈不上教育，正如《管子·牧民》所说：“仓廪实而知礼节，衣食足而知荣辱。”

12.7章子贡问政。孔子的回答是“足食，足兵，民信之矣”。按其重要性排列，先是民信之，然后才能聚人气，达到庶的地步；然后足食，相当于富之；足兵放在最后，相当于教之，因为“以不教民战，是谓弃之”（13.30章），与本章精神应该是一致的。

13.10 子曰：“苟有用我者，期月而已可也，三年有成。”

孔子说：“若有能用我的人，一年就可上轨道了，三年就会成就。”

1. 期月　《中庸》出现过“期月”，指月相盈亏变化一周期，即一整月；本章指月份轮替一周期。例如从正月、二月回到次年正月，为一周年。

2. 可也　用法同1.14章，仅是及格，或初具规模。

3. 有成　［宋］张栻《南轩论语解》：“期月而大纲立，三年而治功成。然三年之所成者，即其期月所立之规模者也，充之而已矣。”

王夫之《读四书大全说》指出，一个百废待兴的国家决不可以下猛药，急功近利。《汉书·食货志》：“民三年耕，则余一年之畜。衣足而知荣辱，廉让生而争讼息，故三载考绩。”本章紧接上章之后，似非偶然。上章冉有随孔子第一次去卫国，孔子赞叹卫国社会繁荣：“庶矣哉！”冉有问下一步怎么办，孔子答以“富之”“教之”。也就是说，“君子务本”，繁荣、富裕、文化教育的普及是振兴中华的三部曲，至今依然。

《史记·孔子世家》说本章是卫灵公年老怠政，不用孔子，孔子离开卫国时说的话。

13.11 子曰：“‘善人为邦百年，亦可以胜残去杀矣。’诚哉是言也！”

孔子说：“古人说过‘有善人治国一百年，也可以消除暴戾，消灭杀伐了’。这话真对呀！”

1. 善人为邦百年　如果一任任善人相继治国，时间长达百年。善人，参见7.24章。

2. 胜残去杀　按王弼的说法，胜残，指使残暴之人不再作恶；去杀，指不用刑罚杀戮。《中庸》说的“宽柔以教，不报无道，南方之强也，君子居之”便有这种气象。

3. 诚哉是言　上文是孔子引的古语，孔子非常赞同，说“的确如此”。

周室从平王东迁到洛邑，渐渐衰微，诸侯争霸，已有二百余年，人民一直陷于残杀之中。要“胜残去杀”，近乎空想，需要善人接力治国百年才成（与此相比，上章孔子所说的“三年有成”，仅仅是初级阶段而已）。联系 7.24 章，孔子说，圣人他是看不到了，善人他也看不到了，需要一代代人持之以恒的努力。

13.12　子曰：“如有王者，必世而后仁。”

孔子说：“如果有王者兴起，也必须要花三十年时间，才能使仁道大行于天下。”

孔子所处的时代是诸侯割据，上章所论是善人为邦，治理诸侯国，格局小。本章所论格局大，即如果有王者兴起统一天下，收拾民生凋敝的局面，大概需要多长时间。

本章所说的“世”，指三十年（参见 2.23 章）。要让仁道之化行于天下，需要整整一代人的时间。[南朝宋]颜延之说：“革命之王，必化物而善道。染乱之民，未能从道而化，不得无威刑之用，则仁施未全。改物之道，必须易世。使正化德教，不行暴乱，则刑罚可措，仁功可成。”

13.13　子曰：“苟正其身矣，于从政乎何有？不能正其身，如正人何？”

孔子说；“真能端正自身行为了，从政又有何难！如果不能端正自身行为，又怎么能正人呢？”

本章与 13.6 章有严密的逻辑联系。“其身正，不令而行”，结论就是“于从政乎何有”——从政还成问题吗？“其身不正”，却要正人，所以民众“虽令不从”。由此可见，“正人先正己”的思想在孔子心中是根深蒂固的。

13.14 冉子退朝，子曰："何晏也？"对曰："有政。"子曰："其事也？如有政，虽不吾以，吾其与闻之。"

冉子在季氏的私朝退下，孔子说："怎么到日上三竿才回来？"冉子对道："有政务研究。"孔子说："怕是季氏家事吧！如果有国政，我虽不参与谋划，也该听到消息吧。"

本章有多个名词必须排除歧义，否则会影响对全章的理解。

1. 冉子　冉子应该是冉伯牛、冉雍、冉有三者之一，冉伯牛德行高尚，但有没有从过政，史无记载。后两位都做过季氏家臣，从孔子的评价看，冉雍最配称"冉子"；称冉有为冉子也可援引《左传》为例（见下文）。本章在《论语》内府本、《韩李笔解》都明写"冉有退朝"，可确定本章的冉子指冉有。前人还有这样的说法：冉有被尊称为冉子，有可能是传抄错误，也有可能本章出自其门人的记载。

2. 退朝　据《集解》，[三国魏]周生烈认为冉子所退是鲁君的公朝，郑玄认为是季氏的私朝。家臣不可能上鲁君的公朝，但能以随从身份陪家主到朝廷，然后在外面等着。《左传·哀公十一年》："季孙使冉子从于朝，俟于党氏之沟。"按古制，大夫退公朝后，到朝外两旁各人的办事处与家臣一起治理家事。所以冉有所上应该是季氏的私朝。

3. 何晏也　"也"字在"何……也"这类句式中作为句末疑问词。晏，历来释为"晚"，信息有丢失。"晏"的本义是天朗气清，阳光灿烂。上朝人拂晓便出门，黎明上朝，朝罢还是清晨，回去开始日常工作。孔子问冉有的时候一定是红日高照，"何晏也"意思当然是"怎么那么晚"，但译为"怎么到日上三竿才回来"似乎更准确传神。"四书"无"晚"字，但可以相信，如果孔子是在傍晚时问冉有，一定不会用这个"晏"字。

从这段对话还可以知道，冉有任季氏宰，下班后还是回到孔子身边随侍。

4. 有政　有政务要讨论，所以回来晚了。

5. 其事也　其，揣测口气，所以"也"也是句末疑问词。孔子说：你不是议政，是议事吧？

政与事的区别，历来注家看法有出入。最早是马融，他认为有所更改匡正的大政方针为政，所行常事为事。郑玄认为"君之教令为政，臣之教令为事"。《左传·昭公二十五年》杜预注："在君为政，在臣为事。"朱熹则认为政指国政，事指家事。综括各家，基本精神一致，即政是大政方针，要出自国君，大夫与家臣只该是办事人员，不得专擅。

6. 如有政，虽不吾以，吾其与闻之　以，前人注为“用”。古“以”字指胎胞，“所由出”之意，似更确切（罗君惕《说文解字探原》第7259页）。孔子说，如有大政方针，虽然不是出于我之手，但应该“与闻”，即获知内情。孔子的话于史有据。《左传·哀公十一年》记载，季孙想征田赋，派冉有征求孔子意见，孔子一再推说不知道，季孙恼火了，说：“子为国老，待子而行，若之何子之不言也？”

16.2 章孔子曾说过：“陪臣执国命，三世希不失矣。天下有道，则政不在大夫。”现在冉有以陪臣身份，竟说上私朝在议政，表明天下无道，三世必失。所以孔子“必也正名乎”，把冉有说的“有政”纠正为“有事”。

13.15 定公问：“一言而可以兴邦，有诸？”

孔子对曰：“言不可以若是其几也。人之言曰：‘为君难，为臣不易。’如知为君之难也，不几乎一言而兴邦乎？”

曰：“一言而丧邦，有诸？”

孔子对曰：“言不可以若是其几也。人之言曰：‘予无乐乎为君，唯其言而莫予违也。’如其善而莫之违也，不亦善乎？如不善而莫之违也，不几乎一言而丧邦乎？”

定公问：“一句话就可以兴邦，有这事吗？”

孔子对道：“对说话不能高看到这般程度吧。有人说：‘为君难，为臣不易。’如果真知道当国君之难，不几乎是一句话兴邦吗？”

定公又问：“一句话便可亡国，有这事吗？”

孔子对道：“对说话不能那么危言耸听吧。有人说：‘我并不乐于当国君，只是看中说了话没人敢违抗罢了。’如果他说的是善言而没人违抗，不也很好吗！如果他说的是不善之言而不违抗，不几乎是一句话亡国吗？”

1. 若是其几　拔高到这样的高度。几（幾），接近；又通“冀”，期许。

2. 孔子举“为君难，为臣不易”这句话为例。如果上下都认可这句话，臣下想到国君有国君的难处，则会奉行教令，忠于职守；国君想到臣下有臣下的难处，便会先难后获，节用爱人。君臣一体奋发图强，国家便会兴旺。这与后来的成语“多难兴邦”异曲同工。

3. 予无乐乎为君，唯其言而莫予违也　“我并不是以当国君为乐，只有一点很开心：我说话没人敢违抗。”国君说出这样的话，首先就违背恕道：己所不欲，偏施于人。治国平天下要以正心诚意修身为本，此人却丝毫看不出有“为政以德”“达则兼善天下”“修己以安人”的想法，只图唯我独尊，予取予夺。

4. 孔子评论“莫之违”二语说，国君说的如果是善言，臣下不违抗固然不错，但国君如果胡说八道呢，臣下也不敢违抗，岂不是要一言丧邦了吗？《论语》告诉我们，子绝四：毋意，毋必，毋固，毋我。能讲出“莫之违”这番话的，是个意必固我之人，国家交给他，早晚败光。

《史记·孔子世家》：定公九年，“定公用孔子为中都宰。一年，由中都宰为司空，由司空为大司寇”。孔子一直做到定公十三年去职到卫国。这四年中孔子与鲁定公的对话应该不少，《论语》里只记载了两次，另一次见 3.19 章，所谈都是君臣关系。特别是本章，孔子举的两句话是临时起意，应该有很强的针对性。

13.16　叶公问政。子曰：“近者说，远者来。”

叶公问政治。孔子说：“能做到附近的人喜悦，远方的人来归附。”

1. 叶公　楚国大夫，见 7.17 章。

2. 近者说　近者指治下民众，让他们舒心。说—悦，古今字。远者来：非治下的民众也会闻风而来。能做到这样，其政之得人心可想而知。

《论语》标明“问政”的有九章，其他八章问政者都是鲁国人，外加文化相似的齐景公，孔子都给出一些原则或建议；但楚国的国情与治国理念不同，孔子对叶公不谈具体举措，只谈衡量政治好坏的外在表现。当时楚国对外不断用兵，民生艰苦，爆发白公内乱，政治犹如一团乱麻，孔子给出这项标准让叶公自检。

这项标准古今中外都适用。一个国家近悦远来，是政治的成功；一个国家出现战乱或失稳，政治搞到非但远者不来，近者都想逃离，其政之失败可想而知。

13.17 子夏为莒父宰，问政。子曰："无欲速，无见小利。欲速则不达，见小利则大事不成。"

子夏当了莒父邑的邑宰，问为政之道。孔子说："不求快，不要只见小利。求快，反而达不到目的。只见小利，则成不了大事。"

1. 莒[jǔ]父，鲁邑名。据《山东通志》，莒国始封在今高密市东南，子夏就在这里做邑宰，今莒县是莒子迁都后取名的。"莒父"可能是对莒子的尊称，如鲁哀公悼孔子，称孔子为尼父。又：鲁国地名常系个"父"字，如单父、梁父、亢父，[清]顾栋高《春秋大事表》认为是鲁国的语音习惯（好比北京方言"花儿""瓜子儿"）。

2. 无　通"毋"，意思是不要。

后人所熟知的子夏是位大学者、教育家，至于政治，于史有据的就是做过这么一次莒父邑宰。没有经验，想法又多，委决不下，当然要请教老师。

不同弟子问政，孔子的回答当然也要考虑有针对性。但这次子夏从政同许多人一样：牛刀初试，想大展宏图，造福一方，新官上任三把火，他的问政其实具有共性（2.8 章子夏问孝也是"公问"，而不是"私问"）。初从政者的想法往往急功近利，结果事与愿违。所以本章孔子的告诫，未必是为子夏度身定制的。《朱注》引程子语，以为"子夏之病常在近小"，所以孔子的回答必定是切中子夏要害。从逻辑上说，这是宋儒据孔子所说内容倒推，难以苟同。清儒对宋儒任意讥评孔门弟子的作风很反感，当代人士也要谨慎评议。

13.18 叶公语孔子曰："吾党有直躬者，其父攘羊，而子证之。"孔子曰："吾党之直者异于是。父为子隐，子为父隐，直在其中矣。"

叶公告诉孔子说："我们这里有一个行直道的人，他父亲顺手牵羊，他出来证明有其事。"孔子说："我们那里对直道的理解不同。父亲替儿子隐瞒，儿子替父亲隐瞒，直道便在其中了。"

1. 直躬　楚国有人名躬（郑玄所见《论语》版本为"弓"），行为正直，

人称之曰直躬。一说其人姓名不传，因其行直，故称直躬。但下文孔子回应“吾党之直者”，而非“吾党之直躬者”，可见躬是此楚人名。

2. 其父攘羊，而子证之　攘，窃取；“六畜自来而取”也称攘。本章似指后者。直躬作为顺手牵羊人之子，对外证实确有其事。在《韩非子·五蠹篇》《吕氏春秋·当务篇》中把本段敷衍成一个故事，说是其父窃羊，直躬到官府举报。

3. 父为子隐，子为父隐，直在其中矣　隐，隐瞒，不举报。父亲有了罪过，儿子替他瞒着；儿子有了罪过，父亲替他掩盖。为什么孔子说直在其中呢？“人之生也直”，亲亲为大，保护亲人是人的第一反应，不多转一层心思，就是直道。以后逐渐接触了国法，在亲情与国法之间，当事人才会摇摆，要到一定程度才认国法重于亲情。攘羊是小事，可挽救的手段很多，即使羊已杀掉吃掉，以后还有不少机会可加倍补偿邻居。如果告到官里，使父亲受刑，于心何忍？何况因为一只羊，亲情的伤口将久久不能弥合。

在当时的历史背景下，相对于中原各国，楚国称蛮荆，刑罚比各国严酷，《韩非子·五蠹篇》《吕氏春秋·当务篇》讲到这段往事时，说官府都要杀此攘羊者。鲁国遵循周制，《周礼·秋官·朝士》载：“凡得获货贿、人民、六畜者，委于朝，告于上。旬而举之，大者公之，小者庶民私之。”意思是凡获得财物、逃亡奴隶和六畜的人，要报告上交官府招领，十天为期。过期不领，大者充公，小者归缴获者所有。可见攘羊不告不会是重罪。据《礼记·檀弓》：“事亲有隐而无犯。”不幸而亲陷不义，也应当为之隐匿，这是中原传统，以至汉宣帝下诏：“自今子首匿父母，妻匿夫，孙匿大父母，皆勿坐[论罪]。”

此外，叶公与孔子身份不同。叶公处于楚国政要的地位，维护其国法律是其职责，“道之以政，齐之以刑”，治下有此正直的子民，“欲自矜夸于孔子也”（《皇疏》）。他不无炫耀之意，而孔子主张为政要“道之以德，齐之以礼”，维护人之大伦比严刑峻法重要得多。

孔子当时是叶公的客人，尊重楚文化，不说楚法苛刻，只说鲁国的风俗“异于是”，非常得体。

13.19 樊迟问仁。子曰：“居处恭，执事敬，与人忠。虽之夷狄，不可弃也。”

樊迟问仁。孔子说：“平日独居态度恭敬，做事严肃认真，尽己之心待人。这三项原则虽然到了夷狄之邦，也不可丢弃。”

这是《论语》中樊迟第三次问仁，先是 6.21 章，孔子回答是“先难而后获”。然后是 12.22 章，孔子的回答是“爱人”，樊迟同时问知，孔子的回答是“知人”，要他举直错诸枉。樊迟还想学稼圃（13.4 章），从孔子的回答来看，樊迟一定是为从政而问。认识到这一点，对理解本章有帮助。

1. 居处恭　居处，平日居家。恭，《大学》与《中庸》称为慎独。人前人后行为态度同样端正。

2. 执事敬　执事，做事。敬，敬业，与“不作为”“胡作非为”正相反。居家为政都要恭敬，朱熹说，恭、敬的区别在于“恭主容，敬主事”。

3. 与人忠　尽己之心待人。恭、敬、忠三者，包括了从政者对己、对事、对人的态度。

4. 虽之夷狄　之，到。

孔子提出的这三条官箴，针对的是古今官场上的通病：台上一套，台下一套；懒政、苛政；不尽心对待百姓，甚至不顾百姓死活。

古人联系 15.6 章“子张问行，子曰：‘言忠信，行笃敬，虽蛮貊之邦行矣。言不忠信，行不笃敬，虽州里行乎哉？’”说两章孔子的话雷同，会不会本章樊迟不是“问仁”，而是“问行”。其实本章孔子所答的仁针对为政者的为政行为，与子张所问的行一致。

13.20 子贡问曰：“何如斯可谓之士矣？”子曰：“行己有耻，使于四方，不辱君命，可谓士矣。”

曰：“敢问其次。”曰：“宗族称孝焉，乡党称弟焉。”

曰：“敢问其次。”曰：“言必信，行必果，硁硁然小人哉！抑亦可以为次矣。”

曰：“今之从政者何如？”子曰：“噫！斗筲之人，何足算也！”

子贡问道：“怎样的人才可以称为士了？”孔子说：“立身行事，凡自己认为可耻的就不为；出使到四方，能不辱没国君之命。此人可称是士了。”

子贡说：“敢问次一等的呢？”孔子说：“宗族称赞他孝顺，乡党称赞他恺悌。”

子贡又说：“敢问再次一等的呢？”孔子说：“说出的话一定做到，做起事来一定一做到底。倔强不听规劝一个犟小人。但也可算是次一等的了。”

子贡又问：“现今那些从政的人能称为士吗？”孔子说：“咳！那些器量狭小之人，算得上什么呀！”

本章子贡问孔子怎样的人才称得上“士”，其实是要符合两方面的标准，一是器识，二是文艺（参见6.12章）。从下文孔子的回答看，是专论器识。《孟子·万章下》把善士分为三等，即一乡之善士、一国之善士、天下之善士，也是以器识来分类。两相对照，对学习本章有帮助。

1. 行己有耻　行己，指立身行事，参见5.15章的“子谓子产……其行己也恭……”。“行己有耻”后来成为成语，意思是一个人立身行事，凡自己认为可耻的就不为，这是成为国士的首要人格条件。另一个条件是“使于四方，不辱君命”，表现了高度的才华。

2. 宗族称孝，乡党称弟　这一等的是孟子所称的一乡之善士，为宗族乡党所称颂。其人是孝弟的典范，仁之本已完备，就像一棵苹果树被赞根深干壮，为枝繁叶茂、花香果甜夯实了基础一样。但邻里乡亲关系处理得好不好，“与国人交”怎样，还要另外考察。孔子并没有就才干提要求，也就默认其人才不足担大任，所以比国士次一等。

3. 言必信，行必果　“果”，与“信”一样是动词，果决之义。即使发现不合时宜，说出的话也一定算数，做事一做到底。表面看上去，以“言必信，行必果”作为为人处世的最高原则，这种人可以担负重任，矢志前行，但是如果其判断决策不合理，甚至有违忠恕之道怎么办？所以孟子曰：“大人者，言不必信，行不必果，唯义所在。”（《孟子·离娄下》）这第三种人的毛病是不知通权达变，不知以义为先，算不上品格高远的“大人”，也辐射不到一乡。

4. 硁硁[kēng]然小人哉　硁硁，顽石虽小，却坚硬不碎的样子，转喻其人头脑简单，浅陋固执，不识大局，做事一笔一画，不知变通，不能担当大任；这种人还不听劝，难成大事。小人，不是就道德层面上言的，而指思想境界不高、格局不大的普通人。

5. 噫　心有不平的感叹语。

6. 斗筲之人，何足算也　筲[shāo]，如图，浅狭竹筐，容量五升，旧时江南称为“筲箕”，常作盛米淘米用。与国士的海纳百川相比，“斗筲之人”足以见得其人器识的狭小。何足算也，定州竹简本作“何

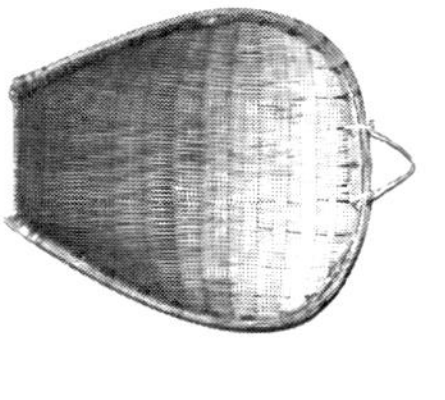

足数也”，意思相同，指根本算不上是士。

7. 士有上士、中士、下士之分，孔子因材施教，子贡是自己的优秀弟子，追求应该属于上乘，便以国士作答，事实上子贡也完全符合孔子所说国士的两项标准，而子贡竟还打听次一等的，孔子便以乡士作答。子贡再问，孔子再降标准到“言必信，行必果”而不知权变、不知唯义是从的下士标准，仍未消除子贡心中的疑问，原来子贡将自己看到的从政者与孔子所说的一条条标准比较，一直套不上——这伙人行事无耻，尸位素餐；这伙人不孝不悌；这伙人言而无信，居其位而不作为。于是子贡只好直接问孔子：“今之从政者称得上士吗？”孔子斩钉截铁予以否定。

8. 一个言而无信，行而不果者不能自称是对“言必信，行必果”的超越。“言而有信，行动果决”虽然不错，但不由分说的“言必信，行必果”则过了；“言而无信，行而不果”则是走向了反面。读者务必注意本章末谈到的这一点。

13.21 子曰：“不得中行而与之，必也狂狷乎！狂者进取，狷者有所不为也。”

孔子说：“如果没有机会与行中庸之道者在一起，那只有与狂者、狷者为伍了。狂者有进取精神，狷者则有所不为。”

《论语》句读出自后人，孟子就照上面的标点法读本章。而据翟灏《四书考异》，“狂者进取，狷者有所不为”应该是《论语》编者对“狂狷”的注。程树德拥护此说，笔者其实也赞同本章的标点类似于 12.12 章“子曰：‘片言可以折狱者，其由也与！’子路无宿诺”。按[日]物观《七经孟子考文补遗》：本章句末古本无“也”字。末句作为编者注语气更顺。

1. 中行　出自《易・复卦》“六四，中行来孚”和《易・益卦》“六三……有孚中行”“六四，中行，告公众……”，都是行中道之意。《后汉书・独行传序》引孔子曰：“与其不得中庸，必也狂狷乎！”

2. 狂狷　《孟子》作狂獧。獧—狷，古今字。朱熹解释：“狂者，志极高而行不掩。狷者，知未及而守有余。”

《孟子》14.37 章对解读《论语》帮助极大，我们把它编了十一个小节号以便引用并窥全豹。(1)(2)小节在解读《公冶长篇》时已用过，下面引用的(3)(4)(5)(6)对狂狷的解释非常详细。(7)(8)(9)(10)(11)小节谈到孔子愿与狂狷者相过从，而不与乡愿结交则毫不遗憾，详见《阳货》篇 17.12 章。

（1）万章问曰："孔子在陈曰：'盍归来乎，吾党之小子狂简，进取不忘其初。'孔子在陈，何思鲁之狂士？"

（2）孟子曰："孔子'不得中道而与之，必也狂狷乎。狂者进取，狷者有所不为也。'孔子岂不欲中道哉，不可必得，故思其次也。"

（3）［万章问：］"敢问何如斯可谓狂矣？"

（4）曰："如琴张、曾皙、牧皮者，孔子之所谓狂也。"

（5）［万章又问：］"何以谓之狂也？"

（6）曰："其志嘐嘐然，曰：'古之人，古之人。'夷考其行而不掩焉者也。狂者又不可得，欲得不屑不洁之士而与之，是獧也。又其次也。……"

孟子对本章的理解是：孔子把可交往者分成三等，最好是中庸者；其次是狂者，他们志大言大，勇于进取，言必称尧舜，但其作为配不上；再次是狷者，他们没有狂者的雄心壮志，但洁身自好，不与世俗同流合污。

但我们读本章，没有狂者胜于狷者的感觉。本章所说"狷者有所不为"，已表明了行己有耻。伯夷叔齐耻食周粟应该是典型的例子。钱穆先生强调，"孟子所谓中道，即中行。退能不为，进能行道，兼有二者之长。后人舍狂狷而别求所谓中道，则误矣。"笔者理解这段话的意思是：中行与狂狷的关系，不是"中庸非狂非狷"，而是"中庸=狂+狷"。供参考。

13.22 子曰："南人有言曰：'人而无恒，不可以作巫医。'善夫！"

"不恒其德，或承之羞。"子曰："不占而已矣！"

孔子说："南方人有句话说：'人若无恒心，当巫医也不成。'这话说得好！"

［《周易·恒卦》爻辞说：］"人没有恒德，不时会有羞辱随后。"［巫医替人占到这卦解说九三爻辞时等于自打耳光了！］孔子说："［不过也有办法，］占到恒卦不占就是了！"

1. 南人　孔安国注："南国之人。"按此理解，应该是吴人、越人、楚人。

2. 人而无恒，不可以作巫医　古代巫、医互兼，也帮人卜卦。作，以……为业。这句的解读名家有很大分歧，一种理解是：无恒心之人，百业都可为，就是不可以做巫医卜筮。另一种理解是：无恒心之人，百业都不可为，连做巫医卜筮都不行。仅凭常识，我们就可以知道，前一种理解把“无恒”的危害说得太轻描淡写，显然不妥。

3. 善夫　孔子称赞南方人这句话说得好。其实，南人这句话里的“巫医”换成随便什么行当，比如“工匠”“教师”，孔子都会说“善夫”。人而无恒，什么事都有头无尾，完成不了。但是疑问来了：南人凭什么专门针对巫医作此断定呢？原来是因为《易·恒卦》里有“不恒其德，或承之羞”这句话，孔子把它引出来了。

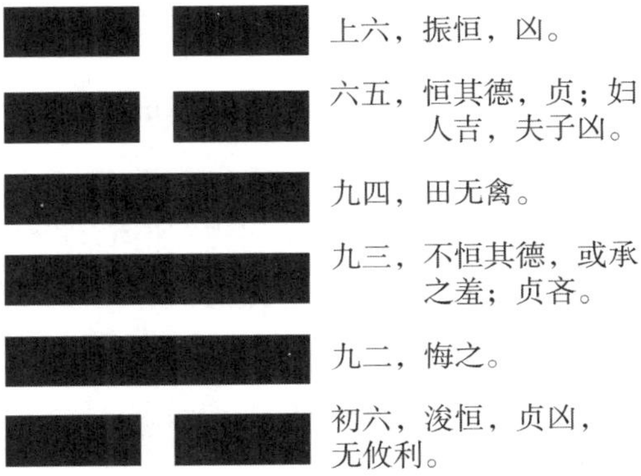

4. 不恒其德，或承之羞　这是《易·恒卦》的九三爻辞（如图）。或，不时、也许。承，接下来。

九三爻辞的意思是人无恒德，不时会有羞辱承续其后。为什么无恒者连帮人卜卦都不可以呢？设想一下，替人卜筮，占得恒卦，就得给人解说九三爻辞“不恒其德，或承之羞”，这时卜者应该正告问卦人：“一个人不修恒德，接下来不时会遇到自取其辱之事！”如果巫医自己就无恒德，那么说中的正好是自己，多狼狈呀！

5. 不占而已矣　本章以这句话结束，前后关联很不清楚，前人的解读众说纷纭，互不认同。朱子甚至直截了当说“其义未详”。笔者以为，像朱子这样的理学家一本正经，不苟言笑，“非礼勿言”，可能想不到“不占而已矣”是孔子一句玩笑话。

如果“人而无恒，不可以作巫医”的理由竟是恒卦的一句爻辞，孔子完全不同意。孔子幽默地说：如果是这样，无恒之人做巫医还是可以的，万一给人占到了恒卦，找个借口不占就是了！

讲到现在，全是围绕着卜筮，它只是“巫”术的一小部分，与“医”更是没有任何关系。要缜密地解读本章，必须参考《礼记·缁衣》里一段类似的文字（传说文字作者是孔子的孙子子思）：

子曰：“南人有言曰：‘人而无恒，不可以为卜筮。’古之遗言与？龟筮犹不能知也，而况于人乎？”《孔疏》：“南人，殷掌卜之人。”

要注意两点：(1) 如果《孔疏》是正确的话，那么此处的南人就应该是指宋人，宋人为殷人之后，且多迷信，信占卜；(2) 本章的“巫医”在《缁衣》中作“卜筮”，就与医无关了，然而近年新出简牍之郭店、上博《缁衣》

均作“宋人有言曰:‘人而无恒,不可以作巫医。’”,到底是“巫医”还是“卜筮”,目前只有存疑,但愿是后者,否则要把那个“医”字说清楚,也够伤脑筋的。

13.23 子曰:“君子和而不同,小人同而不和。”

孔子说:“君子与人相和,但不求无差别。小人强求一致,但不和。”

1. 同,无差异。和,与龢通用(如图,可想见一排竹管合拼而成的乐器)。《说文》说:“和,相应也。从口,禾声。”原意是和顺、和谐,如阴阳匹配,刚柔相济。《国语·郑语》中,史伯曰:“今王去和而取同。夫和实生物,同则不继。”例如,若世人同是女性,或同是男性,则种族灭绝,男女则是和而不同。

2. 据何晏《集解》:“君子心和,然其所见各异,故曰不同。小人所嗜好者同,然各争利,故曰不和。”一个交响乐团的乐手们为共同完成一部交响乐而精诚合作,这就是心和;但不是全体齐奏小提琴,而是吹黑管的到时吹黑管,弹竖琴的到时弹竖琴,这就是不同。再以现代和谐社会为例,人有不同意见,都能畅所欲言,在尊重他人的基础上渐趋一致,决不会以迅即100%表决通过为常态。

小人之同,“同”在唯利是图上。一辆货车翻倒在高速公路上,只要有人带头,照样能让大帮人一同哄抢,然后彼此争夺,这就是不和。君子之交不会是这样的。

13.24 子贡问曰:“乡人皆好之,何如?”子曰:“未可也。”“乡人皆恶之,何如?”子曰:“未可也。不如乡人之善者好之,其不善者恶之。”

子贡问道:“一乡之人都说他好,这人怎样?”孔子说:“未必好呀。”子贡又问:“一乡之人都说他坏,这人怎样?”孔子说:“未必坏呀。不如乡人中的好人说他好,坏人说他坏。”

《里仁》篇孔子说到，唯仁者能好人，能恶人。不仁者喜好之人少有好人，厌恶之人也未必是坏人。本章子贡竟提到有人一乡皆好，有人一乡皆恶，孔子很不以为然。人以群分，对人的评价各于其党。奸党称赞之人恐怕是人民公敌，而一乡贤者不肖者都说某人好，此人很可能同流合污，而非和而不流。一乡贤者不肖者都厌恶某人，此人可能为人乖戾，行事惊世骇俗。所以 15.28 章孔子又说："众恶之，必察焉；众好之，必察焉。"

当今社会对公众人士的评价常常水火不容。乡人之善者好之，则不善者恶之。所以评价某人之好恶是否得当，实际上也说明了评价者本人属于善类或匪类，我们怎么可以不谨慎呢？

13.25 子曰："君子易事而难说也。说之不以道，不说也。及其使人也，器之。小人难事而易说也。说之虽不以道，说也；及其使人也，求备焉。"

孔子说："君子容易与他共事，但难以使他喜悦。你引他开心若不合正道，他是不会开心的。而当君子使用人时，是用你的专长。小人难以与他共事，却容易讨他喜欢。你讨他喜欢的手段虽然不合正道，他仍然喜欢；他用人却求全责备。"

1. 君子易事　本章的君子、小人应指上司，易事指容易服侍。君子责己严，责人宽，对下人不求全责备，所以易事。孔子本人就是"易事"的范例。刘向《说苑·雅言篇》中，曾子曰："夫子见人之一善而忘其百非，是夫子之易事也。"

2. 难说（悦）　难讨君子开心。7.36 章说孔子"温而厉"，19.9 章子夏说君子"望之俨然，即之也温"。让君子喜悦，要合乎正道，不合正道，君子不会开心。

3. 器之　仁者爱人，温良恭俭让。君子用人，是什么器便怎么用，便怎么保养爱惜。譬如用一只玻璃鱼缸，就不往里冲沸水，也不责怪它为什么那么容易碎，还没有煲粥的能耐。

4. 小人难事而易说　与上面"君子易事而难说"正好相反。

5. 说之虽不以道，说也　哄小人上司开心很容易：靠胡吹乱捧，投其所好，足以使其飘飘然。

6. 求备焉　小人不反求诸己，对人极不尊重，求全责备，这是其本性使然。俗话说,看一个人的品行,不看他在上司面前的表现,而是看他对待部下的态度。

13.26 子曰:"君子泰而不骄,小人骄而不泰。"

孔子说:"君子舒泰,但不骄人。小人骄人,但不舒泰。"

1. 泰,宽和大方。骄,自高自大。君子安贫乐道,宠辱不惊,处于顺境不骄人,处于窘境仍能舒泰。在人看来,像是恃才傲物,目空一切,其实是能屈能伸而已。小人以处境作为自己存在价值的体现,患得患失,处于顺境则骄,处于困境则惶惶不可终日。参见17.14章。前面7.35章孔子如此总结:"君子坦荡荡,小人长戚戚。"

2. 君子与小人,人前人后的表现截然相反。常人则介于君子与小人之间:有的处境顺遂,自能泰然,却未免于骄;一旦处境不佳,骄无可骄,但要求处之泰然,就泰不起来。

13.27 子曰:"刚、毅、木、讷近仁。"

孔子说:"刚强,坚毅,质朴,讷言,这四者近于仁。"

1. 刚,是威武不能屈、富贵不能淫、贫贱不能移的形象,毅是果断,木是质朴,讷是说话迟钝。孔子认为这四者近于仁,可联系1.3章中子曰:"巧言令色鲜矣仁。"因为木讷与巧言正相反对,刚毅与令色也正相反对。《中庸》说"力行近乎仁",刚毅木讷就是以质朴立心、不饰不伪力行的表现。

2. [清]陆陇其《四书困勉录》认为,本章孔子提出"刚毅木讷"作为仁的标准,是针对当时越来越多的乡愿和辩士的:"春秋之末,渐成一利口世界。《庄子》以利口谈理,《战国策》以利口议事,夫子所以思木讷之近仁。然则思刚毅者何?曰:此则以乡愿多也。"不过要注意,庄子比孔子晚出一百多年,《庄子》成书则更晚,《战国策》所记当然都在孔子身后的战国时代,只能说两书的"利口"可能源出孔子时代。

13.28 子路问曰："何如斯可谓之士矣？"子曰："切切偲偲，怡怡如也，可谓士矣。朋友切切偲偲，兄弟怡怡。"

子路问道："怎样的人才可称为'士'了？"孔子说："能恳直地切磋，使人如坐春风，可称得上'士'了。恳直地切磋是朋友之道，如坐春风是兄弟之道。"

1. 偲[sī]　本义是强力、多才。《诗经·齐风·卢令》里的"其人美且偲"就相当于《泰伯》篇里 8.11 章孔子提到的"周公之才之美"。但所谓"切切偲偲"，马融说是"相切责之貌"，指对他人的不当举止严正地进行规劝。

2. 怡怡　和悦貌。与其相处如沐春风。

刘氏《正义》说：孔子语到"可谓士矣"为止，其中"切切偲偲""怡怡"都是当时熟语，所以孔子归在一起。"记者恐人不明，故释之曰：'朋友切切偲偲，兄弟怡怡。'"强调"朋友以义合，兄弟以恩合"，不应相混。《求真》无法否定刘氏的标点，留供参考。

13.29 子曰："善人教民七年，亦可以即戎矣。"

孔子说："善人教导民众七年，也可以让他们上战场了。"

1. 教民　前面释 2.3 章时曾引《礼记·缁衣》篇孔子说的"夫民，教之以德，齐之以礼，则民有格心。教之以政，齐之以刑，则民有遁心"。善人执政，始于富民，继以教民。（13.9 章）教民的内容，正如朱熹指出的："教民者，教之孝悌忠信之行，务农、讲武之法。"孔子指出，政治无非是"足食，足兵，民信之矣"（12.7 章），这说明孔子对军事的重视与思考。至于《卫灵公》篇卫灵公问孔子兵阵之事，孔子说自己"未之学也"，可能是指具体的战术，也可能另有用意。

2. 七年　古人用到约数，常举奇数，如"三月不知肉味""九合诸侯"。"七年"表示岁月之久，下至四五年上至七八年都可能用，并非表示六年不够，八年太多。

3. 即戎　赴战场。驱民上战场，看似容易，以精壮男子持干戈与敌人厮杀就可以，为战技的培养，为增添胜算，何必要教民七年？这体现了对民众生命的体恤，所以称为善人。本篇第 10—12 章强调的都是：政治是慢政治，来不得“急如星火”。孔子对执政者急功近利非常反感，指出他们不重视教育、不以人为本的可恶，见下章。

13.30 子曰：“以不教民战，是谓弃之。”

孔子说：“让不经教育训练的民众去作战，这等于听任他们去送死。”

1. 以不教民战　以，用。不教民，不予以教育的民众。

2. 是谓弃之　统治者不恤生命，让未受教育训练的民众与受过训练的外敌作战，等于抛弃士兵的生命。春秋末期战乱频仍，人命如同草芥，所以上面 13.9 章写孔子到了卫国眼睛一亮，盛赞“庶矣哉”，不但从中可看出卫国“近者悦，远者来”，人口众多，还为下一步富民、教民打好了基础。这充分体现了孔子的民本思想。

而《谷梁传·僖公二十三年》的“以不教民战，则是弃其师也”则是把“弃之”理解为抛弃武装力量，远离民本思想，难说是孔子原意。朱熹说“弃之”的意思是“必有败亡之祸，是弃其民也”，这个解释转了一个弯，不似直解。

宪问篇第十四

《论语》下编十篇，前四篇专记孔门事，首篇以“先进”为名，次两篇名尊已故两位“先进”——颜渊、子路，本篇以原思为名收尾，内容庞杂，共44章，最后两章放置原壤与阙党童子，因为这两位与师门关系最远。

本篇孔子通过答弟子问阐明儒家种种理念(1—7,10,12,20,22—31,33,34,37,40—44)，评价历史人物(8,9,11,13—19,25)、评价自己(32,35,36)，他人评己(38,39)，记录孔子参与政事(21)。

14.1 宪问耻。子曰：“邦有道，谷；邦无道谷，耻也。”“克、伐、怨、欲不行焉，可以为仁矣？”子曰：“可以为难矣，仁则吾不知也。”

[原宪记载]我问什么是耻。孔子说：“邦国有道，食君之禄是正当的；邦国无道，也当官食禄，那就可耻了。”

我又问：“好胜，自夸，怨恨，贪欲，这四者都能遏制住不表现出来，可算是仁吗？”孔子说：“可算是难能可贵了。至于仁不仁，我不知道。”

1. 宪　指孔子弟子原宪(前515—?)，字子思，宋国人，小孔子三十六岁。孔子任大司寇时，原宪曾当孔子家的总管，严于律己。据《庄子·杂篇·让王》，孔子逝世后，原宪住在鲁国的陋室中，生活极为清苦。

按《论语》惯例，本章开头应该写“原思问耻”，现在直书原思其名不书姓,可以推定本章是原宪本人的记述。

2. 谷　指俸禄,参见8.7章、8.8章。孔子说:“邦无道,富且贵焉,耻也。”国家无道,眼见人民生活在水深火热之中,不设法改变现状,却厚着脸皮当官食禄、享受富贵,最为可耻。因为立己、达己必须建立在立人、达人的基础上,现在却反其道,建立在损人利己的基础上。

3. 克、伐、怨、欲不行　把好胜心、自夸心、怨恨和贪欲遏制住不化为行动。这可能是原思对自己修养的总结:能做到这种地步,总可算是仁了吧!他为此请教老师。孔子给出了否定的回答。孔子说过“克己复礼为仁”,人出于个人的立场和利益,能做到原思所说的这番自制,是难能可贵的。但这只是“克己”,还需要“复礼”,即在人的内心以礼操持一切行动,根除克伐怨欲。再说,孔子单凭“克己”这一点无法得知其人在处理一切重大人际关系上能否符合中庸之道,所以孔子说他不知道其人仁不仁。

14.2　子曰:“士而怀居,不足以为士矣。”

孔子说:“一个士,若所想的都是生活安逸,就不足以称为士了。”

居指生活起居的安逸。1.14章中,子曰:“君子食无求饱,居无求安。”4.8章中,子曰:“士志于道,而耻恶衣恶食者,未足与议也。”与本章同义。

14.3　子曰:“邦有道,危言危行。邦无道,危行言孙。”

孔子说:“邦国有道,言行都要严正。邦国无道,行为仍要严正,但说话要谦逊。”

本篇首章孔子就向原宪指出在邦有道与邦无道处境下士人就俸禄应遵循的原则。本章进一步谈这两种处境下士人的言行守则。

危有厉、高、正三义。孙,同“逊”,谦顺。邦国有道,放言高论,行为严正,是见用于世的应行之事。但邦国无道,不见用于世就要独善其身,安其身,这是春秋之道。何晏《集解》:“厉行不随俗,顺言以远害。”

《荀子·臣道篇》发挥了本章的思想,特别用于事圣君、中君、暴君的为臣之道:

事圣君者，有听从，无谏争；事中君者，有谏争，无谄谀；事暴君者，有补削，无挢拂。

迫胁于乱时，穷居于暴国，而无所避之，则崇其美，扬其善，违其恶，隐其败，言其所长，不称其所短，以为成俗。诗曰："国有大命，不可以告人，妨其躬身。"此之谓也。

在孔子时代，遇到此邦无道，奔走他邦还是比较容易的。"无所避之"时就该遵循"危言行孙"的原则。按以往激进思想，邦无道，要组织人民与无道治国者作斗争，孔子大概不会赞成。他的思想便是依靠教育，逐步改良。

14.4 子曰："有德者必有言，有言者不必有德。仁者必有勇，勇者不必有仁。"

孔子说："有德的人必有嘉言，有嘉言的人未必有德。仁者必定有勇，勇敢的人未必就是仁人。"

1. 言是经得起时间考验的金玉良言。据《左传·襄公二十四年》，晋国政治家范宣子为后世传播了一句话，意味深长："太上有立德，其次有立功，其次有立言，虽久不废，此之谓不朽。"

2. 德是学习客观规律的心得，是人对天道的内化。有德者的言行必然会表露其德性。朱熹说："有德者，和顺积中，英华发外。"反之，能言者，单凭言论输出不能判定其内心。巨奸大猾道德败坏，照样说得比谁都好听。再如弗兰西斯·培根（1561—1626）的言论全球闻名，他在詹姆士一世时期历任高官，却有才无德，为向上爬不惜出卖恩人，还因贪污受贿被罚款监禁，终结了政治家的一生。孔子阅人无数，深知要正确地了解一个人，不能只靠视其所以，还要观其所由，察其所安。

3. 仁者，就是正确处理各种人际关系之人；见义必为，就是勇。这里的"义"，是适宜的意思。与盗贼殊死搏斗，也是不义。自己无谓死伤，对不起亲人。比如古语说"路见不平，拔刀相助"，而当下无刀可拔，报警也可以。

4. 勇者不必有仁　在《中庸》中，勇与强同义。子路问强。孔子说，强有三种。北方之强表现为"衽金革，死而不厌"，是血气之勇，与仁无关。《皇疏》引晋代李充的话，可供参考："陆行而不避虎兕者，猎夫之勇也。水行不避蛟龙者,渔父之勇也。锋刃交于前,视死若生者,烈士之勇也。知穷之有命,知通之有时,顺大难而不惧者,仁者之勇也。故仁者必有勇,勇者不必有仁。”

14.5 南宫适问于孔子曰:“羿善射,奡荡舟,俱不得其死然。禹稷躬稼,而有天下。”夫子不答。南宫适出,子曰:“君子哉若人!尚德哉若人!”

南宫适问孔子:“羿善于射箭,奡能荡覆敌国的战船,都不得好死。但是禹和后稷亲自种庄稼却得到了天下。”夫子没有回答。南宫适出去后,孔子说:“这人真是个君子呀!这人真是个尚德之人呀!”

1. 南宫适[kuò]　鲁大夫,不是5.1章中的孔子侄女婿南容。

2. 羿善射　羿[yì],夏代东夷有穷氏部落首领,善射,《左传·襄公四年》和《孟子·离娄篇》有“逄蒙学射于羿”的记载。大禹把王位传给儿子启以后,夏朝建立。启又传位于儿子太康。太康生活荒淫,朝政松弛。羿趁他外出打猎的机会把他赶走,自己做了君长,史称“太康失国”。

3. 奡荡舟　奡[ào],《左传》作“浇”,羿的亲信寒浞之子,力大无穷,可以覆敌船,后来为夏后少康所灭,史称为夏朝的“少康中兴”。孔安国把荡舟解释为陆地行舟。待西晋(279年)《竹书纪年》出土,内载“帝相二十七年,浇伐斟鄩,大战于潍。覆其舟,灭之”,才知荡舟就是奡覆舟。

4. 俱不得其死然　羿篡夏后相帝位后也荒淫失政,被有野心的亲信寒浞杀死。奡则为夏后少康所杀。两人都不得善终。句末的“然”字借代“焉”字。《礼记·檀弓》:“岁旱,穆公召县子而问然。”《注》:然之言焉也。

“然”字属于本句末还是下句首在历史上有争议,有人认为误放在本句末是受了11.11章“若由也,不得其死然”的影响。[宋]金履祥《论语集注考证》指出:孔子评论子路的那句话“言于未死之前,期辞也。此述二人于既死之后,断辞也。然字唤起下文,便见得尚德之意”。“然”字放在本句末很有说服力,但查“四书”,“然”字放到句首,都是“然而”“然则”并用,“然”作为“然而”的缩写,似是后世之事。

5. 禹稷躬稼，而有天下　大禹治水开沟洫，稷播百谷，都是亲力亲为，后来禹拜受舜的禅让而得天下，稷的后人文王武王取代殷而王天下。

6. 夫子不答　南宫适以羿、奡二人与禹、稷二人作对比，前者恃力得国却不得善终，后者以德教化而成就夏周基业，是尚德不尚力，这是孔子一再表明的基本思想。（如 2.5 章“道之以政”与“道之以德”的关系，14.33 章“骥不称其力，称其德也”。）孔子本就无须再补充什么。现在南宫适举古例是想表明今世为政者都是尚力者，不会有什么好结果，而孔子则是继承禹稷和德化事业，足以明明德于天下。孔子给予肯定或否定答复都不妥，只有不答。但南宫的见识超乎常人，“不知命，无以为君子也”（20.3 章）。所以南宫适一离开，孔子就对弟子们夸奖南宫适是尚德君子。

14.6　子曰：“君子而不仁者有矣夫！未有小人而仁者也。”

孔子说：“是君子，却有不仁表现，这种现象是有的吧！但没有身为小人却有仁心的。”

1. 君子是个相对宽泛的概念，虽是一心慕仁向仁者，但并非一切言行都已达到仁的标准。以君子的典范颜渊来说，孔子称赞他“其心三月不违仁”，可见平日偶尔还有过失。但君子的过失与小人的过失性质完全不同，所以观过可以知仁。（4.6 章）

2. 小人喻于利，处理人际关系唯利是图，没有慕仁向仁之心，己所不欲也要施于人。固然所作所为偶尔像是仁的表现，但不是出自仁心，就不能认可其仁。

14.7　子曰：“爱之，能勿劳乎？忠焉，能勿诲乎？”

孔子说：“爱他，能不教他劳心劳力吗？忠于他，能不教他走正道吗？”

本章是前辈对晚辈的口气。给子弟以爱与忠，“父师一例”，即父母对子女、老师对弟子都该这样。

“教子不留半亩田”，你爱子弟，总不能宠爱他，让他不劳而获，要让他劳心劳力。忠,是尽己之心以待人之谓。父母师长自己不走歪路,也不让子弟走邪路,便是恕道。你希望以自己的经验教训成全他,为他着想,就一定要以正道教诲他。《孟子·滕文公上》据此说:“教人以善,谓之忠。”

14.8 子曰:“为命,裨谌草创之,世叔讨论之,行人子羽修饰之,东里子产润色之。”

孔子说:“郑国拟外交辞令,先由裨谌起草,然后由世叔琢磨后,由行人子羽修饰文字,最后由东里子产润色。”

1. 为命　拟定诸侯盟会的文书。

2. 裨谌[bì chén]、世叔、子羽、子产四人都是郑国大夫。世叔名游吉,即《左传》所说的子太叔,古语“世”字与“太”字通用,如太子也称世子,卫太叔也称世叔。

3. 草创　草拟初稿,立下大意。

4. 讨论　探讨论证,详而审之,不是今天的多人讨论。

5. 行人子羽　行人,掌出使之官,即古代的外交官。子羽,公孙挥的字。

6. 修饰　指增减文字。修,修削;饰,增饰。

7. 东里子产　子产,已见5.15章。东里,地名,在今郑州市,子产所居。

8. 润色　加以文采,使此辞命更加华美。

由本章可见,子产领导下的郑国制订一份外交文件,程序非常细密。由此可知子产治理国家知人善任,又深谙管理科学。

《左传·襄公三十一年》有类似的记载,描写得非常详尽生动:

子产之从政也,择能而使之。冯简子能断大事,子大叔美秀而文,公孙挥知四国之为,而辨於大夫之族姓、班位、贵贱、能否,而又善为辞令。裨谌能谋,谋於野则获,谋於邑则否。郑国将有诸侯之事,子产乃问四国之为於子羽,且使多为辞令,与裨谌乘以适野,使谋可否,而告冯简子使断之。事成,乃授子大叔使行之,以应对宾客,是以鲜有败事。

这段话的大意如下:

子产在郑国从政,善于用人之长。冯简子遇大事能决断,子大叔仪表堂堂,举止得当,熟悉典章制度诗乐,公孙挥熟悉四方诸侯的政令,明察各国大夫的姓氏、班位、贵贱、能力强弱,而又善为辞令。裨谌善于谋

划，到野外思考就谋划得当，关在城里就没有灵感。郑国每逢有与诸侯打交道的事，子产就请教子羽有关国家的政令，并且请他多关心辞令方面的问题；与裨谌乘马车到野外去，请他策划方案，而告知冯简子审查决断。这项工作完成后，就交给大叔执行，以应对宾客。所以很少有把事搞砸的。

14.9 或问子产。子曰："惠人也。"问子西。曰："彼哉！彼哉！"问管仲。曰："人也，夺伯氏骈邑三百，饭疏食，没齿无怨言。"

有人问子产这人怎样，孔子说："他是惠民之人。"
又问子西其人，孔子说："这个人啊！这个人啊！"
又问管仲，孔子说："他是□人啊，他削夺了伯氏的骈邑三百家，伯氏粗茶淡饭，到死不出怨言。"

1. 惠人　恩惠及于民众之人。子产执政用心为民，但宽猛相济，一开始不为人了解。据《左传·襄公三十年》，郑国子皮让子产执政，一年后民间骂子产苛捐杂税，说谁杀子产，我同他一起去："取我衣冠而褚之，取我田畴而伍之。孰杀子产，吾其与之。"三年以后却歌颂子产："我有子弟，子产诲之；我有田畴，子产殖之。子产而死，谁其嗣之？"《左传·昭公二十年》："子产卒，仲尼闻之出涕，曰：'古之遗爱也。'"

2. 子西　当时有三位子西。一是子产的同宗兄弟公孙夏，与子产同听郑政，但政绩与子产相比相差太远（［清］毛奇龄《论语稽求篇》举了许多例子），有人问孔子对子产的评价，连带提到这位子西的可能性最大。还有两位子西都是与齐鲁交通很少的楚国的大夫。一位是斗宜申，在鲁僖公文公年间因谋弑被诛，是一百多年前的不相干人。另一位公子申，死在孔子后。两人也不可能与子产、管仲这两位大贤相提并论。

3. 彼哉彼哉　"这个人哪，这个人哪，不说了吧。"

4. 人也　参照上文"惠人也"例，孔子不像会单说"人也"二字（若单独"人也"二字，只能译为"是个人物"），"人也"前有字脱落，即"□人也"。前人以为脱落了"仁"字，但从17.5章来看，"仁"这顶帽子远远大于"恭宽信敏惠"，上文赞子产为"惠人"，这里脱落的字可能就是"恭宽

信敏惠”之一,甚至可能就是“惠”字本身。

5. 夺伯氏骈邑三百　伯氏,齐大夫,《皇疏》说他名偃。骈邑,伯氏的采邑,当时有三百户。夺,剥夺。伯氏有罪,管仲为相,剥夺他的采邑。[清]阮元说在山东临朐县柳山寨有古城城基,就是骈邑遗迹。

6. 饭疏食,没齿无怨言　没齿,终身。伯氏被夺采邑后,没有收入,只能粗茶淡饭,但终身不埋怨,这表明管仲执法公允,受处分者心服口服。

14.10　子曰:“贫而无怨难,富而无骄易。”

孔子说:“在贫困中不怨天尤人,难。在富裕中能不骄人,还比较容易。”

1. 上章孔子称赞管仲能让有罪的伯氏贫而无怨,本章发挥出“贫而无怨难”,有点佩服伯氏的意思。1.15 章子贡请教孔子“贫而无谄,富而无骄”是否算得上是一种崇高的境界,孔子只说“可也”,意味着“富而无骄”是容易做到的,还可以上升到“富而好礼”的高境界。同样,“贫而无谄”也不难做到,还可以上升到“贫而乐[道]”的高境界。

2. “贫而无怨”的境界接近“贫而乐[道]”。人处于贫乏境地,诸事不遂,难免多怨恨,因此做到“无怨”很难,教育他“无怨”也很难。人处于富裕境地,福至心灵,容易想得开,所以孔子说“富之”以后才是“教之”。“居陋巷,一箪食,一瓢饮,人不堪其忧,回也不改其乐”这一点常人不可及。设想把贫而无怨的颜渊与富而无骄的子贡处境对调,颜渊显然能无骄;子贡能否无怨,就难说。毕竟由俭入奢易,由奢入俭难。

14.11　子曰:“孟公绰,为赵、魏老则优,不可以为滕、薛大夫。”

孔子说:“孟公绰,让他做赵、魏的家臣是绰绰有余的,但不可以当滕、薛的大夫。”

1. 孟公绰　鲁国大夫。据《左传·襄公二十五年》记载,那年春天,齐国崔杼率兵伐鲁。襄公很着急,要派人到晋国求援。孟公绰发表高见说:“崔杼所想,是在齐国夺权,不在找我麻烦,一定很快会收兵回国,怕什么！你看他此来不抢掠，也不奴役百姓，和以前不同。”齐师果然空手而归。《史记·仲尼弟子列传》中，“孔子之所严事：于周则老子；于卫，蘧伯玉；于齐，晏平仲；于楚，老莱子；于郑，子产；于鲁，孟公绰”。所谓“严事”，就是因其人的庄严而钦佩礼敬。

2. 为赵、魏老则优　赵、魏都是晋国之卿。家臣之长称老。优，绰绰有余。

3. 滕、薛　当时鲁国周边的两个小国，据康熙三十八年《御纂七经·春秋汇纂》，“今兖州府滕县西南十五里有古滕城，即滕国也”，“薛城在滕县南四十里”。

赵、魏两大家招纳了许多贤人，家老望尊，职务清闲，孟公绰能胜任。滕、薛两个小国，麻雀虽小，五脏俱全，不但大夫职务烦琐，孟公绰清心寡欲当不了，而且在鲁定公哀公时代滕、薛小国面临被大国吞并的命运，非管仲、子产不能救。

14.12　子路问成人。子曰：“若臧武仲之知，公绰之不欲，卞庄子之勇，冉求之艺，文之以礼乐，亦可以为成人矣。”曰：“今之成人者何必然。见利思义，见危授命，久要不忘平生之言，亦可以为成人矣。”

子路问怎样算是成人。孔子说：“若以臧武仲的智慧、孟公绰的不贪欲、卞庄子的勇敢、冉求的才艺，再加以礼乐修养，也可算是成人了。”孔子又说：“当今的完人不必达到这样的高度。只要见利时想到是否合乎道义，见到危险能不惜性命，早先的重要承诺能隔久不忘，也可算是成人了。”

1. “成人”概念在《论语》中仅在本章出现，更不见于《孟子》《大学》《中庸》。若子路不问，孔子必不言及，后人也就只能望文生义，凭一己之见理解“成人”。

追本溯源，孔子之学的重要性，就在于别的学问致力于“我”之外（在“我思故我在”的意义上），如怎样造飞机、怎样写格律诗、怎样做一道美食之类，都是使身外的产品臻于完美，唯有孔学是独一无二的“成己之学”，所追求的是每个人都尽最大可能把自己塑造成优质品。既然人有优品、良品、合格品、等外品之分，“成人”也就有不同的标准，所以读者会见到宽严不同的各种说法，历代有些注家并不深究“成人”的意义，可能也是出于这样的想法。

刘向（约前77—前6）《说苑·辨物》篇倒是记载着一段貌似孔子论“成人”的话，文风像极了汉赋：

颜渊问于仲尼曰：“成人之行何若？”子曰：“成人之行达乎情性之理，通乎物类之变，知幽明之故，睹游气之源，若此而可谓成人。既知天道，行躬以仁义，饬躬以礼乐。夫仁义礼乐，成人之行也，穷神知化，德之盛也。”

我们知道，《说苑》记载的诸子言行来自传说轶闻，不太可靠，这段文字中描写的成人，就很像出自道家之手，道家把洞悉宇宙和人生本原，真正觉醒、觉悟的人称为真人。重要的是，上面这段文字后有刘向本人的评论，从而使我们知道这位汉代大学者把“成人”理解为“成德之人，最为难能”，这对我们理解“成人”显然有很大的参考价值。

2. 子路问成人，一定有他的语境。从本章孔子的答语来看，孔子心中有“成人”的更高标准，但没有讲出来。他的第一段答语用了“亦可以为成人矣”，由一个“亦”字可见标准已经降低，第二段答语再降低一大步；这使我们想起13.20章孔子回答子贡问“何如斯可谓之士矣”，步步退逼到春秋末世的风格。所以《朱注》认为“成人”的最高标准应该是“全人”。

按未宣示的最高标准，成人是世上少有的杰出人才。例如管仲，孔子对他评价极高，甚至说：“微管仲，吾其披发左衽矣！”（14.17章）如此说来，管仲总该是成人了吧，可孔子还批评他不知礼（3.22章），按本章的精神，就是一票否决。

诸如此类的认识混乱，希望通过对本章的解析而得以澄清，下面先注释本章中孔子提及的四位人士。

3. 臧武仲之知　臧武仲，鲁大夫臧孙纥。其人之智见《左传·襄公二十三年》：齐庄公要赐臧孙纥采邑，臧孙纥知道齐庄公将败，不想接受，于是设法激怒庄公，庄公果然不赐了。孔子评论说：“智之难也。有臧武仲之智，谓能避齐祸，而不容于鲁国，抑有由也。”

4. 公绰之不欲　公绰就是上章中的孟公绰，不欲指廉洁不贪，《皇疏》引范宁云：“不欲，不营财利也。”遗憾的是，孟公绰是怎么个“不欲”法，史书上不见具体事例。

5. 卞庄子之勇　卞庄子，鲁卞邑大夫。据《韩诗外传》卷十，卞庄子好勇，母亲健在时作战三战三败，交游者看不起他，国君羞辱他，而卞庄子逆来顺受，颜色不变。母亲去世守丧三年后，他主动请战，向将军声明以前不肯拼死作战是因为家有母亲要侍奉，现在母亲去世了，可以将功折罪。他果然三次夺得敌人的铠甲和首级献给将军。将军已经谅解了，制止他的奋不顾身，要他不再玩命，甚至要与他结拜为兄弟，可卞庄子说“以前三次打败仗是因为要养母亲，现在我虽然已用行动作了补偿，但‘节士不以辱生’，我不能生活在耻辱的阴影里”，于是又冲进战场杀敌七十人而死。

孔广森《经学卮［zhī］言》引《左传·襄公十六年》说齐灵公称孟庄子好勇，卞可能是他的采邑，所以他就是卞庄子。此说不大可信，因为孟庄子在鲁执政，病死于襄公二十三年，不可能是《韩诗外传》所说的那位战死疆场的卞庄子。

6. 冉求之艺　冉有长于政事，善理财，孔子称赞其才艺，说：“求也，千室之邑，百乘之家，可使为之宰也。”（5.7 章）“求也艺，于从政乎何有？”（6.7 章）冉有除了善于理财，还有军事谋略和指挥才能，甚至身先士卒，冲锋陷阵，见《左传·哀公十一年》。因为“冉有用矛於齐师，故能入其军”，孔子还称赞他：“义也！”

以上四位都是子路耳熟能详的鲁国人，孔子先说他们分别拥有“知、不欲（廉）、勇、艺”四大美质。对现代人来说，如果夸一个人“智勇双全”，离朱熹所称的“全人”已近了一步，更不用说“智廉勇艺”四全了。但是在孔子看来，这些只是美质，如果不加文饰，那么“质胜文则野”；只有“文质彬彬”，使文、质交相辉映，“然后君子”。那么，用什么来文呢？

7. 文之以礼乐

（1）礼乐的重要性见前面 8.2 章，孔子强调“恭慎勇直”四种好材质无礼不行，本章孔子又强调“知廉勇艺”要文之以礼乐，提示美质的文饰一定要用礼。如此说来，11.1.1 章孔子称先进孔门的弟子在礼乐方面，“野人也”；也就是说，哪怕是颜回，质地再好，还算不上成人。为什么礼乐那么关键呢？请参见 8.2 章和 8.3 章。

（2）成人与君子标准的高低。

① 本章中孔子就怎样算是成人详尽地回应子路，并一再放宽成人尺度，使之切实可行。而 14.42 章“子路问君子”，孔子只答“修己以敬”四字，意思是你照此实行就可以做君子；子路想加负，可孔子让他不要去想“修己以安百姓”，因为连尧舜想做到这六字也头疼。这样看来，成人的标准要比君子高得多。

② 前面 6.17 章曾泛泛地说“文质彬彬，然后君子”，本章的规定则

更为严格：所谓质，特指高标准的“知廉勇艺”；所谓文，必须“文之以礼乐”。由此可见“成人”标准比“君子”标准只会高，不会低。但是，即便是不高于“成人”的“君子”头衔，孔子肯正式授予的同代人也只有宓子贱、南宫适与蘧伯玉。若这三人都不够“成人”资格，那子路也不必打听什么是成人了。可见随着世风日下，已有公式“成人＝君子”。

（3）考虑到“成人”意味着人的全面发展，孔子告诉子路的第一种标准，就不能理解为“成人＝知×礼乐＝廉×礼乐＝勇×礼乐＝艺×礼乐”，而是“成人＝（知＋廉＋勇＋艺）×礼乐”。

（4）没有好的质地，根本谈不上“文之以礼乐”，这就是孔子说的“绘事后素”（3.8 章）和“粪土之墙不可圬也”（5.9 章）。

（5）文之以礼乐不是一个简单的知礼过程，还要在践行中深化。“君子义以为质，礼以行之，孙以出之，信以成之。君子哉！”（15.18 章）

8. 成人的层次性。古谚“十年树木，百年树人”出自《管子·权修》：“一年之计莫如树谷，十年之计莫如树木，百年之计莫如树人。”所花时间长短，对树来说是成材所需；对人来说，是成才所需。但对树成材的要求因树而异，如果是即插即活的杨柳，三年足矣；如果是生长极为缓慢的金丝楠木、紫檀之类，百年也不够。人何尝不是这样，成人标准因人而异，因地而异，因时而异，这才有孔子对成人标准的一步步退让。但退让是有底线的，孔学坚持的“成人”底线，无非体现于 1.1 章孔子反问的三个“乎”字：人人致力于实现人生目标，成为“悦乐君子”。

9. 曰：今之成人者何必然　面对子路之问，孔子先说古人心中的“成人”标准，然后讲当下只好降格以求，《论语》编者另起一个“曰”字把两段话分开。孔子用“何必然”表达：在世风日下的今天，也就不必用那么高的成人标准了吧！

10. 见利思义　虽然“子罕言利”（9.1 章），“君子喻于义，小人喻于利”（4.15 章），但并非君子不谋利，利益当前要想到获利是否正当。“君子爱财，取之有道”，不取不义之财。

11. 见危授命　遇到危难能献出生命。1.7 章“事君能致其身”，“授命”同“致身”。

12. 久要不忘平生之言　可理解为“久久不忘平生重要之言”，“久”“要”前置以突出有关二者的难能可贵。平生之言指平日说过的话。这些话有很久以前说的，容易淡忘；但其中有些十分重要的，虽久也不该忘。人能够做到这一点，便是守信有担当之人。前人为解“久要”，借助两个同音字“旧约”，既不必，更窄化了这段文字的意义。

14.13 子问公叔文子于公明贾,曰:“信乎?夫子不言不笑不取乎?”

公明贾对曰:“以告者过也。夫子时然后言,人不厌其言。乐然后笑,人不厌其笑。义然后取,人不厌其取。”

子曰:“其然,岂其然乎?”

孔子向公明贾问起公叔文子,说:“真的吗?这位夫子一言不发,从来不笑,丝毫不取于人吗?”

公明贾对道:“那是告诉您的人说过头了。这位夫子到该说话时才说,所以别人不讨厌他发言。要快乐时才笑,所以别人不讨厌他笑。要合乎道义才取,所以别人不讨厌他取。”

孔子说:“这就对了。人哪能不言不笑不取呢!”

1. 公叔文子　卫大夫公孙拔,谥文。《谥法》:“慈惠爱民曰文。”赵国史书《世本》云:“卫献公生成子当,当生文子拔,为公叔氏。”

2. 公明贾　氏公明,名贾,也是卫国人。“贾”读jiǎ,理由见3.13章。

3. 信乎　“可信吗?”孔子对公叔文子“不言不笑不取”深表怀疑。

4. 以告者过也　以告者,告诉你这些信息的人。公明贾说:“这是这么告诉你的人说过头了。”

5. 不厌　不因其过分而厌恶。

6. 其然,岂其然乎　这两句话互相抵触。《皇疏》给出两种解释。

(1)第一个“其然”是“这就对了”,“岂其然乎”指“人岂能像传言那样不言不笑不取”。这样理解很自然,只是两个“其然”不指同一个对象,逻辑上有困难。好在中国古籍对逻辑没有古希腊哲人那样讲究。

(2)孔子撇开传言的夸大,专为公明贾的澄清而发表看法。“其然”是惊异公叔文子其人竟能如此:“真有这种人!”“岂其然乎”是对此表示怀疑:“真是如此吗?”

第二种解释需要澄清孔子惊疑的对象是什么,有三种可能。①孔子惊疑公叔文子其人没有公明贾所说的那般涵养。朱熹就认为:“非礼义充溢其中,得时措之宜者不能。文子虽贤,疑未及此。”②撇开公叔文子这个具体的人,孔子怀疑竟有人能做到“时然后言,乐然后笑,义然后取”。《论语稽》说:“不言不笑不取,矫激好名者类能强而制之。至时言、乐笑、义取，则时中之圣矣。”认为公明贾的澄清比传言更过分，孔子不亲见不相信，只好存疑。③孔子不怀疑有人不苟言笑、不取非义，但怀疑一个人的道德高尚得能让所有人“不厌其言，不厌其笑，不厌其取”。孔子是说过“众恶之，必察焉；众好之，必察焉”的，“众不厌之”，当然也“必察焉”。

要解释本章，必须在上述四种可能性中排除三种，笔者浅陋，只有留待高明。

14.14 子曰：“臧武仲以防求为后于鲁，虽曰不要君，吾不信也。”

孔子说：“臧武仲凭借他的防邑来请立继位者于鲁，虽然他说不是要挟国君，我不信。”

1. 以防求为后于鲁　防是臧武仲的封邑，“在琅琊华县东南”，近齐国边境。据《左传・襄公二十三年》，那年冬，孟孙抓住武仲把柄，唆使执政的季孙除掉他，武仲无奈出奔邾地，然后回到自己的防邑，派使者献上大龟报告鲁君，请求另立臧孙族人管理产业以祭祀先人，鲁君立了武仲的弟弟臧为，武仲也就出奔齐国。

2.《左传・襄公二十三年》记载，臧武仲（臧孙纥）请求“立后”之辞很卑顺：“纥非能害也，知不足也。非敢私请。苟守先祀，无废二勋，敢不辟邑。”这句话的意思是：“我臧孙纥并不是危害国家之人，造成今天的局面，都是自己愚蠢所致。我不敢私请君主重新立先人之后为继承人，如果您为了敝族能祭祀先人，而不废除给臧氏的封邑，我一定远走高飞！”当时鲁国朝廷对武仲这样的措辞挑剔不出毛病，否则一定不会批准让他弟弟臧为继续食禄防邑。

3. 要君　凭借身据防邑要挟国君。孔子的判断超乎常人。他说：虽然武仲打的报告中没有要挟国君的措辞，但你得罪出奔，直接逃亡齐国就说明了一切。即使考虑家族利益向朝廷提“立后”的请求，在齐国提出也可以，为什么要先跑到自家的领地去提？这种据邑请立后的做法意味着，如果鲁君不答应臧孙纥的要求，武仲完全有条件据防邑造反，投入齐国的怀抱。

武仲的防邑出自鲁君的颁赐，武仲得罪出奔，等于放弃。立不立后也由鲁君决定，武仲完全没有资格说三道四。臧武仲却用“以防求为后”这一招达到目的，这虽然反映了其人之智，但是从大义来讲，却是非礼。“不学礼，无以立。”这是武仲好知不好学之过。参照 17.7 章孔子说“好知不好学，其蔽也荡”。

孔子在说“臧武仲以防求为后”用了“于鲁”二字，暗指武仲与鲁分庭抗礼，俨然敌国，这也是用春秋笔法褒贬的“微言大义”。

14.15 子曰：“晋文公谲而不正，齐桓公正而不谲。”

孔子说：“晋文公知权达变而不正。齐桓公走正道，却不知权变。”

1. 齐桓公、宋襄公、晋文公、秦穆公、楚庄王，合称春秋五霸。《论语》只论及晋文与齐桓二位，前人认为，这是因为其他三位“皆无兴微继绝、尊亲王室之功”。对晋文、齐桓二位，历史上的评价或褒或贬，意见不一，例如朱熹《集注》说：“二公皆诸侯盟主，攘夷狄以尊周室者也。虽其以力假仁，心皆不正，然桓公伐楚，仗义执言，不由诡道，犹为彼善于此。文公则伐卫以致楚，而阴谋以取胜，其谲甚矣。”这是简单地将正谲对立。

“正”字通“法”，是守常规、合规矩的意思。谲[jué]字原意是以锥刺穿物而两面皆通，转义为知权达变，能从没有办法中找出出格的办法来，后来才用来指纯粹负面的诡诈。如果把本章的“谲”看作“正”的反义词，似乎一邪一正，孔子只要说“晋文公谲，齐桓公正”就可以了，何必颠来倒去说“谲而不正，正而不谲”。其实本章孔子是指出二人各有偏颇。

2. 晋文公（前 697—前 628）名重耳，其父献公立幼子奚齐为太子，重耳出亡十九年，由秦国送回即位。即位后内政外交、功勋事业并不在齐桓公之下。

鲁僖公二十八年（前 634），晋文公已执政到第五年，国力强盛，想聚集诸侯共尊周天子，自己充当霸主。但如果把会盟地点选在京师，各国兵马开进洛邑，会被周襄王视为威胁，抵抗或出逃都有可能，那就不合“挟天子以令诸侯”的初衷了，所以他把地点选在邻近京师的温地，终于把大事办成，这就是他的谲处，也就是权变。《左传》还附记了孔子对此事的评论——仲尼曰：“以臣召君，不可以训。故书曰：‘天王狩於河阳’，言非其地，且明德也。”孔子认为晋文公以诸侯身份召天子而使诸侯朝见的做法不合礼法。这就是晋文公的不正。

3. 齐桓公（？—前 643）名小白。其兄襄公被杀后，回国与公子纠争夺君位得胜。在管仲辅佐下成为春秋五霸中的第一位霸主。

按《左传》：鲁僖公四年（前656）春，齐桓公率领鲁、宋、陈、卫、郑、许、曹等诸侯国的军队攻打得罪自己的蔡国，蔡国溃败后又大兵压境征伐楚国。理由之一是楚国不向周王室进贡渗滤酒渣的苞茅，此来要征收；理由之二是过去周成王之孙昭王南巡到汉江，被楚人弄到船沉人亡，此来要个解释。齐桓公此征打的是尊王旗号，还请出当年成王授予太公的"白旄黄钺"，凭此可征伐任何"不规"诸侯，这就是齐桓公的正处。齐桓公能守经而不能行权，权谲是其所短。按王夫之《四书笺解》："以谋取胜便是谲，齐桓惟其正，所以能匡天下；惟其不谲，故功业不及于身后。"

14.16 子路曰："桓公杀公子纠，召忽死之，管仲不死。曰：未仁乎？"子曰："桓公九合诸侯，不以兵车，管仲之力也。如其仁，如其仁！"

子路说："齐桓公杀公子纠，召忽殉公子纠死了，管仲不死，这么说，管仲算不上仁吧？"孔子说："桓公九次会合诸侯，不凭借兵车武力，都靠了管仲之力。这就是他的仁了，这就是他的仁了！"

1. 桓公杀公子纠　齐僖公去世后，太子诸儿即位（前697），即襄公。襄公荒淫无道，他的弟弟公子纠怕遭杀害，在管仲、召［shào］忽等人护卫下逃到鲁国，公子小白也在鲍叔牙等人的护卫下到莒国避难。前686年，襄公被堂兄弟公孙无知杀死，无知自立为国君。第二年，大臣们又杀了新君，到鲁国迎公子纠当齐国国君，被公子小白用计抢先一步继位，就是齐桓公。齐桓公向鲁国施压，把公子纠杀了，召忽殉主自杀，桓公接受了鲍叔牙的建议，不杀差点射死自己的管仲而拜他为相，鲍叔牙甘当管仲副手。

2. 曰：未仁乎　子路提到桓公杀管仲旧主公子纠之事后，认为管仲事仇求荣，不是仁者所为，转问孔子：管仲仁不仁？叙述句与问句间夹个"曰"字以示分别。

3. 九合诸侯，不以兵车　齐桓公以盟主身份九次大会诸侯，大多数不出动兵车，也就是不靠炫耀武力。《史记》称齐桓公"兵车之会三，乘车之会六"。但《左传》记载有十四会。《谷梁传》则说"衣裳之会十有一"，看来九是虚指，形容次数之多，如"一言九鼎""九牛一毛"的用法，不是实数。

4. 如其仁　意谓“这就是管仲的仁了”。一个“如”字，表示管仲不是真正的仁，而是实有仁之功。管仲如是仁者，礼是仁心之外显。3.22章孔子却批评管仲不知礼。“如其仁”的语法约同于“子如其父”，形容其相似，也就是指管仲非仁而似仁。

仁者必须最妥善地处理所有人际关系，无过无不及。孔子不称许身边弟子为仁者，因为孔子只看到弟子对待老师、同门的态度，而不了解他们在家族中的表现，不了解他们是否善待陌生人。但对历史上的名人，孔子却会讲“殷有三仁”，因为这些大贤的人际关系有两个层面，一个是对待整个华夏民族，一个是对待生活中周边那几十人，后者可以忽略不计。至于管仲，最受非议的是他未对公子纠以身相殉。但是公子纠不是管仲杀死的，为了保主，管仲差一点就射死了公子小白。公子纠生前，管仲完全对得起他；公子纠死后，管仲完全对得起僖公家族，对得起齐国人民，甚至有功于华夏。与真正的仁者相比，管仲毫不逊色。

14.17　子贡曰：“管仲非仁者与？桓公杀公子纠，不能死，又相之。”子曰：“管仲相桓公，霸诸侯，一匡天下，民到于今受其赐。微管仲，吾其被发左衽矣。岂若匹夫匹妇之为谅也，自经于沟渎而莫之知也！”

子贡说：“管仲不是仁者吧！齐桓公杀了公子纠，管仲非但不能为公子纠死，还去辅佐桓公。”孔子说：“管仲辅佐桓公，称霸诸侯，把华夏各国团结在一起，民众直到今天还是受他的恩赐。要不是管仲的话，我今天就像蛮夷一样披发左衽了。难道要他像普通老百姓那样拘守小节，悄无声息地自缢死在河沟里吗？”

1. 一匡天下　匡的本义是盛饭的容器，此处匡作动词用，意思是让一直内斗的各国诸侯聚到一起解决纷争，共同对付蛮夷的觊觎侵吞。

2. 微管仲，吾其被发左衽矣　微，如果没有，要不是有。被发，不束发成髻于头顶，而是只挂辫子，甚至披头散发。衽，衣襟；左衽，衣襟向左开。二者都是夷狄风俗，华夏盘髻右衽。

3. 匹夫匹妇之为谅　“谅”字在《论语》中出现了三次，在“友直、友谅、友多闻”（16.4 章）中取褒义，意谓讲信用。15.37 章“君子贞而不谅”与本章都取贬义，指不顾大义的小信小节。

4. 自经于沟渎而莫之知　经，上吊。渎，类似于水沟，只是水从洞流过。匹夫匹妇守小信，自杀在沟渎中，谁也不知道，可说是毫无价值。

子贡纠结于管仲与公子纠的私人关系上。其实当时两人名分未定，管仲对主公已尽心尽力，接下来就该创建功业，为民族服务。管仲出色地做到了这一点。钱穆先生指出孔子是舍小节，论大功：“人道之大，则尚有大于君臣之分者。华夷之防，事关百世。使无管仲，后世亦不复能有孔子。孔子之生，而即已编发左衽矣，更何有于孔门七十二弟子，与夫《论语》之传述？”

14.18　公叔文子之臣大夫僎，与文子同升诸公。子闻之，曰：“可以谓‘文’矣。”

公叔文子的家臣大夫僎，与文子同升到公朝，孔子听到此事后说：“‘文’这一谥号公孙拔当之无愧！”

1. 臣大夫僎　僎[zhuàn]，大夫名，是公叔文子家臣。

2. 同升诸公　公，公朝。公叔文子把自己的家臣推荐给朝廷，使僎与自己同立于卫国公朝。孔子听到此事后称赞文子说，“文”的谥号当之无愧。按《周书・谥法》有六种情况可以谥“文”：“经纬天地，道德博厚，学勤好问，慈惠爱民，愍民惠礼，锡民爵位。”公叔拔确实符合最后一条。朱熹引洪适的话说：“家臣之贱而引之使与己并，有三善焉：知人，一也；忘己，二也；事君，三也。”

3. 据《礼记・檀弓下》，卫灵公谥公孙拔以“文”，另有理由，而且不仅谥个“文”字，还有“贞”“惠”二字。卫灵公解释说：“惠”是因为“昔者卫国凶饥，夫子为粥与国之饿者”，“贞”是因为“昔者卫国有难，夫子以其死卫寡人”，“文”是因为“夫子听卫国之政，修其班制，以与四邻交，卫国之社稷不辱”。

无论如何，“文”字是谥号中的最高者，按上述《谥法》，至少那个“惠”字是明确包括在内的。

14.19 子言卫灵公之无道也。康子曰："夫如是，奚而不丧？"孔子曰："仲叔圉治宾客，祝鮀治宗庙，王孙贾治军旅，夫如是，奚其丧！"

孔子历数卫灵公是多么荒淫无道。季康子说："既然如此不堪，为什么他还没有垮台呢？"孔子说："有仲叔圉替他办理外交，祝鮀替他管理宗庙，王孙贾替他掌管军队，能这样，又怎么会垮台呢？"

1. 孔子向季康子说起卫灵公的荒淫无道，是自己的亲身感受，不料引起季康子的疑问：卫灵公既然如此不堪，"奚而不丧？"奚而，怎么。不丧，不垮台。孔子说，那是因为有三位得力的卫大夫在撑着卫国。

2. 仲叔圉，即孔文子。参见 5.14 章注。祝鮀，卫大夫子鱼，参见 6.15 章注。王孙贾，参见 3.13 章注。据史书记载，这三人的品行都有毛病，孔子也看得很清楚，但正因卫国有此三人，把国家大事——外交、祭祀、兵戎都担当起来，卫灵公的政权得以维持。

3. 灵　按《逸周书·谥法解》，乱而不损、好祭鬼神，都可谥"灵"。卫灵公谥"灵"字的原因大概是第一种。卫灵公的乱（无道）不是表现在朝政上，而是表现为迷恋女色。孔子自己也领教过灵公与南子坐车招摇过市，自己的车像内侍般跟在后面。但在起用人才上，孔子对灵公高度肯定。刘向《说苑·尊贤》记载孔子向鲁哀公一口气举了卫灵公爱才尊贤的四个例子："灵公之弟曰公子渠牟，其知足以治千乘之国，其信足以守之，而灵公爱之。又有士曰王材，国有贤人，必进而任之，无不达也；不能达，退而与分其禄，而灵公尊之。又有士曰庆足，国有大事，则进而治之，无不济也，而灵公说之。史鰌去卫，灵公邸舍三月，琴瑟不御，待史鰌之入也而后入。"

4. 孔子感叹"才难"（8.15 章），而常夸卫国多君子，如"直哉史鱼！君子哉蘧伯玉！"。前面 13.25 章孔子对君子与小人的用人原则进行了对比，君子对人才是各用所长，不求全责备："君子易事而难说也。……及其使人也，器之。"

孔子事先不知道康子会发问，而从答复中不难悟出孔子的言外之意是"鲁卫之政，兄弟也"（13.7 章），也就是委婉地向康子提出：鲁国在用人问题上要向卫国学习。

14.20 子曰:“其言之不怍,则为之也难。”

孔子说:“一个人若大言不惭,真做起来一定很困难。”

1. 在《论语》中出现“其言”二字,往往与“行”“为”相对,除本章外还有六章:

子贡问君子。子曰:“先行,其言而后从之。”(2.13 章)

子曰:“始吾于人也,听其言而信其行,今吾于人也,听其言而观其行。于予与改是。”(5.9 章)

[子路大言炎炎]孔子哂之:“为国以礼。其言不让。”(11.23 章)

司马牛问仁。子曰:“仁者其言也讱。”曰:“其言也讱,斯谓之仁矣乎?”子曰:“为之难,言之得无讱乎?”(12.3 章)

子曰:“故君子名之必可言也,言之必可行也。君子于其言,无所苟而已矣。”(13.3 章)

子曰:“君子耻其言而[之]过其行。”(14.27 章)

以上七章表达的孔子思想,都是“说说容易做做难,所以君子不要信口开河,说过头要引以为耻,最好是做了再说”。

2. 怍[zuò] 惭愧,因羞惭而脸变色。《孟子·尽心上》:“仰不愧于天,俯不怍于人。”孟子所用“不怍”是美词,问心无愧的意思。本章“其言之不怍”却是作贬词用,意思是其人大言不惭,说话不脸红。

3. 则为之也难 只要发现某人大言不惭,不必期待他能实现所说的宏伟计划。12.3 章说:“为之难,言之得无讱乎?”意思是:要做件大事(例如成仁)是很难的,说的时候不会难以出口吗?

历代注家对本章的理解,如上面白话翻译所示。需要注意,孔子这么说,不含“其言之怍,则为之也易”的意思。做好一件大事总不那么容易,锲而不舍、持之以恒还有可能做好,但是如果发现声称能做大事者是个轻言苟且、大言不脸红的人,那么可以断定他肯定做不好,这是孔子知人的一个重要经验。

据《皇疏》,马融对本章的解释截然不同:“怍,惭也。内有其实,则言之不惭。积其实者,为之难。”他的意思是:一个人敢于说些别人不敢说的话,声称能如何如何而不惭愧,是因为他有真才实学,底气足,而能够积累到这么深的底蕴则是很难的。

当代注家好像没有人同意马融的解释,因为马融解释那个“为”字为积累,“其言”则是言其他作为,二者不匹配,形成曲解,不可取。

14.21 陈成子弑简公，孔子沐浴而朝，告于哀公曰："陈恒弑其君，请讨之！"公曰："告夫三子。"

孔子曰："以吾从大夫之后，不敢不告也。君曰'告夫三子'者。"

之三子告，不可。孔子曰："以吾从大夫之后，不敢不告也。"

陈成子杀了国君齐简公，孔子在家沐浴后上朝禀告鲁哀公说："陈恒弑了他的国君，请发兵讨伐！"哀公说："去报告那三位。"

孔子退下后说："因为我还追随在大夫之后，这等大事，不敢不报告国君。国君却说去报告那三位！"

孔子到三家，一一报告了，三家都不同意发兵讨伐。孔子说："因为我还追随在大夫之后，不敢不向上禀告呀！"

1. 陈成子弑简公　齐大夫陈恒杀了齐简公，这事发生在鲁哀公十四年（前481）。弑君是最严重的事，照规矩周天子是要征讨弑君者的，或按《礼记·王制》中"诸侯，赐弓矢，然后征"。春秋礼崩乐坏，鲁国也没有周天子赐弓箭表示授命，但见邻国篡逆，也可以出兵讨逆。

2. 沐浴而朝　当时孔子已不在任上，为了见鲁君禀告大事，先沐浴再上朝，以示郑重。据《左传·哀公十四年》，鲁哀公觉得无力讨伐，孔子说："陈恒弑君，民众反对的有一半，以鲁国之众，加齐国之半，打得赢！"这表明孔子在伸张正义的同时，也审时度势，不打无把握之仗。

3. 告夫三子　三子，指季孙、孟孙、叔孙三卿。鲁国三家把持朝政，哀公即使同意讨伐，也做不了主，让孔子自己去报告这项建议。

4. 孔子曰："以吾从大夫之后，不敢不告也。君曰'告夫三子'者。"这句话是孔子退朝后所说，随从弟子记下的。孔子感慨鲁哀公不能自己召集三家商量对策，而要孔子转告。孔子明知三家不肯出兵，也不得不遵从君命。孔子重述哀公所说"告夫三子"的语气，加个"者"字，相当于"跟我说什么，去报告那三家"。

5. 之三子告，不可　之，前往。孔子去三家报告，三家都不同意伐齐。他们与齐国的陈恒是一路货色，都不把国君放在眼里，怎么会讨伐陈恒！孔子回来后又重复了一遍"以吾从大夫之后，不敢不告也"。孔门弟子记之。众所周知，孔子为人处世常表现出一种听天命尽人事、明知其不可为而为之的态度,参见后面14.38章。

14.22 子路问事君。子曰:“勿欺也,而犯之。”

子路问怎样事君。孔子说:“不能欺君罔上,国君有不对之处,直言敢谏。”

1. 欺　欺骗,欺瞒。成语“瞒上欺下”是官场上一种十分恶劣的表现。一个国家政通人和,“上情下达,下情上达”是从政之道,怎么可以背道而驰?凡是只考虑自己的利益而不为君主打算的行为,都是欺君。

2. 犯　犯颜直谏。《礼记·檀弓上》:“事君有犯而无隐。”无隐就体现了勿欺。上一章孔子觉得,不征讨齐国逆臣有悖大义,必须实事求是地报告鲁君,这就是无隐,明知而不报告也是欺君。而报告鲁君可能完全不起作用,反倒会冒犯不想征讨弑君者的“三家”,但即使损害自己的政治地位也在所不计,这正是孔子秉承“勿欺也,而犯之”原则的表现。

孔子所提两点,也可能含有针对子路和冉有的成分。因季氏旅于泰山,冉有不敢竭力阻止;子路是冉有手下,两人对季氏将伐颛臾一事不敢犯颜直谏,受过孔子的批评(16.1章)。

今天虽然没有君臣,但在组织中的下级如何对待上级之事上,“勿欺也,而犯之”的原则仍然适用:尽己之心,忠于职守。官场中人人都是下级,而上级是组织的代表,如果其作为有背组织利益,下级要向上级据理力争,不得把自己的个人利害放在首位。

14.23 子曰:“君子上达,小人下达。”

孔子说:“君子向上追求天道,小人向下追求生存之道。”

1. 本章中的君子、小人是就社会地位而言还是就道德修养而言?前人对此的认识有分歧。明辨的关键在于弄清楚本章中“上达”和“下达”的意义。

先来看这个“达”字。在儒学典籍中,达道、达德、达尊,都是正面意义;特别是在《论语》中,达不但指通达,还指所追求目标的正当性,这需要通过学习,而不是放任,如水之流下。

在“四书”中只有《论语》本章中出现“下达”。而“上达”二字出现了两次，另一次是后面14.35章孔子说自己“下学而上达”。这暗示一般来说下学则下达，上学才上达；达要通过学来实现，而通过下学，所达目标的境界还可以从下达提升到上达。这里的达，意义一定是正面的，不过有境界高低之分罢了。换句话说，不通过学习的放任堕落，或学会做盗匪、追求卑污下流的目标都不能算下达。所以《朱注》中“君子循天理，故日进乎高明；小人殉人欲，故日究乎污下”虽然不错，但朱子对本章君子、小人的理解和对上达、下达的理解不能与14.35章的“下学而上达”贯通。

2.《论语》中比较接近本章意思的孔子语录，参见前面4.15章的“子曰：君子喻于义，小人喻于利”。义、利都是值得追求的。可以悟到：上达的君子，追求的是道义；下达的小人，追求的是利益。也可见本章的君子、小人既不是就道德高尚与缺失而言，也不是就社会地位高低而言，比较合理的分野在于二者的文化素养与精神追求。

3. 在紧接本章所安置的下一章中，以古之学者指称本章的君子，他们所从事的是为己之学，以今之学者指称本章的小人，他们从事的是为人之学。这对理解本章的君子、小人，以及上达、下达之学很有帮助。

4. 后面16.11章孔子曰“隐居以求其志，行义以达其道”，暗示如下：

（1）上达达于道，下达达于器。

（2）上达的途径是行义，即事事奉行中庸之道。

5. 道有大道、小道之分。“大道之行也，天下为公。”（《礼记·礼运》）农工商贾，各行各业都出状元，所达在器的层面，是小达，也可提升到小道。子夏曰：“虽小道，必有可观者也，致远恐泥，是以君子不取焉。”（19.4章）小道致远恐泥，上升不到大道。大道的最高层面是天道。

6.《孟子·尽心上》孟子曰：“君子之所以教者五：有如时雨化之者，有成德者，有达财者，有答问者，有私淑艾者。此五者，君子之所以教也。”教成德，就是教上达于道；教达财，就是下达于器。

14.24 子曰：“古之学者为己，今之学者为人。”

孔子说：“古之学者，是为己而学的。今之学者，是为人而学的。”

1. 如果望文生义，为己之学是为一己之私，为人之学是造福人类，这样理解完全错了。［清］宦懋庸《论语稽》比较全面地区分了为己之学与为人之学：“古者八岁入小学，十五入大学，人无不学也。其入学也，自洒扫应对而极于修齐治平，皆切于实用之事，故曰为己。三代之后，惟士入学，其他则否。而士之为学，每以见知于人，博取富贵为心，较古人之学，名同而实异，故此章以‘为己’‘为人’两言括之。”

2. 学者为己，是求真才实学，不愿自欺欺人，态度一定端正。为人之学则只求过得去，这就是荀子所说的“入乎耳，著乎心，为己也。入乎耳，出乎口，为人也。为己，履道而行。为人，徒能言之”。

3. 知识体系发展到现在已非常完备，只是有一门学问是一直空缺的，就是孔子的“成己之学”，它研究人怎样造就自己。成己之学的一大原理是百年树人。据此推演，现代人退休前的岁月只是一生的三分之二，对知识工作者来说，只是为人生的不朽打基础，后三分之一的岁月原本可以大展宏图，而在现实中却大多被浪费掉。百年树人的半途而废，是最大的浪费，希望全社会尽早对此形成共识。

14.25 蘧伯玉使人于孔子。孔子与之坐而问焉，曰：“夫子何为？”对曰：“夫子欲寡其过而未能也。”使者出。子曰：“使乎！使乎！”

蘧伯玉遣使者来孔子家，孔子请使者一起坐下，然后问道：“近来夫子在做些什么呢？”使者对道：“夫子想减少过失，但减不了。”使者告辞出去。孔子说：“这位使者不得了，不得了！”

1. 蘧伯玉　卫大夫，名瑗。孔子在卫国时曾住在他家。孔子回鲁国后，蘧伯玉派使者来问候。《左传》记载鲁襄公十四年（前559）孙林父见蘧伯玉，当时蘧伯玉还年轻，但孔子到前551年才诞生，孔子寄住蘧伯玉家是前495年，蘧伯玉已是耄耋之年。

2. 与之坐　强调请使者入座，一方面表示对蘧伯玉与使者的尊敬，另一方面，如果简单地写“孔子曰：‘夫子何为？’”太没有礼貌。

3. 夫子何为　夫子是孔子对大夫蘧伯玉的尊称。

4. 欲寡其过而未能　“想尽量少犯错误，却做不到。”使者这样作答是很出人意料的：你这是代主人客气呢，还是说主人错误多得改不了？《庄子·则阳篇》中“蘧伯玉行年六十而六十化”，说蘧伯玉六十年在修德方面年年有改善变化；《淮南子·原道训》中“蘧伯玉年五十而知四十九年非”，也表明蘧伯玉想少犯错误仍免不了有过失，可见使者说的是实话。其实哪个人不是如此？不过没有蘧伯玉这份反省之心而已。所以使者的回答越谦卑，蘧伯玉的人品越显崇高。

5.“使乎！使乎！” 使者告退后，孔子忍不住赞美他说话得体：“这个使者啊！这个使者啊！”此时孔子感想复杂，不但觉得这样的使者真是不可多得的外交人才，也对蘧伯玉悠游林下的气度、用人得当有新的认识。

本章与上章一脉相承。蘧伯玉当时至少八十多岁，天天所想的是如何“寡其过”，这是终身学习，他肯定不是“为人”，纯粹是为自己人格的提升。

14.26 子曰：“不在其位，不谋其政。”曾子曰：“君子思不出其位。”

孔子说：“不在职位上，就不策划这个职位上的事。”

曾子说：“君子思考问题，不越出他当前的职位范围。”

本章上句已见《泰伯》篇，我们知道原始的《泰伯》篇清一色是孔子语，不便插入曾子语录。到《宪问》篇本章重出并加附曾子语作注，意思才算补足了。《宪问》篇也是不单独记录孔子弟子语录的，《朱注》把本章拆成两章。

本章上下句中的“位”都指从政职位，但在应用时，下句中的“位”比上句宽泛，可用于其他的“位”。曾子反对任何出位思考。出位思考于事无补，反而添乱。一个著名例子是：五星上将麦克阿瑟不思考怎样按杜鲁门总统的指示指挥朝鲜战争，而代替总统谈国策，甚至擅自发布政见，结果被革职。

曾子语后来成为《易 · 艮卦》之象辞：“兼山，艮[gèn]。君子以思不出其位。”《中庸》充分阐发了本章的思想：“君子素其位而行，不愿乎其外。……在上位不陵下，在下位不援上。”

14.27 子曰：“君子耻其言而[之]过其行。”

孔子说：“君子感到可耻的是做的不及说的多。”

《论语》在传世过程中有许多版本，本章用“而”字易滋生歧义。理解为君子“耻其言”“过其行”解释不通，本章《皇疏》与日本足利本用“之”，作“君子耻其言之过其行也”。君子所耻是言过头而行不足，言过其实。

按本章的精神，因时间有限、能力有限而行不足，没有上乘表现，因而不受人待见，这和诚信无关，并不可耻，只要你不说自己有多高明就是。可耻的是言过其实，那么其人之言就不可信。“人而无信，不知其可。”一个人失信，当然是可耻的。

14.28 子曰：“君子道者三，我无能焉。仁者不忧，知者不惑，勇者不惧。”子贡曰：“夫子自道也。”

孔子说：“称道君子有三句话，我一句都轮不上：仁者不忧，知者不惑，勇者不惧。”子贡说：“这三句正是称道夫子自己呀！”

1. 历代注家都把“君子道者三”等同于“君子之道有三”，王夫之《四书训义》不同意，指出：“仁智勇是德不是道。”但是王夫之接着说“此道字解作由也，由之以成德也”，我们对此也不敢苟同，因为这样无法贯通“君子道”与“夫子自道”。

“者三”的结构在《论语》中出现了多次，如“益者三友”“损者三友”“益者三乐”“损者三乐”“所贵乎道者三”。核心词（主语）都是动词：有益、有害、所贵，可见“君子道者三”的主语“道”就不会是名词了。

《论语》中“道”字出现了 87 次，大多数用法如“有道”“无道”“君子之道”，也有作道路解的，如“道听涂说”“中道而废”“死于道路”。从“君子道”与“夫子自道”的语法结构相同来看，本章出现的两个“道”是动词，用法一致，都是“称道”的意思。

君子身上体现了“仁者不忧，知者不惑，勇者不惧”。12.4 章司马牛问君子。子曰：“君子不忧不惧。”曰：“不忧不惧，斯谓之君子已乎？”子曰：“内省不疚，夫何忧何惧？”

准确地说，《中庸》点明知仁勇是三达德，是君子应拥有的三种美德。而“仁者不忧”等三句话是在君子身上表现出来的效果。

孔子说这三条他都称不上，是谦虚。孔子的意思不是说自己不仁、不智、不勇，而是说还有忧、惑、惧。例如 7.3 章子曰“德之不修，学之不讲，闻义不能徙，不善不能改，是吾忧也”，这就是孔子之忧。仁、知、勇不是一件出厂产品造好就完事了，而要靠日常维护。颜回“其心三月不违仁”，不维护就违仁。同样在某种情况下，也会出现不知、不勇的表现。

2. 夫子自道也　在子贡看来，孔子时时在“不忧，不惑，不惧”上努力奋进，弟子所见正是不忧、不惑、不惧，所以孔子称道君子的这三句话正是称道自己。后来“夫子自道”变成成语，意思是原本说别人，结果说了自己。

14.29 子贡方人。子曰：“赐也贤乎哉？夫我则不暇。”

子贡喜欢拿自己与人比高低。孔子说：“赐真那么了不起吗？换了我，就没这工夫与他人比较。”

1. 子贡方人　方，原义是两船并头而行，就有了比较的意义。《墨子·天志》：“中吾矩者谓之方，不中吾矩者谓之不方。”这是拿自己作标准与人比高低优劣。古注“方人”为比方人，也就是把人与人进行比较，是正确的。比如《先进》篇子贡问孔子“师与商也孰贤”，孔子回答“师也过，商也不及”后，子贡还要追问“这么说来师比商胜一筹”，一定要比出两人的高低。子贡不仅比较他人之优劣，还常把自己放进去与人争高低。《公冶长》篇开篇，孔子称赞公冶长、南容、子贱，紧接着的一章中，子贡问曰：“赐也何如？”——“那么我呢？”编者这么安排不无道理。

2. 赐也贤乎哉？夫我则不暇　孔子说：端木赐是高人一筹吗？换了我，自己见贤思齐见不贤而内自省还来不及，是没工夫与人比高低的。句中的“夫”是语助词。

3. 孔子自己也是经常比较古人、比较弟子的，那是为师者责任所在。子贡是弟子，身份不一样。比如划船比赛，子贡是选手，孔子是裁判。可曾见一号船的运动员有空评论二号、三号船的优劣？——夫我则不暇。

14.30 子曰：“不患人之不己知，患其不能也。”

孔子说：“不怕别人不知我，只怕自己够不着。”

本章的意思在《论语》中出现了多次。1.1 章：“人不知而不愠，不亦君子乎！”1.16 章：“不患人之不己知，患不知人也。”4.13 章子曰：“不患莫己知，求为可知也。”这些强调的都是不患人之不己知，要关心的是另外两点：一是怎样做到知人，二是自己有没有能力为他人所知。本章的精神到 15.19 章又阐发了一次。

可见孔子对这一思想的重视程度和践行之难，以致他要不断告诫。

14.31 子曰："不逆诈，不亿不信，抑亦先觉者，是贤乎？"

孔子说："不在事前猜测人欺诈我，不在事前揣想他人不可信，但临事遇人有诈与不信，也能先觉察到，这不是贤人吗？"

1. 逆诈　逆，逆料。逆诈，事先料想对方充假欺诈。人未必诈我，我无根据地揣测他企图使诈，孔子认为这不明智。

2. 不亿不信　亿，通"臆"，臆测。亿不信，事先臆测他人不可信。9.4 章"毋意"与此相通。

3. 抑亦先觉者，是贤乎　抑，轻微的转折语气。我虽然不逆诈、不亿不信，但是他人如有诈与不信，我亦能事先觉察。能不走两个极端，兼得这两方面，"无过无不及"，深得中庸之首，是贤明之人。无端地猜疑，失误在我；以小人之心度君子之腹，是不明事理人情；事先觉察不到对方的可疑，是愚蠢。

其实本章与孔子反复教导"患不知人"密切相关。无根据地怀疑人，是不知人；对侵犯自己的人事先不能觉察，也是不知人。

14.32 微生亩谓孔子曰："丘！何为是栖栖者与？无乃为佞乎？"孔子曰："非敢为佞也，疾固也。"

微生亩对孔子说："孔丘！你为何这样栖栖惶惶的，莫非是想做个佞者吗？"孔子说："我并不敢做辩士，只是厌恶固执己见[而希望说服他人]而已。"

1. 微生亩　微生，姓；亩，名。亦作尾生亩，似乎是位隐士。翟灏《四书考异》以为他就是微生高，恐怕不是。他既然直呼孔子之名，口气又傲慢，可能比孔子年长。

2. 栖栖　常年奔波而居无定所，所到之处都以礼义之道陈说人生。《唐诗三百首·五律》第一篇唐玄宗诗首联"夫子何为者？栖栖一代中"就是脱胎于此。

3. 为佞　"佞"在《论语》中出现 10 次。首次出现在 5.4 章。微生亩以为孔子到处逞口才游说国君大夫，就是佞。

4. 疾固也　疾，憾义。固，固执，固陋。当权者顽固，昧于仁义之道，不肯从善如流，孔子以此为恨，想要行道以教化。

通过孔子疾固，可以进一步理解 9.4 章“毋固”的意思。

14.33 子曰：“骥不称其力，称其德也。”

孔子说：“所谓良骥，并不是称道马的耐力，而是称道它的德性啊。”

骥，千里善马。德，指“调良”，即接受调驯而去顽劣。称赞一匹好马，不是就它能驰骋千里而言，是因为它善解人意，与人配合默契，并能与他马合作。孔子说的是良马，其实是说人才。在组织者看来，人才的优秀，不在于其个人能力高强，而在于高度适应组织发展的需要。春秋时代崇尚蛮力，不重德性，孔子才强调这一点。14.5 章南宫适把羿、奡之蛮力与大禹、后稷之德性相比较，孔子称赞南宫尚德，也是这个意思。

14.34 或曰：“以德报怨，何如？”子曰：“何以报德？以直报怨，以德报德。”

有人问：“以德报怨，怎样？”孔子说：“那用什么来报答恩德呢？应该是以正直报怨，以德报德。”

1. 以德报怨　有人以这四字相问，可见“以德报怨”的说法当时已经流行。怨是一种消极情绪，要尽量远离，《论语》里有不少论述。4.11 章：“放于利而行，多怨。”5.22 章：“伯夷叔齐，不念旧恶，怨是用希。”15.15 章：“躬自厚而薄责于人，则远怨矣。”但有了怨也不要藏匿，要想办法消除。5.24 章：“匿怨而友其人，左丘明耻之，丘亦耻之。”消怨的方式有不少，以德报怨却是不近人情的一种，比如面对杀父夺爱之人，你对他反而像是感恩戴德，这是矫情，是残忍。孔子断然予以否定。

2. 何以报德　人生在世，有怨报怨，有德报德，符合人之常情，也表现了感恩之心。一般人以怨报怨，以德报德，但有严重副作用：怨怨相报，何时得了？所以如何报怨，需要从感性层面上升到理性层面。但是，上升到以德报怨和情与理都完全背离：(1) 这是对恶的纵容，人人都可以对你行恶，而希望你报之以德；(2) 如果你对有大恩或有大怨之人都以德相报，只能说明你对仇人感恩，或对恩人毫不感恩。所以绝对不该以德报怨。

3. 以直报怨　这是孔子给出的原则。直就是公平正直。报怨的方式既不过分,又不像是优待,在他人从客观立场上看来恰如其分。“让正义得到伸张”这条原则完全正确,难点在于很难把握“直”的尺度。特别是杀父夺爱的大仇,怎样还报才是直？一是遵奉恕道,交换角色来看他对我这样还报是否公平;二是以法律为准绳,在理想状态下诉诸法律是最直的,不会让私怨掺杂进去。

4. 以德报德　这是天经地义的。古语说得好,“滴水之恩当涌泉相报”,这是“感恩”的题中应有之义。

5. 在战国时期问世的《老子》第63章提到了“以德报怨”问题:“为无为,事无事,味无味,大小多少,报怨以德。”前人因此以为这是儒家思想与道家思想针锋相对的一例,或否认孔子曾问道于老子。1993年出土的郭店楚简颠覆了这一成见。楚简上和该章相关的文字是“为无为,事无事,味无味。大小多易之,必多难。是以圣人犹难之,故终无难”。“报怨以德”四字原来是别处误植过来的错简,陈鼓应先生说,如果将“报怨以德”移到第79章“必有余怨”之下,则“文义相通”:“和大怨,必有余怨;[报怨以德],安可以为善!”这样看来,《老子》对“报怨以德”可能持反对态度。目前只好存疑。

14.35 子曰:“莫我知也夫!”子贡曰:“何为其莫知子也?”子曰:“不怨天,不尤人,下学而上达,知我者其天乎!”

孔子说:“没有人能知我吧!”子贡说:“为什么说没有人能知夫子呢?”孔子说:“我上不怨天,下不尤人,下学人道,上达天道。知我的,只有天吧!”

1. 莫我知也夫　孔子感叹:“没有人知道我啊!”据《史记·孔子世家》,哀公十四年西狩见麟,孔子曰:“吾道穷矣!”喟然叹曰:“莫我知夫!”正史记载西狩见麟,就一定有麟这种“仁兽”;仁兽见杀,孔子治乱世的良方无人欣赏,希望完全破灭,孔子才有此叹。孔子平日告诫弟子“不患人之不己知”,但自己周游列国14年,到处碰壁,回鲁国后垂垂老矣,虽然不愠,毕竟心中悲凉。思想超越时代者都有这种孤独感,其思想后人才能认识。孔子更是杰出,留下的思想遗产,竟见知于万世。

2. 何为其莫知子也　前人大多把"何为"译为"为何",似偏离原意,不如译为"为什么说没人知道您"或"此话怎讲"。

3. 不怨天,不尤人　成语"怨天尤人"出自本章,意思清楚,不再解释。孔子曾说:"如有用我者,吾其为东周乎!"(17.4 章)但孔子徒有复周礼之志,他"五十而知天命",上天不给他机会,他不怨天;没人肯用他,他不尤人。这是世事洞明的圣贤气象。

4. 下学而上达　《皇疏》:"下学,学人事。上达,达天命。"孔子"少也贱,故多能鄙事","入太庙,每事问",没有拜名师深造,终身学习无非为人处世,崇德修慝辨惑,都是"下学",但因其笃信好学,死守善道,形成独有的智慧,即用其判断决策中表现出的知识和经验,构建了一门成己之学,终于"上达"于天道。

5. 知我者其天乎　孔子的思想站在时代之巅,颜回对孔子的评价是"仰之弥高,钻之弥坚","虽欲从之,末由也已"(9.10 章),子贡更是将孔子"譬之宫墙:赐之墙也及肩,窥见室家之好。夫子之墙数仞,不得其门而入,不见宗庙之美,百官之富"(19.28 章)。孔子最优秀的弟子都不能窥见孔子的全豹,更不用说其他人了。由此可知孔子为什么会感叹:知我者只有老天爷吧!

14.36　公伯寮诉子路于季孙。子服景伯以告,曰:"夫子固有惑志于公伯寮,吾力犹能肆诸市朝。"子曰:"道之将行也与,命也。道之将废也与,命也。公伯寮其如命何?"

公伯寮在季孙处告子路阴状,子服景伯把这事告诉孔子,说:"因为公伯寮,季孙对子路一直不放心。以我的力量还能让季孙明白,让他杀了公伯寮,陈尸于市朝。"孔子说:"道能不能行,是命;道会不会废,也是命。公伯寮能对抗天命吗?"

1. 公伯寮　公伯氏,寮名,鲁人。《史记》把他列为孔子弟子,"寮"作"缭"。从本章内容看,孔子并不拿公伯寮当弟子看。

2. 诉子路　"诉"在 12.6 章中出现过,与"谮"(进谗言)不同,是背地告状的意思。

3. 子服景伯　鲁大夫子服何,是长子,字伯,景是谥号。[清]孙冯翼辑《世本》说他是孟献子仲孙蔑的重孙:“献子蔑生孝伯,孝伯生惠伯,惠伯生昭伯,昭伯生景伯。”

4. 夫子固有惑志于公伯寮　夫子指季孙。因为公伯寮的关系,季孙对子路一直不信任。司马迁引子服景伯语也是这么理解的。

5. 吾力犹能肆诸市朝　肆,指处以死刑后,陈尸示众。子服景伯是孟孙一族,他称有力量在季孙前为子路澄清,并使季孙诛杀公伯寮,陈尸于市朝。“肆诸市朝”可能是当时习语,市、朝连言。按周制,大夫陈尸于朝,士陈尸于市,为期三天。公伯寮是士,应该肆于市。

6. 道之将行也与,命也;道之将废也与,命也　如果道能行,是命,公伯寮再在背后告状也没用。如果道将被废掉,即使公伯寮不告状也照样废,这也是命,并非公伯寮左右得了。

7. 公伯寮其如命何　“公伯寮能斗得过命吗?”孔子这么说,其实是让景伯不要把事态复杂化,让子路也不要惴惴不安,对公伯寮也无疑是个警告。从本章孔子最后一句话的语气来看,孔子不称公伯寮为“寮”,两人不像是师生关系。

儒家的天命观表现在人寿上,并非一切听天由命。为了延年益寿,君子要做一切该做的事,这是义,义不可违。如果人事已尽,该活多少岁就是多少岁,这就是命,命不可争。常人则不同,会与天命斗智斗力,不管义不义,直到智穷力竭才不甘心地歇手。以本章来说,孔子也可借子服景伯之力除掉公伯寮,但孔子并没有这样做,随意剥夺他人的生命并不合道义。反之,历史上多的是这般人,他们根本不循义行事,所抱宗旨是“顺我者昌,逆我者亡”。

14.37 子曰:“贤者辟世,其次辟地,其次辟色,其次辟言。”

子曰:“作者七人矣。”

孔子说:“贤者避离人世。其次,避开乱国危邦。又其次,避开不善待我之处。再其次,避开出恶声之处。”

孔子又说:“起而避之的,已有七人了。”

1. 辟　通“避”。“辟”字左边象形,有人蹲坑,如图。右边的“辛”字作一人转身走避状,其实此“辛”通“辠”。证据是“辨”“辩”同属“辡”部,据《说文》,“辡”的意思就是“辠

(罪)人相与讼。从二辛”。而“辠”字“从辛从自(鼻子),言辠人蹙鼻苦辛之忧”。所以“辟”的一义是(受不了而)急忙走避。

2. 贤者　善于安身立命的智者,按趋义避害的深浅分四等。

第一等避世,如桀纣时代天下无道,则远离尘世。孔子也动过“乘桴浮于海”、欲居九夷的念头。

第二等避地,危邦不入,乱邦不居,尚有治邦可入。《史记·孔子世家》中“孔子居陈三岁,会晋楚争彊,更伐陈,及吴侵陈,陈常被寇。于是孔子去陈”就是一例。

第三等避色,即使是治邦贤君,我也有种种原因待不下去,君“色斯举矣”,我见颜色不对便远走。

第四等避言,对国君即使未能察言辨色,他对我说话难听了,就离去。

可见采用哪种避法,是根据不同处境而言,并非第一等最高明,只是避得最深而已。

3. 作者七人矣　按此原则起而避去的贤者,孔子说已有七人了。这七人绝不是把自桀纣无道之来避世避地的无数贤者统计在内,孔子也无法统计,所以孔子所说的一定是他所知的七位同时代人。下面两章就举了两位作者。整部《论语》有记录的孔子所遇避世避地的隐士,有长沮、桀溺、荷蓧丈人、石门晨门、荷蒉者、仪封人、楚狂接舆,恰好七人。

14.38　子路宿于石门。晨门曰:“奚自?”曰:“自孔氏。”曰:“是知其不可而为之者与?”

子路在石门外住了一宿,清晨赶路进鲁城,守门人问他:“你从哪里来?”子路说:“从孔先生处。”守门人说:“就是那明知干不成而还要干的人吗?”

1. 石门　鲁国都城曲阜外城有十二门,南面第二门叫石门。子路从南郊进城时城门已闭,只好在石门外过夜,待天明进城。

2. 晨门　负责清早开城门的守门人,以职务相称。

3. 奚自　从哪里来? 子路清晨等候开城门,行人稀少,才有可能被守门人询问。

4. 自孔氏　孔子做过鲁国大司寇,在曲阜提起孔氏,守门人应该明白是他。由子路的回答我们也可知道,当时孔子在南方国家(如宋、陈、

蔡)停留,让子路回国探家。

5. 是知其不可而为之者与　守门人吃不准孔氏是不是指孔子本人,但对孔子周游列国去宣传恢复周礼到处碰壁有所耳闻,所以又发此问,等于为孔子十余年的奔波以一语作结,可见其人是一高尚隐士,不隐于山林,而隐于市。但晨门对孔子的努力并不认同:明知不可为还到处去碰壁干什么?其实这正是孔子坚持的知天命、尽人事。

14.39 子击磬于卫。有荷蒉而过孔氏之门者,曰:"有心哉!击磬乎!"既而曰:"鄙哉!硁硁乎!莫己知也,斯已而已矣。'深则厉,浅则揭。'"子曰:"果哉!末之难矣。"

孔子在卫国,一日正击磬。有人担着草袋经过门口,说:"这位是有心人啊!在以击磬方式抒发呢!"过了一会儿又说:"格调不高嘛!听那硁硁的声音,认直不转弯。没人欣赏你,你孤芳自赏也行呀![《诗》不是说吗?]'水深,反正衣裳湿透,索性和衣涉过去。水浅,才撩起衣裳小心涉河。'当机立断呀!"
孔子说:"这人太武断了,那么不理解我,和他没什么可争辩的了。"

1. 磬　"磬"字从石,古代一种石制打击乐器,也有用玉雕成的。磬悬挂在磬架上,用磬槌去击打发声,如图。

2. 荷蒉　荷,用肩膀承重(扛或挑)。蒉,音溃,草字头,是用来盛泥土的草编筐袋。有别于"为山九仞,功亏一篑"的"篑"(竹筐)。

3. 有心哉,击磬乎　荷蒉者听了叮叮当当的磬声竟说:"哟!这位先生是位有心人呀!在通过击磬表达他的心思呢!"

4. 鄙哉,硁硁乎　听了一会儿后他又说:"也不怎么高雅呢!你听那硁硁硁的声音!"

据《史记·孔子世家》记载,孔子击磬的这段经历发生在周游列国时第三次过卫国、其政见不为卫灵公所用那段时间,下面17.6章提到,孔子在卫国时，鲁哀公五年（前490）晋国的赵简子正攻打范氏、中行氏统治的中牟，佛肸是范中行的家臣、中牟的邑宰，有守土之责，但他以地方对抗中央，形同叛逆。这时佛肸让孔子过去，孔子也想去，被子路阻止。孔子从政的愿望无法实现，当场发牢骚说：我难道是药葫芦吗，怎么能系在一起不当菜吃呢？这种空怀经国济世之心而不能施展抱负的郁闷之气多少会在磬声中表现出来。

5. 荷蒉者接着说："莫己知也，斯己而已矣。"意思是：世人都不了解你、不赏识你，你孤芳自赏就是了嘛！

6. 深则厉，浅则揭　出自《诗经·邶风·匏有苦叶》篇首："匏有苦叶，济有深涉。深则厉，浅则揭。"

有两种葫芦：一种叫瓠（音护，如右上图），比较可口，像今天餐桌上的西葫芦般，可以当菜吃；一种叫匏（音袍，如右下图），比瓠大，味苦不能吃，但干透了可以藏小物件。

把匏一剖为二可以当水瓢，串在一起系在腰间可以当救生圈涉水渡河，所以《匏有苦叶》起首两句把"匏"和"深涉"联系在一起。荷蒉者念"深则厉，浅则揭"，说的就是水深水浅。"厉"是和衣涉水，"揭[qì]"是撩起衣服下摆涉水。水深过河，总免不了衣裳湿透，只好随它去；水浅就撩起衣服蹚过河，以免濡湿衣裳。

荷蒉者引用这两句诗提醒孔子：如果政治还有希望，你可以谨慎用事，用你的才能力挽狂澜；如果天下无道，无药可救，就顺其自然吧！

7. 果哉！末之难矣　门内的孔子知道了门外荷蒉者这番意见，只向门人回应了一句话："好果决啊！"果决在哪里呢？古人的解释多半是：孔子认为荷蒉者在不理解他为什么常处于"知其不可为而为之"的情况下就断定他是不识时务，未免太仓促地下结论了吧！朱熹不同意这种解释，他的理解是：孔子认为这人看透世情，毅然决然割断尘缘，忘记世事，当个隐士，心肠好硬。

前人都把"末之难矣"中的"末"理解为"无"，即对对象的否定。否定什么呢？根据对"果哉"的不同理解，"难"也有两种解释。一种是看作动词，解释为"问难"——"好武断啊！那么不理解我的话，和他没有什么可争论的了"。朱熹则把"难"看作是名词，解释为"困难"——"好果决啊！把人世看得那么穿，连责任也一并抛却，当然什么也难不倒他了"。

这两种解释似乎都能说得通，只是从语感来说，"末之×矣"这种句型,×处应当代入动词。再说,前一种是孔子根据荷蒉者的话作出的直接反应,比较自然。后一种则假定孔子在没见到荷蒉者的情况下根据其寥寥数语便对其人的身份与人生观作出判断,比较曲折,有点刻意求深了。

14.40 子张曰:“《书》云:‘高宗谅阴,三年不言。’何谓也?”子曰:“何必高宗,古之人皆然。君薨,百官总己以听于冢宰,三年。”

子张说:“《尚书》上说‘高宗谅阴,三年不言’是什么意思?”孔子说:“不仅仅是高宗,古人都是这样。国君死了,[继位君主三年不主政,]由朝廷百官总摄己职听命于冢宰。”

上章孔子击磬于卫,客居他邦,也有闲适的时候。随侍在身边的弟子在干什么?子张就有时间读书。本章是《论语》中不多见的向孔子请教古代史知识,而不是问自己怎样做人。

1.《书》　指《尚书·无逸》篇。全篇是周公语录,第一段提纲挈领,周公强调,上位君子不能贪图安逸:

周公曰:“呜呼!君子所,其无逸。先知稼穑之艰难,乃逸,则知小人之依。相小人,厥父母勤劳稼穑,厥子乃不知稼穑之艰难,乃逸乃谚。既诞,否则侮厥父母,曰:‘昔之人无闻知。’”

接下来以殷中宗为正面案例:

周公曰:“呜呼!我闻曰:昔在殷王中宗,严恭寅畏,天命自度,治民祗惧,不敢荒宁。肆中宗之享国七十有五年。”

第三段就说到殷高宗:

其在高宗,时旧劳于外,爰暨小人。作其即位,乃或亮阴,三年不言。其惟不言,言乃雍。

子张所问,就是上面这段文字。其大意是:到殷王高宗时,他登位前长期在宫外劳作,深入接触底层民众。等到他就王位后,“乃或亮阴,三年不言”。正因为他不轻易说话,一说大家就遵从。

子张的疑问应当是上面引号内八个字。他不会不知道《尚书》说的高宗是商朝中兴帝王武丁。他的疑问可能是下面两种之一:(1)什么叫谅阴(亮阴)?(2)“三年不言”是怎么一回事?子张所问究竟是什么,只要看孔子针对什么回答就知道了。

2. 谅阴　郑玄解释为守丧凶庐,后来注家进一步发挥出“谅阴”即

"梁闇",大意是君王去世,新君继位要居丧三年,盖一草屋(闇,同庵)食宿,只有一横梁,形如茅屋屋顶,屋檐着地,茅草披到地面,没有楹柱门窗,光线很暗,人从两旁进出。

从语法来说,"谅阴"应是动词,表示高宗的行为举止。按郑玄的理解,"谅阴"变成了名词"凶庐",语法通不过,应予以舍弃。与其把"谅阴"说成"梁闇",还不如说它是"晾阴"——把高宗晾在一边呢。看来,还是《朱注》最稳妥:"谅阴,天子居丧之名,未详其义。"

3. 何必高宗,古之人皆然　孔子首先回答说,谅阴和三年不言并不是专门针对高宗的,古代朝廷对新继位君王都会做出同样的安排。居丧三年中,嗣君并非一言不发,而是不就政事发表意见。

4. 君薨,百官总己以听于冢宰,三年

(1) 帝王去世称"崩",王公贵族去世称"薨"[hōng],本章以薨代崩。

(2) 总己,总摄己职。好比后世的六部尚书,各自把本部的事务滴水不漏地抓起来。

(3) 冢[zhǒng]宰　商代官名,相当于后世的宰相。

孔子说,所谓"谅阴",不但是殷高宗,所有继位新君都得这样:君父去世那三年,继位新君自己暂时没有政治主导权,由百官分揽全部职责,听从冢宰的统一指挥。这就是孔子对"谅阴"的解释!

既然如此,现代人也可以直截了当地倒推"谅阴"的意思。阴,可以理解为暗地里、不出面,而谅,《玉篇》曰:相也,助也。《广韵》曰:佐也。《正韵》曰:照察也。这样理解,凶庐不凶庐的,就完全无所谓了。

14.41　子曰:"上好礼,则民易使也。"

孔子说:"在上位者能好礼,民众就容易差使了。"

在君臣、父子、夫妇、朋友等各种人际关系中,礼主区别;礼对相处的双方,意义不同。正像私宅的院墙,作为外人,不得擅闯;作为主人,对叩门者应当礼待。居上位者的好礼,不是突出君尊民卑,而是以礼让为国(4.12章)突出一个让字。上好礼,用以对待下位者,下位者也必以适当方式相待。子曰:"君使臣以礼,臣事君以忠。"(3.19章)二者互为因果。下级需要得到上级的尊重(这是人性的基本需求),他的积极性也就调动起来了。"士为知己者死"就是这个意思。

本章有一个想不到的用途，就是为 1.12 章的标点提供证据。礼是规章制度，怎样操作，至为重要，所以有子特别强调“礼之用，和为贵，先王之道斯为美，小大由之”。本章就是一个用礼的实例。处上位者如果对本章有体会，一定会向有子表示感谢：“不佞已知‘和’之贵也，请事斯语矣！”然而按对 1.12 章的传统句读，有子听完感谢后马上板起脸说：“有所不行！知和而和，不以礼节之，亦不可行也！”处上位者一定不知所措——我没说“不以礼节之”呀！可见“小大由之”后面那段话一定不是有子说的。

14.42 子路问君子。子曰：“修己以敬。”曰：“如斯而已乎？”曰：“修己以安人。”曰：“如斯而已乎？”曰：“修己以安百姓。修己以安百姓，尧舜其犹病诸！”

子路问怎样成为君子。孔子说：“提高自己的修养，安顿好自己。”子路说：“这样就够了？”孔子说：“修己，做好安人的工作。”子路又说：“就这些？”孔子说：“修己，以安天下百姓。不过要做到这一点，就连尧舜也头痛呢！”

1. 修己以敬　孔子教育弟子，都以君子为目标。要成为君子，须从修己开始，也就是在格物致知的基础上诚意正心以修身：自尊自爱，以敬其身，兼敬其事。

现代人容易把一个“敬”字放过去，觉得它无非表示尊敬他人，古人不是这样看的。一部《礼记》，如果用三个字概括，那就是《礼记·曲礼》第一句的“毋不敬”。《曲礼》曰：“毋不敬，俨若思，安定辞，安民哉！”这个敬字表现于庄重的神态、坚定而又从容的言辞，由近及远首先指向安顿自己，然后是下文的安人，最终是安民，即安百姓。

2. 修己以安人　修己是本，安人是末。安人从身边做起，渐渐扩大，如亲属家族、事业伙伴。同时君子渐居上位。

3. 修己以安百姓　安人指安周边之人，还局限于一个小范围；安百姓则指安抚素昧平生的国人，此时君子已居于一个国家的领导地位，所不变的是仍然强调修己为本。

4. 尧舜其犹病诸　病，感到头痛。连尧、舜这样的圣君也怕以一己之力不能安百姓。从现代人的角度看，要安的是广大百姓，需要无数基层领导修己安人，更重要的是有坚强的制度保障，以替换系统内不合格的元件，而这可能还得从敬奉《论语》精神做起。

接下来的两章可以看作“修己以敬”的反面例子。

14.43 原壤夷俟。子曰：“幼而不孙弟，长而无述焉，老而不死；是为贼。”以杖叩其胫。

原壤蹲踞在地等孔子前来。孔子说：“小时候，不尊重兄长，年长了，又没有什么可称道的。老了一无贡献还不死。这就是偷生为贼。”说完用手中所拄之杖敲敲原壤的小腿。

1. 原壤　鲁人，孔子的乡里故旧，小时候孔子就熟悉他。

2. 夷俟　夷，华夏周边未开化民族的泛称；俟，等候。夷俟，本意是用蛮夷的坐姿等候，古人提炼出的共同特点就是“踞”着等候，所以夷俟=踞俟，而前人在解读本章时简化为注“夷=踞”，很容易误导读者。华夏古人席地而坐的正确姿势是跪坐，两膝着地，人坐在脚跟上。而“踞”既可指蹲踞，也可指箕踞，不同的蛮夷有不同的习惯，恐怕不能确定原壤是以哪种姿势踞着。

蹲是两足底着地，臀部不着地。《皇疏》解释夷踞是蹲踞，“壤闻孔子来，而夷踞竖膝以待孔子之来也”，可见蹲踞是一种坐在地上、脚板着地、双手抱小腿、两膝高耸的姿势。历代注家如朱熹大都认同夷踞指蹲踞。箕踞则是一屁股坐在地上两脚向前分开，像畚箕状。

无论是蹲踞还是箕踞，虽然舒服自然，但因古人无论男女都以上衣下裳裹着全体，裳内不需要穿内裤，以利大小便，所以这种随意坐地的坐姿极不雅观，特别是蹲踞。孔子来访，原壤本应出迎，却以不雅观的姿势坐等，孔子见了很是不满，为原壤的人生三阶段做了总结。

3. 幼而不孙弟　孙弟，即逊悌。孔子对未成年人的要求首先是“入则孝，出则弟”，原壤从小对待长者就不礼貌，从根本上就没有好好学习。

4. 长而无述焉　无述，无足称道。原壤成年后讲不出一点成就与优点。

5. 老而不死　孔子说，你原壤一贯无益于社会，现在已步入老年，还踞俟无礼，为晚辈作出坏榜样，不如早早回归尘土。这样的人老而不死，

也算是一项罪状。

6. 是为贼　贼，所偷者为本应有价值的人生。原壤少之时、壮之时、老之时一无足取，总是那么碌碌无为，偷走上天赐予的光阴。后人割裂理解，称“老而不死是为贼”，似乎人老就得乖乖赴死，这完全是曲解。

《大戴礼记·曾子立事篇》：“少称不弟焉，耻也；壮称无德焉，辱也；老称无礼焉，罪也。”这很像是曾子对《论语》本章的解读，说明了为什么下面这种人老而不死被称作贼：小时候被人称作“不弟”，就是孔子说的“不逊弟”，可耻；壮年被人称作“无德”，就是孔子说的没有什么德行值得人们称道，更是耻辱；老了被人称作“无礼”，例如原壤这种“夷俟”，就是一种罪。原壤这副德性，用今天流行的话来说，就是“坏人变老了”。

7. 以杖叩其胫　胫，小腿。股指大腿。按古礼，“五十杖于家，六十杖于乡”，本条记事在孔子 67 岁返鲁后，他出门日常拄杖。叩，敲击。孔子用拐杖敲了敲原壤的小腿，像是要他端正姿势的样子。

8.《礼记·檀弓下》载有一段故事，可见原壤年轻时的逊悌是有问题：

孔子之故人曰原壤，其母死，夫子助之沐椁，原壤登木曰：“久矣予之不托于音也。”歌曰：“狸首之斑然，执女手之卷然。”夫子为弗闻也者而过之。从者曰：“子未可以已乎？”夫子曰：“丘闻之，亲者毋失其为亲也，故者毋失其为故也。”

原壤母亲去世，孔子替他办了椁的木料，原壤登上木料说：“我好久没有依托歌声抒情了！”于是唱了一首民歌，意思是“木材纹理像狸首般华彩，材质像女子的手那般滑腻！”孔子像没听到般走开去。随从弟子说：“您不能让他消停吗？”孔子说：“我听说，亲情不能失其为亲情，故旧也不要失其为故旧。”意思是：原壤唱歌以抒发思母之情，虽然这种方式不合礼数，但我不能阻止他表达亲情；他毕竟是我的故旧，不能为此指责他而断了交情。

9. 周礼到了孔子时代，不遵从的、以反抗为时尚的人士所在多有，原壤似乎就属于“垮掉的一代”。但母亲死了，他内心一定是悲哀的，可能只是长歌当哭罢了，要真与他较劲，只有断交。两害相权，孔子采取了默忍的态度。至于夷俟，毫无道理，不可不敲打一番，让原壤反省。

孔子与原壤自小相识，好比鲁迅和闰土。几十年后，两人分化入两个阶层，彼此有天壤之别。造成巨大分化的因素，就是教育。

14.44 阙党童子将命。或问之，曰："益者与？"子曰："吾见其居于位也，见其与先生并行也，非求益者也，欲速成者也。"

阙党有一童子奉党人之命到孔子处传递信息。有人问道："那童子是同龄人中最出挑的吧？"孔子说："我见他坐在客位上，又见他和成年人并肩而行，那童子不是好学上进之人，只不过是想早点摆出大人的腔调而已。"

本章在理路上承接上一章。上章的主角无赖，老而不死，本章的主角幼而不逊悌。

1. 阙党　古代五百家为党，此党名"阙"。《荀子·儒效篇》："仲尼居于阙党。"前人说阙党即阙里，孔子旧里。

2. 童子　《礼记·曲礼上》："人生十年曰'幼'，学；二十曰'弱'，冠；三十曰'壮'，有室；四十曰'强'，而仕；五十曰'艾'，服官政；六十曰'耆'，指使；七十曰'老'，而传；八十、九十曰'耄'；七年曰'悼'。'悼'与'耄'虽有罪不加刑焉。百年曰'期'，颐。"

了解以上常识，有助于读古文。例如《曲礼》说古人二十岁称"弱"，冠指戴帽子。后来便以"弱冠"为二十岁的代称。郑玄说：不满二十岁称童子，把今天可以为人父的大学二三年级生都包括进去，未免太宽泛。刘氏《正义》说，"年十六以上为成人"，以下为童子，则比较合理。

3. 将命　奉命、传命。这童子可能是党人派来向孔子传递信息的。

4. 或问之，曰：益者与　益，上进。童子传达完辞命离开后，身边人就问孔子：党人派来的这位童子举止老练，算不算同龄人中表现上乘的？孔子也是第一次见此童子，根据他进来后的举止分析其人，见下文。

5. 居于位　孔子看到童子一进来就坐到客位与孔子分庭抗礼，像是大人一样，不懂礼貌。按古礼，童子随长者，无论是做客还是作为主人，只能在房间角落里就地坐，没有座席。即使童子一人前往传命，进门也只能先站着与孔子对话，听孔子安排，而这童子不知礼让。

6. 与先生并行　孔子成年弟子引童子入室，孔子见童子与大人并肩而行，俨然一副大人样。按古礼，"父之齿随行，兄之齿雁行"：跟长辈走，只能跟在身后；跟年龄大些的走，只能跟在身边，并退后一两步。可见这童子没规矩。

7. 非求益者也，欲速成者也　孔子由此断定，这童子并不是借各种机会学习应对进退的，他并不求多有长进，只求快快像一大人。

《宪问》篇这最后两章像是附录，记了孔子在乡党的两件事。原壤是孔子从小就认识的，几十年以后孔子见他没有什么长进，为老不尊，连坐相也不愿学好，狠狠批评了他一顿，还用拄杖敲敲他的脚胫。本章的阙党童子孔子虽然并不认识，但只看他从进门到出门的表现，当时已过"耳顺"之年的孔子便从童子的举手投足知道了他的心思。这两件事都很小，给后世读者的回味却很浓。

《论语》7.27 还记了孔子更早年间周游列国时接见一名互乡童子的事。这童子"难与言"，孔子却"与其进"，与本章"抑其速成"恰成对比。

卫灵公篇第十五

《论语》下编前四篇是第一板块，以先进孔门的弟子为线索串成；第二板块由第十五、十六、十七篇构成，是孔子参政与周游列国期间的记载，突出政事，多涉及深层次，三个篇名排列以人物尊卑为序。本篇42章，结构较杂，有记载政事的（1，5，11），论人物的（7，14），论学的（3，26，31，32，39），论君子的最多（2，6，7，9，10，18—23，32，34，37），论仁知德行的（4，6，9，10，13，24，33，35，36，42），嘉言（8，12，15，16，17，25，27，28，29，30，38，40，41）。

15.1 卫灵公问陈于孔子。孔子对曰："俎豆之事，则尝闻之矣；军旅之事，未之学也。"明日遂行。

卫灵公问孔子兵阵之事。孔子对道："俎豆礼容之事，我倒是知道一点的；军旅之事，却没有学过。"第二天孔子就离开卫国了。

1. 卫灵公　见14.19章。陈—阵，古今字。卫灵公问孔子军队布阵之事。

2. 俎豆　俎方豆圆，都是盛祭品的器具，如下图，孔子小时候就很熟悉。据《史记·孔子世家》记载："孔子为儿嬉戏，常陈俎豆，设礼容。"

孔子说没学过军旅之事,是托词。据《史记·孔子世家》,哀公八年(其实是哀公十一年)齐国伐鲁,冉有为季氏将师,与齐战于郎,克之。季康子曰:“子之于军旅,性之乎?学之乎?”冉有曰:“学之于孔子。”

卫灵公非礼无道,只关心打仗征伐。卫灵公与孔子谈话第二天又有一次谈话,卫灵公态度冷淡,空中有鸿雁飞过,卫灵公抬头盯着看,谈话心不在焉。孔子知道卫灵公对治国以礼为本毫无兴趣,当天就离开卫国又回到陈国。据《史记·孔子世家》记载,这是公元前494年(鲁哀公元年)春的事,而那年夏天卫灵公就去世了。

《左传·哀公十一年》记载了孔子一段类似的话,却是与卫大夫仲叔圉(见5.14章与14.19章)讲的:“孔文子之将攻大叔也,访于仲尼。仲尼曰:‘胡簋之事,则尝学之矣;甲兵之事,未之闻也。’退,命驾而行,曰:‘鸟则择木,木岂能择鸟?’”看来,如果不是古籍将同一件事传错,那就是“子之所慎:齐、战、疾”(7.12章),孔子一听到国君大臣谈用兵之事就敬谢不敏。

15.2 在陈绝粮,从者病,莫能兴。子路愠见,曰:“君子亦有穷乎?”子曰:“君子固穷;小人穷,斯滥矣。”

孔子在陈国断了粮食,从行的弟子们纷纷饿倒,都起不来。子路一脸不高兴地来见孔子,说:“君子也会有陷入困境的时候吗?”孔子说:“君子固然也会陷入困境,但守得住;小人陷入困境,便无所不为了。”

1. 在陈绝粮　孔子在陈国断粮是哪一年,是历史上一桩悬案。有哀公元年、三年、六年多种说法。从本章口气接上章来看,很可能是哀公元年(前494)之事。

2. 从者病,不能兴　从者指孔子弟子。兴,起身。弟子们饿昏了爬不起来。

3. 子路愠见,曰:“君子亦有穷乎?”　愠见,含怒见孔子。穷,阻塞不通,与“通”相对。子路以为,跟着世事洞明的老师,无往不利,何至于到今天穷途末路的境地,实在想不通。如果子路没有表现出不高兴,《论语》编者不可能用“愠见”的字样,可见当时其神态语气必带有对老师的责问。“天有不测风云,人有旦夕祸福”,子路不知这也是天命,即种种因所生之果。

子路所问的是：君子也有走投无路的时候吗？孔子应该直接说：“有啊！”但在本章中被省掉了。孔子进一步解释，同样处于窘境，君子与小人的表现完全不同。

4. 君子固穷；小人穷，斯滥矣　“固”字兼固然、坚守二义。河岸固若金汤，守得住。《论语》以“约”表之。滥，约束不住。同时指出：君子固然也会穷，却守道不变，固守其穷，不会泛滥（参见 4.4 章“贫与贱，是人之所恶也，不以其道，得之不去也”，哪怕颠沛流离）；小人则不同，行事会越出常规，如洪水泛滥一发不可收拾。参读《中庸》：“君子居易以俟命，小人行险以侥幸。”意思是：小人以身家性命相搏，以求一夜暴富成功，与此相比，君子甘于过清贫寡淡的生活，等候命运召唤。

15.3　子曰：“赐也！女以予为多学而识之者与？”对曰：“然，非与？”曰：“非也。予一以贯之。”

孔子说：“端木赐呀！你以为我是学了好多而一一记在心的吗？”子贡对道：“当然啦！难道不是吗？”孔子说：“不是的。我是以一条线索来贯通的。”

孔子之道博大精深，不但子路不明君子亦有穷时，子贡也有误读。

1. 多学而识之　识[zhì]，记忆。孔子博学，弟子可能以为孔子是记性好，把学到的知识一一记在心的，所以孔子对这误解要确认并澄清一下，而有此问。

2. 然，非与？　子贡果然以为这是毋庸置疑之事，随口一答，而后犹豫了一下，便反问一句——难道不是吗？

3. 一以贯之　4.14 章中孔子对曾子也说过“吾道一以贯之”，那里贯通的是孔子之道，曾子以为贯通的线索是“忠恕”；在本章中贯通的是孔子之学，贯通的线索是学问的纲领。例如诗三百，孔子用“思无邪”来贯通。又如不同弟子问仁，孔子回答都不同，其实是用“仁者相人偶”来贯通，也就是：虽然“仁者，爱人”，但亲亲为大，对待不同的人都有最合适的分寸（比如信近于义，才值得信守；恭不近于礼，就自取其辱）。孔子并非杂乱无章地记住一大堆知识，而是归纳整合，由厚返薄，体现整体性和层次性，组成体系。19.27 章子贡曰：“文武之道，未坠于地，在人。贤者识其大者，不贤者识其小者。”大者，就是贯通全体的东西。

又如 9.7 章，有鄙夫请教孔子，孔子又不是样样都懂都装在肚子里，他的办法是“叩其两端而竭焉”，这是孔子思想方法论中无往不利的武器。

15.4 子曰：“由！知德者鲜矣。”

孔子说：“仲由！知道德的人很少！”

前章、上章与本章，孔子一直在指出弟子认知的盲区。前章是子路无意中暴露的。上章是孔子估计子贡长期误会的。本章孔子也不先设问“由也，女自以为知德乎？”而是直截了当地告诉子路：真正知德的人是很少的，当然包括子路在内。

子贡惋惜孔门弟子听不到孔子谈性与天道。相比之下，《论语》中“德”字的出现多达39处，除三处出自曾子、子夏口中，其他都是孔子提到的。弟子们大概觉得对“德”应该很熟悉了，本章孔子却给子路以当头棒喝。王肃、韩愈、朱熹都以为本章是针对前章“子路愠见”而发的，但《论语》编者特地在其中插入告子贡多学一章，应该是为了避免读者将本章与前章直接挂钩。

孔子告诉子路“知德者鲜矣”，似乎要从“德者得也”的角度深入领会。德不同于一般“入于耳，出于口”的知识，是通过个人修为对天道的消化吸收，重在笃行。孔子要表达的，同6.28章说的“中庸之为德也，其至矣乎！民鲜久矣”精神是一致的。中庸是至德，且表现为为人处世的知仁勇三达德，足以担当起孔子所说的“予一以贯之”。在《中庸》里，仁与知有两位代表——颜回之仁与大舜之知。下章安排赞颂大舜，恐怕不是偶然的。

15.5 子曰：“无为而治者，其舜也与！夫何为哉？恭己正南面而已矣。”

孔子说：“能无为而治的，就是舜了吧！他做了些什么呢？也就是自己恭恭敬敬、端端正正坐北朝南罢了。”

后世道家极力鼓吹的无为而治，其实孔子并不提倡。本章强调的是：无为而治，只有舜才做得到。而前贤认为，舜之所以能做到，一是因为尧舜时代社会结构简单，二是舜上承尧，下授禹，三圣相系，三是舜的周边人才济济。

恭己正南面　舜无为而治，人们眼中看到的舜，就是恭恭敬敬地朝南面端坐着，这就是《为政》篇开头所说的“为政以德，譬如北辰，居其位而众星共之”的气象。其实劳心者的工作完全不同于劳力者的奔忙。舜的工作除知人善任、分层负责外，核心是正其身、垂范天下。13.13 章的“苟正其身矣，于从政乎何有？不能正其身，如正人何？”就揭示了这层意思。

15.6 子张问行。子曰：“言忠信，行笃敬，虽蛮貊之邦行矣。言不忠信，行不笃敬，虽州里行乎哉？立则见其参于前也，在舆则见其倚于衡也，夫然后行。”子张书诸绅。

子张问怎样使自己到处行得通。孔子说：“说话忠信，行事笃敬，即使到野蛮的地方，也行得通。说话不忠信，行事不笃敬，就算近在家乡，行得通吗？要做到站立时好像见到‘言忠信，行笃敬’这几个字就竖在面前，坐在车上好像见到这几个字靠在车前横杠上，然后你便能通行无阻。”子张把这六个字写在他的衣带上。

1. 孔子弟子之问，多问儒学关键词，如问孝、问仁、问智、问政之类，“子路问君子”，读者听得明白；而“师也辟”，子张会问些冷门术语，例如 12.6 章“子张问明”，“明”字在《论语》中出现了 11 次，此前都用于人名或“明衣”“明日”，只有一处“视思明”，还要到后面 16.10 章才出现，所以子张对“明”字发问，读者没有足够的知识储备，只好从下面孔子的回答中补缺补漏。

本章“子张问行”也一样，当时孔子肯定是听懂问题所指了，但后人缺乏语境，就吃不准是问品行端正、出行顺遂，还是问“文行忠信”中的“行”指什么。

孔子的答语中有五个“行”字。“行笃敬”“行不笃敬”中的两个“行”指为人处世，答语中其他三个“行”（“虽蛮貊之邦行矣”“虽州里行乎哉”“夫然后行”）则针对子张所问，原来子张是问怎样行事才诸事顺遂。

2. 子张于何时何地问行?

据《史记·仲尼弟子列传》,孔子周游列国,公元前 492 年第二次到陈国,子张是陈国人,遇到孔子时虽然才 13 岁,但已能“自行束脩”(7.7 章)了,所以孔子才会收他为弟子。不久以后孔子陈蔡遇厄,小孔子四十八岁的子张才 14 岁,已经亲历其事,这就是司马迁所说的子张“他日从在陈蔡间,因问行”。至于在孔子三百多年后才出生的司马迁是从何处知道子张是在陈蔡遇厄之际“问行”的,我们不知道。

孔子本来客居在陈蔡之间,楚昭王慕名想请孔子到楚国佐政,陈蔡两国认为孔子为强楚所用于己大大不利,于是商量好派服劳役的人围困孔子,导致孔子一行断粮七日。

当时孔子一行情绪极为低落,前面 15.2 章提到:“在陈绝粮,从者病,莫能兴。子路愠见,曰:‘君子亦有穷乎?’子曰:‘君子固穷;小人穷,斯滥矣。’”小小年纪的子张在弟子中资历最浅,若按司马迁的记载,竟哪壶不开提哪壶,问怎样可以在行不通处行得通,这是一件令人起疑的事,所以清代学者翟灏在《四书考异》中提出质疑,下面我们会提到这一质疑是有道理的;翟灏甚至怀疑当时子张那么小,不可能成为孔门弟子,这一质疑则不可取,我们留到最后再说。

3. 言忠信,行笃敬。

子张为人张扬,《子张》篇子游和曾子对子张身上的仁或不仁(即处理人际关系)都颇有微词,本章子张所问的实际上是怎样才能走到哪里都吃得开,用朱子的话说,就是“子张意在得行于外,故夫子反于身而言之”,要求他管束好自己的言行,注意忠信、笃敬。二词是互文,行也要忠信,言也要笃敬,这是没有问题的。

前面 4.14 章曾子所悟孔子之道以“忠恕”一以贯之,而“子以四教:文行忠信”表明,说孔子之道以“忠信”一以贯之更符合《论语》诸章所记。既然《论语》里到处论忠信,本章对忠信便不再赘言。至于“笃敬”,意思较难把握,因此借解读本章的机会,下面理出一点头绪。

(1)“笃”字《大学》里没有,《孟子》里只出现了 1 次,《中庸》里出现了 3 次,其他 7 次都在《论语》,参照体悟少。

“笃”属于竹部。“笃”原是“竺”的假借字。竺就是竹,但它也可表象马蹄打掌而加厚,也就表示厚;同时“竺”的辅音也改为[d],如同上海童谣“笃笃笃,卖糖粥”。后来因“竺”字身兼二职容易误解,于是把它表示“厚”的功能剥离,让“笃”来顶替。竺笃相通的一个例子是《楚辞·天问》:“稷惟元子,帝何竺之”,竺也写作笃。随着“笃”字通行,“竺”字的附加功能最终弃用。

按《说文》,“笃”的造字用意是“马行顿迟”,“竹”只是借其入声韵,描摹马蹄铁碰上地面发出的笃笃声,给人以马蹄击地、踏踏实实一步一个脚印的形象。从《论语》《中庸》中“笃”的种种使用看,抽去笃的所指,单独提炼出一个“笃”字,是表示在固厚的基础上再加厚加固,如笃实、笃厚、笃信、笃爱、笃守、诚笃(连“病笃”也表示病情已很严重,还越来越重);“笃”又通用于言行,如笃言、笃行。上面列举的这些词对解读本章都可提供启发。有子曰“君子务本,本立而道生”,弄清楚“笃”字的本原,有助于消除对经典的误读。

(2) 今人见到“敬”字首先联想到尊敬,组词恭敬、敬爱、敬礼、敬重、敬畏、敬业,都是自己对他人他物的态度,“敬”的古义则是内指的,与“谨”相通:恒自肃警,内心恭慎。这个“恭”字固然常用于对他人,如“恭近于礼”,但内心的恭慎就是上章提到的舜的“恭己”,是指“修德于己”“圣人敬德之容”。

前面14.42章子路问君子,孔子叫他“修己以敬”,到底是“修己+敬”,还是“以敬来修己”呢?乍看容易产生歧解,但“修己以敬”与“修己以安人”“修己以安百姓”三句排比,很明显是一个从安己到安人到安万民百姓的递进。也就是说“修己以敬”是修己以安己,即做到“内敬其身”,洁身自好,安顿好自己。

从上面所说可以明白:笃敬不是笃+敬,而是让固厚的敬更加固厚。

子张平日耳濡目染,应该不会追着孔子问什么是笃敬,重要的是他能否把忠信笃敬时刻牢记在心,这就是孔子所说的“据于德”。我们学《论语》,不在于以旁观者身份讨论子张后来有没有听孔子的话,而是牢牢吃透下文,把孔子对子张的谆谆教诲当作对自己的教诲,用于整个人生。

4. 蛮貊之邦　南蛮、北貊[mò],代表中原文化周边没有开化的边远民族,与文明社会难以沟通。“蛮”字下面是“虫”,“貊”字旁边是“豸[zhì]”,蛮貊被看作“虫豸”,即有脚无脚的爬虫。

5. 州里　古代五家为邻,五邻为里,四里为族,五族为党,五党为州。这样算来$5\times5\times4\times5\times5=2500$,一里有25家,一州有2500家。在本章用不着计算得那么精确,用邻、里、族、党、州组词,可以组成邻里、家族、乡党、家乡、州里,从涵盖的地域来说,邻里最小,州里最大,泛指华夏沟通方便的文明社会。

6. 参[cān]　按《玉篇》:“相谒也。”《韵会》:“并立貌。”相谒是两人面对肃立致敬。

立则见其参于前　站立时则见写着“言忠信,行笃敬”的牌子在面前竖着。

7. 在舆则见其倚于衡　坐在马车车厢内一抬头就见到“言忠信，行笃敬”这六个字靠在横轭上。舆，马车车厢。衡，车前横轭。由右图可见端坐在车上向前看，衡正是最适合放标语牌的地方。

8. 夫然后行　夫，语助词。不是说一时做到言行“忠信笃敬”，就永远通行无阻。无论走到哪里，必须随时念念不忘“忠信笃敬”并付诸行动，才有通行无阻的效果。

9. 书诸绅　“绅”字是绞丝旁一个“申”字，申的意思是婚媾。古人用外衣包裹身体，为了不散开，用丝质大带束腰，绅是大带垂下的部分。从婚媾说引出，作为装饰，绅是已婚“绅士”的标志。如果此说成立，本章子张问行时外衣拖绅，应该已经成年。但子张在孔子陈蔡遇厄时才 14 岁，又在孔子被围困时不识相地问行，因此翟灏怀疑《史记》的说法是否正确还是有道理的。

士阶层绅宽二寸，绅的长度按《礼记·玉藻》：“士三尺，有司二尺有五寸”，子张就把“言忠信，行笃敬”那几个字用木签或竹签蘸墨写在衣带上，以便时刻提醒自己。

15.7 子曰：“直哉史鱼！邦有道，如矢；邦无道，如矢。君子哉蘧伯玉！邦有道，则仕；邦无道，则可卷而怀之。”

孔子说：“史鱼真正直啊！邦国有道，他直行如一支箭。邦国无道，他还是直行如一支箭。蘧伯玉真是君子之人啊！邦国有道，便出仕。邦国无道，他可以如良策般卷起来藏在怀里。”

1. 直哉史鱼！

史鱼是卫国大夫，名鰌（音秋，后世常用其异体字“鳅”），字子鱼。6.15 章有卫大夫祝鮀，也字子鱼，是管宗庙之官，与史官史鱼并非同一人。

“直”在《论语》中出现了 22 次，从案例中至少可见到三种含义。

（1）孔子用“直”来夸史鱼，并以“矢”来作比，说他直行如射出的箭，这是用了“直”的造字本义。从右页图甲骨文可见，“直”是眼睛正视

前方，强调沿着既定目标一往无前，可引申出“刚直”义。孔子用箭比喻直，应该出自《诗经·小雅·大东》：“周道如砥，其直如矢。君子所履，小人所视。”意思是：大道平坦如磨刀石，像箭般笔直伸向远方。华夏古人处处喜欢打比方，这是值得发扬光大的思考方式。

（2）若不把直比为矢，而比为直尺，强调的就是为人正直，如“举直错诸枉”，与“枉”相对，是“直”的第二种意义。

在孔子心目中，史鱼的“直”固然属于上一种，但从我们解读的下文可见，史鱼直的表现则是坚持举直退枉，“举直”的“直”就属于第二种意义。讨论直躬“其父攘羊，而子证之”是否“直”，也在第二种意义上。

（3）“直”的第三种意义，与“曲”相对，表示直率——是一就说一，是二就说二。这是我们从5.23章看到的。人夸微生高直率，孔子予以否定——有人到微生高家讨点醋，微生高家明明没醋却不说没有，而是让讨醋人等着，自己到邻人家讨来一点给他，讨醋人以为所欠的只是微生高的人情。可见微生高的心思是曲里拐弯的，不能一眼看透。

2. 史鱼的“直如矢”表现在哪里？主要是不管邦有道无道，只要有了一项原则或主张，必定贯彻到底；活着不成，通过尸谏也要作最后的努力。

有关史料最早出现于《韩诗外传》卷七（作者韩婴是公元前130年去世的）：

卫大夫史鱼病且死，谓其子曰：“我数言蘧伯玉之贤而不能进，弥子瑕不肖而不能退。为人臣生不能进贤而退不肖，死不当治丧正堂，殡我于室足矣。”卫君问其故，其子以父言闻，君造然召蘧伯玉而贵之，而退弥子瑕，徙殡于正堂，成礼而后去。生以身谏，死以尸谏，可谓直矣。

这段文字大意是，史鱼在病死前对儿子说：“我一而再、再而三向卫君（灵公）举荐贤人蘧伯玉，卫君不用；我一再说弥子瑕人品不好，卫君照样重用他。我作为大臣生不能进贤而退不肖，死了以后没资格治丧正堂，你把遗体搁在其他室内就可以了！”

前来吊唁的卫灵公见遗体不放正堂觉得奇怪而问原因，儿子就原原本本地把父亲的话告诉他。卫灵公听了之后非常不安，马上给蘧伯玉以高位，罢免弥子瑕，把遗体搬回正堂，完成丧礼才回宫。韩婴说，史鱼生以身谏，死以尸谏，可称得上“直”了！

《大戴礼记·保傅》对史鱼尸谏的叙述大同小异，但戴德晚出，活跃于汉元帝时（前48—前33）。两百多年后，对郑玄的学问很不服气的王肃突然发现了一本《孔子家语》，其中《困誓》篇对尸谏故事的叙述更透彻些，明显是参考了《韩诗外传》和《大戴礼记》发挥改写的。

3. 在本章中，孔子用“直”把史鱼和蘧伯玉的“君子”进行区分，而“直”不如“君子”完美：“直而无礼则绞”（8.2 章），“好直不好学，其蔽也绞”（17.7 章）。

刘向《说苑·杂言》载仲尼曰“史鰌有君子之道三：不仕而敬上，不祀而敬鬼，直能曲于人”，《说苑》是本古代杂史小说集，内容作为史实可信度不太高，即使孔子真说过这话，也只是肯定史鱼在这三方面达到了君子标准，而君子标准当然不止这三方面。5.15 章孔子认可子产的是另外四方面，说子产“有君子之道四焉。其行己也恭，其事上也敬，其养民也惠，其使民也义”。至于子产在其他方面是否符合君子标准，孔子是“不知为不知”。通观整部《论语》，被孔子直接以君子相称的，也就子贱、南宫适与蘧伯玉三人。

4. 孔子为什么盛赞蘧伯玉为君子，参见 14.25 章。孔子去卫国，两次住在蘧家。孔子回鲁国后，蘧伯玉派使者来问候，两人算是忘年交，孔子称赞其为君子，应该不是耳食之言。《左传》记载鲁襄公十四年（前 559）孙林父见蘧伯玉，就算当时蘧伯玉只有 20 岁吧，推算下来也早在公元前 579 年就出生了。孔子公元前 495 年寄住蘧伯玉家那一次，孔子 57 岁，蘧伯玉已 84 岁，年高德劭。

《史记·仲尼弟子列传》说：“孔子之所严事：于周则老子；于卫，蘧伯玉；于齐，晏平仲；于楚，老莱子；于郑，子产；于鲁，孟公绰。”所谓“严事”，就是因其人的庄严而钦佩礼敬。

5. 孔子说蘧伯玉“邦有道则仕”，好懂；下文“邦无道，则可卷而怀之”，应该就是“不仕”的形象说法。孔子将史鱼之直明比作矢，对蘧伯玉用的则是暗比，似乎一向未被点穿。

什么东西可卷而怀之？竹简或帛书。《中庸》说“文武之道，布在方策”。文王武王之道，颁布在方策上了。方是木板，策是连编好的竹简，如右图。

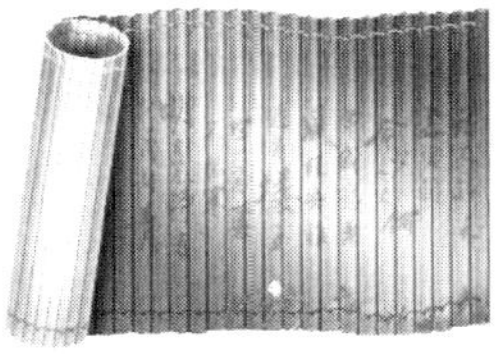

古代的竹简、帛书，为便于携带，都可以卷起来放在怀里。本章比喻蘧伯玉其人如良策，见用，就贡献出来；即使不见用，也可以卷起来藏在怀里带走，到他邦也能用；并不是丢弃经世致用之术，苟全性命于乱世，不求闻达于诸侯。

7.10 章孔子对颜渊说：“用之则行，舍之则藏，唯我与尔有是夫！”足见“用之则行，舍之则藏”是君子处世的正确原则。

历代注家多有把“卷而怀之”的对象认作其人本身的，成为虚指，其实是实指。前人有的解释“卷而怀”是“柔顺不忤于人”，很勉强；有的解释为“收藏”,不错,但收藏的是简策,不是自己,把自己卷起来收藏到谁的怀里呢?

15.8 子曰:“可与言而不与之言,失人。不可与言而与之言,失言。知者不失人,亦不失言。”

孔子说:“可同他说而不说,叫作失人。不可同他说却说了,叫作失言。智者能不失人,也不失言。”

程树德《论语集释》解读上一章,文字多达4000,解读本章只有400字,因为本章具有格言警句性质,不需要介绍大量背景材料。不同注家的解读也大同小异。其实本章貌似直白浅显,和人生关系极大,如何“温故而知新”,也是一项挑战。

1. “可与言”与“不可与言”

一般来说,每个人总有可与他人诉说的,也总有不可与他人诉说的:交浅言浅,交深言深;酒逢知己千杯少,话不投机半句多。

至于哪些人可与言,哪些人不可与言,因人而异。《易·乾·文言》所谓“同声相应,同气相求”;物以类聚,人以群分。

孔子要求弟子“亲仁”“无友不如己者”,不要“群居终日,言不及义”,这些教诲就包含了“可与言”与“不可与言”。一方面孔子诲人不倦,肯与“难与言”的互乡童子谈话,另一方面对登门拜访的孺悲则不肯言,这同样包含了“可与言”与“不可与言”。我们可以从中悟出背后的道理。

2. “失人”与“失言”

读者根据自己的阅历,对“失人”与“失言”的意思各有见解,相信不尽相同。

就“失人”来说,大多数理解认为,可与言而不与之言,所失之人都是对自己人生有益之人或社会需要的人才。其实也包括肯接受你教育而迷途知返之人,不与之言也可惜了。

至于“失言”,皇侃《义疏》解读为“失我之言”,相当于说“失我之金”,使自己蒙受损失。有人理解为言语的白费,有人理解为说漏嘴泄漏了秘密,有人理解为“言多必失、祸从口出”,交浅言深恐怕就有失言之嫌。

邢昺《注疏》解读“失人”“失言”时援引6.20章:“子曰:‘中人以上,

可以语上也。中人以下,不可以语上也。'”意思是:中人以上是可以语上的,你不与之言,就“失于彼人”——你与那人失之交臂了;中人以下是不可以语上的,你却说了,是“失于己言”——你白说了(成语“对牛弹琴”就是指这种情况)。邢昺的解读值得玩味。

3. 人怎么会“失人”“失言”呢?

《学而》篇末孔子说:“不患人之不己知,患不知人也。”

因为不知人,该同他说却不说,往往错失了难得的机会,不利于造福人群完善自我。同样因为不知人,向对方说了不该说的话,盲言贾祸。

所以智者不失人,亦不失言。所以当樊迟问从政的智慧时,孔子的回答是“知人”!

15.9 子曰:“志士仁人,无求生以害仁,有杀身以成仁。”

孔子说:“志士仁人,没有为求生存而损害仁的,只有杀身来实现仁的理想的。”

1. 求生不但是人的本能,也是大自然所有物种在进化过程中刻在基因中的指令:让种群繁衍;相应地,基因也赋予每一个个体以求生的最强烈欲望。人与其他动物的不同之处是:不同的人有不同的生死观。

本章罕见地表达了孔子的生死观。孔子之学是成己之学,也可称成仁之学,活一天修己一天,少活一天则功业少进一层,典型案例就是“蘧伯玉年五十而知四十九年非”。所以从这一意义上来说,儒者对生命更加尊重,更加珍惜,所谓“一寸光阴一寸金”。

但人生总有终点,终止的原则就是曾子所说的“慎终”。大多数情况是生老病死的生命自然终结,也有不测的生死关头。生死关头的出现,或由于无法抗拒的自然灾难,或由于邪恶势力的迫害。以“成仁”为人生目标的志士仁人,在生死关头会以“仁”为标准来选择生死,生命应当终止于活下去则无意义或背离人生目标的时候,这就是《大学》三纲领之一的“止于至善”。

2. 生,不可害仁;若害仁,则完全背弃人生目标,宁可赴死。孔子选“仁”作为决生死的原则,是因为人是社会性动物,生命不单属于自己。若以我的死能换取亲人的生,以一己之死能换取万众之生,儒家认为这样的死是值得的。

3. 当代人对“成仁”的认识大都来自“不成功则成仁”，此豪言壮语的语境往往是战场上战到一兵一卒，表示决不投降时。诡异的是这条熟语查不到出处，便随便安在本章头上，其实与孔子思想有偏差。

把“不成功则成仁”当作经典铭记于心，会让人误以为成功是人生的第一追求，退而求其次才是“成仁”。战场上的成功很大程度上是“一将功成万骨枯”，万骨枯而不成功，此统帅杀身是对万骨的谢罪，还可以理解。军舰将沉，水兵应当跳海，但舰长必与军舰共存亡，也是应该的，但让士兵作无谓的牺牲，让他们杀身成仁，没有这个道理。

15.10 子贡问为仁。子曰：“工欲善其事，必先利其器。居是邦也，事其大夫之贤者，友其士之仁者。”

子贡问怎样行仁。孔子说：“工匠想把工作做好，必先让他的器具顺手好用。居住在一个邦国，便须奉事这一国大夫中的贤者，并与这一国之士中的仁者交朋友。”

1.《论语》里弟子问仁有七处，重点在仁之为体；问“为仁”只有本章一处，并放在强调治国的《卫灵公》篇，重点是仁之为用，即如何实施体现。

2. 面对子贡之问，孔子不讲一二三四五，竟打了个比方——“工欲善其事，必先利其器”（成了后世一句有名的成语），很令人意外。其实这就表明了我们与孔子在认识上的差距。

在孔子心中，为仁似乎不难：“仁远乎哉？我欲仁，斯仁至矣。”其实这句话是指当我们进行决策时，面前都摆着两条道由你走：仁和不仁。选择走仁道，那是须臾之间的事，选定后一步步往前走就是——“譬如平地，虽覆一篑，进，吾往也”。可是，同样走仁道，假设比拟成庖丁解牛，高人得心应手，游刃有余，常人处处遇阻，满头大汗，所以孔子要把为仁比作工匠的手艺。有窍门，有好工具，可以少走弯路，事半功倍。

3. 磨刀需要磨刀石，细腻的磨刀石叫“砥”，粗糙的磨刀石叫“砺”，合称砥砺。无论粗糙还是细腻，石质都比铁刀坚硬，因此才能把刀刃磨锋利。孔子告诉子贡：“到任何一国，那国的贤大夫和仁德之士就是你为仁的磨刀石，能把你为仁之刃削磨得更锋利；你必须亲近他们，这就是亲仁。大夫身份比你高，亲仁的方式是‘事奉’，好好学习；士的身份与你类似,亲仁的方式是‘交友’,多多切磋。就近看他们怎样分析问题、处理问题,并与自己的想法和做法作比较,最后去掉的必定是自己不过硬的地方。”

4. 同样是弟子问仁,子贡所问被放进强调治国的《卫灵公》篇(这篇地位还在《季氏》《阳货》之上),说明孔子的回答是针对国士。从 1.15 章师生答问可知,子贡具有他人缺少的生质之美,最需要的是教育之功;而能教他的,应当是比他更高明之人。子贡因做生意经常出国,也常替鲁国办外交,所以孔子的回答加了“居是邦也”,希望他到任何一个国家都要事贤、友仁。

同样是问仁的樊迟,他将出任的是大夫的家臣,学的是从政的 ABC,起点是没头没脑要学稼、学圃,孔子对于樊迟问仁的回答在樊迟认知的最近发展区:“爱人”,“先难而后获,可谓仁矣”。

15.11 颜渊问为邦。子曰:“行夏之时,乘殷之辂,服周之冕,乐则《韶》《舞》。放郑声,远佞人。郑声淫,佞人殆。”

颜渊问治国之道。孔子说:“行夏代的历法,乘殷代的车,戴周代的礼帽,音乐则取法于舜时之《韶》、周武王时的《武》。还要禁止郑声,远绝佞人。因郑声太淫,而佞人太危险了。”

1. 问为邦　孔门弟子问政的很多,颜渊所问到了治国的高级别,相对于上章子贡问为仁,孔子给颜渊的回答也最为详尽。

颜渊似乎不是一般地问治国之道,《邢疏》认为是问治国之礼,刘氏《正义》认为是问“继周而王,以何道治邦”,两者都有道理。从后面孔子的回答可知,可能是颜渊问到了为邦具体的时、辂、冕、音乐之类,孔子逐一作答,总不见得治国就限于落实这零零碎碎的一项项吧。

2. 行夏之时　古代把木星轨道分为“子丑寅卯辰巳午未申酉戌亥”十二个等份,依北斗斗柄所指来定每年正月。殷历以建丑之月(十二月)为每年的正月。夏历以建寅之月(一月)为每年的正月,合乎春、夏、秋、冬的自然规律,方便农业生产。周历以建子之月(十一月)为每年的正月,以太阳与地球最接近的冬至日为元日,在天文学意义上比夏历进步,但不便实用。孔子重农事,宁用夏历,这就是孔子主张的从政者要“务民之义”。

3. 乘殷之辂　辂[lù],天子所乘之车。与今人私家车一样,辂的价格可以非常昂贵。周制有五辂:玉、金、象、革、木,并多文饰,商辂只是木制,比周辂简朴得多,所以孔子提倡。

4. 服周之冕　冕是礼冠。孔子曾赞美禹"致美乎黻冕",三代的礼帽发展到了周朝"礼文尤备",更为孔子所赞赏。周朝的礼帽再讲究,贵不及奢,与辂相比,所费有限,而且顶在头上,作为礼的象征,值得。

体会孔子为什么提倡"乘殷之辂,服周之冕",《汉书·杜周传》所记其孙杜钦的话可作注解:"殷因于夏,尚质;周因于殷,尚文。"

5. 乐则《韶》《舞》　《韶》是舜乐,《舞》不是乐,把"乐则《韶》舞"解为"舞则用韶乐"是讲不通的,有注家把此句标点成"乐则《韶舞》",恐怕也不妥。俞樾《群经平议》据《史记·孔子世家》:"三百五篇孔子皆弦歌之,以求合《韶》《武》《雅》《颂》之音。"疑"舞"就是"武"。尽管3.25章称周武王时的《武》乐尽美而未尽善,却也是孔子推崇的,古人舞、武通用,俞樾举了史籍中"兴舞=兴武""献舞=献武""象舞=象武"这三个例子来佐证。黄怀信《论语新校释》指出《论语》定州简本就是写成"乐则韶武"的。根据以上理由,《求真》以为标点为"乐则《韶》《舞》"相对最可取。

还有一点是要注意的,孔子论乐,是韶、武相连,而跳去了夏殷二代。

6. 放郑声,远佞人。郑声淫,佞人殆　放,罢置。郑声指郑地音乐,不指郑诗。淫,靡靡之音。佞字从仁从女,亲爱过甚之意。《盐铁论·刺议》:"以邪导人谓之佞。"孔安国说:"郑声、佞人亦俱能惑人心,与雅乐、贤人同,而使人淫乱危殆,故当放远之。"

15.12　子曰:"人无远虑,必有近忧。"

孔子说:"一个人如果没有长远的考虑,必定会有眼前的忧患。"

1. 本章孔子所言已成了人尽皆知的成语,可是因为缺乏"吾日三省其身"的功夫,大多数人都未认识到孔子这番话的重要性。以现代学术对远近的理解,孔子的格言具有极大的张力。据现代数学"度量空间"

的概念,远近可以指:

(1)空间距离。朱熹《集注》引苏氏的注解:

人之所履者,容足之外,皆为无用之地,而不可废也。故虑不在千里之外,则患在几席之下矣。

(2)时间距离。如民谚"养儿防老,积谷防饥""少壮不努力,老大徒伤悲"。

(3)关系远近(包括人际关系)。"城门失火,殃及池鱼。"

2. 远虑的一大表现是居安思危,但往往受到忽视。待到灾难突然降临,总是瞠目结舌,手足无措。这被古人总结为"天有不测风云,人有旦夕祸福""宜未雨而绸缪,毋临渴而掘井"。

我们对有无远虑的反省,要从对近忧的体会与认识开始。

在个人层面,我之所以立远虑,是借鉴了无数他人的前车之覆。这里需要端正态度:"毋意,毋必,毋固,毋我。"

在全球和国家层面上,今天的空气污染、水污染、温室效应、雾霾、人口问题的爆发等令人痛彻心扉,不可再急功近利,置子孙的生存环境于不顾了。尤其是当今近忧频频,学习本章反省早先远虑之缺失,特别有意义。

远虑要出于仁义,为私利作的远谋也是没有好结果的。做父母的为子女准备了万贯家财,不尚教育,结果造就了败家子;秦始皇要建立万世王朝,于是焚书坑儒,销毁兵器,结果二世而亡。

孔子告冉有曰"远人不服不能来也,吾恐季孙之忧在萧墙之内也",此谓人无远虑则必有近忧。

有没有远虑,甚至是君子与小人的区别。《左传·襄公二十八年》子服惠伯曰:"君子有远虑,小人从迩。"所以远虑的重要性要到近忧发作才有深切体会。学养不够是很难做到有远虑的。

15.13 子曰:"已矣乎!吾未见好德如好色者也。"

孔子说:"死了心吧!我真没见过爱好美德像喜好美色的人呢!"

孔子不止一次深叹好德者终不得见,都是心有感触。本章之所以放入《卫灵公》篇,《史记·孔子世家》给出了线索:孔子"居卫月余,灵公与夫人(南子)同车,宦者雍渠参乘出,使孔子为次乘,招摇市过之。孔子曰:'吾未见好德如好色者也。'于是丑之,去卫,过曹"。《子罕》篇里孔子也有类似的感叹(少了“已矣乎”三字),背景也若隐若现,所指却不在卫灵公,见9.17章。

15.14 子曰:“臧文仲,其窃位者与!知柳下惠之贤而不与立也。”

孔子说:“臧文仲,是窃居官位的吧!他明知柳下惠是贤人,而不举荐他在朝中共事。”

1. 臧文仲,见5.17章注。窃位,窃居官位,不称职。

2. 柳下惠　鲁国贤人展获,字禽,又名展季。柳下可能是他的食邑或居处。据《列女传》,惠是私谥,不是鲁君颁下的:“柳下惠死,门人将谥之。妻曰:‘夫子之谥,宜为惠乎?’门人从,以为谥。”

3. 不与立　不与柳下惠并立于朝。

俞樾《群经平议》引《周官·小宗伯》注说古代“书‘位’作‘立’,‘立’读为‘位’”,不与立就是不与职位。此说不可取。同一章里,要写古字前面就该写“窃立”,一个“位”字的写法前古后今,岂不是故意折腾读者?

4. 把不让贤者同立于朝上升到“窃位”,说明孔子眼光的锐利,这正是著名的帕金森定律的核心。想长期霸占官位者不肯与贤者同立于朝,否则马上会被贤者比下去,所以一定会找两个平庸的助手分担他的工作,使他们中任何一人都不可能取代自己。

本章可与14.18章参读。公叔文子把自己的家臣僎推荐给朝廷,使僎与自己同立于卫国公朝。孔子听到此事后称赞文子说,“文”的谥号当之无愧。本章的臧文仲同是谥“文”,在荐贤方面的表现却截然相反。

15.15 子曰:“躬自厚而薄责于人,则远怨矣。”

孔子说:“能自厚其德而不苛求他人,就可以远离他人的怨恨了。”

1. 躬自厚　“躬”字同“躳”字,与“身”字同义。身字旁的弓、吕都指脊骨。解身体以脊梁为柱。躬自,自身。躬自厚,丰厚自己。

2. 薄责于人　责,本义是索求货币,本章中则指一般地向他人提这样那样的要求。旧注“责”字取狭窄的转义,即责怪、责备,又把“躬自

厚”解释成厚责自己，这样一来本章被局限于“责人宽，责己严”，而日常生活中没有那么多责怪人的情境，所以，如果作狭义的理解，本章的现实指导意义就大大削弱了。

孔子最看重一个“仁”字，这方面孔子当然是躬行的楷模，可是他对自己的评价是“若圣与仁，则吾岂敢”（7.32 章），而对不知礼的管仲（3.22 章），因其助齐桓公九合诸侯，大有功于华夏，却夸他“如其仁，如其仁”，体现的也是躬自厚而薄责于人。

本章画龙点睛的两个字是“远怨”。可以设想，当时的语境是某弟子问怎样可以远怨。这个问题若让今天的知识人士回答，也难免支支吾吾，不得要领。孔子的回答则是胸有成竹的：人若能丰厚自己的德、才（与《易·乾卦》“天行健，君子以自强不息”同义），而薄求于人（与“对人求全责备”相反），就可以远离他人的怨恨，这就是《求真》在上面语译中表达的。

15.16 子曰：“不曰‘如之何，如之何’者，吾末如之何也已矣。”

孔子说：“不说‘怎么办怎么办’的人，我也不知拿他怎么办了。”

如之何　译成口语，就是“怎么办”。人无远虑，尚且难逃近忧。一个人连近虑都没有，遇事从不考虑怎么办，一味抱着得过且过、听天由命的宗旨，最后必遭大祸。生活中的一个例子，就是赌徒赌输就借高利贷，从不想自己有什么办法还款，还不出又怎么办。这种人完全是不可救药了。

如果不说“怎么办怎么办”的是官员，那就是官员不作为。孔子不在其位不谋其政，对这种渎职官员也无可奈何。古人不能像现代社会一样以公民的身份参政。孔子所寄托的，就是慢教育，一点一点改善一代代士人的品质。但是慢教育有个必要条件，即不受政治冲击的、长期稳定的社会环境，这是得之不易的。

15.17 子曰：“群居终日，言不及义，好行小慧，难矣哉！”

孔子说：“一群人从早到晚聚在一起，说的话从不涉及道义，好卖弄小聪明，拿这种人真是毫无办法！”

1. 群居终日　刘氏《正义》说：“此章是夫子家塾之戒。”于是定义“群居，谓同来学共居者也”。具体来说，孔子一生弟子三千，其中有些弟子竟终日聚集在一起不切磋学问而卖弄小聪明，弄得孔子很伤脑筋：“难矣哉！”这种情境难以想象。

本章在字面上看不出就是针对家塾这一种情况，古今中外所在多有。就看当前，在抽象的网络空间可以有数十上百的人“群居终日”，是不是常见“言不及义”，而且乐此不疲？下面《阳货》篇 17.21 章孔子还感叹了另一种“难矣哉”，与本章遥相呼应，也看不出是针对家塾。

2. 言不及义　现已作成语，意思是说些无聊的话，不涉及正经道理。本章的“义”偏重道义。

3. 好行小慧　好逞小才智，卖弄小聪明。皇侃《义疏》“慧”作“惠”，二字相通，不应理解为“喜欢给人一点小恩小惠”。

4. 难矣哉　一个“难”字难在哪里，难坏了历代注家。

一类见解就是“要指望这些人学有所成，恐怕很困难了！”对学生来说那是当然的。但注意“学有所成”是注家的发挥，倘若这些人不是学生呢？不想学有所成呢？

要给“难矣哉”准确定位，必须联系上面 15.16 章，它与本章及 17.21 章的语言逻辑完全一致：“诸如此类之人，我也拿他没有办法！”这应该是“难矣哉”的正解。

15.18　子曰：“［君子］义以为质，礼以行之，孙以出之，信以成之，君子哉！”

孔子说：“［君子］以义为做人的质地，表现在行动上就是礼，表现在言语上就是谦逊，表现在成人成己上就是诚信，这样才是君子啊！”

1. 义以为质　“义”与“质”作为《论语》的两个核心词，加上另一个“本”，都与“君子”一词紧紧关联，放在本章中一起讨论最为适宜。

（1）义—利　4.15 章，子曰“君子喻于义，小人喻于利”已经明确了“义”与“利”这两种质地，是君子与小人的根本区别所在。

（2）质—文　“义以为质”的“质”，是在 6.17 章的意义上（子曰：

“质胜文则野，文胜质则史。文质彬彬，然后君子。”）。下文的“礼、孙、信”是相对于“质”的“文”。本章揭示的是君子“文”与“质”的表里关系，即外显与内蕴的关系。

（3）本—末　19.12 章，子游曰：“子夏之门人小子，当洒扫应对进退则可矣。抑末也，本之则无。如之何?”本是树根，末是树梢，1.2 章就端出“君子务本”，绝非偶然。

显然“本—末”关系不同于“质—文”关系。而《皇疏》说“质，本也”，《朱注》说“义者，制事之本，故以为质干”，后人如果漫不经心地由此说开去，把“义以为质”解释成“以义为本”，那么下文“礼、孙、信”不就成“末”了吗？这正是孔子所说的“名不正则言不顺”。

把“义以为质”弄清楚了，回过头来看上章孔子批评某些人“言不及义”，拿他们没有办法，是因为这些人没有义的质地，离君子标准太远。

《皇疏》所说“义，宜也”是对“义”的最简洁的诠释，“义”包括为人处世之宜，都能止于至善，无过无不及，正是中庸之道。

说到《论语》中的“义”字，有一点特别有意思：“义”字在《论语》上编只出现了 6 次，在下编却多达 18 次，这说明了什么？其实孔子和有子对“义”很重视，但对上编编者来说，“义”为“仁”的光辉所遮蔽，选出的语录不多；下编问世于半世纪以后，隔代弟子更加关注发掘孔子对“义”的阐述。此后孔学由曾子传给子思，再传到孟子，这个过程在文天祥的绝笔书里被概括为“孔曰成仁，孟曰取义，唯其义尽，所以仁至”。

2. 礼以行之　“义以为质”表现在人际关系上就是怀着仁心，克己复礼。礼作为“文”，是仁义之“质”在行动上的外化，“人而不仁如礼何”。这里的“行之”，就是行其质，也就是行仁、行义。

仁心怎样外化为“礼以行之”？这个“行”字，包括了视、听、言、动，也就是“非礼勿视，非礼勿听，非礼勿言，非礼勿动”。这十六个字很浅显，但做起来相当困难，必须时时克己（特别是克制自己的非礼之想）。如果读者与笔者有同样的感受，都能认识到能“义以为质”之人真是精品。

3. 孙以出之　孙，通“逊”，意谓谦让恭顺。出，出言。“孙以出之”，指说话出于义则必须在“逊”字上下功夫。《诗经 · 大雅 · 抑》：“慎尔出话，敬尔威仪，无不柔嘉”；孟子临终敬告孟敬子“出辞气，斯远鄙倍矣”（本书 19.20 章）。《论语》14.3 章提到“邦有道，危言危行。邦无道，危行言孙”。“言孙”意味着说话谨慎低调。

但“逊”不单指言，也指行。《论语》中的“孙”最早出现在 7.34 章“奢则不孙”，不逊之人为人张扬，总存着风头盖过别人的念头。12.20

章提到“夫达也者,质直而好义,察言而观色,虑以下人”,“虑以下人”也是“逊”的表现——总想着与人交往要把自己看低一头。

4. 信以成之　成之,也是成义,即成仁。“成仁”的说法出自 15.9 章子曰“无求生以害仁,有杀身以成仁”。而“取义”一词出自《孟子》:“生,我所欲也;义,我所欲也。两者不可得兼,舍生而取义也。”

“孔曰成仁,孟曰取义”是本章脉络最好的梳理。“义以为质”表现在一切成事和总的成己上,一定是“信”,是始终不渝的坚守;所以《论语》里孔子屡屡强调“主忠信”。

通观全章,举了“义”的三种生发,其实反映在一切为人处世上。4.9 章说“君子之于天下也,无适焉,无莫焉,义之与比”,就是这个意思。君子行事,其实质就是行义,这不是后世“行侠仗义”那种义气,而是遇事能有担当,为人处世求其适宜。

5. 据臧琳《群经杂记》、翟灏《四书考异》考证,古本《论语》本章“义以为质”前没有“君子”二字,这样章末的“君子哉”才有气势。笔者认同此说,不能说《论语》通行本对,古本不对。本章开头之所以保留“君子”二字,是对《论语》通行本的妥协。

15.19　子曰:“君子病无能焉,不病人之不己知也。”

孔子说:“君子只担心自己无能,不担心他人不知道自己。”

1.《论语》中孔子屡次表达了类似本章的意思。4.13 章孔子说:“不患莫己知,求为可知也。”“不患莫己知”与“不病人之不己知”表达的都是不把缺乏知名度当成人生之病患,但这并不意味着孔子主张人应该安于寂寂无闻。

2. 怎样“求为可知也”? 14.30 章孔子已经挑明:“不患人之不己知,患其不能也。”本章只是对调了前后两句,意思是一致的:学者为己,不是为了兜售求雇;只要自己有才能,别人早晚会知道,也就是实至名归。6.7 章季康子问孔子:子路、子贡、冉有这三位可以从政吗? 孔子说由也果、赐也达、求也艺,都有很强的从政能力,就是例子。

15.20　子曰:“君子疾没世而名不称焉。”

孔子说:“君子最怕的是身后无足称道。”

1. 本章可看作上章的注解或补充。上章说君子“不病人之不己知”，并不是说君子甘愿埋没自己，到了盖棺论定之时，他的奉献必须为世人所崇敬。

2. 上章用了一个“病”字，本章换成了“疾”。二者是有区别的。“疾”的用法参照“疾恶如仇”可知，意思是深恨。没世，去世以后。

从字源学讲，古文中“疾”字从矢（人被箭射中，甲骨文如图所示），指外伤，较轻；“病”字从丙，是心病，指内伤，较重。

根据《说文解字》段玉裁注：“析言之则病为疾加，浑言之则疾亦病也。”区别是：疾加重就成了病。

疾轻病重的一条证据是《韩非子·喻老》篇所载：

扁鹊见蔡桓公，立有间，扁鹊曰：“君有疾在腠理，不治将恐深。”桓侯曰：“寡人无疾。”……居十日，扁鹊复见曰：“君之病在肌肤，不治将益深。”桓侯不应。……居十日，扁鹊复见曰：“君子病在肠胃，不治将益深。”桓侯又不应。……又过了十五天，桓侯不治身亡。

但从《论语》中总结的规律是：

（1）单独一个“病”字只作动词用，从不单独作为名词用。

（2）“疾病”连用，表示一般的病患，不分轻病重病，如“子疾病”。

（3）单独把“疾”当名词用，多指重病，如6.11章“伯牛有疾”、19.19及19.20二章“曾子有疾”，都是恶疾或重病，本章的“疾”是动词，则不一定指重病。

3. 名不称　名字不被后人称道。这个“称”字的用法与后面16.12章“齐景公有马千驷，死之日，民无德而称焉”中用法一样。《史记·孔子世家》：

子曰：“弗乎弗乎，君子病没世而名不称焉。吾道不行矣，吾何以自见于后世哉？乃因史记作《春秋》。”

可见君子对生时名与身后名的态度大有区别。不是名与实相不相称的意思。

君子学以为己，己欲立而立人。造福社会，便为人知。既然树人需百年，明天所积自然比今天更厚。我在世时世人对我所知，只是我昨天的学养抱负。与世人今日所知的我相比，来日所知的我学养更加饱满。

4. 君子所图，利在社稷，功在千秋。“计利当计天下利，求名应求万世名。”君子一生兢兢业业，致力于“三不朽”：立德、立功、立言，名在身后。身后得不到社会承认，一是无贡献，二是贡献被糟蹋埋没，最是切肤之痛。

15.21 子曰:"君子求诸己,小人求诸人。"

孔子说:"君子一切依靠自己,小人一切依靠他人。"

1. 诸 之于的合呼。

本章意思接上两章。君子不病有生之年不为人知,疾没世而名不称,关心的只是自己有没有名副其实的能力,这就是"求诸己",于是"终日乾乾,夕惕若厉",自强不息。小人则反其道而行之,头重脚轻根基浅,其追名逐利,不靠自身能力,而是像风筝一样,全求好风送我上青天,靠山一倒,线一断,身败名裂。所以民谚"求人不如求己"是符合儒家思想的。

2. 孟子是本章最佳的诠释者。《孟子·公孙丑上》给出"求诸己"的一个实例。孟子曰:"仁者如射,射者正己而后发,发而不中,不怨胜己者。反求诸己而已矣。"射箭比赛,对手赢了,我输了,难道是对手捣鬼造成的吗?不是,是技不如人。难道要买通裁判改成绩吗?不可以,仁者只有求自己好好练本领。

《孟子·离娄上》孟子曰:"爱人不亲,反其仁;治人不治,反其智;礼人不答,反其敬。行有不得者,皆反求诸己。其身正,而天下归之。"

孟子说:"爱别人,别人却不亲近你,就该反思自己仁不仁;治人治不好,就该反思自己有没有执政智慧;礼待别人,别人不搭理,就该反思自己对人恭敬不恭敬。待人不得回报,都要反过来在自己身上找原因,只要自身端正,天下之人都能归顺你。"

15.22 子曰:"君子矜而不争,群而不党。"

孔子说:"君子庄敬自守而不与人争斗,合群而不结党。"

1. 矜而不争 矜,庄敬自持,自尊自爱,遇到他人有不同意见,隐恶扬善;遇到他人表露的浅薄无理,知道与他相争不在其最近发展区,争不清楚;遇到他人轻薄无礼,"见不贤而内自省",所以不争。

2. 群而不党 德不孤,必有邻。以道相处,而不是以利抱团,所以周而不比,唯"义之与比"(4.9 章)。

接上章:君子求诸己,故矜而不争;小人求诸人,故结党营私。

15.23 子曰："君子不以言举人，不以人废言。"

孔子说："君子，不以某人说的话来举荐那人，也不因对某人有看法而否定他说的话。"

君子知人善任，选贤举能，是政治大智慧。孔子的识人三部曲是"视其所以，观其所由，察其所安"，不以言论为标准。因为有言者不必有德有行，即使以言所举之人有德有行，也不能给其人与世人留下这样的印象：有德有行者之所以被选拔，是因为其言论。

人有好的意见，用之都可施惠于民，如因其人品行不端而废弃，非但言者不服，堵塞贤路，也不利于国计民生。所以孔子称赞"舜好问而好察迩言，隐恶而扬善，执其两端而取其中"（《中庸》），这应该是纳言的准则。［清］陆陇其《四书困勉录》说得好，君子不因人废言，"是见君子之至公也，又见君子之至明也，见君子之至慎也，又见君子之至恕也"。

15.24 子贡问曰："有一言而可以终身行之者乎？"子曰："其恕乎？己所不欲，勿施于人。"

子贡问道："有没有一个字可供终身奉行的呢？"孔子说："要么是个'恕'字吧！你不愿别人这样对待你，就不要用来对待别人。"

一言　在本章指一个字，如"五言诗"用法。子贡是位精明的生意人，经商的理想是一本万利，子贡希望以最小的成本得到老师理论的精髓。孔子告诉他的居然不是"仁"，而是"恕"字。虽然孔子说："仁远乎哉？我欲仁，斯仁至矣"（7.28 章），但"仁"字毕竟抽象，难以操作。例如：当下路见不平或见有人求援，该怎么办才算仁？你想到"克己复礼为仁"，"能行五者［按：指恭宽信敏惠］于天下，为仁矣"（17.5 章），但不能即刻化为具体行动。坚守"恕"道则即刻有效：在我对他人采取行动前交换角色，想想换成我处于他的境地，他这样对待我，我能不能接受？如果己所不欲，则勿施于人。

孔子所给的"恕"字，能保证可以终身行之，因为从此刻起无时无地不可施行。

设想现代一部伦理学著作要定义一个"恕"字，可能会大费周章，读者也许记不住，也用不了。孔子用寥寥八个字成就了万世经典，是后面

15.41 章子曰“辞达而已矣”的经典例子。

法国的启蒙思想家伏尔泰在《风俗论》《哲学辞典》等著作中，至少四次引用“己所不欲，勿施于人”，并称其作为一条道德律，堪与牛顿阐发的地心引力法则相比。在伏尔泰和一大批思想家的推动下，“己所不欲，勿施于人”曾两次出现在法国宪法中。

15.25 子曰：“吾之于人也，谁毁谁誉？如有所誉者，其有所试矣。”[斯民也，三代之所以直道而行也。]

孔子说：“我对人，诋毁过谁？称誉过谁？我如果对人有所赞誉，一定是对那人已考察清楚了。”

1. 谁毁谁誉　毁，传播他人的劣迹，却未必符合事实真相。誉，播扬他人的善迹，往往言过其实。孔子说：你们看我毁过谁、誉过谁？

孔子不会平白无故地谈毁誉问题，本章必有一语境，例如子贡方人（14.29）。

2. 其有所试矣　试，试验过。孔子如果夸奖他人，不但靠观察（视其所以，观其所由，察其所安），还要靠考验来确认。也就是说，在称誉其人之前掌握了充分的证据。这是孔子对“谁誉”的补充说明。至于“谁毁”问题，孔子不说“如有所毁者，其有所试矣”。也就是说，即使观察到其人恶劣，也不设法通过试验予以证实，然后坐实其恶，予以传播。

由此可知，本章孔子所说的“吾之于人也”，是指孔子所接触到的人，否则谈不上试不试。所以历史上已有公论的如桀纣之流不在其内，桀纣也不是因孔子而毁的。而且原始儒家对历史上恶人的看法，可以通过后面 19.25 章子贡所说的来窥其一斑：“纣之不善，不如是之甚也。是以君子恶居下流，天下之恶皆归焉。”

3. 本章到此为止，意思已完整，主题是孔子对待毁誉的态度。历代《论语》版本本章都拖了一个尾巴“斯民也，三代之所以直道而行也”，这个“斯民”，明显别有上文。历代注家为了把它与上文“谁毁谁誉”贯通，可说是绞尽脑汁。朱熹的女婿黄勉斋亲见老丈人改订注文直至通宵。元朝陈天祥的《论语辨疑》公开提出质疑：“此一节与上文不可通说。”他在详细给出了四点理由后，结论是这段话与上段“须作两章，义乃可通，此章首无主名，盖阙文也”。

把没有“子曰”开头的“斯民也，三代之所以直道而行也”另立一章确实不成。《求真》认为它是《论语》某一章的下半部分,并找到了与它有一定关联的两章。6.18 章孔子论直道:“人之生也直,罔之生也幸而免。”此处还不涉及“民”。17.15 章孔子指出:“古者民有三疾,今也或是之亡也。”这就是虽然孔子所在的春秋时期是乱世,而三代能直道而行的原因。所以,“斯民也,三代之所以直道而行也”应该是 17.15 章的阙文。诡异的是,在《卫灵公》本章后正好跳出一章谈“史之阙文”,风格与前后左右迥然不同,看来应当与“斯民也”这段文字同进退,这个问题到《阳货》篇再谈。

15.26 子曰:“吾犹及史之阙文也——有马者借人乘之,今亡矣夫!”

孔子说:“我还能见识到史书上空阙的文字(旁注:正如《季氏》篇第十二章末句“其斯之谓与”前阙“有马者借人乘之”),现在恐怕见不到了!”

1. 史之阙文　史书记载,常有阙漏。孔子述而不作,信而好古,学识淹博,还能见到缺漏的是哪些文字。孔子说,当今学者恐怕就做不到了。

2. [南宋]蔡节《论语集说》引刘安世的话说:“有马者借人乘之”就是史之阙文。

当然也有注家对不三不四的“有马者借人乘之”混杂其中很不耐烦。宋代叶梦得在《石林燕语》里说到班固所引孔子这段话为“吾犹及史之阙文也,今亡矣夫”,所以叶氏认为,可以假设班固见到了别的《论语》传本是没有“有马者借人乘之”这七个字的后人添注的。当然,我们也不能排除“有马者借人乘之”被班固故意省略的可能性。

《求真》认为,孔子说“吾犹及史之阙文也”,有人在旁边添了个旁注:如“有马者借人乘之”。结果舛入今人所见的本子。

那么,这是哪段“史”之阙文呢?很可能就是现在我们看到的 16.12 章,阙在末句“其斯之谓与”前。

16.12 章最可能是阴差阳错从《颜渊》篇误植过来的,这段史实遭到的“劫难”还不止此。它的起始部分还丢失了“诚不以富,亦只以异”八个字,被后人安插到 12.10 章画蛇添足去了。详见 16.12 章。

15.27 子曰："巧言乱德，小不忍则乱大谋。"

孔子说："巧言可以乱人德性。小处不忍，则会坏了大计划。"

孔子所说的这两段话，表面上看关联不大，其实是在同一个"乱"字上做文章。一个运作正常的大系统，往往因一个看似无关的小问题而受到破坏。

1. 崇德、修德、执德之人，必须警惕巧言，"巧言令色，鲜矣仁"。如果巧言出自他人之口而入我耳，此人以不仁之心对我，我若听得受用，与辅仁进德的功效正相反，败我德。如果巧言出于己口，则我已经堕入不仁之境。

2. 德者得也，巧言也能乱得。就以经典著作注释来说，不同注家往往见解对立，例如：大学之道，在亲民，还是在新民？无成见者秉持中立态度改正错简后就会发现，坚持错误的一方不顾事实曲为之辩，其实就是巧言。结果他掌握的大学三纲领，三中错一，弄乱了对知识的获得。

3. 任大谋之人，用心于一个大目标，所谓小事，是指相对于实现大目标表面上无关紧要其实有深远影响之事。小事不能忍，等于是此时搁置了大目标去全力对付小事，牵制了有限的精力，转移了注意力，扰乱了思路，对大目标的实现有干扰阻滞甚至破坏作用。

15.28 子曰："众恶之，必察焉。众好之，必察焉。"

孔子说："众人都说他坏，我一定仔细审察。众人都说他好，我一定仔细审察。"

本章中两个"众"字，指特定范围（如一乡或满朝文武）内的芸芸众生，不必是其中每个人。

一个人的行为，要引起"众恶之"——大家都厌恶，有多种可能：(1)他的确是人民公敌；(2)其人为大义而冒天下之大不韪，忍辱负重；(3)因为他的见识超越时代，特立独行，卓尔不群。伽利略说地球是圆的，天主教会不能接受。达尔文说人从猿进化而来，在基督教社会就引起公愤。孔子见识卓越，他认为一定要对这种人详加审察，看看为什么大家都反对他。

同样,人人都说某人好,在一个利益不能均沾的社会里也是很特殊的现象,必有原因。[清]刁包《四书翊注》说:“或违道以干时誉,或矫情以博名高”,不加审察而称赞,会造成灾难。不得罪人的乡原,人人都说好,孔子偏说这种人是德之贼也。参见17.12章和13.24章。

孟子是《论语》的权威解读者。阅读本章也可参考《孟子·梁惠王下》:

孟子答齐宣王:“左右皆曰贤,未可也;诸大夫皆曰贤,未可也;国人皆曰贤,然后察之。见贤焉,然后用之。左右皆曰不可,勿听;诸大夫皆曰不可,勿听;国人皆曰不可,然后察之。见不可焉,然后去之。左右皆曰可杀,勿听;诸大夫皆曰可杀,勿听;国人皆曰可杀,然后察之。见可杀焉,然后杀之。如此,然后可以为民父母。”

15.29 子曰:“人能弘道,非道弘人。”

孔子说:“人能让道发扬光大,而不是道本身让人弘大。”

1. 孔子并非抹杀道对人生的重要性,本章要强调的是,不发挥人的主观能动性,道一点作用都没有。用儒家的话来说,道指天道。天道不言。17.18章孔子说:“天何言哉? 四时行焉,百物生焉。天何言哉?”日出日落、春夏秋冬、生老病死,都是天道。如果不为人所认识,能弘什么人?

2. 朱熹注:“弘,廓而大之也。人外无道,道外无人。然人心有觉,而道体无为;故人能大其道,道不能大其人也。”这个注很有意思,但是后世读者的理解肯定大不相同。与其争执不休,不如从根子上找出原因。

(1) 我们把“道”理解为全部客观真理,包括人文领域,也包括科学领域。朱熹所说“人外无道,道外无人”,可以理解为道离开人就不是道,人离开道也不是人。除了人类,没有其他生物能认识客观真理。而对于人来说,“道也者,不可须臾离也”(《中庸》)。

(2) 世界的三大支柱是材料(material,旧译物质)、能量和信息。道不是材料,不是能量,是信息,只有人能有效地将其收集加工成思想产品。信息本身没有作用于人的主动性,这就是“人心有觉,而道体无为”。

3. 人能弘道　弘,弘扬彰显。人类自诞生以后,几千年来一点一滴积累对道的认识,按客观规律办事。原始人认识到道,也包括“只有团结起来,才能对付严酷的大自然,所以种群中人要亲如一家”。人认识到的那一部分道,或所破解的信息,作为已被内化的心得(例如认识到人要孝悌忠信礼义廉耻),称为德。一部物理学史,也是一代代有德(得)者弘道的历史。《中庸》所谓“苟不至德,至道不凝焉”,意思就是如果不是德养极深的学者,就构建不了能彰显于世的宏伟的真理体系。

4. 非道弘人　上面讲到,天道不言,普通人根本听不到什么,天道本身是弘不了人的。要张扬人的德性,道作为加密信息需要有人破解。像《论语》作为经典的集大成者,就是弘道的第一步。

但是对普通人来说,经典仍是天书,即使道被伟人破解了,还是不能弘人,所以需要一代代师者传授以弘道。

5. 道意味着真善美,竟不能弘人,直到当代,还是有不少人难以理解。可以打个比方予以说明。中华民族有自己的精神家园。有人弘道,对园中花木辛勤地栽培呵护;有人毁道,在园中疯狂地砍伐糟践;有人走马观花,匆匆一过;其他人则视而不见,听而不闻。同在一个花园中,为什么那么多人的精神境界得不到提升?这是因为道本身没有弘人的能耐!

15.30　子曰:“过而不改,是谓过矣。”

孔子说:“有了过失不改,这才叫作过失了。”

上章指出,道被人弘扬以后,可以内化成为学道者的人生利器,通过“吾日三省吾身”,能检验自己离道的过与不及。“过”统指过失,是过与不及的统称。

人的为人处世,通过一定的措施得到一定的效果。如下页图所示的那条单峰曲线的左端在横轴上代表措施为0(即无所事事,放任自流,例如“养不教,父之过”,又如护林人见到林中篝火不闻不问),则在纵轴上可能产生负效果乃至灾难。若措施过当,甚至到极端的1,效果也一定不理想。最恰当的措施(在横轴的0与1之间)得到最佳效果,这就是儒家经典《大学》所说的“止于至善”,是教育的三大目的之一。好比乘地铁,目的地是某站(至善之地),多乘一站是过,少乘一站是失,过犹不及,统称过失。

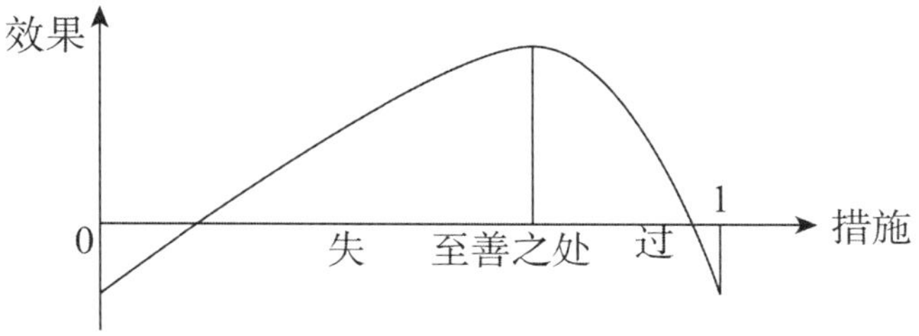

止于至善是个动态的调整过程,往往不能一步到位。这个过程就是刻苦学习的过程。颜回最可贵的是他“不贰过”,孔子把它作为好学的标准。

将人身作比,人常有疾患,例如感冒、摔伤,好了也就好了,不算病人。人的过失,相当于治不好的病。屡教不改就要记小过,记大过;若有了过失非但不改还文过饰非,更是小人;若指鹿为马,还强迫他人服从,更是大恶。

15.31 子曰:“吾尝终日不食终夜不寝以思,无益,不如学也。”

孔子说:“我曾经整日不吃整夜不睡思考,毫无收获,不如学习啊。”

2.15 章子曰“学而不思则罔,思而不学则殆”已经告诫莘莘学子,学与思二者不可偏废。今天盛行高考后学生集体把课本、笔记、习题撕碎抛弃以示庆祝,其中反映的问题值得深思。学生生涯只是开拓了专业领域的最近发展区,是学习人生的开始而不是结束,毕业后还有五分之四的人生路要走,是百年树人而非廿年树人。

在春秋战国时代,遇到棘手的问题找老师或书本请教很困难,所以连孔子都有绞尽脑汁“终日不食终夜不寝以思”的经验。《论语》问世一百多年后,荀子《劝学篇》也说“吾尝终日而思矣,不如须臾之所学也;吾尝跂而望矣,不如登高之博见也”。

圣贤的经验“无益,不如学也”应该让我们惊醒。

上章提到“非道弘人”,原因就是:把道束之高阁,是不能弘大自己的。本章同样强调:不学道,就凭个人那点微不足道的研究心得,又能有多大得益呢? 贾谊《新书 · 修政语上》:“学圣王之道者,譬其如日。静思而独居,譬其如火。夫舍学圣之道而静居独思,譬其若去日之明于庭,而就火之光于室也。”注意“静思而独居”，不仅是有思无学，还指这种学习缺失了与他人的切磋琢磨。

15.32 子曰：“君子谋道不谋食。耕也，馁在其中矣。学也，禄在其中矣。君子忧道不忧贫。”

孔子说：“君子只追求道，不追求饭食。靠耕田，逃不脱挨饿；学习，禄食就在其中。所以君子只担忧道之不行不明，不担忧贫不得食。”

本章继续论道、学二字，进一步涉及人生目标问题。君子学以谋道，是君子求诸己，不管今后是什么职业，食都在其中。学而优则仕，其中自有俸禄，就不愁吃穿。即使仍然以种田为业，但因心中有道——种庄稼的规律，活得也比心中无道有办法、有滋味。如绕过道，以食为目标，靠天吃饭，免不了忍饥挨饿。

1. 忧道　《中庸》中，子曰：“道之不行也，我知之矣。知者过之，愚者不及也。道之不明也，我知之矣。贤者过之，不肖者不及也。”孔子从不忧贫，反之，是做到贫而乐道；孔子所忧，为道之不行、道之不明，足见弘道之难。

2. 禄在其中　定州竹简本作“食在其中”。一项简单的逻辑是“学也，禄在其中”，所以不必忧贫。这固然不错，但学不是为了求禄，而是为了谋道。为求禄而学就是《孟子·告子上》所说的“修其天爵以要人爵，既得人爵而弃其天爵”，不是君子所为。

15.33 子曰：“知及之，仁不能守之，虽得之，必失之。知及之，仁能守之，不庄以莅之，则民不敬。知及之，仁能守之，庄以莅之，动之不以礼，未善也。”

孔子说：“能认识到治民之道，若仁心不足以守住，虽然掌握了道，也一定会失去。智力能达到，仁心又足以守得住，若不能庄重以临莅其民，则民仍对其不敬。智力能达到，仁心足以守住，又能庄重以临莅其民，若不以礼发动振作其民，还是不完善。”

1. “知及之”省略的主语是治民者。关于“之”字，历代注家多认为指官位，《求真》认为指治民之道比较妥当。(1)前几章都是论道，本章进一步论治民之道。(2)君子谋道不谋禄，学了治民之道，禄在其中矣，这与上章的精神完全一致。治民者对治民之道有足够的认识，不等于就能实行。实施中会遇到种种阻力，没有一颗仁心(即济世爱民之心)，未必能够坚守。最后，一定失道失位。

2. 即使在位者守住治民之道，百姓的教化仍是问题。还需要“庄以莅之”，即在位者要庄重地面对下民。这个“庄”字，是指在位者严格要求自己，言行为民表率。2.20 章季康子问怎样使民敬，孔子的回答就是“临之以庄则敬”。这个“敬”字，就是治民者在民众心中建立了威信。这一层面相当于《为政》篇开篇所说的“道之以政，齐之以刑，民免而无耻”。

3. 要使民“有耻且格”，还需要“道之以德，齐之以礼”。这就是本章所说的“动之以礼”。治民者要想使自己的理念转化为民众的自觉行动，需要鼓励发动。变“要我做”为“我要做”，这才是理想的状态。

4. 治民，首先须弄清治民之道，这要通过治民者的认真学习，正人先正己，然后靠仁心来守护。仁心的外发表现为自身的庄敬和对民众的动之以礼。

“知及之”是理论，只要凭借一己之努力就可以学到。“仁守之”就需要修身的功夫，学会处理各种人际关系。“庄以莅之”，特别强调对治下民众的态度。“动之以礼”这一步要求治民者将正确的理念与仁心转化为民众的自觉行动，最为困难。

15.34 子曰：“君子不可小知，而可大受也。小人不可大受，而可小知也。”

孔子说：“对君子，不可以就他派小用场时的表现予以评价，却可以赋以重任。对小人，不能赋以重任，但可用其小才。”

笛卡尔所说的“我思故我在”，把人与动物严格区分开来。不同的人，思维与相应的才能可达到的层面不同。本章的君子小人以学养、道德、才干区分。

1. 小知　指认识到其人任小事表现出的才能。给君子、小人同一件小任务，结果都很完满，或者君子还不如小人，无论哪种结果，都测不出君子能耐有多大。

2. 大受　委任以大事，足以胜任。这是君子之长，小人之短。小人任不了大事，但能出色地施展其一技之长，而为人所称道。

《克雷洛夫寓言》有一句名言“鹰有时飞得比鸡低，但鸡永远不能飞得比鹰高”与本章相通。

由此可悟本章还有一层意思：认识到谁是鸡，谁是鹰，是了不起的知人本领；认识到自己是鸡还是鹰，也许更了不起。这就是《老子》说的“知人者智，自知者明”。

15.35　子曰：“民之于仁也，甚于水火。水火，吾见蹈而死者矣，未见蹈仁而死者也。”

孔子说：“民众对仁的敬而远之，比水火更甚。水火，我还见到有人投入而死的，但没见到走上仁道而死的呢！”

1. “民之于仁也，甚于水火”，主语是民，缺少谓语，各家理解南辕北辙：

马融的解释是“水火与仁皆民所仰而生者，仁最为甚”，这是说民对仁的依赖超过水火。因为离不了水火，常有人死于水火之中。但仁的好处是不会死于仁的实践中。马融说仁是民所仰而生的，事实上，“罔之生也幸而免”，世间不仁者多的是，他们远离仁，仍享福一辈子。所以说民对仁的依赖超过水火，说不通。

王弼则认为“民之远于仁，甚于远水火也”，是说民见到熊熊大火会躲得远远的，站在滔滔江河边是小心翼翼的，对仁更是警惕害怕，躲得远远的，然而即使害怕水火，还有人死于水火，却没有人死于仁，因为没有民敢走近仁。这种解释不合常理。

黄式三指出“民非水火不生活，利其生活而夭折其中者不少”，水火的两重性是正确解读本章的关键。人离开水火不能生活，同时存在着水火对生命的严重威胁。孟子就指出：“民非水火不生活。”（《孟子·尽心上》）“以万乘之国伐万乘之国，箪食壶浆以迎王师，岂有他哉？避水火也。”（《孟子·梁惠王下》）

2.《论语》里孔子反复告诫弟子要致力于仁。3.3 章子曰：“人而不仁,如礼何!人而不仁,如乐何!”人而不仁,根本不能立足于社会。4.2章子曰:“不仁者,不可以久处约,不可以长处乐。仁者安仁,知者利仁。”(《礼记·表记》还加了一句“畏罪者强仁”)本章孔子进一步指出,民众未必意识到:相比水火,人生更离不开仁,而且仁又不存在对生命的威胁(必要时为仁而死是君子自己的愿望),求仁,何乐不为?

15.36 子曰:“当仁不让于师。”

孔子说:“该行仁时,无须让人先行,即使是自己的老师。”

1. 当仁　当需要行仁时。

2. 不让于师　在老师面前也不谦让,谦让在儒家所贵的“温良恭俭让”五项美德之中,但做仁义之事,当挺身而出,不落人后。比如救火救人,就不该说“老师,您先请”。

钱穆先生别出心裁地指出:行仁时老师很可能已经去世,为什么一定要把老师抬出来,所以“师”应该指“兴师动众”的师众。此说在逻辑上有困难。不让于老师,是相对于平日的谦让来说的。不让于师众,难道是相对于平日见人多势众必须退让来说的?

再说,本章这段话是孔子自己对弟子说的,不存在老师已经去世的问题。在某一语境中,孔子可能发现弟子未必正确理解在老师面前的谦让,于是指出:连见义勇为做好事也要让老师先做,这就过分了。

15.37 子曰:“君子贞而不谅。”

孔子说:“君子只坚守正道,不拘执小信而害义。”

贞与谅都是一种坚守,但坚守的原则完全不同。

古人说:贞,正也。自身守正不动摇。贞坚守的是个“义”字,不会因小信害大义,以私信害公义。这就是孟子说的“言不必信,行不必果,唯义所在”。

谅,所固执的正是一个“信”字,“言必信,行必果”,不顾是否合乎道义。对这种孤独的“信”,有子强调以此作为坚守对象并不可取:“信近于义,言可复也。”(1.13章)一味追求守信于人,就是14.17章所说的“匹夫匹妇之为谅”。也就是说,有时你个人可能已经对某件事做过承诺,但这种承诺仅涉及个别或局部的利益,无关大局,更不涉及社会公义,便属于小信。当你发现履行这种个别承诺会违背社会公义时,你就应该毫不犹豫地选择坚持大义而放弃小信。这就是“贞而不谅”的真谛。

15.38 子曰:“事君,敬其事而后其食。”

孔子说:“事奉君主,先尽心把事做好,然后享受食禄。”

1. 事君　随着时代的变迁,古代形式的君已不复存在,可是人只要生活在金字塔结构的组织里,就总有上级、上级的上级,直至最高领导。下级要对上级安排的工作负责,因此仍然存在事君问题(有人见到“事君”就想到“君要臣死,臣不得不死”的腐朽教条,其实那不是原始儒家思想)。本章不涉及“君使臣”——上级如何对待下级。

2. 臣如何事君?君如何使臣?3.19 章一言以蔽之:“君使臣以礼,臣事君以忠。”本章对后者在操作层面上作了解释:首先是“敬其事”,即尽己之心把安排给我的工作做好,然后才心安理得地食俸禄。这当然也是今天崇尚的职业道德。

15.39 子曰:“有教无类。”

孔子说:“是人必教,不分类别。”

1. “有 A 无 B”这种句式歧义很多,特例是“有 A 无 A”,意思是无论是有 A 还是无 A,例如“他有意无意地与她搭话”,这种句式须以 A = B 为前提,“有教无类”当然不属于这一种,此处不讨论。

“有 A 无 B”的一种用法见“有去无回”“有勇无谋”,意思是有 A 而无 B,“有教无类”若是这种用法,意思就是“有教而不管类别”。

“有 A 无 B”的另一种用法见“有备无患”“有恃无恐”,意思是有 A 则无 B,“有教无类”的意思便是“有了教,人就都成了同一类,不再分三六九等”。历代注家也有认同这一种的。本书认同的是前一种,理由见下一段。

2. 朱熹《大学章句序》说,在孔子之前,西周的官学就非常完备了,分为国学与乡学两种。国学专为贵族子弟而设,乡学是地方学校:

三代之隆,其法寖备,然后王宫、国都以及闾巷,莫不有学。人生八

岁，则自王公以下，至于庶人之子弟，皆入小学，而教之以洒扫、应对、进退之节，礼乐、射御、书数之文；及其十有五年，则自天子之元子、众子，以至公、卿、大夫、元士之適子，与凡民之俊秀，皆入大学，而教之以穷理、正心、修己、治人之道。

朱熹的说法，前人未必都认可，但有一点是肯定的，是孔子开了民间办学之新风，而且提出了一个伟大的教育原则："有教"，即人人都有接受教育的权利和义务；"无类"，即不以阶层、地域差异分类。（当然，人的智愚有别，孔子则另外提出因材施教的原则）

有教无类的思想在《吕氏春秋·劝学篇》中是这样体现的："故师之教也，不争轻重、尊卑、贫富，而争于道，其人苟可，其事无不可。"老师教学生，不计较学生的轻重、尊卑、贫富，而看重他们是否能向道。倘若他们有心向道，无论哪类学生都是可以教的。

孔子的有教无类思想也应该是这样的，7.7"束脩"章就是本章的注脚，请参阅。

《荀子·法行》有这么一段话：

南郭惠子问于子贡曰："夫子之门何其杂也？"子贡曰："君子正身以俟，欲来者不距，欲去者不止。且夫良医之门多病人，檃栝[yǐn kuò，校正曲木的器具]之侧多枉木，是以杂也。"

正因为来者不拒，入孔门的弟子流品复杂，钱穆先生指出："孔门富如冉有、子贡，贫如颜渊、原思，孟懿子为鲁之贵族，子路为卞之野人，曾参之鲁，高柴之愚，皆为高第弟子。"这正体现了有教无类的结果。

3. 为什么人人都要接受教育？孔子说："君子学道则爱人，小人学道则易使。"（17.3 章）可见在这一意义上孔子也是因材施教。有前人认为"有教无类"的意思是有了教育，所有人都成了同一类，这恐怕是乌托邦，17.3 章将这种理解否定了。人人都要受教育，却不可能受同样的教育，不但古代如此，到了 21 世纪仍然如此。

15.40 子曰："道不同，不相为谋。"

孔子说："走的不是同一条道，互相不商量。"

本章所说的"道不同"，不是指彼此的理论分歧、学术争辩，而是人生大道的分歧。《中庸》说："道也者，不可须臾离也，可离非道也。"《中庸》又引孔子所说："道不远人。人之为道而远人，不可以为道。"孔子说的"志于道",就是要坚定地瞄准正确的人生目标,即人生观,旁及世界观、价值观。道不同,就是人己三观不同、信仰不同,真是没得商量。大道与 19.4 章子夏提到的小道,也属于道不同。

为什么会发生"道不同"的情况?首先,15.32 章孔子说"君子谋道不谋食",许多人不以君子为目标,只谋食不谋道,哪里有道可同?其次,谋道在于学,不学非但无术,更无道。再次,学须在学子间切磋琢磨,这就是"共学"。但是孔子又说:"可与共学,未可与适道。"(9.29 章),即使共学一道,到后来又走岔了,只好分道扬镳。

字面上熟悉本章的人很多,但临到处世,往往把本章精神抛诸脑后,舌敝唇焦地与道不同者谋,反而浪费大量时间,徒生烦恼。因此,一旦发现不同道,最好的办法是好离好散。17.1 章阳虎属于陪臣执国政,千方百计拉孔子出来从政,这与孔子的治国之道相悖,孔子就用敷衍的办法谢绝。

15.41　子曰:"辞达而已矣。"

孔子说:"文辞达到要传递的意思就可以了。"

1. 辞达　文辞达意。这一词的结构如"管涌"。辞,狭义指辞命,即出使外国者传达君主的使命。此处应指辞的广义,即一般的著述文辞,目的在达意,不求华丽繁富。6.17 章孔子指出"文胜质则史",《易・乾卦・系辞传》说"修辞立其诚",《尚书・毕命》说"辞尚体要",与本章的主张都是一致的。

2. 本章的影响历两千年而不绝。清末民初,翻译家严复(1854—1921)推广到译文三原则:

译事三难:信、达、雅,求其信已大难矣,顾信矣不达,虽译犹不译也,则达尚焉。……易曰"修辞立诚",子曰"辞达而已",又曰"言之无文,行之不远"。三者乃文章正轨,亦即为译事楷模。故信、达而外,求其尔雅。

"信"指忠实于原著,但单凭一个"信"字,未必表达得清楚,还需要"达"。"雅"指文采、感染力,不是文雅。如果原作是描摹粗俗的市井话,译作也要传神,并非转换成绅士淑女口气。

有的《论语》读物把本章标点成"辞,达而已矣",不仅读上去拗口,而且增加了误解的可能性,因为要达的不是辞,而是意,原文强调的是以辞达意。

15.42 师冕见，及阶，子曰：“阶也。”及席，子曰：“席也。”皆坐，子告之曰：“某在斯，某在斯。”师冕出，子张问曰：“与师言之道与？”子曰：“然。固相师之道也。”

师冕来见孔子，走到台阶，孔子说：“台阶。”走到座席，孔子说：“座席。”等大家坐定，孔子告诉师冕：“某人在此，某人在此。”
师冕出去后，子张问道：“这是和乐师说话之道吗？”孔子说：“是。这就是扶导盲人之道。”

1. 师冕　乐师，名冕。古代乐师都是盲人。见—现，古今字。

2. 皆坐　等大家都坐定，人员不再流动，孔子才告诉师冕各人的位置：某某在这里，某某在那里。

3. 与师言之道与　与盲乐师说话就是这种模式吗？从子张所问可知孔门弟子对孔子的一言一行无不留心学习。

4. 固相师之道　固，本来就是。相师，相帮盲人。相师之道，要站在盲人的角度考虑问题。盲人因失明，耳朵与身体能接收到的信息量不到常人的十分之一。对盲人说话，语言要简练明确，倾跌要提早提醒预防。

本章看上去是作为不配套材料而收在《卫灵公》篇末，其实从孔子指点师冕时的言简意赅——“阶也”“席也”可见，这正是上章所说的“辞达而已矣”。

季氏篇第十六

本篇14章，所记孔子语都不写“子曰”而写“孔子曰”，有两种可能。第一，本章编者不是孔子弟子，而是再传弟子。第二，全篇不出自《鲁论》，而出自《齐论》。接第1—3章孔子论政之后，4—10章孔子说理都强调三层次、三方面，乃至九方面，应该是经过了孔门弟子及再传弟子的精心整理，或因不同门派的行文风格不同。篇末三章地位可疑。特别是可以认定第12章是来自《颜渊》篇的错简，第14章是在《雍也》篇“子见南子”章的编辑过程中未予以清理的残迹。

16.1 季氏将伐颛臾。冉有、季路见于孔子曰：“季氏将有事于颛臾。”

孔子曰：“求！无乃尔是过与？夫颛臾，昔者先王以为东蒙主，且在邦域之中矣，是社稷之臣也，何以伐为？”

冉有曰：“夫子欲之，吾二臣者皆不欲也。”

孔子曰：“求！周任有言曰：‘陈力就列，不能者止。’危而不持，颠而不扶，则将焉用彼相矣？且尔言过矣！虎兕出于柙，龟玉毁于椟中，是谁之过与？”

冉有曰:“今夫颛臾,固而近于费,今不取,后世必为子孙忧。”

孔子曰:“求!君子疾夫‘舍曰欲之而必为’之辞。丘也闻有国有家者,不患寡而患不均,不患贫而患不安。盖均无贫,和无寡,安无倾。夫如是,故远人不服,则修文德以来之。既来之,则安之。今由与求也,相夫子,远人不服,而不能来也;邦分崩离析,而不能守也,而谋动干戈于邦内。吾恐季孙之忧,不在颛臾,而在萧墙之内也。”

季氏将讨伐颛臾,冉有和季路去见孔子,说:“季氏要对颛臾用兵了。”

孔子说:“求呀!恐怕是你的过失吧!那颛臾,从前周天子封它主持东蒙山的祭祀,而且已经在鲁国国境内,和鲁君同是天子之臣,为什么要讨伐它呢?”

冉有说:“是我们主公要讨伐它,我们两个做臣下的都不想这么做。”

孔子说:“求呀!从前周任说过,按能力高下,列位就职;力不胜任的,应该自动辞职。好比一位盲人助手,盲人遇到危险不能紧抓不放,颠跌不能扶一把,那还要用这助手干什么呢?而且你的话说得也不对。老虎犀牛逃出牢槛,龟甲美玉毁于匣中,这是谁的过失呢?”

冉有说:“现在那颛臾,城郭完固,而又离费地很近。若目前不取,将留为后代子孙之忧。”

孔子说:“求呀!君子最讨厌明明想方设法要得地,不直说而另找一番借口。我听人说过,诸侯治国,卿大夫治家,不怕贫乏,只怕财富不均;不怕人口少,只怕社会不安定。因为财富平均了,就无所谓贫乏;能和睦相处,就无所谓人少;社会安定,就没有倾覆之祸了。正因为这样,所以如有远方人不顺服,就致力于礼乐教化,凭仁德招来他。来了,便设法安顿他。现在你们两人辅助季氏,远方人不服，而不能让他们归顺；国家分崩离析，而不能好好守护，反而想在国内动刀兵。我担心季孙氏之忧不在颛臾，而在鲁国国门之内啊！”

1. 颛臾，国名，鲁国的附庸国，位于鲁国境内东部蒙山一带。本章季氏指季康子，他想吞并颛臾，扩大势力范围，这时孔子周游列国后已返回鲁国。冉有、季路两位弟子是季氏家臣，知道季康子的打算后来报告老师，孔子坚决反对这项行动。因为子路职位在冉有之下，所以孔子专与冉有对话，说：这恐怕是你的过失吧！

孔子说，周天子封颛臾国，让它主持蒙山的祭祀，它本来就在鲁国治域之中，又与鲁国同为天子之臣，有什么理由去攻打它呢？

冉有辩解说：这是夫子想攻打，我们两人并不赞成。（夫子指季孙。）

孔子引古之良史周任的话“陈力就列，不能者止”，意思是为臣者要裁量自己的才力在官员序列中就位，不能胜任就要从位上退下。好比为相（盲人助手），盲人遇到危险时不能抓紧不松手，盲人颠跌时不能拉一把，那要助手干什么？

（《卫灵公》篇末章刚冒出一段孔子借师冕示范“相师之道”，《季氏》篇首章就用上了，这恐怕不是巧合。）

2. 虎兕出于柙，龟玉毁于椟中　兕［sì］，犀牛。出，逃出。柙［xiá］，牢槛。椟，藏宝物的木匣。

孔子说，看管不住猛兽宝物，典守者难逃其责。冉有、子路服务于季氏，季氏执政出错，两人不能力谏，就是失职。

3. 固而近于费　固，城郭完固。费［bì］，季氏私邑。

4. 君子疾夫舍曰欲之而必为之辞　疾，痛恨。舍曰欲之，不说自己贪心。必为之辞，非另编一套说辞不可。

5. 不患寡而患不均，不患贫而患不安　句中“寡”与“贫”在传写过程中位置可能调错了。董仲舒《春秋繁露·度制》篇作“不患贫而患不均”，与下文“均无贫、和无寡，安无倾”正好对应。

孔子说：“远人不服，犹来之以文德。”意思是：鲁国外的人不认同鲁国，治国者还要用文德吸引他们来归顺，来了以后好好安顿他们。颛臾本来就在鲁国域内，怎么反而动起刀兵？

6. 今由与求也　孔子指出两位弟子的三大过失，子路年长，放在冉有前面。

7. 萧墙　国君府上的门屏。郑玄注：“萧之言肃也。萧墙，谓屏。君臣相见之礼，至屏而加肃敬焉，是以谓之萧墙。”萧墙之内，指鲁哀公。

前面冉有说季氏是为子孙后代之忧而想伐颛臾，孔子说：恐怕季氏担心的不是颛臾，而是哀公吧。后来哀公果然想借越国之手除掉季氏。

《春秋》上找不到季氏伐颛臾的记载，可能孔子的反对意见最后起了作用。

16.2 孔子曰："天下有道，则礼乐征伐自天子出；天下无道，则礼乐征伐自诸侯出。自诸侯出，盖十世希不失矣。自大夫出，五世希不失矣。陪臣执国命，三世希不失矣。天下有道，则政不在大夫。天下有道，则庶人不议。"

孔子说："天下有道，则礼乐、征伐都出自天子；天下无道，则礼乐、征伐都出自诸侯。出自诸侯，大概十世以后，很少能不失位丧国的；出自大夫，能保住五世就不错了。让陪臣来执掌国家命令，三世就保不住了。天下有道，则政权不在大夫手里；天下有道，则庶人不会议论政治。"

《左传·成公十三年》："国之大事，在祀与戎。"天下有道时，由王者制礼作乐，决定征伐。天子微弱，诸侯上僭，自作礼乐，专行征伐。随着周天子王权衰落，礼乐征伐之权落到诸侯乃至诸侯的臣下手里。上章"季氏将伐颛臾"就是例子。

1. 十世希不失　诸侯（如鲁君）剥夺王权，是违背天道的，很少能传十世。在鲁国，自作礼乐，专行征伐，始于隐公。昭公二十五年《公羊传》云："子家驹曰：'诸侯僭于天子，大夫僭于诸侯，久矣。'昭公曰：'吾何僭矣哉？'子家驹曰：'设两观，乘大辂，朱干玉戚以舞《大夏》，八佾以舞《大武》。'"至昭公十世失政，鲁昭公出奔齐，死于乾侯，就是一例。大夫（如三桓）又专诸侯的礼乐征伐大权，五世都保不住。季文子初得政，至桓子五世，为家臣阳虎所囚，就是一例。

2. 陪臣执国命　古代天子以诸侯为臣，诸侯以大夫为臣，大夫又有家臣。大夫对天子来说是陪臣，家臣对诸侯来说也是陪臣。本章指后者。国之命运掌握在家臣手里，连三世也保不住。例如阳虎三世而出奔齐。从长治久安到十世、五世、三世，朱熹说："逆理愈甚，则其失之愈速。"

3. 天下有道,孔子提了两个有意思的指标:(1)国之政令出自国君,不出自臣下;(2)为政者务民之义,庶人不议。

16.3 孔子曰:“禄之去公室,五世矣。政逮于大夫,四世矣。故夫三桓之子孙微矣。”

孔子说:“爵禄赏罚之权不再在国君手里,已五世了。政权落到大夫手里,也四世了。所以三桓的子孙到目前也衰微了。”

1. 禄之去公室,五世矣　禄,本来是指官员的俸禄,这里指封爵、定禄、提升、罢黜、赏罚之权。去公室,意思是权不再在诸侯朝廷。五世,指鲁宣公、成公、襄公、昭公、定公。这里仅举“禄去公室”的一例,据《左传》载:襄公十一年,季孙氏、孟孙氏、叔孙氏“作三军,三分公室而各有其一”,鲁国的武装部队被三家瓜分;至昭公五年,三家又“四分公室,季氏择二,二子各一,皆尽征之,而贡于公”,鲁国的军赋、田赋全归三家,公室只靠三家进贡多少用多少。定公之后是哀公。郑玄说,孔子说这段话的时候是在定公在位初期。

2. 政逮于大夫,四世矣　逮,抓到手里。在鲁国,政权被大夫抓到手里,已有四世,以权势最大的季孙氏计算,是季文子、季武子、季平子、季桓子四代。再下一代就是季康子,在《论语》中几次出现。

3. 三桓之子孙微矣　鲁桓公的三支庶出后代仲孙(孟孙)、叔孙、季孙氏,到鲁定公时势力都衰微了。一个迹象就是季桓子执政时代家臣阳货(阳虎)把季桓子关起来而专鲁国之政。《论语》下一篇赫然以《阳货》命名。

16.4 孔子曰:“益者三友,损者三友。友直,友谅,友多闻,益矣。友便辟,友善柔,友便佞,损矣。”

孔子说:“益友有三种,损友也有三种。友人正直,友人守信,友人见多识广,结交有益。友人惯于装饰外貌,友人工于媚悦面善态柔,友人巧言口辩,结交有损。”

1. 直　正直。

2. 谅　正面用法是守信,肯定是益友。(谅也有固执己见、不知权变的意思。刘氏《正义》:“谅者,信而不通之谓。”前面 14.17 章“岂若匹夫匹妇之为谅也”、15.37 章“君子贞而不谅”之谅就用此贬义。)

3. 多闻　博学。

4. 便辟　马融曰:“便[pián]辟,巧避人之所忌,以求容媚。”便辟与友谅之谅正相反。《尚书·冏命》:“慎简乃僚,无以巧言令色便辟侧媚,其惟吉士。”周穆王要求臣下精简僚属,不要让巧言令色便辟之辈在身边献媚。

5. 善柔　善于装出和悦的脸色。善柔工于媚悦,与友直之直正相反。

6. 便佞　巧舌如簧,而无闻见之实,与多闻正相反。

7. 益友、损友肯定都不止孔子所举的这三种,重要的是要弄清楚益友、损友的标准,那就是交友为了辅仁进德,即帮助自己处理好方方面面的人际关系,扩充学习天道真理的心得。有利于此的就是益友,不利于此的就是损友。我们可以按辅仁进德的标准再次审视本章。

《卫灵公》《季氏》《阳货》三篇分别以诸侯、大夫、家臣为题,开头几章都述政事。《季氏》篇从本章到篇末不再围绕政事。

16.5 孔子曰:“益者三乐,损者三乐。乐节礼乐,乐道人之善,乐多贤友,益矣。乐骄乐,乐佚游,乐宴乐,损矣。”

孔子说:“对人有益的快乐有三种,对人有损的快乐也有三种。喜欢有节制的礼乐,喜欢称道别人的优点,喜欢多交贤友,就有益。喜欢骄纵放肆的快乐,喜欢怠逸游荡,喜欢设宴寻欢作乐,就有损。”

1. 乐是多音字,礼乐、音乐之乐读[yuè]。骄乐、宴乐之乐读[lè],指快乐。“三乐”之“乐”作动词用,古代读[yào],现代也读[lè],表示“以××为快乐”。“乐”与“友”一样,也有益、损之分。

2. 乐节礼乐　乐[lè]于节制礼乐[yuè],此处的礼乐不必非与庆典、祭祀之类的特殊情境联系起来不可。[清]孙奇逢《四书近指》指出:“节礼乐全在日用间应事接物上讨求,心安理顺。”李中孚《四书反身录》:“礼以谨仪节,乐以养性情,此日用而不可离者。所乐在此,斯循绳履矩,身心咸淑。”礼贵中,乐贵和,以日常节制礼乐不失于中和为乐,则有益于身心健康。“乐极生悲”就是不节制的后果。

3. 乐道人之善　以称道人的善迹为乐，不但隐恶扬善，成人之美，而且说明其人的趋善，自然有益于人生。道—导，古今字，汉唐旧本多作“導人之善”。这种理解可以取孟子所说“君子有三乐……得天下英才而教育之，三乐也”为例。但“导人向善”“导人以善”容易理解，“导人之善”的“之”字解为“向、到”，存在曲解。今不取。

4. 乐多贤友　这与上章密切相关：人之直、谅、多闻，尽收眼底，必多交贤友，辅仁进德之益无穷。友而贤，多多益善，以此为乐，也有益。

5. 乐骄乐　孔安国释骄乐为“恃尊贵以自恣”（仗着尊贵放纵自己），人以骄人排场奢侈放肆为乐，与“乐节礼乐”正相反，非但无益，而且损德折福。

6. 乐佚游　沉溺于放纵游荡，出入不节，虚掷宝贵光阴。

7. 乐宴乐　喜欢设宴聚饮，寻欢作乐。这是耽于安逸享受，消磨意志，最终将一事无成。

乐[lè]，其实表现了人的志趣追求有高下之分。君子与小人的快乐观南辕北辙。《论语》开卷就提到的“有朋自远方来，不亦乐乎”就在“益者三乐”之中，“孔颜之乐”（指 7.15 章子曰“饭疏食，饮水，曲肱而枕之，乐亦在其中矣。不义而富且贵，于我如浮云”和 6.10 章“一箪食，一瓢饮，在陋巷，人不堪其忧，回也不改其乐”）常为历代读书人津津乐道，当然也是日常生活中的高尚悠远之乐，与“益者三乐”的关系虽不明显，但也可以成为一个有意思的学术话题。

16.6 子曰：“侍于君子有三愆。言未及之而言，谓之躁。言及之而不言，谓之隐。未见颜色而言，谓之瞽。”

孔子说：“侍奉有德位的君子，有三种过失。还轮不到他说话就说，叫作轻躁。应该说的时候不说，叫作隐瞒。不看对方脸色说话，叫作瞎说。”

前面 15.8 章“子曰：‘可与言而不与之言，失人。不可与言而与之言，失言。知者不失人，亦不失言。’”所论也是对言语的掌控，但重点放在对听者身份的判断上，有些人是可与言的，有些人则不可与言。本章则指明针对特定的某位有德位的君子，不但是可与言之人，而且是必须与言之人，要害是说话必须坦诚并把握时机。

1. 三愆　愆[qiān]，过失。

2. 言未及之而言　轮不到他说话他就说了。《大学》说：“物有本末，事有终始。知所先后，则近道矣。”不知发言先后，是对所修之道领会不深。

3. 躁　轻躁，不冷静，急于表现自己，用 1.16 章的话说，就是“患人之不己知”，其实已经给人留下不良印象，患上了“不知人”的毛病。

4. 言及之而不言　该说话时不说，首先是不忠。所以 14.22 章子路问事君。子曰：“勿欺也，而犯之。”这个“犯之”，就是指言及之必须言，哪怕对君子有所冒犯。

5. 隐　有所隐瞒，不尽情实，其实是逃避责任。

6. 未见颜色而言　不看对方脸色说话，在听者带有情绪的情况下，效果可能适得其反。这也是“不知人”的表现。

7. 瞽　瞎眼。不能察言观色，等于不长眼睛。

本章所说的三种过失，其实不单是发生于侍奉君子之时，平日也有，但因所接触的不是有德有位者，彼此彼此，说话随便，对方也不介意，所以不知道言语的过失，要等到侍于君子时才充分暴露出来。孔子要求弟子亲仁，“就有道而正焉”，对纠三愆大有好处。

16.7 孔子曰：“君子有三戒。少之时，血气未定，戒之在色。及其壮也，血气方刚，戒之在斗。及其老也，血气既衰，戒之在得。”

孔子说：“君子有三戒。少年时，血气未完定，切忌迷恋女色。壮年时，血气正刚强，切忌好勇争斗。年老了，血气已衰弱，不能贪得无厌。”

1. 戒　戒备、警惕。根据不同的时间、地点，戒的重点不同，如加油站强调禁火，驾驶戒饮酒。

2. 本章用“血气”表征人的体质、精力等生理状态随年龄增长的变化：从少年开始发育逐步完善、壮年精力旺盛到达巅峰，到老年渐渐衰弱。

3. 少、壮、老的年龄界限，见《礼记·曲礼上》：“二十曰弱，冠；三十曰壮，有室；四十曰强，而仕；五十曰艾，服官政；六十曰耆，指使；七十曰老，而传。”古人从十几岁结婚到三十岁都可称少之时。《礼记·王制》

称“五十始衰”，三十到五十岁可称壮之时。“耆”字由“老”字与“指”字压缩合成，意谓年老了不亲力亲为，而是指点差使他人做事。现代也承认六十岁以后称老之时。人到七十岁，不再指使，而是传授家事，一概付之于子孙。

少之时心智尚未成熟，性激素分泌却特别旺盛，容易放纵。年过中年，恶果将渐渐呈现。所以戒之在色。

壮之时体质强健，精力充沛，风头正健，喜逞强好胜。“峣峣者易折”，所以戒之在斗。不但要戒与天斗、与地斗、与人斗，还要戒与己斗，以享天年。

将人生比喻为一年四季，老之时已入秋冬，“秋收冬藏”，一生的收获也最丰富，积累多多。但身体衰老，精力不济，如果热衷于聚敛，自身其实已享受不到，何必贪得无厌！所以孔子说戒之在得。需要注意的是，百年树人，人生知识、经验的积累不在戒得之列。

16.8 孔子曰：“君子有三畏。畏天命，畏大人，畏圣人之言。小人不知天命而不畏也，狎大人，侮圣人之言。”

孔子说：“君子有三项敬畏。敬畏天命，敬畏高位者，敬畏圣人之言。小人不知有天命，所以不畏天命。亲狎大人，侮慢圣人说的话。”

1. 畏　《说文》：“鬼头而虎爪，可畏也。”（参见 9.5 章）本章畏的对象不是恐怖的妖魔鬼怪，而是掌控一切的天命、位高权重的大人与义旨深远的圣人之言，所以本章的畏接近于敬畏。

2. 畏天命　在现代人看来，天命就是主宰宇宙万物的客观规律。君子承认天命是冥冥中人事的主宰者，而自己远不能认识，所以心存敬畏，不敢违抗。

3. 畏大人　“大人”在《论语》中仅本章一见，指天子、诸侯等现居高位者，君临众人之上，为众人祸福所系，而非我力所能左右，不敢冒犯其权威。

4. 畏圣人之言　作为人格最高者，圣人不世出，但其言论博大精深，放之四海而皆准，积为人尊，其言义旨深远，非我所能参透，我只有心存敬畏，尽力遵奉。

5. 天命虽然不可知，但君子承认天命的存在。小人则不知道有什么天命，“无知者无畏”，随心所欲，恣意妄为。

6. 狎大人　狎[xiá]，亲近而不庄重。开始还规矩，熟了以后从逢迎、试探、轻慢，到越来越不当一回事，甚至犯上作乱，无所不至。

7. 侮圣人之言　圣人之言经得住世纪乃至两三千年考验，君子学之犹恐不及，小人对圣人之言却非但毫无敬畏之心，还要侮辱戏弄。所以孔子说“中人以下，不可以语上也”（6.20 章）。

16.9 孔子曰：“生而知之者，上也。学而知之者，次也，困而学之，又其次也。困而不学，民斯为下矣。”

孔子说：“生来就知道的，是最上等。学了才知道的，是次一等。为了摆脱困境而学的，又次一等。处于困境仍然不学，这种人就是等而下之了。”

本章的学与知都取广义，指学习和认识任何东西。孔子按知、学把人分四等，其实这四等又可分以下两个层面。

1. 知识有两种，胎儿一出生便不可缺的个别生存知识内存在人的基因里，属于本能，可说是生而知之。本章孔子所说的“生而知之”不是指这种，而是指一般只有通过学习才能获得的那类知识。人类文明发展到今天，真正对这类知识生而知之者极其稀罕，印度数学奇才拉马努金（Srinivasa Ramanujan，1887—1920）算是一个千年不遇的例子。他没有受过严格的数学训练，却独立发现了 3000—4000 个极为复杂的公式，不带证明。他经常说这是睡梦中娜玛卡尔女神给他启示，一早醒来就赶快写下五六个。这些公式中的三分之一是那时数学家们闻所未闻的，他的直觉的跳跃甚至令今天的数学家都感到迷惑。在他死后的几十年，他论文中埋藏的秘密依然被不断地挖掘出来，他发现的定理也被应用到他活着的时候很难想象到的领域。

孔子既说有人生而知之，不会是随便说说。古人说孔子是指尧、舜、周公这样的圣人，其实圣人是德高位尊者，不是可以设想的拉马努金那种生而知之者。孔子算是现代人心目中活生生的圣人了吧，可 7.20 章孔子说：“我非生而知之者，好古，敏以求之者也。”凡人都属于第二等：学而知之。

2. 按对某些知识是否生而知之，人分为天才与常人两类。按学习态度，人又分三等。第一等是好学。从5.28章孔子自述“十室之邑，必有忠信如丘者焉，不如丘之好学也”可见，孔子就在这一等内。

第二等是困而学之。人本不好学，因其行事有所困，阻塞不通，发愤而学之者。如2.5章提到孟懿子学礼的事。《左传·昭公七年》：“公如楚。孟僖子为介，不能相仪。及楚，不能答郊劳。九月，公至自楚。孟僖子病不能相礼，乃讲学之，苟能礼者从之。”这是困而学之的例子。

最下等是困而不学，明知没有文化什么路都走不通，仍然不肯学。社会上困而不学者越多，标志着社会走向溃败。

16.10 孔子曰：“君子有九思。视思明，听思聪，色思温，貌思恭，言思忠，事思敬，疑思问，忿思难，见得思义。”

孔子说：“君子有九大用心处。看的时候用心看明白。听的时候用心听清楚。脸色用心做到温和。容貌用心做到恭敬。说话用心为人打算。做事用心做到一丝不苟。有疑用心审察明辨，包括请教他人。气愤怨恨时用心想想后果。见到有可得，要用心想想是否合乎道义。”

1. 九思　最重要的九处特别要用心思，这里的“九”虽是实数，不等于其他情况下不必用心思。这九处是视、听、色、貌、言、事、疑、忿、见得。大致分为三类：(1)视与听：处于人这一系统的输入环节，通过眼、耳接收外界信息时要清楚，去伪存真；(2)色、貌、言：处于系统的输出环节，要严格把关，因为它会影响到外界对系统的感受和评价；(3)事、疑、忿、见得：处于系统对内部信息的加工环节。

2. 视思明，听思聪　人依赖输入信息进入思维加工，在错误解读输入信息的基础上，加工的中间产品都不可靠，向外界输出的反应作为加工结果必然会出错。

3. 色思温，貌思恭　色，脸色；貌，仪容。都是人的心情态度的表现，作为无声语言向外界传递信息，会影响到接收信息者的心态。在待人接物时脸色要温和，容止要恭敬，表示对人的尊重，对方会欣然会意。

4. 言思忠　忠包括忠信。说话要发自至诚，为对方着想，对听者有益。

5. 事思敬　做事要用心想怎样把它做好，而不是敷衍塞责。

6. 疑思问　有疑惑不可放过，要审问明辨，包括请教他人。

7. 忿思难　人难免为人事所激愤，这时最容易作出不可挽救的反应。所以一定要保持冷静，想想各种后果，使愤恨得到遏制。

8. 见得思义　见到有财物好处可得，要用心想想是否符合道义，不合适就不取。

9. 本章条目多，看上去琐碎，像是鉴别君子的九大标准，与个人无关，所以相对于“己所不欲，勿施于人”等名言，本章受到的关注与本章的价值相比，不成比例。

本章是努力想成为君子的每位《论语》学习者时刻要牢记并践行的法宝，像“身手钥钱”那样不离身。1.4 章曾子的“吾日三省吾身”还是“一天一结账”的，本章则时时刻刻提醒我们待人接物。例如，你此刻在视听，你真的用心了吗？又如你面对不想面对的人，你脸色够温和吗？对他够尊重吗？你一想到“色思温，貌思恭”，马上就能和颜悦色。又如你说话是真诚的吗？是为人着想的吗？孔子立马提示你“言思忠”；你愤怒的时候是很难控制自己的，孔子立马提醒你“忿思难”，想想你愤怒的后果等。读者一旦养成“九思”的好习惯，不是为了取得“君子”证书，而是真的是一位“悦乐君子”了。

16.11 孔子曰：“‘见善如不及，见不善如探汤。’吾见其人矣，吾闻其语矣。‘隐居以求其志，行义以达其道。’吾闻其语矣，未见其人也。”

孔子说：“有句话叫作‘见善如不及，见不善如探汤’。我真见过这样的人，他就在践行他说的这番话。我还听说这么一句话‘隐居以求其志，行义以达其道’，却没缘见到这种人啊！”

本章孔子引用了他听说过的两句话，并对践行的难易予以评论。

第一句的意思是“看见善，像来不及般赶过去；看见不善，像把手伸进沸水般马上缩回来”。所谓“不及”，总有一个追赶的目标，比如赶飞机，比如去抓某人。汤，沸水。有这种表现的人平日一心向善，疾恶如

仇,能做到独善其身。即使在春秋乱世,这种人也不难找到。

第二句的意思是“避世隐居以探索他的人生主张,通过行义而贯彻他的理想抱负”。孔子说这种人他还没有见到过,并非夸大其词。隐居的人孔子见过不少,行义的人在春秋末年也多得是,但隐居是为了求其志的少见,行义是为了达其道的也少见。二者兼备者怀着远大的理想,有志兼济天下。他们隐居,是磨砺保养自己的志向;只要一有机会就仗义行道,时机成熟便挺身救世。典型的像商朝的伊尹终于实现理想抱负,这类人孔子真的见不到,本章表露的就是孔子的感慨。

16.12 【“诚不以富,亦只以异。”】

齐景公有马千驷,死之日,民无德而称焉。伯夷、叔齐饿于首阳之下,民到于今称之。【“有马者借人乘之”,】其斯之谓与!

“为人称道,并不在富,富只不过是财富比他人多点而已。”

齐景公的马多达四千匹,他死的时候,民众对他的品德没有什么称赞的话。伯夷、叔齐饿死在首阳山下,民众至今还在称颂。古话说“有马你要借人骑”,说的就是这意思吧!

1.《论语》下编的布局,在《先进》《颜渊》《子路》《宪问》述说孔门先贤之后要写鲁卫政事了,第十四篇之后的三篇依次以《卫灵公》《季氏》《阳货》命名,这也是“国君—大臣—家臣”的次序。所以《季氏》篇开头一定是放季氏的材料,而且是孔子以某种形式参与其中的。

《季氏》篇很短,只有 14 章,结构清晰,前三章论政,后面都是谈君子。到本章突然又讲起齐景公来,《颜渊》篇已谈过齐景公,本章的齐景公材料搬过去并无不妥,为什么放在这里,看不出任何理由,反而破坏了《季氏》篇的结构。

《季氏》篇末章也令人莫名其妙,竟介绍邦君之妻的各种称呼。关于这个问题,《求真》在解读 6.27 章《子见南子》时已说明事情的来龙去脉,解决了前人的困惑。

剩下的问题就是本章,我们有充分的理由相信,它原先是在《颜渊》篇,后被误搬到《季氏》篇。下文我们就来谈这个问题。

2. 怎么看待本章一个“子曰”都没有？钱穆先生告诉我们:

> 《论语》文例,举古事古礼,章首皆无“子曰”字,至下断语始著“子曰”。若序而不论则通章可不著“子曰”字,非阙文。

《求真》认为,“子曰”的丢失更可能是《论语》在传世过程中阴差阳错地把本章从《颜渊》篇误植过来时产生的差错。

3. 本章缺损不止“子曰”这一处。文字最前面原有一句“诚不以富,亦只以异”遗落在 12.10 章结尾之后无人认领,其实这句话和那章毫无关系,反而造成了解读的累赘。现在我们把“诚不以富,亦只以异”移回本章,作为章的开头,与缺失的另一段文字“有马者借人乘之”一并加上标记安在原位,是否可以看作一举解决了三个疑问,请读者审定。

4. “诚不以富,亦只以异”　引自《诗经 · 小雅 · 我行其野》。这两句的大致意思是:为人称道不在财富。如果你除了比别人有钱,别无所长,又有什么了不起呢?

5. 齐景公有马千驷　驷,四匹马,合拉一辆兵车,称一乘。千驷,等于说齐景公所治为“千乘之国”(1.5 章)。

6. 民无德而称焉　有的《论语》版本“德”字作“得”,用字与 8.1 章一致。这句话的意思是齐景公有好多好多战马,可死后百姓对他没有什么可以称道的。

7. 伯夷叔齐饿于首阳之下　见 5.22 章注。与齐景公拥有一个强大的诸侯国相比,伯夷叔齐放弃国君宝座穷到饿死,民众反而称颂至今。两相对照,说明值得称道者不在财富多少。

8. 其斯之谓与　说的就是这个道理吧!“有马者借人乘之”可能是句俗语,编者在此引用是为了表明:齐景公那么多马如果肯借给人民乘骑,口碑一定不会这样差吧!

1.5 章说:“道千乘之国,敬事而信,节用而爱人,使民以时。”如果把本章当作 1.5 章的编者按,很般配。或许《论语》下编的编者动过加“编者按”的脑筋,所以没有“子曰”二字。但是,为上编加注而改变半世纪前的上编的原貌是个重大原则问题,编者意见不可能统一;本章被搬来搬去,可以解释本章内容为什么支离破碎。加不加编者按还有一个历史痕迹,那就是我们在解读 1.12 章时强调过,“有所不行,知和而和,不以礼节之，亦不可行也”不可能是有子原话，一定是《论语》下编编者加的编者按，当时有子如果还健在，是坚决不会同意的。

16.13 陈亢问于伯鱼曰：“子亦有异闻乎？”

对曰：“未也。尝独立，鲤趋而过庭。曰：‘学诗乎？’对曰：‘未也。’‘不学诗，无以言。’鲤退而学诗。他日，又独立，鲤趋而过庭。曰：‘学礼乎？’对曰：‘未也。’‘不学礼，无以立。’鲤退而学礼。闻斯二者。”

陈亢退而喜曰：“问一得三。闻诗，闻礼，又闻君子之远其子也。”

陈亢问伯鱼：“你在令尊那里听到些他人听不到的教训吗？”

伯鱼对道：“没有啊。有一次，父亲一个人站在堂前，我在中庭很快走过，父亲说：‘学诗了吗？’我回答：‘还没有。’父亲说：‘不学诗，便讲不好话。’我退后便学诗。又一次，我父亲又一个人站在堂前，我在中庭很快走过，父亲说：‘学礼了吗？’我回答：‘还没有。’父亲说：‘不学礼，便不能立身。’我退后便学礼。我私下就听到这两番教训。”

陈亢退下，很高兴地说：“我问一个问题，倒有了三项收获。知道了该学诗，该学礼，又知道了君子不特别给儿子开小灶。”

1. 陈亢［gāng］　字子禽，见 1.10 章注。伯鱼，孔子之子孔鲤，见 11.6 章注。

2. 子亦有异闻乎　陈亢问伯鱼是否从孔子处听到其他弟子听不到的教导。

3. 尝独立　孔子曾独自站在堂上。

4. 鲤趋而过庭　伯鱼自述他从堂下小步快快穿过中庭。古代走过长者面前必须趋步而过，不可大摇大摆。

5. 不学诗，无以言　孔子非常重视诗教，他说过：“温柔敦厚，诗教也。”不学诗，语言干瘪粗俗。诗的其他功能参见 17.8 章。

6. 不学礼，无以立　孔子说过：“恭俭庄敬，礼教也。”不学礼，对己放纵，对人不恭敬，在社会上无法立足。

7. 闻斯二者　伯鱼说，就听到父亲说要学诗、学礼这两件事。我们由此可知：伯鱼如果不是个别听到，他还没有准备学诗学礼。这可以印证《先进》篇开篇孔子所说的“先进于礼乐，野人也”。

8. 问一得三　陈亢向伯鱼问了一个问题，却有三项收获。除了知道孔子要弟子学诗、学礼外，还由此知道“君子之远其子”——老师在教育上，对儿子与其他弟子一视同仁，不特别给儿子开小灶。

16.14 邦君之妻，君称之曰“夫人”，夫人自称曰“小童”，邦人称之曰“君夫人”，称之异邦曰“寡小君”，异邦人称之亦曰“君夫人”。

国君的妻子，国君称她为“夫人”，夫人对国君则自称“小童”，国人则称她“君夫人”，在异国人之前则称她为“寡小君”。异国人对国人也称她“君夫人”。

1. 邦，通国。汉朝人因避刘邦讳，提到“邦君”都改称“国君”。“小童”“寡小君”都是邦君之妻在不同场合的自我谦称，就像国君自称“寡人”“不穀”一样。

2. 本章既不是孔子语录，与上下文也毫不搭调，但《齐论语》《鲁论语》与《古论语》都有这一章，很明显是《论语》本身的错简。我们在解读6.27 章“子见南子”时已给出了错简产生的一个理由，请读者审阅。

3.《求真》在注 16.12 章时提到，有迹象表明《论语》下编编者可能想试着修订上编，但意见未能统一。由本章来看，后遗症是把处理不好的章节安置到章数少风格又近似的《季氏》篇末了。

阳货篇第十七

本篇25章，称“孔子曰”的只有第1、5两章，其他各章都称“子曰”，回到《季氏》篇以前的撰写风格。首章与第19章分别谈阳货、孺悲欲见孔子事，第4、6章分别谈公山弗扰及佛肸召孔子事，其余各章都记载孔子言论及师徒对话，内容丰富，包括性、学道、仁、六言六弊、论学诗、礼、败德、民之三疾、三年之丧、勇、君子所恶、女子小人等。

17.1 阳货欲见孔子，孔子不见，归孔子豚。

孔子时其亡也而往拜之，遇诸涂。

谓孔子曰：“来！予与尔言。”曰：“怀其宝而迷其邦，可谓仁乎？——曰不可。好从事而亟失时，可谓知乎？——曰不可。日月逝矣，岁不我与。”

孔子曰：“诺。吾将仕矣。”

阳货想召见孔子，孔子不去，阳货便送给孔子一只小猪。

孔子候阳货不在家时去答拜，却在路上碰见了。

阳货对孔子说：“过来！我有话和你说。”阳货说：“你身怀绝技，而不为鲁国政治指点方向，这可称得上仁吗？——当然不可以。你喜欢参与政事而屡失时机，这可称得上智吗？——当然不可以。日子一天天过去，岁月不等人呀！”

孔子说：“好的，我打算出去做官了。”

1. 阳货欲见孔子　阳货，又名阳虎，是季氏的家臣。本章正值阳货把季桓子关起来而专鲁国之政时期，他想召见孔子，让孔子利用其声望为自己做事，但孔子不肯见他。

2. 归孔子豚　归，“馈”的通假字，馈赠。《孟子·滕文公》对此事的记载是阳货“馈孔子蒸豚”，豚就是小猪。《礼记·玉藻》篇记载：“大夫亲赐士，士拜受，又拜于其室。”孔子收到阳货馈赠，应当拜受，还要登门拜谢，这样阳货就能趁机召见孔子了。

3. 时其亡也而往拜之　时其亡，趁其离家外出之时。孔子不想上门见阳货，所以故意等阳货出门后上门拜谢，形式上并不失礼。

4. 遇诸涂　孔子没想到在路上还是遇到了阳货。涂，通“途”。

5. 怀其宝而迷其邦，可谓仁乎　阳货指责的“怀”和“迷”都指同一主体的行为。其，指其人。阳货对孔子说：你不是希望天下归仁吗？怀藏治国之宝，而坐视祖国迷乱，可以称得上仁吗？

6. 曰不可　本章“孔子曰”到章末才出现，可见这里的两个“曰”都是阳货代孔子答——当然不可以吧！

7. 亟，屡屡。失时，不抓住机遇。阳货对孔子总想为国效力心知肚明，于是说：你是位智者，现在给你机会，你不抓住，可以称得上智吗？当然不可以吧。

阳货接着说：你眼看自己一天天老去，岁月不等人呀！

阳货一口气说了三个回合。这番话语显然是他在肚子里盘算了好久的，而孔子一直推脱不见，现在好不容易逮到，就一股脑儿吐了出来。

儒家思想是“达则兼善天下”，孔子的确想出仕，只是不是时候。“天下有道，则政不在大夫。”季氏已是天子陪臣，阳货又是季氏的家臣。孔子不愿意在骄横的阳货手下做事，所以听任阳货自问自答，并不插嘴。

阳货所说，其实有理。孔子无可辩驳，于礼也不容辩驳，所以爽气地答应出仕，但不拿出时间表，主动权就在自己手里。诺，承诺声。

本章的背景是在鲁定公五年前半年或更早一些，当时孔子最多四十七岁，已名声大盛。如前文所述，当时三桓家臣的势力已经很大，掌权的季平子体弱多病（定公五年六月病死，季桓子接班，九月阳货囚禁季桓子，诛杀和驱逐鲁国大夫，事见《左传》），阳货野心勃勃，乘机擅权，想拉孔子入伙。以孔子的为人，自然看不惯阳货的野心家行径，不愿与他交往，更不可能与他为伍。鉴于阳货还没有公开行动，所以孔子也不便撕破脸皮。

17.2 子曰:“性相近也,习相远也。”子曰:“唯上知与下愚不移。”

孔子说:“人的天性本是相近的,因为环境与教育不同而渐行渐远。”

孔子说:“只有最高尚的智与最低下的愚改变不了。”

1. 5.12 章子贡说:“夫子之言性与天道,不可得而闻也。”《论语》中夫子言性,本章是唯一的一章,孔子心目中的性指什么,都要以本章为依据来判断和推理。联系孔子的两句话,孔子所谓的“性相近”,强调的应该是:(1)人性是一张白纸,都有类似的受教育的可能性,动物却没有;(2)人一生下来其智愚相近,后来渐渐有别,是“习”的问题。随着所受教育的不同,好学,则近乎智;不学,则近乎愚。时间越久,智愚的区分就越明显。只有上智与下愚之性不近,前者是生而知之,后者则是教育了也没用。

2. 人性之相近,孔子只就智愚而言,不是区分善恶。在《论语》中,智愚已是成熟的成对概念,除本章智愚并举外,还有 5.20 章子曰:“宁武子,邦有道,则知;邦无道,则愚。其知可及也,其愚不可及也。”但是作为名词的“善”的对立面是“不善”“不能”,并不与“恶”形成矛盾范畴。所以孔子此语不涉及性本善、性本恶的问题。

3. 孔子之后近 200 年的道家思想家告子认为“生之谓性”,“食色,性也”,指动物性,可以认为这是对上文孔子所谓“性相近”的两点的补充:人之初,其性就是其基因中的生物本能,但多了特有的人性,如善恶,以及未来受教育的潜能。

4. 孟子与孔子不同,大谈其“性”,而不论智愚,转论善恶,所以孟子的“性”似乎已变更了孔子的用意。对此,钱穆先生说:“孔子没而道家兴,专倡自然,以儒家所言人道为违天而丧真,故孟子发性善之论以抗之。然亦未必尽当于孔子之意,故荀子又发性恶之论以抗孟子。”这是真知灼见。

5. 如果人性本善,孔子不会不明白,何必待一百多年后的孟子点明?孔子只说性相近,而不明说性本善,只能说明孔子不同意性善论。孟子走过头,势必引起荀子的反弹,两千多年来性善论与性恶论互相攻击不已,《三字经》还为性善论推波助澜,阻断一代代学人审问、明辨之路。基督教则要人相信性恶论:人有原罪,一生难赎。等于这一端的孟子与那一端的耶稣彼此攻击,这正是孔子指出的“攻乎异端,斯害也已”。

6. 性善或性恶,都是伪命题,因为都无法证否。当人心表现出善恶时都已受到后天的影响,不能分离出婴儿原来的本性是善是恶。现代学者因为了解进化论和基因论,大多放弃性善之说,是明智的。

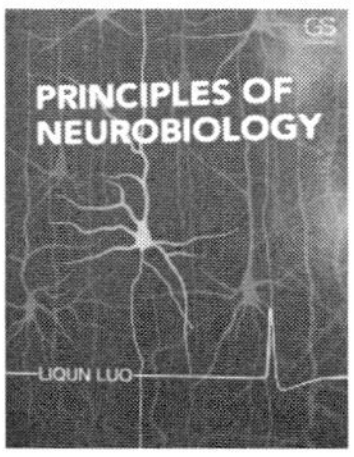

说来也巧,20 世纪 80 年代初,笔者在教初中数学。1981 年春节后,我的课代表骆利群从初三上直接跳级到高三下参加高考前第二轮“复习”,一学期后考进中科大少年班,现在他是斯坦福大学教授、美国国家科学院院士,2019 年获普拉德研究奖。2015 年,他整理了十六年的讲义,出版了 700 多页的专著《神经生物学原理》,赠我一本。第一章正好与《三字经》合拍,从 nature(天性)和 nurture(教养)谈起,论述的正是“性”与“习”的关系。于是笔者特地请他作为这一领域的权威解答一道选择题:

人之初……………………………………………………(　　)
A. 性本善　　　　　　　　　　　　B. 性本恶
C. 具有动物本能加上受教育的可能性　D. 非以上答案

他的回复如下:

你的答案 C 最接近。首先,人与动物没有质的区别。其次,人类和动物所有的行为都可以分为:(1)先天的,为进化所择定;(2)习得的,通过个人的经验。具有复杂大脑皮层的动物(人类处于最高端)具有更多的学习能力;因此与动物相比,人类的行为更多来自学习。

众所周知,初生婴儿的行为几乎全都来自先天。也就是说,要使性本善、性本恶的主张成立,必须承认在进化过程中,人类基因中先天地注入了(人猿行为的)善性或恶性,而从我们所见,灵长目的行为是无所谓善恶的。而且孔子的“性相近,习相远”强调的是“智—愚”,也就是习得的效果,而不是后起的“善—恶”。

当然,人性除有向智、向愚发展的两种可能性外,也有向善、向恶发展的两种可能性。所以本章孔子只说性相近,强调教育的重要性。智愚与善恶应该是正相关的,好学总与上进联系在一起,不学总和下流联系在一起。

孔子前一句话意味着教育可以改变人的本性,扩大智愚的差别。教育的目的应当是知仁勇三达德,“好学近乎知”就是学习提升智慧的证据。本章孔子后一句话对前一句话作修正或补充,强调教育对极端人群有局限性,教育不是万能的。“不移”也意味着这两类人对师者的水平不敏感。上知遇到庸师,仍能日有所进;下愚遇到名师,依旧扶不起。

《中庸》说:“诚者,天之道也;诚之者,人之道也。”“自诚明,谓之性;自明诚,谓之教。”“上知”是天性如此,自己能营造一个教育环境,外力不可移。对“中人”而言,则是“好学近乎知”。对“下愚”而言,因为不学,其愚便不可移。

7.“性相近”的“性”,其中属于生物本能的部分,有很大一部分“习”不能使之相远。20 世纪 30 年代大萧条,美国很多家庭吃不上饭,孩子被送进福利院,有些同卵双胞胎被有意识地送到家境差异极大的家庭分别收养,科研单位长期跟踪,以弄清人的性格是由先天基因决定还是由后天环境决定。最后得出结论:性格一半由先天遗传决定,一半由后天环境决定。因种种因素从小分离的双胞胎,其审美、风格甚至习惯还会在某些时刻表现出惊人的一致。

17.3 子之武城,闻弦歌之声。

夫子莞尔而笑曰:“割鸡焉用牛刀?”

子游对曰:“昔者偃也闻诸夫子曰:‘君子学道则爱人,小人学道则易使也。’”

子曰:“二三子!偃之言是也。前言戏之耳。”

孔子到武城,听到琴声歌声。

孔子展颜微笑说:“杀鸡焉用牛刀?”

子游对道:“以前我听您说过,君子学了道,则懂得爱人;小人学了道,则容易使唤。”

孔子对随从弟子说:“你们几个听好!言偃的话说得对,我方才所说,不过是打趣的话啦。”

1. 子之武城　之,到……去。武城,鲁邑名,当时子游任武城宰,才二十开外(孔子晚年返鲁时子游 23 岁,孔子去世时子游才 28 岁),就以礼乐教化民众,孔子听到当地人的弹琴唱歌声。

2. 莞尔　展颜微笑。本章头尾对孔子称子,中间两次称夫子,钱穆先生认为这也是《论语》下半部“文字未纯之一例”,不过这也可能是因为语气的关系,删去两个“夫”字读上去别扭。

3. 割鸡焉用牛刀　在孔子看来，自己这位专治文学的得意门生，所学礼乐大道可以道千乘之国，现在只能施礼乐于小邑，真有点大材小用，所以笑着打趣。子游误以为孔子批评他杀鸡不该用牛刀，便援引孔子平日的教导“君子学道则爱人，小人学道则易使”来申辩。朱熹说这番话大概是孔子平日常教导弟子的。引文中的君子、小人分别指位尊、位卑者。道指礼乐大道。

4. 前言戏之耳　孔子赶忙要随从弟子们认真听好：子游说得对，学了礼乐就要随时践行，我前面所说只是打趣，因为有点委屈他的大才啦！

17.4　公山弗扰以费畔，召，子欲往。子路不说，曰：“末之也已，何必公山氏之之也！”子曰：“夫召我者而岂徒哉？如有用我者，吾其为东周乎！”

公山弗扰在费邑叛变季氏，来召孔子，孔子想去。
子路心中不快，说：“没处可去也就算了，何必去投奔公山氏呢！”
孔子说：“他来召我，难道不是想把我派上用场吗？如果有人肯用我，我或许能将文武之道、周公之礼复兴于东方呢！”

1. 公山弗扰　季氏家臣，为季氏采邑费邑宰。《皇疏》作公山不扰，是因汉人避汉昭帝刘弗陵讳，把否定词“弗”，改为“不”。《左传》作公山不狃。

2. 畔　分田为两半，通“叛”。孔安国说“不扰为季氏宰，与阳虎共执季桓子，而召孔子也”，查《左传》，这是定公八年之事。阳货是公开叛季氏，不扰据费邑，其实是同党，所以《论语》说“以费畔”。当时孔子还没有出任鲁司寇，不扰也打着“伸公室，抑大夫”的旗号，孔子或许认为这也是复兴国事的好机会，所以有去的打算。

《史记》把“公山弗扰以费畔”定在定公九年，并不可靠。《左传》详细记载定公十二年，孔子在鲁司寇任上，力主堕三都（费、郈、成）。当时子路为季氏宰，主其事。公山不肯堕，于是“帅费人以袭鲁”。如果认可《史记》记载，就得承认公山非法占领季氏的采邑足足三年而季氏却无所作为，这也是难以想象的事。

本章也不可能发生在定公十二年，堕三都是孔子策划的，哪有被征讨的公山弗扰反过来召鲁司寇过去而孔子欲往的道理？所以有些学者认为，本章有造假窜入《论语》的可能。

3. 末之也已　末，没有。之，往。子路看到孔子很想应公山弗扰的召唤，不太高兴，说：没处去也就算了，何必去投奔公山氏呢？

4. 夫召我者而岂徒哉　徒，“徒劳”“徒有虚名”的“徒”。意思是：“召我去的人难道是空口说说的吗？”

5. 吾其为东周乎　孔子在“知天命”之前，雄心勃勃地要闯出一番事业，不仅对阳货说过“吾将仕矣”，下下章记载孔子也想到晋国佛肸处从政，不愿意像干葫芦般“系而不食”。本章公山弗扰想要对抗的季氏，本来就是孔子心目中破坏周公之礼的罪人，而后来的史实证明，公山弗扰的确有一定的正义感和爱国心（《左传·哀公八年》），因此孔子很想借此地利、人和，复兴文武周公之道。

17.5 子张问仁于孔子。孔子曰：“能行五者于天下，为仁矣。”

请问之。曰：“恭、宽、信、敏、惠。恭则不侮，宽则得众，信则人任焉，敏则有功，惠则足以使人。”

子张就“仁”的问题请教孔子。孔子说：“能把五条原则施行于天下，就是仁了。”

子张请问是哪五条。孔子说：“恭、宽、信、敏、惠。能恭敬，就不受人侮慢；能宽容，就得人心；能守信，就能得到他人任用；能敏捷，做事就有效果；能施惠，就足以使唤他人。”

本章论及“恭宽信敏惠”与仁的关系，强调人走出家门踏上社会待人接物的五项原则。

1. 恭则不侮　即所谓“敬人者人恒敬之”。《论语》里多次提到恭，如子贡说孔子温良恭俭让，《论语》编者指出“子温而厉，威而不猛，恭而安”（《述而》），孔子称赞子产“行己也恭”，樊迟问仁，孔子要他“居处

恭，执事敬”。但在8.2章中，孔子也强调过“恭而无礼则劳”，有子则指出“恭近于礼，远耻辱也”，所以子夏要求司马牛“与人恭而有礼”。

2. 宽则得众　宽是宽厚、宽待、宽容，“宽”的反义词“严”也不是贬义词，但要注意用在哪里，一条重要原则是“严以律己，宽以待人”，体现了恕道。虽然《论语》里很少提到宽，但水清无鱼，小自“酷吏”，大至铁腕统治，都不得人心，独裁者几乎都没有好下场。所以孔子把宽作为治国者的必要素质之一，在《八佾》篇末说：“居上不宽，为礼不敬，临丧不哀。吾何以观之哉！”

3. 信则人任　“行五者”的功效都用“则”字引出，上文的“不侮”“得众”，主体都是行者自身，而本条的“人任”，主体是他人。人任，就是为人所信任或付以责任。信在《论语》里谈得最多，比如治国者要“敬事而信”，使“民信之”，否则国家要垮台——“民无信不立”；任何个人，“人而无信，不知其可”，在社会上必定站不住脚。

4. 敏则有功　这个敏就是“敏于事”“敏于行”之敏，指行动做事的果断与有效率。“敏”的反义词是“怠惰”和“迟钝”，不妨联系我们自己的经验反思一下：某件能够自主的大事最后没能成功，是否是因为拖拖拉拉和低效造成的？

5. 惠则足以使人　“恭宽信敏惠”中宽与惠的意思最相近，宽重在对人的态度，可以得人心，让人亲近你；惠是让人实实在在得到实惠，人家才愿意为你效劳。特别是民众，孔子说“君子怀德，小人怀惠”，中外古今都是如此。在惠这方面，子产是模范。孔子称赞他是“惠人”：“其养民也惠，其使民也义。”其实后面半句也很重要，孔子强调子产差使人民得当合理，是一种从政智慧。6.21章樊迟问知，子曰：“务民之义，敬鬼神而远之，可谓知矣。”

《论语》中孔子答子张问有11章，本章行文不以“子张问仁。子曰”开始，一改《论语》惯例。本章孔子不厌其烦地大谈“行五者于天下”，正如《论语》附录般的《尧曰》篇里，孔子也对子张大谈五美四恶，这两章与《论语》其他章节里孔子讲话的风格不协调，而且涉及的恭宽信敏惠、惠劳欲泰威、虐暴贼吝，其他孔门弟子少有听到，好像孔子只传给子张一人似的。另外，17.7章孔子对子路讲六言六蔽，风格类似，前人怀疑它们或许出自有两《子张》篇的《齐论》。

17.6 佛肸召,子欲往。

子路曰:“昔者由也闻诸夫子曰:‘亲于其身为不善者,君子不入也。’佛肸以中牟畔,子之往也,如之何?”

子曰:“然!有是言也。不曰坚乎?磨而不磷;不曰白乎?涅而不缁。吾岂匏瓜也哉?焉能系而不食!”

佛肸来召孔子,孔子想去。

子路说:“以前我曾听您说过‘若君主亲身为非作歹,君子就不入其国家’。现在佛肸据中牟反叛,您却要去他那里,这怎么说呢?”

孔子说:“对,我是说过这话。不是说有坚硬的东西吗?尽管磨也磨不下碎屑。不是说有洁白的东西吗?尽管染也染不黑。我难道是匏瓜吗?哪能一直挂着而不当菜肴吃!”

1. 佛肸[bì xī] 晋国大夫赵简子的中牟[mù](故址当在今河北邢台与邯郸之间,不是今天的河南中牟)邑宰,《左传》记载:鲁哀公五年“夏,赵鞅伐卫,范氏之故也,遂围中牟”。佛肸抵抗。

2. 磨而不磷[lìn] “磷”字《说文》不载,《玉篇》说是云母之别名。可能因为云母能一层层剥离到10微米厚,孔安国解释为薄,后人沿用下来,似未得真义。

磷字从石从粦,“粦”从米从舛(相违背、剥),参见右图。可见“粦”的本义是把米粒一掰二,转义为细碎化。粦字加上偏旁,可以以关系为中心组字成群,有磷、粼、潾、斴、甐、鄰、鳞、橉、遴、璘、僯等,每个字都强调细碎化,字典设个“粦”部也不为过。这是笔者注释《论语》时得到的一份意外惊喜。

3. 涅而不缁 涅,矾石,今云皂矾,染之则黑。缁,黑色。

孔子用“磨而不磷,涅而不缁”比喻自己坚毅洁白,能和而不流。

4. 吾岂匏瓜也哉?焉能系而不食 匏[páo]瓜(参见14.39章图)是葫芦的一种,味苦不供食用。匏瓜因其空心,可以挂在墙上、系在杖头腰间当容器,也可当救生圈系在腰间用以泅渡,“系而不食”并不如前人泛泛解释的“系于一处而不能饮食”当无用之物或装饰品。

本章与17.4章的出场人物、谈话背景、台词非常相似,都记孔子一开始想去,说了一番理由,最后又没去。破解这两章,可以“并案处理”。《论语》的后期编者在两章中间隔了一章毫无关系的“子张问仁于孔子”,似表明《阳货》篇编者不一,在想法、体例上不统一。

17.7 子曰:“由也,女闻六言六蔽矣乎?”对曰:“未也。”“居!吾语女。好仁不好学,其蔽也愚。好知不好学,其蔽也荡。好信不好学,其蔽也贼。好直不好学,其蔽也绞。好勇不好学,其蔽也乱。好刚不好学,其蔽也狂。”

孔子说:“仲由,你听过‘六言六蔽’吗?”子路对道:“没有听过。”孔子说:“你坐下,我跟你说。好仁不好学,其蔽病在于易受愚弄。好知不好学,其蔽病在于浮荡无根基。好信不好学,其蔽病在于害了大义。好直不好学,其蔽病在于直过头而变得不正直。好勇不好学,其蔽病在于会犯上作乱。好刚不好学,其蔽病在于狂躁。”

1. 六言六蔽　“六言”同六言诗之“六言”,指“仁知信直勇刚”这六个字。“六蔽”指“愚荡贼绞乱狂”,是只好“六言”而不好学带来的弊病。蔽,通“弊”。

2. 居,吾语女　居,坐。女,同“汝”,你。子路本来坐着,老师问话,按礼节要起立,孔子让他坐下说话。

3. 六弊的根源是不好学,孔子分论如下。

(1) 好仁不好学,其蔽也愚　这里的“好”,是听说仁是个好东西,就经常把仁挂在嘴边,也时时习用。因其人不智,不能分清是非善恶,容易受人愚弄。如听说“仁者爱人”,却不知道“不患人之不己知,患不知人也”,对骗子也深信不疑,就是愚蠢。6.25 章宰我问孔子:“如果有仁者告诉某人井里有个仁人,他应该跳下去跟从吗?”孔子说:“怎么会呢?君子会去看看,却不会掉入陷阱;可能会受人欺骗,却不会犯傻。”

(2) 好知不好学,其蔽也荡　好知不好学追求的智不是真正的智慧,孔子说的智慧应该是在判断决策时表现出来的经验和知识。不肯下功夫的好知者,没有学养根基,飘飘荡荡,最多只能到处卖弄小聪明。

（3）好信不好学，其蔽也贼　“信近于义，言可复也。”不好学则不知义，“言必信，行必果，硁硁然小人哉！”如尾生与女子约会一直苦等，最后抱柱而死。这种守信，女子并不青睐，更不必说是完全辜负了父母养育之恩。

（4）好直不好学，其蔽也绞　好直不好学是所谓“一根筋”。参见 8.2 章“直而无礼曰绞”。绞，搓绳时把两股绳绞在一起绞过头，绳不直反拗。参见 13.18 章“其父攘羊而子证之”。

（5）好勇不好学，其蔽也乱　不智之勇的弊病是好作乱，破坏秩序。

（6）好刚不好学，其蔽也狂　狂，孔安国释为“妄抵触人”，朱熹释为“躁率”。

4. 本章的价值需要好好挖掘。

（1）“人之生也直”，喜好“六言”，是其人生质之美，但是必须通过教育上升到理性。不好学，则无法克服六种弊病。

（2）六言“仁知信直勇刚”在儒学中的地位不在同一层面上，特别是其中的知、仁、勇，《中庸》称之为三达德，地位在信、直、刚之上，但爱好三达德而不好学者仍然会出现荡、愚、乱的弊病。

17.8　子曰：“小子何莫学夫诗？诗可以兴，可以观，可以群，可以怨。迩之事父，远之事君。多识于鸟兽草木之名。”

孔子说：“年轻人为什么不学学《诗》呢？《诗》可以激发灵感，振奋精神；可以观察风俗的盛衰、为政的得失；可以学习在社群中与人相处、交流切磋；可以表达哀怨，讽刺时政，宣泄负面情绪。近可以侍奉父母，远可以事奉君上。还可以多认识一些鸟兽草木之名。”

1. 小子　不同的人把这个词用于自己或他人，意义差别很大。这里是老师指学生。“子”本来是敬称，前面加个“小”字，是强调对方年轻，相当于后世大人称小朋友，下人称小先生。

2.《学而》篇提到孔子温良恭俭让，“温柔敦厚，诗教也”。今天诗教没落，民风必然粗鄙。即使富了，许多人也只配称“土豪”。所以 13.9 章，冉有问孔子：“既富矣，又何加焉？”孔子说：“教之。”诗教是教育的首要部分，要从童年时代开始。“不学《诗》，无以言。”《为政》篇孔子介绍：

“《诗》三百，一言以蔽之，曰思无邪。”

3. 本章进一步强调《诗》的六大功能。它们是：

（1）可以兴[xìng]　“兴”字的本义是“起”，触景生情，因事寄兴。孔安国说：“兴，引譬连类。”郑玄说：“兴者，托事于物。”按朱熹《诗集传》的解释，是“感发志意”，“先言他物以引起所咏之辞”。例如 9.30 章孔子引用的逸诗“唐棣之华，偏其反而。岂不尔思，室是远而”，借助唐棣花的似偏似反，为所咏远去之人的相思作铺垫。

（2）可以观　郑玄注：“观风俗之盛衰。”朱熹注：“考见得失。”例如《卫风·氓》是一首弃妇自诉婚姻悲剧的长诗，任何时代都可以从中吸取婚姻的得失教训，从首段“氓之蚩蚩，抱布贸丝。匪来贸丝，来即我谋。送子涉淇，至于顿丘。匪我愆期，子无良媒。将子无怒，秋以为期”也可见当时的婚俗民风。

（3）可以群　可以学习合群，与人相处，交流切磋。比如 1.15 章子贡请教孔子“贫而无谄，富而无骄，何如”，引出孔子“贫而乐[道]，富而好礼”的更高境界，子贡马上想到歌颂卫武公玉树临风的“如切如磋，如琢如磨”，获得孔子的高度赞赏：“赐也，始可与言《诗》已矣！告诸往而知来者。”又如《秦风·无衣》的“岂曰无衣，与子同袍，王于兴师，修我戈矛，与子同仇”表现的是团结一心、同仇敌忾的义愤。

朱熹对“可以群”的理解是“和而不流”，人不能不合群，也不能随波逐流，这是“可以群”的另一层意思。

（4）可以怨　怨，埋怨，责怪。孔安国说：“怨，刺上政。”“君政不善则风刺之。”《诗》教温柔敦厚，乐而不淫，哀而不伤。如《王风·黍离》：“彼黍离离，彼稷之苗。行迈靡靡，中心摇摇。知我者，谓我心忧；不知我者，谓我何求。悠悠苍天，此何人哉？”穷可以怨，《魏风·伐檀》挖苦王公贵族白吃饭：“不稼不穑，胡取禾三百廛兮？不狩不猎，胡瞻尔庭有县貆兮？彼君子兮，不素餐兮！”

（5）迩之事父，远之事君　《诗》贵含蓄，刘氏《正义》引荀子说：“《诗》故而不切，其依违讽谏，不指切事情，故言者无罪，闻者足戒。”《诗》谈到事父与君，都有合宜之道。如《小雅·蓼莪》：“父兮生我，母兮鞠我。拊我畜我，长我育我。顾我复我，出入腹我。欲报之德，昊天罔极。”《雅》《颂》描述君臣之法，就是“远之事君”之道。

《朱注》：《诗》“人伦之道，无所不备，二者举重而言”。《诗》除用于处理父子、君臣关系外，当然也可以用于处理夫妇、兄弟、朋友、袍泽及无亲无故者的关系。

（6）多识于鸟兽草木之名　《朱注》：“其绪余又足以资多识。”

《诗》大量用大自然的事物作比兴，作为副产品，学习者也认识了许多鸟兽草木之名。更重要的是由此建构的命题上升到哲理。正如《中庸》所说：“‘鸢飞戾天，鱼跃于渊’，言其上下察也。”（字数不到4000的《中庸》引《诗》竟多达17处，涉及《风》2，《雅》10，《颂》2）

本章与下章连通，联系16.13章孔子要伯鱼学诗来看，本章的“小子”也可能指伯鱼。

17.9 子谓伯鱼曰：“女为《周南》《召南》矣乎？人而不为《周南》《召南》，其犹正墙面而立也与！”

孔子对伯鱼说：“你研习《诗》中的《周南》《召南》这两篇了吗？一个人不研习《周南》《召南》，就好像面对着墙站着吧！”

1. 为《周南》《召南》　《诗》三百，分风雅颂。风，即“十五国国风”，是不同地区的音乐，共一百六十篇，大部分是民歌，为首的是《周南》《召南》，分别产生于洛阳、岐山一带，其余邶、鄘、卫、王、郑、齐、魏、唐、秦、陈、桧、曹、豳之风产生于黄河中下游。

清代学者猜测孔子讲这话，与伯鱼的婚姻有关。刘逢禄《论语述何》：“《周南》十一篇，言夫妇男女者九；《召南》十四篇，言夫妇男女者十一，皆无淫荡狎亵之私，而有肃穆庄敬之德。”刘氏《正义》：“窃又意二《南》皆言夫妇之道，为王化之始。……时或伯鱼授室，故夫子特举二《南》以训之与？”孔子要伯鱼“为”《周南》《召南》，就是要他比背诵学习更进一步，强调要按二《南》所说的夫妇之道行事。前面9.17章在《子罕》篇中安放纪念伯鱼的位置也给读者这样的印象。

2. 正墙面而立　正，靠得很近。面对墙而立，面前除墙一无所见。“立”是个静态字，如果用“行”，则表示一步也行不得。上章提到，《诗》可以兴观群怨，处理好包括夫妇在内的重大人际关系，且多识鸟兽草木之名。二《南》除涉及夫妇男女的二十篇外，还有五篇都有浓重的生活气息，描摹真情实感，不为《周南》《召南》，则上述功效一无可见。

孔子八岁时，吴国大贤——公子季札对《周南》《召南》就有高度评价。据《左传·襄公二十九年》载，季札访问鲁国，请求观周乐，鲁国乐工最先唱《周南》《召南》，季札听后评论道：“美哉！始基之也，犹未也，然勤而不怨矣。”季札先是赞二《南》的音乐真美啊，然后评论其歌词：二《南》为王业奠定了基础，虽然还没有完成，不过百姓勤劳而不怨恨了。

17.10 子曰："礼云礼云，玉帛云乎哉！乐云乐云，钟鼓云乎哉！"

孔子说："说礼呀礼呀，礼难道就是玉帛之类的礼品吗？说乐呀乐呀，乐难道就是钟鼓之类的器乐吗？"

1. 玉帛　玉器（如圭璋）与丝织品，用于祭祀与外交礼品。由古语"化干戈为玉帛"可知，正如"干戈"是"兵"的代称，"玉帛"也成了"礼"的代称。

2. 钟鼓　乐器。《诗经·周南·关雎》："钟鼓乐之。"

3. 礼乐固然需要玉帛钟鼓来展现，这只是末，不是本：

（1）礼乐是仁心的外显，没有仁心的礼乐完全是虚伪的，好比蜡制水果有形无实。这就是《八佾》篇所说："人而不仁如礼何！人而不仁，如乐乎！"（3.3 章）

（2）修己以敬是前提："居上不宽，为礼不敬，临丧不哀，吾何以观之哉？"（3.26 章）

本章的主旨是，礼乐的形式再富丽堂皇，也要追究其精神——想表达什么。郑玄说："礼……所贵者，乃贵其安上治民。"马融说："乐之所贵者，移风易俗也。"礼主敬，不主豪奢；乐主和，不主残暴血腥。在当代，礼乐表达的高大细腻绝不逊于古代，但精神未必高大。一个有名的反面例子是：纳粹集中营在把犹太囚犯送进毒气室时，旁边有囚犯乐队演奏庄严的古典音乐。音乐音乐，难道纯粹是一支技艺精湛的管弦乐队的献艺吗？

据《韩李笔解》，韩曰："此连上文，训伯鱼之词也。马郑但言礼乐，大略其精微。"李曰："虑伯鱼但习二《南》……但习玉帛钟鼓而已，不达《雅》《颂》形容君臣之美也。"《周南》开篇说是《关雎》："……窈窕淑女，钟鼓乐之。"是不是伯鱼娶妇，只热衷于琴瑟钟鼓之乐，而忽略夫妇礼乐之本呢？后人也只好存疑。

17.11 子曰："色厉而内荏，譬诸小人，其犹穿窬之盗也与！"

孔子说："看上去凛然不可侵犯，其实心虚理亏，这种人用小人打比方，就像是挖墙洞入室盗窃的小偷吧！"

1. 以下七章均抨击品行不端者。

2. 色厉而内荏　厉,威严,不可侵犯。荏[rěn],怯弱、懦弱。

3. 譬诸小人　从各式各样的小人中找出一类打比方。

4. 穿窬之盗　穿窬[yú],凿壁洞。盗,偷窃。有一类胆大包天的小人不屑于钻洞行窃,而是明火执仗破门而入,穿窬之盗只敢偷偷摸摸挖墙洞,他们也往往手持利刃。所以居民看到家里来小偷,都觉得可怕。但小偷的目的不在杀人,只为壮胆。小偷心里比主人家更害怕。这种人是色厉内荏者的生动写照。

孔子说的色厉内荏者当然不是指挖墙洞的小偷,而是指生活中无所不在的外强中干者。

17.12　子曰:"乡愿,德之贼也。"

孔子说:"一乡中不分是非、同于流俗、伪善欺世、不得罪任何人的'老好人',其实是败坏道德的小人。"

乡愿　《孟子》作"乡原"。《孟子·尽心下》14.37 章对这号人物有详细的描绘。事情是因孟子的弟子万章问"狂狷"引起的(详见 13.21 章)。孟子介绍狂狷之士后接着就谈到第三等人:乡原。

(7)［孟子曰］"孔子曰:'过我门而不入我室,我不憾焉者,其惟乡原乎!'乡原,德之贼也。"

(8)［万章］曰:"何如斯可谓之乡原矣?"

(9) 曰:"'何以是嘐嘐(xiāo xiāo)也? 言不顾行,行不顾言,则曰古之人,古之人。''行何为踽踽(jǔ jǔ)凉凉? 生斯世也,为斯世也,善斯可矣。'阉然媚于世也者,是乡原也。"

(10) 万子曰:"一乡皆称原人焉,无所往而不为原人。孔子以为德之贼,何哉?"

(11) 曰:"非之无举也,刺之无刺也,同乎流俗,合乎污世,居之似忠信,行之似廉洁,众皆悦之,自以为是,而不可与入尧舜之道。故曰德之贼也。……"

孟子所见孔子关于"乡原"的论述比《论语》本章多出了下面一段话。

孟子说:"孔子说也只有乡原这类人,路过他家不进去看望他,他决不会遗憾,因为这种人败坏道德。"孟子的弟子万章便问怎样的人才能叫

作“乡原”。孟子说，狂者、狷者都不流俗，乡原便反对狂者说：“为什么如此志大言大呢？说话不顾做得到做不到，做事也不顾自己说过什么，只晓得说古人如何如何！”对于狷者，乡原则说：“其行为为什么这样落落寡合呢？生在这个世界上，为这个世界做事，过得去就行了嘛！”孟子说，这种乡原貌似中正，其实自己一无可取，一味曲意迎合世俗而已。

万章听明白了，又问孟子：“是啊，一乡都说乡原是不偏不倚的谨愿人，他到哪里也都表现出是个四平八稳的绅士，孔子为什么要说他是德之贼呢？”孟子解释说：“这种人你要说他不好吧，举不出实例；想指责他也无可指责，只是与肮脏世界同流合污。平日见他很像忠信，行事也像廉洁，大家都喜欢他，他自己也认为这种处世方式最高明，但是与尧舜之道格格不入，所以说是德之贼。”

孟子言犹未尽，总结孔子为什么如此讨厌乡原：

（11）……孔子曰：恶似而非者：恶莠，恐其乱苗也。恶佞，恐其乱义也。恶利口，恐其乱信也。恶郑声，恐其乱乐也。恶紫，恐其乱朱也。恶乡原，恐其乱德也。君子反经而已矣。经正则庶民兴；庶民兴，斯无邪慝矣。

似是而非之人最是祸害。好比田里的杂草，与庄稼抢夺养分，锄去就是，稗草却长得像庄稼，容易避开清剿。乡原就是貌似正人君子的恶俗者。一般恶人一看就是恶人，而乡原的存在，使人们把不道德误认为道德。怎么办？办法是“反经”，也就是回归经典，守死善道。

这一大段话给令人的启示是：坚守“四书”这样的经典所负载的经义，能使人民觉悟，可以驱除人间邪恶。

17.13 子曰：“道听而涂说，德之弃也。”

孔子说：“人在道路上听来便说与行人听，是放弃了成德的机会呀。”

1. 涂，通“途”。道听涂说，在道路上用耳朵听来，不假思索，便用口传播于路上行人，不曾用心体察，心无所得。由《中庸》可见，儒家主张对信息的吸收应该是“博学之，审问之，慎思之，明辨之，笃行之”，“道听”是博学的一种形式，但是需要继以“审问之，慎思之，明辨之”，跳去这些环节而“涂说”，完全违背儒家精神。如果道听的是荒谬信息，便是以讹传讹；如果道听的是嘉言懿训，不慎思明辨，也成口耳之学。这种轻浮的学风，正是孔子严肃指出的“君子不重则不威，学则不固”。

2. 德　心得。外界输入经大脑加工，才转换为自己的输出。现在道听途说，在心里没有积淀，等于是抛弃成德的机会。下面援引钱穆先生的评论：

德必由内心修而后成。故必尊师博文，获闻嘉言懿训，而反体之于我心，潜修密诣，深造而默成之，始得为己之德。道听，听之易。涂说，说之易。入于耳，即出于口，不内入于心，纵闻善言，亦不为己有。其德终无可成。德不弃人，而曰“德之弃”，深言其无分于成德。

17.14 子曰：“鄙夫可与事君也与哉！其未得之也，患得之。既得之，患失之。苟患失之，无所不至矣。”

孔子说：“可与粗鄙的家伙共同事君吗？他没有得到时，怕得到。既已得到了，又怕失去。一旦怕失去［自己的利益］，他是什么事都做得出来的。”

1. 历代注家对本章的解读相当一致，下面先予以介绍。本章的主旨是：不可与鄙夫一起事君，因为鄙夫患得患失；一旦患失，则什么事都做得出。笔者对此完全认同。

2. 鄙夫　粗鄙之人。《朱注》引胡寅（1098—1156）提供的材料：“士之品大概有三。志于道德者，功名不足以累其心。志于功名者，富贵不足以累其心。志于富贵而已者，则亦无所不至矣。”这三种人的追求，层次大有高下，第三种人奋斗目标只是富贵二字，胡寅认为这就是孔子所说的鄙夫。胡寅的剖析深得历代学者的赞赏。

3. 其未得之也，患得之　从荀子起，无论是东汉王符《潜夫论》、何晏《集解》还是韩愈、苏轼、朱熹、陈天祥，历代注家几乎一致认为“患得之”应理解为“患不得之”。《荀子·子道篇》：“孔子曰：‘小人者，其未得也，则忧不得；既已得之，又恐失之。是以有终身之忧，无一朝之乐也。’”又如《邢疏》：“患得之者，患不能得也。言其初未得事君也，时常患己不能得事君也。”

3. 既得之，患失之　一旦其人得到了他想得到的东西，就担心失去。得了官位，就怕失了官位，一切围绕着保住官位行事。

4. 苟患失之，无所不至矣　人到了这种地步，什么事都做得出来了，例如结党营私、排挤竞争对象、施展阴谋诡计等。朱熹说：“小则吮痈舐痔，大则弑父与君，皆生于患失而已。”

5. 下面把“鄙夫”“事君”先搁置一旁，直奔“患得患失”这一讨论核心。

前面的解读有一个可疑的前提，就是认为本章原文“未得之也，患得之”应相反地理解为“未得之也，患不得之”。后者是鄙夫的一大特征。

仔细思考一下，“未得之时，患不得之”其实是人之常情：想考一所理想的大学，想谋一份理想的职业，想找一位理想的终身伴侣，只怕理想不能实现。有这种想法的人难道就是鄙夫？倒是“未得之时，患得之”才耐人寻味。例如你很想当大工程的总设计师，未当之时却怕当上，心里在犹豫：当上了负不了责怎么办？怀这种心理者往往是心虚，底气不足，因为自己要学问没学问，要经验没经验，设计师是靠作弊剽窃走门路当上的，其才干不足以副之。

但是“既得之，患失之”，混上了设计师又怕考验，一旦穿帮，会被赶出去，这是南郭先生才有的心态。

孔子称这种人为鄙夫就清楚了，鄙夫是不学无术者。《论语》里“鄙夫”出现两次（另一处在第 9.7 章），所指基本同一。前面胡寅把士分成上中下三类令人很受启发，但他认为鄙夫指只追求富贵者，理由还不够充分。不如把士按“学”的高下分三类：第一种人是学者为己；第二种人是学者为人；第三种人是不学无术，这种人当然不可共学，也不可“与事君”，即不能做同事。

“患得患失”这一成语的传统解释不外是“患，忧患，担心。没得到时担心得不到，得到了又担心失掉。形容对个人得失看得很重”。出典正是给本章加了一个“不”字：“其未得之也，患[不]得之。既得之，患失之。”这样理解，孔子是怕与志于富贵的官迷做同事。而按我们新的思考，成语“患得患失”解释需要作如下更新：“患：忧患，担心。没得到时担心得到后怎么办，得到了又担心一旦失掉怎么办。形容人的底气严重不足。”也就是说，孔子是害怕与用尽手段赖在官位上的不学无术者做同事。笔者设身处地认同后一种，读者君您呢？

17.15 子曰："古者民有三疾，今也或是之亡也。古之狂也肆，今之狂也荡。古之矜也廉，今之矜也忿戾。古之愚也直，今之愚也诈而已矣。"[斯民也，三代之所以直道而行也。]

孔子说："古代民众有三种病，[还有值得肯定的一面，]而今或许一无是处了。古代民众狂放不羁，还积极进取；而今民众却只见其任性放荡、无所顾忌了。古代民众自高自大，还洁身自好；而今民众却只见其暴戾乖张、蛮不讲理了。古代民众头脑简单，不知权变，还正直不阿；而今民众却傻乎乎地行诈还自以为得计了。"[正因为古代民众的进取精神、洁身自好和正直不阿，三代才能直道而行啊。]

1. 民有三疾　古代民众有三种毛病：狂、矜、愚。

2. 今也或是之亡　是，值得肯定；亡，失去。古人的毛病还有积极的一面，而今则一无是处。

3. 古之狂也肆　13.21 章指出，狂者过中道，但狂者进取。《尔雅·释言》："肆，力也。"肆，尽力、努力之义。古人的狂病表现为志大言大，极意敢言，多抵触人，不拘小节。

4. 今之狂也荡　今人的狂病不见大志大言，而恣意放荡，滑到哪里是哪里。孔子教人"志于道，据于德，依于仁，游于艺"。古之狂者之肆，这四项还能有所执守，今之狂者之荡，四者皆失。

5. 古之矜也廉　《书·大禹谟》："汝惟不矜，天下莫与汝争能。"孔安国注："自贤曰矜。"廉，廉隅（端方不苟）。古人的矜病表现为自视甚高，矜持守严，不平易近人，但也不恶待他人。

6. 今之矜也忿戾　今人的矜病是多怒好争，蛮不讲理，老虎屁股摸不得，动不动发脾气，不近人情。

7. 古之愚也直　古人的愚昧是心直而无邪曲，认直不转弯，常吃暗亏。

8. 今之愚也诈　今人的愚昧是失去了憨直的一面，自作聪明行诈，总被别人识破，但还我行我素。

9. 斯民也，三代之所以直道而行也　这段文字原是附于 15.25 章后的衍文，我们觉得在本章已经找到了它的归宿。它不是“子曰”的后半段，因为孔子这段话的主题不在此，所以应该是他人受孔子启发加的注。斯民，指古之民，他们虽然有狂、矜、愚三种毛病，但还有积极的一面，不失为直道，所以夏商周三代能够直道而行。

17.16 子曰：“巧言令色，鲜矣仁。”

本章重出（同1.3章），且与上章关联不明显，与下章似有一定联系。古本、皇侃本、正平本没有本章，唐石经本也是后来添上的。是否这个位置原来是放其他文字的？一个大胆的推测是，此处是放15.26章（子曰：“吾犹及史之阙文也——有马者借人乘之，今亡矣夫！”）及15.27章（子曰：“巧言乱德，小不忍则乱大谋。”）的，不知为什么现在却被有点相似的“巧言令色，鲜矣仁”占据了。

还有一点也没弄清楚：在全部《论语》最初编定时“斯民也”一段不是阙文，《论语》编者为什么在17.15章之后接一段“古之阙文”呢？

可见这里有一笔糊涂账，很可能是汉朝人手头有多种《论语》版本又夹杂着后世读者的旁注造成的。这个问题在《论语》里罕见，有待进一步研究澄清。

17.17 子曰：“恶紫之夺朱也，恶郑声之乱雅乐也，恶利口之覆邦家者。”

孔子说：“我厌恶紫色夺去了朱色的正位，厌恶郑声搞乱了雅乐之正，厌恶利口倾覆了国家。”

1. 紫之夺朱　朱，大红色，古人称为“正色”。紫，是由红蓝合成的，古人说是以黑加赤的“间色”。周朝尚黑，周室衰微后诸侯开始穿紫服，成为时尚。《韩非子》记载：“齐桓公好服紫，一国尽服紫。当是时也，五素不得一紫。”五件白衣换不来一件紫衣，可见上行下效刮风之烈。

2. 郑声之乱雅乐　郑声，见15.11章。郑地音乐，不雅。

3. 利口之覆邦家　利口，佞人的巧言善辩，混淆是非，颠倒黑白，迷惑国君引其走邪道，足以颠覆国家。［清］刁包《四书翊注》引用两个历史故事，都是顷刻覆其邦家的例子：

（1）苻坚欲伐晋，举朝皆谏，慕容垂曰：“陛下神武，断自圣心足矣。何必问外人。”

十六国时期前秦君主苻坚在位前期励精图治，成功统一北方，后被胜利冲昏头脑，想南下消灭东晋，满朝文武劝他先整顿国内事务，苻坚若能从善如流，前秦政权就巩固了，南北朝历史需要重写。可惜苻坚一句也听不进，这时善于迎合圣意的慕容垂找到邀宠机会，凭借伶牙俐齿让苻坚下定灭晋决心。结果淝水之战一败涂地，好好的邦国便覆于慕容垂的利口。

（2）唐高宗欲立武曌，许敬宗曰：“田舍翁多收数十斛麦，便欲易妇，况万乘乎！”

唐高宗李治想立武则天为后，君臣纷纷反对，佞臣许敬宗却巧舌如簧，说农民多收粮食，手头活络了都想换老婆，何况富有天下的皇帝。结果武则天篡唐，取代李唐建立大周。

15.11 章孔子提出治国之道要“放郑声，远佞人。郑声淫，佞人殆”，与本章的主旨相同。

4.《孟子·尽心下》14.37.10 节对本章作了绝佳的总结：

……孔子曰：恶似而非者：恶莠，恐其乱苗也。恶佞，恐其乱义也。恶利口，恐其乱信也。恶郑声，恐其乱乐也。恶紫，恐其乱朱也。恶乡原，恐其乱德也。君子反经而已矣。经正则庶民兴；庶民兴，斯无邪慝矣。

本章孔子所恶三者的共性就是似是而非、以假乱真，它们最有欺骗性，所以可恶。从巧言令色、紫色夺朱，到孔子把众人都称好的乡愿称为德之贼，都是如此。

17.18 子曰：“予欲无言。”子贡曰：“子如不言，则小子何述焉？”子曰：“天何言哉？四时行焉，百物生焉，天何言哉？”

孔子说：“我想不再说什么了。”子贡说：“您如果不再说什么，那让我们弟子传承什么呀？”孔子说：“天说了些什么吗？春、夏、秋、冬有秩序地运行，万物欣欣向荣，天说过些什么呢？”

1. 予欲无言　孔子为什么突然说他不想再说话了？古人的解释是：

(1)说话弊多利少,祸从口出;(2)孔子本以身教,怕弟子只是从他言论中求道,而不学他如何身体力行,所以声明不再说话,以引起弟子们警觉。果然子贡急了:您不说话,我们怎么向后学传承大道呀!

2. 天何言哉　7.8 章有“不愤不启,不悱不发”。子贡着急了,孔子的启发才有作用。孔子以“天何言哉”解释“予欲无言”,很容易被误解为孔子把自己比作天,其实孔子是说:我向你们传授天道,可老天爷什么也没说,世界不是也一直照它的安排在运行吗?亘古不变的四季更替的客观规律,我们不是也一点点掌握了吗?万物生长的复杂精妙,我们不是也一点点看到了吗?这些难道是老天爷编了讲义告诉我们的吗?还不是人潜心研究的结果?

我们从 5.12 章看到,子贡对孔子不肯谈性与天命深表遗憾。但是天命本来就不是靠语言颁布的。用本章孔子的说法,就是“天道不言”。孔子是高明的,他能谈的天道,除了伦理道德,应该包括自然规律,如对日起日落、季节变化、声光热电、生物进化机制的了解,而现代一个孩子就超过了他。

子贡从本章应该感悟到:弟子认识孔子,同样不能只靠孔子之言,而不研究孔子之行。

认识客观世界,需要输入信息进行加工。输入前人的成果固然重要,但输入来自客观世界的第一手信息并进行新的加工才能有所创造,这就是温故知新。

本章对当今的学术研究意义非常重大,不少学者满足于以老师的话为自己认识世界的唯一源泉,沉溺于引经据典、高谈阔论、标榜门派,却无创见。不去认识客观世界本身,也不关注把学问用于新民,是很坏的学风。

17.19　孺悲欲见孔子,孔子辞以疾。将命者出户,取瑟而歌,使之闻之。

孺悲想见孔子,孔子以生病为名不见。向孺悲传话的人走出户,孔子就取出瑟来,又弹又唱,让孺悲听到。

1. 孺悲　鲁国大夫。有一部古书《仪礼》,是先秦华夏礼制汇编,共十七篇，其中有一篇《士丧礼》，作者就是孺悲。《礼记·杂记下》记载："恤由之丧，哀公使孺悲之孔子学士丧礼。《士丧礼》于是乎书。"这段记录也指明了《士丧礼》一篇的由来。当年鲁哀公之所以要孺悲到孔子这里学士丧礼，是出于"恤由之丧"，即抚恤子路（仲由）之丧引发的。公元前 480 年，子路惨死于卫国叛乱（参见《求真》11.11 章介绍），被剁成肉酱，而后葬在卫国孔悝的采邑戚城（今河南濮阳县城北五公里）。子路属于孔子的民间"私学"带动起来的新兴的"士"阶层，由于子路未能归葬鲁国，故国丧礼如何操办，国家又如何派员前往丧家吊唁等，都没有先例可循，因此为今后计哀公只好派孺悲请教孔子，把士丧礼整理成文本。

奇怪的是，到了当代，"恤由之丧"的意思大概被误解了。刘氏《正义》中华书局 1990 版 699 页和程树德《论语集释》中华书局 1990 版 1230 页都标"恤由"为一人名，孙希旦《礼记集解》中华书局 1989 版 1115 页更标"恤""由"为两人，掩去了《士丧礼》的成文与子路丧事的关系，事实上这妨碍了读者对本章的理解。

2. 辞以疾　孔子不想见孺悲，以生病为由推辞。这种编造借口的做法出现在主忠信的孔子身上，后人不得不费一番唇舌说圆满。刘宝楠说本章情节发生在孺悲"始来见，尚未受学［孔子］时"，而拒见理由则引《仪礼·士相见礼》疏，"孺悲不由绍介，故孔子辞以疾"，说孔子嫌孺悲是不速之客，这个理由未免有点不通人情。

孺悲在孔子时代应该是位知书达礼的知名人士，否则鲁哀公不会选他来孔子处学士丧礼。《论语》编者直接写"孺悲欲见孔子"而不加任何说明也印证了这一点。孺悲登门想见孔子，门人进去通报，孔子之所以装病拒见，一定是深知孺悲其人，而且先前有过过节，决不会因为孺悲登门前不先打招呼失礼。7.27 章"难与言"的互乡童子求见，同样"不由绍介"，孔子都不让他吃闭门羹，遑论来的是位司礼宾人士。

明白了"恤由之丧"与孺悲向孔子学士丧礼的关系，读者或许会问，本章孺悲被孔子拒见，是发生在子路去世之前还是之后。如果是之前，可能是孺悲作为一般访客首次上门就受孔子奚落，但刚才说了，原因令后人想不通。如果我们假定本章内容发生在子路去世之后，而且孺悲不是奉哀公命首次上门求见孔子，那么这时孔子根本没有理由拒见。所以拒见之事只能发生在从子路去世到孔子去世这短短一年里。这一年里，孺悲频繁登门求教：学"士丧礼"，写《士丧礼》。会不会是孔子对此文很不认同呢?《求真》留到下文再谈。

3. 将命者出户　将命,14.44 章已见“阙党童子将命”。现在是孺悲求见,被挡在门外,孔家人进去报告,然后将命者出门将孔子的回复转告孺悲,此时孔子特意取瑟而歌,让孺悲听到并明白孔子说自己生病只是借口。

按常理,孔子不见就该说不见,也可以以疾病为借口不见,以免孺悲下不了台。孔子却故意让孺悲知道自己是找借口拒见。一个合理的解释是:我是故意拒见你,这事只有你知我知,至于为什么这么做,自己回去反省。“教亦多术矣。予不屑之教诲也者,是亦教诲之而已矣。”(《孟子·告子下》)孟子说:不屑教诲,也是孔子的一种教诲方式。程颐评论说:“此孟子所谓不屑之教诲,所以深教之也。”《求真》对以上说法总觉得有点牵强。

孔子为什么拒见孺悲还要“取瑟而歌”刺激他,下章或有线索可寻。

17.20　宰我问:“三年之丧,期已久矣。君子三年不为礼,礼必坏。三年不为乐,乐必崩。旧谷既没,新谷既升,钻燧改火,期可已矣。”

子曰:“食夫稻,衣夫锦,于女安乎?”

曰:“安。”

“女安则为之。夫君子之居丧,食旨不甘,闻乐不乐,居处不安,故不为也。今女安则为之。”

宰我出,子曰:“予之不仁也!子生三年,然后免于父母之怀。夫三年之丧,天下之通丧也。予也,有三年之爱于其父母乎?”

宰我问道:“现在要为父母服丧三年,其实一年也够了。君子三年不行礼,礼必定损坏。君子三年不作乐,乐必定崩失。旧谷吃完,新谷已收,待到钻燧改火,一年之期也可以了。”

孔子说:“父母之丧只一年就吃稻米,穿锦衣,你心安吗?”

宰我说:“心安。”

孔子说:“你心安就守丧一年好了。君子在服丧时,食不甘味,乐

不乐闻，日常居室也睡不好，所以不只守丧一年。现在你心安，就守丧一年好了！”

宰我出去后，孔子说：“宰予不仁啊！子女出生三年，才脱离父母的怀抱。三年之丧，是天下通行的丧期呀。可是宰予，能有三年的爱给予他死去的父母吗？”

1. 三年之丧，期已久矣　期[jī]，周年。为父母服丧三年，是周礼的规定。《春秋·闵公二年》载：“夏五月乙酉，吉禘于庄公。”提前三个月结束丧事，说明这项规定已经损坏，后来愈演愈烈，规定名存实亡，但孔门仍然坚持。本章表明，其间宰我曾提出，与其存虚礼，不如明文规定实行一年之丧，并提出改革的理由，表示并不是自己服丧想缩短丧期。

2. 礼必坏，乐必崩　宰我指出，君子治国要时常操练礼乐，如果居丧三年，其他礼乐被搁置，会渐渐败坏崩落。

3. 旧谷既没，新谷既升　没[mò]，吃完了。升，登场。一年四季，春种夏长，秋收冬藏。大自然完成了一个周期，宰我建议服丧的周期可以同步，用一年完成比较合理。

4. 钻燧改火　钻燧，钻木取火。古人认为火会衰老，春秋时代一年取新火四次，以合时令，大致是“春取榆柳之火，夏取枣杏之火，秋取柞楢之火，冬取槐檀之火”，一年为周期，称为改火。宰我认为，一年的时间，时物皆变。人情要顺乎天道，丧期一年就可以了。

5. 食夫稻，衣夫锦　锦，彩帛。居丧期间子女哀伤，无心考究锦衣玉食，都是食粗粮，衣葛麻。

6. 于女安乎　孔子问宰我：“父母刚死一年，尸骨未寒，你吃好的、穿好的，安心吗？”宰我说：“没什么不安呀！”当时宰我并不是以服丧孝子的身份，而是从探讨社会风俗的角度请教孔子的，孔子让他将心比心体会孝子守丧三年的必要性。宰我以服丧当事人口吻设想守丧一年也行得通，引来孔子一大通批评，变成宰我个人对父母的不孝了。

7. 居处不安　日常居住也不安适。丧期内孝子要“居倚庐，寝苫枕块”，即住在用草木搭成的临时小屋内，睡草垫，枕土块。

8. 予之不仁　予指宰予。宰予虽然举了不少有力的理由说明缩短丧期的必要性，但孔子还是说他不仁，这是因为宰予所说不过问孝子内心的真诚情感。

9. 子生三年，然后免于父母之怀　父母日夜劬劳抚养子女，且不说别的，孩子不满三岁，基本上离不开父母的怀抱。所以退一百步说，回报死去的父母，守孝三年不为过吧。

10. 天下之通丧　所以普天之下推行三年之丧。

孔子对捍卫周礼、恢复周礼的态度非常执着，不但强烈反对诸侯大夫僭礼，对子贡欲去告朔之饩羊也表示反对（3.17 章）。上一章孔子不见孺悲，还要故意让他知道并非因病，也有可能与孺悲奉哀公命所写的《士丧礼》有关，这份文件必有根据春秋时期社会现实作出的修改，孔子哪能不生气？

17.21　子曰："饱食终日，无所用心，难矣哉！不有博弈者乎？为之犹贤乎已。"

孔子说："吃饱了，从早到晚不用一点心思，真拿这种人没办法！不是有掷骰弈棋的吗？总比无所事事好吧。"

天生我材必有用。大自然进化到人类诞生，产生丰富的语言、思想和创造力，不是为了让人每天吃饱了饭不动脑筋的。人堕落到"饱食终日，无所用心"的地步，孔子说要把他们拉回来也难了。倒不如掷骰子赌博和下围棋的那些人，虽然也只是消磨时光，但毕竟要用脑思考。有一技在身，总比吃了睡睡了吃的人有用。

2. 本章与 15.17 章配成一对，相应于独居与群居状态的两种"难矣哉"。

关于这两章，顾炎武《日知录》卷十三区分以南北风气的不同，有两条可供参考：

（1）南北风化之失江南之士，轻薄奢淫，梁、陈诸帝之遗风也。河北之人，斗很劫杀，安、史诸凶之余化也。

（2）南北学者之病"饱食终日，无所用心"，难矣哉！今日北方之学者是也。"群居终日，言不及义，好行小慧"，难矣哉！今日南方之学者是也。

17.22　子路曰："君子尚勇乎？"子曰："君子义以为上。君子有勇而无义为乱，小人有勇而无义为盗。"

子路说："君子崇尚勇吗？"孔子说："君子崇尚的是义。君子有勇没有义，会作乱；小人有勇没有义，会成为盗贼。"

1. 君子尚勇乎　本章中君子是泛指，与小人相对。尚，崇尚。子路好勇，问孔子：“君子是否最注重勇敢？”这里的君子是就道德而言，不是指社会地位。

2. 君子义以为上　参见15.18章“[君子]义以为质”。孔子答，君子最注重的不是勇，而是道义。以下孔子通过进一步的说明区分了两类人，即上位的君子与下位的小人。处于上位的君子有勇而不义就会作乱，处于下位的小人有勇而不义就会做盗贼。

古人认为子路初见孔子，很是气盛，于是有此问。《中庸》“子路问强”，相当于问勇。孔子也区分了南方之强、北方之强和子路私人之强。

作为三达德之一，“勇”字在《论语》中出现了16次，地位不可谓不高，但在三达德中，勇的地位最低，14.4章孔子说：“仁者必有勇，勇者不必有仁。”上面17.7章孔子指出，对知、仁、勇三者，光是喜好是不够的，必须好学才成。这是拿“学”来统帅三达德。但整部《论语》对三达德本身的肯定，并不一视同仁。孔子对仁、知本身的肯定是无条件的，对勇的肯定却常提附加条件。除本章孔子指出“有勇而无义为乱”，8.2章还指出“勇而无礼则乱”，单独的“恭”“慎”“直”也不行，都要用礼来约束，否则必有弊病。类似地，1.13章有子对“信”“恭”也分别加上义、礼的约束。《论语》中须用礼义约束的“好词”还有“刚”等，其中的深意值得读者玩味。

17.23　**子贡曰：“君子亦有恶乎？”**

子曰：“有恶。恶称人之恶者；恶居下[流]而讪上者；恶勇而无礼者；恶果敢而窒者。”

曰：“赐也，亦有恶乎？”

“恶徼以为知者。恶不孙以为勇者。恶讦以为直者。”

子贡道：“先生您也有厌恶的人事吗？”

孔子说：“有的。厌恶散播他人恶行的人，厌恶居下位诋毁上级的人，厌恶有血气之勇而无礼的人，厌恶果敢而窒塞不通事理的人。”

孔子又说：“端木赐你也有厌恶的人事吗？”

子贡说：“我厌恶把抄袭他人成见当作智慧的，厌恶把不谦让当作

勇敢的，厌恶把揭发他人阴私当作直率的。”

1. 君子亦有恶乎　上章子路问：“君子尚勇乎？”其中君子为泛指。本章古注认为子贡所问的君子指孔子本人。理解有分歧关系不大，好恶是人之常情，孔子当然也有，扩大到君子群体亦然。只是君子之好恶与小人之好恶的指向不同，表现也大异其趣。所以 4.3 章孔子强调：“唯仁者能好人，能恶人。”如果子贡先前知道这句话，应该不会有本章之问，所以本章时间应在孔子谈仁人好恶之前。

2. 称人之恶　按儒家精神，一般应当称道人之善，而非人之恶。这是恕道。喜称扬人恶，其人刻薄，不厚道，故孔子厌恶。

3. 居下[流]而讪上　讪，毁谤。据清人考证，晚唐以前的《论语》本子没有“流”字。后出的通行本可能因 19.25 章有“恶居下流”而增入。

“以下事上”的原则是“臣事君以忠”，即下级应当尽己之心做好上级的助手，不合则去。无视这一原则而无根据地说上级坏话，或是泄私愤，或是别有用心，完全背离忠道。

4. 勇而无礼　这是流氓恶霸亡命之徒的形象，好作乱，故孔子厌恶。17.7 章孔子曾对子路讲“六言六蔽”，其中第五条是“好勇不好学，其蔽也乱”，给出了勇而无礼的根源是不好学，本章则点明了“不学礼，无以立”。

5. 果敢而窒　果敢是当机立断、敢作敢为的意思。窒，原意是走到洞穴尽头，碰壁不通。果敢而不能通融，说不行就是不行，故孔子厌恶。

6. 赐也，亦有恶乎　本句与子贡所问“君子亦有恶乎”句式完全相同，应是孔子反问。《皇疏》作“赐也亦有恶也”，被判为子贡所说，不可取。句子中这个“亦”字像是子贡听说孔子也有恶而欣喜地表示自己也有所恶者，文气不对。

7. 徼以为知　孔安国说“徼”是抄袭的意思，照搬他人的想法当成己智。此注可取，此处徼音[jiào]。郑玄解释为“绞”，刘氏《正义》：“绞急者，谓于事急迫，自炫其能以为知也。”朱熹说“徼，伺察也”，因为“徼”字原来是巡察的意思。从子贡所恶的下面两种都是待人接物之恶来看，郑、朱的解释似乎缺乏说服力。

8. 不孙以为勇　孙，《说文解字》段玉裁注：“子卑于父，孙更卑焉，故引申之义为孙顺。”后世经传中“孙”写作“逊”，是古今字，义为恭顺。

上面孔子所厌恶的“勇而无礼”，其人尚有勇。此处子贡所说之人，本身没有勇，却将自己的不依不饶、不服帖视作勇。

9. 讦以为直　讦[jié]，揭人短处或发人阴私。这不是正直。直者光明磊落，不文过饰非，有一说一，有二说二，是针对自己，而非针对他人。

子贡所厌恶的三种人扮出智、勇、直的模样，其实不智、不勇、不直。

17.24 子曰：“唯女子与小人为难养也。近之则不孙，远之则怨。”

孔子说：“只有妾侍和下人最难养。你若同他们靠近，他们就不知天高地厚；你若和他们远了，他们就怨你。”

1. 上章子贡提到“恶不孙以为勇者”，本章给出了“不孙”的一个实例。

2. 本章是许多女士排斥孔子的一个心结，绕不开。前人为了维护孔子的开明形象，曲里拐弯地解释本章，让孔子超越他的时代，这并不足取。在两性问题上，孔子的最高理想也就是他在《礼记·礼运》篇里提出的，在大同世界里“男有分，女有归”——男子有职分，女子有归宿，不主张在经济上独立。

3. 孔子当过鲁国大司寇，是一个大家之主。一个“养”字点明本章的“女子”指孔府的妾侍，“小人”指家中的仆役。妾侍比仆役离孔子更近，所以孔子先提女子，后提小人。

4. 儒者讲究的修、齐、治、平各有难点。善御妾侍仆役，就是古代齐家的一大难事，孔子“其犹病诸”。孔子根据切身体会，告诉弟子：子女不难养，犬马不难养，只有妾侍与下人最难养。所以用了个“唯”字。究其原因，古代社会创造的财富很有限，资源十分贫乏，教育不公平。妾侍仆役没有文化，不知诗，不知礼。亲近了不好，疏远了也不行。稍一接近，他们没有分寸，忘了礼对主仆关系的区别，与主人分庭抗礼，在同辈中也摆出半个主人样，这就是不逊。一旦疏远，则怀着巨大的失落感，见不得他人被宠信，于是争风吃醋，钩心斗角，无所不作。

5. 今天的教育，男女平等，除了小三之类被笼养外，根本不存在养不养的问题，广大女士大可释怀，不必生隔壁气。孔子若生活在当下，也绝不会说完全不合乎时代的话。反之，我们若回到春秋时代，处于孔子的地位，也不难理解孔子的想法。能换位思考，这正是恕道。

17.25 子曰："年四十而见恶焉，其终也已。"

孔子说："人到四十岁还是被人厌恶，可就没指望了。"

人非圣贤，孰能无过。4.3 章孔子曾指出，恶人如果立意做好人，就不要厌恶他了。本章孔子说这话时，心中应该有若干针对的对象在，比如 14.43 章的原壤，才下这样断然的结论。人到四十，其德识才智，规模已定。孔子四十而不惑，"知者利仁"，不会再进入下降通道；恶人年届四十，仍然让人厌恶，古人的人生过了一大半，只有向下的驱动力，所以孔子说这种人是没指望了。现代人长寿，"年四十"这一大限，也许可以放宽到六十岁吧，让他花二十年痛改前非。

［清］俞樾认为本章是孔子自叹不见用于诸侯，觉得自己没指望了。这完全不是圣贤气象。一则"不见用"并非"见恶"；二则孔子自叹用"其"字，在《论语》中没有先例；三则孔子的事业四十岁才开始，虽然不能从政，但教育也是为政。孔子真正自叹，是在晚年见西狩获麟时，离开生命结束的确只有两年了。

微子篇第十八

本篇11章，主题是每逢天下无道，历代大贤的态度与表现；他们除杀身成仁外，或去国或避世。本篇自远至近，自尊至卑，从首章“殷有三仁”、次章“圣之和者”（孟子语）起，到第3、4二章写孔子因齐鲁无道而去邦。第5、6、7三章写孔子离开鲁国后率弟子周游列国时遇到的四位隐士：接舆、长沮、桀溺、荷蓧丈人。第8章综述历代七位著名逸民，记录孔子对他们的评论，并将自己与他们比较。第9章写与孔子同时期的几位鲁国乐师因鲁国礼崩乐坏而出奔他乡。最后两章游离于本篇主题之外，又无“子曰”字样，很可能是在《论语》下编整理过程中无处安放的残简，整理者或许认定，这两章不可能属于写孔子死后几十年来其弟子言论的《子张》篇，所以前置于本篇。

18.1 微子去之，箕子为之奴，比干谏而死。孔子曰：“殷有三仁焉。”

微子离开了纣王，箕子被纣王拘囚，降为奴隶，比干屡谏纣王而死。孔子说：“这三位是商朝的仁者啊。”

1. 微子，名启，是商王帝乙的庶长子。后来微子之母被帝乙立为王后，生嫡子辛。帝乙死后，辛继承王位，称帝辛，就是商纣王。微子与纣是庶兄嫡弟的关系，《吕氏春秋·仲冬纪》有详细记载。唯独《孟子·告子篇》中记载公都子曰“或曰有性善有性不善……以纣为兄之子且以为君，而有微子启王子比干”，把微子误当作比干的兄弟，成了纣的叔父。

殷有三仁焉

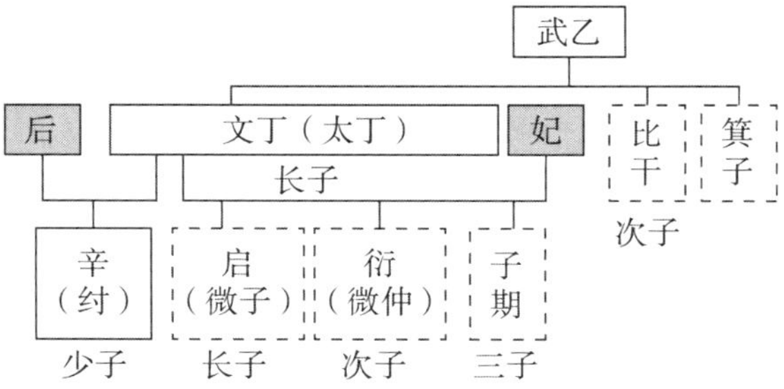

2. 箕子，纣王诸父（伯、叔的统称），任王朝太师。

3. 比干，纣王诸父，任少师，协助箕子。

4. 据《史记·殷本纪》，文王死后，武王东伐到了盟津。诸侯响应的有八百位，建议伐纣。武王说了一句“你们未知天命”就回国了。纣愈淫乱不止。微子数谏不听，于是与箕子商量，决定逃亡（他是长子，要保留宗嗣）。比干则说：“为人臣者，不得不以死争。”于是强谏纣。纣发怒，说自己听说圣人心有七窍，便把比干的心挖出来看。箕子怕自己同样受迫害，假装疯癫，被纣王贬为奴，囚禁起来。

周灭商后，周公代成王封微子于宋。封地在微（今山东梁山西北）。武王问箕子治国之道，箕子献上九大类理法。封地在箕（今山西太谷东北）。

微子、箕子、比干三人同以纣的亲长与臣下身份与暴君抗争，方式不一，却都不是谋一己私利，而是为天下黎民着想，所以都是仁人。明代万历首辅张居正讲评《论语》此章时说：

盖论人者不当泥其迹而当原其心。三人者就其迹而观之，虽有不同，原其心而论之，则其忧君爱国之忠、至诚恻怛之意，一而已也。其去者欲存宗祀，非忘君也。奴者欲忍死以有待，非惧祸也。死者欲正言而悟主，非沽名也。所以说，殷有三仁焉。

从《论语》可见，每逢有人问孔子“您的某弟子仁不仁”，孔子一概答不知。而对仅从文献中了解到的五百多年前的微子、箕子、比干，孔子却并称他们为殷之三仁。这是因为，即使这三人生活圈里的种种微观人际关系处理有亏，与三人处理天下事的心向相比，前者相当于一个百位数小数点后的零头，可以忽略不计。

18.2 柳下惠为士师，三黜。人曰："子未可以去乎？"曰："直道而事人，焉往而不三黜？枉道而事人，何必去父母之邦？"

柳下惠当典狱官，多次被罢贬。有人说："您难道不可以离开鲁国吗？"柳下惠说："以正直之道事奉上司，到哪里不会被一次次撤职呢？若不以正道事奉上司，又何必离开父母之邦呢？"

士师，典狱官，掌管刑狱之事。《周礼·秋官·士师》："士师之职，掌国之五禁之法，以左右刑罚：一曰宫禁，二曰官禁，三曰国禁，四曰野禁，五曰军禁。"士师在东周朝廷由下大夫担任，在诸侯国不过以士充当。所以孟子说"柳下惠不卑小官"。黜[chù]，罢免或贬职。

柳下惠被多次罢贬，一大原因必是柳下惠"直道以事人"，孟子称赞他坚持原则，"不以三公易其介"：柳下惠虽是鲁国的小官，但其耿介——其操守与特立之行——即使有人拿"三公"（司马、司徒、司空）这种高官来做交易，他也不会放弃。面对柳下惠的高风亮节，15.14 章记窃居高位的臧文仲就是不肯用他。嫉才妒能，这是春秋末年各国的普遍现象。但是，柳下惠的处境毕竟没有商纣时代那么惨，所以他对自己遭遇的不公正心平气和，不像殷之三仁那样激烈应对，也不同于孔子的"道不行，乘桴浮于海"。刚直不阿的柳下惠三黜不去，忍辱负重，辞气气度雍容，极其难能可贵，所以孟子称柳下惠是"圣之和者也"，这正符合《中庸》所说的君子"和而不流，强哉矫"。作为对比，孟子称周游列国的孔子为"圣之时者也"，孔子的原则一般是合则留，不合则去。

柳下惠的回答逻辑是这样的：你要我离开鲁国到国外去发展，我坚持直道以事人，走到哪里都逃避不了被罢黜的命运；要不被罢黜，只好枉道以事人，那又何必远离父母之邦？

钱穆先生认为"此章无断语，因无'子曰'字。义明不待有断。载在《论语》，其为孔子言可知"。也有人认为本章是误入《论语》的错简，或者认为这段史实一定有孔子的评论，后来脱落了。其实由《求真》本篇篇首语可知，本章接在首章后是很自然的，也可作为《论语》编者为上章所下的一个生动注脚。

18.3 齐景公待孔子，曰："若季氏，则吾不能，以季、孟间待之。"曰："吾老矣，不能用也。"孔子行。

齐景公谈到会怎样礼待孔子："像鲁君待季氏那样，我做不到，但会给予高于孟孙的待遇。"［不久］又说："我老了，不能用他了。"孔子就离开齐国了。

据《史记·孔子世家》，孔子去齐国不止一次。鲁昭公二十五年，昭公逃亡，鲁乱。孔子到了齐国。齐景公很器重他，多次请教政事（见12.11章）。景公还想以尼谿田封孔子，据说为晏婴阻止。本章描述了齐景公想给孔子规格很高的礼遇：虽比鲁国待季氏（上卿）之礼低，却比待孟氏（下卿）之礼高。后来因为齐国政治的种种因素（包括大臣的抵制、孔子之道的宏大难成），且景公已年近六十，觉得力不从心，以自己年老体衰为由表明不用孔子的态度，在齐国待了两年的孔子听到后就启程返回鲁国了，并非嫌待遇低。

读本章必须结合上一章，以及后面18.8章，孔子评论柳下惠的表现是不太理想的"降志辱身"，委曲求全。而孔子赞赏的是第一流的"不降其志，不辱其身"。所以即便齐景公没拿孔子怎么样，更不用说"三黜"了，孔子也立马离开齐国。

18.4 齐人归女乐，季桓子受之，三日不朝，孔子行。

齐国人赠送鲁国女子乐队，季桓子接受了，三天不举行朝礼，于是孔子离开了鲁国。

1. 齐人归女乐　"归"是"馈"的假借字，参见17.1章"归孔子豚"。女乐，女子乐队。

2. 季桓子　鲁大夫季孙斯（？—前492），鲁国自定公以至哀公初年时的执政上卿。关于季桓子接受齐国女乐之事，《韩非子·内储说下·六微》有记载，《史记·孔子世家》记得更详细：定公十四年（前496），孔子年五十六，由大司寇摄理相国事务，诛（诛有剪除、处罚之义，未必是杀）了扰乱国政的鲁大夫少正卯。施政三个月，社会风气就焕然一新，引起齐国的恐惧，说孔子这样执政下去，鲁国一定称霸，首先会来吞并齐国，于是试图阻止，选了齐国美女八十人，穿上华服演习好"康乐"舞，加上好马一百二十匹，送给鲁君。季桓子接受后为听女乐，三日不听政，郊外祭祀结束后也不把祭肉分给大夫。孔子便离开了鲁国，开始了长达十四年的周游列国。

18.5 楚狂接舆歌而过孔子，曰："凤兮，凤兮！何德之衰！往者不可谏，来者犹可追。已而，已而！今之从政者殆而！"

孔子下，欲与之言。趋而辟之，不得与之言。

有个楚国狂人一面唱歌，一面经过孔子车边。他唱道："凤啊！凤啊！你品德高洁，怎么这么落魄！以前你这样就不说了，今后还可纠正呀！到此为止吧！当今的从政者处境多危险！"
孔子下车来，想同他说话。那狂人快步避去，孔子没能搭上话。

1. 楚狂接舆　楚狂，楚国的狂人。《论语》记载隐士事迹，都不记其名而以其事记之，如管门人称为"晨门"，下面两章子路问津者称为"沮""溺"，拄杖者称为"丈人"。本章的楚狂也不知其名，接舆是指他接近孔子的马车，如图，甲骨文"舆"是四手合力造车的形象，后泛指车。从下文来看此人是楚国贤人佯狂避世。在《论语》中"狂"未必是贬称，参见 13.21 章。

2. 歌而过孔子　当时孔子坐在马车上，楚狂唱着歌从旁边经过，是想用歌词劝诫孔子。

3. 凤兮，凤兮！何德之衰！　古人传说，凤鸟有道则现（例如逢圣人治世），无道则隐（例如孔子所处的春秋乱世），接舆把孔子比作具有高洁品德的凤鸟，认为应该在乱世避隐山林，而孔子却周游列国，推行王道，这正是凤德之衰。

4. 往者不可谏，来者犹可追　既往之事再谏也没用了，未来还可以作出补救（指不要再在列国游说，改弦更张，不如避隐于世）。

5. 已而,已而　已,停止。荀子说“学不可以已”,就是这种用法。而,语气助词。“已而”就是“停止吧”。

6. 今之从政者殆而　殆,危险。当今的从政者都很危险。有一段史实可作为佐证。孔子到楚国,受到楚昭王的盛大欢迎,可马上就被楚令尹子西在昭王跟前施放的“暗箭”射中。

7. 孔子下　孔子下车。

8. 趋而辟之　接舆不想与孔子讨论,快步离开。

9.《庄子·人间世》有这么一篇文章:

孔子适楚,楚狂接舆游其门曰:“凤兮凤兮,何如德之衰也!来世不可待,往世不可追也。天下有道,圣人成焉;天下无道,圣人生焉;方今之时,仅免刑焉。福轻乎羽,莫之知载;祸重乎地,莫之知避。已乎已乎。临人以德!殆乎殆乎,画地而趋!迷阳迷阳,无伤吾行!吾行郤曲,无伤吾足。”

上文是庄子对本章的最早解读,而不是对本章背景知识的修正补充。庄子主要是借《论语》本章抒发道家的见解。庄子认为接舆不是指某人走近孔子的马车,而是有一位名叫接舆的人跑到孔子住所去说了一大堆话,这不可取。庄子认为接舆所谓孔子“凤兮凤兮,何德之衰”是指:天下有道的话,圣人能成就大事业;而天下无道的话,即使出了圣人,也只能独善其身免受刑戮。庄子理解接舆的“已而已而”是指何必“临人以德”,也就是以人为木铎去用德行教化天下。至于“今之从政者殆而”则是想“画地而趋”,即在被框定的狭窄空间里奔万里行程。

上面所引的《庄子·人间世》那段话后紧接了一段结语,也就是全篇的主题:

山木,自寇也;膏火,自煎也。桂可食,故伐之;漆可用,故割之。人皆知有用之用,而莫知无用之用也。

意思是对世人越有用,对自己的戕害就越深;对世人一无所用,则自己受用不尽。

可见道家与儒家的共同点是“为己”,根本分歧在于:儒家强调一个“学”字——学者为己,正己之后正人,且儒家一直怀着济世之心,如“己欲立而立人,己欲达而达人”“穷则独善其身,达则兼善天下”;道家对此一律反对,主张只管自己,颐养天年,有用之事让别人去做好了。

18.6 长沮、桀溺耦而耕，孔子过之，使子路问津焉。

长沮曰："夫执舆者为谁？"子路曰："为孔丘。"

曰："是鲁孔丘与？"曰："是也。"

曰："是知津矣。"

问于桀溺。桀溺曰："子为谁？"曰："为仲由。"

曰："是鲁孔丘之徒与？"对曰："然。"

曰："滔滔者，天下皆是也，而谁以易之。且而与其从辟人之士也，岂若从辟世之士哉！"耰而不辍。

子路行，以告。

夫子怃然曰："鸟兽不可与同群，吾非斯人之徒与而谁与？天下有道，丘不与易也。"

长沮、桀溺两人结对耕田，孔子路过，叫子路去问渡口。

长沮说："车上那拉缰绳的是谁？"子路道："是孔丘。"

长沮说："是鲁国孔丘吗？"子路道："是呀。"

长沮说："那他应该知道渡口在哪里了。"

子路再问桀溺，桀溺说："您是谁呀？"子路道："是仲由。"

桀溺说："是鲁国孔丘的门徒仲由吗？"子路对道："对。"

桀溺说："滔滔洪水，天下都一样，谁在改变它呢？而且你，与其跟从避人之士，还不如跟从避世之士呢。"一面说，一面不停地用耰覆种平土。

子路回来告诉孔子。

孔子怅然若失，说："[避世？]人总不可以与鸟兽同群嘛。我不和那位先生的徒弟在一起，又和谁走一起呢？如果天下有道，我孔丘就不参与变更了！"

1. 长沮、桀溺　子路向两位耕田的农夫问津（摆渡的渡口），仓促之间不会问到姓名，"长沮、桀溺"是为行文方便取个别名来指代两位隐者，"沮"[jǔ]的本义是始出之水，"长"[zhǎng]是掌管者的意思，暗示此人熟知这片水域。"桀溺"暗示洪水滔滔，天下溺于桀纣。

2. 耦而耕　两人结对而耕。下文提到子路问了长沮后再问桀溺，可见两人不是齐头并进，而是像拉犁耕田一样一前一后。

3. 执舆者　手拿缰绳控制马车的人。孔子出行，本来驾马车是弟子的职责，现在子路去问路，所以由孔子代替执绳。

4. 是知津矣　孔子周游列国，名气很大，长沮怕认错人，反复问子路那个孔丘是不是大名鼎鼎的鲁国孔丘。得到子路的确认后，长沮说孔子那么聪明，见多识广，应该自知渡口，何必问他。这个回答语意双关，长沮是暗示孔子应该知道周游列国试图恢复东周是不可能的，何必要他人指点迷津。

5. 问于桀溺　子路又问桀溺，桀溺并没有听到前面那番对话，听子路自称“仲由”，细心地问：你该是孔丘之徒仲由吧。然后对子路进行规劝。

6. 滔滔者，天下皆是也　桀溺举旁边的河水为例，说天下到处洪水滔滔，民不聊生。

7. 谁以易之　谁能改变它。

8. 且而与其从辟人之士也，岂若从辟世之士哉　而，通“尔”，指子路。辟，通“避”。辟人之士，指孔子。孔子不愿待在三家把持的鲁国，故周游天下，寻找能用他的国家。辟世之士，桀溺自称他与同伴长沮，说天下官场一般黑，避开这个人，避不了那个人，不如跟随他们避世隐居，远离政治。

9. 耰而不辍　耰[yōu]，播种之后，再以土覆盖，把土抹平，避免种子被鸟剥啄。辍，停止。桀溺说这番话的时候，已不再与长沮“耦而耕”了，但他没有放下手中的“耰”活，也不再理睬子路。

10. 子路行，以告　子路只好离开两人，回来把问津不成的事禀告孔子。

11. 怃[wǔ]然　怅然若失。

12. 鸟兽不可与同群　隐居山林，等于与鸟兽同群，而人类应当与人类同群。

13. 斯人　即此人。《论语》无“此”字。

14. 吾非斯人之徒与而谁与　这句话里两个“与”，同上文一样，都是在一起的意思。斯人，这人，指桀溺；斯人之徒，指子路。因为桀溺劝子路不要跟孔子，拜自己为师。孔子诙谐地说：我不和那人的这位徒弟在一起，那和谁在一起呢？前人都把本句理解为“吾非人与而谁与”，完全回避了“斯人之徒”特指子路，孔子这句调侃话的风趣也全失去了。

15. 天下有道，丘不与易也　孔子说：正因为天下无道，所以我周游列国，以求变易；如果天下有道，我就不求变易了。这和隐者的逻辑正相反：隐者认为，天下无道则须避世；孔子认为，正因天下无道，所以不甘心生灵涂炭，要为大众寻求出路。

18.7 子路从而后，遇丈人，以杖荷蓧。

子路问曰："子见夫子乎？"

丈人曰："四体不勤，五谷不分，孰为夫子！"植其杖而芸。

子路拱而立。

止子路宿，杀鸡为黍而食之，见其二子焉。

明日，子路行，以告。

子曰："隐者也。"使子路反见之。至，则行矣。

子路曰："不仕无义。长幼之节，不可废也。君臣之义，如之何其废之？欲洁其身而乱大伦。君子之仕也，行其义也。道之不行，已知之矣。"

子路跟孔子，掉队了，遇见一老者杖头担着芸田竹器。

子路问道："您见到夫子吗？"老者说："看你有手有脚不劳动，五谷也分不清，谁是你的夫子！"把杖一插，开始芸田。

子路拱着手立在旁边。老人留子路到家过夜，还杀鸡，做了黄米饭，请子路用餐，又让两个儿子见了子路。

第二天一早子路告辞，见到孔子，禀告了这件事。

孔子说："这是一位隐士呀。"派子路再回去见老人致意。子路到他家，人已出门了。

子路[对老人的两个儿子转告孔子的话]说："一个人不出仕，就失了君臣之义。长幼之礼节不可废弃，君臣之义又怎么可以废弃呢？想洁身自好，而破坏了最重要的人际关系。君子之所以要出仕，是为了践行该做的事呀。至于道之不能行，他其实是早已知道的。"

1. 从而后　子路跟从孔子行路，掉队后找不到孔子了。

2. 丈人　“丈”与“杖”通，丈人即荷杖之人，多指长者。《礼记·曲礼》：“席间函丈。”

3. 以杖荷蓧　蓧[diào]，又作篠、莜，《说文》说是“草田器”。荷，担揭。丈人以杖当扁担，一头挑着竹器行走。

4. 四体不勤，五谷不分，孰为夫子　丈人见来人打听其老师，又见来人不像一个劳作者，便说：“看你这人，四肢不劳动，五谷认不清，谁晓得谁是你的老师？”

5. 植其杖而芸　芸，通“耘”。丈人到田里把杖插在土里去俯身芸草。

6. 拱而立　子路得不到回答，便拱手站在田边看丈人芸草，以示敬意和诚心请教。

7. 止子路宿　天色已晚，受到感动的丈人留子路在家住一宿，明天再去找孔子。

8. 杀鸡为黍而食之，见其二子焉　丈人杀鸡并煮黄米饭来招待子路晚餐，而不是蔬菜小米，还向客人介绍了两个儿子，足见诚意。

9. 明日，子路行，以告　第二天，子路辞别丈人，赶到孔子身边后，把见丈人之事禀明孔子。孔子说这是位隐士，让子路再返回致意。

10. 至，则行矣　子路赶回丈人家，遗憾的是丈人已走开了，没能见到。

11. 子路曰　子路对丈人的两个儿子转述孔子想对丈人说的话。朱熹说“福州有国初写本”，手写本中“子路曰”多了两个字，作“子路反，子曰”。不过无论是哪种，下面那段话都是孔子的意见。

12. 不仕无义　1.7 章子夏告诉我们，人一旦成年，就要履行“事君”的义务，而且要尽心尽力，“能致其身”，达则兼善天下。人有条件而不出仕，隐于田野山林，不合君臣之义。下面 19.13 章子夏说的“仕而优则学，学而优则仕”强调的也是儒者要尽君臣之义。《朱注》引《孟子》：“人之大伦有五，父子有亲，君臣有义，夫妇有别，长幼有序，朋友有信，是也。仕所以行君臣之义，故虽知道之不行而不可废。”所以“危邦不入，乱邦不居”不等于心中废了那份出仕的用心。在今天看来，“君”无非是大小组织的领袖，是组织的象征。事君就是素其位而行，尽到服务社会的责任。子路传达的下文都是对“不仕无义”的说明。今人曾把本章的“不仕无义”解释为“不仕无道义的国君”，那下文就说不通了，见下面 13—16 小节。

13. 长幼之节，不可废也。君臣之义，如之何其废之　丈人留宿招待晚辈子路，又让其二子以晚辈身份出来见子路，说明丈人知道长幼之节不可废,那君臣之义为什么倒可以废除呢?

14. 洁其身而乱大伦　“举世皆浊吾独清”,隐入山林,虽然自身清洁了,但君臣大伦(也就是君、臣各自应尽的社会责任)却乱了。

15. 君子之仕也,行其义也　所以,君子出仕从政,不是为功名利禄,而是行君臣之义,用今天的话来说,就是履行自己这一位置的社会责任。这段文字的反面说法就是上文的“不仕无义”。二者的理解必须一致。

16. 道之不行,已知之矣　至于所行之道可能完全行不通,其实事先已有思想准备的,只是听天命、尽人事而已。

17. 接舆、沮溺、丈人三章放在孔子去齐去鲁两章之后,暗示三事发生的时间,当时孔子虽然处于栖栖惶惶的状态,但仍不同意隐士们的出世之想,而要为自己的政治理想不停奋斗。

接舆、沮溺、丈人这些归隐之人可称是当代逸民,下章就论古之逸民。

18.8 逸民:伯夷、叔齐、虞仲、夷逸、朱张、柳下惠、少连。

子曰:“不降其志,不辱其身,伯夷、叔齐与?”

谓“柳下惠、少连,降志辱身矣。言中伦,行中虑,其斯而已矣”。

谓“虞仲、夷逸,隐居放言,身中清,废中权”。

“我则异于是,无可无不可。”

逸民有伯夷、叔齐、虞仲、夷逸、朱张、柳下惠、少连。

孔子说:“守其志不屈,保其身不辱,这是伯夷、叔齐吧!”

孔子说“柳下惠、少连,志不免有降抑,身不免有污辱了。但所言能合于伦理,所行能合乎思虑,能如此也算了”。

又说“虞仲、夷逸,隐居弃言,但他们的身是合乎清洁了。他们的废弃,也合乎权衡了”。

孔子又说自己:“我和他们就不同,无所谓必须这么做,无所谓一定不可以这么做。”

1. 逸民　品行超逸而遗落民间的高人。《皇疏》的定义是“逸民者,民中节行超逸不拘于世者也”。本章记了七名。其中伯夷、叔齐、柳下惠三人前面已有介绍。朱张其人事迹不详，本章孔子对他也没有评论。

2. 虞仲　朱熹说虞仲就是随吴太伯出逃荆蛮的弟弟仲雍，即吴仲。但《史记 · 吴太伯世家》说：“太伯卒，无子，弟仲雍立，是为吴仲雍。”仲雍既然成了吴国国君，就不能说是逸民，否则太伯更是逸民了。

其实《史记 · 吴太伯世家》是否定此说的，因为下文接着说虞仲是仲雍的曾孙周章之弟：“仲雍卒，子季简立。季简卒，子叔达立。叔达卒，子周章立。是时周武王克殷，求太伯、仲雍之后，得周章。周章已君吴，因而封之。乃封周章弟虞仲于周之北故夏虚，是为虞仲，列为诸侯。”顾炎武《日知录》同意此说。所以虞仲到底是谁，迄今没有定论。有人据《史记》本篇，甚至认为朱张就是上面引文中的周章。

3. 夷逸　《尸子》记载：“夷逸者，夷诡诸之裔。或劝其事，曰：‘吾譬则牛，宁服軶以耕于野，不忍被绣入庙而为牺。’”

4. 少连　《礼记 · 杂记》：“少连、大连善居丧，三日不怠，三月不解，期悲哀，三年忧，东夷之子也。”

5. 不降其志，不辱其身　孔子赞美伯夷、叔齐不屈志向，不使自身受辱，作为商朝遗民，宁可饿死在首阳山，也不仕周朝，无论内心还是行动都超然物外。而柳下惠和少连却委曲求全（如 18.2 章所记）在鲁国当官，这就是降志辱身。孟子说：“夫志，气之帅也。”人志于道，是大道；降志，则是降低道的品位，人就矮了一截，也意味着辱身。

6. 言中伦，行中虑　但柳下惠和少连说话中规中矩，不悖伦理；行动能深思熟虑，详审周密，虽然不及伯夷、叔齐，也值得肯定。

7. 放言　放是放弃、放置的意思。放言就是“不复言世务”。

8. 身中清，废中权　虞仲、夷逸隐居放言，没有事功可以表彰，但在乱世中能保持自身清白，这是身中清；放言自废以免祸患，中于权变，这是废中权。

9. 无可无不可　进退都可以。马融说：“亦不必进，亦不必退，惟义所在也。”孟子的解释是“孔子可以仕则仕，可以止则止，可以久则久，可以速则速”。参见 4.9 章子曰：“君子之于天下也，无适也，无莫也，义之与比。”

朱熹引谢良佐的评论说，本章所列七人的共同点是隐遁不污，但心志行为却各有不同。“伯夷、叔齐，天子不得臣，诸侯不得友，盖已遁世离群矣。”可见伯夷、叔齐是最高等的逸民，只比圣人低一等。“柳下惠、少连，虽降志而不枉己，虽辱身而不求合，其心有不屑也，故言能中伦，行能中虑。”至于虞仲、夷逸，能“清而不污也，权而适宜也，与方外之士害义伤教而乱大伦者殊科”，所以都算是逸民，又次一等。

至于孔子，冰清玉洁，视污浊社会如腐鼠粪壤，这一点与七位逸民是相同的，区别在于逸民唯以清高为一世之表率，孔子能“用之则行，舍之则藏”，自信“文不在兹乎”，天将以之为木铎，终于成为万世师表，比逸民要高出一筹。

18.9 大师挚适齐，亚饭干适楚，三饭缭适蔡，四饭缺适秦，鼓方叔入于河，播鼗武入于汉，少师阳、击磬襄入于海。

太师挚去了齐国，亚饭乐师干去了楚国，三饭乐师缭去了蔡国，四饭乐师缺去了秦国。鼓手方叔到了黄河边，摇铃鼓的武到了汉水边，少师阳和击磬师襄到了海边。

1. 大师挚　大音太。大师，鲁国的乐官长，应该就是8.10章的“师挚”。

2. 亚饭干　亚饭，第二顿饭，也指侍候第二顿饭的乐师。干，乐师名。据古礼，天子一天吃四顿饭，除清晨第一顿早餐外，后面三餐都有乐师轮班在旁边奏乐。鲁君也用亚饭、三饭、四饭。

3. 鼓方叔入于河　鼓手名方叔，去了河滨。

4. 播鼗武　鼗[táo]，小鼓。两旁有耳，持其柄而摇之，则旁耳还自击。类似今天的拨浪鼓。播，摇。握柄摇鼓之人名武。

5. 少师阳、击磬襄入于海　少师是太师的副手，名阳。击磬者名襄。两人去了海边。《史记·孔子世家》记载孔子五十九岁在卫国时向师襄子学鼓琴。

6. 以上八位乐师是什么时代人，上至商纣王、周厉王，下至周平王、鲁哀公，历来多有争论。孔安国认为“鲁哀公时，礼坏乐崩，乐人皆去”，比较可信。

18.10 周公谓鲁公曰：“君子不施其亲，不使大臣怨乎不以。故旧无大故，则不弃也。无求备于一人。”

周公对鲁公说：“君子不冷落怠慢亲人，不使大臣怨他不见用。故旧之人没有大缘故，就不废弃他。不求全责备于某一人。”

1. 鲁公　周公的长子伯禽。周公功勋卓著，本该受封，但他必须留在朝廷辅佐成王，所以朝廷封其子伯禽于鲁。伯禽行前，周公谆谆告诫以本章所述四点，值得后人重视。这番告诫可能是鲁国世代传诵的，也可能是孔子向弟子们谈起的。

2. 不施其亲　历代对“施”的解读有多种。

（1）孔安国注：“施，易也，不以他人之亲易己之亲。”这种理解不必要地增添了“他人之亲”（原文中看不出），实际上违背了奥卡姆剃刀法则“若无必要，勿增假设”。后代注家多不认同。

（2）“施当为弛”，这是《韩李笔解》最先提出的，此后历代注家响应此说的很多，从古书中举出大量例子证明“施”“弛”通用，认为“不施其亲”就是“不弛其亲”，即不冷落怠慢亲人的意思。今人注《论语》本章，大多赞同这种理解。

（3）《程子外书》：“正叔曰：‘施，与也。不私与其亲昵也。’”

（4）［清］惠栋《九经古义》说，“施”是施罪于人，“不施其亲”有亲亲相隐的意思。

3. 怨乎不以　不以，不见用，不当一回事。上文所言“施亲”与对大臣“不以”，态度恰成对比。

4. 无大故，则不弃也　一般通行的原则当然是无故不弃。本句则强调小故也不弃，要弃，必须有“大故”。旧注认定大故指大恶逆，已有拘泥。

5. 无求备于一人　国事需要许多人才共同担当，每个人各有专长，不能十全十美、样样精通。治国者用其所长，避其所短，不可求全责备。对照13.25章，小人则是“及其使人也，求备焉”。

本章一无孔子点评，二远离《微子》篇主题，是否在《论语》传世过程中放错了位置，值得怀疑。查《论语》中与本章内容最相关的一章是19.18章。

曾子曰：“吾闻诸夫子：‘孟庄子之孝也，其他可能也，其不改父之臣与父之政，是难能也。’（原8.3）君子笃于亲，则民兴于仁；故旧不遗，则民不偷。”

19.18章本身就是错简重灾区，不妨进一步怀疑一下，本章或是“君子笃于亲，则民兴于仁；故旧不遗，则民不偷”所属章的编者注，因错简搬来搬去，这段“周公谓鲁公曰”未被物主认领，成了无主物品而寄放在仓库角落里。

虽然《求真》不敢以此为由将本章从《微子》篇搬到《子张》篇，使之成为 19.18 章的编者注，但必须强调：本章“故旧无大故，则不弃也”的确与 19.18 章“故旧不遗”是一个意思。如果认可这一点，那么本章的“君子不施其亲”，意思也就相当于 19.18 章的“君子笃于亲”。这给上面第二条中“施”的第二种解读提供了强有力的支持。反过来说，本章或许有朝一日会作为 19.18 章的注回到《子张》篇去。

18.11 周有八士：伯达、伯适，仲突、仲忽，叔夜、叔夏，季随、季騧。

周朝有八个士：伯达、伯适，仲突、仲忽，叔夜、叔夏，季随、季騧。

1. 本章所记是周朝轶事。传说周成王或周宣王时，有妇人接连生了四对双胞胎，都是有名的士人。伯仲叔季每对的取名都是同韵字：达、适（音括），突、忽，夜、夏，随（音堕）、騧（音锅）。

2. 本篇从首章孔子说殷有三仁，孔子子路遭遇接舆、长沮、桀溺、荷蓧丈人四隐，孔子评论七位逸民，记八位乐师的引去，最后附一门八士的前朝盛事，或是编者以此表达了思盛感衰的心情，但更可能是 8.15 章“舜有臣五人而天下治。武王曰：‘予有乱十人’”的编者注。《论语》下部编辑整理过程中有一批不是孔子语录的独立竹简，或原是附注，或被删去，最后作为史料置于《微子》篇末。之前我们已表示了 18.10 章回归《子张》篇的可能性，还剩下孤零零的本章寄于《微子》篇篱下，有待后之君子施以援手把它接回家。

如不算拾遗般的《尧曰》篇，孔子言论到本篇结束，下篇都记孔子身后事。

子张篇第十九

本篇原有25章,《求真》从《泰伯》篇找回五章半错简后确认有30章,都是子张、子夏、子游、曾子、子贡在孔子身后的精彩言论。前人解读经义重章句,不注意篇的整体结构,非常可惜。类似于《子罕》篇,我们用下表展示《子张》篇的概貌,从中可看出这30章间的主体间性,并能额外获得丰富的解读信息。

章	归属	备注	章	归属	备注
1	子张	士行看"见危、见得、祭、丧"	16	曾子	言难与子张并为仁
2	子张	再看执德之弘、信道之笃	17	曾子	接14章"丧致乎哀"再述
3	子张/子夏	交友之道与"与国人交"之道	18	曾子	原章+《泰伯》篇半章错简
4	子夏	小道致远恐泥,君子不为	19	曾子	原《泰伯》篇8.3章
5	子夏	此好学指"成己之学"言	20	曾子	原《泰伯》篇8.4章
6	子夏	仁在博学笃志、切问近思中	21	曾子	原《泰伯》篇8.5章
7	子夏	强调致道须办学堂	22	曾子	原《泰伯》篇8.6章
8	子夏	以"观改过"补充"观过知仁"	23	曾子	原《泰伯》篇8.7章
9	子夏	君子有三变	24	曾子	答阳肤语境谈哀矜罪民

（续表）

章	归属	备注	章	归属	备注
10	子夏	君子自身无信则上下行不通	25	子贡	纣之不善不如是之甚
11	子夏	大德有底线，小德可出入	26	子贡	君子亦有过，似日月之食
13	子夏	13 章无理由置 12 章后，须换位	27	子贡	孔子自学为主，师无常师
12	子夏/子游	论洒扫应对进退，子夏胜出	28	子贡	对孔子的敬仰和赞颂
14	子游	呼应首章子张“丧思哀”	29	子贡	对孔子的敬仰和赞颂
15	子游	言子张难能而未仁	30	子贡	对孔子的敬仰和赞颂

上表突出了五位弟子言论排列的先后次序，是《论语》研究的好题材。

五子各自所占章数大致反映了他们在孔门的相对地位。若不是错简回归，就很难解释为什么曾子之前只占四章。

本篇不再涉及先孔子去世的颜渊、子路，容易理解；其他如有子、冉雍、闵子诸贤的言论都不见了，也值得研究。

本篇以数章子贡对孔子的敬仰和赞颂结束，同时也是以此结束全部《论语》，并非偶然。

《论语》上编里只有《公冶长》与《雍也》两篇是以孔子弟子命名，下编除《先进》篇名突出了孔门弟子先进门群体外，其他九篇都以人名作为篇名。12—14 篇篇名是孔子弟子（《颜渊》《子路》纪念先于孔子去世的、与《论语》编者相濡以沫的前辈，《宪问》亮出了原宪的名字）；在《卫灵公》《季氏》《阳货》《微子》篇以政治人物命名后，《子张》篇重新以弟子命名，显然是为了展示孔子去世后弟子的言论。

孔子一死，弟子各树旗帜，各有主张，或各得孔子一体，或具孔子之大体而规模小许多，过与不及也暴露出来。弟子失去孔子在世时的掌舵，固然仍能在师承的基础上有所发展，但也难免彼此渐行渐远，孔子思想因此也渐渐走样。

《论语》下编完成于孔子逝世后半世纪，在众多优秀弟子中独选子张为第十九篇命名，是很高的荣誉，值得注意！一方面，孔子死后“子张氏之儒”很有势力；另一方面，子张的性格有不少特立独行之处，子游和曾子都对他颇有微词，这些因素交织在一起，耐人寻味。

19.1 子张曰：“士见危致命，见得思义，祭思敬，丧思哀，其可已矣。”

子张说：“士人面对危难能献身，遇见有利可得能想到一个义字，祭祀能专注于一个敬字，临丧能体现一个哀字，那也就可以了。”

1. 见危致命，参见14.12章“见危授命”。见得思义，同16.10章。

2. 祭思敬，见3.12章。丧思哀，见3.26章。与孔安国对“慎终追远”的狭义理解一致，参见1.9章。

3. 子张对士的四点要求基本上是复述并综合了孔子的教导，这或许是把本章置于篇首并把“子张”作为篇名的一个理由。子张选出的内容，强调在人生某些特定时刻（见危、见得、祭祀、治丧）的表现经得起检验。《朱注》：“四者立身之大节，一有不至，则余无足观，故言士能如此，则庶乎其可矣。”从中或能窥见子张本人的心迹。如果一位公众人物能有如此表现，则他人所见都是堂堂皇皇。以官员为例，文官不爱财，武官不怕死，丧祭大事能做到“丧尽其哀，祭尽其敬”就可以了。

曾子则认为士的担当要重得多：“士不可以不弘毅，任重而道远。”（8.7章）他认为，士的一生，不止特定时刻，时时刻刻都要“以仁为己任”，“死而后已”。所以《论语》高悬曾子于首篇《学而》1.4章，表彰他“吾日三省吾身”，在日常小事上也无不下功夫。

曾子对子张的做派也是有看法的，见下面19.16章。

19.2 子张曰：“执德不弘，信道不笃，焉能为有？焉能为亡？”

子张说：“执守德性不弘大，信仰道义不笃实，这种人，是算他据于德志于道了呢，还是算他没有据于德志于道呢？”

本章由“志于道，据于德”化出。德在自己，要牢牢执守（但是子张强调的不是德的坚守，而是德的弘大）；道在身外，是人生追求，需要笃

信，成为行动准则。子张说，如果这两点都做不到，就很难说一个人执德信道，当然也很难说他执不住德，不再信道。

子张的主张很是堂皇，但执德信道的目的何在，并不清楚。《论语》中多见子张学干禄，问怎样可以从政，问十世可知，问善人之道，问崇德辨惑，问士怎样做到"在邦必闻，在家必闻"，问大夫做到怎样才算仁。从这些问题也可领略子张的志趣所在。

就道、德而言，曾子强调的是"士不可以不弘毅，任重而道远"，任重指弘道，以仁为己任。本章子张强调的却是"信道不笃"的一面，不提弘道。而曾子说的"道远"指牢据己德，死而后已，与子张强调的执德不务坚而务弘，重点完全不同。孔子对二人的评价是"参也鲁，师也辟"，一个沉潜，固守阵地，一个张扬，避重就轻。后来荀子非儒，矛头不对准曾子一派，而对准子张一派："弟佗其冠，神其辞，禹行而舜趋，是子张氏之贱儒也。"可以参考。

19.3 子夏之门人问交于子张。子张曰："子夏云何？"对曰："子夏曰：'可者与之，其不可者拒之。'"子张曰："异乎吾所闻：'君子尊贤而容众，嘉善而矜不能。'我之大贤与，于人何所不容？我之不贤与，人将拒我，如之何其拒人也？"

子夏的门人向子张请教交往之道。子张问："子夏怎么说？"
那门人对道："我们老师说'可与他交的，我就交；不可交的，就拒绝'。"
子张说："我听到的不同：'君子该尊崇贤者，同时包容众人；该嘉许善人，同时怜悯缺乏能力的人。'如果我是个大贤，对人有什么不能包容的呢？如果我自己不贤，别人将会拒绝同我交友，哪轮得到我来拒绝别人呢？"

1. 问交　孔子的"仁"的学说，其核心就是端正处理各种人际关系的心向和行动。

一类人际关系是天然的，与其说是血缘的，不如说是出自一项颠扑不破的事实：人生来自父母养育之恩。所以孔子对未成年人的第一项要求就是"入则孝，出则弟"。至于对其他血缘关系的处理，如远近亲戚，也必须从报父母养育之恩的角度去考虑,这是“亲亲为大”的真义,不是血缘之亲。如果叔叔伯伯是苛待父母和我的家人的,我无恩可报,所以远亲不如近邻,里仁为美。

另一类人际关系是偶然的,可以自主选择。在这方面,孔子给未成年人的总原则就是“泛爱众而亲仁”,但还没有涉及具体的结交谁或不结交谁。子夏的门人就带着这个重要问题请教子张。

结果,读者从本章可以看到,子夏和子张介绍孔子的与人交往之道,两人的说法有明显差异,编者却不作进一步评论。

于是本章显得特别有意思。读者到《子张》篇时已快学完全部《论语》了,正好借本章自测一下领会并践行《论语》精神的能力,并从中得到重大的方法论启示。

2. 从包咸(前7—65)开始,关于子夏与子张理解的交往之道孰是孰非这一问题就众说纷纭,没有定论,迄今已有两千年了。为此,我们先看看前贤怎么分析判断,再择优而从,或找到最优解。

(1) 什么是问交?何晏《集解》首先作了界定。它引孔安国说:“问交,问与人交接之道。”交接之道分两类,包咸的分类是“友交”与“泛交”:“友交当如子夏,泛交当如子张。”

(2)《皇疏》引了郑玄(127—200)的不同说法,认为交往之道的分类是平辈之交与前后辈之交:“子夏所云,伦党之交也。子张所云,尊卑之交也。”

(3) 郑玄的同时代人蔡邕(133—192)不同意郑玄的意见,专门写了《正交论》,说交是同一种交,孔子针对二子的不同偏颇因材施教:“商也宽,故告之以距人,师也褊,故训之以容众,各从其行而矫之。”《皇疏》引栾肇,说子夏与子张这两种不同的看法,“明各出二子之偏性,亦未能兼宏夫子度也”。

(4) 朱熹《集注》不承认二子所言都出自孔子,对二子各打五十大板:“子夏之言迫狭,子张讥之是也。但其所言亦有过高之病。盖大贤虽无所不容,然大故亦所当绝;不贤固不可以拒人,然损友亦所当远。学者不可不察。”

(5) 王阳明《传习录》认为交往可分为未成年人之交和成人之交:“子夏是言小子之交,子张是言成人之交,若善用之,则俱是。”

(6) 黄式三《论语后案》:“子夏教门人是初学之法,子张言君子大贤之道。”

(7) 程树德搜集了前人大量解释后,基本上赞同蔡邕的看法:“二子论交之义,均出于夫子,不宜有所轩轾,各因其性之所近而师之可也。

大抵狷介者宜于子夏，高明者宜于子张，其言均百世之师也。”

（8）《求真》的看法是：儒学经典谈人际交往未见“伦党之交”“尊卑之交”“小子之交”“成人之交”“初学之法”“大贤之道”，上面第一条《集解》之说最精当。正确的交往分两类，就是包咸指出的“友交”与“泛交”，都有经典出处。

① 交友（如 1.4 章曾子所说“与朋友交而不信乎？”1.7 章子夏所说“与朋友交，言而有信”）。

② 更宽泛的与人交往（如《大学》所说“与国人交，止于信”）。

子夏门人想问的是交友之道，而子张听到此问，脑子里想的是与国人交，结果南辕北辙，给后世注家带来许多困扰。

3. 子夏门人面对子张的反问，提供了子夏的交友观：“可者与之，其不可者拒之”，也就是说“可交则交，不可交则拒交”。

平心而论，子夏的交友观与曾子所说的“君子以文会友，以友辅仁”（12.24 章）亲和，也遵奉孔子的教导“毋友不如己者”（1.8 章），无可厚非。孔子还讲过“益者三友，损者三友”（16.4 章），前者就是可交者，后者就是该拒交者。

问题出在这里：子夏门人虽然提供了子夏的交友观，却没有提到一个“友”字；而子张心中对“交友”的存想大概本来就不多，以为子夏的门人是问泛泛的“与国人交”，殊不知听到的其实是子夏的交友观，觉得子夏的回答太狭窄了，于是马上说“异乎吾所闻”，接着就引用了他从孔子那里听来的“尊贤而容众，嘉善而矜不能”。

其实孔子的这段话很可能是针对子张的为人说的，还没有深入涉及交友问题。孔子希望子张处理人际关系至少要“容众”并“矜不能”。“尊贤而容众”与孔子对未成年人的要求“泛爱众而亲仁”相比，“容众”的境界其实还不及“泛爱众”，“尊贤”也不如“亲仁”体贴。后半句有“嘉善”（嘉奖善举）与“矜不能”（体恤弱者）两方面，联系曾子说的同子张“难与并为仁”，孔子可能也是针对子张的这一重大弱点说的。

4. 我之大贤与，于人何所不容？我之不贤与，人将拒我，如之何其拒人也？　这是子张用“尊贤而容众，嘉善而矜不能”一语来为他的“与国人交”原则辩护：“如果我是大贤，应该包容任何人；如果我不贤，更没有资格拒绝与他人交往。”

总之，就“与国人交”而言，子张说得没错。子夏的交友观也没错，但两人说的不是一回事。

5. 说句题外话，《说苑・杂言》告诉我们，子夏坚持自己的交友原则，果然辅仁进德。

孔子曰:“丘死之后,商也日益,赐也日损;商也好与贤己者处,赐也好说不如己者。”

本章应该是子张门人的记录,《论语》后期的编辑中,子张门人的作用不可小看。

19.4 子夏曰:“虽小道,必有可观者焉,致远恐泥,是以君子不为也。”

子夏说:“即使是小道,也一定有可观之处的。但要致远,便恐多有阻滞。所以君子不走小道。”

1. 小道　道,无论大道小道,在儒家经典中总是一个正面的字眼,突出指人生正道,但不同层面的人对道的理解深浅不同。“中人以下不可以语上”,他们便不可能奉行大道;即使是中人以上,对道的接受程度也有高下之分,事实上,大多数人的人生观离君子的要求都相去甚远,他们即使行道,奉行的也只是小道。

什么是小道?古人说法各有不同,郑玄说是“如今诸子书”,而这些书要么只及“器”的层面,要么提供的人生观都不及孔子高尚。

何晏把小道理解为“异端”,那就包括了歪门邪道,恐怕不正确。

《邢疏》起到了纠偏作用,它引江熙的话指出,小道规模狭窄,没有深谋远虑:“圣人所以训世轨物者,远有体趣,故文质可改,而处无反也。至夫百家竞说,非无其理,然家人之规模,不及于经国;虑止于为身,无贻厥孙谋,是以君子舍彼取此也。”

朱熹认为小道指“农圃医卜之属”,然而那是“游于艺”的艺,不是“志于道”的“道”,所以受到陈天祥的质疑:如果把小道理解为琴棋书画、百家众技,那么“农圃医卜,皆古今天下之所常用不可无者。……古人之于农也,或在下而以身自为,或居上而率民为之,舜耕于历山,伊尹耕于莘野,后稷播时百谷,公刘教民耕稼,未闻君子不为也。又农圃医卜,亦未尝见其致远则泥也”。至于樊迟问稼被孔子斥责,也不是因为农事是小道。陈天祥说:“盖樊迟在夫子之门,不问其所当问,而以农圃之事问于夫子,夫子是以责之耳,非以农为不当为也。”

此外,刘氏《正义》把小道解释为才艺;当代注释多走“技艺”路线,恐怕也该重新审视。

2. 孔子提出“志于道”,应该是指志于人生大道。在个人层面,指成

己之道（孔子本身就是光辉榜样），目的是完成仁者人生，死而后已。在天下层面，指远大的政治理想，即《礼记・礼运》说的“大道之行也，天下为公”。

相对于大道，18.8 章所说的“降志辱身”，就已经降了所追求的道的品位；更下一等的是无志于大道，专攻小道。比如奉行“各人自扫门前雪，莫管他人瓦上霜”之类的人生哲学，在今天也算是守法公民，但不是君子的追求。

“降志”往往出于无奈，可怕的是“丧志”，玩物丧志之人连小道都不追求了。

3. 道家的“道”不同于儒家，突出的不是日常行为规范，而是天人合一，但“道”同样备受尊崇。无论是对人道还是天道，不同层面的态度截然不同。《老子》里是这样描写的：“上士闻道，勤而行之；中士闻道，若存若亡；下士闻道则笑之，不笑不足以为道。”这番话用于儒家的道，同样合适，比如把上文中的“闻道”改为“听到《论语》”，用来形容当今人士，可谓惟妙惟肖。《论语》若不被不学无术者嘲笑，就不足以为《论语》。

4. 小道也一定有可观之处。例如，著名的劝善书《菜根谭》四百多年来不乏追捧者，此书问世的明朝万历年间社会已一步步走向溃败，作者洪应明“幼慕纷华，晚栖禅寂”，早年热衷世俗功名，饱经忧患挫折，晚年走上修道求仙的道路。《菜根谭》反映的人生哲学固然有孔学的精神，但也糅合了大量的道家无为思想和释家出世思想。作者提倡的为人处世原则，与《论语》精神就有很大的距离，例如“宠辱不惊，闲看庭前花开花落；去留无意，漫随天外云卷云舒”“好丑心太明，则物不契，贤愚心太明，则人不亲”之类，读上去仙风道骨，就是看不到读书人应有的社会担当。

5. 致远恐泥　泥[nì]，阻塞，阻滞。小道难以致远，将《菜根谭》宣扬的许多道理与 19.23 章曾子弘扬的大道一比较就可以体会到了。“士不可以不弘毅，任重而道远。仁以为己任，不亦重乎？死而后已，不亦远乎？”小道不足以陶冶君子的人格，对民族的振兴也不会有帮助。

19.5 子夏曰：“日知其所亡，月无忘其所能，可谓好学也已矣。”

子夏说：“每天能知道自己学问的缺失，每月能不忘了自己已学会的，也可说是好学啦。”

本章子夏定义的好学，可看作是 2.11 章孔子提出的“温故而知新”的具体化，似乎处于微观的层面，强调知道每天学问有哪些缺失，每月巩固自己学得的东西，这两点要求比 1.14 章和 6.3 章中孔子界定的好学看上去难度要低多了。《论语》中子夏论学，常给人重实践而轻理论的感觉，像 1.7 章“虽曰未学，吾必谓之学矣”，甚至 6.12 章孔子对子夏说“女为君子儒，无为小人儒”也被后人解读为孔子认为子夏格局小。

但是子夏毕竟是战国初期伟大的教育家，下章他就对“学、志、问、思”提出了进一步的要求。本章特别强调人生实践，因为子夏所言之学与好学，是指孔子的成己之学，即要塑造一个至善的人生，每天都要纠正自己的言行。曾子的“吾日三省吾身”，也是“日知其所之，月无忘其所能”的功夫。当代人不能仅从知识方面理解，以为能对付学校各科月考并得高分就算是好学了。

19.6 子夏曰：“博学而笃志，切问而近思，仁在其中矣。”

子夏说：“博学而能牢牢记住，提问与思考都切近自己的需求，不好高骛远，仁就在其中了。”

1. 后人读到这一章，心中总以学习经史子集、各门功课为模型。例如《朱注》就认为博学、笃志、切问、近思“四者皆学问思辨之事耳，未及乎力行而近仁也”，子夏所谓“仁在其中”仅在于“心不外驰，所存自然”。要贯通全章，必须弄清楚，子夏所指的学问，放在第一位的是学做人，而且是“做中学”，“行有余力，则以学文”。所以 1.7 章子夏会说做到成人四要。“吾必谓之学矣”。

2. 笃志　笃，马行走时马蹄结实地击于土地，一步一个深深的蹄印，转为厚实的意思。博学、笃志、切问、近思，是学习过程的四道工序。学、志、问、思都是动词，所以其中的“志”，不应理解为坚定的心志，而通“识”[zhì]，即记忆。笃志，牢牢记住。上述四个词组是同一偏正结构：学要博，志要笃，问要切，思要近。

3. 切问而近思　博学必存疑，需要“审问”。“审”是详尽细密，贴近自己认知的最近发展区，而不是大而无当，这样的发问称为切问。澄清疑问后对博学的内容要由浅入深不断消化，这是一个慎思明辨的过程，所思不求高远，不求无关人生，称为近思。

4. 仁在其中矣　子夏为初学者指明了求仁即学做人的途径，博学、笃志、切问、近思，一步步切切实实地这么走，执行这个学习过程本身就是力行。孔子说“力行近乎仁”（《中庸》），所以仁在其中矣。

本章的核心接近《中庸》强调的一个“诚”字。就学者而言，诚表现为“择善而固执之”，人要学好不学坏，怎么个学法？就是“博学之，审问之，慎思之，明辨之，笃行之”，这五步就是“诚之”的条目。朱熹说：“笃行，所以固执而为仁，利而行也。”本章虽未亮出《中庸》提出的最后一步“笃行之”，但人能在成己之学上认真下“博学、笃志、切问、近思”的功夫，本身就是在笃行子夏的指教，既然力行近于仁，则仁就在其中。

《子张》篇里收集的都是孔门高弟在孔子死后几十年内的言论，子夏已成长为西河教授、一代名师。本章的语境应该是他的弟子问仁。

与颜渊问仁，孔子回答“克己复礼为仁”相比，子夏的这个回答是给最有悟性的弟子的。克己复礼是每日每时要下的克己功夫，达到的目标是礼的回归。但是一般人听到“克己”的要求，仍然不知道该怎么践行。哪怕聪颖如子贡，对仁的理解仍过于高远，孔子不得不予以纠正：“能近取譬，可谓仁之方也已。”（6.29 章）这就是“切问而近思”。所以，对后世学者来说，子夏的回答更具有可操作性。

19.7　子夏曰：“百工居肆以成其事，君子［居］学以致其道。”

子夏说：“工匠们聚在作坊里完成一项工程，君子聚在学舍里修成道学。”

肆　“官府造作之处”，即作坊。容纳百工，可见初具规模。古代盖宫殿、造大船，也不是一朝一夕能完成的，需要集中许多技工、工具，日夜合作以成。“居肆”是百工成其事的关键，用来比喻下文君子致其道的关键。致其道是一项综合性的大工程，一个“学”字不排除“独学”，难以胜任。前人只凭一个“学”字解释本章，终有牵强的感觉。

［清］赵佑《四书温故录》：“学乃学校之学，对居肆，省一居字耳。”《学记》云：“退息必有居学。”笔者以为本章的“学”，即使没有夺一“居”字，也要理解为“居学”。居学强调的是许多学子聚集在一起切磋琢磨。《学记》说的“独学而无友，则孤陋而寡闻”，严重影响博学、审问、明辨的效率。

《论语》论学以“工”作譬，共有两处，都在下编，上一处是15.10章孔子举“工欲善其事，必先利其器”来说明为仁之方。

19.8 子夏曰：“小人之过也，必文。”

子夏说：“小人有了过失，必定要粉饰美化一番。”

1. 本章文字虽短，意味深长。黑格尔说：“核心概念的展开，就是全部理论。”本章的核心概念是个“过”字，“过”字的核心又是个“习”字。

2. 孔子告诉我们，人之初，性相近，是“习”使之远。习，是将所学的东西由生用到熟的过程。这个过程好比幼儿学步，磕磕绊绊，出现一个接一个过失，并非存心跌跤。外推到人的一生，难免有罪过，未必是有心为恶，只要改了，过失就归于无。以前学校会给屡教不改的学生“记小过”“记大过”，是很严重的惩罚。

3. 从面对过失的态度表现来看，人可以分为四等。

（1）常人。常人多有改过之心，有的过失改得了，有的改不了，带病过人生，只要不越积越多，还不至于压垮人格。

（2）君子。君子知过必改。即使一下子改不过来，也必比常人高尚。《荀子·劝学篇》指出，常人与君子的差距在于“博学”和“参省”，无非是坚持学以致用，即“君子博学而参省乎己，则知明而行无过矣”。

（3）圣贤。凡有过失，一次改掉。这种人非常稀少，孔子阅人无数，只发现颜回一人“不迁怒，不贰过”，称得上好学。“不N过”中的N，可以作为一个人的好学等级指数，越小越好，最小值是2，也就是颜回。常人往往会大到百千。

（4）小人。这种人不肯改过。孔子告诫弟子“过则勿惮改”，其实是说做人底线。随着逐渐长大，知过不改的人，其过失日积月累，成为劣根性，最终堕落为小人。

4. 小人之过也，必文　文，文过饰非。小人带着一身罪过与常人相处，摩擦力很大。“人之生也直，罔之生也幸而免。”（6.18章）“罔”所指就是小人，“幸”就是小人应对直道的手段：不断地文过饰非混过去，养成狡辩恶习，再增一大过。

19.9 子夏曰："君子有三变：望之俨然，即之也温，听其言也厉。"

子夏说："君子有三种变相：望上去像是不可侵犯的样子，接触下来其实也和蔼可亲，听他说话却一句是一句，严正不苟。"

1. 君子有三变　不是指君子像蚕一样有卵、幼虫、蛹、成虫诸多变态。而是指面对同一位君子，随着你与他接触的深入，你会发现对他原来的印象和认识变了。

2. 望之俨然　色相庄严。你没有与君子接触，没有观察其言行时，一眼望去，他完全是一位思想者，处于"喜怒哀乐之未发"的中性状态，你可以感受到他"腹有诗书气自华"。"俨然"所反映的是思想的严肃纯正。

3. 即之也温　"即"的甲骨文是人靠近食器准备就餐的形象（如图），所以义为靠近接触。靠近君子有所交流，感受到其待人接物的态度是温良恭俭让，他的喜怒哀乐"发之皆中节"，正是一种"和"的状态。

4. 听其言也厉　发言是一个人思想的确切表现。古人解释"厉"字为"辞之确"或"严正"。一是一，二是二，不含糊。

其实三种变相并不是君子本身在变来变去，"三变"分别对应于"君子"这一系统的思想输出的特点：（1）无输入时输出的表情态度；（2）有输入时输出的表情态度；（3）输出的言语质量。

有一句成语叫"可望不可即"，常被误写为"可望不可及"。人们追溯其出典，可追溯到［唐］张说诗《游洞庭湖湘》："缅邈洞庭岫，葱蒙水雾色。宛在太湖中，可望不可即。"那么张说是怎么造出这句的？最早当然要追溯到《论语》本章。对此以前一直无人提及，这里作个说明，供读者玩味。

19.10 子夏曰："君子信而后劳其民；未信，则以为厉己也。信而后谏；未信，则以为谤己也。"

子夏说："君子等取信于民后，再来差遣他们。如果未取得信任，民众会以为他在折腾自己。君子等取信于君上了，再有所谏。如果未取得信任，君上会以为他在毁谤自己了。"

孔子去世后子夏居魏国西河，教授的弟子多达三百人，其中有魏文侯、段子木、吴起、禽滑厘、李悝等，本章子夏针对弟子中的从政者强调“信”的两方面表现。

在以正己为宗旨的《学而》篇，就编入了孔子对有志正人者说的一段话：“道千乘之国，敬事而信，节用而爱人，使民以时。”从政者使民，不只是“使民以时”。子夏补充说：首先要正己——取信于民，否则民众会以为是“厉己”，即肉食者为私利而折腾民众。当然，也有在未取信前不得不劳其民的例外，如子产治郑一年，雷厉风行，利益受侵犯者恨恨地要杀他，但三年以后他得到民众的一致爱戴。（参见 14.9 章注释）

从政者沟通上下，除了“使民”，还有“谏上”的责任，孟子说：“君有过则谏，反复之而不听，则去。”（《孟子·万章下》）子夏指出，君上不听谏的一个重要原因，是臣下未取信于君上。

不过这里要指出，也有暴君不信任何忠臣，臣下也不得不谏，特别是臣下有王公贵族的身份，对自己的家国所在责无旁贷。“箕子为之奴，比干谏而死”（18.1 章）就是例子。

19.11 子夏曰：“大德不逾闲，小德出入可也。”

子夏说：“人的品德，大处不可出界，小处有些出入还是可以的。”

1. 大德小德，意为大节小节。闲，原意是木交叉拦门，作为界限，此处表示做人的底线。

2.《论语》中子夏的言论常引起后人争议。从下一章可见，关系密切的师弟子游也批评师兄舍本逐末。历代注家认为，本章若用来评价他人，以看大节为主，是一种恕道。而作为自律，若不拘小节，则会连累大节。从这个角度来理解，当然也有道理，但据《韩诗外传》卷二，子夏这番话好像不是原创：

孔子遭程木子于剡之间，倾盖而语终日。有间，顾子路曰：“束帛十匹以赠先生。”子路曰：“由闻之夫子，士中道不相见。”孔子曰：“大德不逾闲，小德出入可也。”

按《晏子春秋》记载：

晏子对孔子曰：“吾闻大者不逾闲，小者出入可也。”

所以本章很可能是子夏转述孔子或他人的话，而且要结合语境，如果孤立讨论，可能扭曲真意。

3. 一般人以为，“言必信，行必果”不失为一种美德，但 13.20 章孔子却说“言必信，行必果，硁硁然小人哉”是小德。坚守小德，反而成了小人，一定是因为这种坚守有可能损害大德。换句话说，小德出入，也可能是成全大德的必要条件。孟子就说：“言不必信，行不必果，唯义所在是也。”如果有损于“义”（与事适宜）这一大德，小德必须放弃便放弃。

4. 在现代的系统视域中来观察“德”字，大德小德不但体现在大小的数量差别（如 3.22 章“管仲之器小哉”是小德，14.9 章论及管仲执法公允，受处分者心服口服，是大德），还体现在不同层面上的德彼此不能兼容，古语说“忠孝不能两全”就是一例。

19.12 子游曰：“子夏之门人小子，当洒扫应对进退则可矣，抑末也，本之则无。如之何？”

子夏闻之，曰：“噫！言游过矣！君子之道，孰先传焉，孰后倦焉，譬诸草木，区以别矣。君子之道，焉可诬也。有始有卒者，其惟圣人乎？”

子游说：“子夏的门人小子，做些洒水扫地、言语应对、接待迎送一类琐事是可以的，可惜这些只是细枝末节。君子要务的本却没有了，这可怎么好呢？”

子夏听了这些话，说：“咳！言游错了！君子之道，谁可以先传授，谁到后来会倦学，就好比田圃里的庄稼，哪样先种，哪样生长期短，需要通过划区来分别。[子游不看重的‘洒扫应对进退’，就是我区别门人小子先传后倦的办法。]这正是君子之道，怎么可以诬蔑成舍本逐末呢！[能够先传，后又不倦，]有始有终都学通了的，恐怕只有圣人吧？”

孔子死后，子夏在今河南一带办学，人称“西河教授”，培养了许多人才。子游晚年也回到江南故乡常熟一带教学。本章表明两人的教育理念有分歧。

1. 门人小子　“门人”与“小子”叠言，应该指子夏门人中的后生。

2. 洒扫应对进退　洒水扫地是每天的环境卫生工作。应对是回应长者呼唤询问的礼仪。《礼记・曲礼》：“在父母之所，有命之，应唯敬对。”刘氏《正义》解释“进退”：“凡抠衣趋隅，与夫正立拱手，中规中矩之节，皆幼仪所当习者。”

3. 抑末也，本之则无　抑，不过。子游认为子夏专教日常行为规范等细枝末节，正宗的六艺倒不传授。

4. 君子之道，孰先传焉，孰后倦焉　孰，谁。君子之道，哪个弟子可以先传授，哪个弟子学到后来会倦怠？

历代注家都把“孰”解为哪些教学内容，结果不但“传”“倦”二字意思不明，更使子夏为自己教学所作的辩护前后无法贯通。

5. 譬诸草木，区以别矣　区［區］，古代农民播种时所开的穴或沟。子夏举农事为例，说明人的素质不同，好比庄稼作物，有早熟有晚熟，在种植季节、植株密度、浇水施肥等种种方面是要加以区别的。通过在洒扫应对进退上训练时的表现和习惯，可以区别诸多弟子的禀性。

6. 君子之道，焉可诬也　这里的“君子之道”指子夏从洒扫、应对、进退开始的教学法。子游怎么可以诬蔑为只务末不务本呢？

7. 有始有卒者，其惟圣人乎　有始，指上文的能“先传”，有夙慧；有卒，即有终，指上文的不“后倦”，有恒心。这两项高标准，大概只有圣人能同时才达到。

8. 一个“孰”字正了义后，子夏的答辩豁然贯通，他的教育观在今天的学校教育中的意义也不可估量！

19.13　子夏曰：“仕而优则学，学而优则仕。”

子夏说：“从政者有余力就去学习，学习者有余力就去从政。”

19.10 章注释中我们提到子夏居魏国西河，教授的弟子多达三百人，本章子夏两句话，前者是对官员说的，后者是对其他弟子说的。

1. 仕而优则学　仕，担任官职。优，有余力，时间宽裕。为政者有余力一定要抓紧学习，以加强执政能力。

2. 学而优则仕　弟子接受子夏的教育，有的希望从政，有的不希望从政。子夏的态度是，弟子们都应努力学习，胜任繁重的学习任务有余力的可以出仕，以检验学习效果，并造福他人。18.7 章子路向荷蓧丈人转告孔子的话“不仕无义”，强调的也是学者的社会责任，立志不服务于社会的人生不可取。

今天来看“仕而优则学”，有两点要特别注意。(1)本章两个关键词

"学"与"仕"浓缩了《学而》《为政》两篇的精华:正己与正人。正人者有空就要强化正己,正己者有余力就可去正人。(2)"仕"不一定指出仕当官,可以指任何职业。任何人业余都要挤时间学习。退休者闲暇时间更多,应成为百年树人、终身学习原则的践行者和人类社会的贡献者。

19.14 子游曰:"丧,致乎哀而止。"

子游说:"丧礼,把哀痛都表达出来了,就结束。"

致,达到。丧礼只要把居丧者之哀痛表达出来就可以结束,这就是丧礼的止于至善。表达不到位不行,表达过头也无必要,哀恸到伤身、不近人情更是失去了丧礼的本来意义。

按《孝经·丧亲》记载:

子曰:"孝子之丧亲也,哭不偯[yǐ],礼无容,言不文,服美不安,闻乐不乐,食旨不甘,此哀戚之情也。三日而食,教民无以死伤生。毁不灭性,此圣人之政也。"注云:"不食三日,哀毁过情,灭性而死,皆亏孝道,故圣人制礼施教,不令至于陨灭。"

注意:本章与19.1章子张所说的"丧思哀"遥相呼应。

19.15 子游曰:"吾友张也,为难能也,然而未仁。"

子游说:"我的友人子张呀,他的才能别人难以企及,但他没有达到仁的境界。"

1. 吾友张也　张,指子张。子游比子张大四岁,但子张13岁就从孔子于陈蔡,子游是孔子回鲁国收的徒弟,所以子游反而是子张的师弟。此外,子张与子游还是儿女亲家(子张之子颛孙申祥娶子游之女),平时来往可能比一般师兄弟更密切。《里仁》篇末罕见地附有子游在孔子逝世前就表达的交友观"事君数,斯辱矣。朋友数,斯疏矣",可供参考。

2. 为难能也　能,原义为熊属动物,鹿足,是貘之类,体格"坚中廉外",后转义为有才艺。子张"难能",可从上述两方面理解。

3. 子游说子张"未仁",可以这样理解:子张才高意广,才艺超群,一个自视甚高的人在处理人际关系时容易低看他人。比如明明是朋友关系,处理原则是辅仁进德、切磋琢磨,如果自视甚高,就可能按前后辈关系来处理。

判别仁与未仁，有一个基本判据：“仁者相人耦”。第一步是“相人”，即准确定位人己关系；第二步是“耦合”，即准确执行相应的处理原则。如果对人己关系定位得不准确，处理原则就随之而变形，不能止于至善，当然谈不上仁了。

19.16 曾子曰：“堂堂乎张也，难与并为仁矣。”

曾子说：“我的朋友子张气宇轩昂，冠冕堂皇，却难以与他一起同行仁道。”

本章须与上章互参，有益于准确理解二人对子张的评价。

1. 堂堂　气象弘大，望之俨然。与上章的“难能”相对应。

2. 难与并为仁　曾子说他难以与子张一起践行仁道，即把待人接物之事处理完善。曾子比子张大两岁，在孔门的威望也高于子张，但曾子低调勤谨，与堂堂的子张站在一起，反而像是师弟。当两人面对同一对象时，也许曾子视为前辈而表示尊敬的人，子张反而会视其为后辈而不拘礼，令人不舒服。两人态度反差之大，对方无法同时认同，处理关系时会觉得尴尬，这大概就是“难与并为仁”的意思吧！

朱熹认为，子张“务外自高，不可辅而为仁，亦不能有以辅人之仁也”。他引范祖禹的说法：“子张外有余而内不足，故门人皆不与其为仁。子曰：‘刚、毅、木、讷近仁。’宁外不足而内有余，庶可以为仁矣。”

19.17 曾子曰：“吾闻诸夫子：‘人未有自致者也，必也亲丧乎！’”

曾子说：“我从夫子那里听到这样的话：‘人没有听凭哀痛表达到极致的，除非是面对亲人的去世。’”

自致　致，达到极点。喜怒哀乐，人之常情，哀极伤身，乐极生悲，都要严加克制。从曾子专提亲丧来看，他特指悲痛的心情，人在一般情况下不会也不应该表达到极点，唯有至亲去世，自己无法克制，才会尽情表达，而且也应该尽情表达。前面 11.8 章说到颜渊死后，孔子哭得悲痛欲绝。跟随的人提醒孔子说：“您哭过头了！”孔子说：“我哭过头了吗？我不为他哭过头，为谁呀？”这是解读本章的极好案例。

19.14 章子游说“丧，致乎哀而止”，强调的是“合理”。而朱熹引尹焞的话说“亲丧固所自尽也，于此不用其诚，恶乎用其诚”，强调的是“合情”，二人侧重不同。

19.18 曾子曰：“吾闻诸夫子：‘孟庄子之孝也，其他可能也，其不改父之臣与父之政，是难能也。’［原 8.2 后半段］君子笃于亲，则民兴于仁；故旧不遗，则民不偷。”

曾子说：“我从夫子那里听到这样的话：‘孟庄子的孝，其他都可能，只有不改变他父亲所用之人及所行之政，是难能可贵的。’从政者能尽亲情，民众便会唤起仁心。从政者能不遗忘故旧，民众便不会薄情寡义。”

1. 本章后半段是将《朱注》8.2 章后半段“君子笃于亲，则民兴于仁；故旧不遗，则民不偷”截取而来。最早提出这段话“乃曾子之言”的是吴棫（约 1100—1154），蔡节和陈天祥都赞同要把它划成新的 8.3 章，至于它是不是曾子的话，则存疑。错简的回归，一下子就证实了这的确是曾子之言。

2. 孟庄子　鲁大夫仲孙速，其父是孟献子，名蔑，有贤德。《春秋·襄公》记载：“十九年八月丙辰，仲孙蔑卒。”孟献子死后由孟庄子袭父亲世卿之位，“二十三年八月己卯，仲孙速卒。”遗憾的是这两件事有经无传，不能给解读本章以启示。

3. 献子庄子父子相继逝世，相去不过四年，可见庄子的健康情况可虑，“改父之臣与父之政”也许本来就力不从心。孟献子去世后，孟庄子为治丧肯定要折腾一番，要想改父之臣与父之政也没工夫，而且守丧三年不能正常亲政，要让大臣代为摄政（参见 14.40 章“君薨，百官总己以听于冢宰三年”）。三年后，孟庄子刚正式接班一年就死了，在此期间改不改父之臣与父之政恐怕不是当务之急。但孔子仍然称赞庄子“不改父之臣与父之政”难能可贵。陈氏《辨疑》对此给出了一个解释，陈引宋人胡寅（1098—1156）的话说：“庄子之继位也，必其先臣先政有不利于己者，他人不能不改而庄子能之，是以称难。”

但这个理由好像还不充分。就常识而言,儿子继位觉得“先臣先政有不利于己者”,十有八九。比较合理的解释是:孔子看到别家儿子继承父位,都不管守丧三年不亲政的规矩,就迫不及待地以手中的大权改父之臣与父之政,给人的感觉是所谓孝子对死去的父亲毫不尊重,只有孟庄子沉得住气,其这方面的不作为看起来特别耀眼。

我们从历史书上也看到许多类似的例子。不说动乱频仍的春秋末期,即使如太平盛世,乾隆执政六十年,退位后又当了三年多的太上皇,嘉庆对乾隆尽孝隐忍近四十年,不料乾隆死后才五天就把父亲最宠幸的大臣和珅处死,抄没家产。如果嘉庆能再忍耐三年然后杀和珅,孔子地下有知,一定会说:“父在,观其志;父没,观其行,三年无改于父之道,可谓孝矣。”

这里还要提到乾隆甲戌进士龚元玠,此人大概是位很有创造性的人物,他所著的《十三经客难》被保守人士评为“凿空梦呓,至可喷饭”(《清稗类钞·经术类》)。可是孔子教导世人“不以人废言”,龚氏认为1.11章就是孔子针对孟庄子的表现而发的赞叹,应当不是向壁虚构吧。

4. 曾子引完他听到的孔子的话后加了两句评论:

(1)君子笃于亲,则民兴于仁　在老百姓看来,作为治国者的孟庄子的两“不改”是实实在在孝顺父亲,上行下效,因此民间也会兴起仁爱待人之风。(笃,厚笃,诚笃。兴,兴起。)

(2)故旧不遗,则民不偷　故旧,故人旧交。遗,遗落。偷,从人从俞。俞的本义是挖树干做小船,金文如图;用于人,取其中间空空,为人轻薄。挖空木头转义为偷窃。

不改父之臣,意味着在上者不忘故旧,则民德自归于厚。从反面来理解,如果一当官就翻脸不认人,引导的民风一定浇薄。所以《荀子·宥坐》载孔子最鄙视老乡当官发达后,仓促间见到故人一点叙旧的话也没有。(孔子曰:“去其故乡,事君而达,卒遇故人,曾无旧言,吾鄙之。”)

《毛诗·小雅序》对本章作了发挥:“自天子至于庶人,未有不须友以成者。亲亲以睦,友贤不弃,不遗故旧,则民德归厚矣。”举其相反的极端以明之:枭雄草莽起事,一人打不了天下,待坐稳江山后,助其成事的战友部下逐个收拾殆尽,非但民德不能归厚,而且人人自危,于是攻讦他人,以求自保,从此国无宁日。

5. 把错简复原后,产生了一个前人没有遇到的新问题:曾子引孔子语到哪一句为止?非常佩服《朱注》说“[君子笃于亲,则民兴于仁;故旧不遗,则民不偷]此一节与首篇慎终追远之意相类”,认同本节不是引孔子的话。此外，错简发生在 19.18 章后半段起，也说明这一节与引孔子话的那一节不是同一竹简。以此断定的确是曾子的评论。

19.19 [原 8.3] 曾子有疾，召门弟子曰：“启予足！启予手！《诗》云：‘战战兢兢，如临深渊，如履薄冰。’而今而后，吾知免夫！小子！”

曾子得了重病，把门下弟子召到身边说：“把我的脚排排齐！把我的手放放正！《诗经》说：‘战战兢兢，如临深渊，如履薄冰。’从今以后，我知道受之父母的身体发肤不会再毁伤了。弟子们！”

1. 从字源学讲，古文中“疾”字从矢(人被箭射中，金文如图)，指外伤，较轻；“病”字从丙，是心病，指内伤，较重。但从《论语》中总结的规律是：

(1) 单独一个“病”字只作动词用，从不单独作名词用。

(2) “疾病”连用，表示一般的病患，不分轻病重病，如“子疾病”。

(3) 单独把“疾”当名词用，多指重病，如 2.6 章“父母唯其疾之忧”，6.11 章“伯牛有疾”，本章也是如此。

2. 召门弟子曰　曾子要召门弟子，是自知将死。按《礼记·檀弓上》，曾子的两个儿子曾元、曾申一直在身边，还有门弟子乐正子春和书童，其他人就不知道了。

3. 启予足，启予手　启的繁体字是啓(如图)，造字的意思是用手打开半扇大门(户)。如果注意到动词“启”的宾语是曾子的手足，那么把“启”解释为开启就不通。因为打开握拳的手、蜷缩的手臂和腿都能理解，足则无所谓开不开启。一旦某字解释不通，便容易用其他字借代。这种找答案的思路虽最轻巧，但也最不足取。前人多认为“啓”同瞥，即使弟子瞥视其手足。殊不知在师尊处于临终状态时，应该庄严瞻视，用个“瞥”字，实难理解。

《说文》解“誃”字：“离别也。从言多声。读若《论语》‘跢予之足’。”许慎看到的版本多半是《古论语》，为“启予足”提供了一个很好的解释。“跢”[duō]字中的“多”，现在的写法是“夕”的重叠，表示多，其

实重叠的不是抽象的“夕”，而是古文的“肉”字，形状像是把“月(肉)”字肚里去掉上面一横。两个“肉”字也不是重叠，而是并排(金文如图)。所以“跢予之足”就是“把我的两足并排放齐”，很形象。由此也可知“启予手”是类似的意思。我们看到灵堂里遗体都摆成这种姿势，这项工作本来是人死后由身边人做的，曾子却希望死得庄严周正。这就是慎终的表现。

曾子所引三句诗出自《诗经 · 小雅 · 小旻》，借以表示自己一生谨慎做人：战战兢兢，好像站到了深渊边、好像在薄冰上行走。

4. 吾知免夫　4.10 章孔子曰：“君子怀刑。”孔子夸奖南容：“邦无道，免于刑戮。”在乱世能保全自己终身，可以看作是本章“免”的第一层意义。同是曾子的话，传说是曾子所写的《孝经》说：“身体发肤，受之父母，不敢毁伤。”《大戴礼 · 曾子大孝篇》中，乐正子春引曾子的话：“父母全而生之，子全而归之，可谓孝矣。”这可以看作是本章“免”的第二层意义。

与孔子提倡的“杀身以成仁”、孟子提倡的“舍生以取义”要求相比，本章呈现的曾子似乎特别爱惜身体，谨小慎微，但我们同时也读到过曾子之所以这样说的原因“士不可以不弘毅，任重而道远”，为此担当而得保重身体。今天我们认识到的曾子，从和他一脉相承的子思、孟子学派成为儒学正宗来看，其功劳不逊于孔门任何弟子，说曾子“仁以为己任，死而后已”并不过分。

19.20 [原 8.4]　曾子有疾，孟敬子问之。曾子言曰：“鸟之将死，其鸣也哀。人之将死，其言也善。君子所贵乎道者三：动容貌，斯远暴慢矣；正颜色，斯近信矣；出辞气，斯远鄙倍矣。笾豆之事，则有司存。”

曾子得了重病，孟敬子来探问。曾子说：“鸟将死，鸣声哀婉凄切；人将死，说的都是善言。对君子修道最宝贵的有三点：与他人交流时自身的感动能表现于容貌，就远离粗暴傲慢了；喜怒哀乐时脸色能得其正，就近于诚信了；言辞语气能充分表达出该表达的意，就远离粗鄙背理了。至于笾豆之类的仪式，则让专管督察的人员去处理。”

1. 孟敬子　鲁大夫仲孙捷，孟武伯之子，生卒年月不详，据说他是孟子的曾祖父。曾子患重病，孟敬子去探问，从下文可见孟敬子趁机向曾子请教礼仪方面的问题，下文不连"曾子曰"，而用"曾子言曰"，强调一个"言"字，有两种可能。一是曾子病重，一直没有力气说话，这时突然开口；二是强调这是曾子重要的临终遗言。

2. 鸟之将死，其鸣也哀，人之将死，其言也善　高等生物告别生命，哀伤表露可见。人敬畏生命，念及一生心病与身后事，常多忏悔，说的都是肺腑之言。曾子强调这一点，为了引起孟敬子的重视。

3. 君子所贵乎道者三　曾子说对君子修道最宝贵的有三点。刘向《说苑·修文篇》有类似的记载，明指为"礼有三"。郑玄注误认了主语："此道，谓礼也。"不是道本身有三，而是对修道不可或缺之礼有三。参考《礼记·冠义》的类似说法，具体是礼义之始："礼义之始，在于正容体、齐颜色、顺辞令。容体正、颜色齐、辞令顺，而后礼义备。"

《皇疏》引李充言，归纳为"礼三德"，可以理解为礼貌待人的三种美德，所以珍贵。至于礼仪方面的具体杂事，可以安排部下去做。由此可见这里的"君子"特指居高位者。

4. 曾子临终前给孟敬子的嘉言主要是九个字——动容貌、正颜色、出辞气，关键是三个动词。历代注家在怎样动容貌、正颜色、出辞气上做文章，猜测容貌怎样动、颜色怎样正、辞气怎样出，于是生出许多歧义。其实孟敬子临时发问，曾子只能上气不接下气地简单作答，哪里会迂回曲折地表达，曾子针对的是容貌不动、颜色不正、辞气不出。这样理解就统一了。

5. 动容貌，斯远暴慢矣　为他人的言行而感动，表现于容貌，称为动容。《中庸》说："喜怒哀乐之未发，谓之中；发而皆中节，谓之和。"动容貌，就是喜怒哀乐的发动。人能对他人动容，不永远摆出一副扑克脸，真心实意地与人交流，可远离粗暴傲慢。

6. 正颜色，斯近信矣　该严肃时脸色严肃，该喜时色喜，该怒时色怒，该哀时色哀，该乐时色乐，而且发而皆中节，就是正色。喜时作怒容，怒时反笑，乐时作哀容，哀时反乐，脸色都不得其正，给人的感觉是此人不可捉摸、不可信任。所以要正颜色，这样他人才会对你产生信任感。

7. 出辞气，斯远鄙倍矣　倍，同"背"。出辞气的反面是面对对方的招呼或诉求，一声不吭，一言不发，给人的感觉是没有教养、不近人情，甚至不可理喻。

19.9 章子夏的说法也与曾子强调的三点暗合："君子有三变：望之俨然，即之也温，听其言也厉。"看上去是态度庄重，不苟言笑；与他打交道则和颜悦色,合情合理;听他说话,句句有分量。可见将在容貌、态度、辞气方面的表现作为以礼待人的开始,在孔门已是共识。

8. 笾豆　豆,祭祀宴飨礼器,参见 15.1 章。笾[biān],似豆而盘平浅、沿直、矮圈足。

9. 则有司存　历来解释认为"存"指存在。笾豆之事自有有司在。"有司"原指诸事各有所司,后成了管事者的别称。

这种解释有个问题,在《论语》中"在"字用得相当多(如"子在陈曰""吾必在汶上矣""在陋巷""在邦无怨,在家无怨"等),意思都一样。而"存"字仅本章一见,如果当"在"字用,为什么不直接写"则有司在"?所以这里必须对"存"所特有的不同于"在"的意思进行一番考察。

《尔雅·释诂》:"存,察也。"《周礼·春官·司尊彝》"大丧存尊彝"注:"存,省也。"可见"存"有省察的意思。但把"则有司存"解释成"则有有司来省察"也是有问题的。《论语》里"有司"指管事官员,其责任是执掌有关部门,并不是省察。

其实"司""存"可以组成一个词"司存",浓缩了两种职能,史籍上不乏例句,如《后汉书·崔琦传》:"百官外内,各有司存。"《晋书·桓冲传》:"臣司存阃外,辄随宜处分。"所谓"则有司存"就是自有人掌管省察。曾子告诉孟敬子只管把笾豆之类的仪式交给下级官员去负责。

10. 孟敬子其人问礼,曾子谆谆告诫以礼三德,不要认为这里的礼就是礼堂的布置。《礼记·檀弓》记载,悼公之丧,季昭子问于孟敬子曰:"为君何食?"敬子曰:"食粥,天下之达礼也。吾三臣者之不能居公室也,四方莫不闻矣,勉而为瘠则吾能,毋乃使人疑夫不以情居瘠者乎哉?我则食食。"

鲁悼公死了,季昭子问孟敬子:"为国君服丧期间,吃什么呢?"敬子说:"喝粥是天下通行的做法。但是我们三桓与国君势不两立,四方无人不晓。要我勉强喝粥变瘦,也不是做不到,但是那样做岂不使人怀疑我们变瘦是矫情吗?所以我还是照常吃饭。"

鲁悼公去世于公元前 429 年。曾子死于鲁悼公三十二年(前 435),回答孟敬子问礼自然不可能针对这段话,但《檀弓》所记反映了孟敬子是个任性的人,而且粗暴傲慢,不守本分,出言鄙倍,不顾舆论。由此可见,曾子的告诫的确是有针对性的。而曾子的忠信诚谨也跃然耳中。

本章记载的是曾子临终前孟敬子来看望他的事,可见传至今天的《论语》一书,最后完成时间不会早于前 435 年,离孔子逝世已有 44 年。而《泰伯》篇是孔子逝世不久后就编定的,怎么会记载半世纪后的事?

现在我们将误窜入《论语》上编的本章内容还原至此,连带纠正了五章半的错简。

19.21
[原 8.5] 曾子曰:“以能问于不能,以多问于寡,有若无,实若虚,犯而不校。昔者吾友尝从事于斯矣。”

曾子说:“自己是能人,去问没能耐的人;自己见多识广,去问见识少的人;有才华,像没有;有实才,像没本领;受到冒犯而不计较。从前我有朋友竟在这些方面都做到过呢。”

1. 有若无,实若虚　有真才实学,像无足称道者;功底深厚,像毫无底气者。7.24 章孔子说他见不到圣人,能见到君子就可以了;善人也见不到,能见到有恒者就可以了。在这种社会背景下,本章曾子竟然列出他朋友具有四大美德,其中的“有若无,实若虚”与无恒者的“亡而为有,虚而为盈,约而为泰”针锋相对。

2. 犯而不校　犯,冒犯;校,计较。人家冒犯他,他毫不计较。这一条更是难以企及的高风亮节。这种能够做到犯而不校的人的心路历程是怎样的呢?《孟子·离娄下》给出了下列解释:

有人于此,其待我以横逆,则君子必自反也,我必不仁也,必无礼也,此物奚宜至哉?其自反而仁矣,自反而有礼矣,其横逆由是也,君子必自反也,我必不忠。自反而忠矣,其横逆由是也,君子曰:此亦妄人也已矣。如此则与禽兽奚择哉,于禽兽又何难焉?

有人蛮横无理地侵犯我,君子必反躬自问:一定是我不仁无礼,否则怎么会遭到这种对待呢?反躬自问的结果,如果是我没有不仁无礼,那人依然蛮横无理地待我,君子必反躬自问:肯定是我没有尽心待他的缘故。反思之后觉得我实在是尽心尽力的,他却依旧蛮横无理,君子就会说:这人不过是个妄人罢了,和禽兽没什么差别,你同禽兽又计较什么呢?

3. 昔者吾友尝从事于斯　曾子称以前自己有一位朋友曾经致力于做到以上常人做不到的事。《论语》里孔门弟子具体谈到“吾友”是很稀罕的事,另一处也在《子张》篇(19.15 章),这提示我们《泰伯》篇几篇曾子的论述的确源自《子张》篇。

曾子所说的这位故友,马融认为是指死去的颜回,历来注家基本认

同。《韩诗外传》卷九可以印证此说：

子路曰："人善我，我亦善之；人不善我，我不善之。"子贡曰："人善我，我亦善之；人不善我，我则引之进退而已耳。"颜回曰："人善我，我亦善之；人不善我，我亦善之。"三子所持各异，问于夫子。夫子曰："由之所言，蛮貊之言也；赐之所言，朋友之言也；回之所言，亲属之言也。"

这段故事说颜回"人不善我，我亦善之"，正是"犯而不校"的高境界，一般人只在对待亲人时才做得到。

《大戴礼记·卫将军文子篇》记载：满而不漏，实如虚，过之如不及，是曾参之行也。可见本章虽写的是曾子对其友的评价，但其实曾子本人也如此躬行。

19.22 ［原 8.6］ 曾子曰："可以托六尺之孤，可以寄百里之命，临大节而不可夺也，君子人与？君子人也。"

曾子说："一个人，可以托命辅佐幼主，可以托命摄国政，临到大节处，不辱使命，这种人是君子吗？当然是君子！"

1. 六尺　考古发现，自商代以来，古尺不断变长。一尺从商代的约17cm、周秦的约23cm，到清代，营造尺一尺为32cm。先秦的"七尺男儿"指成年男子，也不过161cm。曾子所说的"六尺"，约138cm，古注说，泛指十五岁以下的童子。若"六尺"之说传自商代，则身高不过102cm，主要指幼童了。

2. 可以托六尺之孤，可以寄百里之命　古人把本章的"孤"解释为未成年的继位国君。百里，指国之疆域。《白虎通·封公侯篇》："诸侯封，不过百里。"

国君去世，在守丧期间，幼主三年不能执政，所以托孤等于是国君去世前把家国托付给某人。而寄百里之命是指寄托国家的命脉。

在解读本章时，《求真》有一个有意思的联想：托六尺之孤，本是朝廷重臣的事情，曾子怎么会想到这上面去？其实这也可能是他自己的遭遇。

孔子逝世时，儿子伯鱼已去世两年，年幼的单传孙子子思（前483—前402）才四岁，今后只能与母亲相依为命，孔子最不放心。身边的众多弟子中，子贡境况最优裕，但在从商。孔子关心的是子思的教育，肯定把子思的学业全部托付给了曾子,因此才有子思师从曾子的事,而曾子当然倾力传授。

孔子虽不是国君,但他的事业比任何国君要大,完全当得起“托六尺之孤”,而且不能把“托孤”仅限于国君,还可以指季氏、孔子这样的家主,甚至泛指把身后的孤儿托付给他人。

此外,在春秋时代,三百步为里,不到 250 米,百里也就是 25 公里。方圆百里,也就是一个封邑的面积,未必就是“国之疆域”。

子思在曾子门下接受了长达四十多年的教育,曾子(前 505—前 435)去世时子思不过 48 岁,此后直到 81 岁才去世,孔子学说的正宗全由子思来担当,他完成了《中庸》《缁衣》等作品,这些都是原始儒学之精髓,我们要怀着极大的敬意来研习。

孔子托孤于曾子,是临终者“慎终”的一个典型案例。由此进一步可知,前人解 1.9 章认为曾子所说的慎终单指治丧者的“丧尽其哀”是很不完整的。

3. 临大节而不可夺　古注说,受君之托,能安国定邦,是大节,即使在生死存亡之际也不动摇决心。其实任何个人(匹夫)都会面临人生大节,对“大节”的理解不能狭窄化。至于那个“夺”字,也未必只是针对上层人士而言,可以参看 9.26 章子曰“三军可夺帅也,匹夫不可夺志也”。

由此看来,朱熹就本章作注“其才可以辅幼君、摄国政,其节至于死生之际而不可夺,可谓君子矣”中的“辅幼君、摄国政”,范围过于狭窄,可以放宽。在我们看来,曾子照看子思,帮着管理孔府的家事,性质相同。

暂且不论定义的宽窄,为什么一个人能做到这三点就是君子呢?《朱子语类》的解释是:“才节皆全,方谓之君子。”程颐说:“君子者,才德出众之名。孔子曰‘君子不器’,既曰君子,须事事理会得方可。”程朱二位对司马光的观点作了修正。《资治通鉴》一上来有一段关于智伯的著名评论,司马光说:

> 才德全尽谓之圣人,才德皆亡谓之愚人。德胜才谓之君子,才胜德谓之小人。

才德皆备谓之君子,易于理解。德是以知、仁、勇的形式体现的。或许有人以为“才德不备怎么办”是儒学的盲区,其实华夏从来不乏有识之士,如果才德有亏,儒学为他们指明了方向:“好学近乎知,力行近乎仁,知耻近乎勇。”儒学强调知行合一:生而知之、学而知之、困而知之,都是知;安而行之、利而行之、勉强而行之,都是行,最后都能成功。

19.23　曾子曰："士不可以不弘毅，任重而道远。仁
［原 8.7］　以为己任，不亦重乎？死而后已，不亦远乎？"

曾子说："士，不可不弘大坚毅，因他责任重而道路远。以仁作为自己的责任，不是很重的吗？到死才解脱责任，不是很远的吗？"

1. 上章所论，是人生道义的最高担当，担当者之所以配称为君子，是因为他必定"知仁勇"三达德俱备，一般人难以做到，广大学人很容易认为对这种境界的追求与己无关。本章引用曾子的话予以纠正：这正是每位士人的人生目标，士要准备挑着仁义的重担一直走到死，为此不可以不弘毅，要目光远大，脚踏实地。"弘"是"強"的省写，意思是弘大、强大。"毅"就是坚毅、始终如一的责任感。

2. 仁以为己任　仁，处理一切人际关系，都遵循止于至善的最高原则。

3. 死而后已　只要活一天就要处理一天的人际关系，直到生命结束。

子夏在 19.4 章中提出小道"致远恐泥"，读了本章，对大道的浩然正气就可以有更深入的了解。

读者因阅历、气质、修养不同，对本篇 8.4—8.8 章展示的曾子的总体印象自然也各有不同。读者不妨自留书面心得，看看是否逐年有新的感受，若温故得以知新，便是人生之幸。

19.24　孟氏使阳肤为士师，问于曾子。
曾子曰："上失其道，民散久矣。如得其情，则哀矜而勿喜。"

孟氏派阳肤当治狱官，阳肤去请教曾子。
曾子说："在上者治民失道，民心离散已很久了。你如果审清了犯罪事实，不要得意，而要予以哀悯同情。"

1. 阳肤为士师　东汉包咸说阳肤是曾子弟子，［清］吴昌宗《四书经注集证》引清《一统志》说阳肤是曾子家乡南武城人，是曾子七位弟子之

一。这两种说法不知有何根据。如果真是如此，阳肤就是《论语》中唯一被提到名字的孔子徒孙。士师，典狱官，参见 18.2 章。

2. 上失其道，民散久矣 《论语》中大量提到治国之道，认为最重要的是取得民信，重视教育。12.19 章说"君子之德，风；小人之德，草"，居上失道，毫无威信可言，人心涣散，社会风气败坏，法不能遵守。结果正如从 5.1 章可推知的：邦无道，民无罪也会受刑戮。即使有罪，原因也如后面 20.2 章所说的，出自暴政："不教而杀""不戒视成""慢令致期"。

3. 如得其情，则哀矜而勿喜 情，审得民犯罪的实际证据。《大学》中"无情者不得尽其辞"就是说使诉讼中不占理的一方不能振振有词。曾子告诉阳肤：作为司法官员，如果你审得嫌疑人的确触犯法律，也要怀怜悯之心，不要为自己办案水平高而沾沾自喜。"矜"是多音字，表示怜悯时读 jīn。

身处一个朝代，就要问问是否处于"上失其道，民散久矣"的境地。如果是，那么人民一直得不到高尚的教化，犯罪自然相当普遍，其实他们在好的社会里本来是可以安居乐业，当个好老百姓的。

培根晚于曾子两千年，他写的《论司法》一文同样强调要处理好法与情的两难："在有关人命的大案中，法官应当在法律范围内以公平为念而毋忘慈悲；应当以严厉的眼光对事，而以悲悯的眼光对人。"

19.25 子贡曰："纣之不善，不如是之甚也。是以君子恶居下流，天下之恶皆归焉。"

子贡说："商纣王的不善，并不像传说的那么过分啊。所以君子最忌败坏名声，名声一坏，天下恶名就都归到他身上了。"

1. 纣 商朝末代君主帝辛，帝乙之子，字受，《史记》说"天下谓之纣"。"纣"是个坏字眼，普天下痛恨他，故选了个"受"的近音字来称呼这个暴君。后世制定的《谥法》甚至规定"残义损善曰纣"。子贡说其实纣不像传说的那样罪大恶极。史学家顾颉刚先生（1893—1980）有《纣恶七十事的发生次第》一文，载《古史辨》第二册上编。顾颉刚先生指出，帝辛的罪恶在周人的《尚书》中只有六点，战国书中增加二十七事，西汉书中增加二十三事，东汉时增加一事，东晋时增加十三事，于是商帝辛就被描绘成活像另一个暴君夏桀，而且变本加厉。

2. 是以君子恶居下流，天下之恶皆归也 下流，地势低洼之处，暴雨洪水都聚集在这里。一个地方倒上了垃圾,其他垃圾都会倒过来,这在当代称为“破窗理论”。所以君子很怕因为有了污点而居人下,一旦名声坏了,种种坏名声都会集中到身上来。子贡所说的现象,有一定社会阅历的人都见识过,不只是纣一例。同样的道理,被后人当作楷模推崇的人,“其之善,不如是之甚也”。后人会把种种奇闻轶事都加到他们头上,像包公、苏东坡。而一个光芒万丈的人若一旦倒台,对他的评价马上会从九霄云跌落到狗屎不如。

3.《朱注》:“子贡言此,欲人常自警省,不可一置其身于不善之地,非谓纣本无罪,而虚被恶名也。”朱子说得好,子贡并不是想为纣恢复一点名誉,而是希望人以此为鉴,洁身自好,否则很可能遭受灭顶之灾,悔之莫及。

19.26 子贡曰:“君子之过也,如日月之食焉。过也,人皆见之。更也,人皆仰之。”

子贡说:“君子的过失,好像日食月食。他犯过失,大家都看到了;他改过了,大家都仰望他。”

更,更改,改过的意思。过失是客观存在的,不承认不等于别人看不见。是否承认过失,本身就是检验你是否是君子的一块试金石。所以君子坦荡荡,决不文过饰非。

反之,如果是小人,他本身就堆积了许多污点,好比垃圾堆里多了一份垃圾,无人注意,也无人想到要把它剔除,反正是垃圾。小人也不会想到要改,甚至会破罐子破摔。这种现象与上章所述异曲同工,是“破窗理论”的两个方面:他人破与自己破。

7. 29 章陈司败问孔子:昭公知礼吗?孔子明明知道昭公娶同姓女违礼,却回答“知礼”,被陈司败抓住把柄。孔子承认回答“知礼”是学识不足,看走眼,并把他人指出自己的过失看作是自己的荣幸:“丘也幸,苟有过,人必知之。”孔子坦然承认错误,隐去昭公的失礼,此事可作为本章的一个注解。

本章与前两章以一条线索贯通。19.24 章说抓住证据把罪犯绳之以法会令办案者沾沾自喜,此刻要想想罪犯走到这一步,要为他和家人以及受害的社会痛惜。19.25 章说,商纣王是坏,但不至于十恶不赦,一旦作了恶,什么坏事都会算到他头上。同样本章说,君子也不是十全十美的，只是他一时的过失可以堂堂正正公诸天下，而且他不二过，改正后无损于他的光辉形象。

19.27 卫公孙朝问于子贡曰："仲尼焉学？"子贡曰："文武之道，未坠于地，在人。贤者识其大者，不贤者识其小者，莫不有文武之道焉。夫子焉不学？而亦何常师之有？"

卫国的公孙朝问子贡："仲尼的学问，是从哪里学来的？"子贡说："文王武王之道，并没有废弃遗失，仍在今人身上。贤人掌握其大纲要旨，不贤的人也认识到其细碎，其中无不有文武之道啊。哪家学问夫子不跟着学？而且哪会跟着固定的老师呢？"

1. 卫公孙朝　卫国大夫公孙朝。春秋时国君之孙及后代以"公孙"为氏的很多，[清]翟灏《四书考异》："春秋时鲁有成大夫公孙朝，见昭二十六年《传》；楚有武城尹公孙朝，见哀十七年《传》；郑子产有弟曰公孙朝，见《列子》。"所以本章的这位特加"卫"字以区别。

2. 仲尼　本章到篇末很独特地称孔子为仲尼。《史记·孔子世家》记载：

孔子生鲁昌平乡陬邑。其先宋人也，曰孔防叔。防叔生伯夏，伯夏生叔梁纥。纥与颜氏女野合而生孔子，祷于尼丘得孔子。鲁襄公二十二年而孔子生。生而首上圩顶，故因名曰丘云。字仲尼，姓孔氏。

孔子名丘，字尼，与其父叔梁纥"与颜氏女野合而生孔子，祷于尼丘得孔子"大有关系。因孔子有同父异母兄孟皮，排行老二，所以称仲。《左传·哀公十六年》记载，孔子死后，鲁哀公制诔[lěi]文(悼词)，称孔子"尼父"："旻天不吊，不慭遗一老，俾屏余一人以在位，茕茕余在疚，呜呼哀哉！尼父！无自律。"就这样，尼又成了孔子死后的谥号。

《子张》篇末子贡还说孔子"其死也哀"，似乎表明篇末四章为孔子盖棺定论，特别标称谥号。

3. 焉学　焉，从哪里。从字面上看，公孙朝只是问子贡："孔子是从哪里学的？"但从子贡的回答可知，公孙朝是在问子贡"孔子掌握的文武之道，是师从哪位高人学到的"。

4. 文武之道　周文王、周武王的治国之道。

5. 未坠于地，在人　武王伐纣离孔子时代已有五百多年，但通过礼乐文章口耳手目传承，代有传人，并未失传，或成了文物得之于地下。这里所说的“在人”，就是指下文的贤者和不贤者。

6. 贤者识其大者，不贤者识其小者　识的古字是志，本意是标记。后来发展为知识、审察、分别是非，都可以解释本句。文武之道，贤者能把握大体，融会贯通；不贤者虽然见识有限，只能记认局部，但毕竟都是传统的继承。

7. 夫子焉不学？而亦何常师之有？　孔子的学问都是平日一点一滴积累的，孔子不但请教名家，如问礼于老聃，访乐于苌弘，问官于郯子，学琴于师襄，而且“入太庙，每事问”，以庙祝为师；“三人行，必有我师”，意思是贤者或不贤者都可为师。总之，“学而时习之”贯彻了孔子的一生。

19.28 叔孙武叔语大夫于朝，曰：“子贡贤于仲尼。”

子服景伯以告子贡。

子贡曰：“譬之宫墙，赐之墙也及肩，窥见室家之好。夫子之墙数仞，不得其门而入，不见宗庙之美、百官之富。得其门者或寡矣，夫子之云，不亦宜乎？”

叔孙武叔在朝上对大夫们说：“子贡的才德超过仲尼。”

子服景伯把这话告诉子贡。

子贡说：“拿围墙打比方吧，我的墙只有肩膀般高，人在墙外，便可窥见墙里屋子装潢得漂亮。我们夫子墙高几仞，找不到大门进去就看不到里面宗庙之美、百官之富。能找到夫子大门的人可能太少了吧，叔孙夫子这样说，也难怪呀。”

1. 叔孙武叔　鲁大夫叔孙州仇，谥武。

2. 子贡贤于仲尼　子贡思维敏捷，能言善辩，的确是人所共知。刘向《说苑·杂言》：“子夏问于仲尼曰：‘……子贡之为人也何若？’曰：‘赐之敏贤于丘也。’”《史记·仲尼弟子列传》：“子贡利口巧辞，孔子常黜其辩。”《论衡·书解》：“或问于孔子曰：‘……子贡何人也？’曰：‘辩人也，丘弗如也。’”叔孙武叔就其所见认为子贡的才华超过孔子，本来也很正常。但是由下章可见，叔孙武叔明知子贡师事孔子数十年，却公开在朝廷上扬子贡，抑孔子，也可能别有用心。

3. 子服景伯　鲁大夫子服何，见 14.36 章。

4. 宫墙　指屋外围墙。郑玄说：“宫，为墙垣也。”

5. 室家　泛指普通人家。古语：“男有室，女有家。”

6. 数仞［rèn］　包咸注：“七尺曰仞。”赵岐注《孟子》：“八尺曰仞。”应劭注《汉书》：“五尺六寸为仞。”周代一尺约 23cm，这样算来一仞在 130cm—165cm 之间。

7. 宗庙之美，百官之富　美，富丽堂皇；富，丰备充实。百官，已见于 14.40 章：“君薨，百官总己以听于冢宰，三年。”在本章，遵《康熙字典》解“官”为“朝廷治事处”。前人以为“官”是“馆”的古字，解“百官”为单调的“百馆”（即百间房舍），似不妥。《诗经》已有“馆”字。

子贡回应叔孙武叔的谬论，把自己比作普通民居，从围墙外望进去，一览无余；而把孔子比作王宫，里面不仅有高贵庄严的宗庙，还有品种繁多的百官办事机构。

8. 夫子之云，不亦宜乎　夫子指武叔。子贡说，武叔没有窥到孔子的博大精深而妄下判断，这不足为怪。不但是叔孙，陈子禽也以为孔子不及子贡。孔子去世后，子夏到魏国西河执教，当地人误以为他就是孔子。

不入孔门，对孔子的评价必定不足。《论衡·讲瑞》说，知圣人之圣不是那么容易，要长期以师事之，方能知晓：“子贡事孔子，一年自谓过孔子；二年，自谓与孔子同；三年，自知不及孔子。当一年、二年之时，未知孔子圣也；三年之后，然乃知之。以子贡知孔子，三年乃定。世儒无子贡之才，其见圣人不从之学，任仓卒之视，无三年之接，自谓知圣，误矣！”

19.29　叔孙武叔毁仲尼。子贡曰：“无以为也。仲尼，不可毁也。他人之贤者，丘陵也，犹可逾也。仲尼，日月也，无得而逾焉。人虽欲自绝，其何伤于日月乎？多见其不知量也。”

叔孙武叔谤毁仲尼。子贡说：“这样做是没用的。仲尼是不可谤毁的。他人之贤，好比丘陵，别人还可超过他。仲尼好比日月，是无法超过的。一个人纵使要和日月彻底断绝关系，对日月有什么伤害呢？只不过充分显露他自己的不知轻重罢了。”

1. 毁　上章武叔认为孔子不及弟子子贡，只是武叔眼界狭窄，还算不上毁谤。本章编者用了个“毁”字，指恶意攻讦。但具体怎么个毁法，不见记载。

2. 无以为也　无以，没有；为，用处。

3. 丘陵　现代人理解的丘陵指地球表面形态起伏和缓、绝对高度在500米以内、相对高度不超过200米、由各种岩类组成的坡面组合体。坡度一般较缓，切割破碎，无一定方向。而《说文》对“丘陵”的解释是“丘，土之高也，非人所为也。陵，大阜也”。这里的“阜”指土山。贤者才智虽高，与常人相比，也不过是丘陵与平地的差别。常人只要脚踏实地，一步步攀登，还是有可能超过他的。

4. 日月也，无得而逾焉　翻山越岭还是可以做到的，但要翻越日月，途径都找不到。参见《易·坎卦》彖辞：“天险，不可升也，地险，山川丘陵也。”

5. 人虽欲自绝　毁仲尼之人等于要和孔子一刀两断，要与日月决绝，结果只能是与光明决绝，堕入永久的黑暗，对日月又能造成什么伤害呢？

6. 多见其不知量　多，厚重，充分；见，表现。充分表现出其人不知轻重。

19.30

陈子禽谓子贡曰：“子为恭也，仲尼岂贤于子乎？”

子贡曰：“君子一言以为知，一言以为不知，言不可不慎也。夫子之不可及也，犹天之不可阶而升也。夫子之得邦家者，所谓立之斯立，道之斯行，绥之斯来，动之斯和。其生也荣，其死也哀，如之何其可及也。”

陈子禽对子贡说：“你是为尊师才对仲尼毕恭毕敬的吧？他哪里比您更贤呢？”

子贡说："听君子说一句话，就可以听出他是智者，也可以从一句话中听出他无知。所以说话不可以不谨慎啊。夫子的高不可及，正像登天，没有阶梯可攀升。夫子若是诸侯卿相，那真所谓立什么，是什么；教导什么，人就做什么；安顿谁，谁就来归；鼓动什么，就一唱百和。夫子之生，举世荣耀；夫子之死，万众哀伤。夫子如此，我怎么及得上他呢？"

1. 子为恭也　为，为了，有意表现。陈子禽怀疑子贡对孔子表现恭敬并非出于自然，或是谦让，或是出于师生关系。

2. 君子一言以为知　凭君子一句话，就可以判定他是不是智者。

3. 天之不可阶而升　大地上任何高山、大树、建筑，都有攀缘的抓手或台阶，天上的日月则高不可攀。

4. 夫子之得邦家者　孔子任鲁国司空、大司寇，代行相事，是 55 岁以前的事，后来周游列国至返回鲁国，一直不得大用，栖栖惶惶。相比之下，子贡于孔子晚年为鲁国办外交贡献巨大，鲁国人认为子贡贤于仲尼，不足为怪。子贡回应陈子禽的质疑，说：如果孔子能见用于世，能作为诸侯治邦，能作为卿大夫治家，其成就绝非常人可比。

5. 立之斯立　这里的立，就是"三十而立""不知礼无以立"的"立"。孔子想立就立，其途径是知礼、己欲立而立人。

6. 道之斯行　道，即导。孔子道之以德，他人便能践行，这就是"己欲达而达人"。

7. 绥之斯来　绥，安顿。安民则近者悦，远者来。

8. 动之斯和　动，劳动、鼓舞。动之以情，晓之以理，鼓动民众，则一唱百和，万方响应。

9. 其生也荣，其死也哀　荣，金文如图，本义是草木开花。今天看来，孔子作为万世师表，是其一生所开的最美丽的花朵，无人可比。其死，则举世皆哀。

《子张》篇所记，都是孔子身后的弟子言论，最后四章精心编列子贡对孔子的专论，不仅是对孔子的盖棺定论，还澄清了世人对孔子德业的疑问。

从另一方面来说，叔孙武叔、陈子禽认为子贡贤于仲尼，也并非存心诬蔑孔子，皆因子贡晚年的几项外交活动挽救鲁国于危亡，所以在鲁人眼里，子贡的修德事功似在孔子之上。但子贡深明大义，极力弘扬圣道，因此孔子的光辉才能照耀千古。

尧曰篇第二十

本篇3章，首章尧、舜、禹、汤的言论，像是编不进20篇的资料。次章孔子谈从政的五美四恶，末章谈知命、知礼、知言的重要性。全篇像是《论语》补遗，但结语意味深长，不可忽视。

20.1 尧曰："咨！尔舜！天之历数在尔躬，允执其中。四海困穷，天禄永终。"

舜亦以命禹。

曰："予小子履，敢用玄牡，敢昭告于皇皇后帝，有罪不敢赦。帝臣不蔽，简在帝心。朕躬有罪，无以万方。万方有罪，罪在朕躬。"

周有大赉，善人是富。"虽有周亲，不如仁人。""百姓有过，在予一人。"

谨权量，审法度，修废官，四方之政行焉。兴灭国，继绝世，举逸民，天下之民归心焉。

所重民食、丧祭。

宽则得众，信则民任焉，敏则有功，公则说。

尧说："舜你听着！天命落在你身上了，诚惶诚恐地信守中正之

道！如果四海民生凋敝，你继承的这份天禄，就永久完结了。”

舜也用这番话来嘱咐禹。

［汤也］说：“我小子履，敢用黑色公牛作牺牲，明白禀告光明普照天下的上帝：任何人犯罪，我都不敢赦免。天下贤人都是上帝之臣，我不敢埋没不用，此心上天可鉴。我自身的罪过，请不要累及天下人；天下人有罪，都由我一身担当。”

周朝蒙上天恩赐，最珍贵的是众多善人。武王说：“虽多有至亲，不如有仁人。”“百姓有过失，都在我一人。”

能仔细校正度量衡，修复废坏的官职，东西南北的政治就通行无阻了。复兴灭亡的国家，继续已绝的族世，提拔任用在野的人才，天下民众就没有离心离德的了。

所重视的是民众的温饱、治丧和祭祀。

能宽厚，便得到民众拥护。能有信，民众便信任他。敏于事就能成功。秉公行事，则民众心悦诚服。

本章内容由四个板块组成：尧舜二人禅让时对继任者的嘱咐，商汤的祷雨辞，述周武王的政治思想，述孔子的政治理想。下面依次注解。

1. 尧舜二人禅让时对继任者的嘱咐

（1）尧曰：咨！尔舜！尧在把帝位禅让给舜时说：“舜你听着！”咨，表示嗟叹的语气词。

（2）天之历数在尔躬　历数，原义为岁月日、星辰运行之法，借为帝王相继之次第，如同岁时日月之接替。尔躬，你身上。整句话的意思是：天命轮到你身上。

（3）允执其中　允，真实守信。中，中正之道。要好好执守中正之道，以应天命。

（4）四海困穷，天禄永终　四海，即天下。若天下人民陷入穷困，则上天赐于君主的爵禄也永远断绝。

（5）舜亦以命禹　舜在把帝位禅让给禹时也用尧的授命叮嘱禹。尧的授命突出了施政的两大要点：

①“允执其中”体现的原则，舜是坚守的，后来被孔子发展为最伟大的中庸原则。在《中庸》中孔子赞扬舜是大智者：“子曰：‘舜其大知也与！舜好问而好察迩言；隐恶而扬善；执其两端，用其中于民。其斯以为

舜乎!’”

② “务民之义”(参见 6.21 章),执政为民,而民以食为天,如果让民众陷于穷困,政权也就没有存在的理由了。因此从政者要“居之无倦,行之以忠”。(参见 12.14 章)

2. 商汤的祷雨辞

(1) 曰:予小子履　“曰”字前疑脱一“汤”字。小子,在向上天祷告时的自称,表示自己是天子。履,商汤名。历代注家怀疑祷雨辞颇有舛错,《墨子·兼爱下》有类似的记载,作为先秦古籍,可资参照。

(2) 敢用玄牡　敢,谦辞,冒昧地请允许。玄,黑色。公牛称牡,母牛称牝。“请上帝允许我用一黑公牛代表我作为牺牲向您请罪。”这句话问题很大,按上述《墨子》及《吕氏春秋》《尸子》,明确商汤是以身代牺牲,为什么还要用玄牡?何况夏朝才尚黑色,商朝尚白。所以古人怀疑“敢用玄牡”是汉朝人窜入《论语》《墨子》的。

(3) 敢昭告于皇皇后帝　昭告,明白告知。皇皇,堂皇伟大。后,原义为君主,后来才有王后义。后帝,即天帝。

(4) 有罪不敢赦　按《墨子》,此句与“有善不敢蔽”相连,可知意思是天下人有罪者,我成汤不敢擅自赦其罪。特别是伐桀灭夏,应该是替天行道。

(5) 帝臣不蔽　在《墨子》里表达为“有善不敢蔽”,可见帝臣是上帝认可的贤臣,成汤自言不敢埋没不用。这里的帝臣应该也包括前朝留下的人才。

(6) 简在帝心　简,选择、查验。惩恶彰善,一切都由上帝心意裁决。成汤自称“有罪不敢赦,帝臣不蔽”应该说也是“允执其中”的表现。

(7) 朕躬有罪,无以万方　朕躬,我自身。秦始皇以后“朕”才成为只有帝王可用的自称。成汤说:不要因我的罪过惹您以大旱来惩罚天下百姓。《吕氏春秋·顺民》:汤克夏,天大旱,五年不收,汤以身祷于桑林,曰:“余一身有罪,无及万方。”商汤自言有罪,他心中最大的罪过是伐桀。虽然夏桀无道,应该推翻,但在漫长的 21 年战乱中,百姓之苦难可想而知。

(8) 万方有罪,罪在朕躬　即使天下百姓有罪过,都是我教导无方,由我一人担当。成汤表达的这个思想,也含有“四海困穷,天禄永终”的警示。

3. 述周武王的政治思想

（1）周有大赉.善人是富　赉[lài]，赐予。谁赐予谁，历来有二解。

① 周朝受天之大赏赐，最珍贵的财富就是治国的善人。8.20 章武王曰："予有乱臣十人。"

②《诗经·周颂·序》："赉，大封于庙也。赉，予也，所以锡予善人也。"以此为根据给出的解释是武王克商后，大封于庙，分封诸侯，善人都得到了富贵。

而从下文来看，强调的是仁人的重要性，而述武王事的整个一段也是祷告天帝的语气，所以大赉应指上天赐予为宜。

（2）虽有周亲，不如仁人　周亲，关系亲密之人。任人唯亲，不如任人唯贤。事实上武王克商后第二年就病死了，周公辅佐年幼的成王稳定新政权，作为"周亲"的武王亲弟弟管叔和蔡叔却乘机作乱。反之，"殷有三仁焉"，其中的箕子、微子，作为被推翻的前朝重臣，反倒受到武王的礼遇，愿意留在华夏大地的微子还被分封于宋，成为殷人后裔的领袖。

（3）百姓有过，在予一人　这是君王对天发誓的袭用语。

4. 述孔子的政治理想

（1）谨权量，审法度，修废官，四方之政行焉　从《公羊》《汉书》可见，汉儒认为这句以后都是孔子的话，"陈后王之法"：如果后继者得行王道于天下，则这些就是施政大纲。（《公羊传·昭公三十二年》注引用本章此后全节，冠以"孔子曰"。《汉书·律历志》："周衰失政，孔子陈后王之法曰：'谨权量、审法度、修废官。四方之政行焉。'"）

权，秤锤。量，斗斛。度，尺度。法度，引申为"制之有限节者"。所以本句前六字意思为立法统一度量衡。官，指官衙。修废官概称修立被废弃的官职机构。这样就能让政令通行于天下。

（2）兴灭国，继绝世，举逸民　普天之下，莫非王土。但天下除直隶王室的土地外，还有许多分封的诸侯国。国有许多邑，除直隶君室的邑之外，还有采邑，分属功臣卿大夫，一世又一世。邑有人民，内有许多才识之士不为朝廷所知。国、世、民三个层级构成一个和谐系统。每个层面都要选贤举能，这是走向大同的第一步。兴灭国，即复兴被灭之国，恢复原有组织体系，消除社会不安定因素。继绝世，说是由后人继承香火，其实也是指一个个局部区域都能由原来组织中的贤人继续治理。举逸民，即推举才识之士而授以官职，这是举直错诸枉的必要条件，这样人才方能源源不断地为国家所用。这三者要形成制度，是为礼。《左传·襄公十年》疏：礼，天子不灭国，诸侯不灭姓。其身有罪宜废者，选其亲而贤者更绍立之，《论语》所谓“兴灭国，继绝世”是也。

（3）天下之民归心焉　虽然这七个字易懂易背，但我们不可把这句话当作套话，“学而不思则罔”用在这里很合适。今天的读者可能以为，“兴灭国，继绝世，举逸民”在春秋这样的前民主时代也许是治国的法宝，与今天的政治则风马牛不相及。其实不然！这九个字的精神在于社会天然合理的层级治理，下属一级级的领导者应该自然产生，而不由上面强加。

（4）所重民食、丧祭　这一句很像是零章残简。下面就事论事评点。

孔安国说：“重民，国之本也。重食，民之命也。重丧所以尽哀，重祭所以致敬。”这是把“所重”分为四项。民、食其实是一项，“民以食为天”。丧、祭也是一项，“国之大事，唯祀与戎”，丧、祭都可视为祀。6.21章樊迟问知时，孔子回答的正是这两项：“务民之义，敬鬼神而远之，可谓知矣。”这个知，就是治国之智慧。

（5）宽则得众，信则民任焉，敏则有功，公则说　17.5章子张问仁于孔子。孔子回答：“能行五者于天下，为仁矣。”这五者是“恭宽信敏惠。恭则不侮，宽则得众，信则人任焉，敏则有功，惠则足以使人”。本章与之相比较，有三处不同：一是少了“恭则不侮”；二是“人任”变成“民任”，按春秋时期用语习惯，“民”特指劳力者，“人任”比“民任”广；三是“惠则足以使人”变成“公则说[悦]”，前人理解“公”指公平、公正，应该不错，“公”与“惠”的共通之处在于公代表把恩惠普及众人，众人悦，所以足以使人。

（6）“宽则得众……”这几句与本章上文也缺乏逻辑联系，提示“宽则得众”云云原本是《古论语·子张问》的首章，接下来是下面《尧曰》篇的第二章，而“恭则不侮”之前的竹简脱失了，剩下后半段成了零章残简而搁到了“尧曰：咨！……”章的后面。

20.2 子张问于孔子曰:“何如斯可以从政矣?”

子曰:“尊五美,屏四恶,斯可以从政矣。”

子张曰:“何谓五美?”

子曰:“君子惠而不费,劳而不怨,欲而不贪,泰而不骄,威而不猛。”

子张曰:“何谓惠而不费?”

子曰:“因民之所利而利之,斯不亦惠而不费乎?择可劳而劳之,又谁怨?欲仁而得仁,又焉贪?君子无众寡,无小大,无敢慢,斯不亦泰而不骄乎?君子正其衣冠,尊其瞻视,俨然人望而畏之,斯不亦威而不猛乎?”

子张曰:“何谓四恶?”

子曰:“不教而杀,谓之虐。不戒视成,谓之暴。慢令致期,谓之贼。犹之与人也,出纳之吝,谓之有司[出纳与人也,犹之有司,谓之吝]。”

子张问孔子:“怎样才可以从政了?”

孔子说;“尊崇五种善政,摒除四种恶政,就可以从政了。”

子张说:“哪五种善政?”

孔子说:“君子能做到:一是惠而不费,二是劳而不怨,三是欲而不贪,四是泰而不骄,五是威而不猛。”

子张说:“什么叫惠而不费?”

孔子说:“民众怎样能得利,就引导他们这样得利,岂不是惠及民众而自己不破费吗?只选择必需的、适量适时的任务让民众劳作,谁会来怨你呢?你一心向往的是仁道,实现的也是仁道,其中怎么会有‘贪’字呢?君子不分对方强势还是弱势,都从容应对又不怠慢,岂不是泰而不骄吗?君子穿戴整齐,瞻望顾盼都保持安详尊严,人们望上去不得不敬威,岂不是威而不猛吗?”

子张又问:“那么,是哪四种恶政呢?”

孔子说："事先不教导，一犯错就杀，叫作虐。事先不告诫不讲清楚，到时立马责其成功，叫作暴。命令不明确不及时，到期限时要求出结果，这是不告而取，叫作贼。给人钱物受人钱物，像官府入账一样锱铢必较，叫作吝。"

1. 屏[bǐng]，通"摒"，除去、排除、摒弃。

2. 本章很长，通篇理解配合读上面的语译就可以了。只是"四恶"的最后一句读上去文字不顺，需要打通。

末句由三部分组成，每部分都不难理解："犹之与人也"——正像给人东西；"出纳之吝"——财物进出锱铢必较；"谓之有司"——叫作有司。但把三部分拼装在一起，就讲不通。最让人难以接受的是，四恶中把有司与虐、暴、贼列为一类！例如杨伯峻先生在《论语译注》中简明扼要地总结了历代对第四恶的解释：

同是给人以财物，出手悭吝，叫作小家子气。

《译注》还仔细附了三条注解：

犹之——王引之《经传释词》云："犹之与人，均之与人也。"

出纳——出和纳(入)是两个意义相反的词，这里虽然在一起连用，却只有"出"的意义，没有"纳"的意义。说本俞樾《群经平议》。

有司——古代管事者之称，职务卑微，这里意译为"小家子气"。

三处注解，都背离了"犹之""出纳""有司"的本义，甚至曲为之说。这些曲解的首创者是西汉孔安国，他说："谓财物俱当与人，而吝啬于出纳，惜难之，此有司之任耳，非人君之道也。"《皇疏》："有司，犹库吏之属。人君若物与人而吝，即与库吏无异。"

即使不管拼装在一起后原文不通的毛病，有司怎么会是四恶之一？《论语》中三处出现"有司"：本章指政府财务部门；19.20 章曾子向孟敬子交代"笾豆之事，则有司存"，13.2 章仲弓问政，子曰："先有司，赦小过，举贤才。"可见有司都指具体办事的官吏。

今不增减文字，只重排词序，改为"出纳与人也，犹之有司，谓之吝"。意谓待人接物有货币进出，像财务做账一样锱铢必较，这一恶叫作"吝"。这样一来，不需要曲解"犹之""出纳""有司"的本义，语句的意思就理顺了，"虐、暴、贼、吝"称为四恶，顿时稳妥。但若说原文说不通是错简造成的，这般调错词序的错法也很离奇，欲破此谜，仍有待于高明。

20.3 孔子曰："不知命，无以为君子也。不知礼，无以立也。不知言，无以知人也。"

孔子说："不知命，便成不了君子。不知礼，便无以自立于社会。不知言，就无法知人。"

本章附在几乎不成篇的《尧曰》之末，而知命—君子—知礼—立—知言—知人，这一连串词语散见于《论语》中，多见一次不多，少见一次不少，更给人以本章是残章零简的感觉。前人也曾以为，加本章于《论语》之末，并非出自原始《论语》的编者，而是出自郑玄，而今无从考证。《求真》把这些疑问抛在一边，只把本章的高度含金量的内容介绍给读者：

德国古典哲学家叔本华有一句名言："只有知道了书的结尾，才会明白书的开头。"也许，我们只有知道了编者为什么以本章三句话作为《论语》的结尾，才会明白《论语》为什么以"学而时习之"一章开始。事实上，编者很可能大有深意。

1. 不知命，无以为君子也

《论语》首章就向学子提出一个隐蔽的目标：人要做一个"悦乐君子"。对此，在《论语》结尾处，孔子以做君子必须"知命"作结。

孔子罕言性命，《论语》里偶有触及。给当代读者的印象是，"死生有命，富贵在天"，命就是冥冥中作用于人本身的客观规律，不是人能控制的。而一旦通读了《论语》，我们就不会再把"知命"看成是孔子把玩的神秘抽象的东西，而是任何时代读书人都应当具有的历史使命感，这种使命感只能建立在前半生十五知书、三十达礼、四十认清方向的基础上。至于这种历史使命感能不能形成、几时形成，则因人的资质而异，也取决于使命的厚重度。孔子的历史使命感是在五十岁时形成的，他自信"天生德于予"，"文王既殁，文不在兹乎"。他留给后世的遗产如此丰厚，以至古人真切地感受到"天不生仲尼，万古如长夜"。当代人也能真切地感受到：不知命，不知道时代赋予我的历史重任，也真不好意思自认为君子。

2. 不知礼，无以立也

与第一句话相比，这句话退而求其次，适用于任何人士。如果你还称不上君子，或许觉得当君子太难，那么孔子有教无类，因材施教，给你一条人生底线："立"，务必守住。人需要尽早立足于社会，"罔之生也幸而免”，用“混”字打发人生，一滑就滑进监狱，成为社会公害；或赖在市井，成为社会包袱。

“立”的要求，离“君子”还很远。孔子自己三十而立，达到不惑而知命，花了二十年。“立”也有前提，比如 9.29 章“可与共学，未可与适道。可与适道，未可与立。可与立，未可与权”。这其实也意味着在“立”之前先要经历“学”和“适道”的阶段。

学礼才能知礼。16.13 章孔子告诉伯鱼“不学礼，无以立”，但是我们从 3.8 章悟出，学礼相当于绘画，“绘事后素”，礼在一个洁白的底子之后。不存好仁之心，学不了礼；而好仁不好学，仍然愚蠢。（17.7 章）

3. 不知言，无以知人也

知言就是知人之言。先看孔子自己，他六十而耳顺，达到了融会贯通的境界。所谓知言，就是不但知道其人说了些什么，而且通过交流听出了语言背后的真实思想，这体现了孔子决策判断的真正智慧。

整部《论语》的最后一句“不知言，无以知人也”是与《论语》首章“人不知而不愠，不亦君子乎”及首篇末章“不患人之不己知，患不知人也”遥相呼应的。《求真》还有一联想：《论语》作为最有资格的人士编定的孔子言论，先贤把它奉献于后世，让后人通过学习践行，认识一个真实的伟大的孔子；遗憾的是，今天有许多人认识不到孔子的伟大，并不觉悟，正是由于不知孔子之言。他们都不屑读《论语》或读不懂《论语》。令人痛心的是，有些人还如怀杀父之仇般恶毒地咒骂孔子，因为他的价值观与《论语》精神完全敌对。对于这些人，我们从人们关于孔子的评价就可以知道他们是些什么人，而不至于误判。

古人领悟“不知言，无以知人也”的一个光辉例子是司马迁，他说：“余读孔氏书，想见其为人。”司马迁熟读了《论语》，竟将本该放进“列传”的孔子列为《孔子世家》。司马迁正是因知孔子之言而深知孔子之为人。所以，笔者将以司马迁的不朽名篇《孔子世家赞》为《求真》作结：

太史公曰：《诗》有之：“高山仰止，景行行止。”虽不能至，然心乡往之。余读孔氏书，想见其为人。适鲁，观仲尼庙堂车服礼器，诸生以时习礼其家，余祗回留之不能去云。天下君王至于贤人众矣，当时则荣，没则已焉。孔子布衣，传十余世，学者宗之。自天子王侯，中国言六艺者折中于夫子，可谓至圣矣！

《论语》解读订正补遗参考表

No	章	检测项目	项目类型	
			订正	补遗
1	1.1	开宗明义,给出人生教育密码——悦乐君子		◎
2	1.2	“鲜矣……未之有也”的句法,提示有子与《大学》有关		◎
3	1.7	本章是对 1.6 章(未成年人之学)的重要补充——成人之学		◎
4	1.9	“慎终追远”的所指远超历代注家所框定	★	
5	1.12	“有所不行”以后文字是编者注,参见 7.17 章	★	
6	1.13	纠正“因不失其亲,亦可宗也”错解	★	
7	2.7	父母“能养”,犬马亦“皆能有养”,同是能养对象	★	
8	2.8	“先生”与“弟子”指师生,不是指亲子关系	★	
9	2.9	颜回的事师之道如同事父母之“无违”,引起孔子误会		◎
10	2.10	孔子的识人三部曲以上章为模型		◎
11	2.16	对“攻乎异端”的误解使本章完全失去经典性	★	
12	2.17	“诲女知之乎”不是“我来教你什么是‘知之’吧!”	★	
13	2.23	不以“礼”断句	★	
14	2.24	本章疑是 3.6 章之评论,附于《为政》篇末,反似零章残简		◎
15	3.20	《关雎》不是指诗,是指《周南》前三篇的合乐	★	
16	4.3	将前人所划 4.4 章并入 4.3 章,重树后者的经典性	★	
17		“苟志于仁矣”的主语是上句仁者所恶之人	★	
18	4.4	标点纠正:“不以其道,得之不去也”	★	
19	4.18	“游必有方”的“方”指方案、安排	★	

（续表）

No	章	检测项目	项目类型	
			订正	补遗
20	5.7	孔子为什么一口咬定不知三位弟子仁不仁?		◎
21	5.21	“吾党之小子”指随孔子在陈国的,还是指留在鲁国的?	★	
22	6.4	“十六斛为一秉”应为“十六秉为一斛”	★	
23	6.10	“一箪食,一瓢饮”正义——“食”与“饮”是动词	★	
24	6.25	“井有仁焉”不是“有人落井”	★	
25	7.4	“申”与“夭”的生动形象	★	
26	7.7	“束脩”不是“十条干肉”	★	
27	7.16	将前人划出的7.17章并入,后者是本章的编者注	★	
28		“雅言”不是国语(普通话),是“平日一直说道”	★	
29	7.23	文与行不是指教弟子文行两方面,是指孔子自己言传身教	★	
30	7.27	“互乡”不是实际地名	★	
31	7.31	文莫=文谟	★	
32	7.35	戚戚=蹙蹙	★	
33	8.2	“君子笃于亲”以后是19.18章曾子引孔子语后的评论	★	
34		原8.3—8.8章是错简,应移回《子张》篇	★	
35	8.15	“乱臣”为“乿”字之误,“臣”衍文	★	
36	9.14	“雅颂各得其所”是孔子勋业,“删《诗》”则子虚乌有		◎
37	9.29	本章是孔子对儒家分化的预言与感叹		◎
38	9.30	重新认识本章在全篇中的地位		◎
39	10.8	“割不正”辨	★	
40	10.22	“式负版者”辨(“冕”已见9.9章)	★	
41	10.24	“山梁雌雉”对应于《易·未济》,语涉双关	★	
42	11.1.1	“先进”正义	★	
43	11.1.2	“不及门”正义	★	
44	11.1.3	编者注从孔子于陈蔡者有谁?“孔门十哲”是个虚概念	★	
45	11.1	《先进》篇传统三章应并成一章	★	

（续表）

No	章	检测项目	项目类型 订正	项目类型 补遗
46	11.6	颜渊之父没有请求孔子卖车助葬，只是借车为椁	★	
47	11.17	“庶”字解·孔子惜颜渊而夸子贡	★	
48	11.18	子张问善人之道，不是问善人	★	
49		何谓“亦不入于室”	★	
50		“笃”字辨	★	
51	11.19	“兼人”正义	★	
52	12.6	“肤受”与“切肤”有天壤之别	★	
53	12.10	“诚不以富，亦只以异”回归下章，即回归的16.12章	★	
54	12.12	“片言”不是片面之言，是片言只语	★	
55	13.22	人无恒心，为什么特别提出不可作巫医？	★	
56	14.28	“君子道者三”意思不是“君子之道有三”	★	
57	15.25	“斯民也，三代之所以直道而行也”疑属17.15章	★	
58	15.26	“有马者借人乘之”释	★	
59	16.12	整章是错简，应回归《颜渊》篇插在12.10章后	★	
60		从12.10章与15.26章各找到一处阙文予以补齐	★	
61	16.14	本章可能是未删节前的6.27章的编者注	★	
62	17.6	“磷”不是薄，是碎片化·字典“粦”部详解	★	
63	17.14	不该把原文“患得之”增字解为“患不得之”	★	
64	18.6	“斯人之徒”不可含糊地理解为人类	★	
65	18.10	本章疑是19.18章的编者注。散落于此	★	
66	19.4	小道不是指技艺	★	
67	19.7	君子[居]学以致其道，否则“百工”的比喻无意义	★	
68	19.12	“孰先传焉，孰后倦焉”辨	★	
69	19.19	“启于足”辨·“跻”字解	★	
70	20.2	怪异的罪名“犹之与人也，出纳之吝，谓之有司”	★	

引用文献简称索引

1.1　［东汉］许慎（约58—约147）《说文解字》（简称《说文》）
1.1　钱穆（1895—1990）《论语新解》（简称《钱解》）
1.1　［南宋］朱熹《论语集注》（简称《朱注》）
1.4　《论语求真》（简称《求真》）
1.5　［宋］邢昺（932—1010）《论语注疏》（简称《邢疏》）
1.9　［南朝梁］皇侃《论语义疏》（简称《皇疏》）
1.9　［清］刘宝楠（1791—1855）《论语正义》（简称刘氏《正义》）
2.6　［三国魏］何晏（？—249）《论语集解》（简称何晏《集解》）
4.24　［元］陈天祥《论语辨疑》（简称陈氏《辨疑》）
11.1　［唐］韩愈与李翱合著《论语笔解》（简称《韩李笔解》）

【鸣谢】

本书所引汉字的甲骨文、金文、小篆，几乎都受惠于 Richard Horace Sears 先生创立的汉字网站 Chinese Etymology。中华民族最古老的文字由一位西方人士弃家来华凭一己之力为14亿当代中国人收集整理，笔者深沐其恩，在此向他致以崇高的敬意！

图书在版编目（CIP）数据

论语求真 / 刘定一著. — 上海：上海教育出版社，2021.4
ISBN 978-7-5444-9308-6

Ⅰ. ①论… Ⅱ. ①刘… Ⅲ. ①儒家 ②《论语》－通俗读物
Ⅳ. ①B222.2-49

中国版本图书馆CIP数据核字(2021)第062751号

责任编辑　茶文琼　周琛溢
特邀编审　王瑞祥
封面设计　周　吉

论语求真
刘定一　著

出版发行　上海教育出版社有限公司
官　　网　www.seph.com.cn
地　　址　上海市闵行区号景路159弄C座
邮　　编　201101
印　　刷　上海叶大印务发展有限公司
开　　本　787×1092　1/16　印张 34
字　　数　647 千字
版　　次　2021年4月第1版
印　　次　2024年10月第2次印刷
书　　号　ISBN 978-7-5444-9308-6/B·0165
定　　价　168.00 元（全二册）

如发现质量问题，读者可向本社调换　电话：021-64377165